Die Partner des Factbook Einzelhandel 2016:

bevh — Der Bundesverband E-Commerce und Versandhandel (bevh) ist die Branchenvereinigung der Interaktiven Händler (d. h. der Online- und Versandhändler). Dem bevh gehören über 330 Händler und mehr als 120 Dienstleister an. Darunter sind Versender mit Katalog- und Internet-Angebot, Internet-Pure-Player, Teleshopping-Unternehmen, Apothekenversender, Verkäufer auf Online-Marktplätzen und Versender mit Heimat im stationären Handel. Der bevh ist ein eingetragener Verein deutschen Rechts. Er wurde 1947 in Frankfurt am Main gegründet. Im Juni 2010 beschlossen seine Mitglieder, den Sitz nach Berlin zu verlegen.

Bundesverband Onlinehandel — Der Bundesverband Onlinehandel e. V. (BVOH) wurde am 8. April 2006 in Dresden gegründet. Er versteht sich als Sprecher und Interessenvertreter des mittelständigen Online-Handels (KMU). Sein Programm ist die Verwirklichung eines fairen, sicheren und erfolgreichen Online-Handels für alle daran Beteiligten. Aktuelle programmatische Ansätze sind der Kampf gegen Handelsbeschränkungen im Online-Handel, der rechtssichere Verkauf auf Amazon, internationales Handeln, wie auch Verbraucherschutz auf europäischer Ebene.

dlv Netzwerk Ladenbau — Das dlv – Netzwerk Ladenbau e.v. (Deutscher Ladenbau Verband) als die führende Organisation für Ladenbauunternehmen und ihre Partner in Deutschland ist ein Netzwerk aus allen relevanten Bereichen des Ladenbaus. Er bringt Produzenten, Dienstleister, den Handel sowie Joint-Venture-Partner zusammen und stellt die Weichen für moderne und qualifizierte Ladengestaltung. Gegründet wurde der Deutsche Ladenbau Verband 1980. 2005 hat sich der dlv den Zusatz „Netzwerk Ladenbau" gegeben, um transparent darzulegen, wie die verschiedenen Gewerke im Ladenbau zusammenarbeiten und sich ergänzen. Derzeit umfasst dieser Verband mehr als 140 Unternehmen, die ihren Kernbereich im Ladenbau haben.

EHI Retail Institute — Das EHI erforscht die Zukunftsthemen des Einzelhandels, organisiert Konferenzen und Arbeitskreise, veröffentlicht im eigenen Verlag und ist Partner der Messe Düsseldorf bei der weltgrößten Investitionsgütermesse für den Handel, der Euroshop. Zu den über 600 Mitgliedern des EHI zählen internationale Handelsunternehmen und deren Branchenverbände, Hersteller von Konsum- und Investitionsgütern und Dienstleister.

GS1 Germany — GS1 Germany unterstützt Unternehmen aller Branchen dabei, moderne Kommunikations- und Prozess-Standards in der Praxis anzuwenden und damit die Effizienz ihrer Geschäftsabläufe zu verbessern. U. a. ist das Unternehmen in Deutschland für das weltweit überschneidungsfreie GS1-Artikelnummernsystem zuständig — die Grundlage des Barcodes. Darüber hinaus stehen Lösungen für mehr Kundenorientierung (ECR - Efficient Consumer Response) und die Berücksichtigung von Trends wie Mobile Commerce, Multichanneling sowie Nachhaltigkeit im Fokus.

IFH KÖLN — Als Brancheninsider liefert das IFH Köln Information, Research und Consulting zu handelsrelevanten Fragestellungen im digitalen Zeitalter. Seit 1929 ist das IFH Köln erster Ansprechpartner für unabhängige, fundierte Daten, Analysen und Konzepte, die Unternehmen erfolgreich und zukunftsfähig machen. Mit der Digital-Brand ECC Köln ist das IFH Köln seit 1999 im E-Commerce aktiv und bearbeitet Zukunftsthemen im Handel: z. B. Crosschannel-Management, Mobile Commerce oder Payment. In maßgeschneiderten Projekten werden Kunden in strategischen Fragen rund um E-Commerce- und Crosschannel, bei der Entwicklung neuer Märkte und Zielgruppen oder bei Fragen der Kanalexzellenz unterstützt.

MITTELSTANDSVERBUND ZGV — DER MITTELSTANDSVERBUND – ZGV . V. vertritt als Spitzenverband der deutschen Wirtschaft in Berlin und Brüssel die Interessen von circa 230.000 mittelständischen Unternehmen, die in rund 320 Verbundgruppen aus rund 45 Branchen im Einzelhandel, Großhandel, Handwerk, produzierenden Gewerbe sowie in den Bereichen Dienstleistungen, Hotellerie und Gesundheit organisiert sind. Die kooperierenden Mittelständler erwirtschaften mit 2,5 Mio. Vollzeitbeschäftigten mehr als 490 Mrd. Euro Umsatz (rund 18 Prozent des BIP) und bieten 440.000 Ausbildungsplätze. Alle fördern ihre Mitglieder durch z. B Einkaufsverhandlungen, Logistik, Multichannel, IT, Finanzdienstleistungen, Beratung, Marketing oder Ladeneinrichtung.

Der Initiator: BusinessHandel

Business: Handel — Wir bringen die Branche zusammen: Das Factbook Einzelhandel geht in seine achte Runde. Seit 2009 gibt das LPV-Team das rund 300 Seiten starke Standardwerk für alle Einzelhandelsbranchen mit den wichtigsten Daten, Fakten und Analysen für Händler, Dienstleister und andere handelsaffine Leser heraus. Verlegt wird das Werk von der LPV GmbH, die neben BusinessHandel auch die Fachmagazine Lebensmittel Praxis und Convenience Shop veröffentlicht.

Inhalt | Editorial

WECKRUF ZUM WANDEL

Die Digitalisierung unseres Alltags ist Realität – Omnichannel ist der Megatrend für den Handel der Zukunft. So schätzen über 60 Prozent der in einer aktuellen Studie des EHI Retail Institut befragten Händler das Thema als wichtigste technologische Entwicklung in den nächsten zwei Jahren ein. Doch ganz egal ob mobile, online oder stationär, ein wirkungsvolles Channel Management, shopperorientierte Prozesse am POS sowie die absolute Datenverfügbarkeit und -qualität und damit einhergehende lückenlose Transparenz sind entscheidende Faktoren, um sich weiterhin erfolgreich am Markt zu positionieren.

Doch neben der digitalen Transformation wirken sich auch andere globale Mega-Trends wie Ressourcenknappheit und Urbanisierung sowie der Wandel in den Alters- und Haushaltsstrukturen gravierend auf Konsummuster aus: Der Shopper konsumiert in einem Spannungsfeld zwischen Preis, Grundversorgung, Einkaufserlebnis und Lifestyle – je nach Einkommen, Alter, Lebensstil und individuellen Bedürfnissen. Und er handelt in Zukunft sehr viel volatiler und situativer als heute. Verstärkt wird das durch den ständigen Begleiter in der Hosentasche: dem Smartphone. Es übernimmt eine herausragende Rolle während des gesamten Einkaufsprozesses. Denn damit greift der Shopper zum Beispiel auf erweiterte Produktinformationen oder mobile Einkaufslisten zurück, nutzt Preisvergleiche, mobile Coupons und Promotion-Aktionen oder bargeldlose Bezahlmöglichkeiten.

Jörg Pretzel, GS1 Germany

Gerade für das Bezahlen per Smartphone im stationären Handel sind die unterschiedlichsten Systeme im Gespräch. Um hier Investitionssicherheit für Unternehmen und Klarheit für Konsumenten zu schaffen, sind einheitliche, anbieterunabhängige Standards und Prozessabläufe gefragt. Vor allem vor dem Hintergrund, dass Mobile Payment, Couponing und komplexe Kundenbindungsprogramme zunehmend auf mobile Endgeräte verlagert werden.

Die Omnichannel-Orientierung der Shopper und die digitale Transformation eröffnen große Potenziale für jeden Händler egal ob off- oder online in Form bisher unerschlossener Absatzkanäle. Grundvoraussetzung dafür sind allerdings die nahtlose Integration der Kanäle sowie profilierte Sortimente und Services, die konsequent den Kunden und seine Bedürfnisse in den Mittelpunkt stellen.

Einen Überblick und vertiefende Einsichten in die digitale Transformation erhalten Sie mit dem vorliegenden Factbook Einzelhandel 2016. Ich wünsche Ihnen eine spannende Lektüre.

Ihr Jörg Pretzel

ES BLEIBT ALLES ANDERS!

E-Commerce hat bei uns Tradition – seit 1947! Auch den bevh gibt es seit bald 70 Jahren. Aus Tradition wurde Innovation, aus dem Standbein Versandhaus wurde der Megatrend des Handels: Multichannel, als Kombination von E-Commerce, Versandhandel und stationärem Einzelhandel. 70 Jahre ist die Zeitspanne, in der Supermärkte, Einkaufszentren, Discounter, Outlets, die großen Versandhäuser und dann der E-Commerce Einzug in die Handelswelt und deutsche Haushalte hielten. Wir Händler haben in dieser Zeit viele Erfolgsgeschichten miterlebt, aber auch Unternehmen scheitern sehen. Vor allem haben sich aber immer wieder mutige Unternehmer mit neuen Ideen dem Wettbewerb gestellt.

Digitalisierung ist für alle eine permanente Herausforderung. Es geht aber nicht um ein Entweder/Oder, ein Digital/Stationär, sondern um Verzahnung, Multichannel, als begriffliche Weiterentwicklung auch Omni- oder Crosschannel – oder noch treffender Seamless Commerce. Wir denken, dass diese Entwicklung niemanden ausschließt.

Die in der Debatte häufig strapazierte Formel „E-Commerce = tote Innenstadt" greift nicht nur zu kurz, sie verkennt Ursache und Wirkung gesellschaftlicher und technologischer Entwicklungen. Es ist zwar richtig, dass der Interaktive Handel – getrieben durch den E-Commerce – überproportional zum gesamten Einzelhandel wächst und deshalb oft subjektiv als Bedrohung insbesondere für die kleinen, inhabergeführten Geschäfte wahrgenommen wird. Aber wir sind überzeugt, es lohnt sich, die Einflüsse aktueller demografischer und gesellschaftlicher Entwicklungen auf den Handel als Chance zu sehen: Viele Experten – u. a. aus den Bereichen Handel, Soziologie oder Stadtplanung und Architektur – setzen sich mit der Frage auseinander, wie man urbane Räume und das, was bis heute ein Laden ist, künftig nutzen kann. Hier entstehen interessante Ideen, die wir aufmerksam beobachten, gemeinsam diskutieren und auch ausprobieren sollten.

Wer sagt denn, dass Internet-Handel welt-, europa-, oder deutschlandweit stattfinden muss? Ein Handels-Trend ist schon heute „Regionalisierung", die auch im Netz gut funktioniert. Hinzu kommt das Verständnis, dass Digitalisierung schon jetzt in praktisch alle Prozesse des Handels, sei es stationär oder durch das Internet geprägt, Einzug gehalten hat. Zudem haben viele kreative Händler gezeigt, dass in einem Internet, das von den Großen dominiert scheint, immer noch Platz für neue Ideen ist. Es gibt also mehr als genug Grund, optimistisch in die Zukunft zu blicken!

Ihr Gero Furchheim

Gero Furchheim, Präsident bevh

Inhalt

Fokus
11	**Strukturwandel I** Konsum in Europa
16	**Strukturwandel II** Weckruf zum Wandel
18	**Vernetzung I** Store, Mobile, Social
23	**Vernetzung II** Verbraucher 4.0
26	**Omnichannel** Zukunft Einkaufserlebnis
30	**Digitale Services** Neue Welten
32	**Location-based Services** Rettung für den PoS
40	**Analytics** Digitale Marktforschung

Strategie & Analyse
- 45 **Marktforschung I** Kanäle werden unsichtbar
- 47 **Marktforschung II** IT-Trends im Handel
- 49 **Interaktiver Handel** Die Mischung macht's
- 53 **Konsumentenverhalten** Das Ende des Pure Play
- 57 **Self-Checkout I** Der Anfang ist gemacht
- 59 **Self-Checkout II** SB-Kassen: Do-it-yourself
- 62 **Fortbildung** Techno-Dschungel?
- 63 **Food** Delikatessen bevorzugt
- 65 **LMIV** Der Beginn einer Ära

Best Practice
- 71 **Customer Journey** Der digitale PoS
- 75 **Baumärkte** Der Store von morgen
- 78 **Supermärkte** Captain mit Handicap
- 80 **Lokaler Handel** Kauf dort, wo du lebst!
- 84 **Kundenservice** Der beste Weg
- 87 **E-Marktplätze** Online! Offline! No-line!
- 91 **Beacon-Testgelände** Stationär, neu gedacht
- 95 **Preisauszeichnung** Digitale Preisschilder
- 97 **Warenhaus I** Mobile first
- 98 **Warenhaus II** Totgesagte leben länger
- 100 **Warenhaus III** Vorbild oder Bösewicht?
- 103 **Shoppingcenter I** Wandel vor Ort
- 108 **Shoppingcenter II** Es wird weiter gebaut
- 112 **Zweitvermarktung** Restposten verkaufen

Politik & Konjunktur
- 115 **Status quo** Der Konsum boomt – noch
- 120 **E-Commerce** Feste Größe
- 122 **Mittelstandspolitik** Fakten und Forderungen
- 124 **Wettbewerbsbeschränkungen** Änderungsbedarf
- 127 **Verkehr** Weniger Kunden mit Auto
- 129 **Local Listing** Finden und Kaufen

Markt
- 133 **Generation Y** Alles digitalisiert sich
- 135 **Einrichten** Online-Handel holt auf
- 138 **GPK/Hausrat** Andere Kaufpräferenzen
- 142 **Home & Interior** Helle Zukunft
- 143 **Food** Tritt auf der Stelle
- 145 **Drogerie/Parfümerie** Treiber: Personal Care
- 148 **Bio** Engpässe beim Angebot
- 150 **Tabak** Noch viele offene Fragen
- 154 **Textil** E-Commerce legt zu
- 157 **Schuhe** Verhalten optimistisch
- 160 **Lederwaren** Positive Stimmung
- 162 **Bücher** Leser sind treue Kunden
- 164 **DIY** Branche wächst
- 170 **Consumer Electronics** Auf Wachstumskurs
- 175 **Office** Konkurrenz schläft nicht
- 178 **Spielwaren** Die Innovationstreiber

Bundesverband E-Commerce und
Versandhandel Deutschland e.V.
www.bevh.org

bevh

DIE ZUKUNFT DES EINKAUFENS KOMMT AUS DEM NETZ – DIE STIMME DER BRANCHE KOMMT VON UNS.

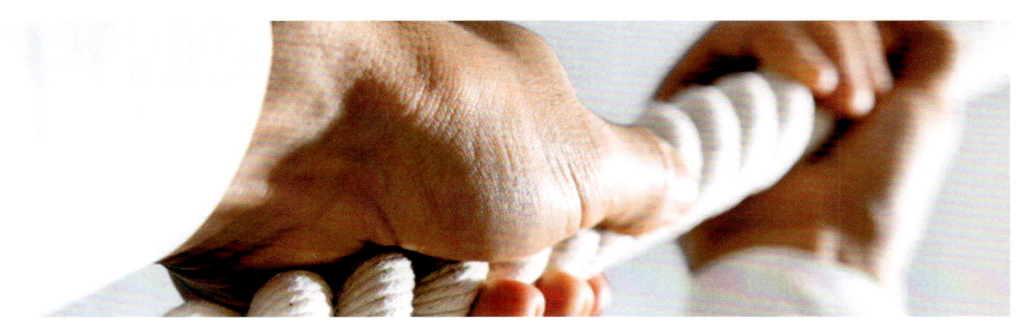

Der Bundesverband E-Commerce und Versandhandel (bevh) ist die Branchenvereinigung für interaktive Händler. Derzeit gehören uns mehr als 330 Online- und Versandhändler sowie über 120 namhafte Dienstleister an. Als Stimme des Interaktiven Handels vertreten wir die Brancheninteressen gegenüber Politik, Verwaltung, Wirtschaft und Öffentlichkeit in Deutschland, Europa und international.

BEVH-LEISTUNGEN   www.bevh.org

VERTRETUNG DER BRANCHENINTERESSEN
Problemorientierte Interessenvertretung auf nationaler, europäischer und internationaler Ebene

RECHTSBERATUNG
Umfassende, praxisorientierte Rechtsberatung, Unterstützung und konkrete Hilfe in allen (Streit-) Fällen

ERFAHRUNGSAUSTAUSCH & NETWORKING
Durchführung von Gremien, Arbeitskreisen, Fachgemeinschaften und Veranstaltungen, Kooperationen mit Verbänden und spezifischen Dienstleistern der Branche

STEUERN, FINANZEN, CONTROLLING
Klärung versandhandelsspezifischer Fragen im Finanz- und Steuerrecht, Fördermittelberatung, Unterstützung bei der Umsetzung neuer gesetzlicher Regelungen

UND VIELES MEHR
Aus- und Weiterbildung mit der bevh-academy, Presse- und Öffentlichkeitsarbeit (on- und offline), relevante und repräsentative Studien, Sonderkonditionen, ...

GERN BEANTWORTEN WIR IHRE FRAGEN PERSÖNLICH: +49 (0) 30.20 61 385-0

Inhalt | Übersicht

Fotos Silke Bohrenfeld, Schlafraum

180	**Augenoptik** Wachsende Konzentration
184	**Fahrräder** Stark in Bewegung
187	**Sport** Die Lifestyle-Branche
190	**Schmuck & Uhren** Gute Rahmenbedingungen
192	**Apotheken** Schlechte Teilhabe
196	**Automobile I** Sehr gute Modellpolitik
200	**Automobile II** Paradigmenwechsel
202	**Tankstellen** Schwankende Preise

Benchmarks
205 **Daten & Fakten** Den Erfolg messen

Organisation
- 211 **Ladenbau I** Radikal digital
- 214 **Ladenbau II** Es grünt so grün
- 216 **Nachhaltigkeit** Genau genommen
- 218 **Visual Merchandising** Die im Dunkeln ...
- 220 **Logistik I** Taktgeber beim Transport
- 222 **Logistik II** Neue Prioritäten
- 224 **Logistik III** Anforderungen wachsen
- 226 **Personal** Gute Mitarbeiter binden

Werbung
- 229 **Marketing** Große Veränderungen
- 233 **Kommunikation** Mehr Geld für PR
- 236 **Zeitungen** Seiten, die bewegen
- 239 **Radio** Generation Kopfhörer
- 241 **Verpackung** Multichannel P@ckaging

Standort & Verkehr
249 **Vertriebsstruktur** Für vitale Städte

- 253 **Online-City** Ausgerechnet Wuppertal
- 256 **Verkaufsfläche** Größer oder kleiner

Bildung & Qualifizierung
- 259 **Coaching** Erweitertes Portfolio
- 261 **Wissenschaftspreis** Jugend forscht
- 263 **Ausbildung** Einer für alle?

Technologie
- 267 **Shopsysteme** Onlineshops im Vergleich
- 270 **Payment I** Suche nach Lösungen
- 273 **Payment II** Erst prüfen, dann zahlen
- 275 **Payment III** Neue Herausforderungen
- 277 **Payment IV** Don't touch me!
- 278 **Sicherheit I** Inventurdifferenzen 2015
- 281 **Sicherheit II** Diebstähle verhindern

Messen & Kongresse
- 285 **Messewirtschaft I** Der reale Kontakt zählt
- 287 **Messewirtschaft II** Messen bleiben wichtig
- 288 **Messe Düsseldorf** Drei Erfolgsstories
- 290 **Messe Köln** Die Welt zu Gast
- 292 **Messe Frankfurt** Von 1240 bis heute

Anhang
- 296 **Zahlenspiegel**
- 298 **Adressen**
- 303 **Impressum**
- 304 **Termine**
- 306 **Autoren**

EuroShop Trade Fairs

The Leading Trade Fair

for Retail Technology

EuroCIS

23–25 February 2016

Düsseldorf, Germany

www.eurocis.com

Messe Düsseldorf

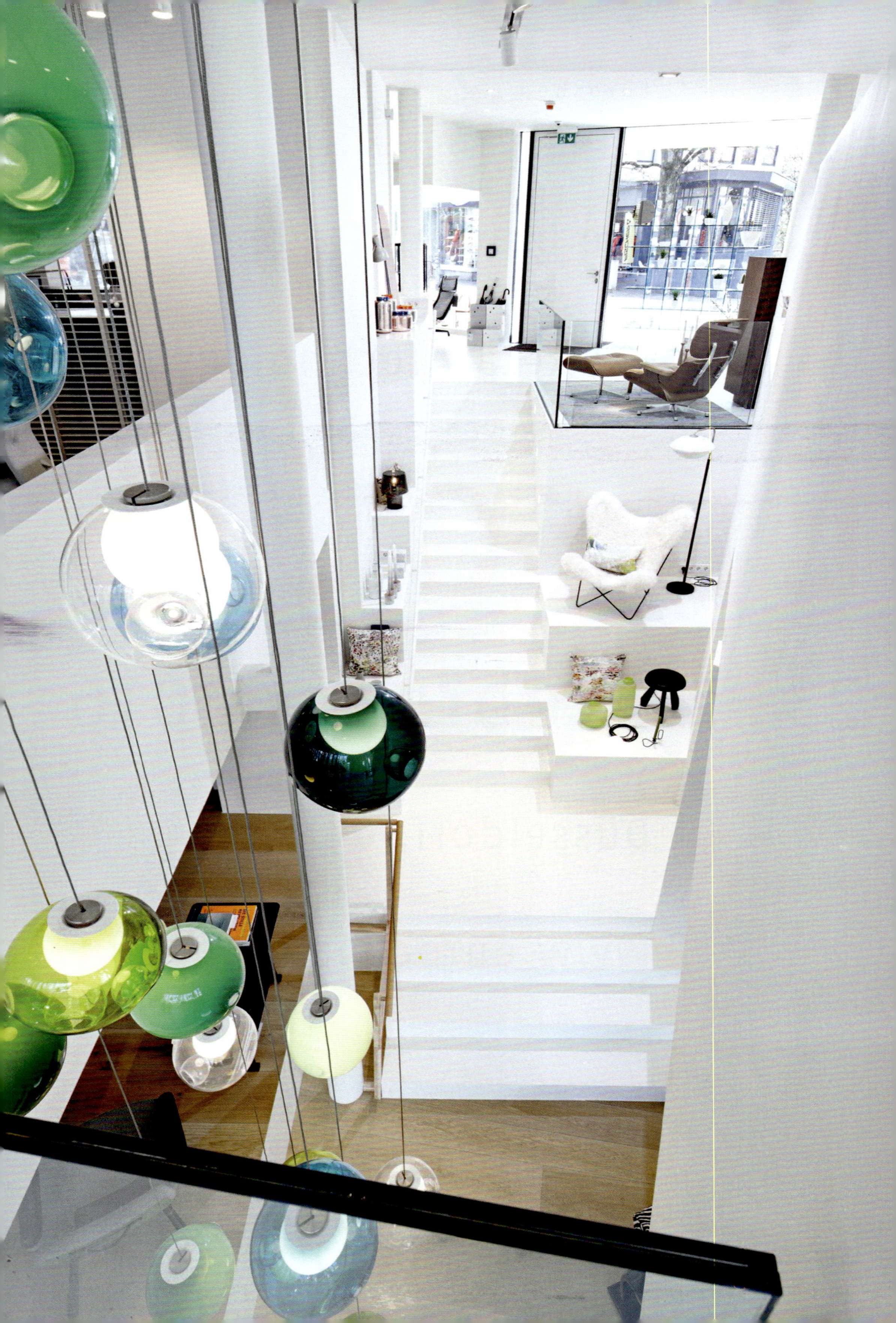

Strukturwandel | **Fokus**

KONSUM IN EUROPA

Welche Auswirkungen hat die Digitalisierung auf den europäischen Handel? Wie reagieren die Konsumenten? Antworten gibt das Europa Konsumbarometer 2015.

Text **Anja Wenk, Commerz Finanz GmbH**

Das Konsumverhalten der Europäer verändert sich. Wie das Europa Konsumbarometer 2015 der Commerz Finanz GmbH zeigt, investieren die Verbraucher heute insgesamt mehr Zeit in Käufe als vor fünf Jahren. Nach Meinung der Europäer nehmen die Neukäufe im Internet weiter stark zu. Deutsche Verbraucher shoppen besonders gerne online. Der stationäre Handel verliert dagegen an Bedeutung. Sowohl der Erwerb neuer Produkte als auch die in Geschäften verbrachte Zeit nehmen weiter ab. Für die europaweite Studie wurden mehr als 8.700 Europäer nach ihren Konsumgewohnheiten gefragt. Im Fokus der aktuellen Verbrauchertrends stehen alternative Konsummuster sowie der Faktor Zeit beim Einkaufen.

Europa erholt sich von der Wirtschaftskrise. Unter den Konsumenten macht sich vorsichtiger Optimismus breit. Bereits für das Jahr 2015 beurteilen die Verbraucher die allgemeine Situation ihres Landes und ihre persönliche Situation positiver als im Vorjahr. Die deutschen Konsumenten vergeben dabei Bestnoten.

Sowohl die ökonomische Gesamtsituation als auch ihre persönliche Lage sehen die Deutschen positiver als der Durchschnitt der Europäer. In neun von zwölf Ländern überwiegen die Ausgabenpläne die Sparabsichten **(Grafik 1)**.

Kaufkraft und Krise

Die Krise hat tiefe Spuren hinterlassen. Für Europas Verbraucher sind die Folgen noch deutlich spürbar. So sehen sich 73 Prozent in ihrer Kaufkraft eingeschränkt. Mehr als jeder zweite Europäer empfindet seine finanzielle Situation schwieriger als vor fünf Jahren. Innerhalb und zwischen den Ländern nimmt die ökonomische Ungleichheit zu.

STIMMUNGSAUFSCHWUNG — Grafik 1

Persönliche Situation: 5,5/10 Pkt. **+0,3** Gesamtsituation: 4,6/10 Pkt.

Gegenüberstellung Europa/Deutschland
Persönliche Situation 2015:
Europa: 5,5/10 Pkt., +0,3 Punkte, Deutschland: 6,3/10 Pkt., +0,2 Punkte
Gesamtsituation 2015:
Europa: 4,6/10 Pkt., +0,3 Punkte, Deutschland: 6,4/10 Pkt., +0,1 Punkt

Quelle **Europa Konsumbarometer 2015/Commerz Finanz GmbH**

DIE KAUFABSICHTEN DER DEUTSCHEN — Grafik 2

Europa vs. Deutschland

	DE 2014	DE 2015	EU 2015
Freizeit, Reisen	63	60	54
Hausumbau/-renovierung	49	43	37
Elektrohaushaltsgeräte	38	35	36
Möbel	36	35	31
Smartphone	31	32	29
Heimwerker-/Gartengeräte	21	20	24
Unterhaltungselektronik (TV, HiFi, Video)	31	30	23
Tablet	19	20	22
PC für Zuhause	23	19	17
Gebrauchtwagen	13	15	16
Sportausrüstung	17	16	15
Neuwagen	13	12	13
Immobilie	6	7	10
Motorrad, Motorroller	4	4	5

Quelle **Europa Konsumbarometer 2015/Commerz Finanz GmbH**

Fokus | Strukturwandel

In Deutschland schätzen die Verbraucher die finanzielle Situation ihres Haushalts vergleichsweise positiver ein. Nur rund jeder dritte Konsument gibt an, diese habe sich verschlechtert. Dagegen berichten 43 Prozent von einer positiven Entwicklung der Finanzlage in den vergangenen fünf Jahren (Europa: 32 Prozent).

Erfreuliche Kaufabsichten

Ganz oben auf der Einkaufsliste der Europäer stehen erneut Ausgaben für Reisen oder Freizeit, Hausumbau- oder Renovierungsarbeiten sowie Elektrohaushaltsgeräte. Die Prioritäten der Deutschen entsprechen denen der Europäer – mit einer Ausnahme: Fast ein Drittel der Bundesbürger plant den Kauf von Unterhaltungselektronik. Im europäischen Vergleich sind dies nur 23 Prozent **(Grafik 2)**.

Aufmerksame und reife Konsumenten

Die angespannte finanzielle Situation wirkt sich auch auf die Konsummuster der Europäer aus. Über die Hälfte kauft weniger als vor fünf Jahren (52 Prozent). Auch Spontankäufe nehmen deutlich ab, 56 Prozent haben ihre Impulskäufe reduziert. Die Konsumenten vergleichen die Preise stärker (83 Prozent) und warten auf spezielle Angebote (79 Prozent). Den europäischen Verbrauchern kann eine gewisse Reife attestiert werden. Nicht allein der Preis entscheidet, sondern auch Qualität, Herkunft und Zusammensetzung der Produkte gewinnen an Relevanz. Zwei von drei Europäern interessieren sich stärker als vor fünf Jahren dafür, woher ein Produkt stammt (67 Prozent) und wie umweltverträglich es ist (60 Prozent). Die Kauflaune der Deutschen bleibt weitgehend ungetrübt. 38 Prozent geben an, weniger zu kaufen als noch vor fünf Jahren. Europaweit ist dies der niedrigste Wert. Gleichzeitig steigerten viele deutsche Verbraucher (23 Prozent) ihren Konsum. Damit liegen sie über dem europäischen Schnitt (18 Prozent). Für Herkunft und Zusammensetzung der Produkte interessiert sich gut jeder zweite Verbraucher (53 Prozent). Spezielle Angebote (72 Prozent) und Preisvergleiche (71 Prozent) sind für die Deutschen ebenfalls wichtig **(Grafik 3)**.

> „DER STATIONÄRE HANDEL WIRD KÜNFTIG AUF INTERAKTIVE KONZEPTE ZURÜCKGREIFEN MÜSSEN, UM DEN GEWOHNHEITEN DER KONSUMENTEN ZU ENTSPRECHEN. IN BERATUNGSINTENSIVEN SPARTEN FÜHRT DIES ZU EINER VERSTÄRKTEN INTEGRATION VON TECHNOLOGIE UND SPEZIELL GESCHULTEM VERKAUFSPERSONAL."
>
> PROF. DR. SUSANNE WIGGER-SPINTIG, HOCHSCHULE FÜR ANGEWANDTE WISSENSCHAFTEN MÜNCHEN

REIFE KONSUMENTEN IN EUROPA — Grafik 3

- 52 % kaufen insgesamt weniger ...
- 67 % interessieren sich stärker für die Herkunft eines Produktes ...
- 79 % warten häufiger auf spezielle Angebote ...

... als vor 5 Jahren.

Gegenüberstellung Europa/Deutschland:
Weniger einkaufen: Europa 52 %, Deutschland 38 %
Interesse für Herkunft: Europa 67 %, Deutschland 53 %
Spezielle Angebote: Europa 79 %, Deutschland 72 %

Quelle **Europa Konsumbarometer 2015/Commerz Finanz GmbH**

Art des Einkaufens hat sich verändert

Fast jeder dritte europäische Verbraucher (62 Prozent) ist überzeugt, dass sich seine Art des Kaufens in

Strukturwandel | **Fokus**

PRODUKTE AUS ZWEITER HAND BELIEBT
Grafik 4

59 %
... haben Produkte/Kleidung bereits weiterverkauft

66 %
... haben Produkte/Kleidung bereits gekauft

Gegenüberstellung Europa/Deutschland:
Weiterverkauf: Europa 59 %, Deutschland 65 %
Kauf: Europa 66 %, Deutschland 65 %

Quelle **Europa Konsumbarometer 2015/Commerz Finanz GmbH**

ZEIT FÜR KÄUFE: 2009-2014
Grafik 5

Internet — **49 %** — nehmen sich mehr Zeit für Käufe im Internet.

Geschäft — **37 %** — nehmen sich weniger Zeit für Käufe vor Ort.

Gegenüberstellung Europa/Deutschland:
Mehr Zeit für Käufe im Internet: Europa 49 %, Deutschland 50 %
Weniger Zeit für Käufe vor Ort: Europa 37 %, Deutschland 36 %

Quelle **Europa Konsumbarometer 2015/Commerz Finanz GmbH**

---

den vergangenen fünf Jahren weiterentwickelt hat. Praktiken des kollaborativen Konsums sind weiter auf dem Vormarsch. Produkte werden häufiger nicht mehr gekauft, sondern getauscht, geliehen oder gemietet. Mehr als jeder vierte Europäer gibt an, verstärkt auf gebrauchte Artikel zurückzugreifen (27 Prozent). Insgesamt haben zwei Drittel der Europäer (66 Prozent) bereits Gebrauchtkäufe getätigt. Die Verbraucher entdecken außerdem neue Konsumformen wie „Click & Collect" oder Gruppenkäufe. Als Hauptmotiv für Online-Käufe, Gebrauchtkäufe und kollaborativen Konsum werden vor allem finanzielle Gründe angeführt. 40 bis 60 Prozent der europäischen Verbraucher sehen einen Zusammenhang zwischen ihren Konsumpraktiken und der Wirtschaftslage.

Auch in Deutschland haben rund zwei Drittel der Verbraucher (65 Prozent, **Grafik 4)** bereits gebrauchte Waren erworben. Dagegen teilen und tauschen deutsche Konsumenten weniger häufig Immobilien oder Gebrauchsgegenstände. 68 Prozent geben an, diese Konsumform bisher noch nicht praktiziert zu haben (Europa: 64 Prozent). Auch den Kauf per Mausklick und das anschließende Abholen der Waren im Handel ist in Deutschland bisher weniger stark ausgeprägt. Erst ein gutes Drittel der Deutschen (35 Prozent) hat bereits per „Click & Collect" gekauft (Europa: 40 Prozent).

Verbraucher verbringen weniger Zeit im stationären Handel
Dem Internet und mobilen Technologien kommt beim Konsum inzwischen eine wesentliche Bedeutung zu. So nutzen knapp drei Viertel (73 Prozent) der euro-

Alles über die Studie

Das **Europa Konsumbarometer** wird jährlich von der **Commerz Finanz GmbH** herausgegeben. Die Studie befasst sich mit dem Verbraucherverhalten in Europa sowie den Entwicklungen und Trends in verschiedenen Konsumgüterbranchen. Alle Untersuchungen und Prognosen wurden im November 2014 in Zusammenarbeit mit dem **internationalen Marktforschungsunternehmen BIPE** auf Basis einer Internet-Umfrage realisiert. Die Studie basiert auf einer repräsentativen Befragung von mehr als 8.700 Europäern (über 18 Jahre) in den **zwölf teilnehmenden Ländern:** Belgien (BE), Deutschland (DE), Frankreich (FR), Großbritannien (GB), Italien (IT), Polen (PL), Portugal (PT), Rumänien (RO), Slowakei (SK), Spanien (ES), Tschechische Republik (CZ) und Ungarn (HU).

Fokus | Strukturwandel

päischen und deutschen Verbraucher das Internet und mobile Technologien vermehrt für Einkäufe. Fast jeder dritte europäische Verbraucher (31 Prozent) gibt an, grundsätzlich mehr Zeit für Käufe zu investieren als 2009. Das gilt besonders für das Internet. Knapp jeder Zweite recherchiert vor dem Kauf ausgiebig online. Der stationäre Handel verliert dagegen an Bedeutung. Mehr als jeder dritte Europäer (37 Prozent) und Deutsche (36 Prozent) verbringt weniger Zeit in Geschäften. Deutsche Verbraucher shoppen besonders gerne online. 78 Prozent tätigen genauso viele oder mehr Neukäufe im Internet wie noch vor fünf Jahren **(Grafik 5)**.

Produkt beeinflusst Einkaufsdauer

Je nach Produkt treffen die Europäer ihre Kaufentscheidung unterschiedlich schnell. 1,5 bis 2 Stunden benötigen sie für Kleidung, Heimwerker- oder Gartengeräte. Deutlich mehr Zeit nehmen sich die Verbraucher für Einrichtungsgegenstände (2,5 Stunden) oder Elektrohaushaltsgeräte und Unterhaltungselektronik (über 3 Stunden). Vor allem deutsche Verbraucher prüfen TV-, HiFi- und Videogeräte vor dem Kauf ganz genau. Für Recherche und Kauf benötigen sie über fünf Stunden. Am schnellsten entscheiden sie sich dagegen bei Heimwerker- oder Gartengeräten. Nach knapp einer Stunde ist der Kauf abgeschlossen.

Schneller Kaufabschluss gefragt

Obwohl die europäischen Verbraucher mehr Informationen zu den Produkten recherchieren, möchte die Mehrheit ihre Käufe so schnell wie möglich abschließen. Dies gilt sowohl im Internet (50 Prozent) als auch im Geschäft (61 Prozent). Konsumenten, die angeben, sie hätten sich beim letzten Kauf schneller entschieden als zuvor, führen dies vor allem auf den

---

Über neue Konsummuster sowie das Leihen und Tauschen

Wie verändert sich derzeit der Konsum?
Die wirtschaftliche Situation der europäischen Verbraucher verbessert sich. Zwischen den Ländern gibt es jedoch erhebliche Unterschiede bei der Kaufkraft. Insgesamt kaufen die Konsumenten überlegter ein. Dabei achten sie verstärkt auf Preis und Angebote. Gleichzeitig behalten sie Qualität und Herkunft der Waren im Blick.

Welche Auslöser führen zu den neuen Konsummustern?
Neben finanziellen Aspekten beeinflusst der Faktor Zeit im Wesentlichen das Verbraucherverhalten. Die Konsumenten sind nicht nur bereit, sich Zeit für Käufe zu nehmen, sie würden sich gerne noch länger umsehen und informieren. Dies gilt sowohl für den stationären Handel als auch für das Internet.

Wie erklären Sie sich den Vormarsch neuer Konsumformen wie Leihen und Tauschen?
Der Konsum lässt sich nicht vollständig durch wirtschaftliche Faktoren erklären. Das Ausleihen oder Tauschen von Gütern bringt zwei Vorteile mit sich: Der Verbraucher spart zum einen Geld, zum anderen verschwendet er keinen Platz für Dinge, die er nur selten braucht. Die Europäer denken beim Konsum um.

Dr. Anja Wenk, Bereichsleiterin Vertriebsmanagement sowie Pressesprecherin der Commerz Finanz GmbH.

Foto *Commerz Finanz GmbH*

ZEITERSPARNIS

Grafik 6

40 % der Europäer (Deutschland: 28 %) nennen Zeitersparnis als Hauptmotiv für „Click & Collect" und Neukäufe im Internet.

Quelle **Europa Konsumbarometer 2015/Commerz Finanz GmbH**

Preis und besondere Angebote zurück. Für eine langsamere Entscheidung seien der Wunsch, die richtige Kaufentscheidung zu treffen, und das Warten auf besondere Angebote ausschlaggebend.

Zeitersparnis ist besonders beim „Click & Collect" und bei Käufen im Internet neben finanziellen Aspekten die wichtigste Motivation. Über 40 Prozent der Verbraucher nutzen diese Konsumoptionen für einen schnellen Kauf. Der stationäre Handel bietet dagegen die Möglichkeit, sich vor Ort von der Qualität der Produkte zu überzeugen. Als zweitwichtigsten Grund für Neukäufe in Geschäften nennen die Europäer die Freude am Konsum. In Deutschland ist das „Click & Collect"-Angebot bisher vergleichsweise weniger verbreitet. 28 Prozent der Konsumenten sind von der Zeitersparnis überzeugt **(Grafik 6)**.

Längere Öffnungen und mehr Service

Jedem dritten Europäer würden ein größeres Dienstleistungsangebot auf den Websites (32 Prozent) das Einkaufen erleichtern. Gefragt sind auch eine bessere Erreichbarkeit durch Carsharing-Angebote oder öffentliche Verkehrsmittel (21 Prozent), eine persönliche Betreuung vor Ort (28 Prozent) und eine optimierte Gestaltung des Kundenlaufs im Geschäft/in der Struktur im Internet (23 Prozent). Rund die Hälfte der Verbraucher wünscht sich verlängerte Öffnungszeiten an Sonntagen, abends oder früh am Morgen (49 Prozent). Deutsche Verbraucher sind mit dem Konsumangebot weitestgehend zufrieden. Trotz der Krise assoziieren sie Konsum mit Vergnügen (89 Prozent). Nur 24 Prozent wünschen sich mehr Dienstleistungen auf den Homepages der Anbieter. Dies ist europaweit der geringste Wert. Auch bei der Forderung nach längeren Öffnungszeiten liegen die Deutschen unter dem europäischen Schnitt (39 versus 49 Prozent, **Grafik 7**).

Fazit: Die Konsumerholung greift

Das Jahr 2015 steht im Zeichen der Konsumerholung. In Deutschland bleibt die Wirtschaft stabil. Die Einschätzung der Gesamtsituation des Landes wie auch die persönliche Situation der Verbraucher steigen. Beim Konsumverhalten gilt das Motto „Spaß am Einkauf, aber ohne viel Zeit zu verlieren". Während 39 Prozent der Bundesbürger sich häufiger etwas gönnen, steht beim Online-Kauf neuer Produkte das Motiv „Zeit sparen" an erster Stelle. Mit dem Konsumangebot sind die deutschen Verbraucher weitestgehend zufrieden. Spezielle Angebote und Preisvergleiche sind für die Deutschen jedoch wichtig.

Das Europa Konsumbarometer 2015 kann über **www.markt-studie.de** erworben werden.

FORDERUNGEN DER VERBRAUCHER

Grafik 7

- **49 %** Verlängerte Öffnungszeiten
- **32 %** Größeres Dienstleistungsangebot auf Websites
- **28 %** Persönliche Betreuung vor Ort
- **23 %** Optimierter Kundenlauf im Geschäft/in der Struktur im Internet
- **21 %** Bessere Erreichbarkeit

Gegenüberstellung Europa/Deutschland:
Verlängerte Öffnungszeiten: Europa 49 %, Deutschland 39 %
Dienstleistungsangebot/Websites: Europa 32 %, Deutschl. 24 %
Persönliche Betreuung: Europa 28 %, Deutschland 21 %
Optimierter Kundenlauf: Europa 23 %, Deutschland 23 %
Bessere Erreichbarkeit: Europa 21 %, Deutschland 17 %

Quelle **Europa Konsumbarometer 2015/Commerz Finanz GmbH**

Fokus | Strukturwandel

WECKRUF ZUM WANDEL

Immer mehr Dinge sind mit dem Internet vernetzt. Die Wertschöpfungskette erlebt eine echte Revolution. Wer hier bestehen will, muss neue Wege ausprobieren.

Text **Andreas Zillgitt, GS1 Germany**

Ein Schlagwort ist in aller Munde: Digitale Transformation. Doch was ist das? Einfach ein neues Buzzword? Davon gibt es genug: Hybrid Shopper, Big Data, Industrie 4.0 und all die „intelligenten" Begriffspaare wie Smart Shopping, Smart Home oder Smart City. Nun also Digitale Transformation. Nur um ein weiteres Element in der Schlagwortwolke handelt es sich aber nicht. Es ist ein Weckruf. Die Botschaft: Sei zukunftsfähig! Transform now! – so lautete auch das Motto der Veranstaltung „ECR Tag 2015". Digitale Transformation steht für all die Chancen und Herausforderungen, die sich für Unternehmen aus den anderen Begriffen ergeben. Die Digitalisierung unseres Alltags ist Realität. Sie verändert das Informations- und Kaufverhalten der Konsumenten rasant. Der Online-Handel expandiert vor allem deshalb, weil junge Menschen damit aufwachsen. Wie selbstverständlich kaufen sie Waren im Netz. Das ist vor allem bequem. Der stationäre Handel wiederum kann punkten mit Kompetenz, Beratung und Erlebnischarakter. Dies sind Ergebnisse der „Konsumentenstudie 2015" von KPMG und GS1 Germany. Veränderungen menschlichen Verhaltens sind stets Voraussetzung für wirtschaftliche Umwälzungen. Dies ist heute nicht anders als zu Zeiten der ersten industriellen Revolution. Eine Erfindung bringt nichts, wenn Menschen sie nicht nutzen. Aktuell erlebt die Wertschöpfungskette eine (R)Evolution.

Digitaler Darwinismus

Industrie und Handel müssen sich der neuen Möglichkeiten annehmen, um im Wettbewerb bestehen zu können. Dazu die Wissenschaftler Reinhard Jung und Jochen Müller, beide Universität St. Gallen, in einem Fachartikel: „Die Innovation digitaler Technologien schafft neue Potenziale für Unternehmen bei der Gestaltung des Geschäftsmodells und der Produkte wie auch in der Interaktion mit Kunden und anderen Marktpartnern." Das hört sich nüchtern an. Aber hier geht es ums Ganze – um Sein oder Nichtsein. Unter Fachleuten werde gar von „Digitalem Darwinismus" gesprochen, um Geschäftsführern fast aller Branchen klar zu machen, dass es um einen Überlebenskampf geht, der nur durch Veränderung zu gewinnen sei. Die beiden Forscher betonen die strategische Dimension: „Digitale Transformation ist kein IT-Projekt, bei dem es darum geht, einzelne Innovationen aus der Informationstechnologie zu implementieren – nach Art von: Unsere IT hat einen Webshop aufgesetzt. Vielmehr ist der Umgang mit Digitaler Transformation eine Gestaltungs- und Führungsaufgabe, die an der Unternehmensspitze beginnt." Es gelte Geschäftsmodelle, Strategien, Kanäle und Produkte zu hinterfragen und innovative Möglichkeiten umfassend zu nutzen. Nur so sei es möglich, sich für den verschärften Wettbewerb und die steigenden, teilweise sogar disruptiv neuen Anforderungen der Kunden zu rüsten. Durch ihr verändertes Informations- und Einkaufsverhalten reißen Konsumenten bestehende Produktionsprozesse, Wertschöpfungsketten und Absatzkanäle auseinander, um sie anschließend neu zu verknüpfen. Mitunter wird die Nachfrage nach bisher erfolgreichen Produkten und Dienstleistungen für immer unterbrochen.

Umsatzchancen erkennen

Als im Jahr 2007 das iPhone auf den Markt kam, wähnte sich so mancher Handy-Hersteller noch in Sicherheit. Heute sind etliche von ihnen von der Bildfläche verschwunden. Auch die Medienbranche weiß genau, was digitaler Wandel bedeutet. Nun hat es Transformation schon immer gegeben. Rahmenbedingungen ändern sich, Innovationen schaffen neue Produkte, Dienstleistungen und Bedürfnisse: Geschäftsmodelle werden angepasst und es bieten sich Chancen für ganz neue Umsatzquellen. Die Informationstechnologie ist seit Jahren ein wichtiger Treiber dieser Veränderungen. Das heute Neue: Die Verände-

Strukturwandel | **Fokus**

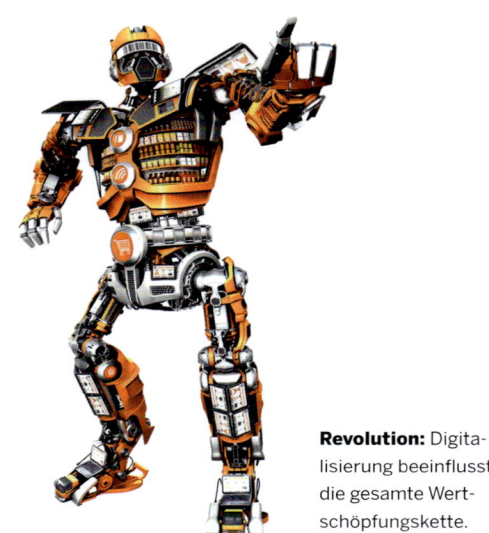

Revolution: Digitalisierung beeinflusst die gesamte Wertschöpfungskette.

rungen vollziehen sich immer schneller. Die Dauer, bis mit neuen Technologien eine Million Nutzer erreicht sind, verkürzt sich zusehends. Beim Radio hat es 25 Jahre gedauert, beim Fernsehen 15 Jahre, beim Smartphone vier und bei Facebook zwei, berichtete die Handelszeitung aus Zürich.

Datenschutz? Ja, aber ...

Elementar ist für den Verbraucher auch die Einhaltung von Datenschutzregeln und Sicherheitsstandards im Netz. Denn letztlich haben sowohl Industrie als auch Handel Zugriff auf sich ergänzende Daten über ihn als Käufer bzw. Verwender der Produkte. Der Verbraucher wiederum legt ein ambivalentes Verhalten an den Tag. Einerseits kocht Entrüstung über immer wieder auftretende Datenskandale hoch. Die Folge: Das Vertrauen der Konsumenten hinsichtlich Datenschutz und -sicherheit von Online-Angeboten bröckelt. Andererseits gibt der Konsument bereitwillig seine Daten und sogar Privates im Internet preis. Eine vertrauenswürdige Sicherheitsumgebung im Netz ist darum zunehmend für alle Branchen das Zünglein an der Waage. Big Data macht die Bedürfnisse und Kaufabsichten von Konsumenten transparent. Kunden können gezielt angesprochen werden. „Schon jetzt ist personalisierte Werbung auf PC, Tablet und Smartphone Realität – bald auch im Smart TV", wie Bernd Skiera, Inhaber des Lehrstuhls für Electronic Commerce an der Goethe-Universität in Frankfurt am Main, betont.

Transformation tradierter Rollen

Durch die neuen Rollen von Handel und Industrie wird die Value Chain verändert, Optimierungspotenziale entstehen. So macht die Digitalisierung aus jedem Konsumenten einen potenziellen Händler (z. B. Ebay) und Hersteller (z. B. Dawanda). Kleine und mittelgroße Händler einer Stadt vernetzen ihre Absatzkanäle (z. B. Atalanda). Gleichzeitig werden große Online-Händler zusätzlich zu Herstellern (z. B. Amazons E-Reader) und Medien expandieren als Handelsplattformen (z. B. Google Shopping). Daneben verändert sich die Logistik. Sie wird feinmaschiger. Kurier- und Paketdienstleister gewinnen an Bedeutung. Jeder Bürger könnte zum Logistikdienstleister werden und sein eigenes Auto oder Fahrrad zum Einkommenserwerb nutzen (z. B. Uber). In der vernetzten und digitalisierten Wirtschaft macht jeder alles – theoretisch zumindest. Möglich wird diese Entwicklung, weil das Sammeln, Speichern und Übertragen von Informationen heute viel weniger Geld kostet als noch vor zehn Jahren. Deshalb lässt sich heute jedes elektronische Gerät, jede Maschine und jedes Fahrzeug zu vertretbaren Kosten mit Sensoren, Prozessoren, Datenspeicher und Software ausstatten und an das Internet anschließen. Das Ergebnis ist das Internet der Dinge.

Für den Ökonomen und Bestseller-Autor Jeremy Rifkin („Die Null-Grenzkosten-Gesellschaft", „Die dritte industrielle Revolution") entsteht „eine neue Form des Wirtschaftens", mitunter eine „intelligente Gesellschaft". Für ihn setzt sich das Internet der Dinge „aus einem Kommunikations-, Energie- und Logistikinternet zusammen, die gemeinsam als Betriebssystem funktionieren". Die Welt befindet sich in tiefgreifenden Umwälzungen. Industrie und Handel müssen ihre Geschäftsmodelle anpassen. Die Führung fast jeden Unternehmens ist aufgefordert, den Prozess der Digitalen Transformation einzuleiten. Nur wem es gelingt, den steten Fluss von Daten wertschöpfend einzusetzen, wird auf Dauer erfolgreich sein.

Fokus | Vernetzung

STORE, MOBILE, SOCIAL

Nicht dem Onlineshopping allein gehört die Zukunft. Mobiles Einkaufen wird erst in Ergänzung mit tollen Läden und sozialen Medien zum perfekten Einkaufserlebnis.

Text **Gerd Bovensiepen, Stephanie Rumpff, PwC**

Lange Zeit galt: Onlineshopping ist in, Ladengeschäfte sterben aus. Heute zeigt sich: In einigen Segmenten stagniert der Trend zum Kauf per Mausklick. Der Laden um die Ecke oder in der Innenstadt ist und bleibt der wichtigste Kontakt zum Kunden. Gleichzeitig nutzen immer mehr Verbraucher ihr Smartphone und Social Media im Einkaufsprozess.

Die Online-Umsätze in Deutschland steigen weiter, oftmals zulasten des stationären Geschäfts. Etwa jeden 10. Euro geben die Konsumenten in Deutschland heute im Internet aus. 2014 waren dies knapp 44 Mrd. Euro. Doch auch wenn die Internet-Umsätze insgesamt in allen Produktkategorien zulegen werden, wächst der Anteil der Konsumenten, die lieber im Internet als im Geschäft einkaufen, nicht mehr in allen Produktkategorien. Zu diesem Ergebnis kommt die jährliche PwC-Befragung von Online-Käufern.

Stagnation bei Büchern & Co.

74 Prozent der deutschen Online-Käufer – Konsumenten, die schon mindestens einmal im Internet eingekauft haben – bestellen Bücher, Musik, Filme oder Videospiele am liebsten online. Aber ihr Anteil in diesem Segment sinkt leicht: Im Vorjahr gaben noch 78 Prozent der Verbraucher an, dass sie Bücher & Co. am liebsten online kaufen **(Grafik 1)**.

Auch bei anderen Produktgruppen zeigen sich bei der Vorliebe für Onlineshopping erste Sättigungstendenzen, z. B. beim Kauf von Unterhaltungselektronik und Computern. 60 Prozent der Befragten kaufen diese Produkte vorzugsweise online, im Vorjahr waren es noch 62 Prozent. Beim Kauf von Kleidung und Schu-

VIELE BÜCHER, WENIG FOOD

Grafik 1

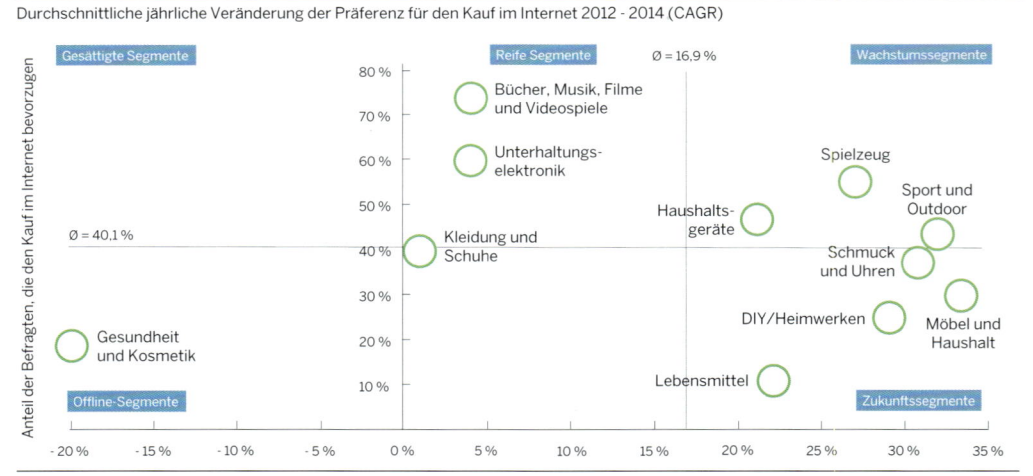

Durchschnittliche jährliche Veränderung der Präferenz für den Kauf im Internet 2012 - 2014 (CAGR)

Quelle **PwC**

Seit wir auf Ökostrom umgestellt haben, ist unsere Beleuchtung fest davon überzeugt, eine positivere Ausstrahlung zu haben.

Aktiver Klimaschutz – dafür setzen wir uns ein.
Als eines der führenden Handels- und Touristikunternehmen Europas haben wir bei der REWE Group beschlossen, bis zum Jahr 2022 die Treibhausgasemissionen, bezogen auf unsere Verkaufsfläche, um 50 Prozent zu reduzieren. Deshalb beziehen wir seit 2008 für mehr als 6.000 unserer Märkte, Lager und Reisebüros ausschließlich zertifizierten Strom aus erneuerbaren Energien.
www.rewe-group.com/nachhaltigkeit

hen zeichnet sich ebenfalls eine Trendwende ab: 39 Prozent der deutschen Verbraucher kaufen Kleidung und Schuhe am liebsten online – ein Minus von sieben Prozentpunkten im Vergleich zum Vorjahr. Diese Zahlen belegen: Beim Verkauf von Büchern, Unterhaltungselektronik und Bekleidung lassen sich kaum noch neue Onlineshopper gewinnen. Händler sollten sich in diesen Produktkategorien darauf konzentrieren, bestehende Online-Kunden zu binden und deren Ausgaben online oder kanalübergreifend zu steigern.

In Crosschannel investieren

In den übrigen Branchensegmenten – ausgenommen Gesundheits- und Kosmetikprodukte, die lieber im Laden gekauft werden – ist der Trend zum Online-Kauf ungebrochen: Die Anzahl der Verbraucher, die Produkte wie Spielzeug, Haushaltsgeräte oder Schmuck am liebsten im Internet kaufen, ist in den vergangenen drei Jahren um durchschnittlich rund 28 Prozentpunkte pro Jahr gestiegen. Dieses Wachstum dürfte sich zunächst fortsetzen. Händler in diesen Segmenten haben gute Chancen, im Internet weitere Neukunden für sich zu gewinnen oder ihre Kunden aus dem stationären Geschäft zum Einkauf im eigenen Onlineshop zu motivieren.

Möbel und Haushaltswaren kaufen 30 Prozent der Deutschen bereits im Internet, bei Heimwerkerprodukten bevorzugen 25 Prozent den Einkauf per Mausklick und rund 12 Prozent der Verbraucher beziehen ihre Lebensmittel online. In diesen Segmenten mit einem relativ niedrigen Anteil an Onlineshoppern bestehen gute Wachstumsaussichten für Multichannel-Händler. Denn Konsumenten werden ihre Einkäufe auch in diesen Produktgruppen künftig verstärkt ins Internet verlagern. Für Händler und Hersteller lohnt es sich also, ihre Online-Angebote weiter kundenorientiert auszubauen und kanalübergreifende Einkaufsmöglichkeiten zu schaffen.

Stationär: wichtigster Kontaktpunkt

Auch wenn der Anteil an Onlineshopping zunimmt, bleibt das stationäre Geschäft der wichtigste Kontakt zum Kunden **(Grafik 2)**: 41 Prozent der befragten

KONTAKTPUNKT LADEN — Grafik 2

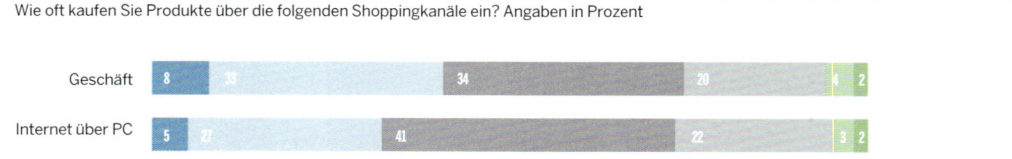

Wie oft kaufen Sie Produkte über die folgenden Shoppingkanäle ein? Angaben in Prozent

Kanal	täglich	wöchentlich	monatlich	mehrmals pro Jahr	ein Mal im Jahr	nie
Geschäft	8	30	34	20	4	2
Internet über PC	5	27	41	22	3	2
Katalog	3	13	19	23	17	26
Internet über Tablet	3	9	16	10	5	57
Internet über Smartphone	2	6	15	11	7	57
TV Shopping	1	4	7	7	7	75
Wearables	1	3	5	6	4	81

Quelle **PwC**

Online-Käufer gehen mindestens einmal pro Woche in einem Geschäft einkaufen. Keiner der Onlinekanäle vereint isoliert betrachtet so viele wöchentliche Einkäufe: PC (32 Prozent), Tablet (12), Smartphone (10) oder Wearables (4).

Während die Online-Kanäle mit Convenience und besseren Preisen punkten, schätzen die Konsumenten an Geschäften die Möglichkeit, die Waren zu sehen, anzufassen, auszuprobieren und direkt mitnehmen zu können. Auch wenn Online-Händler versuchen, ihre Produkte möglichst erlebbar im Internet zu präsentieren, und ihre Pakete immer schneller ausliefern, werden sie den Konsumenten kaum das unmittelbare Einkaufserlebnis wie in einem Geschäft bieten können. Allerdings haben die Vorteile des Online-Handels und die zunehmende Digitalisierung dazu geführt, dass die Erwartungen der Konsumenten an das stationäre Geschäft sowohl gestiegen als auch differenzierter geworden sind. Eine PwC-Befragung von deutschen Konsumenten zeigt, dass Kunden eine bessere Vernetzung von Geschäft und Onlineshop ebenso erwarten, wie ein verbessertes Einkaufserlebnis (z. B. durch Events), mehr Convenience (z. B. durch Click & Collect oder einen Transportservice) und individualisierte Angebote. Diese Erwartungen zeigen, dass es in einer digitalen Welt nicht mehr ausreichen wird, bislang bewährte Filialformate einfach fortzuführen. Händler sollten genau analysieren, was die Kunden in ihren jeweiligen Branchensegmenten erwarten, wo die eigenen Stärken liegen, mit welchen Angeboten sie sich differenzieren können, und dann zielgerichtet in die digitale Vernetzung und die Verbesserung des Einkaufserlebnisses investieren.

Mobile Shopping hat wichtige Rolle

Deutsche Verbraucher integrieren Smartphones und Tablets immer stärker in den Einkaufsprozess. Ein Viertel der Konsumenten tätigt mindestens monatlich eine Bestellung per Smartphone. Im Vergleich zu anderen Verkaufskanälen macht Mobile Shopping zwar nur einen kleinen Teil des Gesamtumsatzes im Einzelhandel aus, allerdings hat sich das Smartphone in nur wenigen Jahren zu einem wichtigen Einkaufsbegleiter entwickelt und wird regelmäßig konsultiert, um Produkte zu recherchieren, Preise zu vergleichen oder Geschäfte in der Nähe zu suchen.

Das größte Hemmnis von Mobile Shopping stellt aus Sicht der Kunden die Sicherheit dar. Die Datenschutzpannen und Spionage-Affären aus der jüngsten Vergangenheit haben ihre Spuren bei den Verbrauchern hinterlassen. 39 Prozent nannten die Sorge um die Sicherheit ihrer privaten Daten als Grund, wieso sie nie per Smartphone einkaufen. Wer als Händler die Sicherheit vertraulicher Daten nicht gewährleisten kann, verliert sehr schnell Kunden und wird nicht in der Lage sein, neue zu gewinnen.

Konsumenten treten also immer mehr über mobile Geräte mit dem Handel in Kontakt. Mobile Shopping sollte allerdings nicht unabhängig von den übrigen Kontaktpunkten zum Kunden betrachtet werden,

PRODUKTSUCHE UND PREISVERGLEICH — Grafik 3

Wofür haben Sie Ihr Mobiltelefon, Smartphone, Tablet oder PC bereits genutzt? Angaben in Prozent

nach Produkten recherchiert	38
einen Preis mit dem von anderen Anbietern verglichen	34
ein Geschäft mit meinem Smartphone lokalisiert	20
QR Codes gescannt	19
einen Coupon eingelöst	18
ein Angebot in einem nahe gelegenen Geschäft erhalten	13
Bonus- und Kundenbindungsprogramme genutzt	10
an der Kasse bezahlt	7
über Social Media in einem Geschäft „eingecheckt"	7
Produktempfehlungen erhalten	5
finanzielle Mittel vor dem Kauf überprüft	3
keine der genannten Aussagen trifft auf mich zu	42

Quelle **PwC**

Fokus | Vernetzung

sondern als Teil des kanalübergreifenden Einkaufserlebnisses. Händler sind gut beraten, sich über eine nutzerfreundliche App oder mobile Website mit einem echten Mehrwert für ihre Kunden zu positionieren. Das kann etwa über individuelle, persönliche Angebote oder Rabattcoupons gelingen **(Grafik 3)**.

Marken stärken mit Social Media

Auch soziale Medien werden beim Einkauf wichtiger. Der Einzelhandel erzielt zwar kaum direkte Umsätze über soziale Netzwerke. Händler und Hersteller müssen aber genau verstehen, wie sie mit Social Media ihre Marken stärken und präsenter machen können. Immerhin sucht jeder fünfte Online-Käufer und jeder Dritte aus der Gruppe der Digital Natives Marken oder Händler in sozialen Netzwerken oder folgt seinen Lieblingsmarken und -händlern auf Facebook & Co. Knapp die Hälfte der Online-Käufer gibt an, dass ein Austausch mit ihren bevorzugten Händlern oder Marken in den sozialen Netzwerken dazu geführt hat, dass sie mehr bei diesen einkaufen **(Grafik 4)**.

Kampagnen nach dem Gießkannenprinzip sollten Einzelhändler aber vermeiden. Vielmehr müssen sie analysieren, welche Rolle Social Media bei ihren Zielgruppen spielt und zielgerichtet in Social Media Marketing und die Verknüpfung mit dem eigenen Onlineshop investieren. Soziale Netzwerke bieten auch gute Personalisierungsmöglichkeiten und haben sich als sehr wirkungsvolles Medium für ein Re-Targeting etabliert: Der Besucher einer Website wird markiert und erhält auf anderen Websites gezielte Werbung, um so Marken und Produkte relevanter zu machen und Klick- und Konversationsraten zu erhöhen.

Den Kunden crossmedial im Blick

Für sechs von zehn Online-Käufern beginnt ein Einkauf bei Google & Co. Wenn ein Einzelhändler hier unter den ersten Einträgen zu finden ist, stehen die Chancen auf Umsatz nicht schlecht – auch im Ladengeschäft. Denn viele Konsumenten ersetzen nicht einfach den traditionellen Einkauf durch den im Internet. Sie geben kanalübergreifend mehr Geld bei jenen Crosschannel-Händlern aus, bei denen sie nicht nur die gewünschten Produkte finden, sondern auch bequem und unkompliziert einkaufen können – von der Suche, über Beratung und den Erhalt der Ware, bis hin zur Bezahlung und After-Sales-Services.

In den meisten Produktkategorien ist es für Händler überlebensnotwendig, in eine integrierte, kanalübergreifende Vertriebsstruktur zu investieren, um den Kunden über alle Kontaktpunkte und alle Endgeräte hinweg im Blick zu haben und zu überzeugen. Das setzt aber einen Wandel weg von einer vertriebskanalorientierten und hin zu einer kundenzentrierten Organisation ebenso voraus, wie die Bereitschaft zu erheblichen Investitionen in integrierte Technologien und Customer Analytics. Die Vernetzung von Store, Mobile und Social wird für den Einzelhandel zur Bewährungsprobe in einer disruptiven Welt.

FÜRS SHOPPEN Grafik 4
Wozu haben Sie Social Media genutzt? Angaben in Prozent

Tätigkeit	18- bis 24-jährige	über 25 Jahre
Folge meinen Lieblingsmarken oder -händlern	34	17
Suche nach einer Marke und lese die Kommentare	30	19
Entdecke Marken, die ich bisher nicht kannte und für die ich mich jetzt interessiere	25	14
Gebe Kommentare zu meinen Erfahrungen mit einem Produkt oder eine Marke	23	17
Sehe Videos zu Marken oder Produkten an	12	10
Like und teile Produkte	10	9
Kaufe direkt über Social Media ein	8	4
Kontaktiere Leute, die wie ich eine Marke liken	6	3
Nichts davon	30	57

Quelle **PwC**

Vernetzung | **Fokus**

VERBRAUCHER 4.0

A.T. Kearney hat untersucht, wie Multi-Kanal-Ansätze und Konsum zusammenhängen und wie Markenartikler sowie Einzelhandel von diesem Trend profitieren.

Text **Mirko Warschun, A. T. Kearney**

Wer glaubt, mit der rasant zunehmenden Vernetzung und der Möglichkeit, Konsumenten jederzeit und überall zu erreichen, würde ein Traum für alle Marketing-Verantwortlichen wahr, der irrt. Denn damit gehen völlig neue Herausforderungen einher, von denen die gestiegenen Ansprüche des rundherum informierten Kunden nur eine ist.

In einer weltweiten Studie ist A. T. Kearney den vernetzten Verbrauchern auf den Grund gegangen und hat ihre Profile und Motive untersucht. Dazu wurden 10.000 vernetzte Verbraucher weltweit interviewt, d. h. Verbraucher, die mindestens einmal pro Woche mit dem Internet verbunden sind. Befragt wurden jeweils 1.000 Konsumenten aus Deutschland, den Vereinigten Staaten, Großbritannien, Japan, Brasilien, Russland, China, Indien, Südafrika und Nigeria – somit ein breiter Mix von Nationen in unterschiedlichen Entwicklungsstadien, inklusive der weltweit größten E-Commerce-Märkte.

Rund um die Uhr im Internet

Mehr als die Hälfte der befragten vernetzten Verbraucher ist praktisch permanent (mindestens zehn Mal am Tag) online. Trotz des Siegeszuges des Smartphones, ist der Computer weiterhin das bevorzugte Medium, um online zu gehen. Am wenigsten verbreitet ist bisher das Tablet. In Deutschland sind 40 Prozent der Verbraucher permanent online (weltweiter Durchschnitt 53 Prozent).

Warum Verbraucher online gehen

Vier zentrale Motivationsfaktoren für ihr Online-Verhalten sind den vernetzten Verbrauchern weltweit gemeinsam:

■ Kontakt zu anderen Personen: Für 73 Prozent der Befragten ist dies einer der wichtigsten Gründe, online zu sein. Das gilt vor allem für Länder, in denen Arbeitsstätten oft weit von zu Hause entfernt liegen, in denen familiäre Bindungen sehr stark und soziale Medien weitverbreitet sind. Im globalen Vergleich wird das Internet in Deutschland dank kurzer Wege, moderner Fortbewegungsmittel und traditioneller Kommunikationsmittel mit 60 Prozent deutlich weniger für die Pflege zwischenmenschlicher Beziehungen genutzt.

■ Meinungsaustausch: Der Meinungsaustausch über das Internet ist besonders in Schwellenländern und anderen Regionen von Bedeutung, in denen die Möglichkeiten dazu im Offline-Alltag eher begrenzt sind. In Deutschland hingegen, wo Meinungsfreiheit offline gelebt wird, spielt die Online-Meinungsäußerung mit 32 Prozent eine untergeordnete Rolle.

■ Wissen: Der Mensch ist ein neugieriges Wesen, das gern die Welt um sich herum erkundet. Das Internet verhilft ihm dazu, seinen Wissensdurst zu stillen. Für

Foto **Shutterstock**

40 Prozent der Deutschen sind permanent online.

95 Prozent der weltweit Befragten ist dies einer der wichtigsten Beweggründe für die Internetnutzung. Mit 92 Prozent Zustimmung liegt Deutschland leicht unter dem globalen Wert.

■ Komfort: Egal, ob zur Produkt- oder Dienstleistungssuche, zur Nutzung eines Navigationsdienstes oder auf der Suche nach Unterhaltung – Komfort ist ein wesentlicher Beweggrund für die Internetnutzung. Für deutsche Verbraucher spielt vor allem der Online-Zugang zu Produkten und Dienstleistungen inklusive Einkäufe (93 Prozent) sowie die Online-Navigation (74 Prozent) eine wichtige Rolle.

So kann's gehen: Kundenbindung à la Breuninger.

Viel Online-Zeit für soziale Netzwerke

Markenartikelhersteller und Händler zielen stets darauf ab, dort zu sein, „wo der Konsument ist". Die Studie legt nahe, dass soziale Netzwerke genau der Ort sind, an dem sie sein sollten. Denn weltweit 46 Prozent aller Befragten gaben an, den größten Teil ihrer Online-Zeit in sozialen Netzwerken zu verbringen. Die übrigen Befragten verbringen die meiste Online-Zeit mit Online-Unterhaltung, Shopping und der Durchführung von Transaktionen. Auch die meisten deutschen Befragten verbringen den größten Anteil ihrer Online-Zeit in sozialen Netzwerken (36 Prozent). Im Unterschied zum globalen Durchschnitt rangieren allerdings auf den Plätzen zwei und drei Shopping und die Durchführung von Transaktionen. Die wenigsten Deutschen verbringen den größten Teil ihrer Online-Zeit mit Online-Unterhaltung.

Die Rolle sozialer Medien beim Kauf

Inwieweit soziale Medien einen Kauf beeinflussen, hängt vom Alter der Verbraucher ab. Vor allem bei jüngeren Verbrauchern wird die Kaufentscheidung von dem beeinflusst, was in den sozialen Netzwerken geschieht. Auch nach Ländern gibt es Unterschiede: Während in China knapp 95 Prozent der Konsumenten ihre Kaufentscheidung oftmals bis gelegentlich auf die Aktivitäten in ihren sozialen Netzwerken stützen, sind es in Deutschland 37 Prozent.

Die überwiegende Mehrheit aller Einkäufe wird nach wie vor im stationären Handel getätigt. 54 Prozent der befragten vernetzten Verbraucher hingegen bevorzugen bereits heute den Online-Einkauf, vorzugsweise bei reinen Online-Händlern. In Deutschland sind es 64 Prozent. Die Erkenntnisse bekräftigen jedoch die zunehmende Wichtigkeit von Multichannel Retailing. So kommt es vor, dass Konsumenten Preise vergleichen und online mit Freunden sprechen, während sie auf dem Weg in ein stationäres Geschäft sind, oder aber sie suchen Produkte im Geschäft, um diese im Anschluss online zu kaufen.

Die Mehrheit kauft lieber on- als offline

Als Reaktion auf das veränderte Verbraucherverhalten stärken viele einst traditionelle deutsche Händler ihre Online-Präsenz und setzen vermehrt auf ein Multichannel-Einkaufserlebnis. Das Modeunternehmen Breuninger gilt hierbei als einer der Vorreiter. Es versteht es, seinen Onlineshop mit hoher Bildqualität, hochauflösender Zoomfunktion und passgenauen Empfehlungen für das gesamte Outfit als echte Alternative zum stationären Handel zu positionieren. Die Option der Abholung und Rückgabe der Online-Bestellung im stationären Geschäft gilt als selbstverständlich. Durch einen eigenen You-Tube-Kanal, auf dem Konsumenten Trends und praktische Styling-Tipps nahegelegt werden, bindet Breuninger die Konsumenten online ein. Das Breuninger Magazin wird als Print- und als Online-Ausgabe angeboten.

Darüber hinaus entwickelt sich die Landschaft der reinen Online-Händler rapide weiter. Was vor gut sechs Jahren mit Zalando im Mode- und Bekleidungsbereich begann, hat sich inzwischen auf weitere Kategorien ausgeweitet. Der Onlineshopping-Club Westwing vertreibt beispielsweise seit 2011 Produkte rund ums Wohnen ausschließlich online. Springlane ist mit einem Sortiment von 15.000 Produkten und mehr als 700 Marken Deutschlands führender Online-Fachhändler für alles rund ums Kochen und bereits in mehreren europäischen Ländern aktiv.

Marketing: Worauf es ankommt

Eines ist gewiss: Zwar können Marketing-Verantwortliche weiterhin die Geschichte ihrer Marke und Produkte erzählen. Über diese Kommunikation hinaus existieren jedoch Gigabytes an Informationen zu selbigen Marken und Produkten, die von Personen außerhalb der Firmen-Marketingabteilung erstellt wurden. Marketingtreibende müssen sich also damit anfreunden, dass die eigene Marke zunehmend von der Gesellschaft geformt wird und die eigene Stimme nur noch eine von vielen ist. Zudem müssen sie sich darauf einstellen, dass sie nicht mehr mit einem bestimmten Typus kommunizieren, sondern vielmehr mit einem individuellen Kunden, der permanent mit dem Internet verbunden und bestens informiert ist. Die zentralen Erfolgsfaktoren sind:

■ Wertschöpfung ist an jedem Kontaktpunkt möglich. In den meisten Kategorien bilden stationäre Geschäfte weiterhin die Eckpfeiler des Handels. Ob online oder offline: Erfolgreiche Händler und Markenhersteller wissen, dass jeder Kontakt mit dem Kunden das eigene Image verbessern kann, und entwickeln Multichannel-Strategien, die einerseits die Kundenzufriedenheit und andererseits die eigene Rentabilität steigern.

■ Personalisierung ist kein Klischee mehr. Mit der zunehmenden Kritikfreudigkeit und der massiven Bewerbung von Konsumenten hat sich die Personalisierung zu einem festen Bestandteil des digitalen Marketings entwickelt.

■ Die Rolle von Marken und Händlern hat sich verändert. Führende Markenhersteller und Händler adressieren das Kundenbedürfnis nach Kontakt, Austausch, Wissen und Komfort, indem sie Communities bilden. Wer Kunden um gemeinsame Interessen, Ideen oder Werte versammelt, gibt ihnen einen guten Grund, wiederzukommen. Außerdem stellen sie sicher, dass sie permanent mit den Kunden im Gespräch und offen für Feedback sind. Einen Facebook-Auftritt zu betreiben, bedeutet positives wie negatives Kunden-Feedback zuzulassen. Es bedeutet auch, dass der Grundgedanke von „Markenkontrolle" zunehmend hinfällig wird. Im Umkehrschluss jedoch kann eine erhöhte Interaktion mit den Kunden Kreativität entfachen und letzten Endes Community und Marke bereichern.

■ Erziehen und Geschichten erzählen. Um dem Drang des Menschen nach Erkundung gerecht zu werden, nehmen Unternehmen immer öfter die Rolle von Erziehern und Geschichtenerzählern ein. Dazu nutzen sie etwa Lehrvideos über ihre Marken oder Anleitungsvideos zur Nutzung ihrer Produkte. Das Erzählen von Geschichten und die Entwicklung von Inhalten gehören zu den wichtigsten Kompetenzen für die Zukunft, denn sie haben das Potenzial, eine langfristige Kundenloyalität zu erzeugen.

Zweifelsfrei bietet der Online-Handel enorme Wachstumschancen für Einzelhändler. Führende Unternehmen im stationären Handel wie auch reine Online-Retailer haben allerdings erkannt, dass die Zukunft der Branche nicht nur im Online-Geschäft liegt, sondern in kreativen Omnichannel-Angeboten, die Onlineshopping und traditionellen Einkauf miteinander verknüpfen.

Fokus | Omnichannel

ZUKUNFT EINKAUFSERLEBNIS

Kunden wollen mobil und no-line shoppen, ohne auf Einkaufserlebnisse zu verzichten. Das muss der Einzelhandel umsetzen.

Text **Jannika Bock, Google**

Um in die Zukunft zu blicken, muss man nicht weit schauen. Es reicht aus, das Vorweihnachtsgeschäft in den USA zu betrachten. Dort erreichte der mobile Datentransfer an Thanksgiving einen neuen Rekord: Smartphones und Tablets machten mehr als 52 Prozent des Internet-Verkehrs aus. Erstmals übertrafen damit mobile Endgeräte PCs und Laptops in der Internet-Nutzung. Aber im Vorweihnachtsgeschäft in den USA ist noch ein weiterer Trend sichtbar geworden, der für die Zukunft des Handels relevant ist, vor allem für stationäre Händler: in den vergangenen Jahren ging die Anzahl der Geschäftsbesucher (der sogenannte Footfall) kontinuierlich zurück. Das Wall Street Journal berichtete von einem Abfall von mehr als 50 Prozent innerhalb von drei Jahren in den handelsrelevanten Monaten November und Dezember. Trotz des massiven Rückgangs an Geschäftsbesuchern konnte der stationäre Handel im selben Zeitraum seinen Umsatz um knapp 10 Prozent steigern. Der Kunde im Geschäft ist demnach wertvoller geworden. Er kommt seltener, aber wenn er kommt, ist es sehr wahrscheinlich, dass er kauft. Und es ist ebenfalls wahrscheinlich, dass dies daran liegt, dass der Kunde aufgrund vorheriger Internet-Recherchen ganz genau weiß, was er sucht und kaufen möchte, bevor er das Geschäft betritt. In der Internetbranche wird dies mit dem Akronym ROPO bezeichnet: Research Online, Purchase Offline.

Die Frage ist nun: was bedeuten die aufgezeigten Entwicklungen für stationäre Händler in Deutschland? Fakt ist: Deutschland und die USA befinden sich noch in unterschiedlichen Entwicklungsstadien, v. a. im Hinblick auf den Umgang mit mobilen Endgeräten. 50 Prozent der Deutschen besitzen derzeit ein Smartphone. In den USA sind es bereits 57 Prozent.

Auch ROPO ist in den USA weiter verbreitet als in Deutschland. Das von TNS Infratest und Google aufgelegte Consumer Barometer zeigt, dass in den USA 30 Prozent der Einkäufe vom Internet beeinflusst sind. In Deutschland sind es „nur" 25 Prozent.

Fakt ist aber auch: Deutschland zeigt eine Entwicklung, die analog – wenn auch zeitverzögert – zur Entwicklung in den USA verläuft. Von Jahr zu Jahr nimmt die Smartphone-Nutzung in Deutschland zu. Jede fünfte handelsbezogene Suchanfrage, die auf Google.de Ende 2014 einging, kam von einem Smartphone. Im Themenumfeld „Haus & Garten" betrug der Anteil an mobilen Suchanfragen ebenfalls 20 Prozent. Auf Basis der bisherigen Entwicklung prognostiziert Google, dass es Ende 2015 zum „Mobile Moment" in Deutschland kommt. Dann wird die Anzahl der eingehenden „Heimwerken & Bauen"-Suchanfragen auf Google.de, die von Smartphones getätigt werden, höher sein als die Anzahl der Suchanfragen von PCs und Laptops. Parallel dazu wird die Anzahl der Käufe zunehmen, die durch das Internet beeinflusst wurden. Eine gemeinsame Studie der GfK, Google und einem deutschen Baumarkt zeigt, dass 48 Prozent der Käufer von elektrischen Werkzeugen („Power Tools") und 43 Prozent der Käufer von Gartengeräten durch das Internet beeinflusst sind. Wenn also die Entwicklungen in den USA als wegweisend für Deutschland zu betrachten sind, lassen sich daraus drei zentrale Thesen für die Zukunft des (stationären) Handels ableiten:

These eins: Die Zukunft ist mobil

Das Smartphone ist unser ständiger Begleiter. Pro Tag schauen wir durchschnittlich 150 Mal auf das Display. 65 Prozent der iPhone-Besitzer behaupten, dass sie ohne ihr Smartphone nicht leben könnten. 40 Prozent aller Smartphone-Besitzer würden eher auf Kaffee als auf ihr Smartphone verzichten.

Auf Google.de nimmt der Anteil der Suchanfragen, die von mobilen Endgeräten abgegeben werden, kontinuierlich zu. 2015 wird die absolute Anzahl der

Innovative Omni-Channel Lösungen für Ihren Point-of-Sales.

Payment. E-commerce. Self-Service/ Unattended.

CCV Deutschland GmbH
Gewerbering 1
84072 Au i.d. Hallertau
T +49 8752 864 0
E marketing@de.ccv.eu

www.ccv-deutschland.de

let's make payment happen

ccv

Suchanfragen von Smartphones die Summe der Suchanfragen von PCs und Laptops übersteigen. Kein Wunder, dass viele Ingenieure und Programmierer bei Google daran arbeiten, das mobile Sucherlebnis noch besser zu machen. So ist es z. B. jetzt möglich, mit der Google Search App zu sprechen.

Die Implikationen der mobilen Revolution für den Handel sind anhand der Entwicklungen in den USA mehr als deutlich: Das Smartphone hat den Recherche- und Einkaufsprozess der Konsumenten fundamental verändert. Konsumenten suchen nach Produkten auf ihren mobilen Endgräten – egal, ob sie zu Hause, unterwegs oder in Geschäften sind. Und sie erwarten von Händlern, dass sie diese am PoS und im Internet Services für ihr Smartphone anbieten. So hat die aktuelle Auflage der „Seamless Retail" Studie von Accenture z. B. gezeigt, dass 71 Prozent der Käufer daran interessiert sind, mit dem Smartphone zu bezahlen. 78 Prozent möchten im Geschäft Testberichte und Bewertungen abrufen können. Leider bieten derzeit nur 14 Prozent der Händler QR Codes oder Digital Signage an, um Produktinformationen zur Verfügung zu stellen. Eine ähnlich deutlich große Diskrepanz zwischen Kundenerwartungen und Händler-Services gibt es beim Punkt „Mobiles Bezahlen": nur 9 Prozent der Händler verfügen über entsprechende Möglichkeiten am PoS. Hier gilt es, den Kundenwünschen nachzukommen. Ebenfalls wichtig: den Einkaufsprozess über mobile Endgeräte zu erleichtern. Bisher finden nur etwa ein Drittel der Konsumenten (36 Prozent), dass mobiles Einkaufen einfach ist.

Ende 2014 hat Google ein neues (mobiles) Anzeigenformat auf den Markt gebracht: die Anzeigen mit lokaler Produktverfügbarkeit. Händler können damit das lokal verfügbare Sortiment mit lokalen Preisen einer Filiale all jenen Google-Nutzern anzeigen lassen, die sich in der Nähe der entsprechenden Filiale befinden und nach einem dort vorrätigen Produkt suchen. In Deutschland zählten u. a. die Baumärkte Hornbach und OBI zu den ersten Partnern für das Anzeigenformat. In den USA gibt es die Produktanzeigen mit lokaler Verfügbarkeit schon länger. Handelsunternehmen haben die Zeit genutzt, Tests aufzusetzen, mit denen sie den Umsatz messen können, der durch das mobile Anzeigenformat generiert wird. So hat das US-amerikanische Warenhaus Macy's z. B. herausgefunden, dass jeder investierte Dollar 6 Dollar zusätzlichen, stationären Umsatz bringt.

These zwei: Die Zukunft ist no-line

Spätestens mit dem Siegeszug des Smartphones ist eine Trennung zwischen Online und Offline hinfällig. Das Internet ist nicht mehr eine eigene Entität; es ist ein (entscheidender) Teil unseres Lebens geworden. Anfang der 2000er Jahre war das noch anders: Damals gab es eine äußerst erfolgreiche soziale Internetplattform, die „Second Life" hieß. Die Idee von „Second Life" war, dass sich jeder im Internet ein zweites Leben schaffen konnte – bis hin zum eigenen Avatar. Heute ist eine solche Trennung zwischen dem „echten" Leben und dem Internet nicht mehr aufrechtzuerhalten. Das Internet zieht sich durch unser ganzes Leben – und wird durch die steigende Anzahl der „Connected Devices" immer präsenter. In 2013 besaß der durchschnittliche Deutsche 2,4 Geräte, die mit dem Internet verbunden waren (sogenannte Connected Devices). Inzwischen gibt es neben internetfähigen Fernsehern, Laptops und Smartphones eine Vielzahl von Wearables wie „Smart Watches" oder Autos, Thermostate, Garagentormotoren usw., die mit dem Internet verbunden sind. Das Forschungsinstitut Gartner prognostiziert, dass es 2020 25 Mrd. „Connected Devices" auf der Erde geben wird.

Für Handelsunternehmen bedeutet diese Entwicklung, dass das Einkaufs- und Markenerlebnis am PoS und im Internet kongruent sein muss. Es darf keine fühlbare Trennung zwischen den unterschiedlichen „Touch Points" mit dem Konsumenten geben. Das ist leicht gesagt, aber in den meisten Fällen schwer umzusetzen: Fast alle Handelsunternehmen sind heute noch nach Vertriebskanälen organisiert und die Abteilungen auf Basis der jeweiligen Absätze inzentiviert. Um dem heutigen Einkaufsverhalten der Konsumenten Rechnung zu tragen, müssen diese Silos

Omnichannel | **Fokus**

Zeigen, was man hat: mit mobilem Anzeigenformat.

aufgebrochen werden. Der US-amerikanische Kosmetikhändler Sephora hat vorgemacht, wie das geht: Marketing- und Vertriebskanäle werden ganzheitlich geplant, fürs Marketing budgetiert und optimiert.

Im Jahr 2013 hat die GfK gemeinsam mit einem deutschen Baumarkt und Google eine Studie zum Recherche- und Einkaufsverhalten der Käufer von elektrischen Werkzeugen („Power Tools") und Gartengeräten durchgeführt. Ein zentrales Ergebnis der Studie ist die Quantifizierung des ROPO Effekts: 39 Prozent bzw. 35 Prozent der Käufer informieren sich in den jeweiligen Produktgruppen vor dem stationären Kauf im Internet. Die Studie zeigt ebenfalls auf, wo diese Internet-Recherche primär passiert: auf Händlerseiten und auf Google.de.

Einige deutsche Baumärkte nutzen bereits die Möglichkeit, stationär verfügbare Ware auf der eigenen Webseite darzustellen. In den meisten Fällen kann sie dann auch per Klick im Internet reserviert bzw. gekauft und später in der Filiale vor Ort abgeholt werden. So hat z. B. OBI im Herbst 2014 diesen Service nach Hornbach eingeführt und mit einer großen Werbekampagne den Konsumenten vorgestellt. Noch ist nicht bekannt, welcher Wert einem solchen Service zugeschrieben werden kann. In anderen Bereichen des Handels kommunizierten Unternehmen Abholraten von 40 Prozent. Die entscheidende Frage ist jedoch: handelt es sich hierbei um inkrementelle Abverkäufe oder kommt es zu einer Kannibalisierung der Kanäle? Pwc ist in einer aktuellen Untersuchung zu dem Ergebnis gekommen, dass 56 Prozent der Mehrkanaleinkäufer schlichtweg mehr kaufen.

These drei: Die Zukunft liegt im Einkaufserlebnis

Eines steht außer Frage: Egal in welcher Branche, im Internet wird es immer einen Anbieter geben, der ein größeres Sortiment und/oder einen günstigeren Preis hat als der Händler um die Ecke. Der stationäre Handel muss also Kunden anderweitig motivieren, den Weg in das lokale Geschäft auf sich zu nehmen. Services, wie z. B. die Fachberatung oder Weiterbildungsprogramme, spielen hierbei eine entscheidende Rolle. So bietet z. B. Bauhaus unter dem Namen Women's Nights Handwerkerkurse für Frauen an und setzt die dafür produzierten Videos als Teil der Bewegtbildstrategie auf You Tube ein. Ebenfalls entscheidend für den Kunden ist das generelle Einkaufserlebnis im Geschäft. Der stationäre Handel muss mehr sein als ein reiner Abholmarkt. Die Zeit, in der das SB-Konzept den Handel revolutioniert und für Umsatzwachstum gesorgt hat, ist kurz- bis mittelfristig vorbei. Kunden wollen mehr als Regale, die bis unter die Decke mit Waren gefüllt sind. Den Handelsunternehmen in Deutschland ist dies mehrheitlich bewusst. Viele Händler investieren bereits in neue Store-Konzepte, interaktive Terminals und andere Technologien am PoS.

Accenture hat in der „Seamless Retail"-Studie gezeigt, dass Menschen in Deutschland künftig mehr stationär einkaufen wollen. Sie wünschen sich jedoch ein besseres Einkaufserlebnis – und das bedeutet für 33 Prozent der Befragten, dass es eine nahtlosere Multichannel-Verknüpfung geben muss. Die deutschen stationären Händler, inklusive der Baumärkte, sind nun in der Pflicht, dem Konsumentenwunsch nachzukommen. Nicht allein, um dem Kundenwillen zu entsprechen, sondern vielmehr, um dauerhaft eine relevante Rolle im „Relevant Set" der Konsumenten einzunehmen.

Fokus | Digitale Services

NEUE WELTEN

Die Grenzen zwischen Online- und Offlineshopping werden sich bis 2018 weiterhin auflösen. Dann gehört digitaler Service auch im stationären Laden zum guten Ton.

Text **Hermann Gouverneur, Atos**

Digitale Transformation ist die zukünftige Entwicklung im Handel und digitale Services spielen auch in den Geschäften eine wichtige Rolle. Denn die Konsumenten werden bis 2018 immer und überall vernetzt sein – zu Hause, unterwegs und natürlich auch bei der Arbeit. Sie erwarten ein durchgängiges Einkaufserlebnis ohne Unterbrechung, unabhängig von Ort, Endgerät oder Verbindung. Dies ist ein Ergebnis zu dem die weltweit rund 100 Experten der Scientific Community des IT-Dienstleisters Atos im Rahmen des Trendberichts Ascent Journey 2018 kommen.

Hinter der digitalen Transformation stehen moderne Technologien für Smart Mobility, Zahlungsverkehr, Kundenbindung und Omnicommerce. Sie begleiten und unterstützen den kompletten Verkaufsprozess, von der Verkaufsanbahnung bis zur Aftersales-Betreuung des Kunden. Dazu zählen auch hybride IT-Lösungen, die das Einkaufserlebnis im Laden um personalisierte digitale Services ergänzen. Soweit der Plan. Die Realität sieht heute überwiegend anders aus: Die wenigsten Geschäfte nutzen heute die Unterstützung von digitalen Onlineservices. Das dürfte sich in den nächsten Jahren ändern: Zwischen Offline- und Onlineshopping werden die Grenzen verschwimmen. Davon profitieren zum einen die Konsumenten, da sie neue interaktive und individuellere Services nutzen. Zum anderen können Händler auf diesem Weg die Kundenbindung verbessern – womit der Konkurrenzvorteil des Online-Handels schwindet.

Prozesse und Modelle anpassen

Das Konzept des vernetzten Konsumenten wird die Interaktion zwischen allen Beteiligten, darunter Hersteller, Service-Provider, Einkäufer, Händler, Werbefachleute, Lieferanten, aber auch Kunden verändern

Moderne Technologien

Im Kern der digitalen Revolution im Handel:

- Mobiles Bezahlen
- Smart Labels (NFC, Barcodes, Bilderkennung, QR/QR+-Codes)
- iBeacons (neue Zahlungsmethoden, Kundenerkennung und Promotions)
- Positionsbestimmung (Geolocation)
- digitale Online-Informations- und -Werbetafeln
- Smart Furniture (taktile Tische, virtuelle Kabinen, digitale Spiegel etc.)
- Big Data und Data Analytics
- Netzwerke der vierten Generation und höher

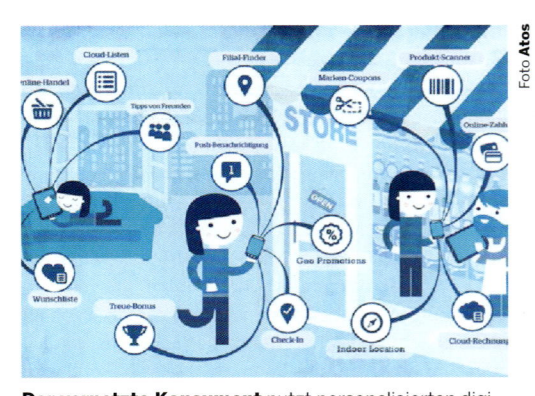

Der vernetzte Konsument nutzt personalisierten digitalen Service von zu Hause, von unterwegs oder vor Ort.

Foto **Atos**

und neue Geschäftsmodelle und -prozesse einführen. Ein wesentlicher Treiber für diesen Wandel ist die neue Währung: Kundendaten. Sie sind das Fundament verbesserter Kundenbindung und -loyalität, sie ermöglichen individuell auf das jeweilige Profil zugeschnittene Angebote und Services. Genau diese Wettbewerbsdifferenzierung ist der Schlüssel zum Erfolg in einem zunehmend fragilen Umfeld, in dem die Kundenvorlieben je nach Kundenservice, Einkaufserlebnis und gar nach Markenimage schwanken.

Wie intensiv Einzelhändler diese Daten nutzen können, hängt stark von der Bereitschaft der Kunden ab, diese preiszugeben. Hier gilt es, Sicherheiten und Mehrwert zu bieten – etwa mit der festen Zusage, dass persönliche Daten nur für den explizit zugestimmten Zweck zeitlich begrenzt genutzt werden. Die Zustimmung wird dann mit Vorteilen aus Loyalty-Programmen oder verbessertem Service bezahlt.

Herausforderungen für Händler

Eine weitere Hürde gilt es zu meistern: Viele Geschäfte können auf technologischer Ebene nicht mit der Geschwindigkeit Schritt halten, mit der ihre Kunden die digitalen Angebote annehmen und nutzen. Doch die traditionellen Läden können sich nur dann gegen den klassischen reinen Online-Handel abgrenzen, wenn sie bereit sind, den Kunden digitale Services zu jeder Zeit und für jedes Endgerät zu bieten. Es lohnt sich, in eine zukunftsfähige, flexible und sichere IT zu investieren, die ein komplett vernetztes Einkaufserlebnis ermöglicht.

Eine weitere Anforderung sollte die IT erfüllen: Eine vernetzte und anpassbare Lieferkette für die flexible und effiziente Auslieferung. Diese lässt sich mit durchgängiger Transparenz der Warenbewegungen von der Quelle bis zum Zielort sowie durch eine automatisierte Befüllung erreichen, die den Bedarf von der Bestellung bis zum Lager erkennt.

Um diese Aufgaben auf technischer Ebene zu lösen, bieten spezialisierte IT-Partner Unterstützung. Sie stellen durchgängige Services bereit, die zum einen bewährte Lösungen für Mobile Payment, Loyalty-Programme und Omnicommerce umfassen. Zum anderen bringen sie neben der Praxiserfahrung aus zahlreichen anderen Projekten in diesem Umfeld auch den Blick über den Tellerrand mit. Verantwortliche aus dem Handel sollten bei der Auswahl darauf achten, dass der Partner neben der fachlichen Expertise auch über Ideen und genügend Flexibilität verfügt, um neue Entwicklungen und Trends umzusetzen.

Fazit: Personalisieren Sie!

Im Fokus der neuen digitalen Einkaufswelt steht der vernetzte Konsument, der überall, zu jeder Zeit und mit jedem Gerät auf personalisierte Services zugreifen kann. Das Konzept verbindet die Vorteile von E-Commerce mit denen der altbewährten Ladengeschäfte und berücksichtigt die stark variierenden Anforderungen der Kunden. Zudem entstehen eine Menge neuer Daten. Richtig eingesetzt, sind sie der Schlüssel zu innovativen, personalisierten Services – und letztlich zu einer stärkeren Kundenbindung und -loyalität.

Ein Praxisbeispiel

Der vernetzte Konsument: Eine französische Fastfood-Kette setzt schon heute auf die Strategie des vernetzten Konsumenten. Die Verantwortlichen haben es geschafft, ihre physischen und digitalen Verkaufskanäle nahtlos zu integrieren: Sie bieten ihren Kunden die Möglichkeit, ihr Essen vorab per Smartphone zu bestellen, sodass es bei der Ankunft im Lokal bereitsteht. Für die Gäste der Fastfood-Kette ist dies ein individuelles und attraktives Angebot. Die Kette selbst gewinnt durch diese Bestellmöglichkeit Erkenntnisse über ihre Kunden, die sie bei einem anonymen Verkauf nicht gewonnen hätte und kann sich so optimaler auf die Vorlieben der Kunden einstellen.

Fokus | Location-based Services

RETTUNG FÜR DEN POS

Die Zukunft des stationären Handels liegt im mobilen Internet – wenn vorhandene Möglichkeiten wie z. B. Location-based Services ganz ausgeschöpft werden.

Text **Gerrit Heinemann, Hochschule Niederrhein**

Der klassische Kaufprozess aus der Internet-Vorzeit sah gewöhnlich vor, dass der Kunde sich zuerst einen Anbieter auswählte. Im Geschäft entschied er sich dann für das Produkt, das seinen Bedürfnissen entsprach. Deswegen stimmte der „Point of Sale" in der Regel auch mit dem „Point of Decision" überein. Das Internet ermöglicht es dem Kunden allerdings, bereits vor dem Besuch eines Geschäftes ein Produkt auszusuchen, das seinen Bedürfnissen entspricht. Mit Hilfe von Preissuchmaschinen, eMarktplätzen, Social-Shopping-Diensten oder Communities verschafft er sich dazu einen Überblick über interessante Produkte. Mithilfe von Herstellerseiten, Testberichten, Meinungsportalen oder sozialen Netzwerken kann er diese vergleichen und dann unabhängig vom Händler eine Produktauswahl treffen. Erst zum Schluss wählt der Kunde den aus seiner Sicht optimalen Anbieter für den Kauf aus. Dabei entscheidet er häufig preisorientiert und relativ losgelöst von Online- oder Offline-Kanälen (Gehrckens/Boersma 2013). Der einzelne Shop verliert für die Kunden dadurch an Bedeutung und wird im Extremfall nur noch als „Point of Sale" wahrgenommen. Dementsprechend gewinnt das Internet als „Point of Decision" stark an Bedeutung. Hier sind auch die benötigten Informationen zur Produktauswahl in viel größerem Umfang vorhanden. Selbst wenn das Produkt nicht in einem Online-Shop gekauft wird, ist das Internet für die meisten seiner Nutzer das glaubwürdigste Medium im Zusammenhang mit Kaufentscheidungen. Für den Kunden bietet das Auffinden der richti-

VOM KLASSISCHEN ZUM NEUEN KAUFPROZESS

Grafik 1

„Alter" Kaufprozess: Kunde besucht Anbieter, wählt ein Produkt aus und kauft dort

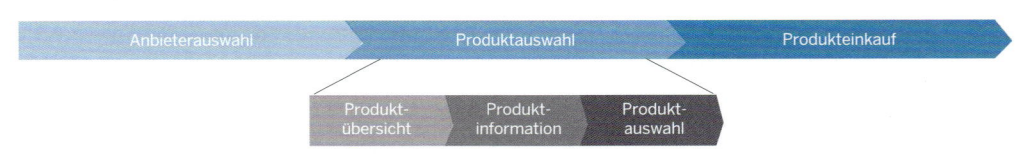

Anbieterauswahl → Produktauswahl → Produkteinkauf

Produktübersicht → Produktinformation → Produktauswahl

„Neuer" Kaufprozess durch Internet: Kunde wählt Produkt, besucht Anbieter und kauft. Suchmaschinen, Vergleiche und Netzwerke spielen eine wichtige Rolle bei der Kaufentscheidung.

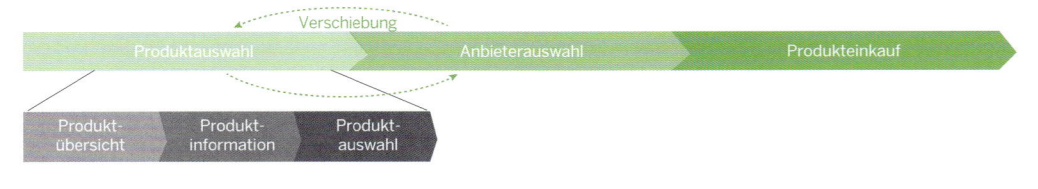

Verschiebung

Produktauswahl → Anbieterauswahl → Produkteinkauf

Produktübersicht → Produktinformation → Produktauswahl

Quelle **Boersma/Gehrckens**

gen Information den größten Nutzen und wird damit zum wertvollsten Teil im seinem neuen Kaufprozess (Gehrckens/Boersma 2013; Stracke 2005, S.24 ff.; Schneller 2009, S. 28). Dieser ist in **Grafik 1** dem klassischen Einkaufsprozess gegenübergestellt. Ihn zeichnet vor allem aus, dass „Point of Decision" und „Point of Sale" nicht mehr übereinstimmen.

Veränderung der Strukturen

Die Veränderungen des Einkaufsverhaltens führen auch dazu, dass Kunden immer mehr online einkaufen. Dadurch hat der Online-Handel bei insgesamt stagnierenden Einzelhandelsumsätzen bereits zu massiven Umsatzverlusten auf den stationären Einzelhandelsflächen geführt (eWeb Research Center 2014). Insofern muss der stationäre Handel neu erfunden und in eine Gesamtlösung mit dem Online-Angebot gebracht werden. Zentraler Anknüpfungspunkt könnte die parallele Nutzung der unterschiedlichen Einkaufs- und Informationskanäle seitens der Konsumenten sein (Heinemann 2014). Durch eine entsprechende Präsenz im Netz dürfte es auch für stationäre Händler möglich sein, von den enorm zunehmenden „Multichannel-Umsätzen" zu profitieren, die aus einer Vermischung von Online- und Offline-Kanälen resultieren. Denn rund zwei Drittel der Multichannel-Umsätze im Nonfood-Handel werden stationär ausgeführt. Da die Recherche für den Einkauf zunehmend auf Mobiles gestartet wird, erfordern mobile Kanäle eine besondere Aufmerksamkeit (Go-Smart-Studie 2012). Sie ermöglichen aber auch eine neue Form der Kundenorientierung, die insbesondere die von den Kunden geforderte Nutzbarkeit zu jeder Zeit und an jedem Ort möglich machen sollte. Insofern müssen sich die stationären Händler mit der Optimierung zu mobilgerechten Inhalten und formatgerechten Websites auseinandersetzen. Gleiches gilt für das Angebot von Mobile-Diensten bzw. Anwendungen sowie die digitale Ausstattung des Ladens („Digital-in-Store"). Im Grunde geht es darum, die Rolle der Smartphones als Schlüssel zu einer neuen Art der Kundenorientierung zu erkennen und mit allen Mittel umzusetzen (brandeins 2014; FAZ 2013).

Kaufakt 2015: Hat der Online-Handel die Nase vorn?

Um neue Kundenerwartungen im Zusammenhang mit der Smartphone-Nutzung zu identifizieren, wurde vom Verbraucherinformationsdienst kaufDa, dem Handelsverband Deutschland HDE sowie dem eWeb Research Center der Hochschule Niederrhein zusammen, eine empirische Untersuchung zur Smartphone-Nutzung durchgeführt (kaufDA 2014).

Smartphones als Schlüssel

Für die bundesweit repräsentative Untersuchung hat das Marktforschungsunternehmen Innofact AG in einer zweistufigen Untersuchung insgesamt 2.016 Personen ab 14 Jahren befragt. Ziel der Studie war es, die Hypothese „Mobiles Internet fördert die Wiederbelebung des stationären Handels" zu prüfen sowie in einem Zeitreihenvergleich Studienergebnisse aus dem Vorjahr 2013 zu überprüfen (kaufDA 2013). Die Zeit drängt, denn die Zahl der Smartphone-User entwickelt sich derzeit explosionsartig und ist alleine gegenüber 2013 um 51 Prozent gestiegen, so die Studie (kaufDA 2014). Rund 69 Prozent der deutschsprachigen Wohnbevölkerung über 14 Jahre nutzen aktuell regelmäßig internetfähige Mobiles für den Zugang ins World Wide Web. Im Vorjahr lag dieser Anteil noch bei 63 Prozent (kaufDA 2013). Smartphones ermöglichen den Nutzern eine neue Transparenz im Handel, die den Preisdruck für klassische Betriebsformen erhöht. Sie initiiert aber auch zu einem nachhaltigen Strukturwandel, da immer mehr Konsumenten ihre Produkte und Dienstleistungen direkt bei Online-Händlern einkaufen. Dennoch hält sich die Zahl der „reinen Online-Käufer", die alle Schritte ihres Einkaufsprozesses online ausführen, relativ in Grenzen, auch wenn sich deren Anteil zunehmend vergrößert. Am weitesten verbreitet sind solche Kunden, die sowohl Online- als auch Offline-Kanäle für ihren Einkauf nutzen, und zwar mit einem Anteil von gut 60 Prozent (kaufDA 2014, Enderle/Voll 2011). Zu ihnen zählen Showroomer, die sich vor ihrem Online-Kauf noch einmal im Laden informieren, oder Kanalwechsler. Letztere bereiten in der Regel ihren stationären Einkauf im Netz vor und folgen damit dem sogenannten ROPO-Muster („Research Online – Purchase Offline"). Diese Kunden werden aufgrund der zunehmenden Smartphone-Nutzung für Produktrecherchen auch mittlerweile als ROMPOS bezeichnet (Go-Smart-Studie 2012). Ihre Anhängerschaft vergrößert sich unentwegt und damit auch der potenzielle Nutzerkreis von Location-based Services (LBS). Der Begriff „LBS" selbst bleibt zwar relativ unbekannt, allerdings steigen die Nutzerzahlen von Apps mit lokalem Bezug deutlich an. Von den Kunden, die sich außer Haus mit ihrem Smartphone über Produkte kundig machen, folgen fast 70 Prozent direkt am „Point of Sale" diesem Muster. Immer weniger Menschen halten sich zurück und verwenden ihr Smartphone im Geschäft offen. Nur noch rund ein Drittel lassen das Handy in der Tasche, wenn sie in einem Laden stehen. Fünf Prozent fürchten sich sogar vor unmittelbaren Konsequenzen, denn sie haben Angst, von Händlern oder Verkäufern angesprochen zu werden. Zugleich wächst aber auch die Frequenz der Informationsbeschaffung. Dazu nutzen inzwischen 15 Prozent das Smartphone mehrmals am Tag, statt wie im Vorjahr 11 Prozent (kaufDA 2014). Dementsprechend nehmen auch die Kundenerwartungen dahingehend zu, Smartphones in Geschäften „legal" nutzen zu können, und zwar gegenüber 2013 um das Zweieinhalbfache (kaufDA 2014).

GOOGLE UND AMAZON — Grafik 2

Genutzte Online-Informationskanäle per Smartphone, in Prozent
Mehrfachnennungen möglich

Kanal	2014	2013
Suchmaschinen wie z. B. Google	80	78
Große Einkaufsplattformen (eBay, Amazon)	72	73
Preisvergleichsplattformen	56	48
Verkaufswebseiten/Mobile-Shops	47	44
Browser des Smartphones	39	38
Applikationen / Apps	37	32
Verbraucherportale	27	26
Soziale Netzwerke	24	22
Standortbezogene Dienste wie z. B. kaufDA	12	12

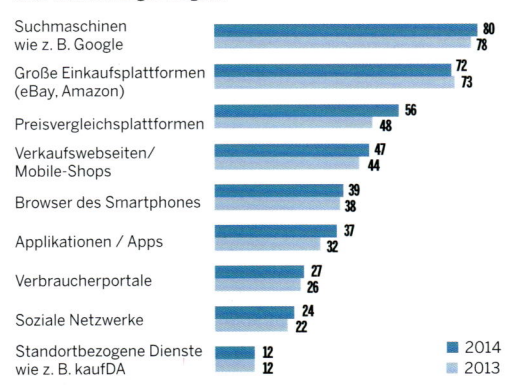

Quelle **kaufDA 2014**

Lokale Helfer in der digitalen Welt

Immer mehr Kunden erwarten aber auch, bereits vor dem Besuch von Geschäften auf dem Smartphone Informationen über ihre stationären Händler abrufen und damit den stationären Einkauf vorbereiten zu können. Diesbezüglich lassen sich auch Veränderungen bei den genutzten Kanälen für die mobile Produktinformation ausmachen. Am häufigsten werden Suchmaschinen, also Google, für Recherchen auf dem Smartphone genutzt. Es folgen Einkaufsplattformen wie Amazon oder Ebay **(Grafik 2)**. Vor allem aber Preisvergleichsplattformen sowie eigene Internetseiten und Online-Shops von stationären Einzelhändlern legen deutlich zu. Letztere kommen auf 47

Prozent Zustimmung. Daher erscheint es für Händler im Sinne eines „Hygienefaktors" unausweichlich, ihr Geschäft zumindest bei Suchmaschinen oder Empfehlungsplattformen zu registrieren, damit Kunden sich über den Standort oder die Öffnungszeiten informieren können. Die Mehrzahl der Mobile Internet-Nutzer verwenden dazu auch Location-based Services und nutzen zunehmend standortbezogene Apps, die ihren aktuellen Standort verwenden. Rund 81 Prozent von ihnen tun dies bereits und rufen z.B. Wetter-Apps und/oder Kartendienste ab. Das Informationsbedürfnis der Kunden erstreckt sich auch auf andere Inhalte, von denen der Preis unangefochten auf dem ersten Platz liegt **(Grafik 3)**. Dieses überrascht nicht, denn der Preis war immer schon wichtig. Überraschend ist allerdings die enorm hohe Relevanz von Preisangeboten in der Umgebung die deutlich zugelegt und auf 71 Prozent gestiegen ist, verglichen mit 68 Prozent in 2013. Diese ist den Kunden mittlerweile fast genauso wichtig wie die Verfügbarkeit der Produkte, deren „Wichtigkeitszustimmung" leicht von 83 auf 80 Prozent zurückgeht. Diesbezüglich kommt nach wie vor Abfragen mit Standortbezug hohe Bedeutung zu: Mehr als die Hälfte der Befragten nutzen Apps, um Informationen über Preis- und Warenangebote von bestimmten Händlern in der Nähe abzurufen. Rund 54 Prozent der Smartphone-Nutzer ist es wichtig, die lokale Verfügbarkeit bei Händlern in ihrer direkten Umgebung abfragen zu können. Dieser Wert ist zwar gegenüber 2013 leicht zurückgegangen, wird jedoch offensichtlich durch eine steigende Bereitschaft der Kunden für Alternativprodukte kompensiert. Es geht vor allem auch darum, den Kunden im Kampf gegen Online-Händler lokale Angebote transparent zu machen und damit die Kunden in die Läden zu locken. Dabei können lokale Händler ihre räumliche Nähe ausspielen. Ein Laden kann die Vorteile des Online-Handels wettmachen, wenn der Kunde weiß, dass er das gewünschte oder aber ein alternatives Produkt am Ende in der Hand halten kann. Es muss ihm allerdings aktiv angeboten werden.

Digitaler Guide zum Nahverbraucher

In Hinblick auf das Informations- und Kaufverhalten bestätigen die Befragungsergebnisse der Studie die zentrale Zubringerfunktion des Internets für den stationären Handel (kaufDA 2014): Rund 30 Prozent der efragten recherchieren in 2014 „sehr oft" online, bevor sie offline kaufen. In 2013 waren das nur 19 Prozent. Zugleich intensiviert sich die Nutzung von Smartphones und/oder Tablet-PCs als Informationsmedium vor dem stationären Kauf. Die zunehmende Smartphone-Nutzung verändert allerdings auch die Erwartungshaltung in Hinblick auf die Art der Informationen, die via LBS bereitgestellt werden sollen. Dieses betrifft in erster Linie Informationen über Ladenöffnungszeiten mit immerhin 82 Prozent gegenüber 73 Prozent in 2013. Knapp dahinter liegt bereits die lokale Verfügbarkeitsabfrage mit 78 Prozent (70 Prozent in 2013). An dritter Stelle folgt der Lieferservice mit 67 Prozent. Für stationäre Händler ist dies ein wichtiger Hinweis, um die Erwartungen von Konsumenten erfüllen zu können. Deswegen wäre es für stationäre Händler sinnvoll, bei digitalen Suchen mit ihren verfügbaren Produkten gefunden zu werden. Sie haben dadurch eine gute Profilierungsmöglich-

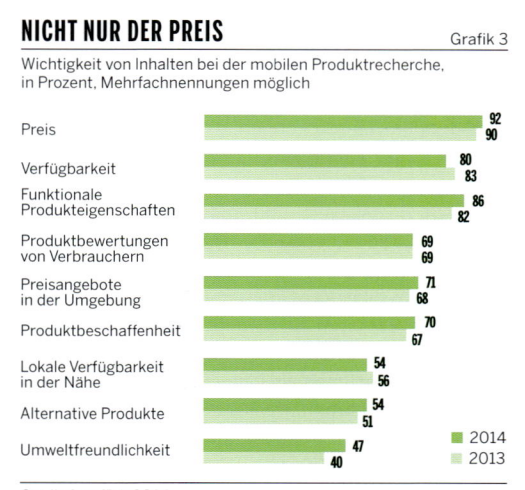

NICHT NUR DER PREIS Grafik 3
Wichtigkeit von Inhalten bei der mobilen Produktrecherche, in Prozent, Mehrfachnennungen möglich

Inhalt	2014	2013
Preis	92	90
Verfügbarkeit	80	83
Funktionale Produkteigenschaften	86	82
Produktbewertungen von Verbrauchern	69	69
Preisangebote in der Umgebung	71	68
Produktbeschaffenheit	70	67
Lokale Verfügbarkeit in der Nähe	54	56
Alternative Produkte	54	51
Umweltfreundlichkeit	47	40

Quelle **kaufDA 2014**

keit, besonders wenn ihre Sortimente zusätzlich eine lokale Relevanz haben. Vor diesem Hintergrund sollten sie alle Möglichkeiten, die Google für die Auffindbarkeit und Platzierung zur Verfügung stellt, vollständig nutzen. Google hat bereits auf die steigende Anzahl mobiler Suchanfragen reagiert, die oftmals auch einen lokalen Bezug haben (Haug 2013). Ende 2012 wurden in den USA bereits rund 25 Prozent der Klicks auf SEM-Anzeigen durch mobile Geräte getätigt (Marine Software 2012, S. 6f.). Verschiedene Google-Produkte wie z. B. Google+, Google Places und Google Shopping spielen z. B. zusammen, um das lokale Angebot des Suchmaschinenanbieters zu verbessern. Dadurch können Geschäfte ihren Online-Auftritt mit wenigen Handgriffen vermarkten. So bietet es sich z. B. an, das lokale Geschäft über Google Places zu registrieren und Adresse, Öffnungszeiten sowie Fotos abzubilden. Über eine Integration von Google+ können Kunden das Geschäft bewerten, mit Freunden teilen oder weiterempfehlen. In Kombination mit der Google-Maps-App wird es ermöglicht, dass Kunden unterwegs den Zugriff auf Öffnungszeiten und Bewertungen erhalten. Die App funktioniert sowohl auf iOS als auch auf Android und deckt damit die meisten mobilen Geräte ab. Stationäre Händler können ebenfalls über Adwords Express lokalbezogene Anzeigen schalten, die dann bei Suchanfragen in der Umgebung eines Geschäftes ausgespielt werden. Dadurch kann der Kunde in einer akuten Bedürfnissituation erreicht werden, wodurch die Wahrscheinlichkeit einer Conversion steigt (Haug 2013).

Präsenz lokaler Händler verbessern

Über die Integration in Google Shopping, also die Produktsuchfunktion der Suchmaschine, kann ebenfalls die Präsenz lokaler Händler verbessert werden. Auch können Händler ihre Produkte mit Hilfe von „Product Listing Ads" bewerben. Dazu muss ein entsprechender Produktdaten-Feed für die stationär verfügbaren Produkte aufbereitet werden, die eine regelmäßige Einspeisung über das Google Merchant Center vorsehen. Damit erhalten Kunden bei der Sucheingabe für ein Produkt jeweils auch den Hinweis, dass sie es in der Nähe kaufen können. Auf dem Smartphone können alle Händler mit Kontaktdaten angezeigt werden, bei denen der Artikel verfügbar ist. Da das Händlerprofil mit den Angaben des Händlers aus Google Places und den Bewertungen auf Google+ verknüpft ist, kann der Kunde schnell zu einer Entscheidung kommen und die Ware sofort beim lokalen Händler seiner Wahl erwerben (Haug 2013; Heinemann 2014). Google positioniert sich mit der Zusammenführung seiner unterschiedlichen Produkte für den mobilen Konsumenten als praktische Lebenshilfe, angereichert mit lokal relevanten Informationen und sozialen Empfehlungen. Die „Optimierung der lokalen Suchfunktionen" entwickelt sich damit zu einem digitalen Wegweiser für den Laden um die Ecke. Die Frage, ob lokale Händler damit einen wirklich relevanten Service zur Kaufvorbereitung anbieten, hängt maßgeblich von der Echtzeitverfügbarkeit ihrer Datenfeeds ab. Derzeit sind stationäre Händler allerdings (noch) kaum in der Lage, aktuelle Warenverfügbarkeiten fehlerfrei und automatisiert weiterzugeben. Mit diesem Problem setzen sich auch Aggregatorenplattformen und „Anbieter für Angebotsbündelung" auseinander, die innovative Dienste mit lokalem Bezug darstellen (Haug 2013).

Besserer Zugriff für Kunden

Je mehr Produkte von stationären Anbietern über die digitale Suche oder Aggregatorenplattformen aufgefunden werden können, desto besser erhalten Kunden einen Zugriff auf ihre gesuchten Produkte. Hinzu kommt der Vorteil, dass die Produkte sofort physisch ausprobiert und mitgenommen werden können. Entsprechende Konzepte werden derzeit von einer Reihe großer Online-Player entwickelt. Als Aggregatorenplattform greift beispielsweise Milo auf lokale Inventarlisten zu. Es geht darum, Sortimente vor Ort online verfügbar zu machen. Die junge Plattform positioniert sich als lokaler Einkaufsführer. Sie listet Produkte stationärer Händler sowie deren Preis und Verfügbarkeit. Konsumenten können auf diese Weise Produkte online oder mobil recherchieren. Es ist auch möglich, über Produktbewertungen weitere

Fakten entscheiden den Erfolg.

Das Statistik-Buch
EHI handelsdaten aktuell 2014

- Umfassender Überblick über die Handelslandschaft in Deutschland, Österreich und der Schweiz
- Die wesentlichen Struktur- und Leistungskennzahlen der einzelnen Handelsbranchen
- Verschiedene Händlerprofile und Informationen zu den aktuell wichtigen Handelsthemen
- Inklusive 3 Monate Testzugang für www.handelsdaten.de (Laufzeit endet spätestens am 31.12.2014)
- Erscheinungstermin: Juli 2014
- Umfang: 320 Seiten, DIN A5
- ISBN 978-3-87257-423-7
- Preis: 45 Euro zzgl. 7% Mwst., inkl. Versand

Neuauflage 2014 mit ca. 300 aktuellen Statistiken

Jetzt bestellen.

Fon: +49 221 579 93-64 • Fax: +49 221 579 93-764 • E-Mail: vertrieb@ehi.org
Online: www.ehi-shop.de • Post: EHI Retail Institute GmbH • Spichernstr. 55 • 50672 Köln

☐ Ja, ich bestelle das Buch EHI handelsdaten aktuell 2014 zum Preis von 45 Euro zzgl. 7% MwSt., inkl. Versand

Firma:
Name:
Straße, Nr.:
PLZ, Ort:

Fon / Fax:
E-Mail:

Datum   Unterschrift

EHI Retail Institute®

kaufrelevante Informationen abzurufen und den Einkauf noch am selben Tag zu tätigen. Die App ist außerdem mit einem Barcodescanner ausgestattet, so dass die Preise der umliegenden Händler miteinander verglichen werden können. Nach Übernahme in 2010 integrierte Ebay die Suchergebnisse von Milo in seine Preisvergleichs-App Red Laser und setzte auf dem Daten-Feed den lokalen Geschenkefinder Gifts-Nearby, heute Ebay Local, auf. Mittlerweile sollte der Service mit zahlreichen namhaften stationären Händlern kooperieren, darunter Target, Radio-Shack, Best Buy, Toys-R-Us und Sears. Aber auch der Versand lokal verfügbarer Produkte kann nunmehr durch innovative Logistik- und Lieferdienstleister innerhalb kürzester Zeit erfolgen. Dieses ist durch Startups wie Shutl, Postmates aus San Francisco oder Tiramizoo aus München möglich geworden. Shutl betreibt eine innovative Plattform, die durch eine intelligente Technologie einen Marktplatz für lokale Lieferdienste und Produktanbieter anbietet. Für Lieferungen werden passende Zulieferer ausgewählt, die die Produkte beim Anbieter abholen und schnellstmöglich an die Kunden ausliefern können. Sowohl der Preis als auch die gewünschten Service-Standards werden bei der Selektion berücksichtigt. Zudem ist die Plattform mit allen gängigen Warenwirtschafts- und ERP-Systemen kompatibel. Mit Shutl wird es für stationäre Händler wie z. B. Argos möglich, Produkte innerhalb weniger Stunden oder sogar Minuten zu liefern. Dadurch wird dem „Next-day-delivery-Standard" der großen Online Pure Plays die Stirn geboten (Haug 2013; Kessler 2011).

Zum Weiterlesen …

AGOF (2013): Dem mobilen User auf der Spur, Zahlen, Daten, Fakten, Vortrag von Stefan Brax auf dem Mobile-Gipfel 2013 am 28. Mai 2013 in Berlin.

Brandeins (2014): Das alles und noch viel mehr. Der Kunde ist ein unangenehmer Geselle. Und das ist gut so. Sagt der Handelsexperte Gerrit Heinemann, Interview, in: brandeins 05/14, S. 90 bis 94.

Bruce, A. (2011): Multi-Channeling der Zukunft – Multi-Channel-Erfolgsfaktoren im wachsenden Markt aus Sicht von Google, in: Heinemann, G.; Schleusener, M.; Zaharia, S. (Hrsg.) (2011): Modernes Multi-Channeling im Fashion-Handel, Deutscher Fachverlag, Frankfurt, S. 50 bis 69.

eWeb Research Center (2014): Die Online-Zahlen 2013, interne Studie zu den Umsätzen des Online-Handels in Deutschland.

Enderle, G.; Voll, L. (2011): Turning pittfalls into snares – crafting a successful multi-channel-strategy, in: OC&C Strategic Insights, S. 22 bis 25, Rotterdam.

FAZ – Frankfurter Allgemeine Zeitung (2013): Der neue Kunde kommt mit Handy, Nr. 250 vom 28. Oktober 2014, S. 22.

Gehrckens, M.; Boersma, T. (2013): Zukunftsvision Retail – Hat der Handel eine Daseinsberechtigung? in: Heinemann, G.; Gehrckens, M.; Haug, K.; dgroup (Hrsg.) (2013): Digitalisierung des Handels mit ePace – Innovative E-Commerce-Geschäftsmodelle unter Timing-Aspekten, Gabler-Springer, Wiesbaden, S. 51 bis 76.

Go-Smart-Studie (2012): Always-In-Touch, Studie zur Smartphone-Nutzung 2012, Google, Otto Group, TNS-Infratest, Trendbüro.

Heinemann, G. (2014): SoLoMo – Always-on im Handel – die

Es zeigt sich, dass Location-based Services in der Lage sind, die Erwartungen der Kunden an stationäre Händler besser zu erfüllen. Diese betrifft z. B. Informationsangebote dahingehend, dass den Nutzern die Verfügbarkeiten und Preise von Produkten über ihre Smartphones und entsprechende Apps zugänglich gemacht werden. Konsumenten erwarten darüber hinaus Informationen zu Ladenöffnungszeiten, Standorterreichbarkeiten sowie zu aktuellen Angeboten im mobilen Internet.

Lohnend: PoS-Dienstleistungen

Auch ist bei Konsumenten vermehrt der Wunsch nach lokalen Serviceleistungen erkennbar wie z. B. Lieferservice, Retourenabwicklung, Reservierung von Produkten oder auch die Buchung von Beratungsterminen. Allerdings können die sich dadurch bietenden Potenziale nur ausgeschöpft werden, wenn die Kundenerwartungen auch am PoS bestmöglich erfüllt werden und Mobiles an jedem Ort nutzbar sind. Stationäre Händler sind insofern gezwungen, sich neu erfinden und ihren Ladenraum durchdigitalisieren sowie die Smartphone-Nutzung auch in Geschäften möglich zu machen („Digital-in-Store"). Dazu gehört auch, den Zugriff zum Internet sicherzustellen, sei es mittels freiem WLAN/Beacon oder Verstärkung des Mobilfunknetzes. Dieses bestätigt die zugrunde liegende Studie (kaufDA 2014). Stationäre Händler sollten mit entsprechenden Serviceangeboten bei Konsumenten punkten und ihnen dadurch einen Mehrwert bieten. Sie werden fester Bestandteil im Handel der Zukunft sein.

---

soziale, lokale und mobile Zukunft des Shopping, Verlag Gabler-Springer, Wiesbaden

kaufDA (2014): Studie zum Thema „Zukunft und Potenziale von Location-based-Services für den stationären Handel – Zeitreihenanalyse im Vergleich zu 2013", Mönchengladbach.

kaufDA (2013): Studie zum Thema „Zukunft und Potenziale von Location-based-Services für den stationären Handel", Mönchengladbach.

Kerkau, F. (2012): Smartphone – unsere Fernbedienung des Lebens, Vortrag auf dem Mobile Gipfel 2012, managementforum, 26. Juni 2012, Düsseldorf

Kessler, S. (2011): eBay Takes Local Shopping Mobile. In: mashable.com [Online] Verfügbar unter: http://mashble.com/2011/06/16/ebay-milo-app/ (Zugriff am 3. Oktober 2014)

Marine Software (Hrsg.) (2012): The State of Mobile Search Advertising in the US. How the Emergence of Smartphones and Tablets Changes Paid Search. In: marinsoftware.com [Online] Verfügbar unter: http://www.marinsoftware.com/downloads/mobile_search_us2012_marin.pdf (Zugriff am 1. September 2014).

Schneller, D. (2008): Die Meinung der Anderen, [Online]; Verfügbar unter: http://de.statista.com/statistik/daten/studie/2051/umfrage/produktrecherche-im-internet-in-deutschland-in-2008/, (Zugriff am 14. Oktober 2009).

Stracke, T. (2005): Profilieren statt ignorieren: Internet-Nutzer zwingen Hersteller zum Umdenken, in: Direkt Marketing 11 / 2005, S. 24–27. [Online], Verfügbar unter: http://www.pangora.com/versions/de/assets/mentasys_in_der_Direktmarketing-0511.pdf, (Zugriff am 14. Oktober 2009)

Fokus | Analytics

DIGITALE MARKTFORSCHUNG

Handel und Industrie bedienen sich immer noch analoger, traditioneller Methoden, um an Shopper Insights zu gelangen. Doch die Marktforschung wird zunehmend digital.

Text **Dominic Blank, POSpulse**

Trotz einer Fülle an Transaktionsdaten bleibt das „Warum" hinter einer Kaufentscheidung derzeit noch weitestgehend unbeleuchtet. Die gängigsten Methoden wie die reinen Abverkaufsdaten oder Kundenbindungsprogramme können dazu nur begrenzt Aufschlüsse geben. Was Handel und Industrie in diesem Zusammenhang noch immer fehlt, ist die transparente, zeitnahe Einsicht in tatsächliche Kundenbedürfnisse und -wahrnehmungen sowie die Fragen „Was sind Kaufgründe und -anlässe?" oder „Warum kauft der Kunde gerade dieses Produkt?" und „Warum bevorzugt er eine bestimmte Filiale?" Wird hinsichtlich der gezielteren Ansprache und besseren Einbindung des „digitalen" Shoppers vielerorts über Omni- bzw. Multichannel gesprochen, bedienen sich Industrie und Handel zu großen Teilen immer noch analoger, traditioneller Methoden wie zum Beispiel historische Abverkaufsdaten oder klassische Umfragen, um ihre digitalen Shopper zu verstehen.

Besseres Shopper-Verständnis durch Nutzung mobiler Technologien

Gerade der Handel profitiert in besonderem Maße von der Digitalisierung. Mit der Frage nach den Kaufgründen und -motivationen rückt die Analyse einer bestehenden Situation am Point of Sales aus Perspektive der Shopper in den Fokus. Dazu benötigen die Händler ein durchgängiges Bild des PoS und ein entsprechendes Verständnis für die Erfahrungen aus der Sicht ihrer Shopperen – dies kann die digitale Marktforschung aus Shopper-Perspektive leisten.

Jener „moment of truth" am Point of Sales ist nach wie vor von höchster Wichtigkeit. Immer noch werden rund 70 Prozent der Käufe im stationären Handel entschieden. Der klassische Marktforschungsauftrag liefert dazu bislang meist erst nach Monaten Ergebnisse und Analysen, die auf der Beobachtung und Befragung der Zielgruppe basieren, also externen Quellen.

Die ideale Quelle für die Shopper Research ist der Shopper selbst. Da wir uns als Shopperen flächendeckend auf der ganzen Welt in der Nähe eines Marktes aufhalten, sind wir gleichzeitig auch der größte und weitverbreitetste Außendienst der Welt. Die Schnittstelle in der digitalisierten Marktforschung ist das Smartphone, das GPS-Daten, Datumstempel, Bildmaterial sowie quantitative und qualitative Fragestellungen ermöglicht. Auf diesem Weg wird aus dem normalen Shopperen ein Marktforscher, der mittels Smartphone Informationen erfasst, kommentiert und dokumentiert. Zusammen genommen bezeichnen wir diese Markforschung durch Crowd-sourcing als Marktforschung 3.0.

Der Marktforschungs- und POS-Analytics-Anbieter POSpulse erhebt die Daten direkt am PoS und durch den Shopperen. Über 30.000 Endkunden liefern reale Ergebnisse aus Shopper-Perspektive – Tendenz weiter steigend. Sie übermitteln Daten und Bilder über die Smartphone-App „ShopScout" und geben Auskunft über ihre persönliche Einkaufserfahrung, Zufriedenheit, Wünsche sowie Regalplatzierungen, Mitbewerbersituationen und Planogramm-Standards. Durch Nutzung ihrer Shopperen als Markforscher erhalten Händler und Hersteller nicht nur Feedback, sondern es wird innerhalb weniger Tage eine schnellere, gezieltere und kosteneffizientere Methode des Shopper-Verständnisses geboten. Durch Limitierung eines gezielten Segments des Panels können auch zielgruppenspezifische Insights generiert werden, wie die Wahrnehmung eines Sortiments nach Einkaufsverhalten, sozio-demographischen Faktoren wie auch Interessen und Einstellungen.

Entscheider in Industrie und Handel befinden sich häufig an der Kapazitätsgrenze ihrer Auslastung.

Nicht Big, sondern Smart Data

Von enorm hoher Bedeutung ist es daher, die Ziele und Anforderung einer Erhebung am PoS zu kennen und Entscheidern die Haupterkenntnisse in Form handlungsrelevanter Informationen intuitiv (wei-ter)verarbeitbar auszuwerten und aufzubereiten. POSpulse hat hierfür in enger Zusammenarbeit mit Experten des Category Management, (Trade)-Marketings, Vertriebs und der Marktforschung zusammengearbeitet, um eine Analysesoftware zu entwickeln, welche auf die Bedürfnisse des PoS sowie die Konsumgüterindustrie ausgerichtet ist. Jene Software wertet durch die Crowd gesammelte Daten in-

Achtung 2018: digitale Herausforderung im Handel

Digitalisierung wird nun zur Pflicht. 2018 bilden die Digital Natives die Bevölkerungsmehrheit. Wer nicht optimal die Kanäle vernetzt, so wie es der Kunde erwartet, verabschiedet sich aus dem Wettbewerb. Die Digitalisierung ist die Chance des Einzelhandels. Für den Handel der Zukunft sind die Möglichkeiten des E-Commerce nicht nur Konkurrenz, sondern können eine sinnvolle Ergänzung sein. Die größte Herausforderung besteht aktuell jedoch darin, schlüssige Digitalisierungsstrategien für das eigene Handelsunternehmen jeweils individuell und erfolgreich zu entwickeln und umzusetzen. Die Lösung liegt darin, auf den Kunden zu hören – klingt trivial und selbstverständlich für die Handelsbranche. Dennoch beobachten wir bei vielen Unternehmen, die wir als Etventure bei der Entwicklung und Umsetzung der Digitalen Transformation unterstützen und begleiten, zunächst den Ansatz, dass dem Konsumenten bei der Einführung neuer Technologien häufig nur unterstellt wird, was er will, ohne es vorher zu validieren. Regelmäßig werden (digitale) Innovationen mit einer Vielzahl an Funktionen und Möglichkeiten entwickelt. Am Ende stehen dann nicht nur hohe Entwicklungskosten. In vielen Fällen nutzt der Kunde die Anwendung nicht, da sie sein Problem nicht signifikant und benutzerfreundlich lösen. Was will der Kunde wirklich? Wichtiger denn je ist es, sich auf den Kunden zu fokussieren und herauszufinden, wo seine „Probleme" liegen und erst auf Basis dieser Erkenntnisse, neue Services zielgerichtet zu entwickeln. Entscheidend ist es jetzt, Geschwindigkeit bei der Digitalen Transformation aufzunehmen. Zu Beginn des Projekts steht weder Perfektion noch Design. Vielmehr kann durch eine Entwicklung in kleinen Schritten, durch Prototyping und fortlaufende Testverfahren nachgewiesen werden, dass ein Projekt tatsächlich erfolgreich ist. Somit werden sehr schnell Entwicklungserfolge erzielt, was in hohem Maße die Integration in die Gesamtorganisation erleichtert. Durch innovative Methoden aus dem Silicon Valley, wie wir sie auch bei Etventure anwenden – wie etwa Lean Startup und Design Thinking – lässt sich schnell evaluieren, ob ein digitales Geschäftsmodell oder Geschäftsprozess das Potential hat, erfolgreich zu sein, ein Problem löst und den Kunden überzeugt. Nur wer seinen Kunden kennt, bleibt im Wettbewerb erfolgreich.

**Dr. Kay Hafner,
Partner, Etventure
Business Ignition**

Foto **Etventure Business Ignition**

dividuell nach Kundenwünschen aus und schlüsselt Erkenntnisse nach relevanten Parametern, wie Verkaufskanal, Nielsen-Gebiet oder geografischen und demographischen Daten der Erheber, auf. Gleichzeitig sind neben den Analysen auch die gesamten Bilder, Ortskennzeichnungen und Rohdaten verfügbar und exportierbar. Damit stellt POSpulse Händlern und Herstellern ein Marketing- und Vertriebssteuerungstool zur Verfügung, das den Außendienst effizienter und Marketing Insights transparenter und interpretierbarer macht. Über die stetige Nutzung des Tools lassen sich Promotion-Performances und Shopper-Reaktionen zu Neuprodukten oder Kampagnen über die Zeit vergleichen und Lerneffekte mit Handlungen in Verbindung setzen.

Benchmarks, welche Unternehmen zu einer anonymisierten Peer-Gruppe von Mitbewerbern vergleichen sowie Handlungsempfehlungsthesen basierend auf bestimmten Ergebnissen aufstellen, schließen an das Aufzeigen von Optimierungspotenzialen an. Auf diese Weise wird Marktforschung transparenter, effizienter und schneller – und somit in der Generierung der Ergebnisse handlungsrelevanter. Letzteres fehlt vielerorts in der Anwendung von Beacons, NFC und der Nutzung konventioneller Marktforschungsmethoden. Schnelligkeit, Relevanz und Dateninterpretation, sprich Kontextualisierung, sind der Schlüssel für das Schaffen eines Mehrwerts.

Komplexe Sachverhalte lösen

Die zielgruppenspezifische Befragung hinsichtlich Wahrnehmungen, Vorlieben und Meinungen vor Ort liefern Informationen, Erkenntnisse und Analysen. Im Auftrag eines Automobilherstellers etwa befragte POSpulse Frauen über 25 Jahre mit einem definierten Bildungsgrad und überdurchschnittlichem Einkommen, wie sie die Serviceleistung und Beratungsqualität in Autohäusern beurteilen und das Ambiente wahrnehmen. Das Unternehmen ging davon aus, dass am PoS, in diesem Fall also in dem Autohaus, Frauen als Zielgruppe nicht ausreichend gut angesprochen würden und diese daher „verloren" gingen. Das Ergebnis: Frauen hatten über alle Bewertungsdimensionen hinweg durchweg positivere Erfahrungen am PoS als Männer. Daraus lässt sich schließen, dass dieses Problem weniger am PoS als vielmehr am Brand-Marketing liegt. Den Hersteller hat es davor bewahrt, kostspielige, zielgruppenspezifische Aktivierungsmaßnahmen am PoS durchzuführen.

Ein Telekommunikationsanbieter hat POSpulse beauftragt, die Beratungsqualität und den Einsatz eines Fragebogens in den eigenen Shops und bei Partnern zu evaluieren. Es stellte sich heraus, dass externe Mitarbeiter den vorgesehenen Bogen 80 Prozent weniger einsetzen, sie aber mehr Zielabschlüsse verbuchen konnten. Auf dieser Basis sind Qualität und Eignung des Fragebogens ein passendes Instrument, um Kundenwünsche zu ermitteln, sie bedürfen aber der Optimierung.

70 Prozent aller Sales Promotions am PoS sind fehlerhaft

Neben der qualitativen Befragung, stehen auch Prozesse und Aktionen am PoS selbst auf dem Prüfstand. So hat eine Untersuchung von POSpulse ergeben, dass alle Sales Promotions, die das Unternehmen bisher durchgeführt hat, zu über 70 Prozent fehlerhaft umgesetzt wurden. In 68 Prozent der Fälle wurde etwa vorgesehenes Werbematerial nicht eingesetzt. Die für Industrie und Handel wichtigen Zweitplatzierungen wurden nur in rund 40 Prozent aller Vermarktungsaktionen umgesetzt, und in 35 Prozent der Fälle war ein geplantes Promotionteam nicht vor Ort sichtbar. In 12 Prozent der Aktionen war das Produkt überhaupt nicht verfügbar. Diese Ergebnisse zeigen, dass bei vielen verkaufsfördernden Maßnahmen Optimierungspotenzial besteht.

Haushalts- und Handelspanel isoliert bieten eine eingeschränkte Sicht auf den PoS ohne Verständnis für den Shopper. Für die gesamtheitliche Sicht auf den PoS bedarf es beider Perspektiven, um Shopper Reaktionen, Regal-Platzierungen und Promotion-Umsetzungen direkt mit Abverkaufsdaten zu verknüpfen und Handlungsempfehlungen ableiten zu können.

GS1 Germany

www.gs1-germany.de

Wir sind der Barcode – **und noch viel mehr.**

Seit 1974 sind wir Ihr täglicher Begleiter: Erst unsere Produkt-Barcodes ermöglichen Handelsprozesse, wie wir sie heute kennen – egal ob stationär, online oder multichannel.

Der Barcode generiert sich aus der Global Trade Item Number (GTIN), die in Deutschland von GS1 Germany vergeben wird. Die GTIN kennzeichnet Produkte weltweit eindeutig und überschneidungsfrei, aber sie leistet noch viel mehr: Sie ist die gemeinsame Sprache des weltweiten Handels und ermöglicht die barrierefreie Kommunikation entlang der gesamten Wertschöpfungskette – vom Erzeuger bis zum Verbraucher. So werden Handelsprozesse schneller, sicherer, transparenter und effizienter.

Erfahren Sie mehr über die GTIN und alle Leistungen von GS1 Germany unter www.gs1-germany.de oder +49 221 94714-567.

Global Standards. Make Business Efficient.

REALISIERUNGSAUFWAND

ONLINE-MAGAZIN

REDAKTIONELLE INHALTE

KANALÜBERGREIFENDE DARSTELLUNG

VERBUNDPRÄSENTATIONEN

EMOTIONALE BILDSPRACHE

AKTIONEN

CONVERSION-RATE-STEIGERUNG

Marktforschung | **Strategie & Analyse**

KANÄLE WERDEN UNSICHTBAR

Die EHI-Studie Omnichannel-Commerce 2015 zeigt Hintergründe der Implementierung und Transformation im Handel auf.

Text **Lars Hofacker, EHI**

Auf Multichannel und Crosschannel folgt nun Omnichannel: die nahtlose Einkaufserfahrung für den Kunden über alle Kanäle hinweg, mit fließendem Wechsel und einheitlichem Markenerlebnis. Wie weit die Unternehmen damit sind, was Standard ist und welche Hürden es gibt, verrieten insgesamt 25 Handelsunternehmen. Die wichtigsten Ergebnisse wurden in der EHI-Studie „Omnichannel-Commerce 2015" zusammengefasst.

Trotz der Tatsache, dass viele Händler sich beim Thema Omnichannel noch in einer Experimentierphase befinden, können fünf Services als zu einer erfolgreichen Omnichannel-Implementierung gehörend identifiziert werden **(Grafik 1)**. Als klare Erwartung des Kunden sehen die meisten Händler die Möglichkeit, online gekaufte Ware in den Filialen zurückgeben zu können. Fast alle befragten Händler haben demnach Instore-Return (24) bereits umgesetzt oder planen dies. Über die Vorteile von Instore-Order sind sich alle Befragten einig (25), weil es durch die größeren Sortimente der Onlineshops eine Erweiterung des Filialwarenbestandes ermöglicht. Gefolgt wird dies von Click & Collect, entweder mit Online-Zahlung (22) oder mit stationärer Bezahlung (17). Für viele Händler ist die zweite Variante besonders attraktiv, weil der Kunde die Bestellung schon abgewickelt hat, aber trotzdem noch in die Filiale kommt und dort zu weiteren Käufen inspiriert werden kann. Ebenfalls unter den Top 5 der umgesetzten bzw. geplanten Omnichannel-Services sind für einen Großteil der Händler (20) die sogenannten Online-Verfügbarkeitsanzeigen von stationären Produkten. Als besondere Herausforderung gilt hier allerdings die Realtime-Anbindung des stationären Warenwirtschaftssystems an den Onlineshop.

Bei der Umsetzung der Services zeigt sich eine große Bandbreite in Bezug auf den Kundenkomfort. Die bloße Einführung eines Angebots ist noch keine Qualitätsgarantie. Für die Bedeutung von Omnichannel-Commerce spricht, dass ein Drittel der Händler bereits eigene Budgets dafür bereitstellt.

Transformationsprozess anstoßen

Aktuelle Herausforderungen sind zunächst die Umstellung der Systeme sowie die Aufgabe, Schnittstellen zu schaffen, wo bislang keine vorgesehen waren. Nach den wichtigsten Learnings befragt, gaben einige Händler an, die Anforderungen an das Change-Management unterschätzt zu haben. Denn für die Mitarbeiter gibt es tiefgreifende Veränderungen. Plötzlich gilt es, Pakete anzunehmen, via Tablet Bestellungen im Onlineshop zu tätigen und retournierte Online-Bestellungen zu bearbeiten. Und das alles bei vielen (14) zunächst ohne Incentivierung. Um Omnichannel beim Personal auf der Fläche zum Leben zu bringen, befürworten viele Händler (20) Schulungen und noch mehr stellen Tools wie Tablets zur Verfügung oder haben es vor.

Beliebter Service: vorher bestellt, nachher geholt.

Strategie & Analyse | Marktforschung

Klar war allen Befragten: Die Mitarbeiter müssen mitgenommen werden, denn Omnichannel kann nur funktionieren, wenn jeder im Unternehmen das Thema lebt – vom Geschäftsführer bis zum Verkäufer. Das Top-Management muss vorangehen und einen Transformationsprozess für das ganze Unternehmen anstoßen.

Touchpoints individuell bespielen

Nach dem wichtigsten Kontaktpunkt zum Kunden gefragt, erhalten stationäre Stores die meisten Nennungen. Es beginnt aber ein Umdenken, bei dem die einzelnen Touchpoints je nach individuellen Präferenzen der Kunden bespielt werden. Kunden wollen heute je nach Situation unterschiedliche Services nutzen – per Handy ein Produkt im Laden reservieren oder in der Filiale mit dem Vorzug der persönlichen Beratung per Tablet aus dem Online-Sortiment wählen – die unterschiedlichen Omnichannel-Prozesse sind enorm vielfältig.

Das Fazit: neue Denkrichtung

■ Stationäre Stores sind wichtigster Vertriebskanal – es beginnt aber ein Umdenken zu einer flexiblen Touchpointbetrachtung individuell nach Kunden.
■ Das Omnichannel-Service-Set ist definiert und wird nun umgesetzt, allerdings in unterschiedlichen Stadien und noch mit unterschiedlicher Qualität.
■ Eigene Omnichannel-Budgets sprechen aber für eine Verankerung des Themas.
■ Mensch und Maschine stellen Unternehmen vor große Herausforderungen.
■ Technische Voraussetzung für Omnichannel ist die Verknüpfung der alten und neuen Systeme.
■ Einführung der neuen Services stößt bei stationären Mitarbeitern nicht nur auf Gegenliebe.
■ Die Geschäftsführungen der Handelsunternehmen müssen das Thema daher anstoßen – und Ängste bei den Mitarbeitern entschärfen, sowie für Anreize sorgen, das Thema mitzutreiben.
■ Kunden fordern viele Services ein, deren Nutzung wird dadurch deutlich mehr.
■ Die Transformation zum Omnichannel-Händler, der den Kundenansprüchen genügt, kann nur funktionieren, wenn alle im Unternehmen das Thema forcieren.
■ Die beiden Welten Online und Offline müssen nicht nur für die und bei den Kunden verschmelzen, sondern bei allen Beteiligten.
Damit verändert der Omnichannel-Ansatz nicht nur die Prozesse, sondern die komplette Denkweise in einem Unternehmen **(Grafik 2)**.

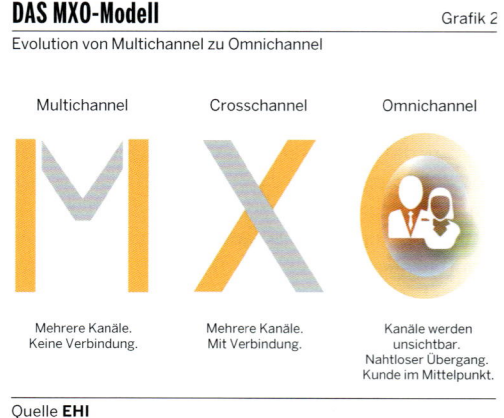

DER STANDARD WIRD UMGESETZT — Grafik 1
Implementierungsgrad von Omnichannel-Services

Service	im Einsatz	geplant	nicht geplant
In-Store Order	20	5	
In-Store Return	18	6	1
Click & Collect mit Zahlung im Webshop	17	5	3
Anzeige Filialbestände im Webshop	15	8	2
Click & Collect mit Zahlung im Store	13	4	8

n = 25, Pilotprojekte wurden schon zu „im Einsatz" gezählt

Quelle **EHI**

DAS MXO-Modell — Grafik 2
Evolution von Multichannel zu Omnichannel

Multichannel — Mehrere Kanäle. Keine Verbindung.
Crosschannel — Mehrere Kanäle. Mit Verbindung.
Omnichannel — Kanäle werden unsichtbar. Nahtloser Übergang. Kunde im Mittelpunkt.

Quelle **EHI**

Marktforschung | **Strategie & Analyse**

IT-TRENDS IM HANDEL

Der Handel hat seine Budgets für die Informationstechnologie angehoben. Dies ist ein deutliches Zeichen für ihre stetig wachsende Bedeutung.

Text **Cetin Acar, EHI**

Die Bedeutung der Informationstechnologie für den Handel ist so hoch wie noch nie. Dementsprechend sind die IT-Budgets ebenso gestiegen wie die Nachfrage nach geeigneten Fachkräften. Als die mit Abstand wichtigsten technologischen Entwicklungen der nächsten Jahre betrachten IT-Verantwortliche die Bereiche Omnichannel und Mobile. Das sind die wichtigsten Ergebnisse der EHI-Studie „IT-Trends im Handel".

IT-Budgets als Indikator

40 Prozent der Unternehmen erwarten entsprechend den vermehrten Anforderungen in den nächsten Jahren steigende IT-Budgets. Im Vergleich zu 2013 sind die Budgets bereits jetzt deutlich auf durchschnittlich 1,24 Prozent vom Nettoumsatz gestiegen **(Grafik 1)**. Damit haben sich die Erwartungen der IT-Verantwortlichen aus der vorherigen Untersuchung annähernd bewahrheitet. 52 Prozent waren von steigenden Budgets ausgegangen.

Spezialisten gesucht

Die wachsende Relevanz von Technologie in allen Unternehmensbereichen hat deutlichen Einfluss auf die Position und Bedeutung der IT-Abteilung. 62 Prozent der IT-Verantwortlichen definieren die wesentliche Rolle der IT als Enabler mit enger Einbindung in die Prozessorganisation. Für 38 Prozent ist IT darüber hinaus auch ein zentraler Innovationstreiber innerhalb des Unternehmens. Bedingt durch diese Entwicklung hat sich das Anforderungsprofil an Mitarbeiter der IT-Abteilung stark in Richtung Prozess- und Businessorientierung gewandelt. 66 Prozent der Handelsunternehmen haben aufgrund akuten Fachkräftemangels Schwierigkeiten, Positionen adäquat zu besetzen.

Kanal-Integration

63 Prozent der Panel-Teilnehmer halten Omnichannel für den bedeutendsten technologischen Trend. Die wichtigste Herausforderung dabei ist für 51 Prozent die Optimierung der Kanal-Integration aus organisatorischer Sicht, gefolgt von technischer Systemverknüpfung, Realtime-Anbindung und Stammdatenmanagement. Nur 12 Prozent der Firmen schätzen die Kanal-Integration im eigenen Unternehmen bereits als gut ein, 40 Prozent sehen sich auf gutem Wege. Die mobile Erreichbarkeit der Kunden hat für 55 Prozent der Teilnehmer eine besondere strategische Bedeutung, für die übrigen Firmen steht das Thema aufgrund der Kundenstruktur bzw. der Sortimente derzeit noch weniger im Fokus.

Mobile als Innovationstreiber

Mobile Anwendungen stehen für 57 Prozent ebenfalls ganz oben auf der Liste der Technologietrends. Dies schlägt sich auch in den Projekten nieder: Ein knap-

IT-BUDGETS STEIGEN — Grafik 1
Einschätzung der Entwicklung der absoluten IT-Budgets und Durchschnittswerte in Prozent vom Nettoumsatz

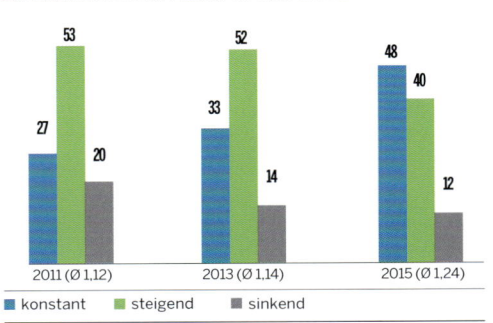

	2011 (Ø 1,12)	2013 (Ø 1,14)	2015 (Ø 1,24)
konstant	27	33	48
steigend	53	52	40
sinkend	20	14	12

Quelle **EHI**

Strategie & Analyse | Marktforschung

Für Informationstechnologie wollen die Händler 2015 tiefer in die Tasche greifen.

pes Viertel der Befragten hat mobile Systeme für Mitarbeiter im Store im Fokus – 17 Prozent feilen an mobilen Lösungen für ihre Kunden.

Das Thema Mobile Payment ist mit 26 Prozent der Nennungen ein Bereich, der ebenfalls sehr interessiert beobachtet wird. Viele Händler erhoffen sich hier eine Beschleunigung der Kassendurchlaufzeiten. Auch die Möglichkeiten der Verbindung mit Loyalty-Programmen zur Kundenbindung oder gegebenenfalls Händler-Apps bergen Potenzial. Für die Studie „IT-Trends im Handel 2015" hat das EHI CIOs und IT-Leiter von 95 Handelsunternehmen in Deutschland, Österreich und der Schweiz in Interviews zu Projekten, Trends und Investitionsprioritäten befragt.

Grundlagen: die Datenbasis

Die interviewten Einzelhändler stehen für insgesamt über 300 Mrd. Euro Unternehmensumsatz. Die Teilnehmer der Untersuchung wurden dabei in Händler für Fast Moving Consumer Goods (FMCG) und Slow Moving Consumer Goods (SMCG) unterteilt.

Interaktiver Handel | **Strategie & Analyse**

DIE MISCHUNG MACHT'S

Was machen jene Händler richtig, die auch online unterwegs sind? Die Studie Interaktiver Handel in Deutschland geht ins Detail.

Text **Franziska Gräfe, bevh**

Mehr als jeder zehnte Euro im Einzelhandel wird mittlerweile im Online- oder Versandhandel ausgegeben. 85 Prozent des Branchenumsatzes von 49,1 Mrd. Euro im Interaktiven Handel wurden im Jahr 2014 via Online-Bestellung generiert – Tendenz steigend. Doch es lohnt ein Blick ins Detail, um zu erkennen, was jene Händler so erfolgreich macht, die (auch) online unterwegs sind. Die bevh-Verbraucherstudie „Interaktiver Handel in Deutschland" zeichnet Jahr für Jahr ein differenziertes und vielschichtiges Bild einer Branche im steten Wandel.

Multichannel, Mobile, Personalization

Die Online- und Versandhändler haben in den letzten Jahren vor allem zweierlei erkannt: die Chancen, die das Internet bietet und die sich verändernden Bedürfnisse der Kunden. Eine ganz zentrale Entwicklung, die nun bereits über mehrere Jahre zu beobachten war, ist der Weg in Richtung Multichannel-Handel. Zwischen 2013 und 2014 hat sich der Umsatzanteil weg von den Online-Marktplätzen und hin zu den Multichannel-Händlern sowie Internet Pure Playern bewegt, die das Wachstum unter sich aufteilen. Generierten die Marktplätze 2013 noch 55 Prozent des Branchenumsatzes, so waren es 2014 nur noch 49 Prozent. Auf zwei Drittel konnten jedoch die Multichannel-Händler ihren Anteil steigern **(Grafik 1)**. Kurz gesagt: besonders erfolgreich sind die Onlinehändler, die den Kunden auch stationär erreichen – oder die Stationärhändler, die einen digitalen Kanal bespielen. Die Mischung macht's, ganz offensichtlich. Aber auch der Blick auf das Inspirations- und Informationsverhalten der Kunden spricht dafür, dass diese Entwicklung weiter anhalten wird. So ist die Internetseite eines Händlers zwar für zwei Drittel der Befragten die Hauptinformationsquelle vor dem Kauf, auf Platz zwei folgt allerdings der Katalog, den immerhin noch jeder fünfte ebenfalls zu Rate zieht. Erwähnenswert ist in diesem Zusammenhang auch die Umkehrung des häufig thematisierten „Beratungsklaus". Während vor Jahren die Kunden noch die Fachberatung im Laden in Anspruch nahmen, um das Produkt dann online zu bestellen, ist mittlerweile das Gegenteil viel häufiger der Fall. Die umfangreichen Informationsmöglichkeiten durch Produktbilder und -beschreibungen, Kundenrezensionen und Preisvergleiche, die der Online-Handel bietet, werden zur Recherche vor einem Kauf im Stationärgeschäft verwendet: Webrooming statt Showrooming heißt das Stichwort.

Woher kommt nun aber das E-Commerce-Wachstum? Bis vor einigen Jahren hauptsächlich ein urbanes Phänomen, hat sich Onlineshopping mittlerweile ebenso im ländlichen Raum etabliert. Dennoch wächst die Zahl der Onliner in Deutschland (vergleich ARD-ZDF-Online-Studie) langsamer als der Umsatz im E-Commerce. Der logische Schluss lautet also,

MARKTANTEILE IM DISTANZHANDEL   Grafik 1

Verteilung des Gesamtvolumens von 49,1 Mrd. Euro (2014) auf die Versendertypen. Angaben in Prozent

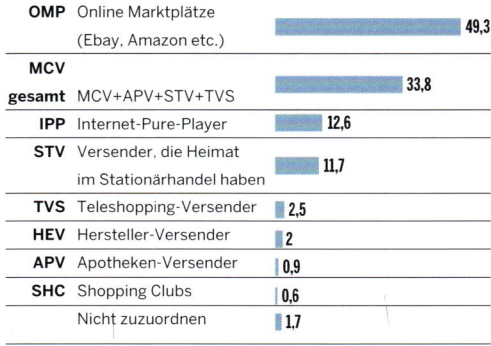

Kürzel	Bezeichnung	Wert
OMP	Online Marktplätze (Ebay, Amazon etc.)	49,3
MCV gesamt	MCV+APV+STV+TVS	33,8
IPP	Internet-Pure-Player	12,6
STV	Versender, die Heimat im Stationärhandel haben	11,7
TVS	Teleshopping-Versender	2,5
HEV	Hersteller-Versender	2
APV	Apotheken-Versender	0,9
SHC	Shopping Clubs	0,6
	Nicht zuzuordnen	1,7

Quelle **bevh**

Strategie & Analyse | Interaktiver Handel

dass die bestehenden Kunden häufiger kaufen und gleichzeitig immer größere Warenkörbe haben.

Vor allem aber steigt die Mobile-Nutzung stetig an. Immer mehr Menschen besitzen ein Smartphone bzw. Tablet und nutzen diese Devices auch, um in Onlineshops zu stöbern und zu bestellen. Wurden 2013 noch Waren im Wert von 4,9 Mrd. Euro via mobilem Internet bestellt, so waren es 2014 schon 8,5 Mrd. Euro **(Grafik 3)**. Noch weiter fortgeschritten ist die Entwicklung, wenn man die digitalen Dienstleistungen betrachtet: Knapp die Hälfte aller Reise- und Ticketbuchungen, Softwaredownloads etc. wurden 2014 via mobilem Internet oder App gekauft. Zentral für den anhaltenden Wachstumstrend der Branche ist die Anpassung an die Lebensgewohnheiten der Kunden. Ebenso wie Menschen Medien nicht mehr nach einem vorgegeben Muster konsumieren wollen (siehe z. B. der Erfolg von Streaming-Diensten), individualisieren sie auch zunehmend ihr Einkaufsverhalten und passen es ihren Lebensumständen an. Recherche, Bestellung, Bezahlung, Lieferung – je flexibler, desto besser.

BESTELLWEGE
Grafik 3

Vergleich 2013 – 2014
Wie haben Sie diese Waren bestellt?

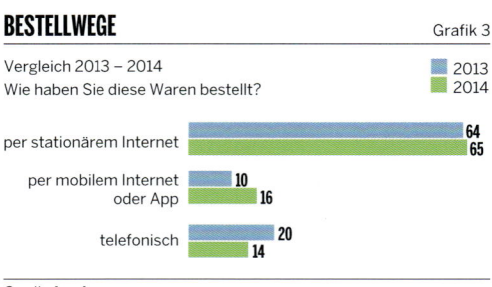

- 2013
- 2014

	2013	2014
per stationärem Internet	64	65
per mobilem Internet oder App	10	16
telefonisch	20	14

Quelle **bevh**

SORTIMENTE IM DISTANZHANDEL
Grafik 2

Volumina nach Warengruppen
Umsatzangaben in Mio. Euro (2014)

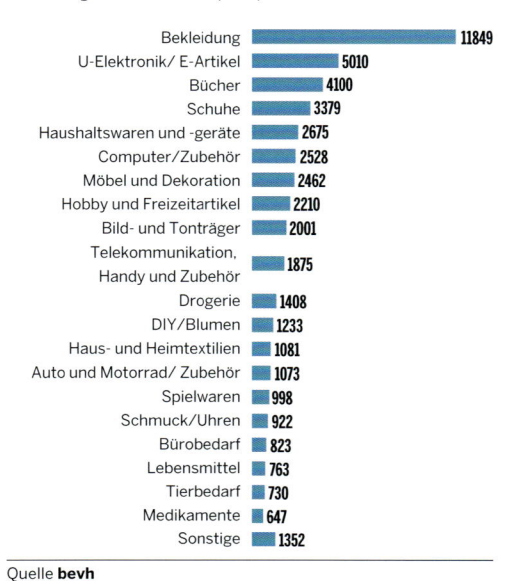

Bekleidung	11849
U-Elektronik/ E-Artikel	5010
Bücher	4100
Schuhe	3379
Haushaltswaren und -geräte	2675
Computer/Zubehör	2528
Möbel und Dekoration	2462
Hobby und Freizeitartikel	2210
Bild- und Tonträger	2001
Telekommunikation, Handy und Zubehör	1875
Drogerie	1408
DIY/Blumen	1233
Haus- und Heimtextilien	1081
Auto und Motorrad/ Zubehör	1073
Spielwaren	998
Schmuck/Uhren	922
Bürobedarf	823
Lebensmittel	763
Tierbedarf	730
Medikamente	647
Sonstige	1352

Quelle **bevh**

Dauerbrenner und Newcomer

Betrachtet man die Top-Seller der Branche ist vor allem eines bemerkenswert: Gerade die Produkte, bei denen man eine haptische Erfahrung und in Augenscheinnahme vor dem Kauf für besonders wichtig hält, machen den mit Abstand größten Teilbereich aus. Allein der Umsatz mit Bekleidung und Schuhen lag 2014 bei 15,3 Mrd. Euro – knapp ein Drittel des gesamten Branchenumsatzes. Mit Blick auf die Historie verwundert das aber eigentlich nicht mehr. Denn bereits Jahrzehnte vor dem Internet-Zeitalter erreichten die großen Versandhäuser ihre Kunden überall in der Republik – und schon damals schätzten die Menschen das unkomplizierte Einkaufen via Bestellung, die Anprobe zuhause, die Möglichkeit zur Retoure. Ist der E-Commerce also nur der Katalog zum Scrollen und die Bestellkarte zum Anklicken? Die Wachstumsraten der vergangenen Jahre belegen, dass es mehr ist als das. Auch bisher wenig versandhandelsaffine Warengruppen wie Möbel und Dekorationsartikel werden immer beliebter und sind einer der Wachstumsbereiche. Im Jahr 2014 konnte dieses Segment

Interaktiver Handel | **Strategie & Analyse**

2,5 Mrd. Euro Umsatz erwirtschaften, was einer Steigerung um 50 Prozent gegenüber dem Vorjahr entspricht. Allerdings sei auch an dieser Stelle auf die zahllosen Küchen- und Wohnzimmereinrichtungen verwiesen, die die großen Versandhäuser zu analogen Zeiten verschickt haben: wirklich überraschend kommt es also nicht, dass sich der Kunde bequem vom alten Sofa das neue Modell nach Hause bestellt. Ebenso erfreuen sich Elektronik- und Unterhaltungsartikel sowie Telekommunikationsartikel und -zubehör wachsender Beliebtheit. Oder anders formuliert: Die Smartphones und Tablets, mit denen die Menschen später in Onlineshops unterwegs sind, kaufen sie auch mit Vorliebe in solchen **(Grafik 2)**.

Wohin geht die Reise?

Das Jahr 2014 verlief für die erfolgsverwöhnte Branche durchwachsen – vor allem im zweiten und dritten Quartal war die allgemeine Konjunkturdelle spür-

Direkt vor Ort: lokal ist das neue International

Big Data ist überall und bietet eine Fülle an Nutzungsmöglichkeiten. Immer häufiger setzen E-Commerce Unternehmen auf Individualisierung und personalisierte, maßgeschneiderte Angebote. Das macht es dem Verbraucher einfacher das zu finden, was vermeintlich zu ihm passt. Doch wollen Online-Shopper nicht nur finden, sondern auch weiterhin suchen und überrascht werden. Das Internet ist die Quelle, um stets Neues zu entdecken.

Eine wichtige Rolle spielen dabei Social Media Kanäle. Sie dienen zunehmend als Plattform für neue Impulse und Inspirationen, besonders auch im Fashion-Bereich. Aktuelle Untersuchungen schreiben den sozialen Netzwerken eine bedeutende Rolle zu, wenn es ums Shoppingverhalten der Internetnutzer geht: Neue Produkte, neue Marken, neue Ideen – das Internet ist hierfür wichtiger Trend-Lieferant.

Ein wachsender Trend, in den sozialen Medien wie im Online-Shopping allgemein, ist der lokale Bezug – sozusagen ein identitätsstiftender Konsum. Beispielhaft dafür ist der zunehmende Absatz von Herstellern und ihren Produkten aus der Region. So betreibt vente-privee.com seit Anfang 2014 seinen Feinkost-Service „Miam Miam" mit großem Erfolg, indem Spezialitäten kleiner, lokaler Händler aus ganz Frankreich exklusiv angeboten werden. Doch nicht nur im Lebensmittelbereich, sondern auch in der Mode steigt die Nachfrage nach einheimischen Erzeugnissen. Gefragt sind dabei auch Jungdesigner aus dem eigenen Land, die frische Ideen liefern und unkonventionelle Kreationen für spezielle Online-Kapselkollektionen entwerfen. Für vente-privee.com kreierten im Sommer 2015 insgesamt fünf nationale Newcomer eine Sommerkollektion und erhielten damit die Chance, ihre Designs einem breiten Publikum zu präsentieren. Kooperationen dieser Art sind eine Win-Win-Situation für beide Seiten: die Designer erhöhen ihren Bekanntheitsgrad quasi über Nacht und die Verbraucher erhalten die Chance auf einzigartige, limitierte Produkte, die sozusagen nebenan entstehen oder hergestellt werden und nicht tausende Kilometer entfernt.

Matthias Nentwich, Deutschland-Chef von Vente Privee

Foto **Vente-Privée/Soenke Peters**

Factbook Einzelhandel 2016

bar. Dennoch blicken die Interaktiven Händler optimistisch in die Zukunft, wie auch entsprechende Studien belegen (vgl. B2C-Händlerstudie von bevh und Boniversum).

Die Entwicklung in Richtung Multichannel und Mobile ist längst nicht abgeschlossen, sondern in vollem Gange. Und stellt natürlich alle Händler vor große Herausforderungen – denn in Zukunft wollen Kunden nicht mehr zwischen Online und Offline, zwischen mobilem und stationärem Internet unterscheiden. Sie wollen online stöbern, bestellen, im Laden abholen und bar bezahlen – oder andersherum. Sie wollen mühe- und nahtlos zwischen den Kanälen wechseln, egal an welchem Punkt des Kaufprozesses sie sich gerade befinden. Dank Smartphone ist der Onlineshop für den Kunden durchgehend erreichbar.

Sich online im Shop informieren: Das will der Kunde.

Das Studiendesign: alle Zahlen für 2014

Die Untersuchung **„Interaktiver Handel in Deutschland"** wurde 2014 zum zweiten Mal im aktualisierten Studiendesign vom Marktforschungsinstitut GIM – Gesellschaft für innovative Marktforschung im Auftrag des Bundesverband E-Commerce und Versandhandel Deutschland e. V. (bevh) durchgeführt.

Dafür wurden rund **40.000 Privatpersonen aus Deutschland über 14 Jahren** von Januar bis Dezember 2014 telefonisch und per Online-Fragebogen zu ihrem Ausgabeverhalten in Online- und Versandhandel und zu ihrem Konsum von digitalen Dienstleistungen (z. B. Downloads oder Ticketing) befragt.

Die Untersuchung erfasst nicht nur, welche **Warengruppen und Dienstleistungen** in welchem Umfang gekauft werden, sondern außerdem wo, bei welchem Typus von **Händler**, auf welchem **Bestellweg**, mit welcher **Zahlungsweise** und wie sich der Kunde vorher informiert hat. So können differenzierte Aussagen über das vergangene Jahr getroffen und der Branche Anhaltspunkte für Entwicklungen geliefert werden.

Die langfristig angelegte Studie wird 2015 mit gleichem Design das **dritte Jahr in Folge** durchgeführt, nachdem es 2013 angepasst wurde. Andere Erhebungen explizit zum interaktiven Handel gibt es in dieser Form nicht. Bei Studien mit ähnlichen Untersuchungsgegenständen weichen Grundgesamtheit, Erhebungszeitraum oder -methode mitunter stark voneinander ab, was bei einer Gegenüberstellung unbedingt berücksichtigt werden sollte.

Die Studie, samt Berichts- und Tabellenband ist beim bevh zu erwerben. Preis für Mitglieder und Partner: 500 Euro zzgl. MwSt., Nicht-Mitglieder zahlen 2.500 Euro zzgl. MwSt. **www.bevh.de**

Konsumentenverhalten | **Strategie & Analyse**

DAS ENDE DES PURE PLAY

Die Einzelbetrachtung von Kanälen ist kein zukunftsfähiges Konzept. An Crosschannel-Händlern führt heutzutage kein Weg mehr vorbei.

Text **Eva Stüber, Sabine Buschmann, IFH Köln**

Vereinfacht man das kanalbezogene Kaufverhalten der Konsumenten drastisch, lassen sich nach Allensbach drei Typen identifizieren. Ein Blick auf die Verteilung unter den deutschen Onlinern in der Crosschannel-Studie des ECC Köln in Zusammenarbeit mit Hybris Software verrät, dass ...

- ... die Mehrheit mit 61 Prozent bereits heute zu den selektiven Onlineshoppern gehört, die abhängig von Situation und Produkt den Kaufkanal wählen.
- ... 31 Prozent begeisterte Onlineshopper sind, die am liebsten alles online kaufen würden.
- ... nur noch eine Minderheit von 8 Prozent sich als traditionelle Handelskäufer bezeichnet und nicht gerne online kauft.

Dies zeigt, wie stark die Digitalisierung das Kaufverhalten verändert hat, aber auch, welche Relevanz der stationäre Handel weiterhin besitzt. Jedoch sind noch weitere Bereiche betroffen und Prognosen zeigen, wie schnell sich die Entwicklung fortsetzt. Nachfolgend wird anhand des Konsumentenverhaltens in den Bereichen Informationssuche, Service-Nutzung und Image-Beurteilung gezeigt, wie der Status quo ist und welche Konsequenzen sich ergeben.

Online informiert, stationär gekauft – „klassisches" Informationsverhalten

Zwischen stationären Geschäftsstellen und Onlineshops bestanden von Beginn an intensive Wechselwirkungen. Das Verhältnis (bezogen auf Prozentwerte) war zunächst relativ ausgewogen: So wurden stationäre Geschäftsstellen herangezogen, um Online-Käufe abzusichern und umgekehrt. Seit 2008 hat sich die Bedeutung der Kanäle füreinander jedoch deutlich gewandelt. Heutzutage werden fast 40 Prozent der Käufe in stationären Geschäftsstellen in Onlineshops vorbereitet, womit die Rolle des Online-Showrooms für den stationären Handel weiter ausgebaut wurde. Dagegen wird nur jeder zehnte Online-Kauf stationär vorbereitet – vom viel beklagten „Beratungsklau" kann also keine Rede sein.

Möchte man wissen, wie die Entwicklung in der Zukunft weitergeht, bietet sich eine Betrachtung der Smart Natives an **(Grafik 1)**. Diese sind „digital geboren" und zeigen dadurch ein intensives Online-Verhalten, welches unsere gesamte Gesellschaft künftig prägen wird. So ist in den Studienergebnissen auch

KANALÜBERGREIFENDE INFORMATIONSSUCHE Grafik 1

Lesebeispiel: 54,7 Prozent der Käufe in stationären Geschäftsstellen geht bei Smart Natives eine Informationssuche in Online-Shops voraus. Bei den deutschen Onlinern sind es lediglich 38,5 Prozent.

Stationäre Geschäftsstellen → Deutschland 10,3 | Smart Natives 14,1 → Online-Shop

Online-Shop ← Deutschland 38,5 | Smart Natives 54,7 ← Stationäre Geschäftsstellen

Quelle **ECC Köln: Cross-Channel im Umbruch, Köln, 2015**

NUTZUNG VON CLICK & COLLECT

Grafik 2

Angaben in Prozent (Mehrfachnennung bei Branchen möglich)

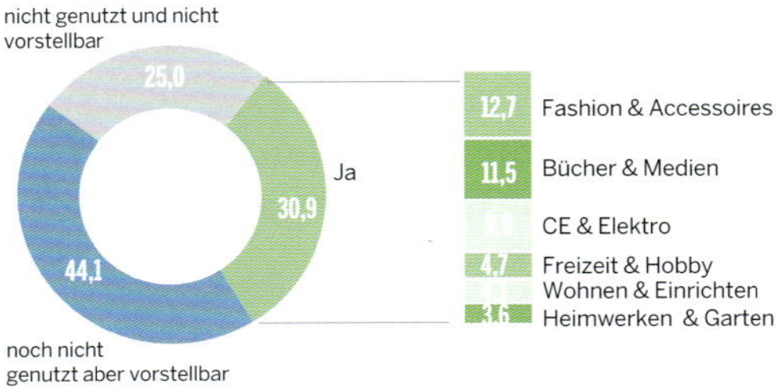
nicht genutzt und nicht vorstellbar
25,0
Ja
30,9
44,1
noch nicht genutzt aber vorstellbar
12,7
Fashion & Accessoires
11,5
Bücher & Medien
CE & Elektro
4,7
Freizeit & Hobby
Wohnen & Einrichten
3,6
Heimwerken & Garten

Quelle **ECC Köln: Cross-Channel im Umbruch, Köln, 2015**

deutlich zu sehen, dass die Online-Kaufvorbereitung für stationäre Käufe weiter zunehmen wird: Über die Hälfte der stationären Käufe von Smart Natives werden in Onlineshops vorbereitet. Die umgekehrte Richtung zeigt lediglich leichte Unterschiede: Bei den Smart Natives wird jeder siebte Online-Kauf in stationären Geschäftsstellen vorbereitet.

Click & Collect verbindet die Kanäle

Die Wechselwirkungen zwischen dem stationären und dem Online-Kanal sind nicht nur auf Informationsebene festzustellen: Knapp ein Drittel der deutschen Onliner hat bereits Produkte online bestellt und in einem Ladengeschäft abgeholt **(Grafik 2)**. Dabei variieren die Nutzungszahlen – wie das Händlerangebot – je nach Branche stark. Am weitesten verbreitet ist der Service in den Branchen Fashion & Accessoires, Bücher & Medien sowie CE & Elektro. Weltbild und Thalia, Media Markt und Saturn sowie C&A sind die Händler, bei welchen der Service am häufigsten genutzt wurde. Lediglich ein Viertel der für die Studie befragten Konsumenten kann sich die Nutzung von Click & Collect-Services nicht vorstellen. Bei den Smart Natives liegt die Akzeptanz des Services sogar noch höher – lediglich 15 Prozent können sich eine (künftige) Nutzung nicht vorstellen.

Stationäre Ladengeschäfte sind für die selektiven Handelskäufer von heute dabei nicht nur alternative Lieferadresse. Die Vorteile des stationären Handels, schnelle Verfügbarkeit, persönliche Beratung und direkte Produktevaluation sowie die direkte Retourmöglichkeit, möchten auch genutzt werden. Dieses Potenzial nutzen Händler aktuell häufig aber noch nicht: Wie sich zeigt, werden in einem Drittel der Fälle die online bestellten Artikel in einem verschlossenen Paket übergeben, sodass die Ware im Ladengeschäft nicht begutachtet werden kann. Zwei Drittel der Konsumenten hat bei der Abholung der Ware auch keinen Verkäufer angetroffen, womit das Crossselling-Potenzial ungenutzt bleibt.

Multichannel-Unternehmen werden positiver wahrgenommen als andere

Die Bemühungen der Händler lohnen sich: Multichannel-Händler werden bereits jetzt von deutschen Konsumenten durchweg positiver wahrgenommen als rein stationäre Händler und Online-Pure-Player. Die Deutschen schätzen Händler, die beide Kanäle

PLUSPUNKTE FÜR CROSSCHANNEL

Grafik 3

Stationärer und Online-Handel aus der Sicht der Verbraucher

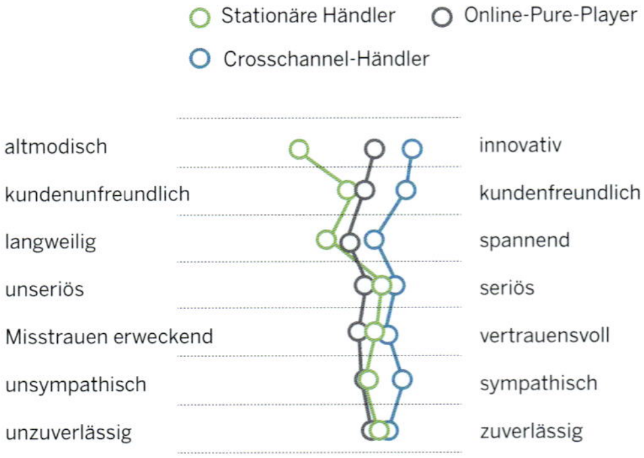
Stationäre Händler
Online-Pure-Player
Crosschannel-Händler
altmodisch
innovativ
kundenunfreundlich
kundenfreundlich
langweilig
spannend
unseriös
seriös
Misstrauen erweckend
vertrauensvoll
unsympathisch
sympathisch
unzuverlässig
zuverlässig

Quelle **ECC Köln: Cross-Channel im Umbruch, Köln, 2015**

in Kooperation mit:

Business: Handel
LEBENSMITTEL PRAXIS

BBE media

Branchenreport E-COMMERCE 2020

Der Einzelhandel setzt auf Multi-Channel-Konzepte

Die **Dynamik im E-Commerce** wird das Umsatzwachstum im stationären Einzelhandel in den kommenden 5 Jahren um das Zehnfache übertreffen. Demzufolge steigern die Online-Händler ihren Marktanteil von derzeit 8,5 auf 13 Prozent bzw. 63 Mrd. Euro.

Der Online-Handel hat seinen Boom im Wesentlichen der rasant steigenden Zahl von internetfähigen Smartphones und dem damit zunehmenden **Mobile Shopping** zu verdanken. Im Fokus der Online-Kunden stehen vor allem Bekleidung, Bücher, Medien, Elektronik-Artikel und Spielwaren. In einzelnen Branchen wird der Online-Anteil schon bald die Marke von 40 Prozent erreichen.

Bestandteil des neuen Branchenreports E-COMMERCE 2020 ist eine **Experten-Befragung,** 200 Entscheider aus Einzelhandels- und Dienstleistungsunternehmen im E-Commerce geben Einschätzungen und Prognosen zu den Entwicklungen und Strategien im Online-Handel: Wer sind die **Gewinner und Verlierer?** Welche Kriterien bestimmen den Erfolg eines Online-Shops? Was erwarten Kunden beim Online-Shopping? Wie muss der stationäre Handel reagieren?

Weitere Studien-Details auf: **www.marktstudien24.de**

Branchenreport E-COMMERCE 2020
Umfang: 450 Seiten im Format DIN A4 mit über 300 Tabellen und Übersichten
Lieferformat: digital
Preis: 980,- Euro zzgl. MwSt.

Bestell-Fax: 02631/879-403

☐ **Ja,** hiermit bestelle ich den **Branchenreport E-COMMERCE 2020 zum Preis von 980,- Euro (zzgl. MwSt.)** und bitte um Zusendung der Datei an folgende E-Mail-Adresse:

E-Mail-Adresse

Firma

Vorname, Name

Straße/Nr., Postfach

PLZ/Ort

Telefon/Fax

Datum, Unterschrift

LPV GmbH, Abteilung BBE media, Am Hammergraben 14, 56567 Neuwied, Telefon 0 26 31 / 879-400, E-Mail: info@bbe-media.de

Mehr Informationen in unserem Studien-Shop **www.marktstudien24.de**

bedienen, als innovativer, kundenfreundlicher, spannender und sympathischer ein **(Grafik 3)**. Stationäre Händler gelten zwar im Vergleich zu Online-Pure-Playern als altmodisch, punkten dafür jedoch mit Seriosität und Vertrauen. Crosschannel-Händler sollten dies nutzen und ihren Kunden kanalübergreifende Einkaufserlebnisse bieten. Noch bietet dies auch eine gute Möglichkeit zur Differenzierung gegenüber dem Wettbewerb. Allerdings zeigt der Status quo, dass Vertriebskanäle zukünftig noch mehr ineinander greifen müssen, um den steigenden Konsumentenanforderungen gerecht zu werden.

Die Kanalgrenzen werden schließlich durch Crosschannel-Services aufgelöst und für Kunden verschwimmen die einzelnen Kanäle immer stärker: Sie haben das Produkt und den Anbieter im Fokus – ob letztendlich stationär oder online gekauft wird, ist zweitrangig. So gaben 60 Prozent der für die Crosschannel-Studie befragten Click & Collect-Nutzer an, stationär gekauft zu haben, für 40 Prozent handelte es sich um einen Online-Kauf.

Ein-Unternehmen-Denke: geschicktes Ausnutzen von Kanalvorteilen

Deutlich zeigt sich, dass es schlichtweg keine Alternative zu Crosschannel gibt und die Einzelbetrachtung von Kanälen kein zukunftsfähiges Konzept ist: Das Ende des Pure Play ist eingeleitet – sowohl für den stationären Handel als auch für Online-Pure-Player. Für stationäre Händler ist die Begrenzung auf eine rein stationäre Aktivität schon längst nicht mehr tragbar. Die Online-Informationssuche ist hierfür einfach zu entscheidend. Aber auch für Online-Pure-Player ist die "Ein-Kanal-Denke" wenig zukunftsweisend. In einem hart umkämpften Online-Wettbewerb fällt es immer schwerer, Alleinstellungsmerkmale zu entwickeln und somit Kundenbedürfnisse zu befriedigen.

Als Basis ist Exzellenz in allen Kanälen gefragt. Kanalübergreifende bzw. -unabhängige Inspiration und Einkaufserlebnisse zu schaffen, muss daher das Ziel eines jeden Händlers sein. Crosschannel-Händler sollten bewusst ihre Kompetenzen in der kanalübergreifenden Mehrwertgenerierung forcieren und dies konsequent als Wettbewerbsvorteil ausspielen. Die Herausforderung liegt damit künftig auch darin, kluge Marketing-Konzepte aufzustellen und in kanalübergreifende Kommunikationsmaßnahmen zu investieren. Schließlich können nur Services, die bekannt sind, von Konsumenten auch genutzt werden.

Über die Studie: Weiterlesen!

Die Studie „Cross-Channel im Umbruch – Das Informations- und Kaufverhalten der Konsumenten Vol. 7" des ECC Köln und Hybris Software untersucht mit Fokus auf Käufe in Onlineshops und stationären Geschäftsstellen den Informations- und Kaufprozess von Konsumenten im Crosschannel-Zeitalter.

Weitere Informationen und Bestellmöglichkeiten: http://bit.ly/Cross-Channel2015

Bequeme Lieferung nach Hause: Für alle Kunden längst ein selbstverständlicher Service.

DER ANFANG IST GEMACHT

Für Kunden ist das eigene Scannen ihrer Artikel ein zusätzlicher Service. Das ist ein Ergebnis der EHI Self-Checkout-Initiative.

Text **Frank Horst, EHI Retail Institute**

Die aktuelle EHI-Marktanalyse zur Verbreitung von Self-Checkout-Systemen zeigt: Rund 320 Märkte bieten bereits heute ihren Kunden die Möglichkeit, den Scann- und Bezahlvorgang selbst in die Hand zu nehmen. Das kundeneigene Scannen seiner Artikel – stationär an der Kasse oder mobil am Regal – wird als zusätzlicher Kundenservice verstanden, um primär Wartezeiten zu verkürzen.

Im Rahmen der EHI Self-Checkout-Initiative (www.self-checkout-initiative.de) war es das Ziel, eine Marktübersicht in Deutschland existierender Self-Checkout- und Self-Scanning-Systeme zu erstellen, ohne Berücksichtigung reiner Self-Payment-Systeme, also ohne Berücksichtigung von installierten Automaten, an denen Kunden ausschließlich den Bezahlvorgang, nicht aber den Registriervorgang, selbst durchführen.

Die aktuelle EHI-Markterhebung (Stand August 2015) zum Einsatz von Self-Checkout-Systemen und Self-Scanning-Systemen in Deutschland zeigt, dass in rund 295 Märkten Self-Checkout-Systeme genutzt werden können und in weiteren 25 Märkten das sogenannte Self-Scanning angeboten wird.

Self-Checkout-Systeme

Bei den installierten Self-Checkout-Systemen in 295 Märkten kommen derzeit insgesamt rund 2.150 Selbstzahlerkassen zum Einsatz. Den Großteil der Self-Checkout-Kassen können Kunden nach wie vor bei den bekannten Vorreitern der Selbstzahlerkassentechnologie Ikea und Real nutzen. Mit Ausnahme von Ikea und einigen wenigen selbstständigen Unternehmen bieten fast alle Geschäfte ihren Kunden durchgängig die Barzahlungsmöglichkeit beim Self-Checkout an **(Grafik 1)**.

Im klassischen Lebensmitteleinzelhandel gibt es derzeit knapp 150 Märkte, die typischerweise jeweils vier Self-Checkout-Kassen einsetzen. Neben den Real-Märkten mit den meisten SCO-Märkten und Installationen, bieten die Unternehmen Famila-Nord sowie vorwiegend selbstständige Einzelhändler der Unternehmensgruppen Edeka und Rewe diesen zusätzlichen Kundenservice an. In den letzteren drei Unternehmensgruppen sind jeweils 15 bis 26 Märkte zu finden. Hinzu kommen Installationen beim Cash & Carry Betreiber-Selgros. Außerhalb des Lebensmittelsektors sind Selbstzahlerkassen fast ausschließlich nur bei Ikea und in den Bauhaus-Baumärkten zu finden.

Erfolgsfaktor: Barzahlung im LEH

98 Prozent der Lebensmittelhändler akzeptieren den Kundenwunsch und bieten SB-Kassen mit Barzahlungs-Modulen an, obwohl es hohe Kosten und aufwändige Instandhaltung bedeutet. Die sogenannten Cash-Systeme erhöhen die Anschaffungsinvestition von SB-Kassen um rund ein Drittel. Hinzu kommt ei-

SELF-CHECKOUT- & SELF-SCANNING-SYSTEME Grafik 1

Markterhebung, Stand August 2015

Geschäfte mit ...
- 295 ... SCO-Kassen
- 25 ... Self-Scanning

SCO-Kassen
- 2150 Zahl der Installationen

Quelle **EHI**

Strategie & Analyse | Self-Checkout

ne deutlich höhere Wartungsintensität als bei Kartenzahl-Modulen, weil Cash-Systeme störanfälliger sind. Auf den Gesamtmarkt bezogen, können Kunden in 75 Prozent der Märkte mit Selbstzahlerkassen ihre Einkäufe in bar bezahlen.

Self-Scanning

Zu den größten Self-Scanning-Anbietern gehört seit 2010 das Pionierunternehmen Feneberg mit derzeit 14 Märkten. Die meisten weiteren Installationen sind erst in den letzten zwei Jahren entstanden. Globus und Tegut bieten in jeweils drei Märkten diese optionale Einkaufsmöglichkeit an sowie die Edeka-Südwest in einem Regiemarkt und bei drei weiteren selbstständigen Einzelhandelspartnern. Hinzu kommt noch eine Installation bei einem selbstständigen Partner der Edeka Nordbayern. Typischerweise stehen in diesen Märkten jeweils rund 60 Hand-Scanner für den Kundeneinsatz zur Verfügung.

Stationäre Self-Checkout-Systeme versus mobiles Self-Scanning

Beim Self-Checkout-System führt der Kunde den Registrier- und Bezahlvorgang selbst durch. Er scannt am Ende des Einkaufs selbst jedes einzelne Produkt und verpackt es in bereitgestellte Tüten oder mitgebrachte Taschen. Self-Checkouts ergänzen immer die konventionellen Kassen, und der Kunde entscheidet immer erst unmittelbar vor dem Bezahlvorgang, welche Kassenabwicklung er wählt. Self-Checkout-Systeme sind tendenziell für kleinere Einkäufe geeignet – in der Regel bei bis zu 15 Artikeln. In der Praxis werden an Self-Checkout-Systemen Durchschnittsbons von vier bis neun Artikeln registriert. Unterschiedliche Sicherheitssysteme wie Personalassistenz, Gewichtskontrollen, Kameras oder zusätzliche Ausgangsschleusen gewährleisten zuverlässig eine vollständige Warenerfassung.

Zum mobilen Self-Scanning entscheidet sich der Kunde bereits beim Betreten eines Geschäftes und scannt die Artikel während des Einkaufs mittels eines mobilen Erfassungsgeräts selbst ein. Das Lesegerät wird am Eingang des Marktes – beispielsweise nach Identifikation durch eine Kundenkarte – ausgegeben. Am Ende des Einkaufs werden alle Daten in das Kassensystem übernommen. Kunden können während des Einkaufs die einzelnen Artikel scannen und behalten jederzeit den Überblick über die aufgelaufene Kaufsumme. Sie sparen Zeit beim Bezahlvorgang, da die Artikel beim Bezahlen nicht mehr aus dem Einkaufswagen bewegt werden müssen. Nach dem Einkauf gibt der Kunde das Gerät an einer bedienten Kasse oder an einem Bezahlautomaten ab, die Daten werden in das Kassensystem übernommen, und die Bezahlung kann bar oder unbar erfolgen.

Vorteil dieses Systems gegenüber dem stationären Self-Checkout: Der Kunde nimmt den Artikel nur einmal in die Hand, nämlich beim Scannen der Ware am Regal und kann dann ohne Umpacken der Waren an der Kasse seinen Einkauf beenden. Auch größere Einkäufe sind problemlos zu handhaben. Um Sicherheitsaspekten zu genügen und bewusste Manipulationen oder unbewusste Fehler weitestgehend auszuschließen, werden die Warenkörbe in der Regel stichprobenweise durch eine Kassenkraft kontrolliert.

Setzt man die im Lebensmittelhandel im Einsatz befindlichen rund 620 SCO-Kassen in Relation zu den fast 200.000 herkömmlichen Kassen, so wird schnell deutlich, dass diese Systeme noch eine untergeordnete Marktbedeutung besitzen. Jedoch ist zu berücksichtigen, dass nicht jedes Lebensmittelgeschäft und jeder Standort für Selbstzahlerkassen geeignet sind.

Die gute Kundenakzeptanz von Self-Checkout- und Self-Scanning-Systemen wird sicher dazu führen, dass in naher Zukunft weitere Unternehmen trotz hoher Investitionskosten ihren Kunden diesen Service anbieten werden. Auch über ein Nebeneinander von Self-Checkout-Kasse und mobilem Self-Scanning in einem Markt denken schon einige Unternehmen nach, um allen Kundenanforderungen gerecht zu werden.

Self-Checkout | **Strategie & Analyse**

SB-KASSEN: DO-IT-YOURSELF

Die Verbraucherakzeptanz von Self-Checkouts ist hoch, auch hierzulande. Trotzdem werden sie immer noch spärlich eingesetzt.

Text **Frank Horst, EHI**

Im deutschen Handel werden sogenannte Self-Checkout-Systeme, bei denen Kunden die Warenerfassung und den Bezahlvorgang selbst übernehmen, wenig eingesetzt. Um herauszufinden, warum das in anderen europäischen Ländern deutlich erfolgreichere System hierzulande vergleichsweise wenig Verbreitung findet, hat das EHI mit Partnern der Branche die Self-Checkout Initiative gegründet. Am deutschen Kunden liegt es jedenfalls nicht, wie in der repräsentativen Studie zur Verbraucherakzeptanz deutlich wird, die TNS Infratest im Auftrag der Self-Checkout Initiative durchgeführt hat. Denn populär sind die SB-Kassen schon jetzt.

Populär trotz geringer Verbreitung

Obwohl es in Deutschland nur eine übersichtliche Zahl von Geschäften mit sogenannten SB-Kassen (auch: Selbstbediener-Kassen oder Self-Checkout-Systeme) gibt, ist der Bekanntheitsgrad in der Bevölkerung schon sehr hoch. Bereits 52 Prozent der Bundesbürger kennen diese Form der Selbstbedienung und immerhin 20 Prozent der Befragten nutzen SB-Kassen. Das entspricht bereits heute rund 14 Mio. Nutzern, davon sind rund die Hälfte (7 Mio.) sogar häufige SB-Kassen-Nutzer **(Grafik 1)**.

Langes Warten & hektisches Einpacken

Das Hauptmotiv zur Nutzung von SB-Kassen ist die Zeitersparnis, sind sich 90 Prozent der Nutzer einig und treffen damit genau das, was als das größte Manko herkömmlicher Kassen beschrieben wird. Besonders Passivität und Warteschlangen empfinden Kunden als sehr negativ. Für gut zwei Drittel ist das selbstbestimmte Tempo beim Scan- und Bezahlvorgang an SB-Kassen eher motivierend, denn an herkömmlichen Kassen fühlen sich Kunden häufig durch das hohe Tempo der Kassierkräfte unter Druck gesetzt. Ihnen würde aus demselben Grund auch die Kontrolle der Preise erschwert, meinen sie. Den Kunden ist zwar bewusst, dass das eigene Scannen langsamer ist als das Registrieren durch eine erfahrene Kassenkraft. Entscheidend ist für sie jedoch der insgesamt kürzere Zeitbedarf, das Anstehen in der Warteschlange mitgerechnet. Ein weiterer Grund für den autonomen Checkout-Prozess ist schlicht der Spaß an Innovationen.

Aus Schwächen lernen – SB-Kassen richtig gestalten

Warten wird immer als störend empfunden, auch an SB-Systemen – egal ob es das Warten auf eine freie Kasse oder das Warten auf einen helfenden Mitarbeiter ist. Deutsche Kunden – von der gelegentlichen Hektik an herkömmlichen Kassen geprägt – wünschen sich an SB-Kassen komfortable und ausreichend große Flächen als Ablage für ihre Waren. Wer-

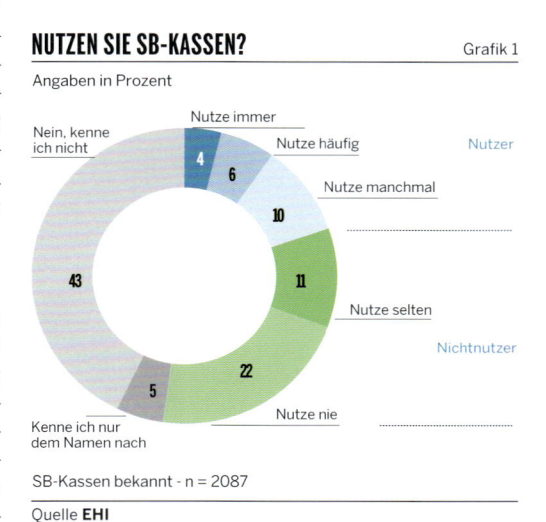

NUTZEN SIE SB-KASSEN?
Grafik 1
Angaben in Prozent

- Nein, kenne ich nicht: 43
- Kenne ich nur dem Namen nach: 5
- Nutze immer: 4
- Nutze häufig: 6
- Nutze manchmal: 10
- Nutze selten: 11
- Nutze nie: 22

Nutzer / Nichtnutzer

SB-Kassen bekannt - n = 2087

Quelle **EHI**

Strategie & Analyse | Self-Checkout

Foto **Carsten Hoppen**

Self-Scanner: Künftig geht's fast von selbst.

den an regulären Kassen Unterbrechungen wie das Wechseln der Bonrolle als Störfaktor empfunden, so sind es an den SB-Kassen nicht erfasste Angebotspreise und fehlende oder unverständliche Anleitungen. Es kommt also auf den richtigen Service an.

Schlummerndes Potenzial

Zum guten Service gehört auch der persönliche Kontakt zu einem Kassierer. Über 40 Prozent der Nichtnutzer von Self-Checkouts geben an, dass sie die herkömmliche Kasse aus reiner Gewohnheit nutzen. Wichtig sind den Kunden der persönliche Kontakt sowie die Kontrolle der bezahlten Einkäufe. Bei SB-Kassen gibt die fehlende Kontrolle der Ware beim Verlassen eines Geschäftes durch eine Kassenkraft vielen Kunden ein unbehagliches Gefühl. Wenn in Zukunft die Anzahl der Geschäfte mit Selbstbedienungskassen zunimmt, können sich immerhin rund 21 Prozent der heutigen Nichtnutzer vorstellen, zukünftig SB-Kassen immer oder häufig zu nutzen. Weitere 25 Prozent geben an, dass sie diese Systeme zumindest manchmal nutzen würden. Zusätzlich geben 47 Prozent der heutigen Nutzer an, dass sie SB-Kassen bei besserer Durchdringung wesentlich häufiger nutzen würden. Typischerweise werden SB-Kassen immer nur als Alternative zu herkömmlichen bedienten Kassen angeboten, sodass der Kunde immer noch die Wahlfreiheit zwischen Sich-bedienen-lassen und Selber-scannen hat.

Die Datenbasis: Befragungen

Auf Basis der Ergebnisse einer qualitativen Vorstudie (zweistündige Gruppendiskussionen mit Verbrauchern) wurde ein Fragebogen entwickelt, der auf die wesentlichen Aspekte der Nutzung von SB-Kassen aus Verbrauchersicht fokussiert. Der quantitative Teil der Studie wurde im Januar 2015 mittels einer bundesweiten telefonischen Befragung durchgeführt und validiert. Die 4.011 befragten Personen sind repräsentativ für alle Verbraucher ab 14 Jahren. Damit besitzen die Ergebnisse der Erhebung Gültigkeit für 70 Mio. Bundesbürger.

COMMERZ FINANZ

Ein Gemeinschaftsunternehmen von
BNP Paribas Personal Finance und Commerzbank

Umsatzplus mit Online-Finanzierung

Wir bieten innovative Lösungen für die E-Commerce-Finanzierung.

- ☑ Zahlart mit Ertrag statt Kosten
- ☑ Einfache und schnelle technische Anbindung
- ☑ Kurzer Antragsprozess

- ☑ Moderne Webstandards
- ☑ Sofortige Online-Kreditentscheidung[*]
- ☑ Medienbruchfreie Legitimation durch Onlineident

[*] vorbehaltlich finaler Prüfung

**Informieren Sie sich unter 0 89/55 11 33 76
oder per Email: zhb@commerzfinanz.com**

Commerz Finanz.
Ihr starker Finanzierungspartner.

Strategie & Analyse | Fortbildung

TECHNO-DSCHUNGEL?

Die Konsumenten drücken bestimmte Technologien in den Markt. Welche das sind, zeigt ein neues Handbuch. Es hilft Führungskräften bei der Auswahl.

Text **Klaus Vogell, GS1 Germany**

Hier geht es richtig los. Wir leben in einer Zeit der digitalen Revolution. Die Dynamik der technologischen Entwicklung ist rasant und allumfassend. Technologien verändern die Lebenswelt der Menschen ebenso wie die Wirtschaftswelt der Unternehmen. Sie verändern Produktionsweisen, Vertriebsstrukturen und Geschäftsmodelle. Vor allem verändern sie die Art und Weise, wie Menschen kommunizieren, wohnen und einkaufen. Die „Konsumentenstudie 2015" mit dem Titel „Der Kunde der Zukunft – Einkaufen heute und morgen" von KPMG und GS1 Germany liefert hierzu bemerkenswerte Erkenntnisse: Der Konsument von heute ist nicht nur digital und vernetzt, sondern steht neuen Technologien, wie Haushaltsrobotern, offen gegenüber. Voraussetzung ist:

Sie liefern ihm einen hohen Mehrwert. Dementsprechend nutzt der Konsument zum Einkauf alle Kanäle. Er wählt dabei situativ zwischen den Kanälen. Das hat weitreichende Folgen für die Strategien, Geschäftsmodelle und Prozessketten der Handelsunternehmen. Technologie ist heute nicht länger ein bloßes Instrument, um Prozesse effizienter zu gestalten. Sie ermöglicht gänzlich neue Anwendungen und Dienstleistungen. Mehr noch als andere Branchen spürt der Einzelhandel diese Dynamik. Mit seiner Kundennähe steht er gewissermaßen im Epizentrum des technologischen Bebens. Um Entscheidern in dieser Situation eine Orientierungshilfe an die Hand zu geben, gibt es jetzt den „Technologie-Atlas Einzelhandel. Ein Handbuch für Führungskräfte". Es ist ein Gemeinschaftswerk von BITKOM, EHI Retail Institute, KPMG sowie GS1 Germany.

Der Technologie-Atlas ist als eine Art Nachschlagewerk zu verstehen. Die Abschnitte zu den einzelnen Technologien vermitteln einen Eindruck von der Funktionsweise und dem potenziellen Nutzen. Die Autoren beleuchten aktuelle Markt- und IT-Trends im Handel. Denn Einzelhändler müssen gegebenenfalls schon heute die Weichen für kommende Technologien stellen. Wichtig ist dabei, klar zu unterscheiden, welche Technologien lediglich Strohfeuer sind und welche für das Unternehmen in Zukunft möglicherweise sogar überlebenswichtig sein könnten. Im Herzstück dieses Handbuchs stellen die Verfasser ausgewählte Technologien und Lösungen vor. Diese Technologien sind nach Funktionsbereichen des Handels sortiert. Außerdem erläutern die Autoren die Relevanz von Datenschutz und IT-Sicherheit für alle dargestellten Technologiebereiche. Abschließend geht es um die strategische Nutzung von Technologien. Im Fokus steht die Tatsache, dass Technik nicht nur ein Mittel zur Effizienzsteigerung ist, sondern zunehmend auch ein strategisches Instrument, um sich Wettbewerbsvorteile zu verschaffen. Denn eines ist klar: Wer sich dem Neuen verschließt, gibt Geschäft an (neue) Wettbewerber ab. Daher ist es wichtig, Trends und Technologien im Auge zu behalten und entsprechend zu reagieren.

Foto **GS1 Germany**

Product Wall: Wie die funktioniert, erklärt der Atlas.

Food | **Strategie & Analyse**

DELIKATESSEN BEVORZUGT

Eine flächendeckende Versorgung mit einem Lebensmittel-Vollsortiment aus dem Internet ist noch nicht möglich.

Text **Sascha Berens, EHI**

Andere Länder leben es bereits vor: Das Thema Lebensmittel E-Commerce ist z. B. in den USA, Großbritannien und Frankreich schon längst kein Nischenmarkt mehr. In den USA wird für 2016 bereits ein Umsatz in Höhe von 16,5 Mrd. Euro prognostiziert. In Deutschland liegt im Jahr 2013 der Online-Umsatz mit Lebensmitteln bei 1,45 Mrd. Euro, was lediglich 1,02 Prozent vom stationären LEH-Umsatz ausmacht. Die Prognose für 2016 verspricht einen Umsatz von 2,5 Mrd. Euro. Hier muss allerdings beachtet werden, dass die geografischen Begebenheiten in Ländern wie den USA und Großbritannien anders sind als in Deutschland. Die Menschen dort legen weite Wege zur Arbeit zurück und sind mit öffentlichen Verkehrsmitteln oft lange unterwegs. Die Zeitersparnis, die sie durch die Lieferung ihrer Lebensmittel direkt nach Hause erzielen können, ist daher enorm wertvoll für sie. In Frankreich sind die Wege zum nächsten Supermarkt oft sehr weit. Hier haben sich Pick-up-Stationen stark durchgesetzt. In Frankreich gibt es derzeit mehr Pick-up-Stationen als Supermärkte. In Deutschland ist die Supermarktdichte so hoch, dass reine Pick-up-Stationen ohne direkte Supermarktanbindung derzeit nicht sinnvoll erscheinen.

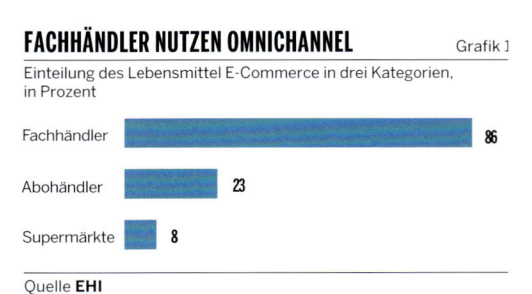

Doch auch in den deutschsprachigen Ländern gibt es große Unterschiede. Während in Deutschland der Anteil von Lebensmitteln (bezogen auf den E-Commerce-Umsatz der Top 1.000 Onlineshops) 0,8 Prozent beträgt, sind es in der Schweiz (bezogen auf den E-Commerce-Umsatz der Top 250 Onlineshops) 13,4 Prozent. In der Schweiz sind drei Lebensmittelhändler unter den Top 10 im Umsatzranking **(Grafik 3)**. Betrachten wir die Umsätze der Top 1.000 Onlineshops in Deutschland, so platziert sich der erste Lebensmittelhändler auf Platz 138 mit einem Umsatz von 26 Mio. Euro. Der erste Lebensmittelhändler mit Frischeprodukten belegt Platz 209 mit einem Umsatz von 13,8 Mio. Euro. Der erste stationäre Händler Rewe belegt Platz 516 mit 10 Mio. Euro.

Die Deutschen sind beim Online-Kauf von Lebensmitteln deutlich zurückhaltender als bei anderen Produkten. Die Gründe dafür sind vielschichtig. Die Ergebnisse der EHI-Studie „Lebensmittel E-Commerce 2015" machen allerdings deutlich, dass eine flächendeckende Versorgung mit einem Lebensmittel-Vollsortiment aus dem Internet zurzeit bei weitem nicht möglich wäre.

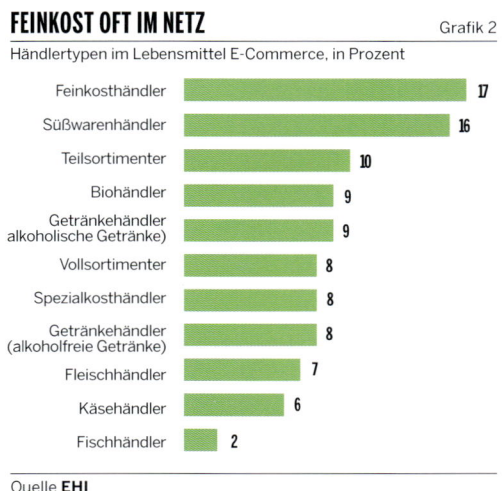

FACHHÄNDLER NUTZEN OMNICHANNEL — Grafik 1
Einteilung des Lebensmittel E-Commerce in drei Kategorien, in Prozent

- Fachhändler: 86
- Abohändler: 23
- Supermärkte: 8

Quelle **EHI**

FEINKOST OFT IM NETZ — Grafik 2
Händlertypen im Lebensmittel E-Commerce, in Prozent

- Feinkosthändler: 17
- Süßwarenhändler: 16
- Teilsortimenter: 10
- Biohändler: 9
- Getränkehändler (alkoholische Getränke): 9
- Vollsortimenter: 8
- Spezialkosthändler: 8
- Getränkehändler (alkoholfreie Getränke): 8
- Fleischhändler: 7
- Käsehändler: 6
- Fischhändler: 2

Quelle **EHI**

Strategie & Analyse | Food

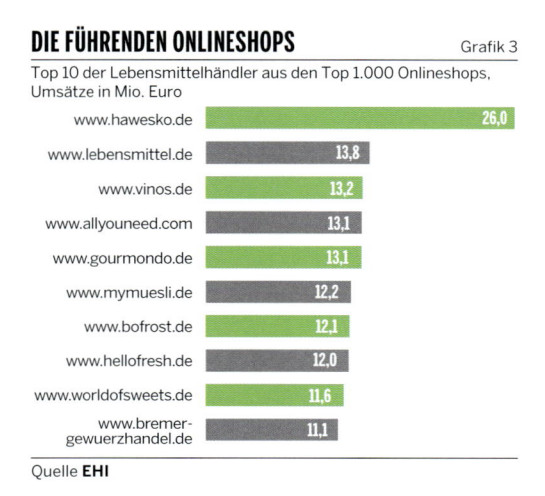

DIE FÜHRENDEN ONLINESHOPS
Grafik 3

Top 10 der Lebensmittelhändler aus den Top 1.000 Onlineshops, Umsätze in Mio. Euro

www.hawesko.de	26,0
www.lebensmittel.de	13,8
www.vinos.de	13,2
www.allyouneed.com	13,1
www.gourmondo.de	13,1
www.mymuesli.de	12,2
www.bofrost.de	12,1
www.hellofresh.de	12,0
www.worldofsweets.de	11,6
www.bremer-gewuerzhandel.de	11,1

Quelle **EHI**

BUNDESWEITE LIEFERUNG
Grafik 4

Wie viel Prozent der Onlineshops bieten einen bundesweiten Versand? Angaben in Prozent

- Bundesweiter Versand ja: 87
- Bundesweiter Versand nein: 13

Quelle **EHI**

Dass der Online-Handel mit Lebensmitteln noch keinen großen Marktanteil hat, könnte demnach deutlicher mit dem Angebot zusammenhängen. Nur 8 Prozent der untersuchten 250 Lebensmittel-Onlineshops bieten ein Vollsortiment an, bei dem der Kunde einen kompletten Wocheneinkauf mit klassischen Supermarktprodukten abdecken kann. Hinzu kommt: Außerhalb von großen Ballungszentren könnte der Online-Einkauf bei einem Vollsortimenter unter Umständen an der Lieferung scheitern, denn nur wenige solcher Lebensmittel-Shops decken größere Liefergebiete ab. Eine bundesweite Lieferung aus einem Vollsortiment ist nur bei 2 Prozent aller Onlineshops gegeben. Doch auch die Akzeptanz der deutschen Verbraucher gegenüber dem Lebensmittel E-Commerce wird derzeit noch als sehr gering betrachtet. Gerade einmal 5 Prozent der Befragten kaufen regelmäßig monatlich ihre Lebensmittel im Internet. Ebenfalls bei den Sortimenten, die von den Konsumenten gekauft werden, wird klar deutlich, dass gerade die frischen Produkte wie Obst, Gemüse, Milchprodukte, Käse und Fleisch noch nicht klar im Fokus der Verbraucher stehen.

Wenige Kunden kaufen regelmäßig

Zusammenfassend kann gesagt werden, dass sich aus den Daten der vergangenen Jahre eine Entwicklung hin zum Lebensmittel E-Commerce erkennen lässt. Es ist zu erwarten, dass sich diese Entwicklung auch in den nächsten Jahren fortführen lässt und die Umsätze auch in Deutschland weiter steigen werden. Dennoch gibt es im Bereich Lebensmittel-E-Commerce noch viel zu tun. Die Anbieter müssen ihr Sortiment und die Liefergebiete weiter ausbauen. Der Kunde muss das Vertrauen in den Lebensmittel-E-Commerce gewinnen und dem nicht „sinnlich-haptischen" Einkauf, auf den der Verbraucher bisher so großen Wert legt, eine Chance geben.

Struktur: So tickt der Markt

Von den 250 untersuchten Shops dominieren mit 86 Prozent die Fachhändler den Markt **(Grafik 1)**. Das sind Shops, die Delikatessen, Spezialitäten sowie Produkte für spezielle Ernährungsformen anbieten, oder sich auf ein spezielles Produktsegment fokussiert haben **(Grafik 2)**. Die kleinste Gruppe sind Supermärkte mit lediglich 8 Prozent. 23 Prozent der Händler bieten Abo-Modelle an.

LMIV | **Strategie & Analyse**

DER BEGINN EINER ÄRA

Stammdaten sind von strategischer Bedeutung. Sie sollten stets nach modernsten Methoden gemanagt werden. Drei Praxisbeispiele.

Text **Sandra Wagner, Steffi Kroll, GS1 Germany**

Eine neue Zeit hat begonnen. Seit dem 13. Dezember 2014 gilt die Lebensmittelinformations-Verordnung. Dank der EU-weiten Regulierung werden Verbraucher besser über Inhaltsstoffe und Allergene aufgeklärt. Zugleich sind Unternehmen, die die Produktdaten in Verkehr bringen oder verändern, für deren Qualität verantwortlich. Die Daten müssen aktuell, vollständig und rechtskonform sein. So weit, so gut! Das Potenzial, dem Verbraucher mehr Transparenz zu bieten, haben die Vorgaben erst in Verbindung mit modernen Produktdaten-Managementlösungen. Die folgenden drei Beispiele verdeutlichen dies.

In der LMIV-Ära können Veränderungen in der Rezeptur oder bei der Herkunft von Rohmaterialien Anpassungen in der Deklaration nach sich ziehen. Aber: Was passiert in der Zeit, in der ein Produkt mit einer neuen Artikelnummer (GTIN) ausgezeichnet wird, es bei der Industrie im Lager aber noch Produkte der Vorgänger-GTIN gibt? Wird der Bestand ausgeliefert, obwohl der Handel Produkte mit neuer GTIN geordert hat? Oder anders herum: Erhält der Händler Produkte mit neuer GTIN, obwohl er noch mit alter GTIN bestellt hat, weil der Lagerbestand mit vorangegangener GTIN erschöpft ist? Für Fälle dieser Art hat das GS1 Advisory Board FMCG eine Empfehlung verabschiedet. Sie bietet Hilfestellung bei der Umsetzung von Produktänderungen im Kontext der LMIV sowie anderer Produkt-Relaunches. Dem GS1 Advisory Board FMCG gehören an: Beiersdorf, Dm Drogeriemarkt, Douglas, Dr. Oetker, Edeka, Henkel, Lekkerland, Markant, Metro, Nestlé, Rewe, Transgourmet und Unilever.

Am Regal oder der Theke: Der Verbraucher informiert sich.

Foto **Moskopp**

Strategie & Analyse | LMIV

> „NATÜRLICH IST DIE UMSTELLUNG MIT INVESTITIONEN VERBUNDEN, ABER NACHGELAGERT WERDEN DIE GESCHÄFTSPROZESSE EFFIZIENTER."
>
> BENJAMIN BRÜSER, EMMAS ENKEL

Alle haben die Empfehlung grundsätzlich verabschiedet. Die Einkaufsgenossenschaft Edeka unterstützt die Empfehlung nicht im vollen Umfang. Das betrifft insbesondere die Punkte, dass durch LMIV-verursachte GTIN-Wechsel keine Umlistung des Produktes darstellen, sowie die grundsätzliche Händlerakzeptanz der Lieferung von Produkten mit jeweils anders bestellter GTIN. Hier kann es innerhalb der Geschäftsbeziehungen gleichermaßen zu bilateralen Absprachen kommen. Dies ist kein Widerspruch, da die Empfehlung keine Änderung an etablierten Verfahrensweisen zwischen Industrie und Handel beinhaltet und auch bilaterale Regelungen nicht einschränkt.

Stammdaten sind geschäftskritisch

Dr. Richard Joachim Lehmann, Senior Manager E-Business/GDSN bei GS1 Germany, betont: „Die Verfügbarkeit aktueller Artikelstammdaten wird für Akteure der Lebensmittelbranche zunehmend geschäftskritisch." Gerade online seien die Anforderungen nur noch mithilfe automatischer Systeme zu bewältigen. Anders ausgedrückt: Wer nicht modernisiert, fällt im Wettbewerb zurück. Drei Exponenten dieser neuen Zeit sind Britta Hirsch, Frieder Francke und Benjamin Brüser. Als Inhaber jeweils eines Unternehmens sind sie zwar in unterschiedlichen Zweigen der Lebensmittelbranche tätig, aber alle vertrauen auf eine einzige und sichere Quelle für Produktdaten.

Zunächst war die Umsetzung der EU-Verordnung für alle Beteiligten in der Lebensmittelbranche eine große Herausforderung. Dazu sagt Frieder Francke, Inhaber mehrerer Bäckereifilialen im sächsischen Torgau: „Wir haben eine enorme Fleißarbeit hinter uns."

Die Fleißarbeit wurde belohnt

Mehr als 200 Rezepturen hat der Bäckermeister elektronisch erfasst, anschließend ausgedruckt und an alle Filialen des Familienbetriebes verteilt. „Auf Wunsch können Kunden jetzt vor Ort genau nachlesen, welche Inhaltsstoffe in einem Produkt stecken und ob eventuell potenzielle Allergieauslöser enthalten sind", erklärt Francke. Das hört sich simpel an, aber ohne das Produktinformationsnetzwerk der Einkaufsgenossenschaft Bäko Gruppe Nord hätte Francke die Arbeit nicht stemmen können. Über ein Online-Portal von Bäko hat die Torgauer Handwerksbäckerei Zugang zu allen relevanten Daten von Herstellern und Zulieferern. Dahinter steht eine globale Datenpool-Lösung, die Bäko mithilfe von 1Worldsync betreibt. 1Worldsync, ein Joint Venture von GS1 Germany und GS1 US, ist der führende Anbieter von Lösungen, die nach dem Global Data Synchronization Network (GDSN) Standard zertifiziert sind.

Ein Pool für alle Daten

Im Ergebnis können Produktstammdaten zwischen allen Beteiligten weltweit ausgetauscht werden. Und stets müssen die Daten nur in einen einzigen Pool eingestellt werden. Bäckermeister Francke ist begeistert: „Wir wissen zum Beispiel, aus welchen Zutaten das Zitronat für unseren Torgauer Stollen zusammengesetzt ist. Und wenn sich bei den Lieferanten etwas an der Rohstoffkombination ändert, können wir das auf Knopfdruck aktualisieren." Während in den Bäckereifilialen in Torgau Mappen mit den Produktinformationen ausliegen, klärt der Speise-Service- und Restaurantbetreiber Bumb Junior seine Gäste per iPad über Nährwerte und Allergene auf. Im 25. Stock des Japan Towers in Frankfurt am Main bietet Inhaberin Britta Hirsch mit ihrem Team großen Geschmack zu günstigen Preisen. Das allein

Wo trifft sie ihre Kaufentscheidung?

Endverbraucher möchten ein einheitliches Einkaufserlebnis über alle Kanäle hinweg – ganz gleich, ob sie sich zuhause, unterwegs oder im Laden aufhalten. Mit uns können Sie die Zukunft des Einzelhandels heute schon beschreiben.

Besuchen Sie uns auf www.ncr.com/retail oder schreiben Sie uns an contact.retail@ncr.com, um mehr über unsere innovativen Retail-Lösungen zu erfahren.

Wir sind NCR. Mit uns handeln Sie richtig.
©2015 NCR Corporation

Strategie & Analyse | LMIV

reicht seit dem 13. Dezember nicht mehr: Vor der Bestellung muss der Gast darüber informiert werden, was in seinem Gericht steckt.

An einem Strang ziehen

Also hat Hirsch für jedes Gericht eine Rezeptur in einem elektronischen System hinterlegt. Jetzt kommt das iPad ins Spiel: Hirsch serviert den Kunden die Daten, indem sie im Restaurant den Tablet-Computer aufstellt. „Interessierte Kunden können die Informationen dann aktiv aufrufen, ohne dass jeder Gast zwangsläufig damit konfrontiert wird." Und woher stammen die benötigten Daten? Bei frischen Produkten, die Bumb Junior hauptsächlich verarbeitet, sind keine Zusatzstoffe enthalten und die Nährwerte bekannt. Bei Halbfertig- und Fertigprodukten, zumal noch von unterschiedlichen Lieferanten, wird es schwierig, „.... außer, wenn alle Unternehmen die erforderlichen Daten vollständig, korrekt und in einer gemeinsamen Sprache bereitstellen", erklärt Lehmann. Die gemeinsame Sprache heißt GDSN. Und der Schlüssel zu den Daten ist die Global Trade Item Number, kurz GTIN. Der Austausch der Stammdaten erfolgt dann wieder über das weltweite Produktinformationsnetzwerk von 1Worldsync.

Achtung Frischware: Klarheit beim Einfrieren

Die verpflichtende Herkunftsbezeichnung bei verpacktem Fleisch seit dem 1. April 2015 lenkt den Blick nochmals auf eine andere große Herausforderung: ob der Inhalt schon mal eingefroren war.

Wissen, was man isst: das ist der Wunsch der meisten Konsumenten. Seit dem 1. April 2015 haben sie Klarheit, auch bei verpacktem Fleisch. Seitdem ist die nächste Stufe der EU-Lebensmittelinformations-Verordnung (LMIV) in Kraft. Zusätzlich zu den seit dem 13. Dezember 2014 geltenden Regelungen verlangt sie die Herkunftsangaben für frisches, gekühltes und gefrorenes Schweine-, Schaf-, Ziegen- und Geflügelfleisch. Im Fleischsegment gab es eine solche Kennzeichnung bisher lediglich für Rindfleisch. Fleischerzeugnisse, wie z. B. Wurstwaren, sind weiterhin ausgenommen. Speziell bei gefrorenem bzw. schon einmal gefrorenem Fleisch hat sich damit die Situation verschärft. Denn bereits seit Gültigkeit der LMIV muss auf der Verpackung von Fleisch das Datum des ersten Einfrierens angegeben werden.

Keine Sicherheit für Händler: Es ist möglich ist, dass die Information „eingefroren am ..." von den Akteuren in der Lieferkette nicht lückenlos weitergereicht wurde. Dies ist allein deshalb realistisch, weil vorgelagerte Stufen oft nicht wissen, wer nach ihnen das Fleisch erhält, was daraus hergestellt wird und wie es später im Laden verkauft wird. Folglich kann z. B. ein Einzelhändler nicht mit Sicherheit sagen, ob, wann und wie oft verpacktes Fleisch schon einmal eingefroren war. Nicht nur vor dem Hintergrund der seit einigen Monaten geltenden Kennzeichnungspflicht ist dieser Zustand für alle Beteiligten in der Lieferkette mehr als ärgerlich. Spätestens der Endkunde will wissen, was er isst.

Regelungen für Fischfilet: Das gilt auch für eingefrorene, unverarbeitete Fischerzeugnisse wie z. B. Natur-Fischfilets. Überall muss die Angabe „eingefroren am ...", gefolgt vom entsprechenden Datum gemacht werden. Bei allen anderen Tiefkühlprodukten, wie z. B. eingefrorenem Gemüse, muss die Angabe des Einfrierdatums nicht erfolgen. Das ist eine immense Herausforderung. Dazu Angela Schillings-Schmitz, Senior-Branchenmanagerin

LMIV | **Strategie & Analyse**

Benjamin Brüser hat etwas Neues geschaffen. Er ist Mitgründer und Co-Geschäftsführer des Lebensmittel-Omnichannel-Shops Emmas Enkel. Er ist in besonderer Weise von der LMIV betroffen. „Anfangs war es schwer, überhaupt Stammdaten zu bekommen. Schließlich hat es bis dato online kaum interessiert, welche Zutaten in einem Produkt enthalten sind, ein Produktfoto hat gereicht", erklärt Brüser.

Herausforderung Online-Geschäft

„Vor allem müssen die Daten aus vertrauenswürdigen Quellen kommen", sagte er. Bei der Umsetzung der Verordnung haben die Produktdaten-Manager von Smart Data One geholfen. Sie arbeiten auf Basis der GS1 Standards. „Natürlich ist die Umstellung mit Investitionen verbunden, aber nachgelagert werden die Geschäftsprozesse effizienter", so der Unternehmer. Nun verfügt Emmas Enkel über eine hochwertige Datenbasis, die zudem wirtschaftlich genutzt werden kann. Die Stammdaten können mit weiteren Daten angereichert werden, z. B. zu welchen Anlässen Kunden ein Produkt kaufen und welche Artikel dazu passen könnten. Der Aufbau dieser semantischen Daten ist ein Novum im digitalen LEH.

Fleisch bei GS1 Germany: „Egal, ob das Produkt direkt nach der Schlachtung und der Zerlegung oder anschließend beim Metzger oder Einzelhändler schon einmal eingefroren war, der Verbraucher muss über die erste zeitweise Tiefkühlung informiert werden." Mehr noch: „Gleiches gilt für die Belieferung von Großverbrauchern sowie den Wiederverkauf über Telefon, Katalog oder Online-Portal." Auch hier muss der Empfänger bei der Lieferung über das Einfrierdatum informiert werden.

Klare Lösungen: Um den Wünschen der Kunden sowie den Anforderungen des Regulators gleichermaßen gerecht zu werden, gibt es grundsätzlich zwei effiziente Lösungen: Barcode oder elektronische Übermittlung der Daten. Ein Barcode kann etliche Daten enthalten: Unternehmens-, Artikel- und Chargennummern, zusätzlich auch Herkunfts- und Einfrierdatum. „Als Barcode auf dem Produktetikett können alle Informationen auf jeder Stufe der Lebensmittelkette per Scanner erfasst werden. Das spart Zeit. Zudem werden Lese- und Schreibfehler vermieden. Letztere entstehen schnell, wenn klarschriftlich aufgedruckte Informationen per Hand abgetippt werden", skizziert Schillings-Schmitz einige Vorteile.

Die zweite Option basiert auf einer rein elektronischen Weitergabe der Daten, entweder klassisch bilateral via EDI oder über eine dezentrale Systemarchitektur. Letzteres bietet den Vorteil, dass die Daten von jedem Beteiligten in der Wertschöpfungskette einmal über eine Schnittstelle für alle Stufen bereitgestellt werden. „Das erhöht die Sicherheit", betont Schillings-Schmitz; und erklärt: „Werden die Daten von einem Partner zum nächsten in der Kette weitergegeben, besteht das Risiko, dass Informationen verloren gehen." Für die Erfassung und den jederzeit möglichen Zugriff aller Stufen auf die Daten bedarf es eines Standards. Der Schnittstellenstandard EPCIS schafft Transparenz über alle Verarbeitungsstufen eines Produkts. Beispielsweise lässt sich so nachvollziehen, was, wann und wo etwa mit dem Schweinefleisch ab Schlachtung geschehen ist. Auf diese Ereignisse kann am Ende der Kette auch der Kunde zugreifen – beispielsweise ganz einfach mit seinem Smartphone.

Factbook Einzelhandel 2016 **69**

www.galeria.de
Anmelden >
Entdecken Sie mehr von Ihrer
GALERIA Kaufhof
Daten zurücksetzen
Zurück
BRUNOTTI Bikini, Triangel-Oberteil und Slip, dekorative Borte
BRUNOTTI
Mehr >
HEWLETT-PACKARD

Costumer Journey | Best Practice

DER DIGITALE POS

Verschiedene Digitale Services sind am PoS im Einsatz. Doch wie reagieren die Kunden auf die verschiedenen Tools im Handel?

Text **Kai Hudetz, Bettina Seul, IFH Köln**

Von Push-Nachrichten mit individuellen Angeboten über elektronische Spiegel bis hin zu Self-Checkout und E-Bons – digitale Services sind am Point of Sale (PoS) klar auf dem Vormarsch. Die angebotenen Services sind dabei so vielfältig wie die verfügbaren Technologien. Wie aber blicken Konsumenten auf digitale Services am PoS? Welche Angebote finden sie nützlich, welche überflüssig?

Die Vielzahl digitaler Services lässt sich in die Kategorien Digital Signage, Checkout-Lösungen, Location Based Services, Logistik-Konzepte und Mobile Payment einteilen. Diese Kategorien werden im Folgenden hinsichtlich ihres Nutzens für Konsumenten und Händler analysiert.

Digital Signage: Kundennutzen durch echtes Multichanneling

Digital Signage – also der Einsatz digitaler Medien am PoS – trifft bei Konsumenten bereits auf erkennbares Interesse. Terminals, an denen die Warenverfügbarkeit geprüft werden kann, sehen, gemäß einer ECC-Studie, sieben von zehn Konsumenten als einen interessanten digitalen Service an. Jeder Zweite möchte am PoS vergriffene Produkte zudem am liebsten über Terminals nachbestellen. Auch wenn künftig die Nutzung des eigenen Smartphones am Point of Sale weiter zunehmen wird, sind Terminals aus Kundensicht mittelfristig dennoch ein Must-have. Ohne umfassende Schulungen des stationären Verkaufspersonals verlieren die Terminals jedoch ihre Wirkung: Nur wenn Crosschannel-Services erfolgreich kommuniziert werden, werden sie von den Konsumenten auch genutzt.

Fast 30 Prozent der Konsumenten finden interaktive Shopping Walls interessant, in einzelnen Branchen liegt der Reiz dieses digitalen Services sogar höher. Shopping Walls beeinflussen nachweislich das Kaufverhalten und können zudem die Loyalität der Kunden steigern.

Der Nutzen elektronischer Preisschilder dagegen liegt derzeit eher bei den Händlern und ist für Kunden nicht ersichtlich. Sobald zusätzliche Services wie z. B. der Abruf weiterer Produktinformationen über die Displays möglich sind, besteht aber auch aus Kundensicht ein gesteigertes Interesse.

Insgesamt hat Digital Signage hohes Potenzial, sowohl für Konsumenten als auch für Händler Mehrwerte zu liefern. Konsumenten erkennen in vielen Digital-Signage-Angeboten einen Nutzen für sich – selbst „technische Spielereien" wie elektronische Spiegel stoßen bei einzelnen Zielgruppen auf eindeutiges Interesse. Für Händler bietet sich die Chance, ihre Vertriebskanäle nahtlos zu verbinden und so die gesamte Customer Journey zu begleiten, auch wenn

Beratung mit IT-Einsatz: Kunden erwarten das.

Factbook Einzelhandel 2016

Best Practice | Customer Journey

die Umsetzung von Digital Signage in der Regel komplex und mit hohem Investment verbunden ist.

Checkout-Lösungen: Technologie mit hohem Einsparpotenzial

Mehr als die Hälfte der Konsumenten würden Self-Scan-Kassen nutzen, bei denen sie ihre Waren selbst scannen und anschließend über ein Terminal bezahlen. Der Vorteil dieses Angebots ist aus Konsumentensicht insbesondere die Zeitersparnis, da das Warten in der Kassenschlange überflüssig werden soll. Die Vorteile durch Einsparungen von Ressourcen bei den Händlern liegen klar auf der Hand. Self-Scan-Kassen bieten daher heute bereits diverse Händler verschiedener Branchen an, darunter Ikea oder die Real-Warenhäuser.

Intelligente Einkaufswagen sind dagegen derzeit noch weniger verbreitet. Sie bieten jedoch eine Vielzahl an Möglichkeiten. So könnte der Wert der Produkte, die sich aktuell im Einkaufswagen befinden, erfasst werden – ein Service, der von Konsumenten durchaus gewünscht wird. Einkaufswagen könnten Kunden aber auch durch das Geschäft navigieren – entlang der eigenen Einkaufsliste oder auch zu aktuellen Angeboten.

Indoor-Navigation ist aus Konsumentensicht nicht nur im Zusammenhang mit intelligenten Einkaufswagen ein spannendes Thema. Rund 45 Prozent der Konsumenten finden aktuell die Möglichkeit zur Navigation im Geschäft generell interessant, auch wenn diese bisher in der deutschen Praxis noch sehr wenig Anwendung findet. Hierfür werden in der Regel Minisender – Beacons (zu deutsch: Leuchttürme) genannt – genutzt.

Location-based Services: Kundenmehrwerte klar kommunizieren

In kleineren Fachgeschäften oder klassischen Supermärkte bieten sich Beacons jedoch nur bedingt an, da Kunden meist wissen, wo sie welche Produkte finden können. Zusatzfunktionen wie Hinweise auf aktuelle Rabatte oder Promotion-Aktionen können jedoch einen Mehrwert bieten, sowohl aus Kunden- als auch aus Händlersicht.

Dennoch blicken deutsche Verbraucher aktuell im europäischen Vergleich eher skeptisch auf Beacons und damit verbundene personalisierte Angebote und Informationen. Spanier oder Niederländer stehen diesem Angebot gemäß einer aktuellen IFH-Studie zum Beispiel deutlich offener gegenüber **(Grafik 1)**. Ein Grund: In Deutschland ist Datenschutz ein sensibles Thema. Um Konsumenten von ihrem Angebot zu überzeugen und ihr Vertrauen zu gewinnen, müssen Händler daher klar kommunizieren, welche Daten wie verwendet werden.

Logistik-Konzepte: je mehr Convenience, desto besser

Ob Click & Collect oder Pick-up-Stationen – Konsumenten schätzen bei diesen Logistik-Services insbesondere die Convenience. Click & Collect ist aus Konsumentensicht daher besonders nützlich, weil die Ware flexibel abgeholt werden und vor Ort getestet werden kann. Jedoch hapert es aktuell noch an der Kommunikation, wie eine ECC-Studie aufzeigt: Neun von zehn Konsumenten können mit dem Begriff Click & Collect nichts anfangen. Den Service, der sich da-

NUTZWERT VON SHOPPING-APPS
Grafik 1

Frage: „Wie nützlich wären für Sie die folgenden Services? ... Ich werde mit einer App entweder über Angebote in dem aktuellen Laden oder über Geschäfte und Gastronomie in der Umgebung informiert."

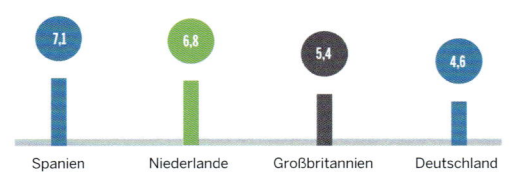

Spanien	Niederlande	Großbritannien	Deutschland
7,1	6,8	5,4	4,6

Skala von 1 bis 10, angegeben sind die Durchschnittswerte aller befragten Konsumenten im jeweiligen Land.

Quelle **ECC Köln**

Costumer Journey | **Best Practice**

HÜRDEN FÜR MOBILE PAYMENT
Grafik 2

Angaben in Prozent

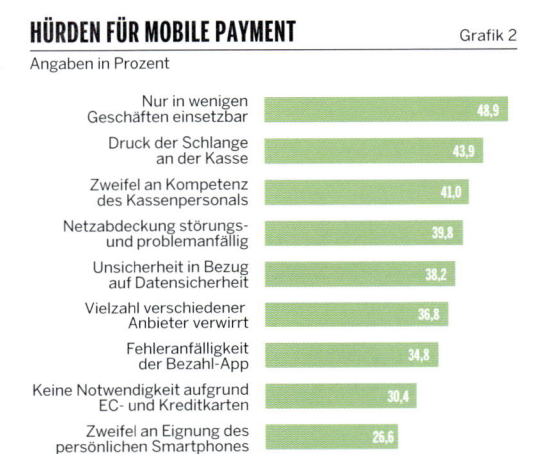

- Nur in wenigen Geschäften einsetzbar: 48,9
- Druck der Schlange an der Kasse: 43,9
- Zweifel an Kompetenz des Kassenpersonals: 41,0
- Netzabdeckung störungs- und problemanfällig: 39,8
- Unsicherheit in Bezug auf Datensicherheit: 38,2
- Vielzahl verschiedener Anbieter verwirrt: 36,8
- Fehleranfälligkeit der Bezahl-App: 34,8
- Keine Notwendigkeit aufgrund EC- und Kreditkarten: 30,4
- Zweifel an Eignung des persönlichen Smartphones: 26,6
- Unwissenheit über den konkreten Ablauf: 21,1

Quelle **ECC Köln**

Zweite bemängelt, dass bisher nur wenige Geschäfte anbieten, mit dem Smartphone zu bezahlen. Weitere große Hürden sind der Druck in der Kassenschlange, Zweifel an der Kompetenz des Kassenpersonals, unzureichende Netzabdeckung und – ähnlich wie bei den Location Bases Services – unklare Datensicherheit **(Grafik 2)**. Einen Mehrwert bietet Mobile Payment am PoS aus Konsumentensicht insbesondere dann, wenn dank des Smartphones auf Kleingeld und Portemonnaie verzichtet werden kann **(Grafik 3)**. Als Einsatzorte bieten sich demnach Automaten, öffentliche Verkehrsmittel oder auch Bäckereien an.

Welche Mobile-Payment-Anbieter Konsumenten letztendlich überzeugen – sowohl in puncto Sicherheit als auch bei der Convenience – und sich so langfristig am Markt durchsetzen können, ist aktuell noch nicht zu beantworten. Das Potenzial von Mobile Payment im Allgemeinen ist jedoch hoch. Rund 61 Prozent der Konsumenten beurteilen Händler, die diese Bezahlmöglichkeit anbieten, als besonders innovativ und gut die Hälfte der Befragten schreibt ihnen zu, hinter verbirgt, finden jedoch drei Viertel der Verbraucher interessant **(Grafik 4)**. Hier besteht auf Seiten der Händler also deutlicher Nachholbedarf. Auch Pick-up-Stationen, bei denen Bestellungen abgeholt werden können, bieten den Vorteil der flexiblen Verfügbarkeit, unter anderem durch längere Öffnungszeiten. Zusätzlich versprechen sich Konsumenten hiervon, bei der Abholung nicht so lange auf ihre Bestellung warten zu müssen. Durch das hohe Interesse der Konsumenten werden Click & Collect- und Pick-up-Angebote mittelfristig zu Must-haves.

Mobile Payment: Einheitliche Lösungen sind nötig

Mobile Payment ist aus Konsumentensicht aktuell noch nicht im Alltag angekommen – obwohl sich ein Großteil der Konsumenten grundsätzlich vorstellen kann, mit dem Smartphone zu bezahlen. Die Gründe, warum Mobile Payment am PoS aktuell nur wenig genutzt wird, sind aus Konsumentensicht vielfältig, wie eine aktuelle ECC-Studie verdeutlicht: Jeder

VORTEILE DES MOBILE PAYMENTS
Grafik 3

Angaben in Prozent

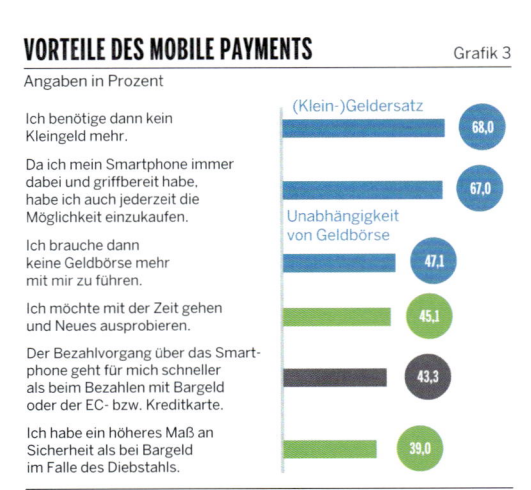

- Ich benötige dann kein Kleingeld mehr. *(Klein-)Geldersatz*: 68,0
- Da ich mein Smartphone immer dabei und griffbereit habe, habe ich auch jederzeit die Möglichkeit einzukaufen.: 67,0
- Ich brauche dann keine Geldbörse mehr mit mir zu führen. *Unabhängigkeit von Geldbörse*: 47,1
- Ich möchte mit der Zeit gehen und Neues ausprobieren.: 45,1
- Der Bezahlvorgang über das Smartphone geht für mich schneller als beim Bezahlen mit Bargeld oder der EC- bzw. Kreditkarte.: 43,3
- Ich habe ein höheres Maß an Sicherheit als bei Bargeld im Falle des Diebstahls.: 39,0

Quelle **ECC Köln**

Best Practice | Costumer Journey

NUTZUNG VON CLICK & COLLECT IN DEUTSCHLAND

Grafik 4

Fragetext: „Haben Sie generell schon einmal die Möglichkeit genutzt, Produkte im Online-Shop zu bestellen und diese anschließend in einer stationären Geschäftsstelle abzuholen? Wenn ja, um welche Produkte handelte es sich?", n = 984 (Deutschland, Mehrfachantworten möglich.) Angaben in Prozent

- nicht genutzt und nicht vorstellbar: 25,0
- ja: 33,9
- noch nicht genutzt, aber vorstellbar: 44,1

Kategorie	%
Fashion & Accessoires	12,7
Bücher & Medien	11,5
CE & Elektro	9,6
Freizeit & Hobby	4,7
Wohnen & Einrichten	4,1
Heimwerken & Garten	3,6

Quelle **ECC Köln**

---

besonders kundenfreundlich zu sein. Chancen liegen auch in der Kommunikation und bei der Technik selbst. Jeder zweite Konsument würde bereits jetzt Mobile-Payment-Dienste nutzen, wenn die Bezahlung bequem wäre und überall auf dieselbe Art und Weise funktionieren würde.

Das Fazit: Digital wird's

Unabhängig davon, welche Services sich im Einzelnen durchsetzen werden, eines ist klar: Der stationäre Point of Sale hat keine Chance mehr ohne technologische Finessen. Der PoS wird zunehmend digital. Viele Services, die sich zunächst online durchgesetzt haben, finden aktuell und künftig ihren Weg in den stationären Handel. Dass viele Angebote dabei noch in den Kinderschuhen stecken, wird am besten am Beispiel Mobile Payment deutlich. Während der Zahlungsverkehr im Internet längst etabliert und die großen Player gesetzt sind, wird für den stationären Handel immer noch auf den Durchbruch gewartet. Ob im Bereich Werbung mit Digital Signage, Check-out-Lösungen, Location-Based Services oder Logistik – die letzte Entscheidung trifft immer der Kunde. Denn nur, was aus Kundensicht einen klaren Mehrwert jenseits des Neuheitsfaktors bietet, wird sich am Ende langfristig durchsetzen.

Zum Weiterlesen …

- ECC Köln, Digitalisierung des Point of Sale, 2014.
- ECC Köln, Cross-Channel im Umbruch, 2015.
- ECC Köln, Mobile Payment am Point of Sale – Der Weg in den Alltag der Konsumenten, 2015.
- IFH Köln, Konsumentenbefragung, 2015.
- IFH Köln/KPMG, Consumer Barometer, 2014.

Baumärkte | **Best Practice**

DER STORE VON MORGEN

Knauber testet im Pulheimer Innovation Store mit Herstellern und dem IFH Köln, wie und was Kunden morgen wollen.

Text **Eva Stüber, IFH Köln**

Die Ausgangssituation im Einzelhandel ist klar: Der Online-Handel realisiert mittlerweile Größenordnungen, die Konsequenzen für die gesamte Handelslandschaft haben, und die Geschwindigkeit des online induzierten Wandels nimmt zu. Gleichzeitig verändert die zunehmende Digitalisierung das Informations- und Kaufverhalten der Konsumenten nachhaltig – unabhängig davon, welcher Kanal fokussiert wird: So informieren sich fast 40 Prozent der Konsumenten vor dem stationären Kauf in Onlineshops, wie die ECC-Cross-Channel-Studie in Zusammenarbeit mit hybris software zeigt. Doch denkt man an künftige Innovationen für den Einzelhandel, steht man vor vielen Fragezeichen: Wie sieht das Einkaufserlebnis von morgen aus? Wie möchten Kunden künftig einkaufen? Und was? Welche Kundenanforderungen verlangen neue wegweisende Entwicklungen, und wie können diese am Point of Sale gestaltet werden? Der Innovation Store im Knauber-Markt Pulheim, ein Projekt mit namhaften Herstellerunternehmen, mittelständischen Top-Playern sowie Dienstleistern für den Handel, ermöglicht die Erprobung innovativer Handelskonzepte für die Fläche sowie die Umsetzung neuer Ansätze zur Verknüpfung der Online- und Offline-Kanäle.

Chance für Handel und Hersteller

Durch das gebündelte Know-how aller Netzwerkpartner entstehen einzigartige Ideen und Ansätze, die im laufenden Alltagsgeschäft getestet und bewertet werden. Somit ist der Innovation Store gleichzeitig Dialogplattform, Entwicklungsabteilung und Testlabor für innovative Verkaufskonzepte im Zeitalter der Digitalisierung. Alle teilnehmenden Partner können eigene Ideen, Konzepte und Neuentwicklungen im Rahmen des Innovation Stores testen. Hierbei handelt es sich sowohl um Gemeinschafts- als auch um

Attraktiv und wandelbar: Bei Knauber in Pulheim werden die Bedürfnisse des Kunden vor Ort neu gedacht.

Best Practice | Baumärkte

Einzelprojekte aus den Bereichen Produktentwicklung, Kundenservice, Erprobung neuer Technologien und innovativer Ansätze für den Verkauf. Das gemeinsame Ziel aller Projekte ist es, ein neues und zukunftsorientiertes Einkaufserlebnis zu schaffen. Das Motto des Projekts lautet dabei: Nicht nur über, sondern mit dem Kunden reden. Um dieses Höchstmaß an Kundennähe gewährleisten zu können, werden Kunden aktiv in die einzelnen Projekte integriert und alle Maßnahmen empirisch validiert. Die offene Kommunikation und der kreative Austausch innerhalb der Kooperation sind hierbei zentral – alle beteiligten Partner profitieren von neuen Impulsen aus unterschiedlichen Bereichen der Konsumgüterindustrie.

Eröffnung mit zwei Weltpremieren

Zur Eröffnung ließ es der Innovation Store richtig krachen: Mit dem Alpina-3D-Colour-Designer können Konsumenten realistisch simulieren, wie verschiedene Wandfarben, Tapeten und Bodenbeläge miteinander harmonieren. Die unterschiedlichen Designs werden dabei mithilfe moderner Beamertechnologie auf Wände und Boden projiziert und erzeugen so einen 3D-Charakter des gewünschten Raumes. Als zweite Weltpremiere wurde die vor allem aus der Gaming-Branche bekannte Oculus-Brille in Kooperation mit Serie a in Pulheim das erste Mal im stationären Handel eingesetzt. Mithilfe der Brille können sich Konsumenten virtuell an andere Orte versetzen lassen – in diesem Fall in das Schrankbaustudio am Bonner Knauber-Standort. Darin wird bereits heute ein großes Potenzial für den stationären Handel gesehen, obwohl die Einsatzmöglichkeiten noch weiterentwickelt werden müssen: Vor allem für flächenintensive PoS-Aufbauten und Spezialkonfigurationen für Kunden ist der Einsatz von Virtual Reality spannend.

Digitale Services am Point of Sale

Eine klare Konsumentenanforderung sind Cross-Channel-Konzepte. So wünschen sich laut der ECC-Studie „Digitalisierung des Point of Sale" 55 Prozent der Konsumenten die Integration von Codes, mit denen sie am Point of Sale zusätzliche Produktinformationen oder auch Angebote über ihr Handy abrufen

---

Über das Innovation-Store-Netzwerk

Mit dem Innovation Store wurde ein stationäres Ladengeschäft geschaffen, in dem der Kunde im Mittelpunkt steht. Innovative Handelskonzepte werden auf der Fläche getestet, um herauszufinden, was echte Mehrwerte liefert. So profitieren sowohl die Kunden als auch die beteiligten Händler, Hersteller und Dienstleister von dem Erlebnisort Innovation Store. Die Partner des Netzwerks stammen dabei aus allen Bereichen der Wertschöpfungskette, so dass umfassende Kompetenz in das Projekt einfließt und die Ergebnisse aus unterschiedlichen Blickwinkeln betrachtet werden können.

Zum Innovation Store-Netzwerk gehören Institutionen und Hersteller: IFH Köln, Knauber Freizeit GmbH, Alfred Schellenberg GmbH,
A. S. Création Tapeten AG, Alpina Farben GmbH, Caramba Chemie GmbH & Co. KG,
Fischer Deutschland Vertriebs GmbH, Floragard Vertriebs GmbH, Hailo/Rudolf Loh GmbH & Co. KG, Handelshochschule Leipzig, Henkel AG & Co. KGaA, Konrad Hornschuch AG, kwb Germany GmbH, Osram Licht AG, Steinel Vertrieb GmbH, Sanitop-Wingenroth GmbH & Co. KG,
Serie a Logistics Solutions AG.

Baumärkte | **Best Practice**

Kann ich das? Kunden wollen Geräte gern erst testen.

können. Immerhin fast jeder dritte Verbraucher interessiert sich zudem für interaktive Shopping Walls. Wie gut Services dieser Art tatsächlich im Laden vor Ort angenommen werden, testet das Innovation-Store-Netzwerk. Im Innovation Store haben sich bisher unter anderem Shopping-Lösungen von A. S. Création Tapeten, Hailo, Sanitop-Wingenroth und Knauber selbst dem Praxistest unterzogen. Die Interaktion der Kunden mit neuen Produkten und innovativen Präsentationskonzepten steht dabei im Mittelpunkt. Besonders hervorzuheben ist hierbei die Möglichkeit, Kundenberatung durch einen virtuellen Produktberater umzusetzen und mit Hilfe eines Virtual Shopping Shelf das Regal zu erweitern.

Inszenierung relevanter Produkte

Jedoch geht es nicht ausschließlich um die Digitalisierung: Erlebnisse und sinnliche Einkaufserfahrungen sind ein etabliertes Mittel zur Kundenansprache im stationären Handel. Auch für den Handel der Zukunft spielt der Erlebnischarakter des stationären Einkaufens eine zentrale Rolle. Produkte vor Ort testen und anfassen zu können ist dabei auch ein zentraler Vorteil des stationären Handels gegenüber dem E-Commerce – und im DIY-Bereich bei weitem keine Selbstverständlichkeit. Produktinnovationen im Sortiment sind sowohl für Hersteller als auch für den Handel ein Instrument zur Wettbewerbsdifferenzierung – im Sinne der Erlebnisvermittlung kommt der Produktpräsentation dabei eine besonders bedeutende Rolle zu. Im Innovation Store können Kunden beispielsweise Fischer-Dübel aus nachwachsenden Rohstoffen vor Ort testen, im Versuchslabor von kwb tools die verschiedenen Funktionen der AKKU TOP-Aufsätze ausprobieren oder mit LIGHTIFY™ von OSRAM ihre eigene Lichtwelt erschaffen. Auch die Netzwerkpartner Alfred Schellenberg, Steinel und Hornschuch bieten den Innovation-Store-Besuchern die Möglichkeit, ihre Produktneuheiten – von Designfolien bis hin zu LED-Solarbeleuchtungs-Systemen – live zu testen. Hinzu kommen Produktinnovationen wie die torffreie Bio-Erde von Floragard, die durch umfassend und ansprechend aufbereitete Informationen glänzen.

Fazit: Experimente bringen Wissen

„Mit dem Innovation Store schaffen wir eine kanalübergreifende Experimentierfläche für innovative Geschäftsmodelle. Dabei setzen wir vor allem darauf, die Kunden in den Mittelpunkt zu rücken, ihre Bedürfnisse von morgen vorweg zu nehmen und völlig neu zu denken", so Nektarios Bakakis, Geschäftsführer der Knauber Freizeit GmbH. „Auf das Kundenfeedback sind wir besonders gespannt. Im Innovation Store haben wir die einmalige Gelegenheit, direkt auf der Fläche mit den Konsumenten zu interagieren und so zu erfahren, wie sie den Handel der Zukunft erleben und welche Produkte und Features tatsächlich Mehrwerte liefern", sagt auch Boris Hedde, Geschäftsführer des IFH Köln. Es bleibt also spannend zu sehen, welche Konzepte ankommen und wie der Handel der Zukunft aussieht – der Innovation Store bietet den richtigen Rahmen, um das zu testen.

Best Practice | Supermärkte

CAPTAIN MIT HANDICAP

Category Management ist ein Muss für Supermärkte, für die Marktführer ein Standard. GS1 und Cap zeigen nun, dass das auch für den Mittelstand funktioniert.

Text **Martin Heiermann, BusinessHandel**

Ende April wurde die Testphase abgeschlossen: Fünf Monate lang, seit Dezember vergangenen Jahres, führten vier Cap-Märkte und der Handelsdienstleister GS1 ein gemeinsames Category-Management-Pilotprojekt durch. Nun sind die Ergebnisse des Test aus den Cap-Supermärkten in Rostock, Mannheim, Stuttgart und Saarbrücken auf dem Tisch und können auf die weiteren Standorte übertragen werden. Denn noch in diesem Jahr wollen der Nahversorger und GS1 Germany den Roll-out für ihr gemeinsames Category Management in möglichst vielen Märkten deutschlandweit starten. In über hundert Cap-Märkten sollen dann die Sortimente Zuckerwaren und Salzige Snacks sowie die Kassenzone neu aufgestellt werden.

Angestoßen, vorangetrieben und gesteuert hat das Projekt Thomas Heckmann, Geschäftsfeldleiter Consumer-Projekte für die Cap-Märkte. Von Anfang an dabei war auch Justine Lauer, Consultant Category Management und bei GS1 Germany verantwortliche Projektmanagerin. Beide sind vom Erfolg ihrer Arbeit überzeugt. Ihre Motivation: Heckmann möchte noch mehr Orientierung und Kundenzufriedenheit in den Märkten der Cap-Franchisenehmer erzielen. Lauer sieht im Category Management einen Standard, der auch den Mittelstand im Handel voranbringen wird. Ein wichtiges Argument für Cap, das durch die Beschäftigung behinderter Mitarbeiter ohnehin schon eine Sonderstellung im deutschen Lebensmitteleinzelhandel einnimmt.

Wenn der Roll-out beginnt, haben beide Partner bereits viel Zeit und Arbeit in das Projekt investiert. Genauso wie die beiden Herstellerunternehmen CFP Brands und Intersnack, die jeweils für das Segment Zuckerwaren und die Kassenzone, als auch für die Salzigen Snacks als Category Captain beteiligt sind.

Zweistellige Umsatzsteigerungen

Begonnen hat die Testphase mit einer Bestandsaufnahme, einer Analyse des Optimierungsbedarfs und des Potenzials, natürlich begleitet von einem kontrollierten Datenaustausch zwischen allen Beteiligten. Die Ergebnisse zeigen jetzt durchgängig positive Effekte, so berichtet die GS1 Projektmanagerin. „Wir konnten in den vier Testmärkten eine Umsatzsteigerung zwischen 6 und 96 Prozent in den bearbeiteten Warengruppen erzielen", sagt Justine Lauer. Zuvor wurden die Flächeneinteilungen und Platzierungen für die Zuckerwaren und Salzigen Snacks optimiert. Es kam zum Teil aber auch zu Reduzierungen in den Sortimenten. So listeten die Verantwortlichen bei den Salzigen Snacks beispielsweise 45 Produkte aus. Gleichzeitig wurden 21 Artikel neu gelistet **(Grafik 1)**.

ERGEBNISSE AUS DEN CAP-TESTMÄRKTEN Grafik 1
Umsatzentwicklung Regalgeschäft, in Prozent vs. Vorjahr

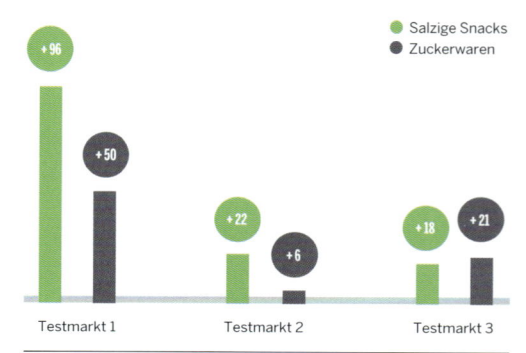

- Salzige Snacks
- Zuckerwaren

Testmarkt 1: +96 / +50
Testmarkt 2: +22 / +6
Testmarkt 3: +18 / +21

Quelle **GS1**

Allerdings sind auch nach der Testphase die durch das CM-Projekt bearbeiteten Sortimente nicht zu 100 Prozent in allen vier Cap-Testmärkten identisch. Das wird wohl auch nach einem Roll-out nicht so sein. „Es gibt aber ein Muss-Sortiment", beschreibt Lauer die Situation. Darüber hinaus sind die bearbeiteten Kategorien in Grundbausteine eingeteilt, die jeweils nach den Gegebenheiten des Standorts, nach den lokalen Anforderungen oder der Nachfrage etwa in Süd- oder Ostdeutschland variiert werden können.

Das Projekt geht weiter

Die vier ausgewählten Cap-Testmärkte sind repräsentativ für alle Standorte des Unternehmens. Sie bilden nach einem Cluster die Unterschiede in der Kaufkraft und die soziodemografischen Abweichungen im Umfeld ab. Aber auch die Verschiedenheiten zwischen den Konsumenten in Nord oder Süd sowie in Ost oder West wurden bei der Auswahl der Test-Shops berücksichtigt. Und natürlich die Größe der Standorte mit Flächen zwischen 450 und 1.000 qm. Das macht die erarbeiteten Testergebnisse so weit wie möglich übertragbar. Und es schafft eine Argumentationsgrundlage gegenüber den selbstständigen Cap-Markt-Betreiber. Denn diese müssen nun überzeugt werden, dass die Projekt-Resultate auch für ihr Geschäft umsatzsteigernd sind und sie bei einem Roll-out mitmachen sollten. Er wird im November 2015 starten und in der Mitte des Jahres 2016 abgeschlossen sein. Anschließend beginnt die nächste Phase des Projekts. Drei weitere Kategorien werden analysiert. Im Fokus stehen dann Schokoladenwaren, Süßgebäck und Alkoholfreie Getränke. Mit im Boot auf Herstellerseite sind unter anderen Bahlsen und Coca-Cola. „Wir haben eine Win-Win-Situation geschaffen", zeigt sich Justine Lauer überzeugt. Nicht mehr das Bauchgefühl entscheide bei den Süßwaren über Produktauswahl und Platzierung, sondern die Auswertung von Kennzahlen reize das Umsatzpotenzial aus. „Die überarbeiteten Segmente bestehen jetzt aus Bausteinen, die auch für die Regionalität einen Spielraum lassen", macht Lauer noch einmal deutlich. Die Category-Management-Projekte werden nach dem ECR-DACH Acht-Schritte-Prozess durchgeführt. Eine kartellrechtlich konforme Durchführung der Projekte sei sichergestellt.

Mit Begeisterung dabei

Auch die Mitarbeiter der Cap-Märkte, davon rund die Hälfte Menschen mit Behinderung, sollen für das Projekt gewonnen werden. Das ist Thomas Heckmann wichtig: „Marktleiter und Mitarbeiter haben wir frühzeitig in die Planung einbezogen, damit die Umsetzung ein voller Erfolg wird." Auch künftig will das Unternehmen so verfahren. Denn Ziel wird es sein, alle Kategorien in den Cap-Supermärkten zu optimieren. Die ersten Umbauarbeiten in weiteren Cap-Läden werden bald beginnen. Abgeschlossen sein wird das spannende Category-Management-Projekt bei Cap aller Voraussicht nach erst in rund zwei Jahren.

Ungleiche Partner?

■ **Cap-Supermärkte** leiten Ihren Namen von dem englischen Wort **Handicap**. Das Handelsunternehmen, das im Franchisesystem geführt wird, schafft Arbeitsplätze für Menschen mit Behinderung.

■ Inzwischen betreibt der **Nahversorger** in fast allen Bundesländern Läden. Es gibt deutschlandweit fast **100 Cap-Märkte**.

■ **GS1 Germany** bringt Kommunikations- und Prozess-Standards in der Praxis zur Anwendung. Ziel ist es, die **Abläufe zu verbessern**.

■ Dazu gehören **Artikelnummernsysteme** als Grundlage für Barcodes. Hinzu kommen Technologien wie **RFID oder Efficient Consumer Response** (ECR).

Best Practice | Lokaler Handel

KAUF DORT, WO DU LEBST!

Traditionsreiche Läden müssen schließen und Fußgängerzonen veröden. Deshalb sollten die Stärken des Einzelhandels vor Ort besser hervor gehoben werden.

Text **Michaela Helmrich, Der Mittelstandsverbund – ZGV**

Es ist sonnig an diesem Samstagnachmittag im April. Die angenehmen Temperaturen machen nicht nur Lust auf das erste oder zweite Eis des Jahres. Der Sommer steht vor der Tür und die Schaufenster locken mit den aktuellen Sommerkollektionen – dabei wirken die leuchtenden Farben wie Balsam für die wintermüde Seele. Eigentlich müsste die Fußgängerzone der niederbayerischen Stadt Passau sprichwörtlich aus allen Nähten platzen. Aber Fehlanzeige – viele Geschäfte sind leer und in den Cafés hat man die Qual der Wahl bei den vielen freien Plätzen. Wo sind die Menschen hin? Sitzen sie alle zu Hause auf dem Sofa und klicken sich durch die Onlineshops der Internet-Riesen? Was hat sich verändert in den letzten Jahren? Und nicht zuletzt: Wo geht die Reise hin?

Der Mittelstand ist in den Regionen fest verwurzelt

Mit diesen Fragen beschäftigt sich Der Mittelstandsverbund, der als Spitzenverband des kooperierenden Mittelstandes in Berlin und Brüssel die Interessen von rund 230.000 mittelständischen Handels-, Handwerks- und Dienstleistungsunternehmen vertritt. Die Unternehmen kooperieren miteinander in rund 320 Verbundgruppen – ein zentrales Erfolgsmodell des Mittelstandes in allen Regionen Deutschlands und über die Grenzen hinaus.

„Der Mittelstand ist in den Klein- und Mittelstädten fest verwurzelt und prägt die Besonderheiten und den Lebenswert eines jeden Standortes entscheidend", weiß der Hauptgeschäftsführer des Mittelstandsverbunds, Ludwig Veltmann. In einer Erhebung hatte der Verband herausgefunden, dass knapp 80 Prozent der den Verbundgruppen angeschlossenen Unternehmen ihren Sitz in Städten mit weniger als 50.000 Einwohnern haben – so wie Passau, das mit seinen 49.545 Einwohnern noch zu den größeren Standorten zählt **(Grafik 1)**. „Im Fokus all unserer Anstrengungen liegt gerade deshalb die langfristige Erhaltung der wirtschaftlichen Perspektive der Standorte durch die Sicherung der Rahmenbedingungen und damit der Wettbewerbsfähigkeit dieser Betriebe", betont Veltmann. Denn ihre Bedeutung für die Regionen ist immens. „Es geht um Arbeits- und Ausbildungsplätze, um wichtige Einnahmen für die ohnehin existenzbedrohten Kommunen. Es geht aber auch um soziale Verantwortung und, im Sinne der vor Ort lebenden Menschen, um deren dauerhafte Versorgung und vor allem auch um Eines: Um Lebens- und Erlebnisqualität einer Stadt oder einer Kommune", erklärt der Hauptgeschäftsführer des Verbands.

Dialogplattform Einzelhandel: Veränderungen verstehen

Gerade in kleinen und mittleren Städten hat der Strukturwandel den Einzelhandel seit Jahren fest im Griff. Wie in Passau, drohen auch anderorts traditi-

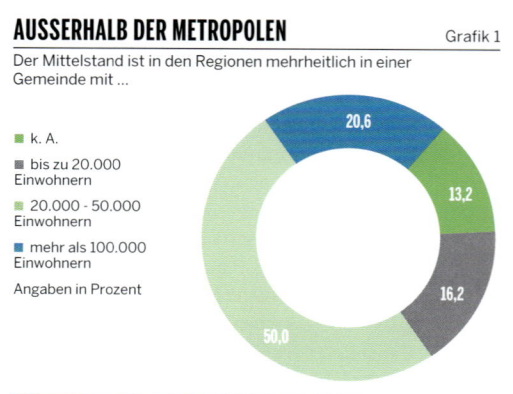

AUSSERHALB DER METROPOLEN — Grafik 1

Der Mittelstand ist in den Regionen mehrheitlich in einer Gemeinde mit ...

- k. A.
- bis zu 20.000 Einwohnern
- 20.000 - 50.000 Einwohnern
- mehr als 100.000 Einwohnern

Angaben in Prozent

20,6 / 13,2 / 16,2 / 50,0

Quelle **ZGV**

Lokaler Handel | **Best Practice**

Foto **Schlafraum**

Händler, die bei der Online-City Wuppertal mitmachen, sind besonders aktiv – wie hier von „Schlafraum".

onsreiche Fußgängerzonen zu veröden. Die Geschäfte sind leer und die Umsätze gehen in den Keller. Gleichzeitig verzeichnet der Online-Handel teilweise zweistellige Zuwachsraten. Und das in nur wenigen Jahren. „Was wir derzeit erleben, ist die vielleicht größte Marktveränderung seit der Erfindung des Buchdrucks. Während der Prozess allerdings damals fast 800 Jahre dauerte, liegt die Einführung des Smartphones nicht einmal zehn Jahre zurück", erklärt Veltmann. Profitiert haben von der „digitalen Revolution" vor allem die global agierenden kapitalstarken Internet-Versender und die Markenindustrie mit direktem Vertrieb über eigene Onlineshops. Oft nicht Schritt halten mit den raschen Entwicklungen konnten inhabergeführte lokale Betriebe. Das im Mittelstand bewährte Kooperationsprinzip bietet eine Chance, hier wieder aufzuschließen. Dafür ist aber ein entschlossenes, überbetriebliches Engagement notwendig, das seine Wirkung in der Öffentlichkeit und in der Politik entfalten muss. „Es ist wichtig, dass wir die Veränderungen erst einmal verstehen, um zukunftsfähige Konzepte für unsere Mitgliedsunternehmen zu erarbeiten", so Veltmann.

Was der Mittelstandsverbund tut

Dies sei auch wichtig, um Forderungen an die Politik adressieren zu können. Genau dieses Ziel verfolgt die Dialogplattform Einzelhandel des Bundesministeriums für Wirtschaft und Energie. Mit der im April 2015 gestarteten Initiative sollen Aspekte des Strukturwandels systematisch bearbeitet werden. Im Dialog mit allen Beteiligten will Bundeswirtschaftsminister Sigmar Gabriel herausfinden, wie Einzelhandel, Kommunen, Bund und Länder mit den veränderten Anforderungen umgehen sollen. Konkret sollen in insgesamt 16 Workshops zu verschiedenen Themen Lösungsvorschläge erarbeitet werden – darunter Digitalisierung, Wettbewerbspolitik, Auswirkungen des Strukturwandels auf die Städte und den ländlichen Raum. Den Kopf der Dialogplattform bildet ein Beirat, der aus Vertretern des Wirtschaftsministeriums, der

Best Practice | Lokaler Handel

In der Oelberger Taschenmanufaktur macht Sylvia Werner Produkte aus Recycling-Material.

Wissenschaft sowie der Wirtschaft zusammengesetzt wurde. Für den Verband wurde Hauptgeschäftsführer Ludwig Veltmann in das Gremium berufen. Mit der Umsetzung hat das Ministerium das IFH Institut für Handelsforschung in Köln beauftragt. „Initiativen wie die Dialogplattform Einzelhandel bieten ein Forum, um dringend notwenige Erkenntnisse zum derzeitigen Strukturwandel zu gewinnen", sagt der Chef des Mittelstandsverbunds.

IFH-Studie: Lokaler Handel beliebt

Eine Studie über das Verbraucherverhalten, die Der Mittelstandsverbund vom IFH durchführen ließ, lieferte weitere wichtige Erkenntnisse. Sie zeigte, dass der lokale Handel in Deutschland grundsätzlich eine große Wertschätzung bei den Konsumenten erfährt. Mehr als drei Viertel der Befragten kaufen gerne dort ein. Allerdings bestehen oft unbegründete Vorbehalte gegenüber Preislage und Angebotsvielfalt. Zudem sind die vermittelten Werbebotschaften der Betriebsinhaber für die Kaufentscheidung des Konsumenten häufig nicht relevant, so etwa die Betonung mehrjähriger Familientradition des Unternehmens. Trotz grundlegender Sympathie für den Betriebsinhaber wird oft gar nicht wahrgenommen, in welchen Fällen es sich um ein inhabergeführtes Geschäft handelt und in welchen nicht. So werden große Verkaufsflächen von Konsumenten eher nicht in der Kategorie „inhabergeführt" wahrgenommen.

Buy Local: Die Stärken deutlich kommunizieren

Für Ludwig Veltmann folgt daraus vor allem: „Die Stärken des lokalen Einzelhandels müssen in einer zunehmenden Wettbewerbssituation noch deutlicher kommuniziert werden." Dies haben auch die Händler selbst erkannt. So werden aktuell zahlreiche Initiativen gegründet, in denen sich lokale Einzelhändler gemeinsam engagieren. Ein Beispiel ist die Mittelstandsoffensive Buy Local. Der Mittelstandsverbund unterstützt den Verein seit Juli 2014 im Rahmen einer Gemeinschaftsinitiative. Laut IFH-Studie kommt das bei den Konsumenten an. So wurde die überregionale Initiative zur Stärkung von Handel und Handwerk vor Ort von den Befragten mit deutlicher Mehrheit gut bewertet. Positiv wahrgenommen wurde insbesondere die Kommunikation der Einkaufsmehrwerte wie Qualität, Kompetenz und Service – die Erfolgsmerkmale des lokalen Handels?

„Die Studie zeigt, womit stationäre Betriebe punkten können: mit persönlichem Kundenkontakt, kompetenten Mitarbeitern, Qualität von Ware und Sortiment sowie Einkaufserlebnis. Wer bei Buy Local mitmachen will, muss bestimmte Qualitätskriterien erfüllen. Die öffentlichkeitswirksame Kampagne kommuniziert diese Vorzüge auch aktiv."

Dr. Ludwig Veltmann, Hauptgeschäftsführer, Der Mittelstandsverbund – ZGV

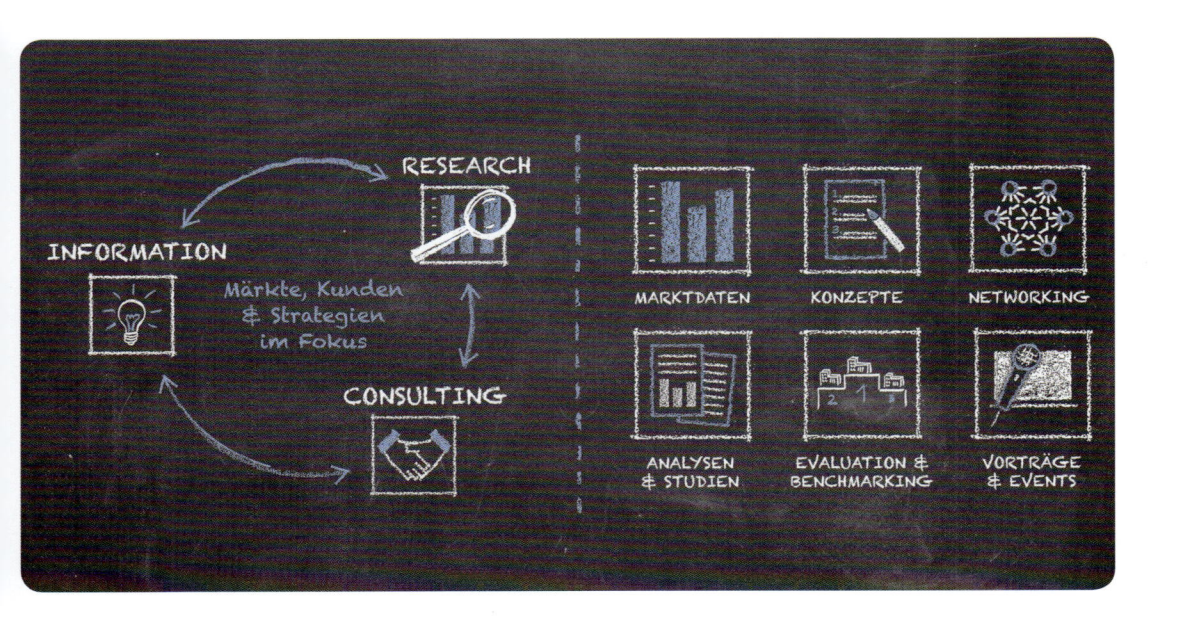

IFH KÖLN

MÄRKTE. KUNDEN. STRATEGIEN.

Als Brancheninsider liefert das IFH Köln **Information, Research und Consulting** zu handelsrelevanten Fragestellungen im digitalen Zeitalter.

Seit 1929 ist das IFH Köln erster Ansprechpartner für unabhängige, fundierte Daten, Analysen und Konzepte, die Unternehmen erfolgreich und zukunftsfähig machen.

- ✓ Betriebsvergleich & Benchmarking
- ✓ Cross-Channel-Management
- ✓ Customer- & Consumer Insights
- ✓ Customer Journey
- ✓ Vertriebskonzepte
- ✓ Markt- und Wettbewerbsanalysen

Wie können wir Ihr Unternehmen unterstützen?

www.ifhkoeln.de

IFH KÖLN
INSTITUT FÜR HANDELSFORSCHUNG

Best Practice | Kundenservice

DER BESTE WEG

Unternehmen mit den besten Maßnahmen zur Steigerung der Kundenfrequenz wurden mit dem Kreativpreis 2015 ausgezeichnet.

Text **Michaela Helmrich, Ludwig Veltmann,
Der Mittelstandsverbund – ZGV**

Mit Recht wird sie als Revolution bezeichnet, denn nichts hat die Gesellschaft in den letzten Jahrzehnten in so vielen Bereichen und so tiefgreifend verändert wie sie: die Digitalisierung. Mit dem Siegeszug von Internet, Smartphone und Online-Shopping bleibt kaum ein Stein auf dem anderen. Alles scheint auf den Kopf gestellt und einem rasend schnellen Wandel unterworfen. Kommuniziert wird in Echtzeit mit einer Vielzahl von Partnern – Facebook und Twitter lassen grüßen. Information ist immer und überall zugänglich – anders als früher besitzt sie damit keinen eigenen Wert mehr. Wertvoll ist die Kompetenz im Umgang mit ihr geworden.

Und auch die Märkte befinden sich im Wandel. Experten sprechen von dem tiefgreifendsten Strukturwandel seit der Erfindung des Buchdrucks Mitte des 15. Jahrhunderts. Die ersten Folgen sind nicht zu übersehen. Gerade kleine und mittlere Unternehmen haben Schwierigkeiten, mit den veränderten Wettbewerbsbedingungen Schritt zu halten und müssen aufgeben. Dies führt wiederum in vielen Regionen Deutschlands zu fast unheimlichen Entwicklungen in den Fußgängerzonen. Die Läden und Cafés sind leer, die Einkaufsstraßen verwaist. Sie muten fast wie Geisterstädte an. Ein Teufelskreis, denn ohne Frequenz keine Geschäfte, ohne Geschäfte kein Umsatz – und irgendwann ist schließlich Schluss.

Wie mit dieser Entwicklung umgegangen werden soll, wird aktuell an allen Ecken und Enden diskutiert. Die Politik initiiert Plattformen, wie die Dialogplattform Einzelhandel des Bundesministeriums für Wirtschaft und Energie. Das Ziel? Antworten finden auf die drängenden Fragen unserer Zeit. Wie sieht die Welt von morgen aus? Findet unser Leben dann nur noch online statt? Ist der Kontakt zwischen Menschen in der Offline-Welt einer digitalisierten Gesellschaft nicht mehr en vogue? „Mitnichten", sagt Wilfried Hollmann. Als Präsident des Mittelstandsverbunds, der als Spitzenverband der deutschen Wirtschaft die Interessen von insgesamt rund 230.000 mittelständischen Handels-, Handwerks- und Dienstleistungsunternehmen in 320 Verbundgruppen vertritt, glaubt, dass zwischenmenschliche „Offline-Werte" auch in Zukunft eine zentrale Rolle spielen werden.

Prämiert: Maßnahmen zur Steigerung der Kundenfrequenz

Im Jahr 2015 hat Der Mittelstandsverbund unter seinen Mitgliedskooperationen und deren angeschlossenen Unternehmen die beste Maßnahme zur Steigerung der Kundenfrequenz gesucht. Die Anzahl der kreativen Einsendungen für den Kreativpreis 2015 war beeindruckend. Und obwohl es nur zwei Gewinner der Trophäe gibt, würdigt der Verband jeden einzelnen. Denn jeder für den Kreativpreis Nominierte wird in den exklusiven Kreativclub des Verbandes aufgenommen. Als Mitglied wird er vom Spitzenverband des kooperierenden Mittelstandes in besonderer Weise gefördert. Wer aber am Ende der feierlichen Preisverleihung die beiden Trophäen in den Kategorien I (Kreativster Mitarbeiter oder Kreativstes Team einer Kooperationszentrale) und II (Kreativstes Mitglied einer Kooperation) mit nach Hause nehmen kann, entscheidet eine unabhängige Expertenjury. Und diese Entscheidung ist ihr in diesem Jahr wegen der herausragenden Qualität aller Bewerbungen besonders schwer gefallen.

Preisträger I: Schuhe.de holt den Titel für das digitale Schaufenster

In der Kategorie I holte das Führungsteam der Tochtergesellschaft ANWR-Media GmbH der ANWR Group die begehrte Trophäe. Das digitale Schaufenster für alle Mitglieder der genossenschaftlich geprägten Unternehmensgruppe konnte die Jury schließlich

Kundenservice | **Best Practice**

überzeugen. „Mit schuhe.de hat die ANWR eine Antwort auf die Frage gefunden, wie 3.600 Fachhändler in ganz Deutschland online sichtbar und nach und nach zu Click&Collect-Händlern werden", erklärt die Chefredakteurin des Wirtschaftsmagazins Business Handel, Andrea Kurtz, die Entscheidung der unabhängigen Expertenjury, in der sie selbst seit vielen Jahren Mitglied ist. „Das Rennen um die 'vor Glück schreienden Kunden' kann der Fachhandel locker mit anderen Marktteilnehmern aufnehmen, eben weil er vor Ort bestens präsent ist und die meisten Kunden in Deutschland das noch immer schätzen."

Die Plattform schuhe.de ist eine Verbindung aus Online-Shop und Warenwirtschaftssystem. Die angeschlossenen Schuh- und Sportfachhändler können so ihr eigenes Sortiment präsentieren und greifen dabei auf Produktdaten von über 30.000 Schuhen mit 360-Grad-Ansichten zu. Die automatisierte Weiterleitung auf das stationäre Geschäft unterstützt das Einkaufen vor Ort.

In der Kategorie II (Kreativstes Mitglied einer Verbundgruppe) konnte sich das Berliner Mitgliedsunternehmen corpuslinea GmbH & Co. KG der Meister-

Kreative Gewinner 2015: Dr. Ludwig Veltmann (l.) und Wilfried Hollmann (r.) vom Mittelstandsverbund gratulieren.

Best Practice | Kundenservice

team LGF GmbH & Co. KG über den Kreativpreis des Mittelstandsverbunds freuen.

Preisträger II: Innovative Kooperation im Handwerk beim Meisterteam
Der Geschäftsführer Steffen Tremel hat eine für den Handwerksbereich außergewöhnliche Initiative ins Leben gerufen. Im Frühjahr 2014 gründete er die branchenübergreifende Handwerkerkooperation „Meisterteam Berlin". Corpuslinea mit Sitz in Hoppegarten bei Berlin ist spezialisiert auf den hochwertigen Möbelbau für Privatkunden. An der Kooperation sind auch Heizungsmonteure, Elektriker und Fliesenleger beteiligt. Diese Zusammenarbeit ermöglicht eine exakte Koordination komplexer Bauvorhaben mit individuellen Lösungen – von der Erstberatung bis zur Fertigstellung. Als neues Vermarktungsinstrument setzt Tremel die anschauliche „Raumwerkstatt" ein: Dabei kann sich der Kunde nach intensiver Beratung in einem modellhaft gestalteten Raum und auf dem Bildschirm ein exaktes Bild von der fertigen Inneneinrichtung machen. Das Beispiel macht inzwischen bundesweit Schule: Schon jetzt sind 14 Meisterteam-Fachbetriebe dem kreativen Vorbild gefolgt. „Die erfolgreiche Nutzung der Kraft von Verbundgruppen und neuer Vermarktungsmethoden wie der Raumwerkstatt hat den ersten Preis für die Kreativität eines Verbundgruppenmitglieds verdient", so Jurymitglied Andrea Kurtz.

Für die besten Köpfe im Mittelstand: der Kreativpreis

Der Mensch ist ein soziales Wesen. Und damit meine ich nicht, dass er seit der Steinzeit auf die Erfindung von Social Media gewartet hat. Die gesamte Menschheitsgeschichte ist vielmehr geprägt von Begegnungen — und zwar von Angesicht zu Angesicht. Sicher wurden solche Begegnungen auch in der Vergangenheit durch fernschriftliche Kommunikation vorbereitet – die Älteren erinnern sich vielleicht an antike Kommunikationsformen, wie der handschriftliche oder später maschinengeschriebene Brief oder das Telegramm. Auch im Wirtschaftsleben hatte die Begegnung von Menschen immer eine zentrale Bedeutung. Bis heute werden Verträge etwa per Handschlag abgeschlossen. Das wird sich auch in einer digitalisierten Welt nicht ändern. Der Kommunikations- und Vertriebsweg Online bietet aber neue Möglichkeiten, die von den Menschen auch zunehmend genutzt werden. Warum auch nicht? Gerade kleine und mittlere Unternehmen haben sich in der Vergangenheit besonders dadurch hervorgetan, dass sie auf Veränderungen flexibel und kreativ reagiert haben. Die Fähigkeit zur Kooperation von mittelständischen Unternehmen etwa – heute ein Erfolgsmodell des Mittelstandes, entstanden aber als Antwort auf den größer werdenden Wettbewerbsdruck durch Branchenriesen. Die besten Köpfe im Mittelstand zeichnet Der Mittelstandsverbund jährlich aus. Ich bin jedes Jahr aufs Neue beeindruckt, wie viele kreative Querdenker wir in den Reihen von kleinen und mittleren Unternehmen haben. Da müssen wir uns um die Zukunft des Mittelstandes wahrlich keine Sorgen machen!

Wilfried Hollmann, Präsident, Der Mittelstandsverbund - ZGV

E-Marktplätze | **Best Practice**

ONLINE! OFFLINE! NO-LINE!

Stationär oder im Netz? Nein. Beides! Dieser No-line-Verbindung gehört die Zukunft. Darauf bauen zumindest die vielen neuen, lokalen E-Marktplätze.

Text **Martin Heiermann, Tobias von Heymann, BusinessHandel**

Eine neue Nähe zum Kunden vor Ort und ein verändertes Konsumbewusstsein, darauf setzen einige Start-ups, die in den vergangenen Jahren innovative, lokale Marktplätze im Internet geschaffen haben. Ihr Ziel: Für den Einzelhandel einer Stadt oder einer Region eine attraktive, virtuelle Verbindung im Netz zum Konsumenten herstellen. Mit dabei sind beispielsweise Locafox, Kaufda oder Hitmeister. Oder auch die Online-City Wuppertal mit ihrem Betreiber Atalanda. Geschäftsführer Roman Heimbold meint sogar, auf diesem Wege könne der Kunde dem Händler direkt in die Augen schauen. Die lokale Botschaft scheint aber auch bei den globalen Online-Marktplätzen angekommen zu sein. Einige wollen sich offenbar entsprechend positionieren. Dazu gehört Ebay. In den USA testet das Unternehmen „Ebay local". Bleibt die Frage, ob Einzelhändler sich dort oder anderswo engagieren sollten. Im Interview rät Oliver Prothmann, Präsident des Bundesverbands Onlinehandel (BVOH), grundsätzlich jedem Händler, möglichst viele Vertriebskanäle zu nutzen, auch einen E-Marktplatz. Entscheiden muss der Händler nur, ob lokal oder global.

Moderne Zeiten: Marktplatz 3.0

Amazon oder Locafox? Ebay oder Kaufda? Die Einzelhändler in Deutschland stehen vor der Frage, auf welchem Online-Marktplatz sie sich präsentieren wollen. Doch wichtig bei dieser Entscheidung ist vor allem, überhaupt auf einer E-Plattform vertreten zu sein. Allerdings: Lokale und globale Marktplätze funktionieren etwas anders. „Unsere Vision ist es, Ebay zur besten Anlaufstelle für den lokalen Einkauf zu machen." Ein Statement aus der Konzernzentrale im kalifornischen San José. Vielleicht einerseits etwas überraschend, andererseits aber auch wieder nicht. Denn nicht ohne Grund äußern sich die Verantwortlichen des amerikanischen Online-Marktplatzes gerade jetzt in diesem Sinne. Ihnen ist klar, dass das Bewusstsein und auch die Erkenntnisse darüber wachsen, was der E-Commerce mit den Innenstädten macht: leerstehende Ladenlokale und verödende Stadtzentren. Aber Neues wächst nach: Als Konsequenz schießen Start-ups und Initiativen aus dem Boden, die den Online-Handel an den lokalen, stationären Einzelhandel anbinden wollen. Diesen Trend zu neuer lokaler Nähe will sich auch Ebay zunutze machen. Laut Medienberichten testet der Marktplatzbetreiber in den USA bereits die Plattform Ebaylocal.com. Dort sollen User in ihrer Stadt nach Produkten suchen können, um diese für die Abholung zu reservieren. Oder sie können sich die Produkte noch am selben Tag liefern lassen.

Ebay local befindet sich allerdings noch in der Testphase und agiert zurzeit wohl nur in fünf Städten. Dennoch denkt der US-Konzern offenbar darüber nach, das Geschäftsmodell nach Deutschland zu übertragen, vielleicht noch im laufenden Jahr, berichtet die Lebensmittel Zeitung. Auch hierzulande befinden sich die lokalen Online-Marktplätze konzeptionell noch in der Entwicklung. Der Unternehmensberater und Wirtschaftspublizist Andreas Haderlein kennt sie und hat sich mit ihnen als Berater für die „Online City Wuppertal" beschäftigt. Am besten bekannt aber ist ihm wohl Atalanda.

Online-City Wuppertal: Eine Stadt macht ernst

Das Unternehmen arbeitet als Dienstleister für das Wuppertal-Projekt und bietet hierfür eine Plattform mit Multi-User-Shop-Funktionalität, ergänzt durch umfangreiche logistische Lösungen. Haderlein nennt darüber hinaus Locafox und Hierbeidir als lokale Online-Marktplätze. Weitere in Deutschland sind Kaufda, Hitmeister, Marktjagd und Simply Local. Die Website von Simply Local wurde beispielsweise in den

Best Practice | E-Marktplätze

vergangenen drei Monaten vom Betreiber, dem Göttinger Unternehmen My Xplace, „renoviert". Mehr Sichtbarkeit der Produkte, eine schnellere Suche und ein einfacheres Arbeiten für die Einzelhändler mit der Händlertoolbox verspricht Gründer und Geschäftsführer Michael Volland den Nutzern. Man habe mittlerweile über 8.000 Shops in das Portal integriert. Mehr als 38 Mio. Produkte ständen für die Kunden zur Verfügung.

Locafox: Click & Collect für alle

Ähnlich positioniert sich Locafox. Das 2013 an den Start gegangene Unternehmen will laut Mitbegründer und CEO Karl Josef Seilern Konsumenten helfen, „ihre Umgebung zu entdecken und festzustellen, dass es Geschäfte in ihrer Nähe gibt, die ein gesuchtes Produkt verfügbar haben." Besonders im Elektronikbereich sind die Berliner gut etabliert. Vor allem Location-based Services für den stationären Einzelhandel stehen im Zentrum des Geschäftsmodells von Kaufda und Marktjagd. Kaufda, an dem die Axel Springer SE beteiligt ist, hat sich mittlerweile europäisch positioniert und bietet wie der Wettbewerber Marktjagd, vor allem Prospektverteilung auf den unterschiedlichsten digitalen Wegen an. Neben diesen lokalen gibt es aber auch DIY-getriebene oder sortiments-orientierte Marktplätze. Zu den einen rechnet Haderlein Dawanda oder Etsy. Zu den anderen beispielsweise auch Schuhe.de: „Aus der Sicht einer Verbundgruppe wie der ANWR funktioniert Schuhe.de, weil man seinen lokalen Handelspartnern eine Reichweite zuführt, damit diese am steigenden E-Commerce-Umsatz partizipieren können", meint er.

Ebay zählt Andreas Haderlein nicht zu den lokalen E-Commerce-Plattformen, sondern zu den globalen Online-Marktplätzen. Zweifellos sei deren Geschäftsmodell erfolgreich. Aber jeder Einzelhändler müsse sich fragen, ob er mit seinem Angebot in ein solch „preisaggressives Umfeld" unterwegs sein wolle. „Er tappt damit in die Vergleichbarkeitsfalle." Deshalb sei auch nicht jede Warengruppe, jedes Sortiment für Ebay oder Amazon geeignet. Anders als die globalen Marktplätze im Netz funktionieren allerdings die lokalen Plattformen. Hier wird nicht, wie bei Amazon & Co das Produkt nach vorne gestellt und der Händler eventuell nur mit dem Nickname genannt oder irgendwo erwähnt, damit den rechtlichen Erfordernissen Rechnung getragen wird. Nein, bei lokalen Online-Marktplätzen sind Händler und Produkt gleichermaßen wichtig. „Die Kunden können quasi dem Händler in die Augen schauen, selbst wenn sie online bestellen", so beschreibt es Roman Heimbold, Geschäftsführer von Atalanda, bildhaft. Zudem seien die Erfolgskriterien andere. Für einen Standard-Online-Marktplatz sind einzig die Anzahl der Verkäufe wichtig. „Das ist im lokalen Bereich anders. Hier zählt der Umsatz des Händlers in Summe – online wie offline", sagt Heimbold. Beide Wege müssten für den Kunden offenstehen, damit er sie je nach Bedarf nutzen kann. Der lokale Marktplatz muss darüber hinaus eine breite Händler- und Produktvielfalt abdecken, gleichzeitig aber ein gemeinsames, stimmiges Bild abgeben.

Lokale Marktplätze im Internet müssen aber auch einen wirklichen Mehrwert liefern, sowohl für den stationären Händler als auch für den Kunden. Davon zeigt sich Haderlein überzeugt. Wichtig seien natürlich die Sortimentsbreite, die generierten Online-Umsätze, die technische Exzellenz des Systems oder die

Foto **Locafox**

Perfekter Stadtbummel: Verfügbarkeit gleich prüfen.

NEWSLETTER ZUM STRUKTURWANDEL

Relaxed up_to_date mit biz.news und biz.notes!

biz.news berichtet immer mittwochs über die wichtigsten Branchen-News, Zahlen, Fakten und Trends, die für Sie als Einzelhändler relevant sind.

biz.notes ist der regelmäßige Kommentar der Chefredaktion zum aktuellen Handelsgeschehen und seiner Bedeutung.

Für BusinessHandel-Leser kostenfrei!

Jetzt abonnieren unter news.business-handel.com

Business: Handel
Das Magazin für Unternehmer und Manager

Das Magazin für Unternehmer und Manager

Best Practice | E-Marktplätze

Nutzerfreundlichkeit, die sich unter anderem in dem Wissen um die Verfügbarkeit von Produkten im lokalen Handel ausdrückt. Doch es gibt weitere Bewertungskriterien. Haderlein macht deutlich, dass in Wuppertal die E-Commerce-Elemente in das Tagesgeschäft des stationären Händlers integriert sind. Der Versand der Bestellungen erfolge innerhalb der Stadtgrenzen in Tüten und nicht in Paketen, die aufwändig verpackt und womöglich noch zur Post gebracht werden müssen. Der Kurier hole die Ware während der Geschäftszeiten ab und bringe sie bei Bestellung bis 17 Uhr noch am gleichen Abend zum Kunden. Womit auch der Mehrwert des „lokalen Versandhandels" für den Kunden klar umrissen sei. Für die beteiligten Einzelhändler aber werde deutlich, dass dies nicht ohne Investition in die Systeme gelingen könne.

Mit Technologie: Den stationären Handel mit E-Commerce verknüpfen

Auf diese Weise erzeugt der lokale Marktplatz im Netz, wenn entsprechende SEO-Maßnahmen greifen, eine neue Nähe zum Konsumenten. „Online-lokale Relevanz entsteht", meint Haderlein. Der lokale E-Marktplatz sei ein Mix aus den Vorteilen des stationären und des Online-Handels, bestätigt Heimbold. Er bringe Kunden per Click & Collect oder Check &

Reserve auf die Fläche. Durchschnittlich, so bestätigen die Betreiber des Wuppertal-Projekts, verzeichnen die engagierten Händler 10 Prozent stationäre Frequenzgewinne, weil sie nun eine höhere digitale Sichtbarkeit haben. Diese Erfahrung deckt sich mit Marktforschungszahlen – so in der Studie „Cross-Channel im Umbruch" des ECC Köln und der Hybris Software – wonach der stationäre Einkauf zunehmend online vorbereitet wird (S 040). Damit der E-Marktplatz aber auch wirklich erfolgreich wird, muss ein moderativer Überbau geschaffen werden: Haderlein empfiehlt Schulungen, aber vor allem auch einen „Kümmerer" für das digitale Dachmarketing. „In Wuppertal nennen wir das die 'Interessensgemeinschaft 2.0'", sagt der Berater. Für die technische und vor allem bezahlbare Infrastruktur des Online-Vertriebs und der Online-Kommunikation sorgt dort Atalanda. Als Partner des Dienstleisters bringt DHL die taggleiche Lieferung mit ein.

Entsteht so eine neue Nähe zu den Kunden innerhalb der Stadtgrenzen und der Region, wird letztlich die Polarität von Online und Offline aufgehoben. Haderlein setzt darauf und bringt es sprachlich auf den Punkt: „Dann entsteht aus dem lokalen Online-Marktplatz der gelebte No-line-Handel". Kunden vor Ort bestellen, kaufen, reservieren oder prüfen die Verfügbarkeit von gewünschten Produkten nicht mehr nur, weil sie dadurch einen dezidierten Mehrwert erfahren und die Services nutzen, die ein lokales Geschäft auf der Höhe der Zeit heute anbieten muss. Sondern Kunden vor Ort kaufen bewusst lokal. Denn auch das Konsumbewusstsein muss dahingehend geschärft werden. „Wenn er anders handelt, sägt der lokale Kunde mit seinem Konsumverhalten an dem Ast, auf dem er sitzt", meinen die Wuppertaler. Richtig ist, dass attraktive Innenstädte nur erhalten werden können, wenn Kaufkraft, die ins Pure-Play-Geschäft abfließt und abgeflossen ist, gebunden bzw. zurückgewonnen wird. Das wissen auch die Ebay-Manager. Deshalb versuchen sie es mit Ebay local, nutzen den neuen Trend zur Kundennähe vor Ort und tun damit vielleicht bald auch etwas für die Zukunft und Attraktivität der deutschen Innenstädte.

Foto **Marktjagd**

Prospekte blättern: wird inzwischen digital genutzt.

Beacon-Testgelände | **Best Practice**

STATIONÄR, NEU GEDACHT

Outlet-Center Parndorf bei Wien:
Hier können Einzelhändler die Beacon-Technologie im Einsatz erleben.

Foto **Loc Place GmbH**

Was können Location-based Services? Was ist bei ihrem Einsatz zu beachten? Im Technology-Park von LOC-Place können sich interessierte Einzelhändler informieren.

Text **Angelique Szameitat, 11 Prozent**

Location-Technologien sind der Schlüssel, mit dem der stationäre Handel die Offline- mit der Online-Welt verbinden kann. Nur so kann er für die modernen, vernetzten Verbraucher wieder attraktiv werden", sagt Carsten Szameitat, CEO der LOC-Place GmbH. Sein Unternehmen betreibt seit Juli 2014 einen Location-Themenpark, in dem Beacons und andere Technologien für Location-based Services (LBS) getestet werden. Hierzu wählten er und sein Geschäftspartner Thomas Hinterleithner eine ganz besondere Location: das größte Outlet-Center Europas im österreichischen Parndorf und dessen Umgebung. Zudem haben die Experten auch andere Testaufbauten unter die Lupe genommen.

Doch wie soll das funktionieren? Das Beispiel der Bluetooth Low Energy (BLE) Beacons verdeutlicht, was die Technologie leisten kann. Sie funktionieren vom Prinzip her ähnlich einem Leuchtturm. So wie dieser immer sein Licht ausstrahlt, egal ob ein Schiff in der Nähe ist oder nicht, sendet auch der Beacon ständig ein Signal aus. Das Licht wird hier nur durch Bluetooth Signale ersetzt. Erfasst ein Empfänger – zum Beispiel ein Smartphone – dieses Signal, können in einer entsprechenden App verschiedene Aktionen ausgelöst werden. Im Falle von LOC-Place ist dies die App des Partners barcoo, die inzwischen laut Unternehmensangaben auf 14 Mio. Smartphones im deutschsprachigen Raum installiert ist. Die ausgelöste Aktion kann dann alles Mögliche sein: Gutscheine, Kundenbindungsaktionen, weitere Informationen, die Möglichkeit, einen Mitarbeiter zu rufen und vieles mehr. Die Technologie wird nun seit über einem Jahr intensiv erprobt, da sie vielen als Schlüssel zur Digitalisierung der Offline-Welt gilt.

Dabei geht es nicht nur um Marketing – jenseits davon entfalten LBS ganz andere Qualitäten. So können sie dazu genutzt werden, Daten über die Besucher eines Geschäftes zu sammeln – keine persönlichen Daten, sondern anonymisierte Bewegungsprofile. Aus einer daraus erstellten Heatmap kann der Ladenbesitzer wichtige Erkenntnisse ziehen und sein Geschäft optimieren: Wo entstehen Funnel-Situationen, wo sammeln sich Kunden und wo gehen sie schnell vorbei? Und auch die Einsatzmöglichkeiten im Prozess- und Supply-Chain-Management oder in der Lagerhaltung machen sie zu wesentlich mehr als Marketing-Tools.

Best Practice | Beacon-Testgelände

Auf Empfang: Den Kunden direkt in den Laden holen.

Ein weiteres wichtiges Einsatzfeld ist die Indoor-Navigation. Positionsbestimmung und Routenplanung sind bereits seit Jahren der Inbegriff von Location-based Services – zuerst dank Navigationsgeräten, dann mit Smartphones. Dabei setzte man immer auf GPS, welches allerdings in Räumen nicht funktioniert.

Navigation für drinnen

Neue Technologien ändern dies nun – und bringen die Navigation und mit ihr verbundene Dienste nach drinnen. Als Teil der Tour durch den Themenpark von LOC-Place kann zum Beispiel Navigation durch Augmented Reality am Wiener Flughafen erlebt werden. Partner ist hierbei das Start-up Insider Navigation, welches wiederum mit der Technischen Universität Wien zusammenarbeitet. Das System erkennt über die Kamera des Smartphones seine Umgebung und blendet auf dem Display Hilfen zur Orientierung sowie Hinweise und Informationen ein. Zweck dieser Anwendung ist es, den User durch den Flughafen zu navigieren und zum richtigen Gate zu bringen. Unterwegs kann er dabei weiterhin auf Angebote, Gutscheine oder Tageskarten von Restaurants stoßen – Grenzen sind hier kaum gesetzt. Mit Mehrwerten wie Informationen über den Flugstatus, Boarding-Time oder Wartezeiten an der Sicherheitskontrolle kann hier zusätzlich sichergestellt werden, dass der User die App auch nutzt.

Verbindung von Offline und Online im Marketing

Ihr größtes Einsatzgebiet finden LBS Technologien derzeit aber noch im Marketing. Bevor man aber ihren Einsatz dort denken kann, muss man sich klar machen: Sie funktionieren nicht eigenständig. Sie müssen ganzheitlich ins Gesamt-Marketing integriert werden, inklusive allem, was dazu gehört: Wartung, Content-Management, Personalschulung vor Ort. Damit ist der Aufwand gegenüber dem Pappaufsteller an der Kasse erheblich größer. Ihr Nutzen macht das aber mehr als wett: hier geht es um die Verbindung von Online- und Offline-Welt. Dank LBS kann mit dem Kunden vor Ort ein Dialog über digitale Medien gestartet werden. „Ihre Stärke liegt in einer hochwertigen individuellen Kommunikation mit kleinen Zielgruppen, für diese aber mit hoher Relevanz", erklärt Thomas Hinterleithner. „Bekannterweise werden mit circa 20 Prozent der Kunden 80 Prozent des Umsatzes gemacht, und selektive Kommunikation statt Massenwerbung sind ein Schlüssel für diesen Erfolg, der Kunden auch bewegt, ihr Opt-In zu geben."

Vier essenzielle Punkte beachten

„Prinzipiell müssen beim Einsatz von Location-based Services mit Kunden immer vier Punkte beachtet werden: die Kampagne gut aussteuern, Mehrwerte anbieten, das Recht einhalten und Transparenz bieten", erklärt Szameitat. Doch was bedeutet es hier, eine Kampagne gut auszusteuern? Es sollte auf keinen Fall auf Frequeny Capping verzichtet werden. Ohne diese Maßnahme liefert zum Beispiel ein Beacon seine Botschaft immer aus – egal, zum wievielten Male ein Nutzer gerade vorbei geht. Und das über die gesamte Kampagnendauer hinweg mit immer denselben Nachrichten. Die Furcht, den Kunden komplett zu verschrecken, ist hier aber übertrieben. So tickt der moderne Kunde auch nicht. „Wenn der User erst einmal etwas hat, gibt er es nicht wieder her, bis er eine

Anzeige

KAUFENTSCHEIDUNG: EIN SEKUNDENGESCHÄFT

Stehen lassen oder mitnehmen? Diese Frage entscheidet sich am POS in kürzester Zeit. Das Rennen machen die aufmerksamkeitsstärksten Produkte. Thomas Haensch, Vice President Sales, Marketing & Innovation beim Getränkedosenhersteller Ball Packaging Europe, veranschaulicht den Einfluss der Verpackung auf die Kaufentscheidung – und zeigt, wie Verpackungen mit Mehrwert zur Markenbindung beitragen.

Sechs Sekunden: So lange haben Produkte durchschnittlich Zeit, den Kunden zu überzeugen. Im Kampf um Aufmerksamkeit setzen Hersteller heute auf edle Designs, personalisierte Verpackungen, QR-Codes und Augmented Reality-Elemente im Verpackungsdesign. Denn je „sexier" die Verpackung, umso schneller nehmen Verbraucher das Produkt in die Hand – und damit eher mit nach Hause.

Mit dem richtigen Verpackungsdesign oder -format lässt sich auch so manche Durststrecke überwinden. In Deutschland etwa verzeichneten Softgetränke und Bier in den vergangenen sechs Jahren einen Rückgang von rund 7 Prozent. Coca-Cola zum Beispiel brachte deshalb vor einiger Zeit eine neue 250 ml Dose auf den Markt – und erreichte prompt 280.000 weitere Haushalte in Deutschland, darunter viele Singles, die sich von kleinen Portionen besonders angesprochen fühlen.

Die Dose wirkt – als trendiges und nachhaltiges Gebinde. Davon zeugt insbesondere die positive Entwicklung des europäischen Getränkedosenmarkts: Die Zahl abgefüllter Dosen stieg in den vergangenen 15 Jahren um 84 Prozent und liegt damit über dem Weltdurchschnitt. Dafür sorgen die zahlreichen Vorteile des Gebindes: Es ist nicht nur unendlich oft und ohne Qualitätsverluste recycelbar. Einen deutlichen Mehrwert schafft auch die rundum bedruckbare Oberfläche. Zeitgemäße Drucktechnologien wie der Dynamark® Effect von Ball, der bis zu 24 unterschiedliche graphische Elemente bei normalen Produktionsgeschwindigkeiten auf die Metallgebinde aufbringt, eröffnen hier neue Gestaltungsspielräume und können die Kaufentscheidung positiv beeinflussen. Ball Packaging Europe, das 2014 einen Umsatz von 1,4 Milliarden Euro erwirtschaftete, setzt verstärkt auf Entwicklungen, die das Trinken zum Erlebnis werden lassen. Etwa mit dem Strawster: Dieser beim Öffnen automatisch ausgefahrene Trinkhalm sorgt für begeisterte Kunden, die der Marke eher treu bleiben. Ganz egal, wofür sich Hersteller letztlich entscheiden: Hervorstechen werden die Produkte, die überraschen und nachhaltig im Gedächtnis bleiben.

Best Practice | Beacon Testgelände

schlechte Erfahrung gemacht hat", führt Szameitat aus. „Das demonstriert das Sammelverhalten bei Apps: kaum jemand deinstalliert eine Anwendung, obwohl er sie kaum oder gar nicht nutzt und diese im Hintergrund Daten sammelt und übermittelt."

Kampagnen richtig aussteuern

Trotzdem müssen die Kampagnen richtig optimiert werden, schließlich sollen am Ende ja auch Erfolge erzielt werden: nach einer ersten Ansprache können alternative, individualisierte Folgebotschaften verschickt werden. Zudem ist es möglich nach einer Anzahl von Meldungen – sei es von einem Beacon oder der gesamten Kampagne – dem User keine Nachrichten mehr zu schicken, um ihn nicht zu stark zu belästigen. Hat die Kampagne dann jemanden erreicht, klicken z. B. in dem von Gettings durchgeführten Test insgesamt 33 Prozent innerhalb der ersten fünf Minuten auf die Nachricht, 20 Prozent sogar sofort. Doch hier ist noch nicht Schluss. Denn auch das Personal vor Ort muss über die Kampagne informiert und vor allem geschult werden. „Kommen Kunden in den Laden und treffen auf Personal, das von der Kampagne nichts weiß, werden sich viele fragen, warum sie sich dafür interessieren sollen, wenn es nicht einmal die Mitarbeiter tun. Die ganzheitliche Integration ins Gesamt-Marketing ist also unerlässlich", resümiert Hinterleithner.

Nutzern müssen Mehrwerte geboten werden, schon alleine deswegen, weil sie sich inzwischen dem Wert ihrer Daten bewusst sind und sie diese auf keinen Fall verschenken wollen. Mehrwerte sind der Weg, sie von einem Service zu überzeugen, der auf ihre Daten zugreift. Das kann er optional tun, um bestimmte Funktionen zu verbessern, aber auch Services, die auf Location-Daten aufbauen sind kein Problem – sofern das Kosten-Nutzen-Verhältnis stimmt. Dabei ist weniger Angst das Stichwort – Verbraucher fürchten sich vor Missbrauch ihrer Daten, aber prinzipiell nicht vor deren für sie vorteilhaften Verwendung. Den Nutzern die Angst um ihre Daten zu nehmen ist allerdings nur der zweitbeste Weg. Besser ist es, diese gar nicht erst aufkommen zu lassen. Hierbei gehen die letzten beiden wichtigen Punkte beim Einsatz von Location-based Services Hand-in-Hand.

Datenschutz und Transparenz

Es sollte zum einen die Einhaltung rechtlicher Bestimmungen selbstverständlich sein. Zum anderen darf ein Unternehmen damit dann auch für sich werben. Denn durch maximale Transparenz kann der Datenschutz zum Qualitätsmerkmal werden. Es ist wichtig, offen und ehrlich mit Daten umzugehen – sei man nun Händler oder App-Anbieter – um das Vertrauen der Kunden zu gewinnen. Hier ist auch Aufklärung gefragt: wenn hier von Daten die Rede ist, geht es immer um Standortdaten. Sie sind nicht mit persönlichen Daten verbunden sondern anonymisiert.

Barcoo hilft: Infos und Angebote per Beacon und App.

Tour selbst miterleben

Wer den Einsatz von Beacons erleben möchte, kann an geführten Touren durch den Themenpark in Österreich teilnehmen oder eine Unternehmens- oder Partner-Tour mit Teambuilding auf einem Segeltörn abstimmen. Themen sind neben dem aktuellen Fokus Beacons auch Szenarien zu Indoor-Navigation und -Positionierung sowie Marketing Automatisation. An den Touren können bis zu 16 Besucher teilnehmen.

www.loc-place.com

Preisauszeichnung | **Best Practice**

DIGITALE PREISSCHILDER

Electronic Shelf Labels haben diverse Auswirkungen auf den stationären Einzelhandel – und viel Potenzial.

Text **Achim Himmelreich, Mücke, Sturm & Company**

Das Papierpreisschild hat definitiv ausgedient – auch hier wird die Zukunft digital. Das Electronic Shelf Label (ESL) ersetzt das Preisschild durch ein intelligent vernetztes Display. Die Management-Beratung Mücke, Sturm & Company hat das Potenzial von ESL und dessen Auswirkungen auf den stationären Handel untersucht. Was auf den ersten Blick wie eine harmlose digitale Innovation wirkt, entpuppt sich als disruptive Technologie mit vielen Fähigkeiten: Real Time Pricing – wie man es aus dem Online-Handel kennt – wird möglich, personalisierte Preisanpassungen können vorgenommen werden, Händler können in Echtzeit auf Nachfrageschwankungen reagieren und die Preise anpassen. Dadurch verändert sich nicht nur die klassische Infrastruktur von Shops, sondern es bedeutet wesentlich mehr: In Summe wird das ESL zum wichtigen Puzzlestück, das erstmalig das vollintegrierte Omnichanneling ermöglicht. Der klassische stationäre Einzelhandel entwickelt sich so zum gleichwertigen Partner des Online-Handels. Die Chancen für die Händler sind enorm, denn jede Preisoptimierung führt direkt zu einer Erhöhung der in der Regel bescheidenen Margen.

Digital und „always on" können die künftigen Preisschilder beschrieben werden. Durch die Vernetzung mit Warenwirtschaftssystemen und Kunden-Devices wird das klassische Preisschild intelligent und es ergeben sich neue Optionen für die Verkaufsförderung.

1. Kommunikation mit dem Kunden
Die bedeutendste Innovation von ESL ist die Kommunikationsfähigkeit des Preisschilds mit dem Kunden im Ladengeschäft. Als interaktive Kommunikationsschnittstelle dient dabei die Beacon-Technologie. Sie erlaubt die direkte Verbindung zum Device des Kunden oder zu anderen Indoor-Navigations-Systemen. Wird diese Möglichkeit der Kommunikation verbunden mit einer intelligenten Speicherung und Nutzung der Daten, sind innovative Verkaufsförderungsszenarien denkbar. Zwar ist die Infrastruktur mit iBeacons aktuell noch relativ schwach ausgeprägt, aber das wird sich ändern: Aufgrund unzähliger Szenarien in Kombination mit mobilen Apps wird das iBeacon-Ökosystem bereits in naher Zukunft stark ausgeprägt sein.

2. Steuerung der Preise
Preisänderungen in Ladengeschäften sind an der Tagesordnung – trotz des enormen Aufwands. Insbesondere bei preissensiblen Geschäften werden wöchentlich hunderte Produkte im Preis gesenkt, um im Wettbewerb herauszustechen und Kunden anzuwerben. Da nach einer Aktion die Preise meist wieder an das Normalniveau angepasst werden, ist der zeitliche und materielle Aufwand beachtlich, denn das physische (Papier-)Schild muss manuell durch ein neues ersetzt werden. Digitale Preisschilder ermöglichen dem Händler zunächst einmal die zentrale Steuerung der Preise ohne manuellen Zusatzaufwand im Geschäft. Zudem kann er mittels ESL direkt mit seinem Kunden kommunizieren und so personalisierte Angebote machen. Kern des Ganzen ist das zentral steuerbare Pricingtool, das drahtlos mit dem Preisschild kommuniziert. Dabei gilt: Je besser das Preisschild technisch ausgerüstet und vernetzt ist, desto mehr Anwendungsfälle ergeben sich. So sind Real-Time-Pricing und spontane Preisanpassungen an die Nachfrageentwicklung jetzt für den stationären Handel realisierbar und werden diesen verändern.

3. Omnichanneling
Das Preisschild ist die wichtigste Informationsquelle des Käufers in jedem Ladengeschäft – doch die Preiskennzeichnung reicht heute nicht mehr aus. Gerade in Zeiten des E-Commerce werden Preise immer volatiler und die Masse an Kaufanreizen immer größer. Der Online-Handel gibt den Ton vor: Hier wird der Kunde persönlich angesprochen und zum Shoppen mit personalisierten Rabatten eingeladen. Ein zentral steuerbares digitales Preisschild könnte der „Missing

Best Practice | Preisauszeichnung

Link" zum echten Omnichannel sein, um die Vorzüge des E-Commerce mit der Realität des statischen Handels zu verbinden.

4. Vernetzung mit dem zentralen Warenwirtschaftssystem

Technologischer Kern des ESL ist dessen Vernetzung mit dem zentralen Warenwirtschaftssystem. Die hier angelegten Daten werden direkt an das digitale Preisschild übertragen und dort angezeigt. Je besser das ESL ausgestattet ist, desto vielfältiger sind die Szenarien: Darstellung von Logos, Kommunikation mit Kunden-Devices oder auch Bezahlfunktionen, die Möglichkeiten sind nahezu unbegrenzt. Die Eingabe der Preisdaten erfolgt zentral in einem Warenwirtschaftssystem, das über eine Kommunikations-Schnittstelle mit den ESL verbunden ist. Die Datenübertragung erfolgt dabei entweder über LED oder WLAN. So können z. B. Preisänderungen nahezu in Echtzeit auf den Displays angezeigt werden. Eine weitere Möglichkeit, die Grundausstattung des Gerätes zu verbessern ist die bidirektionale Kommunikation. Damit werden vor allem praktische Aspekte bedient, z. B. die Rückmeldung des aktuellen Ladestands an den zentralen Server. Allerdings wird durch die bidirektionale Kommunikation auch die Interaktion von Mitarbeitern möglich. So können z. B. direkt am Preisschild Hintergrundinformationen abgerufen werden, wie etwa der Lagerbestand einer Ware. Zudem können manuelle Preisanpassungen zurück in das Warenwirtschaftssystem prozessiert werden, wenn sie am Regal mit dem Handscanner angepasst wurden **(Grafik 1)**.

Diese spannenden Szenarien liegen in naher Zukunft. Doch bereits in seiner heutigen – etwas einfacheren – Form sind die Vorteile des digitalen Preisschilds offensichtlich: Es ist günstig im Unterhalt, schnell und einfach aktualisierbar und wesentlich individueller in der Gestaltung als das Papierpreisschild. Angesichts der vielfältigen Einsatzmöglichkeiten amortisieren sich auch die hohen Einmal-Investitionen schnell. Wer also künftig im Einzelhandel mit dem Online-Handel mithalten möchte, muss digitaler werden.

Kontakt: dialog@muecke-sturm.de

ESL: GROSSES POTENZIAL ZUR INDIVIDUELLEN KUNDENANSPRACHE   Grafik 1

3.0 Intelligent Shelf Shopping
- Das ESL wird zum Info- und Check-Out-Point, eine zentrale Kasse ist nicht mehr nötig.
- Voraussetzung: Die ESL müssen schnell und sicher hochsensible mobile Daten verarbeiten können.

2.1 Individual Pricing
- Basierend auf den Einkäufen des Kunden werden durch individuelles Pricing neue Kaufanreize geschaffen.
- Voraussetzung: Der Kunde muss erkannt werden, seine Kauf-Historie muss bekannt sein.

2.0 Direct Couponing
- Basierend auf den bisherigen Artikeln im Einkaufskorb werden Cross-Selling-Angebote am ESL beworben.
- Voraussetzung: Die innerhalb dieser Session eingekauften Produkte müssen bekannt sein.

1.1 Individuelle Gestaltung
- Grafiken und Logos können angezeigt werden.
- Zudem werden Zusatzinformationen zum Produkt und Rabatte abgebildet.

1.0 Flexible Preisanpassungen
- Die Preiseingabe erfolgt zentral.
- Die Anpassung der Preisschilder erfolgt drahtlos und vollautomatisch.

heute

Evolution von ESL

Quelle **Mücke, Sturm & Company**

Warenhaus | **Best Practice**

MOBILE FIRST

Galeria Kaufhof hat konsequent an seiner Technologie-Kompetenz gearbeitet. Das Ergebnis: ein modernisierter Onlineshop.

Text **Steffen Kern, Galeria Kaufhof**

Die Galeria Kaufhof GmbH baut ihre Multichannel-Fähigkeiten weiter konsequent aus. Durch die Stärkung der eigenen Technologie-Kompetenz und durch agile Softwareentwicklung ist das Unternehmen in der Lage, den Online-Shop unter Berücksichtigung von Kundenwünschen schneller und tagesaktuell anzupassen.

Im Zeitraum von nur einem Jahr hat der E-Commerce-Bereich mit über 30 neu eingestellten Entwicklern und Online-Experten die moderne, hoch leistungsfähige Onlineshop-Plattform galeria-kaufhof.de aufgestellt. Der runderneuerte Onlineshop ist seit Anfang Mai 2015 live. Mehr als ein Drittel der Zugriffe auf galeria-kaufhof.de erfolgen inzwischen schon über mobile Endgeräte, wie z. B. Smartphones oder Tablets. Deshalb galt der Grundsatz ‚mobile first'. Hier wurde in Bezug auf das responsive Design – also die Darstellung und Funktionalität des Shops auf allen Geräten – ein echter Qualitätssprung vollzogen.

MCR-Philosophie untermauern

Nicht nur die Online-Kunden, sondern auch die mehr als 100 Warenhaus-Filialen profitieren von dem neuen Webauftritt – ganz im Sinne des Multichannel-Retailing (MCR). Viele mobile Nutzer erkundigen sich unterwegs z. B. über den Filial-Bestand gewünschter Artikel. Das geht jetzt schneller und komfortabler – ebenso wie die Suche im Onlineshop, die zudem eine viel höhere Treffsicherheit bietet. So können sich die Kunden z. B. über größere Bilder, eine leichtere Nutzerführung und einen verkürzten Checkout-Prozess freuen. Die hoch leistungsfähige Plattform bietet auch die technologische Basis für ein stark wachsendes Online-Geschäft und für die nachhaltige Positionierung von Galeria Kaufhof als Multichannel-Warenhaus. Agile Software-Entwicklung wird künftig eine Kernkompetenz sein, um auf dem Gebiet von MCR-Entwicklungen und Services für die Kunden Vorreiter im Markt zu werden. Der Onlineshop ist weiter auf dynamischem Wachstumskurs und entwickelt sich besser als der Markt. Aktuell verfügt der Onlineshop schon über mehr als 200.000 Einzelartikel. Mittelfristig will das Unternehmen 10 Prozent seines Umsatzes im Online-Geschäft erwirtschaften.

Das Warenhaus mitten im Leben

Um den Bekanntheitsgrad des Onlineshops und die Wahrnehmung als Multichannel-Händler zu steigern, beschreitet Galeria Kaufhof auch kommunikativ neue Wege. „Wir sind das Warenhaus mitten im Leben. Wir wollen euch kennenlernen und auch von euch lernen. Denn eure Communities und Plattformen werden immer wichtiger für die Kaufentscheidungen von Kunden." So begrüßte Klaus Hellmich, Geschäftsführer MCR, die rund 30 Bloggerinnen und Blogger zum zweitägigen Camp „cook and meet" Mitte April 2015 in Köln. Und gab ihnen das Programm gleich mit auf den Weg: kulinarischer Genuss, informative Vorträge und Workshops sowie ein lebendiges Miteinander. Insgesamt katapultierte das Camp fast 500 Beiträge mit rund 16.000 Interaktionen in die sozialen Netzwerke. Und #gkbc15 stand für kurze Zeit deutschlandweit auf Platz fünf der Twittertrends. Mehr als 20 Blog-Beiträge über das Camp folgten. Galeria Kaufhof widmet sich schon seit einiger Zeit dem Thema Blogging. Derzeit hat das Unternehmen neben dem Galeria Blog noch vier weitere am Start: Beauty Blog, Fashion Blog, Kids Blog, Zuhause Blog. Es geht darum, mit diesen Blogs Menschen zu unterhalten, zu animieren und ihnen Anstöße zu geben, was sie mit den vielen Produkten eines Warenhauses alles anstellen können. Dabei lässt sich das Unternehmen auch selbst gern von Bloggern inspirieren und bindet einige von diesen in das Galeria-Blogger-Team ein. So entstand der Gedanke, dieses Camp zu organisieren. Fortsetzung nicht ausgeschlossen.

Best Practice | Warenhaus

TOTGESAGTE LEBEN LÄNGER

Von dem deutschen Markteintritt Hudson's Bays wird für die Warenhauslandschaft viel erwartet. Auch im E-Commerce sind sie fortschrittlicher als Karstadt und Kaufhof.

Text **Joachim Stumpf, BBE**

Mittelmäßiges Warenangebot, durchschnittliche Preise, kein besonderes Einkaufserlebnis: Warenhäuser gelten als altbacken, werden überwiegend von älteren Generationen aufgesucht und wohl mit ihren Kunden aussterben, so die weit verbreitete Meinung. Sicherlich ist die Zeit, in der das Warenhaus den Einzelhandel einer Stadt prägte, lange vorüber. Doch durch die Übernahme von Kaufhof und den Eintritt von Hudson's Bay in den deutschen Markt könnte die Warenhauslandschaft hierzulande wieder einen Aufwärtstrieb erhalten. Denn die Kanadier werden neue internationale Handelssortimente wie die Luxusmarke Saks nach Deutschland bringen. Zudem sind sie im E-Commerce fortschrittlicher als Karstadt und Kaufhof. Künftig etwa sollte es kein Problem mehr sein, Waren in einer Kaufhof-Filiale auszuprobieren und sie dann nach Hause liefern zu lassen oder umgekehrt. Hudson's Bay kann daher eine Bereicherung für den deutschen Markt sein. Ein Spaziergang wird es für die Kanadier aber gewiss nicht. Der erfolglose Auftritt von Ketten wie Wal-Mart oder Marks & Spencer in Deutschland sind mahnende Beispiele.

Warenhäuser sind alles andere als aussterbende Spezies

Hudson's Bay hat jedoch bereits in den USA und in Kanada gezeigt, dass Warenhäuser keine aussterbende Spezies sind. Das Erfolgsrezept in Nordamerika: Nur wenn der Einkauf Spaß macht, kommen die Kunden zurück. Dieses Prinzip müssen die Kanadier auch für Kaufhof-Häuser sowie den deutschen Markt interpretieren und in das Interieur, die Beleuchtung, die Warenpräsentation und das Sortiment investieren.

Karstadt wird durch die neue Konkurrenz unter Druck geraten und muss das Handelsgeschäft attraktiver gestalten. Die Repositionierung von Karstadt sowie Investitionen in den E-Commerce und neue Handelssortimente müssen zügig vorangetrieben werden, wenn Karstadt künftig am Markt bestehen will. Insbesondere an Standorten, an denen beide Warenhäuser zu finden sind, wird der Wettbewerb zunehmen. Fest steht bereits, dass nicht jedes Warenhaus in Deutschland überleben wird. Die deutsche Handelslandschaft wird von Fachmarktzentren, innerstädtischen Shopping-Centern, E-Commerce und High Street-Lagen dominiert. Warenhäuser bilden nur ein vergleichsweise kleines Marktsegment. So liegt heute der Anteil am Einzelhandel, der in Warenhäusern umgesetzt wird, bei circa zwei Prozent. In den 1980er Jahren waren es noch bis zu 13,5 Prozent. Zwar wird Hudson's Bay vorerst vermutlich keine Filialen schließen, da das kanadische Unternehmen gegenüber Karstadt keine Marktanteile verlieren möchte. Kaufhof ist aber auch in sehr vielen kleineren Städten vertreten, davon alleine circa 20 mit unter 60.000 Einwohnern. An diesen Standorten sind die Möglichkeiten für internationale und hochwertige Konzepte, deutlich eingeschränkt.

Innenstädte neu beleben

Doch was passiert dann mit den früheren Handelsbastionen in den Innenstädten? Warenhäuser die nicht mehr profitabel sind, könnten umgewidmet werden. Aufgrund der unterschiedlichen Standort- und Objektqualität gibt es dabei jedoch keine generelle Lösung. Für jede Immobilie muss individuell entschieden werden, wie vorgegangen wird.

Ist die Qualität des Objekts geeignet, um die Handelsnutzung fortzusetzen, sind mehrere Möglichkeiten gegeben. Eine Variante ist die monostrukturelle Nutzung. In diesem Fall könnte beispielsweise ein großer Fachmarkt oder gar ein regionaler Warenhausbetreiber in das Objekt einziehen. Dazu gibt es viele Beispiele wie z. B. die Eröffnung eines Ikea auf dem Gelände der ehemaligen Karstadt-Filiale in Altona, der

Warenhaus | **Best Practice**

Ausverkauf der Warenhäuser? Nein: Davon sind deutsche Handels- und Stadtentwicklungsexperten überzeugt.

Einzug von Kaufland in eine ehemalige Hertie-Filiale in Duisburg-Walsum oder die Nachnutzung des Hertie in München-Neuried durch einen mittelständischen Warenhausbetreiber. Auch eine Mehrbranchennutzung in Form eines regionalen Nahversorgungszentrums kann sinnvoll sein. Auch hierzu gibt es viele Beispiele wie das Bavier-Center in Erkrath oder die Hertie-Häuser in München-Giesing und Fürstenried an denen verschiedene Nahversorger mit Anbietern aus den Branchen Textil, Schuhe und Unterhaltungselektronik ergänzt wurden. In anderen Fällen ist es sinnvoller, eine ehemalige Warenhausimmobilie einer gemischten Nutzung zuzuführen. So können beispielsweise Einzelhändler in den ersten beiden Etagen eines ehemaligen Warenhauses durch Freizeiteinrichtungen, städtische Einrichtungen, Büros bis hin zu Wohnungen ergänzt werden. Möglicherweise hat jedoch das Stadtviertel, in dem sich das Warenhaus befindet, als Einkaufslage an Bedeutung verloren, sodass der Standort der Handelsimmobilie nicht mehr für die Handelsnutzung geeignet ist. Ist dies der Fall, so wären Abriss und Neuentwicklung des Gebäudes ohne Handelsnutzung meist die einzige Lösung. Allerdings ist dies die Ausnahme. Bislang wurden ehemalige Warenhäuser aufgrund ihrer guten Mikrolage meist weiter als Handelsflächen genutzt.

Premium zieht immer

Noch ein Wort zu der Perspektive der drei ehemaligen Premium-Karstadt-Häuser (KaDeWe-Group) bestehend aus KaDeWe in Berlin, Alsterhaus in Hamburg und Oberpollinger in München: Benko hat mit dem Verkauf von 50,1 Prozent an die thailändische Central Group wertvolles Handels-Management-Know-how erworben. Zur Gruppe gehören die italienische und die dänische Warenhauskette La Rinascente bzw. Illum. Gerade das sehr hochwertig positionierte La Rinascente wird einen wichtigen und positiven Beitrag zur konsequenten Premiumausrichtung der Weltstadthäuser beitragen. Die Perspektive dieser Unternehmen ist sehr positiv.

Best Practice | Warenhaus

VORBILD ODER BÖSEWICHT?

Karstadt zahlt keine Steuern und baut 20.000 Arbeitsplätze ab – Amazon zahlt zwar auch keine Steuern, hat aber in der gleichen Zeit 20.000 Stellen geschaffen.

Text **Gerrit Heinemann, Hochschule Niederrhein**

Joseph Schumpeter (1883–1950) zählt zweifelsohne zu den herausragenden deutschsprachigen Ökonomen des 20. Jahrhunderts. Die von ihm begründete Innovationstheorie liest sich wie die Geschichte von Amazon, Google, Facebook & Co: Demnach wird ein innovativer Unternehmer durch seine Innovation zu einem Monopolist, aber nur so lange, bis neue Nachahmer auftreten oder seine Innovation durch andere Entwicklungen verblasst. Schumpeter erkannte damit das Wechselspiel aus Innovation und Imitation als Triebkraft des Wettbewerbs. Seine Begriffe der schöpferischen, kreativen oder gar deskriptiven Zerstörung sind in der Makroökonomie bis heute aktuell. Die Betonung liegt auf dem Wechselspiel und der Bereitschaft der anderen Marktteilnehmer, die Innovation zu imitieren oder sogar zu übertrumpfen. Handelt es sich bei den Mitbewerbern allerdings um träge Marktführer oder erfolgsverwöhnte Traditionalisten, hat der Innovator auch das Potenzial, zu einem dauerhaften Monopolisten aufzusteigen. Diese Gefahr besteht derzeit in der Tat im deutschen Einzelhandel, der bisher offensichtlich immer noch nicht realisiert hat, zu welch einer Gefahr sich der Innovator Amazon entwickeln kann. Dieses gilt vor allem für das Szenario, dass ihm endlich eine nicht ernstzunehmende Imitation entgegengehalten wird, statt der „Kampfmaschine" kampflos das Feld zu überlassen. Während im englischsprachigen Raum eine regelrechte Mobilisierung gegen die Feuerwalze von Jeff Bezos stattfindet, werden in deutschen Landen noch eher die Zeichen auf „Lauffeuer statt Feuerwalze" gedeutet. So katapultieren Wal-Mart und Macy's in den USA oder John Lewis in UK jeweils mit Milliardenaufwendungen ihre E-Commerce-Plattformen in kürzester Zeit zu ernstzunehmenden Amazon-Gegnern, wohingegen die deutschen Stationär-Händler immer noch ihr Leitmotiv oder gar Heil in einer Flächenexpansion sehen. Großangelegte Filialschließungen in den USA wie z. B. bei Staples oder Radio-Shack bei parallel durchgeführten Online-Offensiven auf der einen Seite, weitere Flächenexpansion mit mehr als einer Mio. qm zusätzlicher Verkaufsfläche auf insgesamt über 124 Mio. qm im letzten Jahr und kaum ernstzunehmenden Systeminvestitionen in deutschen Landen auf der anderen Seite. „Worte statt Taten", wenn die Chefs von Rewe oder Metro von ihren Online-Offensiven sprechen, aber kaum mehr als ein Prozent ihrer Investitionsbudgets in die Digitalisierung stecken, während stationäre Händler im englischsprachigen Raum bis zu 50 Prozent ihrer Mittel in Zukunftssysteme allokieren und zugleich ihre Verkaufsflächen reduzieren bzw. zurückbauen. Statt Imitation findet im deutschen Handel eher Verweigerung und üble Nachrede statt: In den weihnachtlichen „Dauerbrennerstreik bei Amazon" werden die unterschiedlichsten Streikgerüchte eingestreut. Von schlechten Arbeitsbedingungen ist die Rede, Missbrauch von arbeitsfördernden Maßnahmen der Agentur für Arbeit, Dumpinglöhnen und – immer wieder gern – von „Corporate-Governance-Verstößen".

Steuertricksereien?

Auch Karstadt hat in all den nahezu 15 Jahren, in denen Amazon nunmehr auf dem deutschen Markt tätig ist, wenig bis keine Steuern bezahlt. Der Essener Warenhaus-Konzern schreibt seit Gründung des Online-Handels Verluste und schiebt mittlerweile gigantische Verlustvorträge vor sich her, die wahrscheinlich auch mit ein Übernahmegrund von Benko waren. Wer Verluste schreibt, der hat auch nichts zu versteuern, zahlt also auch keine Steuern. Gleiches gilt für Amazon: Amazon hat seit Gründung noch nie so richtig Geld verdient und investiert den – mit mehr als 5 Mrd. US-Dollar – doch recht hohen Cash-Flow in weiteres Wachstum. Der Metro-Konzern kommt bei in etwa gleicher Umsatzhöhe in 2013 auf nicht einmal halb so viel Cash-Flow, tritt aber beim Umsatz seit Jahren auf der Stelle und desinvestiert sukzessive

Polarisiert gern: Amazon-Gründer Jeff Bezos.

mit Rückzug aus zahlreichen Ländermärkten. Aber nur das Gegenteil von Desinvestition, nämlich forcierte Investition in Zukunftsmärkte unter Gewinnverzicht, ist aus Sicht eines Innovators im Schumpeterschen Sinne sinnvoll und eine seriöse Option für jedes Unternehmen einer Marktwirtschaft. Die DM Drogeriemärkte sind auch nur so zum Marktführer geworden und deren Gründer Götz Werner prangert Gewinne gar als kundenfeindlich an. Auch DM hat sich mit recht bescheidenen Überschüssen bisher in Deutschland zum Marktführer entwickelt und sich dabei nicht als Steuerquelle hervorgetan. Warum auch? Wer mehr Steuern zahlt als notwendig, gilt nicht als helle und bekommt Stress mit seinen Anteilseignern und Aktionären. In diesem Sinne hat auch Amazon bisher auf legale Weise nicht viel versteuert, genauso so wie Karstadt nicht, allerdings mit einem Unterschied: Bei dem Einen steht das Vorzeichen auf Zukunft, bei dem anderen eher auf Vergangenheit, auch wenn angeblich der demografische Wandel für Karstadt spricht, so wie der Gewerkschaftsvertreter im Beirat von Karstadt bemerkte.

Corporate-Governance-Verstöße?

Amazon untersteht als börsennotierte Aktiengesellschaft der amerikanischen Börsenaufsicht und hätte sich mit dieser – bei nachweisbaren Corporate-Governance-Verstößen – schon längst angelegt. Während Amazon sich dieser Aufsicht aussetzt, ist kein deutscher Handelskonzern – bis auf die allerdings mehrheitlich in Familienbesitz befindliche Metro AG – börsennotiert und unter echtem Rechtfertigungsdruck gegenüber Analysten. Hier findet Aufsicht allenfalls von Genossen, senioren Familienpatriarchen oder unter Freunden statt. Im Übrigen lässt sich nachweisen, dass etliche der deutschen Traditionshändler für ihre Immobiliengesellschaften den Sitz in den Niederlanden oder auch in Luxemburg haben, dort auch kaum bis gar keine Steuern zahlen und zudem noch die Filialergebnisse durch stattliche Mieten vorabschöpfen. Es geht noch weiter: Zwischen 60 und 70 Prozent aller deutschen Unternehmen in den USA sind in Delaware registriert, so Susanne Gellert, Leiterin der Rechtsabteilung bei der Deutsch-Amerikanischen Handelskammer in New York. Gegenüber Delaware in den USA gilt Luxemburg steuertechnisch als harmlos. Wenn also Amazon demnach aus deutscher Sicht ein „Steuersünder" ist, dann sind dies aus US-amerikanischer Sicht umso mehr die dreiundzwanzig deutschen Traditionskonzerne in Hinblick auf ihren Firmensitz in Delaware, davon sieben „angeblich seriöse Dax-Konzerne": Adidas, Allianz, BMW, Daimler, Lufthansa, Siemens, Volkswagen, BASF, Bosch, Commerzbank, Continental, Deutsche Bank, E.On, Fresenius MC, HeidelbergCement, Henkel, Infineon, K+S, Linde, Lanxess, Merck, Munich Re, RWE, SAP, Thyssen Krupp. Tatsache ist, dass die Crème der deutschen Konzerne ganz offiziell Niederlassungen in den unterschiedlichsten Steueroasen unterhält. Eine Umfrage bei den Dax-30-Unternehmen im letzten Jahr ergab, dass HeidelCement unter anderem Töchter auf den Cay-

Best Practice | Warenhaus

maninseln, der britischen Kanalinsel Guernsey und in Panama hat. Der deutsche Vorzeigekonzern Linde betreibt Niederlassungen auf Jersey und den Bahamas. Die VW-Tochter Porsche, die zahlreiche Strohfirmen auf der Kanalinsel Jersey betreibt, hat ebenfalls zahlreiche Ableger in Delaware. Im VW-Konzern gibt es zahlreiche Töchter in Steueroasen, darunter fünf Flugunternehmen auf den Cayman Islands, die wahrscheinlich auch zum Geldtransport genutzt werden. BMW hat ebenfalls Tochtergesellschaften in Delaware und eine weitere auf Curaçao. Soweit zum Thema Steuern, Steuermoral und Bösewicht.

Dumpinglöhne?

Amazon beschäftigt den größten Teil seiner Arbeitnehmer in Zentral- und Regionallägern und bezahlt diese nachweislich deutlich über Logistiktarif. Die Splittung in Logistik- und Einzelhandelstarif ist in jedem Handelskonzern gängig und lässt sich mit den unterschiedlichen Tätigkeitsarten begründen. Für vergleichbare Tätigkeiten werden in allen deutschen Handelskonzernen Logistiktarife gezahlt, nicht selten sogar unter Gehaltsniveau von Amazon. Wieso sich Verdi bei diesem Thema gerade Amazon rausgegriffen hat und bestreikt, steht in den Sternen. Vielleicht handelt es sich ja auch um ein zwischen deutschen Handelskonzernen und deutschen Gewerkschaften geschmiedetes Komplott gegen den stressfördernden US-Online-Händler? In Hinblick auf sinkende Mitgliederzahlen und Mobilisierungsquoten von nicht einmal 10 Prozent geht es bei Verdi sicherlich auch um PR und Mitgliederfang. In den Weihnachtsspitzen greift Amazon – wie auch die meisten der deutschen Non-Food-Handelskonzerne – jedes Jahr auf zusätzliche Leiharbeiter von Leiharbeitsfirmen zurück. Die Arbeitskosten von Leiharbeitern sind aufgrund der Abschöpfungen der Leiharbeitsfirmen sogar noch deutlich höher als die der Festangestellten. Im Übrigen treibt Verdi durch seine Streiks Amazon zu einer forcierten Umschichtung von Festangestellten zu Leiharbeitern. Und wahrscheinlich mittelfristig zu einer verstärkten Automatisierung in den Zentrallagern.

Missbrauch von arbeitsfördernden Maßnahmen? Während Karstadt in den letzten 15 Jahren in Deutschland mehr als 20.000 Arbeitsplätze abgebaut hat, wurden bei Amazon Deutschland mehr 20.000 Arbeitsplätze aufgebaut, davon mehr als 10.000 für Festangestellte. Hätte Amazon dies nicht getan, würde der Staat mit mindestens 1 Mrd. Euro Arbeitslosengeld zusätzlich belastet. Die möglichen Steuereinnahmen wären nur ein Bruchteil dieser Summe, denn sollte Amazon irgendwann einmal in Deutschland konsolidieren und eine handelsübliche Rendite von rund 2 Prozent anstreben, wären dafür in Deutschland gerade einmal 50 Mio. Euro Körperschaftssteuer fällig nach heutiger Umsatzgröße.

Insofern ist es volkswirtschaftlich zu begrüßen, dass Amazon unter Verzicht auf Gewinne vor allem im Bereich geringqualifizierter Beschäftigter mit hohem Langzeitarbeitslosen-Potenzial neue Arbeitsplätze und das auch noch in einer Zukunftsbranche schafft. Nicht ohnehin hat Jeff Bezos im letzten Jahr den Innovationspreis der deutschen Wirtschaft erhalten. Immerhin zwei Bundesministerien waren Schirmherren, und zwar das Forschungs- sowie das Wirtschaftsministerium. Sicherlich war der Preis auch als Appell an den deutschen Handel gedacht, endlich offensiv zu imitieren.

Sind also Online-Händler à la Amazon Bösewichte? Jeder Innovator ist aus Sicht bestehender Anbieter zunächst ein Bösewicht, aber nur solange, wie nichts getan wird. Mit den Jahren dreht sich der Spieß allerdings um: Der Innovator wird zum Vorbild und der „Verweigerer à la Karstadt" eher zum Bösewicht, der auf Dauer die Sozialkassen beansprucht, Lieferanten und Gläubiger um ihr Geld bringt und letztendlich Kahlschlag in deutschen Innenstädten betreibt. Bei Imitationen wäre das nicht der Fall: John Lewis ist älter als Karstadt, macht mit seinem Online-Shop mehr Umsatz als Zalando und hat die „Herausforderung Amazon" rechtzeitig als Chance genutzt. Allerdings auch systemtechnisch geklotzt und nicht gekleckert, so wie immer noch überwiegend in deutschen Handelslanden.

Shoppingcenter | **Best Practice**

WANDEL VOR ORT

Auch Shoppingcenter verändern sich. Mehr und noch kreativerer Service vor Ort, das ist bei den Anbietern die Devise.

Text **Joanna Fisher, ECE**

Globalisierung und Digitalisierung sind unaufhaltsam. In der Konsequenz werden Angebot und Auswahl von Händlern immer vergleichbarer. Auch die Ansprüche der Kunden steigen stetig. Für den stationären Handel wird es dementsprechend immer wichtiger, sich auf den Kunden zu fokussieren. Die Zeiten, in denen es reichte, ein möglichst breites Warenangebot lediglich in Regale zu verräumen und dem Kunden in Selbstbedienung zur Verfügung zu stellen, sind vorbei. Händler und Center-Betreiber müssen mehr denn je die Bedürfnisse ihrer Kunden erkennen und maßgeschneiderte Lösungen anbieten. Besser als der schier unendlich erscheinende Wettbewerb zu sein – das ist die Herausforderung, mit der sich der stationäre Handel in einer digitalisierten Welt konfrontiert sieht. Dabei ist die Ausgangssituation für den klassischen Handel sehr gut. Neben der sofortigen Verfügbarkeit von Produkten, der persönlichen Beratung durch geschultes Personal und der Möglichkeit, die haptische Erfahrung zu bieten und Waren somit fühlbar anbieten zu können, ist es auch ein Erlebnis, mit Familie oder Freunden entspannt einkaufen zu gehen. Dies sind alles Dinge, die das Internet nicht bieten kann.

Der stationäre Handel muss sich also zurück auf seine Stärken besinnen und diese ausspielen. Marktplätze hat es immer gegeben, bereits im Mittelalter hat man sich dort getroffen, Waren getauscht und sich durch Gaukler die Zeit vertrieben. In Shoppingcentern, den urbanen Marktplätzen des 21. Jahrhunderts ist das nicht anders. Wir müssen uns in Zukunft noch stärker auf den Kunden fokussieren. Service, Entertainment und Atmosphäre sind unsere Stärken. Nur wer gezielt die einzelnen Berührungspunkte des Kunden vor, nach und während des Einkaufserlebnisses im Blick hat und auf die Bedürfnisse des Kunden hin optimiert, wird in Zukunft eine Chance haben.

Einkaufserlebnisse optimieren

Und genau in diesem Kontext sind die Initiativen der ECE Future-Labs zu sehen. Der rasante technologische Wandel macht es erforderlich, innovative Ideen schnell und unkompliziert hinsichtlich ihres Kundennutzens zu prüfen. Aber wo kann und muss man den Kunden abholen? Geht es nicht bereits zu Hause auf der Couch los? Während man sich in der Vergangenheit regelmäßig am Sonntag zum Schaufensterbummel begeben hat, lassen sich Konsumenten heute im Internet inspirieren und bereiten ihren Shopping-Besuch gezielt vor. Es ist also unabdingbar für Shoppingcenter, die Angebote der stationären Händler auf einer Online-Präsenz wie z. B. der „Love to Shop"-App erlebbar zu machen. Heute wird dies noch aufwändig durch Trendscouts erledigt, die in den Centern interessante Angebote für unsere Kunden aufspüren. In Zukunft kann dies durch vernetzte und omnichannel-fähige Warenwirtschaftssysteme automatisch erfolgen. Unsere Händler, aber auch Plattformen wie Google und Locafox arbeiten bereits intensiv daran, die stationäre Warenvielfalt sichtbar zu machen. Online-Verfügbarkeitsprüfung ist das Zauberwort. Dies wird mit Sicherheit zu einem Paradigmenwechsel im Beziehungsgefüge zwischen Online- und stationärem Handel führen.

Star der Stunde: Die Bedeutung von Click & Collect wächst weiter

In diesem Zusammenhang werden Click & Collect beziehungsweise Click & Reserve eine noch stärkere Bedeutung bekommen. Nur wenn wir in Echtzeit Warenverfügbarkeiten abbilden können, hat der Kunde einen Vorteil und wird die für Ihn interessanten Waren direkt reservieren oder kaufen. In unseren Future-Labs haben wir dies mit der Click & Collect-Funktion der Center-App auf Basis ausgewählter Warenbestände von einzelnen Retailern getestet. Bei Produkten, die dem Kunden einen Mehrwert versprechen,

Best Practice | Shoppingcenter

Foto ECE

Das Milaneo in Stuttgart: „State of the Art" für ein modernes, durch-designtes Shoppingcenter der ECE.

funktioniert dies. Der Gutscheinverkauf über die App, der gerade im Weihnachtsgeschäft längere Wartezeiten an der Kundeninformation erspart, bietet beispielsweise einen echten Kundennutzen.

Das Schöne an Click & Collect ist vor allem, dass es den Kunden nach der Online-Produkt-Suche und dem Online-Kauf wieder in den stationären Handel führt. Dort ist der nächste „Touchpoint" des Kunden in vielen Fällen das Parkhaus. Auch hier haben wir in den Future-Labs Angebote entwickelt, die das Parken einfacher und bequemer machen. Mit der "Easy to park"-Karte, die der Kunde auf der Website des Centers oder über die App bestellen kann, öffnet sich die Schranke durch die RFID-Funktechnologie automatisch. Durch die bargeldlose Bezahlung im Internet entfällt auch der Gang zum Kassenautomaten. Mit der App behält der Kunde jederzeit den Überblick über Parkzeiten und Gebühren. Damit der PKW auf der Rückfahrt auch schnell und unkompliziert wiedergefunden wird, haben wir in unseren Parkhäusern sogenannte „Car Finder" entwickelt. Dabei kann der Besucher mit seinem Smartphone den Standort seines Fahrzeugs scannen und wird bei der Rückkehr bequem wieder dorthin gelenkt. Denn nichts ist ärgerlicher, als wenn man am Ende eines erfolgreichen Shopping-Besuchs mit zahlreichen Tüten bepackt das Auto im Parkhaus nicht mehr wieder findet.

Parkhäuser aktiver nutzen
Nach dem Parkhaus sind die nächsten Berührungspunkte des Kunden die Eingangsbereiche. Im neuen Aquis Plaza in Aachen werden wir hier besonderen Wert auf die Atmosphäre legen und mit multisensorischen Installationen bestehend aus Klängen, Düften

Shoppingcenter | **Best Practice**

und Lichtobjekten den Kunden auf den Center-Besuch einstimmen. Wir wollen unsere Einkaufszentren damit ganz gezielt zu besonderen Orten machen.

Unmittelbar nach der Ankunft spielt das Thema Orientierung eine große Rolle. Gerade in großen Einkaufszentren wollen wir den Kunden einen besseren Überblick geben. Mit unseren 3D-Wegeleitsystemen können diese nach Produkten und Shops suchen und sich dorthin navigieren lassen. Wohlwissend, dass für viele Nutzer Google der Startpunkt einer Internet-Suche ist, haben wir im Rahmen einer strategischen Kooperation mit Google viele unserer Einkaufszentren mit ihren Lageplänen dort einstellen lassen. Aber auch über die jeweilige Center-App kann sich der Kunde in den Future-Labs mithilfe der neuen iBeacon-Installation auf Basis von Bluetooth-Signalen orten und bequem zu seinem Wunschziel navigieren lassen. Auch die persönliche Interaktion an unseren Infogates, die wie bei einem Live-Videochat die Möglichkeit bieten, mit einem Call-Center-Mitarbeiter in persönlichen Austausch zu treten und Informationen zu den Shops und dem Center zu erhalten, ist eine Option, die wir im Rahmen unserer Service-Initiative in Bezug auf Orientierung bieten. Das bedeutet übrigens nicht den Verzicht auf die persönlich besetzte Kundeninformation, die von den Besuchern im Rahmen unserer jährlichen Befragungen regelmäßig zum wichtigsten Service im Center erklärt wird.

WLAN: ein Muss vor Ort

Das omnipräsente Bedürfnis der Kunden, überall und jederzeit online zu sein, stellt auch neue Herausforderungen an die Dateninfrastruktur der Einkaufszentren. Zugang zum kostenfreien WLAN an öffentlichen Orten ist heutzutage selbstverständlich und wurde in unseren Shoppingcentern mittlerweile bundesweit ausgerollt. Aber auch hinsichtlich der Entertainment-Angebote müssen wir neu denken. Mit unseren digitalen Kinderspielflächen gehen wir auf die Erwartungen der jüngsten Center-Besucher ein. Auch für erwachsene Center-Kunden haben wir neue Entertainment-Möglichkeiten wie beispielsweise unsere Selfie-Photo-Box entwickelt. Vor einem „Greenscreen" können unsere Kunden Eigen-Schnappschüsse zum Posten oder Verschicken machen. Dazu wird eine witzige Fotokulisse gewählt, die dann als Hintergrund erscheint. So kann man sich sowohl als von Reportern umringter Star im Blitzlichtgewitter ablichten lassen, inmitten einer Rapper-Gang posieren oder zwischen Gartenzwergen in Erdbeerfeldern Platz nehmen und seine Freunde durch das Teilen der Fotos an seinem Shopping-Erlebnis teilhaben lassen.

Logistik und Mobilität beachten

Je ausführlicher ein Einkaufsbummel ist, desto länger werden die Arme durch das Tragen der Einkaufstüten. Gerade bei Besuchern, die mit dem öffentlichen Nahverkehr angereist sind, kann dies schnell zu einer Last werden. Aus diesem Grund haben wir an drei Standorten testweise einen „Same Day Delivery" Service gestartet, bei dem die Kunden ihre Einkäufe abgeben und noch am selben Tag in den Abendstunden geliefert bekommen können. Das verbindet die Bequemlichkeit des Onlineshoppings mit den Vorzügen des stationären Einkaufs. Aber auch bei der Ermöglichung neuer Mobilitätsangebote sehen wir Handlungsbedarf und wollen noch intensiver auf die stark wachsende Zahl der Nutzer von Car-Sharing-Angeboten eingehen. Im Alstertal-Einkaufszentrum in Hamburg haben wir dementsprechend unsere Parkhäuser in Kooperation mit dem Anbieter Car2Go technisch so umgerüstet, dass die Kunden mit den Fahrzeugen automatisch und kostenlos ein- und ausfahren können und reservierte Parkflächen zur Verfügung stehen.

Den Kunden immer überraschen

Unsere Devise ist: Wir können nur erfolgreich sein, wenn wir uns intensiv in die verschiedenen Kundengruppen hineinversetzen. Wenn wir die Erwartungen unserer Kunden erfüllen, ist das sicherlich gut, das Ziel ist damit aber noch lange nicht erreicht. Nur wenn wir unsere Kunden überraschen und ihre Erwartungen übererfüllen, können wir behaupten, wirklich einen Schritt weiter zu sein.

KPMG
cutting through complexity

125 Jahre

DAS IST **WENN E**

KPMG

Mark Sievers
Leiter Consumer Markets

Michaelis Quartier　　　　　　T　040 32015-5840
Ludwig-Erhard-Straße 11–17　　M　0172 6767941
20459 Hamburg

marksievers@kpmg.com

KPMG AG Wirtschaftsprüfungsgesellschaft

Seine Maschine ist für Mark weit mehr als ein Motorrad. Ein so imposantes Kunstwerk will er im Detail verstehen, um das große Ganze möglichst perfekt zu beherrschen. Genau darum geht es ihm auch bei der Beratung seiner Mandanten. Er hilft jedem, sein ganz persönliches Optimum zu erreichen. Eine Philosophie, mit der vieles anders wird: Einfach. KPMG. Besuchen Sie uns doch mal auf **persoenlich.kpmg.de**

ARK IST.

© 2015 KPMG AG Wirtschaftsprüfungsgesellschaft. Alle Rechte vorbehalten.

Best Practice | Shoppingcenter

ES WIRD WEITER GEBAUT

2014 haben wieder mehr Shoppingcenter eröffnet als in den Jahren zuvor. Auch im laufenden und im folgenden Kalenderjahr wird sich dieser wohl Trend fortsetzen.

Text **Rainer Pittroff, EHI**

Nachdem das EHI Retail Institute in den vergangenen Jahren in seinen Jahresberichten zur Shoppingcenter-Entwicklung u. a. darauf hinwies, dass die Zahl der Neueröffnungen und die neu geschaffenen Flächen anhaltend geringer ausfielen, gilt diese Feststellung – zumindest was das Flächenwachstum betrifft – nicht für 2014. Und noch eine Feststellung vorneweg: 2014 haben bemerkenswerte Einkaufszentren eröffnet. Das Spektrum reicht vom City Outlet Bad Münstereifel, dem einzigen neu entstandenen Factory-Outlet-Center mit 30 Shops, bis zur Mall of Berlin mit 270 Geschäften. Insgesamt gab es zwar nur neun Neueröffnungen von klassischen Shoppingcentern, die Gesamtfläche stieg allerdings um 367.700 qm an, was einem Durchschnitt von 40.800 qm entspricht (2013: 23.700 qm). Der Grund für das Flächenwachstum ist schnell genannt, stand doch die Eröffnung des 100.000 qm-Centers LP12 Mall of Berlin Ende September am Leipziger Platz unweit des Sony-Centers im Fokus der Berichterstattung über neue Handelsimmobilien. Damit reiht sich dieses neue Objekt auch gleichzeitig in die Gruppe der flächengrößten Shoppingcenter Deutschlands ein. Und es tat sich noch mehr in der Bundeshauptstadt: Bereits im Frühjahr 2014 wurde die Concept Shopping Mall Bikini Berlin in unmittelbarer Nähe des Zoologischen Gartens und der Gedächtniskirche am Kurfürstendamm mit rund 20.000 qm Handelsfläche eröffnet, wobei die Gesamtmietfläche des Objekts Bikini Berlin sogar 51.100 qm beträgt **(Grafik 2)**.

Weitere Mega-Center (Mietflächen-Größenklasse über 40.000 qm) entstanden im vergangenen Jahr in Recklinghausen mit dem Palais Vest am Standort des ehemaligen Löhrhof-Centers aus dem Jahr 1992 und in Stuttgart mit dem Milaneo. 40 Jahre hat die Center-Wirtschaft in Stuttgart praktisch keinen Stich gemacht, und dann eröffnen gleich zwei Shopping-Malls binnen weniger Wochen. Ende September wurde zunächst das Gerber als multifunktionales Center eröffnet mit rund 80 Shops auf drei Ebenen, 7.000 qm Bürofläche und 68 Wohnungen. Das Besondere an diesem Standort: Ein Teil dieser Wohnungen befindet sich in fünf „Townhouses", die auf dem Dach des Gerber ein eigenes kleines Wohngebiet bilden. Anfang Oktober wurde dann das Milaneo mit 43.000 qm eröffnet.

2015 wird es nach dem Kenntnisstand vom Jahresanfang voraussichtlich elf Center-Realisierungen geben mit insgesamt 277.800 qm **(Grafik 1)**. Bei einem oder zwei Projekten könnten sich noch Verzögerungen bis 2016 ergeben. Die meisten Neueröffnungen 2015 werden dabei der Größenklasse 20.000 bis 29.999 qm zuzuordnen sein, Drei werden sogar kleiner als 20.000 qm ausfallen. Lediglich das Minto, das neue mfi-Center in Mönchengladbach, wird mit 42.000 qm größer sein. Insgesamt weist die EHI-Shoppingcenter-Planungsliste ab dem 1. Januar 15 38 Projekte aus. 2016 bis Mitte 2018 sollen 31 großflächige Center entstehen. Auffallend viele Neueröffnungen werden in Baden-Württemberg und Bayern stattfinden.

Fachmärkte: Produkt der Stunde

Wie schon in den Vorjahren waren 2014 Aufkäufe und Übernahmen von älteren Centern oder Geschäftshäusern, die häufig seit vielen Jahren fast komplett leer standen („Dead Malls") wieder ein Hauptthema, ebenso wie Umbauten oder Flächenerweiterungen. So beinhaltet auch die EHI-Shoppingcenter-Planungsliste eine Reihe von ehemaligen Warenhäusern und SB-Warenhäuser, die in den nächsten Jahren häufig durch Zukauf von Flächen in der direkten Nachbarschaft zu Centern umgewandelt werden sollen. Aber auch komplette Neuorientierungen in Form von Mixed-Use Buildings stehen weiterhin auf dem Programm, bei denen neben Handelsgeschäften im Basement eine Vielzahl von Büros und Praxen in den darüber liegenden Stockwerken geplant sind.

Darüber hinaus ist auch auf die große Anzahl neuer kleinflächiger Center hinzuweisen, die aufgrund der geringen Anzahl der Mieteinheiten und/oder der Gesamtmietfläche unter 10.000 qm allerdings nicht der Shoppingcenter-Definition des EHI entsprechen. Ansonsten war das Jahr 2014 geprägt von Investitionen in Fachmärkte und Fachmarktzentren. Nach Angaben des Maklers CBRE flossen über 1 Mrd. Euro mehr als 2013 in dieses Marktsegment.

Revitalisierungen im Fokus

Die Revitalisierung bleibt für Deutschlands Einzelhandelsimmobilien eines der wichtigsten Themen, denn in die Jahre gekommene Shoppingcenter, die nicht modernisiert werden, stellen eine Gefahr für die Weiterentwicklung der Immobilie dar. Das Wort Revitalisierung wird in der Praxis häufig gleichbedeutend benutzt wie die Begriffe Refurbishment oder Umstrukturierung. Die Liste der vom EHI erfassten Center, die in den nächsten Monaten für Umstrukturierungen, Modernisierungen oder Erweiterungen anstehen, wird regelmäßig um weitere Immobilien ergänzt. Meist handelt es sich bei den zurzeit etwa 25 Centern um Objekte, die in den 80er bis Ende der 90er Jahre eröffnet wurden und dringend einen neuen Anstrich benötigen oder vom Grundkonzept her umgewandelt werden müssen.

Manche Projekte haben nach der Fertigstellung ein völlig anderes Aussehen und mit dem ursprünglichen Center keine Ähnlichkeit mehr. Aktuelle Beispiele hierfür sind die in diesem Report dargestellten Center Palais Vest am Standort des ehemaligen Löhrhof-Centers aus dem Jahr 1992 in der Innenstadt von Recklinghausen – das erste Shoppingcenter in Deutschland, das die Handschrift von Unibail-Rodamco, dem französischen Mutterkonzern von mfi, trägt – sowie das über lange Jahre dahinvegetierende Planetencenter Garbsen, das in komplett neuer Aufmachung im Mai 2015 von der Lüder Unternehmensgruppe neu eröffnet wird. In vielen Fällen liegt es aber nicht unbedingt am Konzept des Centers, dass Betreiber glauben, es für das weitere Bestehen überarbeiten zu müssen. Wenn selbst nach einer Modernisierung der erhoffte Effekt ausbleibt, setzen viele Investoren auf Entertainment, nach dem Motto: Wenn schon klassische Einzelhändler kein Publikum anlo-

IN DER PROVINZ

Grafik 1

Geplante Shoppingcenter 2015 in PLZ-Reihenfolge

Center	PLZ	Ort	Bundesland	Mietfläche in qm*	Shops*	Gesamtfläche in qm*
Holsten-Galerie	24534	Neumünster	SH	22.800	90	28.000
Minto	41061	Mönchengladbach	NW	42.000	110	45.000
Forum Gummersbach	51643	Gummersbach	NW	21.300	770	26.000
Aquis Plaza	52062	Aachen	NW	29.200	130	35.000
Forum Hanau	63450	Hanau	HE	36.000	75	43.000
WerkStadt Limburg	65549	Limburg	HE	37.000	67	40.000
K in Lautern	67655	Kaiserslautern	RP	20.900	100	25.000
Drei-Glocken-Center	69469	Weinheim	BW	16.000	30	19.000
SchlossGalerie	76437	Rastatt	BW	12.500	25	15.000
Glacis Galerie	89231	Neu-Ulm	BY	27.000	90	32.000
Stadtquartier Neuer Markt	92318	Neumarkt	BY	13.100	35	15.500

* teilweise vorläufige Zahlen

Quelle **EHI**

cken, dann doch bestimmt eine neue Bowlingbahn oder ein Fitnesscenter. Aber auch diese Strategie ist in der Regel zum Scheitern verurteilt. Potenzielle Kunden bleiben fern, und die schwache Rendite bereitet weiterhin Kopfzerbrechen.

Das Kernproblem ist dann schlicht und einfach die Lage des Centers. Oft haben Veränderungen in der Einzelhandelsstruktur einer Stadt dazu geführt, dass die betroffenen Standorte für Einzelhandelsimmobilien generell nicht mehr geeignet sind. Das muss nicht immer der Bau eines neuen Einkaufszentrums sein. Auch die Umgestaltung einer Fußgängerzone, die ursprünglich einmal Besucherströme in das Einzelhandelsobjekt gebracht hat, kann die Ursache dafür sein, dass der Zulauf versiegt. Die Folge solcher Entwicklungen: Der gesamte Standort muss komplett neu durchdacht werden. In Innenstädten kann es zum Beispiel sinnvoll sein, neue Wohnungen zu errichten. Schließlich gibt es den Trend zurück in die Stadt, und in vielen Innenstadtlagen ist Wohnraum knapp. Aber auch Büroflächen oder ein Hotel können unter Umständen Optionen sein. Auf jeden Fall sollten Investoren bei Einzelhandelsobjekten in wirtschaftlicher Schieflage nicht nur prüfen, wie der Standort durch neue Konzepte belebt werden kann. Auch der Wechsel der Nutzungsart sollte in Betracht gezogen werden.

Innenstadt bleibt Trend

Bis zum 1. Januar 2015 erfasste das EHI Retail Institute 463 großflächige Center mit einer Gesamtfläche von mehr als 14,8 Mio. qm. Hinzu kommen 19 Center-ähnliche Objekte in deutschen Bahnhöfen und Flughäfen sowie 14 Factory Outlet Center. Die trotz der Neuzugänge nur geringe Veränderung gegenüber dem Vorjahr ist darauf zurückzuführen, dass eine Reihe von Centern, bei denen eine Belegung der teilweise schon seit Jahren freien Mietfläche nicht zu erkennen ist, aus der Gesamtliste gestrichen wurde. Betrachtet man die Verteilung der in den letzten Jahren neu eröffneten Center nach Standort, wird schnell deutlich, welchen Stellenwert die City einnimmt: Von den 41 Centern, die in den Jahren 2010 bis 2014 neu in die EHI-Statistik aufgenommen wurden, sind 32 (78 Prozent) dem Standort „Innenstadt", 15 Prozent dem Standort „Stadtteil" und nur 7 Prozent dem Standort Stadtrandlage („Grüne Wiese") zuzuordnen. Dieser Trend hat sich im letzten Jahr noch einmal gefestigt: Bis auf das im April 2014 in Lübeck-Dänischburg neben dem Ikea-Standort entstandene LUV SHOPPING handelt es sich bei den anderen acht um innerstädtische Shoppingcenter. Es ist längst ein Fakt, dass attraktive Shoppingcenter mehr Kunden in die Innenstädte ziehen und somit die Bedeutung der Innenstadt im jeweiligen Handelsnetz erhöhen. Vor allem Filialisten bevorzugen bei ihrer Standortwahl Ladenflächen in besten innerstädtischen Lagen, weil diese als die umsatzstärksten und vor allem umsatzsichersten Handelslagen gelten **(Grafik 3)**.

Internet versus stationärer Handel

Inwieweit das Internet als Gefahr für den stationären Handel zu sehen ist, zeigt eine repräsentative Befragung von 1.000 Konsumenten im Auftrag der Wirtschaftsprüfungs- und Beratungsgesellschaft PwC

TOP 10 DER SHOPPING-CENTER IN DEUTSCHLAND Grafik 2
nach der Mietfläche

Name	Ort	Mietfläche in 1.000 qm*
CentrO	Oberhausen	120.000
Ruhrpark Bochum	Bochum	115.000
Paunsdorf Center	Leipzig	115.000
Ostseepark	Schwentinental	110.000
Chemnitz Center	Chemnitz	95.500
Main-Taunus-Zentrum	Sulzbach	91.000
NordWest-Zentrum	Frankfurt am Main	90.500
Gropius Passagen	Berlin	85.500
LP 12 Mall of Berlin	Berlin	85.000
Elbepark	Dresden	81.000

* Einzelhandel, Gastronomie und Dienstleister

Quelle **EHI**

Shoppingcenter | **Best Practice**

zum Thema Textileinkauf. Beim Kauf von Modeartikeln liegen Online-Händler und der stationäre Handel in der Gunst der Kunden in etwa gleich. Nur jeder fünfte Deutsche bestellt Kleidung, Schuhe und Accessoires ausschließlich im Netz. 29 Prozent kaufen nur im Ladengeschäft. Mehr als die Hälfte der Verbraucher (51 Prozent) nutzt beide Einkaufswege. Dabei können insbesondere Geschäfte in attraktiven Lagen punkten, denn für den Einkaufsbummel zieht es die Kunden vorzugsweise in die Innenstadt (35 Prozent) oder in Shoppingcenter in Innenstadtlage (27 Prozent). Nachdem die Bauherren bei ihrer Suche nach attraktiven, neuen Center-Standorten ihr Augenmerk in den vergangenen Jahren verstärkt auf mittelgroße Kommunen mit 20.000 bis 100.000 Einwohner richteten, standen im letzten Jahr die Großstädte im Fokus.

Kleinstädte wenig gefragt

Neben Berlin und Stuttgart sind hier die beiden rund 200.000 Einwohner-Städte Lübeck und Hagen zu nennen, und auch die Ruhrgebiets-Kreisstadt Recklinghausen fällt mit etwa 118.000 Einwohnern in diese Kategorie. Lediglich Böblingen (46.000) und Dinslaken (69.000) zählen zu den Mittelgroßen. Ein Blick in die Shoppingcenter-Planungsliste bestätigt auch für die nächsten Jahre: Bei Gemeinden unter 20.000 Einwohner wird es für die Developer uninteressant – daher werden Kleinstädte bei der Standortsuche nicht in Betracht gezogen. Fünf Immobilien, und damit die meisten der neun in 2014 neueröffneten Shoppingcenter, sind der Mietflächen-Größenklasse 20.000 bis 29.999 qm zuzuordnen; Drei fallen in die Gruppe der Flächengrößten (40.000 qm und mehr), und nur ein Center – betrachtet man dabei die reine Mietfläche – in die Gruppe der kleineren Center (10.000 bis 19.999 qm). Es ist wohl davon auszugehen, dass in Zukunft das Bild der letzten Jahre wiederhergestellt wird, das heißt der Standort City und der Trend zu Centern der unteren Größenklassen wieder im Vordergrund stehen werden. Insgesamt entstanden in den neuen Shoppingcentern des letzten Jahres rund 316.000 qm zusätzliche Mietfläche,

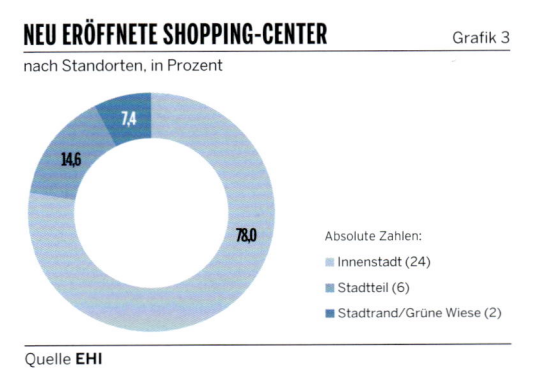

NEU ERÖFFNETE SHOPPING-CENTER Grafik 3
nach Standorten, in Prozent

- 78,0 – Innenstadt (24)
- 14,6 – Stadtteil (6)
- 7,4 – Stadtrand/Grüne Wiese (2)

Absolute Zahlen:

Quelle **EHI**

wobei hier wieder die Bekleidungsanbieter mit großem Abstand dominieren. 14 Unternehmen sind fünfmal in den Neueröffnungen anzutreffen, auch hier Namen, die bereits in den Vorjahren die vorderen Plätze belegten, zum Beispiel C&A, Deichmann und dm. Drei Filialbetriebe sind mit jeweils sechs Filialen am häufigsten vertreten: H&M, Calzedonia und Bijou Brigitte. Betrachtet man die Listen der Top 5-Magnetbetriebe, so wurden neben H&M und C&A auch Edeka, Saturn und Media- Markt mehrfach aufgeführt.

Im Vergleich der Bundesländer führt sowohl hinsichtlich der Anzahl als auch der Fläche Nordrhein-Westfalen mit jeweils rund 17 Prozent die Liste an. Im letzten Jahr kamen mit den neuen Centern in Hagen, Recklinghausen und Dinslaken drei weitere Standorte hinzu. Durch ebenfalls drei neue Standorte wuchs auch der Prozentanteil für Baden-Württemberg auffällig. Neben den beiden neuen Center-Immobilien in Berlin erhält schließlich auch das Bundesland Schleswig-Holstein mit dem Luv Shopping in Lübeck ein weiteres Shoppingcenter. Wenn alles plangerecht verläuft, wird sich die Zahl der Shoppingcenter bis zum Ende des laufenden Jahres 2015 um weitere elf Center auf 474 erhöhen, die Gesamtfläche stiege dann um weitere rund 323.500 qm an. Im Fokus: die flächengrößten Planungen in Mönchengladbach, Aachen, Hanau, Limburg, Kaiserslautern und Neu-Ulm.

Best Practice | Zweitvermarktung

RESTPOSTEN VERKAUFEN

Was machen mit Retouren, Overstock und Refurbished Waren? Zweitvermarktungen bieten Lösungen, um Kosten und Risiken kalkulierbar und gering zu halten.

Text **Ralf Hastedt, Avides Media AG**

Am 13. Juni 2014 ist das Gesetz zur Umsetzung der Verbraucherrechte-Richtlinie in Deutschland in Kraft getreten, das die Rechte der Verbraucher europaweit vereinheitlichen soll. Für Händler und Hersteller ergeben sich dadurch neue Herausforderungen. So dürfen sie etwa die Kosten für Retouren künftig auf die Kunden abwälzen. Doch wollen und können sie das tatsächlich? Welche Auswirkungen auf den Umsatz hätte eine solche Maßnahme? Nach einer aktuellen Bitcom-Studie erwarten Kunden auch weiterhin Gratis-Retouren. Wie würde sich also der Umsatz entwickeln, fielen diese weg? Und was ist mit den vielen Spontankäufern, die aus einer Laune heraus bestellen, weil sie wissen, dass sie im Zweifel die Ware kostenlos zurückgeben können. Der Spontankauf würde nach der Bitcom-Studie durch einen kostenpflichtigen Rückversand extrem gefährdet. Um unkalkulierbare Absatzrisiken zu vermeiden, haben die Großen der Branche schnell angekündigt, auch weiterhin die Kosten für Retouren zu übernehmen. Sie setzen lieber auf Lösungen, die mit einer durchdachten Retouren- oder Overstock-Strategie Kosten minimieren.

Europas führender Zweitvermarkter

Nach einer Studie „Retourenmanagement im Online-Handel" der Universität Regensburg kalkulieren vier von zehn Kunden bereits beim Kauf eine Rücksendung der Ware bewusst ein. Kein Wunder, dass bei stetig wachsendem Internet-Handel das Retourenmanagement zu einer immer drängenderen Herausforderung wird. Avides löst diese Herausforderungen als Europas führender Zweitvermarkter seit über 15 Jahren für seine Kunden. So verfügen wir über mehr als 25.000 qm eigene Lagerfläche und schlagen sortimentsübergreifend jährlich 50.000 Paletten um.

Avides übernimmt die Ware, auf Wunsch auch in Kommission, zu fairen Preisen und vertreibt sie punktgenau – auch unter Berücksichtigung möglicher Restriktionen – online in Eigenregie oder über sein europaweites Händlernetz. Unsere Kunden liquidieren so ihre Posten und minimieren die Kosten des Retourenmanagements. Ein weiterer Vorteil: Die Kosten der Retouren sind sicher kalkulierbar und transparent. So haben die Regensburger Wissen-

Retouren sind im E-Commerce vorprogrammiert: Strategien zur Zweitvermarktung müssen her.

schaftler herausgefunden, dass fast 40 Prozent der Online-Händler die Kosten für ihre Retouren gar nicht kennen. Avides-Kunden können also deutlich besser kalkulieren.

Verlässliches Händlernetz und solide Absatzkanäle

Avides verfügt über Standorte in Großbritannien und Polen sowie über 800 feste Partner in ganz Europa, mit denen wir die Waren genau kanalisieren und in den Markt zurückführen. Wir legen großen Wert auf feste und zuverlässige Partnerschaften, was die persönliche Betreuung unserer einzelnen Händler einschließt. So stellen wir sicher, dass die Ware nur dort landet, wo sie es darf und soll. Gegenüber unseren Kunden sorgen wir für größtmögliche Transparenz. Sie erhalten von uns einen umfassenden Bericht, wohin ihre Waren geliefert wurden. Diese Nachvollziehbarkeit ist insbesondere für Overstock-Ware, bei der häufig regionale Kannibalisierungseffekte verhindert werden sollen, extrem wichtig. Ein gutes Beispiel ist die Modebranche, die bei einer immer höheren Anzahl von Kollektionen pro Jahr sicherstellen muss, dass Overstock-Ware nicht den Absatz neuer Kollektionen beeinträchtigt. Vor diesem Hintergrund wird deutlich, wie wichtig gerade ein internationales Händlernetz wie das von Avides ist. So können nicht nur der Absatz gewährleistet, sondern gleichzeitig unerwünschte Effekte wirksam verhindert werden.

Multichannel-Strategie möglich

Als weitere Vermarktungsoption bieten wir auch den Multichannel-Vertrieb für den B2C-Bereich an. Seit über 15 Jahren vertreibt Avides erfolgreich Waren über Plattformen wie Amazon oder Ebay. Dieses Multichannel Know-how stellen wir auch unseren Kunden zur Verfügung. Je nach Wunsch bauen und betreiben wir für den Kunden eigene Shops oder übernehmen die Ware und vermarkten sie über Avides-Shops. Für individuelle Lösungen sorgen unsere IT-Abteilung und unsere IT-Systeme. Sie schaffen nicht nur –

Schnell rein, schnell wieder raus: das Avides-Lager.

eine passgenaue Schnittstelle zu der IT des Kunden, sondern ermöglichen eine qualitativ hochwertige Sortierung nach genau den Vorgaben unserer Handelspartner.

Flexible IT für die Kunden

Dies betrifft auch die Sortierung wie etwa nach der Qualität der Ware, so dass wir insbesondere im Refurbished-Bereich genau nach Vorgabe beliefern können.

Zahlen und Fakten

- **Internet:** www.avides.com
- **Gründung:** 1997
- **Geschäftsführung:** Ralf Hastedt, Christoph Burmester
- **internationale Niederlassungen:** Polen, Großbritannien
- **Lagerfläche:** 25.000 qm
- **Mitarbeiter:** 170
- **Umsatz:** 65 Mio. Euro

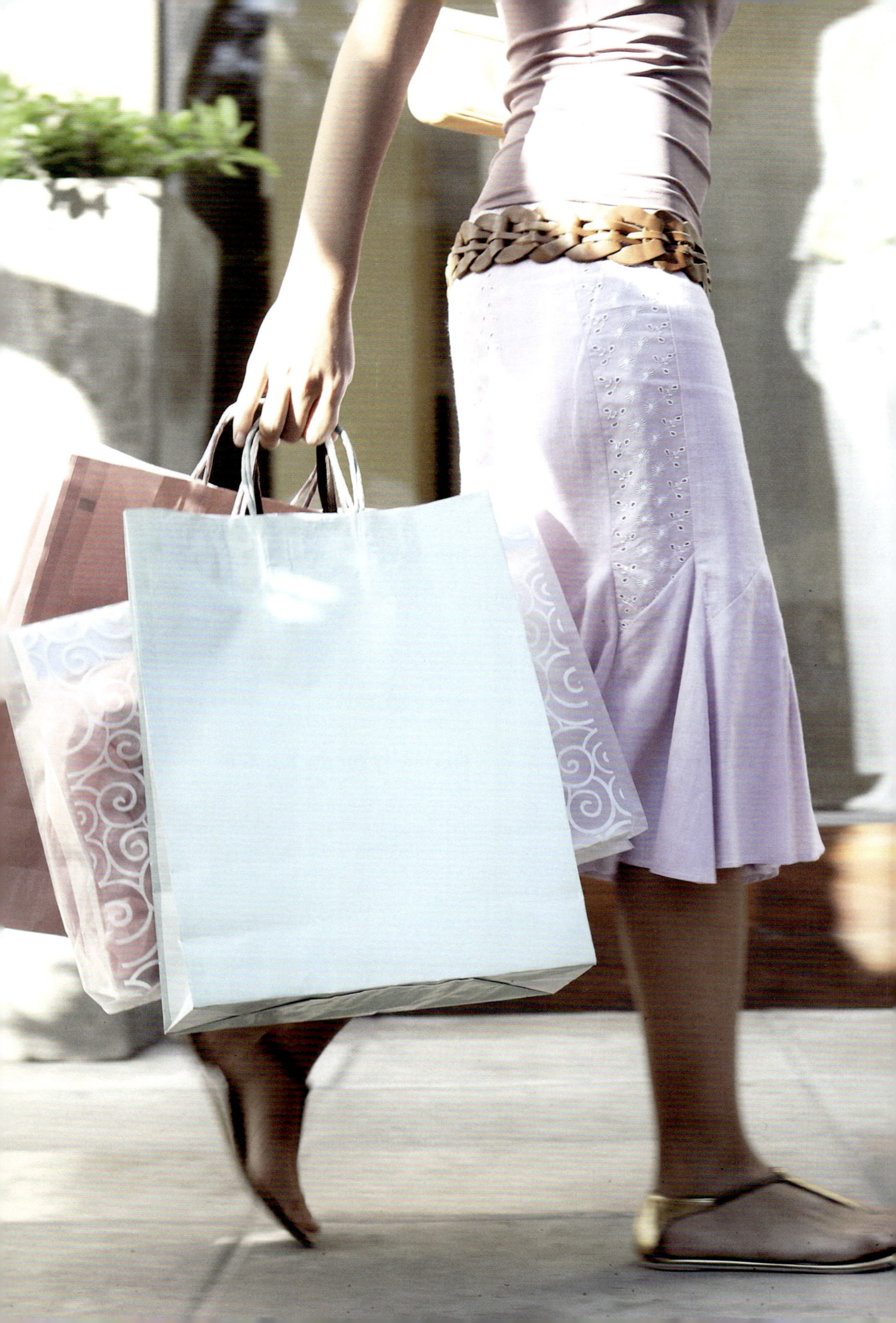

Status quo | **Politik & Konjunktur**

DER KONSUM BOOMT — NOCH

Der Handel profitiert von kräftigen Lohnsteigerungen, niedriger Inflationsrate und fehlenden Anlagealternativen – das Geld wird von den Verbrauchern ausgegeben.

Text **Raimund Diefenbach, BusinessHandel**

Die Wirtschaftsforscher sind sich weitgehend einig: In diesem und dem nächsten Jahr wird sich die deutsche Konjunktur günstig entwickeln. Die Voraussagen für das Bruttoinlandsprodukt (BIP) schwanken von 1,5 bis 2 Prozent Zuwachs. Der Einzelhandel wird davon einen Anteil abbekommen – stationär und online **(Grafik 1)**. Aber es gibt auch Risiken.

Viele Sondereffekte geben der deutschen Wirtschaft derzeit kräftige Impulse. Darunter etwa der deutlich gesunkene Ölpreis und die Abwertung des Euro. Sie sorgen dafür, dass die stark auf den Export ausgerichteten Unternehmen gute Geschäfte machen. Das verursacht einen Anstieg der Beschäftigung und schlägt sich auch in den steigenden Löhnen und Gehältern nieder. Gemeinsam mit einer nach wie vor geringen Inflationsrate profitieren die Verbraucher von einer höheren realen Kaufkraft. Die Deutschen sparen zwar nach wie vor fleißig – aber angesichts der Nullzinspolitik der Europäischen Zentralbank stärker für den Konsum und oft noch kurzfristiger als früher. Das wichtigste Sparziel war laut des Verbands der privaten Bausparkassen im Frühjahr 2015 „Konsum/Anschaffungen" – mit steigender Tendenz. Entsprechend wird der private Konsum nach der Prognose des Kölner Instituts der Deutschen Wirtschaft in diesem Jahr um 2,25 Prozent zulegen – ein Wert, wie es ihn zuletzt Anfang der neunziger Jahre gab. Das bringt insbesondere den deutschen Dienstleistern und auch dem Einzelhandel Vorteile. Dem Einzelhandel allerdings weniger. Denn es wird sich auch in diesem Jahr die Tendenz fortsetzen, dass der Anteil des Einzelhandelsumsatzes am privaten Konsum schrumpft. In den letzten zehn Jahren ist er laut GfK von 29,9 Prozent (2004) auf jetzt 25,5 Prozent gesunken.

Derzeit stabile Lohnentwicklung

Der Konsumfreude insgesamt tut das keinen Abbruch. Und das hat Gründe. Die Tariflöhne in Deutschland sind zu Jahresbeginn kräftig gestiegen. Einschließlich tariflich vereinbarter Sonderzahlungen kletterten die Verdienste im ersten Quartal 2015 um durchschnittlich 2,7 Prozent gegenüber dem Vorjahr, teilte das Statistische Bundesamt mit. Die Verbraucherpreise blieben in diesem Zeitraum nahezu unverändert, so profitieren die Arbeitnehmer von einer stärkeren Kaufkraft. Die Statistiker berücksichtigten auch Sonderzahlungen. Ohne Einmalzahlungen oder tarifliche Nachzahlungen betrug das Plus immer noch 2,4 Prozent, heißt es in der Mitteilung. Allerdings gibt es große Unterschiede zwischen einzelnen Branchen. Am stärksten erhöhten sich die monatlichen Tarifverdienste im Bereich Bergbau und Gewinnung von Steinen und Erden mit 4,9 Prozent. Grund war eine Pauschalzahlung im März im Steinkohlebergbau. Im Gastgewerbe (plus 3,4 Prozent) wirkte sich den Angaben zufolge in den unteren Verdienstgruppen die Einführung des Mindestlohnes von 8,50

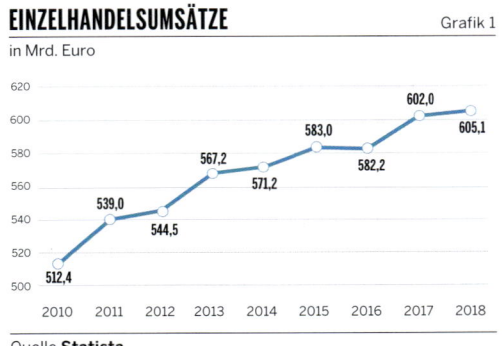

EINZELHANDELSUMSÄTZE — Grafik 1
in Mrd. Euro

Jahr	Umsatz
2010	512,4
2011	539,0
2012	544,5
2013	567,2
2014	571,2
2015	583,0
2016	582,2
2017	602,0
2018	605,1

Quelle **Statista**

Politik & Konjunktur | Status quo

Euro zu Jahresbeginn aus. Deutlich geringer stiegen die Tariflöhne laut Statistik im Einzelhandel – dort erhöhten sie sich lediglich um 0,5 Prozent. Am geringsten fiel das Plus in der Luftfahrt sowie im Grundstücks- und Wohnungswesen aus (jeweils plus 0,4 Prozent). Was sich in den Geldbörsen der Arbeitnehmer erhöht hat, kann nicht real eins zu eins umgesetzt werden. Denn die Verbraucherpreise in Deutschland lagen im Mai 2015 um 0,7 Euro höher als im Mai 2014. Die Inflationsrate – gemessen am Verbraucherpreisindex – hat sich damit im vierten Monat in Folge erhöht. Im Vergleich zum April 2015 stieg der Verbraucherpreisindex im Mai 2015 leicht um 0,1 Prozent. Das Statistische Bundesamt bestätigt damit seine vorläufigen Gesamtergebnisse vom 1. Juni 2015. Die Preise für Nahrungsmittel erhöhten sich im Mai 2015 gegenüber dem Vorjahresmonat um 1,4 Prozent und wirkten damit preistreibend auf die Gesamtteuerung. Unter den Nahrungsmitteln wurden vor allem Gemüse plus 9,0 Prozent) und Obst (plus 5,6 Prozent) teurer. Auch für Süßwaren (plus 3,5 Prozent), Fisch und Fischwaren (plus 2 Prozent) sowie Brot und Getreideerzeugnisse (plus 1,4 Prozent) zogen die Preise an. Günstiger waren Molkereiprodukte (minus 4,8 Prozent), Speisefette und Speiseöle (minus 4,2 Prozent).

Differenzierte Preisentwicklung

Die Preise für Waren insgesamt sanken im Mai 2015 im Vergleich zum Mai 2014 um 0,3 Prozent. Neben Energieprodukten verbilligten sich auch Geräte der Unterhaltungselektronik (minus 5,4 Prozent) und Informationsverarbeitungsgeräte (minus 3,2 Prozent). Neben Nahrungsmitteln verteuerten sich auch einige andere Waren z. B. Kaffee, Tee, Kakao (plus 11,3 Pro-

HDE sieht Mittelständler unter Druck

Als verhalten positiv beschrieb Stefan Genth, Hauptgeschäftsführer des Handelsverbandes Deutschland, HDE, die aktuelle Stimmung im deutschen Einzelhandel. Grundlage dafür ist die nun vorliegende Frühjahresumfrage des Verbandes unter rund 1.000 Händlern aller Branchen, Größenklassen und Standorte. Bei anhaltend guter Verbraucherstimmung rechnet der HDE trotz eines guten Starts ins Jahr nur mit einem moderaten Umsatzplus von 1,5 Prozent für 2015. Das entspricht preisbereinigt einem Plus von rund 1 Prozent. Damit blieben die Umsätze unter dem Niveau des Jahres 2000. Grund dafür ist vor allem, dass die Deutschen angesichts niedriger Zinsen immer mehr für hochwertige Konsumgüter wie Fahrzeuge oder Immobilien ausgeben, so Genth. Zudem belasten die Arbeitsmarkt- und Sozialpolitik sowie geplante Änderungen bei der Erbschaftssteuer den Mittelstand. So gaben die befragten Händler diese Belastungen als Top-Themen des Einzelhandels für das laufende Jahr an, noch vor den Themen Online-Handel und Attraktivitätsverlust Innenstadt. Der HDE prognostiziert für den Online-Handel ein Umsatzplus von 12 Prozent. Bei den Multichannel-Händlern rechnen laut Umfrage sogar zwei Drittel mit einem Umsatz über dem Vorjahr. Der Anteil des Einzelhandelsumsatzes am privaten Konsum war zwischen 2000 und 2014 um knapp 7 Prozentpunkte gesunken. „Viele Betriebe stehen zudem angesichts des Investitionsbedarfs als Folge der Digitalisierung vor großen Herausforderungen", so HDE-Chef Stefan Genth. Das könne zu Geschäftsaufgaben im Mittelstand und zum Arbeitsplatzabbau bei Großbetrieben führen. Betroffen wären davon 30.000 Arbeitsplätze.

zent), Zeitungen und Zeitschriften (plus 5,9 Prozent) sowie Tabakwaren (plus 3,6 Prozent).

Dennoch: Durch die Lohn- und Gehaltszuwächse und die damit erhöhte Konsumstimmung hat der Einzelhandel in diesem Jahr einen guten Start hingelegt. Die Branche geht auch von einer weiterhin positiven Entwicklung aus **(Grafik 2)**. Davon profitieren vor allem die Unternehmen, die nicht nur stationär aktiv sind, sondern auch die Möglichkeiten des Online-Shoppings nutzen. Demnach wird der Einzelhandel in Deutschland im Jahr 2015 mit E-Commerce 43,6 Mrd. Euro erwirtschaften, ein Plus von rund 12 Prozent. So ist der Anteil der Unternehmen, die steigende Auftragseingänge und höhere Umsätze erwarten, bei den interaktiven Händlern etwa doppelt so hoch wie der entsprechende Wert in der gesamtwirtschaftlichen Betrachtung. Obwohl die Konjunkturdelle 2014 an einer umsatzstarken Branche wie dem interaktiven Handel nicht spurlos vorbeigegangenen ist, so hält der langfristige Wachstumstrend dennoch an. Da kann der stationäre Einzelhandel bei Weitem nicht mithalten. Das nominale Wachstum in diesem Bereich wird sich bei etwa 1,5 Prozent einpendeln. Preisbereinigt sind das rund 1 Prozent – also deutlich unter dem Wachstum der gesamten Wirtschaft. Online-Händler werden vor allem mittelgroßen Städten mit wenig attraktivem Handelsangebot, schwacher Kaufkraft und einer attraktiven Nachbarstadt kräftig zusetzen. In einer Untersuchung von Jörg Funder, Handelsprofessor an der Hochschule Worms, wurden 585 Städte mit Einwohnern zwischen 20.000 und 100.000 auf ihre Kaufkraft- und Bevölkerungsentwicklung sowie die Stärke des örtlichen Handels geprüft. Dabei wurden die 25 Städte ermittelt, die besonders schlecht auf die Internet-Konkurrenz vorbereitet sind – und die 25 Städte, die vergleichsweise gut gerüstet sind. Auffallend: Unter diesen sind besonders viele im Osten und der Mitte Deutschlands. Durch den wachsenden Online-Handel und ohne Gegenmaßnahmen könnte die Zahl der Leerstände und Geschäftsaufgaben hier in den nächsten Jahren deutlich steigen. Rund um Berlin und in einem schmalen Streifen von Südhessen bis Baden-Württemberg liegen die 25 Städte, die mit Wachstum und zusätzlichen Handelsansiedlungen punkten und so gute Perspektiven haben.

Privater Konsum erfreulich

Dessen ungeachtet hat sich der private Konsum insgesamt in dieser Zeit kräftig entwickelt. Ob sich diese gute Lage im kommenden Jahr hält, ist noch offen. Zumindest real dürfte sie sich wegen der weiterhin zu erwartenden Preissteigerungen abschwächen. Das liegt vor allem an dem Sondereffekt des Mindestlohns, der sich schon in diesem Jahr stark auswirkt. Er sorgt dafür, dass sich der Lohnanstieg wieder beschleunigen wird. In der Prognose werden sich die Zuwächse der Effektivverdienste in einem

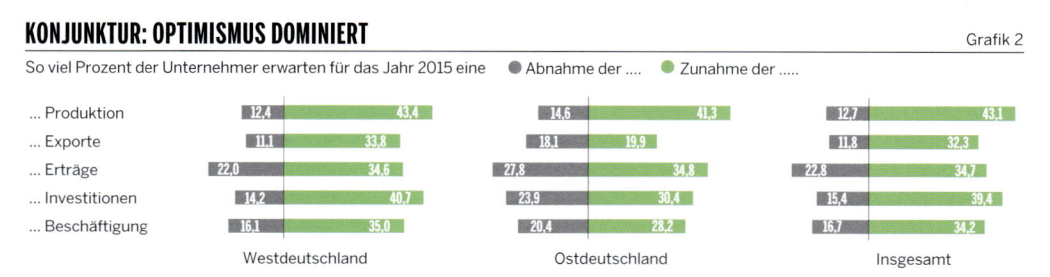

KONJUNKTUR: OPTIMISMUS DOMINIERT

Grafik 2

So viel Prozent der Unternehmer erwarten für das Jahr 2015 eine ● Abnahme der .... ● Zunahme der .....

	Westdeutschland		Ostdeutschland		Insgesamt	
... Produktion	12,4	43,4	14,6	41,3	12,7	43,1
... Exporte	11,1	33,8	18,1	19,9	11,8	32,3
... Erträge	22,0	34,6	27,8	34,8	22,8	34,7
... Investitionen	14,2	40,7	23,9	30,4	15,4	39,4
... Beschäftigung	16,1	35,0	20,4	28,2	16,7	34,2

Quelle **Institut der deutschen Wirtschaft Köln**

Politik & Konjunktur | Status quo

AUF 3 PROZENT DÜRFTE SICH DIE TEUERUNGSRATE FÜR PRIVATE VERBRAUCHER EINPENDELN.

Bereich bewegen, den es lange nicht mehr gegeben hat. Gleichzeitig wird die Inflationsrate deutlich nach oben gehen. Das wird im Euroraum insbesondere ein deutsches Problem sein. Da die Europäische Zentralbank wegen der Schwäche anderer Staaten weiterhin auf billiges Geld setzen muss, kann sich die Inflation in Deutschland ungehindert entwickeln. Die Teuerungsrate für die privaten Verbraucher dürfte sich in absehbarer Zeit der 3-Prozent-Marke nähern. Allerdings muss auch klar sein, dass es sich nur schätzen lässt, wie sich die wirtschaftliche Entwicklung in den nächsten Jahren darstellt. Die Vorhersagen für das Wirtschaftswachstum 2016 schwanken unter den verschiedenen Institutionen wie Bundesregierung, Bundesbank, OECD oder den diversen Wirtschaftsinstituten erheblich. Während der Internationale Währungsfond für Deutschland einen Zuwachs von 1,5 Prozent des BIP prognostiziert, sind die EU-Kommission und das Kieler Institut für Weltwirtschaft mit 2 Prozent erheblich optimistischer. Die OECD sagt sogar ein Wachstum von 2,2 Prozent voraus.

Geht's weiter aufwärts?

Ab dem kommenden Jahr prognostizieren die Forscher, dass die Produktionskapazitäten weitgehend ausgelastet sein werden. Der weiterhin kräftige Aufschwung sorgt indes dafür, dass das Bruttoinlandsprodukt stärker steigt als die Kapazitäten – eine Lücke, die sich voraussichtlich weiter öffnet. Nach Ansicht des Kieler Instituts für Weltwirtschaft wird sich das Wachstum des BIP erst ab 2019 spürbar verlangsamen, die Produktionslücke erreicht bis dahin ihr

---

Bester Laune: die Verbraucher auf Einkaufstour

Die Verbraucher in Deutschland sind bester Stimmung. Zuletzt war dies im im Herbst 2001 der Fall. **„Der Optimismus der Verbraucher nimmt auch im März weiter zu. Alle wesentlichen Stimmungsindikatoren, die für das Konsumklima verantwortlich sind, haben auf ihrem ohnehin hohen Niveau erneut zugelegt",** sagte Rolf Bürkl vom Marktforschungsunternehmen GfK in Nürnberg. „Das führt dazu, dass der Konsumklimaindikator für April einen Wert von 10 Punkten misst, nach 9,7 Zählern im März." Das Tauziehen um den Verbleib Griechenlands in der Euro-Zone lässt die Verbraucher bislang unbeeindruckt, wie die GfK mitteilt. **„Gestützt auf einen schwachen Euro, der die Exporte stimuliert, sowie niedrige Energiekosten sehen die Konsumenten die deutsche Wirtschaft klar im Aufwärtstrend",** erläuterten die Experten. Entsprechend stiegen die Konjunkturerwartungen im März zum vierten Mal in Folge an. Auch die Einkommenserwartungen legten vor dem Hintergrund wachsender Beschäftigung, guter Tarifabschlüsse und einer schwachen Inflation erneut auf ohnehin sehr hohem Niveau zu. Das Geld, das zusätzlich ins Portemonnaie fließt, geben die Konsumenten derzeit gerne aus: **Die Anschaffungsneigung liegt nur knapp unter ihrem historischen Höchststand.**

Status quo | **Politik & Konjunktur**

Lieber shoppen als sparen: Die Nullzinspolitik der Banken veranlasst die Konsumenten zum Geldausgeben.

höchstes Niveau seit der Wiedervereinigung. Ein Mehr an Wachstum der Produktionsmöglichkeiten wird durch den Faktor Arbeit begrenzt. Die schrumpfende Erwerbsbevölkerung sowie die sinkende Arbeitszeit je Beschäftigtem – bedingt durch mehr Teilzeitarbeit – werden dafür sorgen, dass der Zuwachs des potenziellen Arbeitsvolumens endet – trotz Zuwanderung. Langfristig führt der demografische Wandel zu einem Rückgang des Arbeitsvolumens. In diesem Jahr wird das Beschäftigungsplus nach der Prognose des Instituts der Deutschen Wirtschaft gut 0,75 Prozent betragen, im nächsten Jahr aber wohl nur noch 0,5 Prozent. Für den Einzelhandel wird die Wirtschaftslage insgesamt durchaus positive Effekte haben. Die Anspannung am Arbeitsmarkt dürfte sich in steigenden Löhnen und Gehältern niederschlagen, die Beschäftigung weiter steigen. Allerdings muss sich der Einzelhandel die steigende Kaufkraft der Konsumenten mit anderen Branchen teilen. Viele Verbraucher nutzen die historisch niedrigen Zinsen dazu, in langlebige Wirtschaftsgüter zu investieren, insbesondere Immobilien oder Fahrzeuge. Ebenso steigen die Kosten für Energie und Gesundheitsvorsorge. Für die nächsten Jahre wird eine kräftige Erhöhung der Krankenkassenbeiträge erwartet. Angesichts der demografischen Entwicklung ist auch mit steigenden Pflegekosten und Rentenversicherungsbeiträgen zu rechnen. Damit bleibt der Spielraum für wirklich starke Impulse für die Einzelhandelskonjunktur begrenzt.

Politik & Konjunktur | E-Commerce

FESTE GRÖSSE

Online- und klassischer Versandhandel haben sich etabliert. Die beliebteste Warengruppe nach wie vor: Bekleidung.

Text **Andrea Kurtz, BusinessHandel**

Der Interaktive Handel hat sich als wesentlicher Teil des Einzelhandels etabliert und ist damit auch für konjunkturelle Schwankungen anfällig", so das ehrliche Fazit von Gero Furchheim, dem Präsidenten des Bundesverbands e-Commerce und Versandhandel (bevh). „Dass trotz des schwierigen Umfelds im vergangenen Jahr der Online-Handel weiter wachsen konnte, ist aber gleichzeitig ein deutliches Zeichen für das Potenzial der Branche." Ein paar Zahlen dazu: 2014 bestellten deutsche Kunden Waren im Wert von 49 Mrd. Euro im Distanzhandel. Dienstleistungen schlugen mit 11 Mrd. Euro zu Buche. Der Großteil der Bestellungen lief via Internet. Das ergab die groß angelegte Verbraucherstudie des Verbandes, die jetzt zum zweiten Mal vorliegt. Für 2015 sind Furchheim und sein Kollege, Christoph Wenk-Fischer, Hauptgeschäftsführer des bevh, optimistisch. „Die Dynamik bei den aufstrebenden Warengruppen, die Verschiebungen zwischen den Kanälen und nicht zuletzt das gute Weihnachtsgeschäft des vergangenen Jahres zeigen, dass ein weiteres überdurchschnittliches Wachstum möglich ist", erläutert Wenk-Fischer. Auch wenn das Wachstum im vergangenen Jahr im Vergleich zu den Vorjahren erkennbar gebremst war, prognostiziert der bevh für den gesamten Interaktiven Handel ein Plus von 5 Prozent auf 51,6 Mrd. Euro und für den E-Commerce von 12 Prozent auf 46,9 Mrd. Euro in diesem Jahr.

Wichtige Branchenthemen: ElektroG und Payment-Systeme

Weitere Themen für den bevh und seine Mitglieder derzeit: die Rücknahme von Elektroschrott und die Bezahlungsarten im Handel. Aktuelle Ergebnisse der Verbraucherbefragung, die gemeinsam mit der Creditreform Boniversum durchgeführt wurde, belegen: Kunden zahlen bevorzugt über moderne Bezahlsysteme. 39 Prozent der Befragten gaben an, am liebsten via Paypal, Sofortüberweisung.de, Giropay oder Clickand-Buy zu bezahlen. Auf Platz zwei folgt der Rechnungskauf als traditionelle Bezahlform, den wie in der Vorjahresbefragung 29 Prozent der Konsumenten favorisieren. Auch bei den anderen traditionellen Bezahlwege

Fotos DHL/Allyouneed, H&M

Online bestellt, zügig geliefert: vor allem Textilien, Unterhaltungselektronik und Bücher werden im Netz gekauft.

wie Lastschrift (9 Prozent), Kreditkarte (10 Prozent) oder Vorauskasse (7 Prozent) zeigt sich keine oder nur eine geringe Veränderung. „Die weitestgehend stabilen Präferenzen zum Vorjahr zeigen, dass digitale Bezahlverfahren im Shopping-Alltag der Kunden längst angekommen sind und sich immer weiter etablieren. Gleichzeitig ist die Möglichkeit zum Rechnungskauf nach wie vor für viele Kunden ein wesentliches Argument für den Einkauf im Internet", analysiert Wenk-Fischer.

Der Blick auf die verschieden Kundengruppen zeigt, dass Männer am liebsten und mit leicht zunehmender Tendenz (plus 1 Prozentpunkt) die modernen Bezahlungsformen nutzen. So gaben 42 Prozent der männlichen Käufer an, ihren Einkauf im Online- und Versandhandel über Paypal, ClickandBuy etc. abzuschließen. Bei den Frauen favorisieren hingegen rund 36 Prozent die Möglichkeiten der modernen Zahlungsmittel – fast ebenso viele (35 Prozent) bevorzugen den Kauf auf Rechnung. Damit liegt dieser Wert deutlich über dem der männlichen Einkäufer (23 Prozent). Die Beliebtheit der Kreditkarte als Zahlungsmittel gleicht sich hingegen weiter an (Männer: 11 Prozent, Frauen: 9 Prozent). Wenig überraschend: Besonders bei der jüngeren Zielgruppe erfreuen sich die modernen Bezahlsysteme wachsender Beliebtheit. Besonders hoch ist der Anteil mit 49 Prozent bei Schülern und Studenten. Das entspricht einem Anstieg von 14 Prozentpunkten. Bei den Konsumenten in der Altersgruppe ab 40 Jahre zeigt sich hier hingegen eine leicht rückläufige Tendenz. Der Kauf auf Rechnung stieg leicht in der Gunst der über 40-Jährigen (32 Prozent). Bei den 18- bis 39-Jährigen favorisieren hingegen nur 24 Prozent der Befragten diesen Bezahlweg.

Ranking: Textilien, Elektronik, Bücher

Was online gekauft wird: Die mit Abstand beliebteste Warengruppe beim Einkauf im Versandhandel war auch 2014 wieder Bekleidung mit 11,9 Mrd. Euro Umsatz. Auf den Plätzen zwei und drei folgen Unterhaltungselektronik (5 Mrd. Euro) und Bücher (4,1 Mrd. Euro). Gleichzeitig konnten einige bislang wenig versandhandelsaffine Branchen wie Möbel & Dekorationsartikel (2,5 Mrd. Euro) deutliche Umsatzsteigerungen verzeichnen und offenbar immer breitere Konsumentenschichten überzeugen.

Verschiebungen innerhalb der Branche zeigen vor allem, dass die Entwicklung im Hinblick auf Multichannel-Handel und Mobile Commerce weiter Fahrt aufnimmt. Speziell jüngere Käufergruppen kaufen zunehmend über das Smartphone ein. Auch der Kauf von Verbrauchsgütern wie Lebensmitteln via Internet etabliert sich derzeit hauptsächlich bei den 14– bis 39-Jährigen. Gerade bei diesen Trends geht der Verband davon aus, dass die Entwicklung noch lange nicht abgeschlossen und das Wachstumspotenzial nicht ausgeschöpft ist. Mit Blick auf die Versendertypen sind die Multichannel-Händler, die den Kunden auf mehreren Kanälen ansprechen und erreichen, die klaren Gewinner. Die Online-Marktplätze hingegen mussten einen Umsatzrückgang verbuchen.

Fakten, Fakten, Fakten

- Der Umsatz mit Waren betrug im Online- und klassischen Versandhandel im vergangenen Jahr **49,1 Mrd. Euro**.
- Davon entfallen **41,9 Mrd. Euro** auf den E-Commerce.
- Dieser hat somit einen Anteil von gut **85 Prozent** am Gesamtumsatz der Branche des Interaktiven Handels.
- Im vorangegangenen Jahr (2013) lag dieser Wert noch bei **81 Prozent**.
- Damit wuchs der Onlinehandel mit Waren im Jahr 2014 **um 7 Prozent** – und liegt deutlich über dem Wachstum des gesamten Einzelhandels.
- Für digitale Güter und Dienstleistungen gaben die Konsumenten knapp **11 Mrd. Euro** aus.
- Hierzu zählen unter anderem Reise- und Ticketbuchungen sowie Downloads.

Politik & Konjunktur | Mittelstandspolitik

FAKTEN UND FORDERUNGEN

Kleine und mittlere Unternehmen leisten sehr viel für die deutsche Volkswirtschaft. Doch das schützt sie leider auch nicht vor politischen Benachteiligungen.

Text **Michaela Helmrich, Der Mittelstandsverbund – ZGV**

Kleine und mittlere Unternehmen steuern einen Großteil der Wertschöpfung in Deutschland. Allein die als Verbundgruppen im Mittelstandsverbund organisierten kooperierenden Mittelständler erwirtschaften einen Umsatz von mehr als 490 Mrd. Euro pro Jahr. Das entspricht etwa 18 Prozent des Bruttoinlandsprodukts. Hinsichtlich der Umsatzzahlen hat selbst die Automobilwirtschaft in Deutschland ein weit geringeres Gewicht. Dazu beschäftigen die in Verbundgruppen organisierten 230.000 Handels-, Handwerks- und Dienstleistungsunternehmen über 2,5 Mio. Menschen und bieten 440.000 Ausbildungsplätze.

Diese herausragenden Leistungen schützen mittelständische Unternehmen leider nicht vor politischen Benachteiligungen. „Die Große Koalition hat es nach eineinhalb Jahren bis heute nicht geschafft, wesentliche Belastungen für den Mittelstand abzubauen. Im Gegenteil wurden die Probleme durch Prestigeprojekte – wie die Rente mit 63 oder der gesetzliche Mindestlohn – sogar noch verstärkt", sagt Ludwig Veltmann, Hauptgeschäftsführer des Mittelstandsverbunds, der seinen Sitz in Brüssel, Köln und Berlin hat.

Der Spitzenverband der deutschen Wirtschaft setzt sich in der Berliner und Brüsseler Politik für die Interessen von rund 320 Verbundgruppen ein. Keine leichte Aufgabe. „Denn der Mittelstand ist für die Politik meist nur in Wahlkampfzeiten interessant", kritisiert Veltmann. Nach der Wahl scheine es dann oft so, als trete bei den neuen Regierungen ein kollektiver Gedächtnisschwund auf. Nach dem Motto: Was interessiert mich mein Geschwätz von gestern? „Da bildet die amtierende Bundesregierung leider keine Ausnahme", bedauert der Mittelstandsverbund-Hauptgeschäftsführer.

Erstes Anliegen: Steuergerechtigkeit

Nicht nur durch „Sonderabsprachen" in Luxemburg – mithilfe spezieller Steuersparmodelle werden Deutschland und andere europäische Staaten jährlich um mehrere Milliarden Steuereinnahmen gebracht. Erst nach der sogenannten Luxemburg-Leaks-Affäre ist die EU-Kommission schließlich aktiv geworden. Ob allerdings das jüngste Maßnahmenpaket gegen die Steuerflucht von Konzernen Wirksamkeit entfaltet und Steueroasen stillgelegt werden können, bleibt eher ungewiss. „Die Steuern, die einige Großunternehmen in Deutschland vermeiden, müssen besonders von den mittelständischen Unternehmen zusätzlich aufgebracht werden", sagt Dr. Ludwig Veltmann. Der Spitzenverband begrüßt deswegen den Vorstoß aus Brüssel. Veltmann fordert aber weiteres Tätigwerden der Politik – auch in Berlin. „Es darf nicht sein, dass der deutsche und europäische Mittelstand weiter die Zeche für Steuervermeider zahlt", so Veltmann. Nicht selten geschehe dies sogar in zweifacher Hinsicht: Zum einen müssen die Lasten für die Finanzierung der öffentlichen Infrastruktur, etwa durch höhere Gewerbesteuern, vom lokalen Mittelstand gezahlt werden. Zum anderen könne sich der Steuervermeider im Wettbewerb mit dem ehrlichen Steuerzahler gegenüber seinem Kunden auch noch einen Kostenvorteil und damit einen Wettbewerbsvorteil verschaffen.

Faire Wettbewerbsbedingungen nötig

Großbetriebe können konzernweit mit einheitlichen Preisen agieren. Den innerhalb von vertikalen Vertriebssystemen kooperierenden Mittelständlern ist dagegen eine einheitliche Preisstellung kartellrechtlich untersagt. „Gerade vor dem Hintergrund des wachsenden Online-Handels führt dieses Verbot zu massiven Benachteiligungen im Wettbewerb", kritisiert Veltmann. Die Forderung des Verbands: Um solche Nachteile auszugleichen, ist eine „Waffengleichheit" erforderlich. „Waffengleichheit kann nur hergestellt werden, wenn Unternehmen, die als Verbundgruppe oder unter einer Gruppenmarke online auftreten oder eine Eigenmarke eines Handelsguts oder einer Dienstleistung anbieten, kartellrechtlich wie ein einziger Anbieter behandelt werden", erklärt Veltmann. Nur dann könnten sie einheitliche Preise kommunizieren. Für den Verbraucher hätte dies zudem den Vorteil, dass im zunehmenden Verdrängungswettbewerb nicht nur wenige Player überleben, und damit die Angebotsvielfalt erhalten bleibt.

Bürokratie abbauen

Deutschlands Mittelständler sehen sich immer neuen bürokratischen Hürden gegenüber. Der Mittelstandsverbund hat in einer Umfrage Ende 2014 die zehn größten bürokratischen Belastungen für den Mittelstand erhoben. Darunter finden sich Schmerzpunkte für die Unternehmen, wie die Verkürzung der steuerlichen Aufbewahrungsfrist oder die Vereinfachung von Informations- und Impressumspflichten. „Durch Regelungen, wie dem neuen gesetzlichen Mindestlohn oder der Pflicht zum Energie-Audit, sind in diesem Jahr noch zahlreiche weitere Bürokratiemonster hinzugekommen", erklärt Ludwig Veltmann. Die Position des Verbands ist damit eindeutig erklärt. In der „Agenda Mittelstand" wurden die Forderungen zum Bürokratieabbau formuliert. Am 13. Mai – anlässlich des Berliner Mittelstandsgipfels PEAK – übergab Verbandspräsident Wilfried Hollmann den Forderungskatalog an Bundeswirtschaftsminister Sigmar Gabriel. Die klare Botschaft aller Mittelständler lautet: „Mehr Konsequenz und Entschlossenheit beim Bürokratieabbau!"

Regulierungsmarathon eindämmen

„Alle Arten von Regulierungen des Marktes sowie wachsende Berichts- und Dokumentationspflichten sind für den Mittelstand schwerer erträglich als für Großunternehmen – allein schon wegen der begrenzten Ressourcen", sagt der Mittelstandsverbund-

Im Gespräch mit Bundeswirtschaftsminister Sigmar Gabriel: Wilfried Hollmann (l.) ist Präsident des Mittelstandsverbund – ZGV.

Hauptgeschäftsführer, der seine Mitglieder seit vielen Jahren aus nächster Nähe beobachten kann. „Ein besonders negatives Beispiel für neue Bürokratie sind die mit der Einführung des Mindestlohns verbundenen Dokumentations- und Kontrollpflichten im täglichen Geschäftsverkehr", so Veltmann.

Der Berliner Verband fordert die Politik mit höchstem Nachdruck dazu auf, den Bürokratieabbau voranzutreiben und bei neuen Gesetzesvorhaben darauf zu achten, was diese gerade für mittelständische Unternehmen an zusätzlichem Aufwand bedeuten.

Mit dem sogenannten Bürokratieentlastungsgesetz sei die Große Koalition zwar auf dem richtigen Weg, Veltmann sieht aber großen Nachholbedarf. Denn das Gesetz berücksichtigt keinen der zehn Punkte, die der Verband bei seinen Mitgliedern ermittelt hat. „Damit schaut das Gesetz leider an den Kernbedürfnissen vorbei", kritisiert Veltmann. Sein Zeugnis für die Politik: „Redlich bemüht".

Politik & Konjunktur | Wettbewerbsbeschränkungen

ÄNDERUNGSBEDARF

Was stimmt derzeit? Die Transformation des Handels oder der Mohr hat nun seine Schuldigkeit getan, der Mohr kann gehen.

Text **Oliver Prothmann, BVOH**

Wenn Bill Gates ein nur halb so guter Wahrsager wie Weltkonzernchef gewesen wäre, dann gäbe es heute wohl weder Internet, geschweige denn einen florierenden Online-Handel. Das Internet sei nur ein Hype, sagte der Microsoft-Gründer 1995 in Seattle. Auch in Deutschland scheint es für viele Hersteller nur eine lästige Spielart des Handels zu sein – noch immer. Deuter, Asics, Scout und bis vor einem Jahr auch Sportriese Adidas versuchen auf rechtswidrige Art und Weise den Online-Handel zu beschränken. Bei Bestellungen durch unerwünschte Händler sind dann schon mal Container mit der gewünschten Ware in Rotterdam vom Schiff gefallen. Ware, die der brave Kollege von nebenan, problemlos binnen kürzester Zeit geliefert bekommt. Die Ware würde nicht angemessen präsentiert, die Beratung sei nicht ausreichend und viele Online-Händler würden gar Plagiate verramschen, so heißt es dann von Seiten der Industrie. Das dem nicht so ist, ist mittlerweile auch gerichtsnotorisch. Verschiedene Kammer-, Oberlandes- oder Landgerichte haben in ganz Deutschland eindeutig zugunsten des Online-Handels entschieden.

Gegen Wettbewerbsbeschränkungen

Darüberhinaus brechen die Wächter vom Bundeskartellamt eine Lanze für den Online-Handel. Angestrengte Untersuchungen gegen Adidas und Asics haben zu Teilerfolgen geführt, und zumindest Adidas kommt jetzt ganz gut ohne Händlerbeschränkungen aus. Aber da das Problem in vielen Bereichen und Branchen noch immer virulent ist, ist es ein Thema, das uns beim Bundesverband Onlinehandel (BVOH) sehr stark beschäftigt. Die Folgen von Beschränkungen, gerade für kleine und mittelständische Händler, sind oft verheerend. Unsere Untersuchungen belegen, dass keine geringe Zahl von Händlern mit massiven Umsatzeinbußen, ja sogar von Insolvenz bedroht ist. Doch das wird den Siegeszug des Online-Handels nicht aufhalten. Gut 20 Jahre nach dem Start des Internets in Deutschland ist der Online-Handel aus dem Dornröschen-Schlaf erwacht. Dies ist spätestens daran zu erkennen, dass sich die Politik inzwischen aktiv mit den Rahmenbedingungen für den Online-Handel beschäftigt. Bisher schien es, als werde der Online.Handel als kleiner Bruder des stationären Handels nicht für Ernst genommen.

Phase I: Wahrnehmung

Jetzt wäre die richtige Zeit, sich einmal über den Status quo im Online-Handel Gedanken zu machen. Wo stehen wir denn eigentlich? Ich sehe eine mehrphasige Entwicklung im Handel: Begonnen hat alles damit, dass in den Handel, ein seit Jahrhunderten bestehendes System, ein Neuankömmling eingetreten ist: der Online-Handel. Damit starten wir soziologisch in die erste Phase, die Phase der Wahrnehmung. Nach gut 20 Jahren kann man davon ausgehen, dass diese Phase nahezu abgeschlossen ist. In dieser Zeit wurde der Online-Handel noch beobachtet und belächelt – aber nicht für voll genommen. Wir kennen die Aussprüche, dass das mit dem Internet wieder vorbeigeht – nicht nur Bill Gates hat da voll daneben gelegen. In Sachen Internet-Akzeptanz scheinen die Kunden schneller reagiert zu haben als viele Händler – wie sonst wäre der Siegeszug von Amazon und EBay, wie sonst die über 40 verschiedenen erfolgreichen Online-Marktplätze allein in Deutschland zu erklären.

Phase II: Stationär versus Online

Die zweite Phase ist geprägt durch den Wettbewerb zwischen dem klassischen und dem Online-Handel. Obwohl für mich der Online-Handel immer schon ein Teil des Handels war, sehen viele stationäre Händler in ihm nur einen Gegner, den es zu fürchten und zu

Wettbewerbsbeschränkungen | **Politik & Konjunktur**

bekämpfen gilt. Hier ist auch die Ursache für die Beschränkungen durch die Industrie zu suchen. Natürlich gibt es in Deutschland keine Preisbindung – vom Buchhandel einmal abgesehen. Jeder ordentliche Kaufmann kann seine Preise mit seiner eigenen Handelsspanne kalkulieren. Individuelle Mischkalkulationen können da zu Ergebnissen führen, die mitunter erheblich von der „unverbindlichen Preisempfehlung" des Herstellers abweichen.

Des Kaufmanns unternehmerische Freiheit und des Konsumenten Glück, denn genau dieser Wettbewerb macht die Vielfältigkeit des Handels aus. Allerdings haben einige stationäre Händler in dieser Phase schon begonnen, sich mit einem eigenen Onlineshop ein zweites Standbein aufzubauen. Sich neue Vertriebswege zu suchen, neue Märkte zu erschließen, ist seit Jahrhunderten die Pflicht eines guten Kaufmanns. Und wenn ich mit meinem Ladengeschäft nicht mehr die Umsätze erziele, die es noch vor einigen Jahren zu erzielen gab, dann suche ich mir als findiger Unternehmer eben einen anderen Weg, die Ware an die Frau oder den Mann zu bringen. Nachdem der Kunde über viele Jahre dem Händler hinterhergelaufen und -gefahren ist, etwa bis in die Handelstempel vor den Toren der Stadt, muss der Handel nun sehen, wohin der Kunde läuft. Und da viele Wege direkt ins Internet gehen, muss bzw. sollte der Händler angemessen reagieren. Ob mit einem eigenen Onlineshop oder bei Online-Marktplätzen wie Amazon oder Ebay spielt da keine Rolle.

Phase III: Konflikt

Der unternehmerische Erfolg der Online-Händler führte jedenfalls sehr schnell zur dritten Phase, zum

Die Branche im Wandel: Der interaktive Handel hat die Beziehungen Hersteller – Händler – Kunde verändert.

Konflikt. Dadurch, dass der Handel den Emporkömmling Online-Handel nicht als Wettbewerb sondern vielmehr als Gegner angesehen hat, gab es leider keine Phase der gegenseitigen Verstärkung sondern nur des Konfliktes. In dieser Phase befinden wir uns aktuell. Und spätestens jetzt ruft das etablierte Wertegefüge nach regulatorischer Unterstützung. An allen Ecken spüren wir vom BVOH, wie versucht wird, den Online-Handel in die Schranken zu weisen. Die Opponenten sind klar: die Hersteller und der stationäre Handel, die sowohl medial als auch politisch den Online-Handel als etwas Besonderes darstellen und gesondert reglementiert sehen wollen. Ob Vertriebsbeschränkungen oder das „Gesetz zur Neuordnung des Rechts über das Inverkehrbringen, die Rücknahme und die umweltverträgliche Entsorgung von Elektro- und Elektronikgeräten" (ElektroG), nur zu oft wird versucht, dem Online-Handel Steine in den Weg zu legen. Es geht sogar so weit, dass auf höchster politischer Ebene eine „Dialogplattform Einzelhandel" aufgebaut wird, mit dem ursprünglichen Ziel, den stationären Handel vor dem Online-Handel zu schützen. Schützen? Vor wem oder wovor? Vielmehr ist es häufig doch so, dass sich die vermeintlichen Kontrahenten gegenseitig eher befruchten.

Phase IV: Anpassung

Deshalb wird es über kurz oder lang auch zur vierten Phase, der Anpassung kommen. Natürlich sehen wir bereits heute viele Beispiele erfolgreicher Anpassung. Immer häufiger gehen gerade die Parteien, die teilweise aktiv die Konfliktphase bedienen, intern den Weg in die Digitalisierung und damit in den Online-Handel. Besonders gut ist es bei den Herstellern zu erkennen, die auf der Konfliktebene ihre Fachhändler vom Online-Handel per Vertrag ausschließen wollen, doch selber intensiv in den E-Commerce einsteigen. Auch werden sich die Handelsströme ändern. Die bisherigen mehrstufigen Handelsströme vom Produzenten über den Großhandel zum Einzelhandel werden verschwinden. Der Produzent verkauft selber und der Händler lässt selbst produzieren.

Es wird nicht mehr lange dauern, dann haben wir die abschließende Phase, die Angleichung erreicht. In wenigen Jahren werden wir die Transformation geschafft haben, und der Handel hat sich angeglichen. Beschleunigt werden solche Entwicklungen auch durch Initiativen aus Brüssel. Die Freiheit des Handels war ja einmal die Grundidee der modernen europäischen Einigung von EWG über EG bis hin zur EU. Da verwundert auch nicht die letzte Initiative aus Brüssel zur Durchführung einer Sektoruntersuchung. „Die europäischen Verbraucher stoßen beim grenzüberschreitenden Online-Kauf von Waren und Dienstleistungen auf zu viele Hindernisse, und einige dieser Hindernisse werden von den Unternehmen selbst geschaffen", sagte EU-Wettbewerbskommissarin Margrethe Vestager.

Phase V: Angleichung

Wie bei jeder Transformation gibt es Gewinner und Verlierer. Der Konsument wird gewinnen, denn er findet schneller, einfacher und günstiger die Ware, die er möchte. Aber auch nur so lange, wie es einen freien und beschränkungsfreien Handel gibt. Die große Gefahr ist, dass der Facheinzelhandel als Verlierer das Rennen beendet, denn wenn die Hersteller mit ihrer Kapital- und Marketingmacht selber in den Handel einsteigen, wird der mittelständische Handel keine Überlebenschance haben. Und gerade wir in Deutschland und Europa profitieren davon, dass wir eine heterogene Landschaft im Handel haben, mit der Vielfalt an Fachhändlern.

Um die aktuelle Transformation im Handel erfolgreich abzuschließen, sehe ich insbesondere die Verbund- und Einkaufsgemeinschaften in der Pflicht, eine von der Industrie losgelösten Weg in die digitale Neuordnung zu gehen. Die Hersteller werden die Innovationsbrache in der Verbundlandschaft gnadenlos ausnutzen und das digitale Handelsgeschäft alleine übernehmen und den stationären Handel sich selbst überlassen. Die Industrie glaubt den Fach-Einzelhandel nicht mehr zu benötigen. Der Mohr hat seine Schuldigkeit getan, der Mohr kann gehen. Das ist aber ein Irrglaube! Dafür kämpfen wir im BVOH.

Verkehr | **Politik & Konjunktur**

WENIGER KUNDEN MIT AUTO

Für den Handel steht die Erreichbarkeit mit dem Auto im Fokus – obwohl immer mehr Kunden mit den Öffentlichen fahren.

Text **Markus Wotruba, BBE Handelsberatung**

Jede voll besetzte U-Bahn entspricht rund 950 Fahrgästen, jeder Stadtbus immerhin noch rund 130 Fahrgästen. Ein üblicher PKW dagegen hat Platz für fünf Personen. Im Durchschnitt befördert er sogar nur 1,2 Personen. Gleichzeitig sind die Zuwächse bei öffentlichen Verkehrsmitteln (ÖPNV) in den Städten weitaus höher als die Zunahme des Autoverkehrs **(Grafik 1)**.

Zudem zeigte sich 2008, als die Kraftstoffpreise ein Zwischenhoch erreichten, dass die Kunden auf steigende Mobilitätskosten durchaus mit einer Veränderung im Mobilitätsverhalten reagieren. Trotzdem hat der Einzelhandel in Deutschland vor allem den autofahrenden Kunden im Fokus. Geplante Maßnahmen zur Verkehrsberuhigung, zu Umweltzonen oder Planungen zu Straßenumbauten werden vom Einzelhandel kritisch gesehen. Und obwohl eine immer größer werdende Kundengruppe andere Verkehrsmittel nutzt, fordert stattdessen der Einzelhandel den Ausbau von PKW-Erreichbarkeit und Parkplätzen ein. Während das Auto insgesamt und vor allem im Freizeitverkehr nach wie vor eine wichtige Rolle spielt, werden Einkaufsfahrten zunehmend auf andere Verkehrsmittel verlagert. Zudem verliert das Einkaufen vor Ort generell an Bedeutung und das dafür aufgewendete Zeitbudget sinkt. Das bekommen vor allem die Betreiber von großflächigen Verkaufsflächen in autoorientierten Lagen zu spüren. Das Format des SB-Warenhauses stagniert und Lebensmittelanbieter reagierten bereits, indem sie kleinflächigere Konzepte für die Innenstädte entwickelten. Zudem werden viele Branchen nicht nur vom E-Commerce bedroht, sondern auch von einer Konsumunlust der sogenannten Generation Y. Unter diese Generation fallen – je nach Definition – die zwischen 1977 und 2000 Geborenen. Diese sind in der Regel sharing-affin, d. h. sie teilen statt zu kaufen. Neben Autos werden Bücher, Spielwaren und Jeans geteilt oder sie kaufen secondhand. Einerseits, um nachhaltig zu leben, andererseits wegen des Erlebnisses. Ein eigenes Auto ist bei ihnen kein Prestige-Objekt wie es bei früheren Generationen der Fall war.

Kunden mit Auto geben mehr aus

Zwar gilt nach wie vor, dass der Autokunde einen höheren Umsatz generiert als der Kunde, der mit anderen Verkehrsmitteln anreist, dennoch darf nicht nur die Erreichbarkeit mit dem Auto bei Einzelhändlern im Fokus stehen. Der Kunde, der nicht mit dem Auto kommt, kauft im besten Fall mehrmals ein – vor allem bei Lebensmitteln – und sorgt so für einen höheren Umsatz. Im schlechtesten Fall für den stationären Handel bleibt er zu Hause und bestellt im Internet. Ziel der Einzelhändler muss es also sein, in Zukunft nicht nur bei Planungen mitzureden, die den PKW-Verkehr betreffen, sondern auch bei allen anderen Verkehrsthemen. Die Erreichbarkeit zu Fuß, mit dem Fahrrad und mit Bus oder Bahn ist nämlich ein entscheidender Faktor – zumindest in Städten ab circa 60.000 Einwohnern. Schon 100 m mehr zum nächsten ÖPNV-Anschluss oder eine schlechte Beschilderung können sich negativ auf die Kundenfre-

FAHRGASTZAHLEN IM ÖPNV Grafik 1

Anzahl der Fahrgäste im Liniennahverkehr in Deutschland von 2004 - 2013 (in Milliarden)

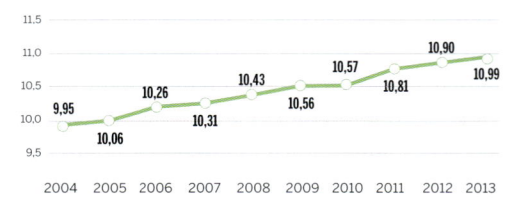

Jahr	Fahrgäste
2004	9,95
2005	10,06
2006	10,26
2007	10,31
2008	10,43
2009	10,56
2010	10,57
2011	10,81
2012	10,90
2013	10,99

Quelle **Statista 2015**

Politik & Konjunktur | Verkehr

Das Einkaufserlebnis für Städter angenehmer machen: Verbreiterung eines Fußweges in München.

quenz auswirken. Während gerade der mittelständische Handel öffentliche Verkehrsmittel nur wenig im Fokus hat, fördern viele Städte das neue Mobilitätsverhalten. München beispielsweise verbreitert die Fußgängerwege und schafft neue Radwege um dem gestiegenen Fußgänger- und Fahrradverkehr gerecht zu werden.

Auch die Immobilienbranche berücksichtigt den neuen Trend. Eine Studie der Catella Real Estate AG hat neue mischgenutzte Projektentwicklungen in Städten von Oldenburg bis Neumarkt in der Oberpfalz untersucht, die auf kurze Wege und urbane Zielgruppen abzielen und den Bedürfnissen der Generation Y entgegenkommen. Selbst Autohersteller stellen sich auf weniger Autobesitzer ein. Sie investieren in verkehrsmittelunabhängige Mobilitätsportale wie Moovel (Mercedes), in Carsharing (Mercedes, BMW, Audi, VW, Renault) und Mobilitätsstationen an Knotenpunkten von U-Bahn oder Tram (BMW zusammen mit der Münchner Verkehrsgesellschaft – MVG). Die Zielgruppe der neuen Angebote sind vor allem jüngere Menschen, denen Forscher und Autokonzerne eine deutlich geringere Autoaffinität zuschreiben – die Kunden der Zukunft also.

Kurze Wege für urbane Zielgruppen

Der Handel im Allgemeinen und Betreiber von Einzelhandelsimmobilien im Speziellen sollten sich schnell auf die neuen Mobilitätsgewohnheiten einstellen. Denn neue Haltestellen und innovative Mobilitätskonzepte verändern die Kundenfrequenzen mittlerweile ebenso stark wie ein neues Parkhaus.

Local Listing | **Politik & Konjunktur**

FINDEN UND KAUFEN

Der Verzahnung von On- und Offline gehört die Zukunft. Local-Shopping-Plattformen wie Locafox zeigen, wie das geht.

Text **Thilo Grösch, Locafox**

Die Digitalisierung der vergangenen Jahre hat viel verändert. Auch die Art, wie wir shoppen: Der Kunde von heute ist wechselhaft, durch das Internet informierter denn je, vergleicht verschiedene Angebote und entscheidet hybrid. Er ist weder nur service- noch nur leistungsorientiert oder nur preissensibel: Der hybride Kunde ist alles – immer, zugleich und überall.

Informationsquelle Internet

Wie wichtig das Internet dabei für die Informationsbeschaffung geworden ist, zeigen verschiedene Studien: Nach aktuellen Zahlen der GfK informieren sich 41 Prozent der Konsumenten online über Produkte, die sie später in einem stationären Geschäft erwerben, und drei von vier Deutschen suchen regelmäßig im Internet nach Informationen zu Geschäften und Dienstleistern in ihrer Stadt; zu diesem Schluss kommt der „Local Listing Report 2015" von 1&1. Eine Google-Studie aus 2014 ergab: Vier von fünf Verbrauchern nutzen Suchmaschinen, um lokale Informationen zu finden. Sie suchen nach Standorten, Öffnungszeiten, Produktverfügbarkeit und Wegbeschreibungen zu Geschäften. Besonders interessant: Jeder zweite Konsument, der eine lokale Suche auf dem Smartphone durchgeführt hat, und jeder dritte Konsument, der auf dem Computer bzw. Tablet gesucht hat, geht anschließend im recherchierten Geschäft vorbei.

Logisch, dass es für Händler deshalb unverzichtbar ist, sich auch im Netz den Konsumenten zu präsentieren. Bisher gab es nur reine E-Commerce-Lösungen. Doch die Zukunft sieht anders aus: „Zunehmend gibt es auch Unternehmen, die Technologien für den standortgebundenen Handel entwickeln und bereitstellen", erklärt Handelsexperte Wolfgang Lux, ehemaliger Top-Manager der Metro-Gruppe. „Local Commerce", also die Digitalisierung des klassischen Ladenkonzepts, ist dabei eine Riesenchance für lokale Geschäfte!" Denn während sich der Handel in den vergangenen Jahren immer mehr nur ins Internet verlagert hat, ohne dabei eine Brücke zwischen Online- und Offline-Welt zu schlagen, schaffen Local-Commerce-Lösungen einen Mehrwert in der Verzahnung. Diesen Ansatz verfolgt auch das Berliner Start-up Locafox: Konsumenten finden auf Locafox Produkte, die sie anschließend bei einem Händler um die Ecke kaufen können. Das ermöglicht Usern, sich über ein gesuchtes Produkt zu informieren, es in einem Geschäft in der Nähe zu finden und über die Seite von Locafox zu reservieren. Gekauft wird vor Ort im Laden. Dort kann das Produkt, wie gewohnt, auch vor dem Kauf noch einmal begutachtet werden.

Der Handel vor Ort kann punkten

Einen eigenen Webshop oder eine Website benötigen lokale Händler nicht, um bei Locafox mitmachen zu können. Auch entfällt das Verpacken oder Versenden von Paketen sowie die Abwicklung von Retouren. Händler müssen für die Teilnahme an der Local-

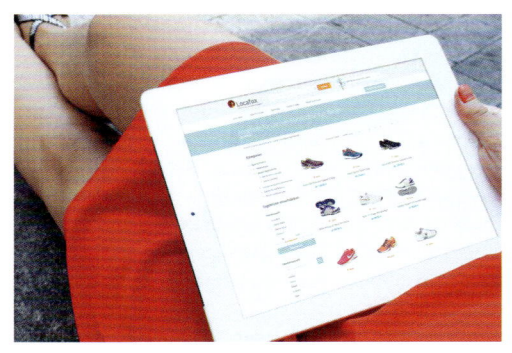

Shoppen heute: im Netz suchen, dann vor Ort kaufen.

Politik & Konjunktur | Local Listing

Shopping-Plattform lediglich eine Voraussetzung erfüllen: Damit Kunden online keine falschen Warenbestände angezeigt werden, wird als Minimalanforderung ein WaWi-Datenexport benötigt, in dem die Bestände des Sortiments tagesaktuell erfasst sind. Je aktueller der Datenfeed, desto geringer das Risiko, einen möglichen Neukunden zu verärgern. Generell gilt es für stationäre Händler zu verstehen, wie mit den neuen Kunden, die über das Internet ins Ladengeschäft kommen, umzugehen ist. Verkauft man ihnen nur das online gefundene Produkt oder nutzt man die Chance zur Kundenbindung und zum Upselling?

Locafox, seit Kurzem auch Fördermitglied des HDE, wird finanziell wie strategisch von Holtzbrinck Ventures, Payback-Gründer Alexander Rittweger, Unternehmer Max Iann und der Deutschen Druck- und Verlagsgesellschaft (ddvg) unterstützt. Mittlerweile arbeiten knapp 50 Mitarbeiter aus mehr als 15 Nationen im Locafox-Office in Berlin-Kreuzberg daran, die Idee einer Cross-Channel-Plattform umzusetzen. „Ein langfristiger Prozess", wie CEO Karl Josef Seilern betont, „so etwas aufzubauen, braucht natürlich seine Zeit. Der Einzelhandel befindet sich mitten im Paradigmenwechsel." Ist jetzt dennoch die Zeit, eine Plattform wie Locafox auf dem Markt zu etablieren? „Ganz klar: Ja!", sagt Seilern. „Händler, die jetzt teilnehmen, verschaffen sich einen Vorsprung und können als 'First-Mover' sofort profitieren." Für andere Händler gehe es darum, im ersten Schritt die technischen Voraussetzungen und damit die Grundlagen für eine verzahnte Zukunft zu schaffen. Locafox bietet Händlern ohne digitale Warenwirtschaft in Kooperation mit verschiedenen Kassen- und WaWi-Herstellern eine kostengünstige Paket-Lösung an, die es Händlern ermöglicht, sofort nach der Einrichtung auch ihre aktuellen Warenbestände digital zu verwalten – und so auch auf Locafox sichtbar zu machen.

Status quo im Handel: „Die Zukunft beginnt jetzt!"

„Die Strukturen des Handels haben sich durch die Digitalisierung und technologische Neuerungen nachhaltig verändert. So können Waren und Preise heute ohne Probleme im Internet verglichen werden. Bisher haben davon nur die Onliner profitiert – der lokale Handel hat nun die Möglichkeit, das daraus resultierende Potenzial für sich zu nutzen. Es geht bei der Verzahnung von Online- und Offline-Handel nicht mehr um das „Ob", sondern um das „Wie". Wir glauben, mit Locafox eine Lösung entwickelt zu haben, die langfristig Händler auf der einen Seite und Kundenbedürfnisse auf der anderen Seite bedient. Doch der Ball liegt nicht nur bei den Anbietern und den Händlern; auch die Städte und die Politik müssen ihren Teil dazu beitragen, den Handel vor Ort zu erhalten und zu unterstützen. Hier geht es um Themen wie Ladenmieten, Reformen im Bau- und Steuerrecht, um den Händlern Investitionen zu erleichtern, oder auch Debatten wie flexiblere Öffnungszeiten. Es ist der Handel in einer Stadt, der das urbane Leben maßgeblich mit prägt. Eine Innenstadt ohne Geschäfte ist tot. Die Kundschaft stimme mit den Füßen ab, fasste Thomas Kunz, Hauptgeschäftsführer des Handelsverbandes Ostwestfalen-Lippe, das Thema vor Kurzem im Interview zusammen. Besser kann man es nicht formulieren. Lassen Sie uns also die Fußgängerzone um die digitale Straße erweitern – damit die analoge Fußgängerzone auch in Zukunft bunt und voller Leben ist."

Karl Josef Seilern, CEO und Gründer von Locafox

Fotos **Locafox**

HELIA – erlebe die Zukunft

HELIA Ladenbau GmbH
In der Au 8
D-77704 Oberkirch-Nußbach
Tel. +49 (0) 7805 / 918 98-0
www.helia-ladenbau.com

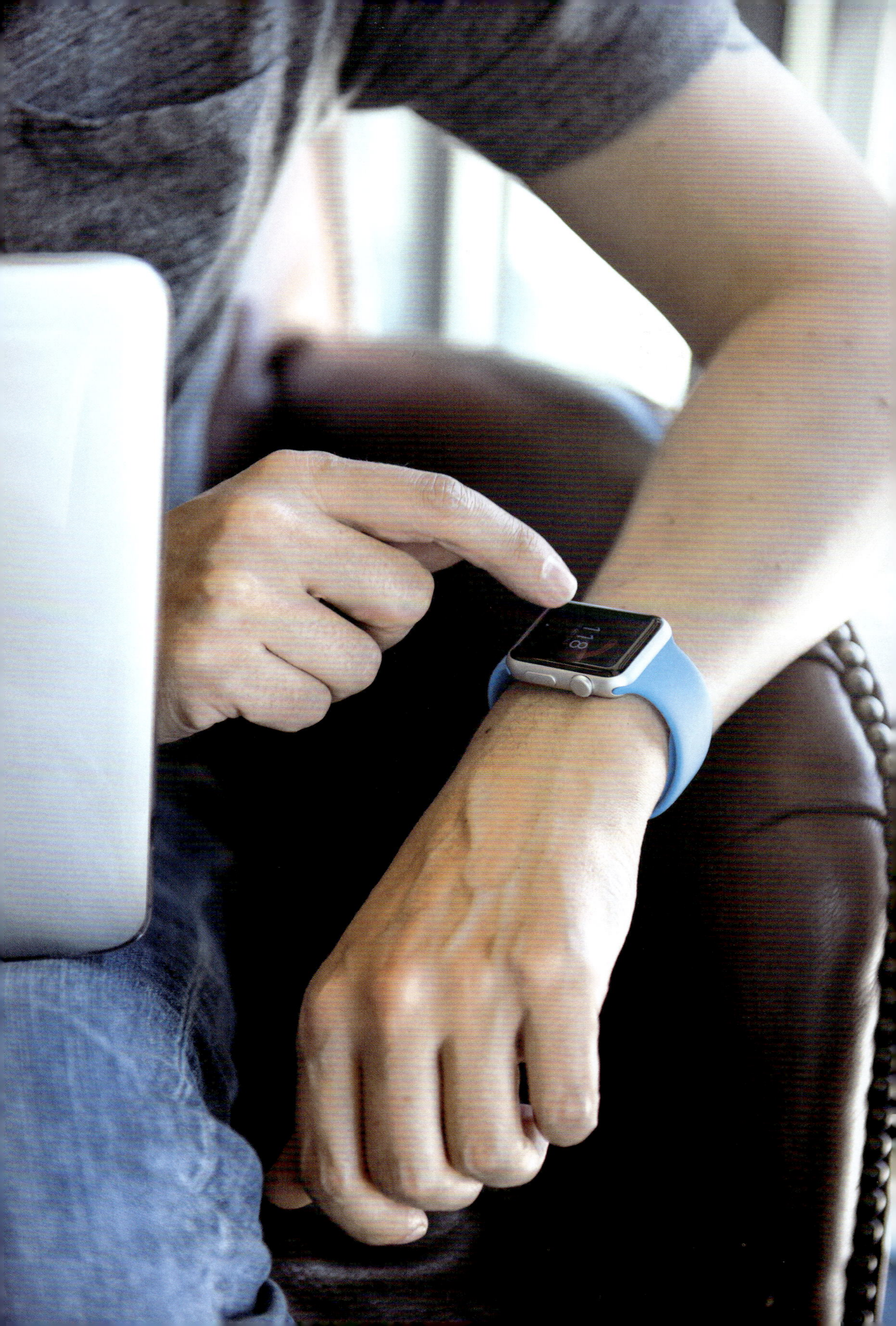

ALLES DIGITALISIERT SICH

Digitalisierung durchdringt mittlerweile alle Bereiche des Lebens. Die Herausforderung für den Handel ist es, Schritt zu halten.

Text **Andreas Kaapke, Duale Hochschule Baden-Württemberg**

Die Veränderungen, die auf den Einzelhandel in den letzten Jahren hereingebrochen sind, sind gewaltig und hören nicht auf. Im Gegenteil: Sie werden komplexer und tragen eine Dynamik in sich, die dem Handel alles abverlangt. Vor allem die Digitalisierung des Lebens schreitet extrem voran. Die dafür von den Bürgern gekauften Geräte können mittlerweile so viel, dass sie das Leben Vieler dominieren. Und wer das Wetter, die Bahnverspätung oder auch den neuesten Klatsch via Smartphone recherchiert, nutzt sein Gerät auch für alle anderen Gelegenheiten – auch für den Einkauf. Konnte man zu Beginn des E-Commerce noch den Eindruck gewinnen, Internet hieße einfach, einen Onlineshop vorzuhalten, hat sich dieses Bild massiv gedreht. Nein, heute muss man die sozialen Medien in erster Linie füttern, damit man überhaupt in die Suchfilter hinein kommt.

Ersetzt diese Entwicklung den stationären Handel? Mitnichten! Sie ergänzt ihn und macht ihn unter Umständen für Viele auffindbar, erlebbar und mitunter attraktiv. Die Schwierigkeit für den stationären Händler besteht eher darin, mit diesen technischen Errungenschaften Schritt zu halten. Denn jeden Tag wird eine „neue technische Sau durchs Dorf getrieben". Hier abzuschätzen, was Trend ist und was Spielerei, einzuordnen, wo sich die Investition lohnt und wo es vermutlich eher schief geht, setzt nicht nur einen hohen Zeiteinsatz voraus, sondern auch ein Gespür für technische Details. Vielleicht muss man dies jungen Mitarbeitern überlassen, die eine Art Entscheidung für die Chefs vorbereiten. Viel dramatischer aber als den Fokus auf die Technik zu legen, sind die Veränderungen, die der Konsument erfährt. Durch eine verändertes Nutzung von Medien und ein verändertes Informationsverhalten ändert sich auch das Konsumverhalten signifikant. Dies ist aber nicht nur von Individuum zu Individuum verschieden, der einzelne Verbraucher selbst verhält sich extrem unterschiedlich. Die alten Denkmuster sind nur noch eingeschränkt anwendbar. Oft ändert sich der neuerdings als Customer Journey bezeichnete Weg von der ersten Überlegung für eine Anschaffung bis hin zum Kauf und zur Nachkaufbearbeitung. Hier differenzieren sich die Kaufmuster der Konsumenten extrem aus. Für den Einzelhändler führt dies zu einer intensiveren Auseinandersetzung mit diesen Phänomenen, was zeit- und kostenaufwendig werden kann.

Auf der Mitarbeiterseite erleben wir eine ähnliche Trendwende. Die sogenannte Generation Y rückt nach, die andere Anforderungen an das Leben hat. Und dies in Zeiten, in denen durch den demografischen Wandel das Volumen an Nachwuchskräften deutlich kleiner wird und der Handel trotz aller Imagebemühungen noch immer nicht den besten Ruf als Arbeitgeber genießt. Mag der Ruf schlechter sein als die Realität und der Einbruch an Nachwuchskräften noch nicht verheerend, der Handel wird sich darauf einstellen müssen. Zudem soll sich der stationäre Handel gegenüber dem Internet ja durch seine motivierten und kompetenten Mitarbeiter profilieren. Und die langen Öffnungszeiten machen das Arbeiten zumindest im Verkauf nicht für alle attraktiver. Mögen manche diese Flexibilität besonders und lässt sich dies mit familiären Verpflichtungen gut verbinden, finden sich genauso viele, die diese Anstrengung als zu hoch empfinden und sich für den Einzelhandel als Arbeitgeber nur bedingt interessieren. Work-Life-Balance lautet das Gebot der Stunde. Viele wollen nicht ewig „knechten", wollen verlässliche Arbeitszeiten, um am sozialen Leben teilnehmen zu können, wollen berufliche Perspektiven und Weiterbildungsmöglichkeiten, wollen eine ansprechende Vergütung. Dies bei zunehmend unter Druck geratenen Margen zu bewerkstelligen, wird eine weitere Herausforderung vor allem für den stationären Handel. Denn dort soll ja, wie oben beschrieben, als großer Unterschied zum Internet der Mensch fungieren, als kompetenter Berater, Sinnstifter, Ansprechpartner, als Anlaufstation für große und kleinere Sorgen. Das setzt motivierte,

Markt | Generation Y

mit diesem „Gen" ausgestattete junge Menschen voraus, die das Verkaufen als Berufung verstehen. Hier sind Beteiligungsmodelle an den Unternehmen ebenso zu überdenken wie flexible Arbeitszeitmodelle und Weiterbildungschancen.

Lange galt für den stationären Handel der Standort als das zentrale absatzpolitische Instrument. Dies gilt seit dem Internet-Durchbruch mehr denn je. Gesehen und wahrgenommen werden, spielt eine große Rolle, ebenso die Erreichbarkeit und eine gute Warenverfügbarkeit. Konnte man lange Zeit an einem nicht optimalen Standort ganz gut existieren, geht diesen Standorten zusehends die Luft aus. Standortanalysen werden wichtiger denn je. Und manchmal müssen auch unliebsame Entscheidungen getroffen werden. Lieber einen halbtoten Standort aufgeben und frühzeitig einen neuen aufbauen, als Geld zu verbrennen, mit dem Standort unterzugehen und dann zu hoffen, dass noch genügend Substanz und Motivation da sind, um neu anzufangen. Der stationäre Handel braucht demnach vier K's: **Kreativität**, sich den neuen Herausforderungen zu stellen und mit unkonventionellen, überraschenden Lösungen darauf zu reagieren. **Konsequenz**, Dinge anzugehen, eingeschlagene Wege durchzuhalten, zu Entscheidungen zu stehen und nicht zu schnell umzufallen. **Kommunikationsfähigkeit,** über Bewährtes und Neues zu sprechen, die neuen Medien zu nutzen, den offenen, konstruktiven Umgang mit Kunden und solchen, die es werden könnten anzugehen. Und last but not least: **das Konzept**. Viele Händler arbeiten nach wie vor aus dem Bauch und denken, dass das reicht. Das reicht nicht. Was ist mein Konzept (Ziele, Strategie, Maßnahmen, Budget, Zielgruppen usw.)? Das muss nicht nur laufend gefragt, sondern permanent überprüft und stimmig beantwortet werden. Wer diese K's beherzigt, hat gute Chancen am Markt, auch bei sich ändernden Rahmenbedingungen und neuen technischen Anforderungen. Wer dies nicht mitgeht, wird über kurz oder lang aufgeben müssen. Auf einer Einzelhändlertagung rief ein Teilnehmer nach den Vorträgen zur Digitalisierung: „Vergesst den kleinen, inhabergeführten Handel nicht!" Man war geneigt zurückzurufen: „Mach' dich und deinen Laden unvergessen, dann vergisst dich auch keiner!"

Achtung, Handel! Weckruf für das „Internet der Dinge"

Der Kühlschrank, der selbstständig Milch bestellt, ist auch nach 15 Jahren immer noch Science Fiction. Nichts desto trotz geht das, wofür dieses Bild steht voran: die Vernetzung von Geräten. IDG prognostiziert dem Markt für Internet der Dinge (IoT) bereits 2015 ein Wachstum von 19 Prozent. 60 Prozent der befragten Einzelhändler gaben an, IoT-basierte Initiativen aktiv voranzutreiben. Das zeigt: IoT ist keine Zukunftsmusik, sondern nicht zuletzt durch Apple Watch oder iBeacon schon zum Greifen nahe. Dabei tun sich viele Händler noch mit ihren ersten Schritten in Richtung Omnichannel schwer. Es ist zwar verständlich, dass sie angesichts der Explosion möglicher Touchpoints durch IoT in Schockstarre verfallen. Doch damit wiederholen sie den Fehler, sich vor der zunehmenden Digitalisierung zu verschließen. Fakt ist: Niemand weiß heute, wohin die Reise geht. Dass Omnichannel-Angebote Pflicht sind, ist klar. Damit diese reibungslos funktionieren, müssen Commerce-Plattform, CRM- und ERP-Lösungen sowie eigene Applikationen nahtlos ineinandergreifen. Mit einer offenen Plattform, die eine schrittweise Umsetzung ermöglicht, können Händler heute schon die Weichen für morgen stellen, damit sie die nächste Welle der digitalen Revolution nicht überrollt.

**Stefan Clemens,
Area Solution Leader
Retail, NCR**

Foto NCR

Einrichten | **Markt**

ONLINE-HANDEL HOLT AUF

Die Einrichtungsbranche profitiert von der guten Konsumstimmung und blickt mit Zuversicht auf das laufende Jahr.

Text **Matthias Kersten, BusinessHandel**

Der Möbel-, Küchen- und Einrichtungsfachhandel hat im Jahr 2014 einen um 1,8 Prozent höheren Umsatz in Höhe von 31,3 Mrd. Euro erzielt und damit wieder Anschluss an das Wachstum früherer Jahre gefunden. Auch 2015 erwartet der BVDM, die 31-Mrd.-Euro-Marke wieder zu überschreiten.

Die angespannte geopolitische Lage in Verbindung mit der konjunkturellen Abkühlung im Euroraum wirkt sich auf die Nachfrage der Branche bislang nicht aus. „Rückläufige Konjunkturaussichten kennzeichnen zwar die Stimmungslage in der exportorientierten Wirtschaft, doch haben das Wohnen und die Gestaltung der eigenen vier Wände in Deutschland weiter einen überragenden Stellenwert", berichtet der BVDM. Auch ist die Stimmungslage in Deutschland von einer positiven Einkommenserwartung geprägt. Weiterhin wird mehr konsumiert als gespart. Die Möbel- und Küchenbranche ist eine typische, mittelständische Einzelhandelsbranche. Vertriebsformen jeglicher Art sind hier im Wettbewerb. Vom Mitnahmemarkt über das spezialisierte Fachgeschäft bis hin zum großen Wohnkaufhaus und dem Online-Handel reicht das Angebot **(Grafik 1)**. Der Verbraucher kann frei wählen, wo er sich am besten beraten und bedient fühlt, ob für ihn Preis und Auswahl oder eine Beratung im Fokus stehen.

Dank starker Einkaufsverbände, zu denen rund 80 Prozent aller Handelsbetriebe mit mehr als 60 Prozent Anteil am Branchenumsatz gehören, können in dieser Branche auch kleinere und mittlere Unternehmen erfolgreich arbeiten. Nur ein Viertel des Umsatzes macht der SB-Bereich aus, einschließlich des geringfügigen Anteils der branchenfremden Vertriebswege wie Lebensmittel-Discounter und Baumärkte für den Bereich der Klein- und Mitnahmemöbel. Discount-Verhältnisse wie bei Gütern des täglichen Bedarfs sind bei Möbeln nicht vorstellbar.

Die neue Vertriebsform der online bestellten Möbel gewinnt zunehmend an Bedeutung. Rund 1,5 Mrd. Euro, gut 4 Prozent des Gesamtumsatzes, wurden 2014 online mit Möbeln und Küchen umgesetzt. Hier dominieren auf den Distanzhandel spezialisierte Unternehmen, weniger der beratende, stationäre Handel. Allerdings wird immer deutlicher, dass es nicht völlig ohne stationäre Präsenz geht.

Grafik 1

PLUS FÜR BAUMÄRKTE

Handelsstrukturen im deutschen Möbelmarkt: Marktanteile 2005 und 2014 in Prozent, Umsatzveränderung 2005/2014 in Prozent

Handelskanäle	Marktanteile 2005	Marktanteile 2014	Umsatzveränderung
Möbelhandel	68,2	68,6	+1,9
Küchenspezialisten	10,7	11,1	+5,2
Versender/Online	4,0	4,1	+4,0
SB-Warenhäuser/Verbrauchermärkte	1,2	1,1	-7,3
Bau-/Heimwerkermärkte	2,6	3,7	+44,4
Direktabsatz	2,8	3,2	+15,9
Sonstige Anbieter	10,5	8,2	-20,8

Quelle **Marketmedia 24**

Markt | Einrichten

„Der traditionelle Handel ist gefordert, sich den Herausforderungen des Online-Handels zu stellen, seine Kernkompetenzen, die Beratung, individuelle Planung und die fachgerechte Lieferung und Montage der Möbel und Küchen mit den Tools des Online-Handels zu verbinden", mahnt der BVDM. Probate Hilfsmittel wie die Toolbox des Handelsverbandes Deutschland (HDE) helfen den Mitgliedsunternehmen des BVDM, sich auf dem schwierigen Parkett des Online-Handels von Anfang an sicher zu bewegen. Die Mahnung des Fachverbandes bekommt durch das kürzlich vom ECC Köln gemeinsam mit Mücke, Sturm und Company vorgelegte Thesenpapier („Digitalisierung im Möbelhandel: Umwälzende Veränderungen bis 2020") zusätzliches Gewicht. Danach ist ein Drittel aller stationären Möbel- und Einrichtungsgeschäfte in den kommenden Jahren von der Schließung bedroht. Der bisher noch geringe Online-Umsatz mit Möbeln wird bis 2020 weiter steigen – aktuellen Prognosen des IFH Köln zufolge auf bis zu 14 Mrd. Euro. „Die Digitale Transformation trifft nun auch die Branche mit voller Wucht. Es werden nur Möbelhändler mit einer umfassenden Digitalstrategie überleben, deren Angebot für den Kunden das Beste aus dem stationären und digitalen Handel kombiniert", erklärt Achim Himmelreich, Partner bei Mücke, Sturm & Company. Nur diejenigen Händler werden dem Szenario zufolge am Markt bleiben, die sich konsequent an Wünschen und Anforderungen der Konsumenten ausrichten. So informieren sich vier von zehn Konsumenten in einem Onlineshop, bevor sie Möbel oder Wohnaccessoires in einem stationären Geschäft kaufen. Händler sollten Konsumenten in ihrer kanalübergreifenden Customer Journey unterstützen und ihnen an jedem Touchpoint einen Mehrwert bieten. „Händler müssen da sein, wo ihre Kunden sind – nicht anders herum. Künftig wird es für Möbelhändler entscheidend sein, den Kunden auch am finalen Einsatzort der Einrichtungsgegenstände – nämlich zu Hause – zu inspirieren und zu informieren", so Dr. Kai Hudetz, Geschäftsführer des IFH Köln.

Die Konzentration im Handel entwickelt sich weiter: Die Top-Ten im deutschen Möbelhandel erwirtschafteten 2014 rund 15 Mrd. Euro Umsatz – das sind 48 Prozent des Branchenumsatzes – und haben damit Marktanteile hinzugewonnen. Der BVDM erwartet bis 2020 einen Anteil von deutlich mehr als 50 Prozent. Getrieben wird das Wachstum im Wesentlichen durch Zukauf. Neue Standorte entstanden z. B. durch die Max-Bahr-Pleite. Allein 17 Standorte übernahmen Möbelhändler. Der Flächenzuwachs hat sich im ver-

Daten und Fakten: Möbelatlas 2015

Möbelhändler, die sich jetzt richtig positionieren, können positiv in die Zukunft schauen. Wie sich der Handel bundesweit und regional aufstellt, steht im „Möbelatlas 2015" der BBE Handelsberatung. Produziert in Zusammenarbeit mit dem Marktforschungsunternehmen Marketmedia24, ist der „Möbelatlas 2015" ein echtes Novum in der Möbelbranche: Erstmals basiert eine Studie auf der umfassenden Auswertung des gesamten bundesdeutschen Handels in den Geschäften vor Ort, also mit Echtwerten. Als Grundlage für das Text- und Zahlenwerk dient die BBE-Datenbank, die eine komplette Übersicht über alle Möbelanbieter nach Betriebstypen, Verkaufsfläche, Flächenproduktivität und Wettbewerbsdichte umfasst. Die darin enthaltenen Werte fußen auf den Erhebungen der BBE-Möbel- und Standortexperten im Rahmen ihrer bundesweiten Beratungstätigkeit. **Der Möbelatlas** kann unter **studien@marketmedia24.de** bezogen oder unter **http://shop.marketmedia24.de/Studien/Handel/Moebelatlas-2015.html** direkt heruntergeladen werden.

gangenen Jahr etwas abgeschwächt. Insgesamt verfügt der deutsche Möbelhandel über rund 23 Mio. qm Verkaufsfläche. Hiervon werden 5,7 Mio. qm – das ist ein Viertel der Fläche – von 165 Häusern mit mehr als 25.000 qm Verkaufsfläche betrieben.

Betrachtet man die Sortimentsbereiche, so sind Küchenmöbel mit 28 Prozent Umsatzanteil nach wie vor die stärkste Warengruppe, gefolgt von Polstermöbeln mit 18 Prozent sowie Schlaf- und Wohnzimmermöbel mit jeweils 12 Prozent. Besonders Boxspringbetten sind seit über zwei Jahren ein absoluter Verkaufsschlager, zulasten der Schlafzimmerkastenmöbel. Neben den großen Wohnkaufhäusern zählen auch die spezialisierten Fachgeschäfte zu den Gewinnern der Branche. Im Küchenhandel werden über 40 Prozent des Küchenabsatzes von Küchenspezialhäusern und Küchenfachmärkten erwirtschaftet, in keinem anderen Sortimentsbereich ist dies so stark ausgeprägt.

Der deutsche Möbel-, Küchen- und Einrichtungsfachhandel wird zunehmend durch die rechtlichen Rahmenbedingungen, die überwiegend den Brüsseler Stempel tragen, bestimmt. Eine Vielzahl an Informationspflichten und gesetzlicher Rahmenbedingungen wurden in den vergangenen Jahren verschärft oder sind neu geschaffen worden. Insgesamt fordert der BVDM von der Brüsseler und der Berliner Politik mehr Augenmaß für die Interessen des mittelständischen Möbel- und Küchenhandels.

Zur Möbel-, Küchen- und Einrichtungsbranche im engeren Sinn zählt das statistische Bundesamt 9.000 Unternehmen. Dies entspricht ebenso wie die Zahl der Beschäftigten im Einrichtungshandel mit 100.000 dem Vorjahresniveau. Die Branche benötigt gut qualifizierte Fachkräfte in allen Bereichen, da Möbel und Küchen in aller Regel beratungsintensive Produkte sind. Deshalb setzt sich der BVDM für die Ausbildung des Branchennachwuchses ein und unterstützt als ideeller Träger die Fachschule des Möbelhandels (Möfa) in Köln-Lindenthal. Seit mehr als 75 Jahren werden an der Fachschule des Möbelhandels junge Menschen für eine Tätigkeit in der Möbelbranche qualifiziert. Deren Zahl der Absolventen liegt inzwischen weit über 20.000.

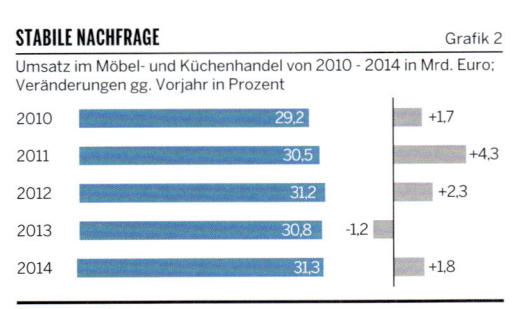

STABILE NACHFRAGE — Grafik 2
Umsatz im Möbel- und Küchenhandel von 2010 - 2014 in Mrd. Euro; Veränderungen gg. Vorjahr in Prozent

Jahr	Umsatz (Mrd. Euro)	Veränderung (%)
2010	29,2	+1,7
2011	30,5	+4,3
2012	31,2	+2,3
2013	30,8	-1,2
2014	31,3	+1,8

Quelle **BVDM**

Die Erwartungen für 2015 sind optimistisch. Der BVDM sieht zwei langfristige Trends, die sich positiv auf die Branche auswirken: Von Januar bis September 2014 wurde in Deutschland der Bau von 212.600 Wohnungen genehmigt. Wie das Statistische Bundesamt mitteilt, waren das 5,2 Prozent oder 10.400 Wohnungen mehr als in den ersten neun Monaten 2013. Die im Jahr 2010 begonnene positive Entwicklung bei den Baugenehmigungen im Wohnungsbau setzt sich somit weiter fort. Besonders stark stieg die Zahl der genehmigten Wohnungen in Mehrfamilienhäusern um plus 3,9 Prozent. Die Zahl der Haushalte ist gegenüber 1991 um 4,7 Mio. auf jetzt 40 Mio. gestiegen, von denen 41 Prozent von einer Person bewohnt werden. Im Schnitt leben zwei Personen in einem Haushalt, 3 Prozent werden als Nebenwohnung genutzt, vor allem, weil der Arbeitsplatz zu weit von der Hauptwohnung entfernt ist. Eine Entwicklung, die zur steigenden Nachfrage führt **(Grafik 2)**.

Deutschland gilt zu Recht als Paradies für Möbelkäufer. Sie bekommen erstklassige Ware zu besten Preisen in kundenfreundlichem Ambiente mit Erlebnischarakter und werden von gut ausgebildeten Mitarbeitern beraten. Innerhalb Europas nimmt der deutsche Möbelhandel daher eine vorbildliche Rolle ein und spielt in der Champions League ganz vorne mit.

Markt | GPK/Hausrat

ANDERE KAUFPRÄFERENZEN

Sinkende Konsumentenzahlen in kleinen und mittleren Städten machen dem Fachhandel für Glas, Porzellan, Keramik und Küchenutensilien zu schaffen.

Text **Matthias Kersten, BusinessHandel**

Mit einem leichten Umsatzplus von 0,3 Prozent auf 5,8 Mrd. Euro blickt die Branche für Tisch- und Küchenausstattung zufrieden auf das Jahr 2014 zurück. Das gilt auch für die im Bundesverband für den gedeckten Tisch, Hausrat und Wohnkultur (GPK) organisierten Fachgeschäfte, die ein Umsatzplus von 1,8 Prozent gemeldet haben. Unter den Kernwarengruppen schnitten Besteck und Tischaccessoires am besten ab. Die mit 1,5 Prozent vom Handelsverband Deutschland (HDE) prognostizierten Zusatzumsätze im Einzelhandel stimmen die Branche optimistisch, zumal sich die Themen Kochen, Backen und Grillen weiter hoher Beliebtheit erfreuen.

Die Entwicklung der einzelnen Warengruppen in den unterschiedlichen Vertriebswegen – hier erzielt der Facheinzelhandel ein Drittel des Umsatzes – gibt einen Hinweis auf Veränderungen in den Kaufpräferenzen: Während das Institut für Handelsforschung für die Segmente Glas und Geschirr ein klares Wachstum ausweist, verzeichnen die Fachgeschäfte jedoch einen Rückgang von 3,9 bzw. 6,4 Prozent. Das belegt, dass eine Reihe von Herstellern verstärkt andere Vertriebswege bedient. Im Volumengeschäft dürften es Möbelhäuser sein, im Markengeschäft der Online-Handel inklusive der Shoppingclubs. „Dass die Warengruppe der Töpfe und Pfannen im Fachhandel nur um 0,4 Prozent schrumpfte, verwundert angesichts der ausufernden Treueprämienangebote des Lebensmittelhandels und der SB-Warenhäuser", hält der Bundesverband fest. Zweistellig wuchsen in den Fachgeschäften hingegen Zusatzsortimente wie PBS/Karten/Bücher mit 52 Prozent und Garten/Outdoor mit einem Plus von 31,9 Prozent, die allerdings beide einen geringen Anteil am Gesamtumsatz haben. „Die Mitgliedsunternehmen unseres Bundesverbandes lassen keine Chance aus, ihre Sortimente den sich verändernden Kundenwünschen anzupassen", erläutert der Präsident des Bundesverbandes Gerald Funk diesen Trend **(Grafik 1)**.

Auch kleinere Unternehmen erzielten Umsatzsteigerungen

Die Spreizung in der Entwicklung der Betriebsgrößen hat abgenommen. Während Geschäfte mit mehr als 1,5 Mio. Euro Umsatz um 2,6 Prozent zulegen konnten, erzielten die kleineren Unternehmen ein Plus von 1,4 Prozent. Branchenspezifische Zahlen für den Möbelhandel, über deren Fachabteilungen 13 Prozent des Absatzes laufen, liegen dem Bundesverband nicht vor. Warenhäuser, konzerngebunden wie Kaufhof und Karstadt, aber auch inhabergeführt, wie sie in der Mehrbranchen-Verbundgruppe EK/Servicegroup organisiert sind, kommen auf einen Marktanteil von knapp 10 Prozent, SB-Warenhäuser/Verbrauchermärkte liegen bei 12 Prozent Anteil, der Lebensmittelhandel inklusive Discounter kommt auf 9 Prozent Anteil, und der Versandhandel wird auf 11 Prozent geschätzt. In dieser Gruppe dominieren Online-Händler,

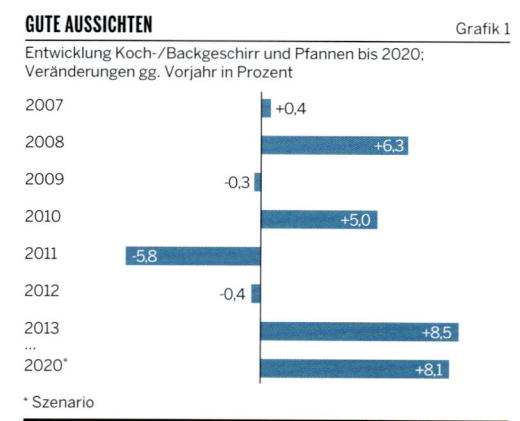

GUTE AUSSICHTEN — Grafik 1
Entwicklung Koch-/Backgeschirr und Pfannen bis 2020; Veränderungen gg. Vorjahr in Prozent

Jahr	Veränderung
2007	+0,4
2008	+6,3
2009	-0,3
2010	+5,0
2011	-5,8
2012	-0,4
2013	+8,5
2020*	+8,1

* Szenario

Quelle **Marketmedia24**

während der katalogbasierte Versandhandel nur noch eine untergeordnete Rolle spielt. Auch wenn die Branche immer wieder über Neueröffnungen berichten kann, darf dies nicht darüber hinwegtäuschen, dass in Klein- und selbst in Mittelstädten die Umsatzbasis für den Fachhandel schwindet. Es liegt zum einen an umsatzstarken Herstellern, die immer stärker auf den Online-Handel, den eigenen Webshop und Treueprämienaktionen setzen, zum anderen am Frequenzrückgang in vielen Stadtzentren bei oftmals sogar noch steigenden Mieten. Dies stellt eine große Herausforderung für die Kommunalpolitik und die Handelsverbände dar: Der stationäre Handel muss sich vernetzen, er muss zugleich online präsent sein, den gemeinsamen Kunden ein Informations- und Servicepaket bieten. In einzelnen Städten wie auch über Initiativen wie „Buy Local" erlebt dieser Aspekt bereits hohe Aufmerksamkeit.

Geschäftsschließungen: leider häufig

Für den Einzelhandel im Schwerpunkt mit keramischen und Glaswaren weist das Statistische Bundesamt für die ersten elf Monate des Jahres 2014 einen Umsatzrückgang um 4,2 Prozent aus, für den Einzelhandel mit Metall- und Kunststoffwaren hingegen ein Wachstum von 1,9 Prozent. Wenngleich diese Kategorisierung nur schwer auf die heutigen Geschäftstypen übertragen werden kann, ist daraus angesichts der positiven Umsatzentwicklung bestehender Geschäfte ein signifikanter Rückgang der Standorte abzuleiten, den die amtliche Statistik nur mit großem Zeitverzug preisgibt. Die Gründe der schließenden Betriebe sind vielfältig: Oftmals ist es die fehlende Nachfolge, manchmal der Wettbewerb durch Factory Outlets, wo Hersteller ihre Produkte weit unter ihrer unverbindlichen Verkaufspreisempfehlung anbieten. Der Trend zum Showrooming – Produkte im Fachhandel anzusehen und sich beraten zu lassen, um anschließend online zu kaufen – wird oftmals als Missstand angeprangert. „Selbst wenn es nur wenige Prozente des Umsatzes sind, die dem Fachhandel dadurch verloren gehen, entscheiden diese Umsatzverschiebungen darüber, ob im Jahresabschluss eines Unternehmens ein Gewinn oder ein Verlust ausgewiesen wird", stellt GPK-Geschäftsführer Thomas Grothkopp als Erkenntnis aus dem Jahresbetriebsvergleich fest. Andererseits stellen sich einige Fachhändler mit viel Energie den neuen Kaufpräferenzen ihrer Kunden und sind als Multichannel-Händler im Internet präsent. Die Geschäftsmodelle sind hier höchst unterschiedlich: Vom Vollsortimenter über Händler, die sich auf einzelne Marken bis hin zu Aktionsangeboten fokussieren. Einerseits klagt der beratende City-Fachhandel über die Online-Konkurrenz, andererseits sind es nicht nur die marktstarken Versender, die einer auskömmlichen Kalkulation entgegenstehen, sondern mitunter auch mittelständische Kollegen.

Immer wieder was Neues und Buntes: Kunden lieben zweckmäßige und schicke Artikel für die Küche.

Markt | GPK/Hausrat

Neben Multichannel ist die Individualisierung eine erfolgreiche Strategie inhabergeführter Fachgeschäfte. Sie wägen sorgsam ab, welche in allen Vertriebskanälen präsenten Marken sie unausweichlich führen müssen, welche Hersteller mit selektivem Vertrieb zu ihrem eigenen Anspruch und dem ihrer Kunden passen, mit welchen Sortimenten und Produkten sie sich zum örtlichen und regionalen Wettbewerb differenzieren können. „Die Zahl der Kunden, die statt Mainstream-Marken unsere Vorauswahl an Lieferanten und Produkten schätzen, nimmt zu", erläutert Christina van Dorp, Präsidiumsmitglied des Bundesverbandes. Immer mehr Fachhändler beraten ihre Kunden über das gesamte Sortiment, bieten individualisierbare Produkte an. Dies ist ein USP von Fachgeschäften vor Ort, die oftmals auch Koch- und Grillkurse und vergleichbare Events anbieten.

Einige Hersteller haben Sorgen, dass ihnen auf Dauer kein flächendeckender, service- und sortimentsorientierter Fachhandel mehr zur Verfügung steht und sie somit ihren Markenanspruch verlieren könnten. Beim Versuch, über eine leistungsbezogene Konditionendifferenzierung den unterschiedlichen Kostenstrukturen der einzelnen Vertriebswege gerecht zu werden, scheitern sie regelmäßig an den Kartellbehörden. Angefeuert durch Online-Händler, die in einer solchen Differenzierung eine Diskriminierung sehen und dem Fachhändler Boni für Präsentation und Beratung streitig machen, weil ihre Geschäftsform das nicht ermöglicht, sperrt sich das Bundeskartellamt gegen qualifizierte Konditionendifferenzierungen.

Gutes Konsumklima hilft der Branche

Bestimmend für den Branchenerfolg ist das Konsumklima. Beschäftigungsquote und Kaufkraft steigen, wegen niedriger Zinsen liegt die Konsumbereitschaft höher als in den Vorjahren. Viele Menschen fokussieren sich auf das persönliche und häusliche Umfeld, für sie haben das Wohnen und die Gestaltung der eigenen vier Wände in Deutschland einen überragenden Stellenwert. Von Januar bis September 2014 wurde in Deutschland der Bau von 212.600 Wohnungen genehmigt, 5,2 Prozent oder 10.400 Wohnungen mehr als in den ersten neun Monaten 2013. Die im Jahr 2010 begonnene positive Entwicklung bei den Baugenehmigungen im Wohnungsbau setzt sich somit weiter fort. Die Zahl der Haushalte ist gegenüber 1991 um 4,7 Mio. auf jetzt 40 Mio. gestiegen. Im Schnitt gibt jeder Haushalt 143 Euro pro Jahr für Tisch- und Küchenausstattung aus (IFH Köln).

Markt: Monitor – GPK/Haushaltswaren 2014/2015

■ Sich unspektakulär entwickelnde Marktdaten vermitteln auf den ersten Blick das Bild einer Branche, die sich in einem ruhigen Fahrwasser bewegt.

■ Dennoch: Alle Zeichen stehen auf Veränderung. Verschiebungen innerhalb der Teilmärkte und Sortimente zwingen zur Erweiterung in der Branchenbetrachtung.

■ In Reaktion auf die Trend- und Lifestyle-Stärke der Branchenthemen stellen sich die Distributionswege völlig neu auf.

■ Gleichzeitig sorgen neue stationäre und vor allem Online-Konzepte für Impulse sowie für starken Wettbewerb, gerade im Hinblick auf Aktionsangebote oder Over-Stock-Konzepte.

■ Gründe, Ausprägung und Folgen dieser Marktfaktoren werden im „Markt:Monitor GPK/Haushaltswaren 2014/2015" beleuchtet. Die dritte Auflage der BBE-Expertenstudie über den Markt gibt es über **studien@market media24.de**, Stichwort: GPK 2014 oder steht zum Download im Onlineshop unter **http://shop.marketmedia24.de** bereit.

Anzeige

MIT GENERAL CONTRACTING ZUM ERFOLG IM HANDEL

Die Zeichen im Handel stehen auf Sturm. Prosperierender E-Commerce und zunehmende Markt- und Flächenkonsolidierungen im stationären Handel führen zu einem Paradigmenwechsel im Ladenbau und beim General Contractor (GC). Mit erweitertem Dienstleistungsportfolio begegnet der professionell aufgestellte GC den veränderten Anforderungen und sichert dem Retailer durch eine budget- und termingerechte Bauausführung entscheidende Wettbewerbsvorteile.

Umfassende bauliche Vorleistungen

Gewerkeübergreifend erbringt der GC die vertraglich vereinbarten Koordinierungsleistungen am Bau. Er wird für den Retailer zum Garanten dafür, dass die stationäre Fläche planmäßig eröffnet. Neben der komplexen Steuerung aller Gewerke umfasst das Leistungsportfolio des Frankfurter Ladenbauers und GC Münch+Münch auch umfangreiche fachliche Unterstützung im Vorfeld der Bauausführungsplanung. Damit reagiert das Unternehmen auf die verstärkte Nachfrage multinationaler Kunden.

After Sales als echter Mehrwert

Versierte GC bleiben der zentrale Ansprechpartner für jegliche Art von baulichen Dienstleistungen. Retailer aus dem In- und Ausland unterstützen sie auch bei der Instandhaltung ihrer Flächen sowie im Facility Management. Mit einem umfassenden After Sales Service sorgt Münch+Münch dafür, dass der POS für den Konsumenten attraktiv bleibt – und die Fläche damit langfristig hohen Umsatz generiert.

Erweiterter technischer und multimedialer Fokus

Angesichts der wachsenden Bedeutung des Onlinehandels profilieren sich stationäre Shops als emotionale Brand Touchpoints – mit hohem Raum- und Gebäudekomfort. Multimediale Installationen und Elemente wie Digital Signage und Infoscreens rücken ebenso in den Fokus wie intelligente Gebäudeleittechnik, die handelsformatübergreifend neue Maßstäbe setzt in puncto Energieeffizienz, Wartung und technische Überwachung von außerhalb.

Analog zur digitalen Vernetzung im stationären Shop dehnen professionelle GC wie Münch+Münch ihr internationales Partnernetzwerk immer weiter aus. Gewerkeübergreifend sind sie damit auf neueste technische Anforderungen vorbereitet und bieten ihren Kunden dauerhaft die Sicherheit souveräner Koordinationsleistungen aus einer Hand.

Kontakt:
Münch + Münch GmbH & Co.
Im Fuchsloch 8, 60437 Frankfurt am Main
T.: +49 6101 54 47–100
dialog@muenchundmuench.com
muenchundmuench.com

1 Tesla: Nachhaltige Attraktivität der Retailflächen. **2** O_2: Komplexe GC-Leistungen für rollout-starke TK-Marken.

Fotos baumannstephan.com, Andreas J. Focke

Markt | Home & Interior

HELLE ZUKUNFT

Die gute Konsumlaune im Geschäftsfeld Home & Interior hält den Lampen- und Leuchtenmarkt auf einem gutem Kurs.

Text **Matthias Kersten, BusinessHandel**

Der Markt für Leuchten und Lampen wächst seit fünf Jahren. 2014 wurde erstmals die 5-Mrd.-Umsatzmarke überschritten – laut „Branchenfokus Leuchten und Lampen" des IFH Köln mit einem Plus von 2,8 Prozent im Vergleich zum Vorjahr (einschließlich Technische Leuchten). Nach dem herausragenden Jahr 2012 hat sich das Wachstum zwar verlangsamt, liegt jedoch weiterhin auf einem ansprechenden Niveau. Von dem anhaltenden Aufwärtstrend profitieren jedoch nicht alle Segmente. Das Wachstum ist knapp und wesentlich auf Technische Leuchten fokussiert, die 2014 mit einem Plus von 11,4 Prozent abschlossen. Wohnleuchten mussten einen Umsatzrückgang von 1,3 Prozent verbuchen. Schwach verlief das Geschäft mit Lampen; Hier lag das Minus bei 11 Prozent. Die Marktdynamik bei Leuchten (Wohn-/Technische Leuchten) und Lampen hat die Branche im Geschäftsfeld Home & Interior an die Spitze des Branchen-Rankings geführt: Kein anderes Segment wuchs stärker **(Grafik 1)**. „Die aktuell gute Konsumlaune ist im Bereich Home & Interior deutlich zu spüren. Die teils hohen Wachstumsraten werden sich aber so nicht halten lassen", prognostiziert Uwe Krüger vom IFH Köln. „Dennoch hat der Leuchtenmarkt eine helle Zukunft: Der Treiber LED wird sich weiter stark entwickeln – über alle Segmente hinweg." Allerdings wird Beratung „zum A&O der Branche, in der eine LED bereits nach sechs bis neun Monaten vom nächsten Technologieschritt überholt wird", halten BBE Handelsberatung und Marketmedia24 in ihrer Studie „Markt:Monitor Leuchten und Lampen 2015" fest. Bis 2020 sei bei LED ein Marktvolumen von 2,36 Mrd. Euro möglich. Auf der Produkt- und Vertriebsebene würden derzeit „die ganz großen Räder gedreht". Dabei handele es sich um Prozesse, die unter der Oberfläche von zunächst unspektakulär erscheinenden Marktdaten sichtbar werden. Demzufolge führen die Bau- und Heimwerkermärkte seit Jahren relativ unangefochten das Distributionsgeschehen an. „Doch wie beim Schlusslicht, dem Elektrofachhandel/-handwerk, dominiert das Minus vor den jeweiligen Marktanteilsentwicklungen." Die Gewinner kämen „selbstverständlich" aus dem Distanzgeschäft: Versender/Online-Handel und Direktvertrieb hätten ihre Marktanteile gesteigert. Im Kontrast zu dieser Routine würden Insider Veränderungen erkennen: Sie erwarten neue Marktmodelle bzw. Partnerschaften über die Wertschöpfungskette hinweg.

Die Marktchancen stehen gut. Schon die Kurzfristprognose von Marketmedia24 verspricht Zuwachs: Bis 2016 soll das Marktvolumen bis auf rund 2,26 Mrd. Euro zu Endverbraucherpreisen steigen. Wobei die „Außenleuchten für Haus und Garten" auch künftig die Shooting Stars der Branche bleiben. Ein Umsatzplus von 34 Prozent im Jahresvergleich von 2010 und 2016 unterstreicht dies. Außerdem steigt offenbar die Preisbereitschaft der Konsumenten. Im Widerspruch zum preisorientierten Marketing der Branche steigen die Pro-Kopf-Ausgaben. Für Wohnraumleuchten gab jeder Deutsche 2014 9,66 Euro (2010: 8,43 Euro) aus, für Tisch-, Büro- und Stehleuchten 4,06 Euro (2012: 3,90 Euro).

MEHR LICHT Grafik 1
Leuchten und Lampen 2014, Veränderung gg. 2010 in Prozent

Wohnraumleuchten	+13,5
Tisch-/Büro-/Stehleuchten	+3,1
Taschenlampen/Einzel und Ersatzteile	-9,1
Außenleuchten für Haus und Garten	+20,6
Weihnachtsbeleuchtung	+13,3
Leuchtmittel	-14,2
Leuchten / Lampen gesamt	+2,2

Quelle **Marketmedia24 (Köln)**

Food | **Markt**

TRITT AUF DER STELLE

Der Lebensmitteleinzelhandel hat 2014 eine Nullrunde gedreht. Die höheren Preise haben dabei die geringere Mengennachfrage auffangen können.

Text **Matthias Kersten, BusinessHandel**

Die Umsätze im LEH erreichten 2014 laut GfK 165,1 Mrd. Euro – exakt so viel wie im Jahr zuvor. Dabei hat es noch nicht einmal zu einer „schwarzen Null" gereicht, wie die Nürnberger Marktforscher festhalten: Tatsächlich ist der Mengenabsatz um 0,7 Prozent zurückgegangen, was nur durch steigende Preise kompensiert werden konnte (ebenfalls 0,7 Prozent). Das wiederum ist darauf zurückzuführen, dass die Konsumenten auch höherwertige Produkte gekauft haben. Dieser Trend ging einher mit einer bewussten Entscheidung für mehr Nachhaltigkeit im eigenen Konsum. Parallel dazu ist der Außer-Haus-Konsum um drei Prozent gestiegen; er lag bei 66,6 Mrd. Euro. Dies alles hat die Mengennachfrage gedrückt. „Deren Rückgang wäre wohl noch etwas höher, wenn die deutsche Bevölkerung derzeit nicht durch Zuwanderung weiter wachsen würde", kommentiert die GfK. Die Verschiebung in der Qualitätsorientierung und im Einkaufsverhalten der Verbraucher spiegelt sich im Erfolg bzw. den Schwierigkeiten der einzelnen LEH-Vertriebsschienen wider. Drogeriemärkte und Food-Vollsortimenter konnten 2014 um gut 3 bzw. rund 2 Prozent zulegen; einzelne Key Accounter wie etwa Rewe schnitten noch einmal deutlich besser ab. Damit stieg der Marktanteil der Vollsortimenter auf 26,6 Pro-

Mehr Geld für hochwertige Lebensmittel

Das Konsumklima bewegte sich auch 2014 in Deutschland auf hohem Niveau und lag deutlich über dem europäischen Durchschnitt. Gestützt wird die Kauflaune durch die stabile Arbeitsmarktlage, eine geringe Sparneigung, zunehmenden Konjunkturoptimismus und stabile Preise. 2014 gaben die Konsumenten hierzulande 10,5 Prozent ihres verfügbaren Einkommens für Lebensmittel und alkoholfreie Getränke aus. Damit liegen die Deutschen weit unter dem EU-Durchschnitt. Das bedeutet nicht, dass Food in Deutschland günstiger ist als in anderen Ländern der EU. Die Haushalte haben im Vergleich ein höheres Einkommen und müssen daher anteilig weniger Geld für Lebensmittel aufwenden. Ihre Bereitschaft, mehr Geld für hochwertige Lebensmittel auszugeben, steigt. Die positive Konsumstimmung und Zahlungsbereitschaft fördert einen bewussten und qualitätsorientierten Lebensmitteleinkauf. Es wird seltener und weniger, aber hochwertiger gekauft. Der Durchschnittshaushalt gibt 340 Euro im Monat für Food aus sowie zusätzlich rund 115 Euro unterwegs. Vor allem die steigende Zahl der Einpersonenhaushalte, mehr als 21 Prozent seit 2000, befördert den Trend zu einem bedürfnis- und bedarfsgerechteren Lebensmittelangebot. Unsere Gesellschaft ist mobil, flexibel, international und ständig vernetzt. Haushaltsformen, Essenszeiten und Ernährungsstil haben sich dem angepasst. Wichtigster Trend bleibt das steigende Bewusstsein, Informationsbedürfnis und Qualitätsverständnis der Verbraucher für Lebensmittel, deren Produktion und Herkunft.

Christoph Minhoff, Hauptgeschäftsführer Bundesvereinigung der Deutschen Ernährungsindustrie (BVE)

Foto BVE

zent, während die Discounter auf 43 Prozent zurückfielen. Zusammen mit den relativ stabilen SB-Warenhäusern kommen die Vollsortimenter aktuell auf einen wertmäßigen Marktanteil von knapp 50 Prozent. Die Drogeriemärkte haben ihren Marktanteil 2014 ebenfalls gesteigert.

Vollsortimenter im Vorteil

Ein Grund für die starke Entwicklung der Vollsortimenter ist deren zunehmende Fokussierung auf Eigenmarken. Die Vollsortimenter haben laut GfK in dieser Hinsicht gleich zweifach aufgeholt: Zum einen forcieren sie seit geraumer Zeit ihre eigenen Preiseinstiegsprodukte und höhlen damit in gewisser Weise den traditionellen USP der Discounter aus. Zum anderen haben sie in den letzten Jahren eine eigene Range an höherwertigen Eigenmarken aufgebaut, die in der Regel preiswerter sind als korrespondierende Markenartikel, von den Verbrauchern aber auf vergleichbarem Qualitätsniveau wahrgenommen werden. Zwar bieten auch die Discounter zahlreiche Mehrwert-Handelsmarken an, aber sie stehen damit nicht mehr allein.

Seit 2007 ist der wertmäßige Anteil der Mehrwert-Handelsmarken im deutschen LEH um mehr als 40 Prozent gestiegen, berichtet die GfK weiter. Gleichzeitig war die Entwicklung der Preiseinstiegs-Handelsmarken stabil geblieben. Zusammen kamen die Handelsmarken damit im Jahr 2014 auf einen Marktanteil von fast 38 Prozent; gut ein Drittel davon entfiel auf die Mehrwert-Handelsmarken. Beide Segmente haben 2014 erneut leicht zugelegt, und das zu Lasten der Mittemarken. Top-Marken (Marktführer/Premiummarken) blieben in Summe weitgehend konstant. Die weniger profilierten Mittemarken verlieren hingegen an Aufmerksamkeit und damit an Umsatz – „nicht zuletzt dadurch, dass sie auch Präsenz für potenzielle Käufer einbüßen, weil der Handel sie nicht selten zu Gunsten seiner höherwertigen Eigenmarken aus dem Regal nimmt", heißt es weiter. Für die Mittemarken gebe es offenbar nur noch eine sichere Überlebensstrategie, und das sei die Nische. Starke Umsatzeinbußen gab es 2014 bei den Frischeprodukten. Es war dank guter Ernten und wegen der politisch motivierten Absatzkrise in Russland zu viel Ware auf dem Markt. Auch die Getränkekategorien haben Umsätze eingebüßt; „daran waren im Wechsel die Preise und das schlechte Wetter schuld". Zu den Gewinnern gehörten die Molkereiprodukte; sie profitierten die meiste Zeit des Jahres von steigenden Preisen. Positiv entwickelten sich auch Drogeriewaren.

Lebensmittel online: Wann kommt der Durchbruch?

Immer beliebter wird der Online-Handel mit Lebensmitteln. Nach Untersuchungen von A. T. Kearney haben 38 Prozent der Verbraucher im Jahre 2014 mindestens einmal von diesem Angebot Gebrauch gemacht (2011: 18 Prozent). Überdies ist der Anteil derer, die wiederkehrend im Internet Lebensmittel bestellen, erstmals auf über 10 Prozent gestiegen. Hauptgrund dafür ist die Lieferung nach Hause: 61 Prozent der deutschen Konsumenten nannten diesen Aspekt als wichtigstes Motiv, gefolgt von Zeitersparnis (46 Prozent) und Neugier (45 Prozent).

Auch wenn der Online-LEH weiterhin stark wächst und zunehmend interessant ist, bleibt er laut A. T. Kearney vorerst noch ein Nischenmarkt. Heute macht das Segment weniger als 1 Prozent des gesamten LEH-Umsatzes in Deutschland aus. Der Anteil dürfte allerdings bis 2020 auf 3 Prozent wachsen, was einem Markt von 5 Mrd. Euro entspricht.

Die Aussichten: rosig

Das Jahr 2015 beurteilt die GfK positiv. Die wirtschaftlichen Rahmenbedingungen sprechen für einen störungsfreien Geschäftsverlauf. Die Energiepreise werden auf absehbare Zeit billig bleiben. Und „ob die Inflation in spürbarem Umfang steigt, obwohl die EZB die Notenpresse anwirft, ist nicht ausgemacht". Außerdem brauche man sich für den deutschen Export angesichts des niedrigen Euro-Kurses keine Sorgen zu machen. Ebenso wenig müssten die Beschäftigten um Arbeitsplätze und Einkommen bangen.

Drogerie/Parfümerie | **Markt**

TREIBER: PERSONAL CARE

Die Drogeriemärkte bauen ihre Marktanteil kontinuierlich aus. Gemeinsam haben sie inzwischen ein Anteil von über 40 Prozent.

Text **Matthias Kersten, BusinessHandel**

Der Markt für Schönheits- und Haushaltspflegemittel in Deutschland ist 2014 erneut gewachsen. Der Schönheitspflegebereich legte nach einer Hochrechnung des Herstellerverbandes IKW um 1,6 Prozent auf gut 13 Mrd. Euro zu. Der Markt der Haushaltspflege wuchs im gleichen Zeitraum um fast ein Prozent auf 4,3 Mrd. Euro **(Grafik 2)**. Auch der Parfum- und Luxuskosmetikmarkt konnte nach Einschätzung des Handelsverbands Kosmetik – Bundesverband Parfümerien um etwa 1 Prozent zulegen. Gleichzeitig war, besonders in Kleinstädten und Vorortlagen, ein Rückgang der Kundenfrequenz zu beobachten. Stärkster Wachstumstreiber im Personal Care Sektor war erneut die dekorative Kosmetik, die 2014 wieder mit überdurchschnittlichen Zuwachsraten glänzen konnte.

„An der Ladenkasse demonstrieren Verbraucher nicht nur ihre Lust am guten oder neuen Produkt, sondern auch ihr grundsätzliches Vertrauen in die

---

Drogerieartikel und Kosmetik: Online ist im Kommen

Noch im Dezember 2014 hatte Dm den Einstieg in den deutschen Online-Handel abgewiegelt. Nun scheint der Druck aus dem Internet, insbesondere durch Amazon, doch zu groß geworden zu sein. Bereits im Frühsommer soll der Onlineshop des Drogeriefilialisten in Deutschland an den Start gehen. Der Schritt in den Online-Handel ergibt für Dm dabei durchaus Sinn: Verkauft werden standardisierte Produkte, die teilweise – denkt man an Windeln oder Hygieneprodukte – häufig benötigt werden und unpraktisch zu transportieren sind. Hinzu kommt: In Österreich läuft der Shop bereits seit November 2013, so dass viele Erfahrungen aus dem Nachbarland berücksichtigt werden können. Umsatztechnisch wird der Onlineshop für Dm in nächster Zeit sicher kein Turbo sein. Doch darum wird es dem Drogeriewarenhändler aus Karlsruhe, der in den vergangenen Jahren immer zu den beliebtesten Händlern in Deutschland gehörte, auch nicht vorwiegend gehen. Für Dm zählt in erster Linie die Kundenbindung und da gehört ein Onlineshop mittlerweile einfach dazu. Wie dies gehen kann, zeigt wiederum der Shop aus dem Alpenland: Dieser präsentiert sich nicht nur als Online-Drogerie, sondern verbindet die Vorteile der digitalen Filiale mit einem Web-Magazin. Das heißt, Konsumenten können sich umfassend über die angebotenen Produkte informieren, erhalten nützliche Tipps für Haushalt, Beauty oder rund um den Nachwuchs und können die passenden Produkte gleich online erwerben. Konzepte wie diese liefern klare Mehrwerte für die Verbraucher. Ich bin überzeugt, dass Dm mit dem Onlineshop auch in Sachen Kundenbindung weiter hinzugewinnen wird.

Kai Hudetz, Geschäftsführer IFH Köln

Foto **IFH Köln**

Markt | Drogerie/Parfümerie

SCHÖN UND SAUBER
Grafik 1

Hauptabsatzkanäle Schönheitspflege und Haushaltspflege 2014, Angaben in Prozent

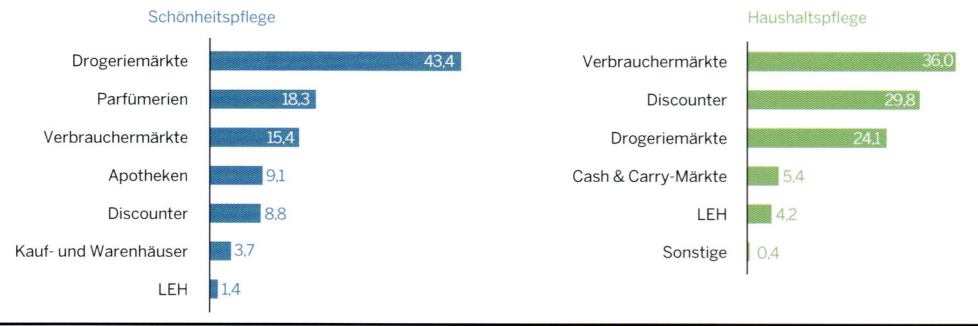

Schönheitspflege
- Drogeriemärkte: 43,4
- Parfümerien: 18,3
- Verbrauchermärkte: 15,4
- Apotheken: 9,1
- Discounter: 8,8
- Kauf- und Warenhäuser: 3,7
- LEH: 1,4

Haushaltspflege
- Verbrauchermärkte: 36,0
- Discounter: 29,8
- Drogeriemärkte: 24,1
- Cash & Carry-Märkte: 5,4
- LEH: 4,2
- Sonstige: 0,4

Quelle **IKW**

Wirksamkeit, gesundheitliche Unbedenklichkeit und Umweltverträglichkeit", konstatiert Dr. Rüdiger Mittendorf, Vorsitzender des Industrieverbands Körperpflege und Waschmittel (IKW). Dieses Vertrauen sei nicht selbstverständlich; es müsse täglich erarbeitet werden – „durch entsprechende Leistungen, aber auch durch verantwortungsvolle Informationen über Inhaltsstoffe und Herstellungsverfahren". Nach der Schlecker-Pleite im Jahr 2012 konnten die verbliebenen Drogeriemärkte ihren Umsatz und Marktanteil im Drogeriewarensortiment kontinuierlich weiter ausbauen. Branchenprimus Dm steigerte den Umsatz in Deutschland im Geschäftshalbjahr 2014/2015 um 10,1 Prozent. Rossmann, Nummer zwei beim Umsatz und Nummer eins bei der Gesamtzahl der Filialen in Deutschland, konnte im Geschäftsjahr 2013/2014 ebenfalls zulegen. Der Zuwachs in Deutschland fiel mit einem Plus von „nur" 5,8 Prozent zum ersten Mal seit 16 Jahren unter den zweistelligen Bereich. Allerdings ist das Unternehmen mit

ALLES GLÄNZT
Grafik 2

Umsatzstärkste Produktgruppen Schönheitspflege und Haushaltspflege in Mio. Euro, EVP

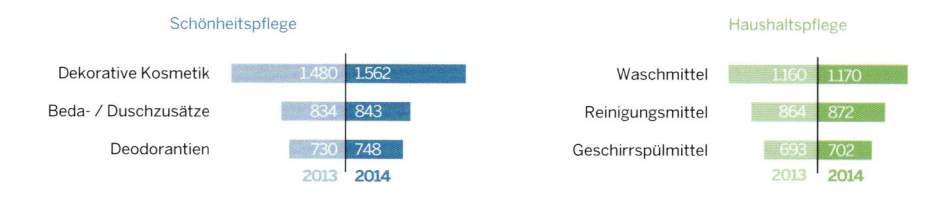

Schönheitspflege (2013 | 2014)
- Dekorative Kosmetik: 1.480 | 1.562
- Bade-/Duschzusätze: 834 | 843
- Deodorantien: 730 | 748

Haushaltspflege (2013 | 2014)
- Waschmittel: 1.160 | 1.170
- Reinigungsmittel: 864 | 872
- Geschirrspülmittel: 693 | 702

Quelle **IKW**

Drogerie/Parfümerie | **Markt**

einer operativen Marge von rund 4 Prozent hoch profitabel. Wachsen konnten auch die Müller Drogeriemärkte. Zwar publiziert der stets verschwiegene Unternehmens-Patriarch keine Umsatzzahlen, dürfte jedoch im vergangenen Jahr allein in Deutschland rund 15 Geschäfte neu eröffnet haben.

Inzwischen haben die Drogeriemärkte im Drogeriewarenmarkt einen Marktanteil von über 40 Prozent. Sie rangieren damit deutlich vor Discountern (27,1 Prozent) und dem restlichen Lebensmitteleinzelhandel mit einem Anteil von 32,7 Prozent. Im Segment der dekorativen Kosmetik verfügt Marktführer dm allein inzwischen über einen Umsatzanteil von über 50 Prozent. Discounter und LEH konnten von dieser Dynamik in den letzten Jahren deutlich weniger profitieren und büßten sogar Marktanteile ein. Eine Umkehrung des Trends ist nicht absehbar **(Grafik 1)**.

Das zeigt sich auch in einer aktuellen Umfrage des Fachmagazins Kosmetiknachrichten.de. Auf die Frage, welcher Vertriebskanal künftig die Nase vorn haben wird, sieht die überwiegende Mehrheit der Leser (81 Prozent) die Drogeriemärkte an der Spitze liegen. Rund 7 Prozent glauben an Fachhandel und Reformhäuser. Weit abgeschlagen folgen Supermärkte und Discounter mit 4 Prozent. Der Großfläche sprechen in diesem Segment gerade noch 3 Prozent eine Chance zu. Langfristig rechnen jedoch alle Marktteilnehmer aufgrund der demografischen Entwicklung mit einer abnehmenden Dynamik und stagnierenden Kundenzahlen.

Parfümerie- und Luxuskosmetik sorgt für Aufsehen

Der Einzelhandel ist in Bewegung. Das gilt besonders für den Parfümerie-, Kosmetik-, Beauty- und Drogeriewaren-Bereich. In den vergangenen Jahren hatten dort die scheppernde Bruchlandung des ehemaligen Branchenprimus Schlecker und der Expansionsdrang der Drogeriemärkte für Schlagzeilen gesorgt. Nun ist es der Bereich der Parfümerie- und Luxuskosmetik, der für Aufsehen sorgt. Und zwar über die deutschen Landesgrenzen hinaus: Douglas, der unbestrittene Parfümerie-Marktführer, wurde von der Gründerfamilie mit Unterstützung eines Investors kurzerhand von der Börse genommen. In Windeseile wurde der Lifestyle-Konzern nun auf links gekrempelt. Man trennte sich von Beteiligungen, straffte Prozesse und kaufte schließlich, nur einen Wimpernschlag später, mit der Parfümeriekette Nocibe die Nummer 3 im französischen Parfümerie-Markt. Das Ergebnis war das größte Parfümerie-Einzelhandelsunternehmen Europas. Der nächste Paukenschlag folgte von anderer Seite: Im Mai wurde bekannt, dass die größte deutsche Verbundgruppe zum 1. Januar 2016 mit einem Konkurrenten fusionieren will. Durch den Zusammenschluss zwischen Beauty Alliance und Topcos entsteht dann, auch ohne die Schwestergesellschaften in Frankreich und in der Schweiz, Europas größte Parfümerie-Kooperation mit rund 300 Gesellschaftern und etwa 1.200 angeschlossenen Geschäften. Man darf gespannt sein, was noch auf die Branche zukommt. Doch Prognosen sind schwierig – insbesondere wenn sie die Zukunft betreffen, wie der dänische Physiker Niels Bohr einmal gesagt haben soll.

Elmar Keldenich, Bundesverband Parfümerien – Fachverband des Einzelhandels mit Parfums, Kosmetik sowie Körperpflege- und Waschmitteln

Foto **Bundesverband Parfümerien**

Factbook Einzelhandel 2016 **147**

Markt | Bio

ENGPÄSSE BEIM ANGEBOT

Bio-Betriebe und -Flächen konnten mit dem Marktwachstum nicht mithalten. Der BÖLW fordert daher klare Rahmenbedingungen.

Text **Matthias Kersten, BusinessHandel**

Bio ist mehr als ein Trend. Jahr für Jahr kaufen die Deutschen mehr Bio-Produkte und sagen damit ja zum Ökolandbau", kommentiert Peter Röhrig, Geschäftsführer des Bund Ökologische Lebensmittelwirtschaft (BÖLW), das starke Umsatzwachstum. Nach der Berechnung des „Arbeitskreises Biomarkt", dem u. a. die Agrarmarkt Informations-Gesellschaft (AMI), BÖLW, GfK und Nielsen angehören, wurde 2014 mit Bio-Lebensmitteln und -Getränken ein Umsatzplus von 4,8 Prozent und ein Marktvolumen von insgesamt 7,91 Mrd. Euro (2013: 7,55 Mrd. Euro) erreicht. „Das Nachfragewachstum an allen Absatzplätzen zeigt: Das Potenzial am Bio-Markt ist längst noch nicht ausgeschöpft", so Röhrig. 2014 setzte der Naturkostfachhandel sein starkes Wachstum fort und legte mit 9 Prozent von allen Absatzwegen am meisten zu. Im Lebensmitteleinzelhandel (LEH) stieg der Bio-Umsatz um 3,6 Prozent **(Grafik 1)**.

Die Bio-Anbauflächen wuchsen 2014 wieder etwas stärker als im Vorjahr. Trotzdem konnte die Entwicklung der Bio-Betriebe und -Flächen mit dem Marktwachstum nicht mithalten. Nach aktuellen Schätzungen nahm die ökologisch bewirtschaftete Fläche 2014 um rund 28.331 ha auf 1, 089 Mio. ha zu, was einem Plus von 2,7 Prozent entspricht. Im selben Zeitraum stieg die Zahl der Bio-Betriebe um 666 auf 23.937 (plus 2,9 Prozent). Für den BÖLW-Vorsitzenden Felix Prinz zu Löwenstein haben sich die Voraussetzungen für 2015 positiv verändert: „Die Chancen für die Umstellung auf ökologischen Landbau haben sich verbessert. Der Markt wächst, die Kunden wünschen sich Produkte aus einheimischer Erzeugung, es kommt zu Rohstoffknappheit bei den Verarbei-

Ökologie versus Preis

Der Lebensmittelmarkt wird dominiert von vier großen Unternehmen. Bio-Fachmärkte sorgen für ein bisschen Bewegung von unten und schaffen Vielfalt. Der große Unterschied zu den „Big Four" besteht im Angebot von 100 Prozent Bio und deutlich mehr regionalen Produkten. Grundsätzlich wird es künftig zwei Arten von Bio geben: ein massen- und ein qualitätsorientiertes. Denn auf der einen Seite stehen Kunden, die sich ökologisch ernähren wollen, aber sagen, der Preis sei zu hoch. Und auf der anderen stehen Bio-Bauern, die sich beklagen, dass sie von ihrem Einkommen nicht leben können. Deshalb ist es für den Bio-Handel mitentscheidend, die regionalen Erzeuger in den Verkaufs- und Vermarktungsprozess einzubinden. Allerdings darf die Qualität nicht auf dem Altar der Masse geopfert werden. Welcher Kunde nach welchen Standards einkauft, wird nicht nur über den Preis entschieden, sondern hängt auch vom Konsumententyp ab: Da gibt es erstens den Menschen, dessen Motivation für die Kaufentscheidung politischer Natur ist; sie dient als Statement dafür, wie die Welt aussehen sollte. Für den zweiten Typ steht die Gesundheit im Vordergrund; er will kein Fleisch aus einer Tierhaltung essen, in der Antibiotika oder Hormone eingesetzt werden. Und die dritte Gruppe hat ein hohes Qualitätsbewusstsein, das sich an Herkunft, Regionalität und Nachvollziehbarkeit der Produktion orientieren.

Georg Kaiser, Gründer und Geschäftsführer von Bio Company

Foto Bio Company

Bio | **Markt**

GESUNDE BASIS
Grafik 1

Der Bio-Markt in Zahlen

	2012			2013			2014		
	Umsätze (Mrd. €)	Anteil (in %)	Wachstum (in %)	Umsätze (Mrd. €)	Anteil (in %)	Wachstum (in %)	Umsätze (Mrd. €)	Anteil (in %)	Wachstum (in %)
Naturkostfachgeschäfte	2,21	31	7	2,40	32	8,6	2,62	33	9,0
Lebensmitteleinzelhandel	3,79	54		4,06	54	7,2	4,21	53	3,6
Sonstige	1,05	15		1,10	15	4,9	1,09	14	-0,6
Gesamt	7,04		6	7,55		7,2	7,91		4,8

Quelle **BÖLW**

tern." Gleichzeitig gelten ab 2015 neue und bessere Förderprogramme, die einen starken Anreiz für die Umstellung auf Ökolandbau setzen. Zum ersten Mal seit langem bieten ausnahmslos alle Bundesländer solche Programme an. Hinzu kommt, dass Bio-Bauern aufgrund der positiven Umweltwirkung ihrer Wirtschaftsweise von den sogenannten Greening-Auflagen der allgemeinen Flächenförderung befreit sind.

Diese insgesamt positive Lage ermutigt den BÖLW, gegenüber der Politik weitere Forderungen auszusprechen. Da ist zunächst einmal der Hinweis, den positiven Trend durch kluge Rahmensetzung zu verstärken und nicht durch falsche Maßnahmen „abzuwürgen". Deshalb dürfe die EU-Kommission ihre Totalrevision der Öko-Verordnung nicht durchdrücken, sondern müsse den Rechtsrahmen der Ökologischen Lebensmittelwirtschaft kontinuierlich und praxistauglich weiterentwickeln. Deshalb unterstützt der Verband die „Nürnberger Erklärung", mit der die Vertreter der Zivilgesellschaft und die Wirtschaft „ein deutliches Signal nach Brüssel senden." Auch die Dünge-Verordnung hat der BÖLW im Visier. Es dürfe nicht sein, dass mit den geplanten Vorschriften „ausgerechnet die ökologische Wirtschaftsweise benachteiligt werden soll, die ein ideales Instrument zur Minderung der Nitratüberschüsse in Boden und Grundwasser ist." Im Übrigen müsse in allen Politikbereichen dafür gesorgt werden, dass für eine ökologische, die Chancen künftiger Generationen wahrende Ernährungswirtschaft bessere Bedingungen geschaffen werden als für eine Produktion, die zwar scheinbar billige Lebensmittel herstelle, den Großteil ihrer Kosten aber der Allgemeinheit überlasse.

Schließlich müssten auch die Marktteilnehmer selbst dafür sorgen, dass für Produkte aus einheimischer und ökologischer Erzeugung Preise gezahlt werden, durch die eine Erzeugung wirtschaftlich interessanter wird **(Grafik 2)**.

SÜSSE SACHEN
Grafik 2

Durchschnittliche Mehrkosten von ökologischen Produkten, Angaben in Prozent

Zucker, Marmelade, Honig	145
Limonaden, Säfte	136
Fisch	126
Gemüse	90
Fleisch/Fleischwaren	87
Brot/Getreideerzeugnisse	62
Obst	60
Bier	59
Wein	51
Molkereiprodukte/Eier	46
Kaffee, Tee, Kakao	40

Quelle **Wirtschaftswoche, Statistisches Bundesamt**

Markt | Tabak

NOCH VIELE OFFENE FRAGEN

Branchenverband geißelt Überregulierung und wirft Brüssel praxisfernes Arbeiten vor. Tabakwaren konnten den Absatzrückgang des Jahres 2013 wieder auffangen.

Text **Matthias Kersten, BusinessHandel**

Nach einem Absatzrückgang bei Zigaretten und Feinschnitt im Jahre 2013 hat die Tabakwarenbranche 2014 wieder ein Stück wettmachen können: Nach Angaben des Bundesverbandes des Tabakwaren-Einzelhandels (BTWE) ist das Volumen von Fabrikzigaretten, die an den Handel ausgeliefert wurden, um 800 Mio. auf 80,4 Mrd. Stück gestiegen. Während Markenprodukte um 1,3 Prozent auf eine Stückzahl von 71,6 Mrd. gestiegen waren, nahm der Konsum von Handelsmarken um rund 200 Mio. auf insgesamt 8,8 Mrd. Stück ab. Auch der Klassische Feinschnitt konnte leicht von 41,7 auf 42,1 Mrd. Stück zulegen, sodass sich unter Einbeziehung der Eco-Zigarillos (2,3 Mrd.) der Gesamtkonsum auf 124,8 Mrd. Stück erhöhte **(Grafik 1)**.

Im Fokus der Branche steht nach wie vor die im vorigen Jahr verabschiedete EU-Tabakproduktrichtlinie (TPD 2), die als eklatantes Beispiel der Überregulierung durch den Staat gilt. Die Devise in Sachen TPD könne nur noch lauten: „Retten und gestalten, was zu retten und zu gestalten ist", wie BTWE-Präsident von Bötticher feststellt. Denn mit

Es wird Zeit, ein Zeichen zu setzen

In den vergangenen Jahren hat der Genuss von Tabakwaren in der Öffentlichkeit einen erheblichen Ansehensverlust erlitten. Zugleich ist das Sortiment der Tabakwaren in der öffentlichen Wahrnehmung oft nur auf die Zigarette reduziert worden. Somit ist in weiten Teilen der Öffentlichkeit das Bild vom Tabakwaren-Facheinzelhändler als „Tabak Spezialist" für das gesamte Tabaksortiment verschwunden. Das Tabakwarengeschäft wird immer mehr als „nur" Verkaufsstelle von Zigaretten verstanden. Mit dem Logo „Tabak Spezialist" geben wir den Tabakwaren-Fachgeschäften die Möglichkeit, den Kunden die Vielfalt und Qualität ihrer Angebote und ihre Kompetenz als qualifizierter Spezialist an ihren Standorten zu präsentieren. Zugleich will der BTWE mit der Einführung des Tabak-Signets im gesamten Bundesgebiet den Genuss von Tabakwaren aus der Defensive führen und das Kulturgut Tabak aus der Schmuddelecke holen. Bei einer flächendeckenden Anbringung des Signets an Tabakwaren- Fachgeschäften werden Millionen Blickkontakte von Kunden und Nichtkunden einen für die ganze Branche einzigartigen Wiedererkennungseffekt schaffen. Da sich alle Signets-Inhaber schriftlich zur Einhaltung der branchenspezifischen Gesetze und Verordnungen verpflichten, vom BTWE aktuell über neue Bestimmungen informiert werden und Angebote zu Schulungs- und Qualifizierungsmaßnahmen erhalten, wird das Logo „Tabak Spezialist" zu einem Gütesiegel für legalen Qualitätsvertrieb von Tabakwaren an erwachsene Genussraucher. Fast 200 Tabakwaren-Fachgeschäfte haben sich der Initiative angeschlossen.

Rainer von Bötticher, Präsident des Bundesverbandes des Tabakwaren-Einzelhandels (BTWE)

Tabak | **Markt**

RAUCHZEICHEN
Grafik 1

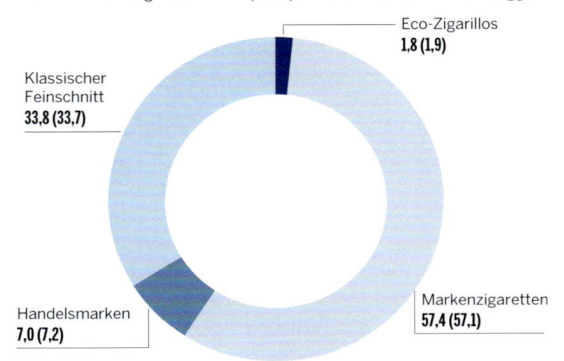

Gesamtkonsum Zigaretten 2014 (2013), ohne Grenzverkäufe/Schmuggel, in Prozent

- Eco-Zigarillos: 1,8 (1,9)
- Klassischer Feinschnitt: 33,8 (33,7)
- Handelsmarken: 7,0 (7,2)
- Markenzigaretten: 57,4 (57,1)

	2013	2014
Markenzigaretten	70,7	71,6
+ Handelsmarken	9,0	8,8
= Fabrikzigaretten	79,6	80,4
+ Klassischer Feinschnitt	41,7	42,1
+ Eco-Zigarillos	2,4	2,3
= Gesamtkonsum in Mrd. Stk.	123,7	124,8

Quelle **DTZ**

der Einführung übergroßer Schockbilder auf den Verpackungen werde die Optik der Tabakwarengeschäfte bereits ab Mai nächsten Jahres massiv negativ verändert. Deshalb ist es laut BTWE sinnvoll, sich schon heute Gedanken zur Präsentation von Zigaretten und Feinschnittprodukten im nächsten Jahr in den POS-Regalen zu machen. „Wir müssen möglichst schnell nach Lösungen suchen, damit unser positives Image als beliebter und unverzichtbarer regionaler Nahversorger auch im Interesse der Industrie erhalten bleibt", so von Bötticher weiter.

Die Kritik des Verbandes macht sich vor allem an der Tatsache fest, dass die konkreten offiziellen Handling-Vorgaben für die Umsetzung bei der Produktion der neuen Verpackungen immer noch nicht vorliegen. Dies sei ein weiteres Beispiel dafür, wie praxisfern, handwerklich unsauber und unternehmerfeindlich die EU-Richtlinie sei, heißt es. Sobald konkrete Vorgaben vorliegen, will man umgehend nach einer Lösung suchen. Auch für die in der TPD vorgesehene Rückverfolgbarkeit von Tabakprodukten, von der Produktion bis zur ersten Verkaufsstelle im Einzelhandel, gibt es nach BTWE-Auffassung derzeit noch mehr offene Fragen als Antworten. Rückendeckung erhält der BTWE von seinem Pendant auf Industrieseite, dem Deutschen Zigarettenverband (DZV), der Rechts- und Planungssicherheit anmahnt und kritisiert, dass immer noch kein Referenten-Entwurf des zuständigen Bundesministeri-

BTWE-Fakten 2015: der Tabakmarkt

Die BTWE-Fakten 2015 – herausgegeben vom Bundesverband des Tabakwaren-Einzelhandels (BTWE) liefern wesentliche Kennziffern und Koordinaten zu Zigaretten, Feinschnitt, Zigarre/Zigarillo, Pfeife, Lotto und Presse. (Gebühr Printexemplar: Mitglieder der Einzelhandelsorganisation 25 Euro, Nichtmitglieder 55 Euro zzgl. MwSt. und Versandkosten. Gebühr PDF: Mitglieder der Einzelhandelsorganisation 15 Euro, Nichtmitglieder 35 Euro)   **www.tabakwelt.de**

Markt | Tabak

TABAKSTEUERAUFKOMMEN
netto, in Mio. Euro

Grafik 2

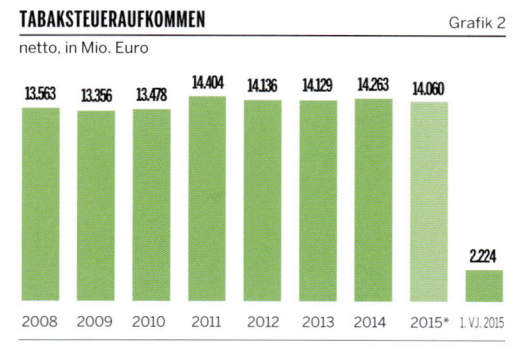

2008	2009	2010	2011	2012	2013	2014	2015*	1. VJ. 2015
13.563	13.356	13.478	14.404	14.136	14.129	14.263	14.060	2.224

* Prognose Finanzministerium

Quelle **destatis**

ums für Ernährung und Landwirtschaft vorliegt. Laut DZV ist damit zu rechnen, dass das Tabakgesetz erst im ersten Quartal 2016 im Bundesgesetzblatt veröffentlicht wird. Da schon ab 20. Mai des kommenden Jahres die Vorgaben der TPD in Deutschland umgesetzt sein müssen, „läuft der Branche die Zeit davon", wie der Industrieverband sagt. „Wenn der Zeitraum für die Produktionsumstellung nur wenige Wochen beträgt", heißt es weiter, „ist das deutlich zu kurz. Die Industrie benötigt für die Umstellung auf Zigaretten mit den neuen Warnhinweisen mindestens zwölf Monate; bei Feinschnitt sind es wenigstens 18 Monate."

Ein für die Branche wenn auch kalkulierbares, aber dennoch „Umsatzhemmnis" ist nach wie vor die Tabaksteuer, die den Rauchergenuss zu Lasten des Konsumenten und zu Gunsten des Staates künstlich verteuert. Das Aufkommen dieser aus dem Jahre 1906 stammenden indirekten Steuer spülte allein 2014 rund 14,3 Mrd. Euro – abhängig von Menge und Wert der verkauften Ware – in die Kassen des Bundes **(Grafik 2)**. Bei der Zigarette beträgt zum Beispiel der Steueranteil (Tabak, Mehrwert) 72,2 Prozent und somit der Wirtschaftsanteil (Handel, Herstellung) nur 27,8 Prozent. Die Industrie vertreibt den Löwenanteil der Zigaretten (92 Prozent) über den Tabakwaren- und Lebensmittelgroßhandel; Der Verbraucher wiederum bezieht seine Ware hauptsächlich über den LEH **(Grafik 3)**, wobei er seit Jahren immer weniger bei den Handelsmarken zugreift: Deren Anteil am Fabrikzigarettenmarkt ist von 12,5 Prozent (2010) auf 10,8 Prozent (2014) zurückgegangen.

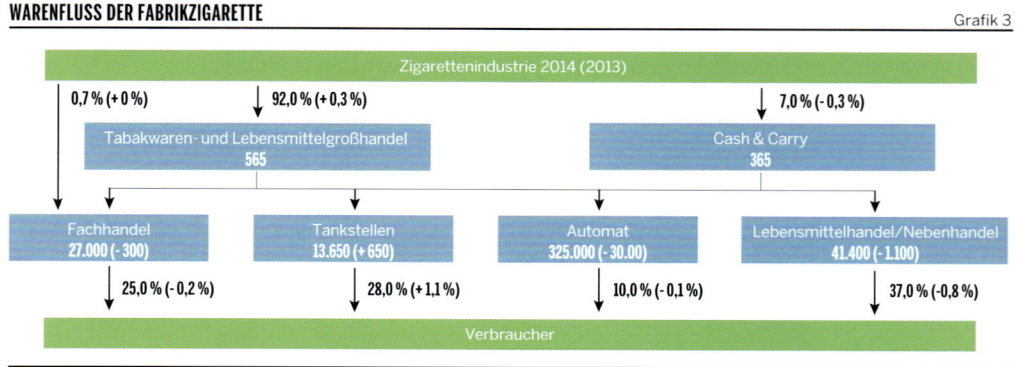

WARENFLUSS DER FABRIKZIGARETTE

Grafik 3

Zigarettenindustrie 2014 (2013)

- 0,7 % (+ 0 %)
- 92,0 % (+ 0,3 %) → Tabakwaren- und Lebensmittelgroßhandel 565
- 7,0 % (- 0,3 %) → Cash & Carry 365

Fachhandel 27.000 (- 300)	Tankstellen 13.650 (+ 650)	Automat 325.000 (- 30.00)	Lebensmittelhandel/Nebenhandel 41.400 (- 1.100)
25,0 % (- 0,2 %)	28,0 % (+ 1,1 %)	10,0 % (- 0,1 %)	37,0 % (-0,8 %)

→ Verbraucher

Quelle **PMG**

Tabak | **Markt**

KPMG-Studie: hoher Steuerausfall wegen geschmuggelter Zigaretten

Der **Konsum geschmuggelter und gefälschter Zigaretten** hat 2014 laut einer aktuelle Studie der KPMG, der British American Tobacco, Imperial Tobacco, Japan Tobacco International und Philip Morris International allein in Deutschland einen **geschätzten Steuerausfall von rund 1,5 Mrd. Euro** verursacht, Demnach stammen fast 46 Prozent der in Deutschland konsumierten gefälschten und geschmuggelten Zigaretten aus den Nachbarländern Polen und Tschechien. Der mit Abstand größte Anteil gefälschter und geschmuggelter Zigaretten kommt nach wie vor aus Osteuropa nach Deutschland.

„**Deutschland liegt mit Frankreich europaweit an der Spitze beim Konsum von illegalen Zigaretten.** Trotz leichter Rückgänge von geschmuggelten Zigaretten in Europa darf es keine Entwarnung geben. Nach wie vor ist der Schaden durch illegale Zigaretten für Handel und Staat immens und es bedarf großer Anstrengungen, um diese Form der Kriminalität zu reduzieren", sagt Ralf Wittenberg, Sprecher der Geschäftsführung von British American Tobacco und Vorstandsvorsitzender des Deutschen Zigarettenverbandes (DZV). Laut Studie ist **etwa jede dritte aus Polen und Tschechien eingeführte Zigarette illegal**. Allerdings ist die Zahl der aus Polen nach Deutschland gebrachten illegalen Zigaretten zurückgegangen – von 4,13 auf 2,1 Mrd. Stück. Dafür wächst der illegale Import aus Weißrussland. Hier ist der Anteil am illegalen Handel von 8,4 auf 12 Prozent gestiegen. Die Zahlen sind drastisch: **18,5 Mrd. nicht in Deutschland versteuerter Zigaretten wurden 2014 geraucht**. 8,15 Mrd. davon waren geschmuggelt oder gefälscht. Das sind **8,4 Prozent des gesamten Zigarettenkonsums**. „Unsere Untersuchungen zeigen, das Problem betrifft alle Mitgliedstaaten. Ein besonderes Augenmerk auf den illegalen Zigarettenhandel müssen Staaten an den EU-Außengrenzen haben. Das gilt besonders, wenn Zigaretten in den entsprechenden Nachbarländern deutlich günstiger sind und dort weiterhin in hohem Maße illegale Zigaretten konsumiert werden", sagt KPMG-Partner Robin Cartwright.

Auf EU-Ebene wurden **56,6 Mrd. gefälschte oder geschmuggelte Zigaretten konsumiert**. Das entspricht einem Anteil von 10,4 Prozent am Gesamtverbrauch. Das macht **11,5 Mrd. Euro an verlorenen Steuereinnahmen**. Das einzig Gute: Mit dem Konsum von 56,6 Mrd. gefälschten oder geschmuggelten Zigaretten blieb der illegale Tabakhandel in der EU 2014 gegenüber dem Vorjahr (56,8 Mrd.) stabil. Allerdings ist dabei der Anteil sogenannter Illicit Whites um 8 Prozent auf ein Rekordhoch von 21,2 Mrd. Zigaretten gewachsen. Das entspricht 37 Prozent der konsumierten illegalen Zigaretten. Dies ist der höchste Prozentsatz seit Durchführung der Studie seit 2006. **Illicit Whites sind illegale Markenzigaretten, die im Ursprungsland legal produziert werden, aber fast ausschließlich in andere Länder geschmuggelt werden**. Während in der Vergangenheit die Illicit-White-Marken auf dem deutschen Markt stark durch die Marke Jin Ling dominiert wurden, ist nun ein breites Spektrum verschiedener Marken festzustellen.

Auch der BTWE ist alarmiert und warnt: „**Nur durch den legalen Verkauf von Zigaretten kann der Jugendschutz in Deutschland effizient und flächendeckend gewährleistet werden**", betont BTWE-Präsident Rainer von Bötticher. „Auf dem Schwarzmarkt fragt niemand nach dem Ausweis." Für alle Konsumenten gelte zudem: Während die in Deutschland versteuerten Zigaretten Regulierungen mit gesetzlich festgelegten Höchstwerten an Teer, Nikotin, Kohlenmonoxid und anderer Inhaltsstoffe unterliegen, **entziehen sich gefälschte und geschmuggelte Zigaretten jeglicher Kontrolle**.

Markt | Textil

E-COMMERCE LEGT ZU

Steigender Wettbewerb im Internet und sinkende Kundenfrequenzen im Geschäft setzen dem Textilhandel ordentlich zu.

Text **Matthias Kersten, BusinessHandel**

Der Umsatz von Bekleidung sowie Haus- und Heimtextilien ist laut Bundesverband des Deutschen Textileinzelhandels (BTE) 2014 leicht gestiegen. Das Geschäft verlief allerdings je nach Vertriebsform sehr unterschiedlich. Mittelständische Boutiquen und Modehäuser dürften im Schnitt rund 1 bis 2 Prozent Umsatz verloren haben, während vertikale Modeketten vor allem auf Grund ihrer Flächenexpansion leicht zulegen konnten. Dieses Umsatzplus resultiert jedoch in vielen Fällen aus einer Flächenexpansion. Noch drastischer klafft die Entwicklung beim Versandhandel auseinander. Der BTE schätzt, dass 2014 rund 3 Prozent mehr Bekleidung und Textilien per E-Commerce verkauft wurden. Der Marktanteil der Onlineshops stieg damit auf rund 15 Prozent **(Grafik 1)**. Zusammen mit dem schrumpfenden Kataloggeschäft sowie dem Teleshopping kommt der Distanzhandel auf einen Marktanteil von etwa 18 Prozent.

Probleme bereiten dem mittelständischen Modehandel derzeit vor allem die Entwicklung der Kundenfrequenz und der Wettbewerb im Internet. Da die Menschen ihr Leben zunehmend vom heimischen Computer aus organisieren, verringern sich die Chancen für Impuls- oder Lustkäufe. Auch den zunehmenden Wettbewerb durch die eigenen Lieferanten – sei es über de-

Appell an den Fachhandel: Wir müssen die Kunden begeistern!

Deutschland ist der größte europäische Modemarkt mit einem exzellenten wirtschaftlichen Umfeld, der der immer wieder neue, international agierende Filialisten anlockt. Verdrängt wird angesichts dieser Entwicklung der mittelständische Multi-Label-Modehändler – zumindest jene Unternehmen, die es nicht schaffen, sich im Wettbewerb mit überzeugenden Sortimenten und Geschäftskonzepten zu profilieren. Wettbewerbsmäßig eingeklemmt zwischen Online-Anbietern auf der einen und vertikal organisierten Ketten auf der anderen Seite schrumpft der Anteil des mittelständischen Modefachhandels am Umsatzkuchen schon seit Jahren stetig. Auch 2014 sind die Umsätze des mittelständischen Fachhandels um 1 bis 2 Prozent gesunken; insgesamt, also über alle Betriebstypen und -größen hinweg, dürften sie im letzten Jahr minimal gewachsen sein, etwa im Bereich einer schwarzen Null. Die Mehrheit der Modefachgeschäfte blickt somit auf ein schwieriges und bestenfalls halbwegs zufriedenstellendes Jahr zurück. Allerdings sollte nicht unter den Tisch fallen, dass immerhin rund ein Drittel der Modehäuser mit einem Plus abgeschnitten haben. Es sind vor allem die gut geführten größeren Geschäfte in guten Lagen, die sich nach wie vor erfolgreich im Markt behaupten können. Probleme haben dagegen vor allem kleinere Läden in schwierigen Lagen.

Insbesondere Modegeschäfte in kleinen Orten müssen heute enorme Anstrengungen unternehmen, damit die Kunden nicht in größere Städte oder ins Internet abwandern. Es überrascht also nicht, dass dem stationären Textilfachhandel die Entwicklung der Kundenfrequenz und der Wettbewerb im Internet die größten Sorgen bereiten – zwei Punkte, die sicher eng miteinander zusammenhängen. Auch der zunehmende Wettbewerb durch die eigenen Lieferanten – sei es über deren Läden oder Online-Vertrieb – ist eine kritische Entwicklung. So geht vielen Modehäusern Umsatz verloren, der in andere Absatzkanäle fließt. Die Zahl der Unternehmen im Bekleidungshandel geht schon seit

Textil | **Markt**

WACHSENDER ONLINE-HANDEL Grafik 1
Textil-Umsatz 2014 nach Vertriebsschienen (in Mrd. Euro)

- Bekleidungsfachhandel: 30
- Fachhandel Heim- und Haustextilien: 5
- Online-Handel: 9
- Kataloggeschäft/Teleshopping: 2
- Warenhäuser, Lebensmitteldiscounter, Sonstige: 14

Quelle **BTE-Schätzungen**

ren Läden oder Online-Vertrieb – sieht der BTE als kritische Entwicklung. Nach einer aktuellen Verbands-Umfrage verringerte sich 2014 die Zahl der Kunden bei fast drei Viertel der Umfrageteilnehmer. Einen Lichtblick lieferte indessen die Umsatzsteuerstatistik des Statistischen Bundesamtes für 2013, die im Frühjahr 2015 erschienen ist. Danach hat der „stationäre Facheinzelhandel mit vorwiegend Bekleidung" seinerzeit – wie auch in den Vorjahren – deutlich besser abgeschnitten, als es nach den bisher vorliegenden Branchen-Panels zu erwarten war, und zwar mit einem Umsatzplus in Höhe von 3,3 Prozent. Zum Vergleich: Fast alle dem BTE bekannten Umfragen im mittelständischen Modefachhandel wiesen ein leichtes Minus aus. Selbst die amtliche Umsatzzahl des Statistischen Bundesamtes, die auf Basis einer repräsentativen und gewichteten 5-Prozent-Stichprobe errechnet wird, lag für 2013 lediglich bei einem Plus von 1,6 Prozent. Dabei sank die Zahl der Bekleidungsgeschäfte von 2012 auf 2013 sogar um 1.081 (minus 5,1 Prozent) auf 19.921 Unternehmen. Noch positiver war die Entwicklung bei Haustextilien. Der „Einzelhandel mit vorwiegend Texti-

Jahren zurück. 2000 gab es mehr als 35.000, aktuell sind es rund 20.000. Rein rechnerisch hat der Bekleidungshandel damit seit der Jahrtausendwende etwa 1.000 Unternehmen pro Jahr verloren. An die Stelle von vielen mittelständischen Modegeschäften traten in der Vergangenheit eine Handvoll expansiver vertikaler Ketten. Dass Lieferanten des Modehandels angesichts dieser Entwicklung eigene Verkaufskonzepte in Form von Markenstores und Onlineshops forciert haben, mag verständlich erscheinen. Ich bin allerdings der festen Überzeugung, dass einige hier längst über das Ziel hinaus geschossen sind. Mit ihren eigenen Aktivitäten füllen sie nicht nur entstandene Marktlücken, sie verdrängen auch ihre angestammten Handelspart-

ner. Und wenn die Lieferanten-eigenen Onlineshops und -stores einzelne Modelle gezielt früher oder auch preisgünstiger anbieten als der stationäre Handelspartner, trägt das auch nicht zu dessen Stärkung bei. Die Markenlieferanten stehen daher auch für die Vertriebsschiene des Multilabel-Handels in der Verantwortung. Insgesamt bin ich jedoch der Ansicht, dass gut geführte Modegeschäfte weiterhin hervorragende Aussichten haben – auch oder sogar gerade in Zeiten des Internets.

Allerdings muss sich der Modehandel diese Perspektiven hart erarbeiten. Die Voraussetzungen für das erfolgreiche Führen eines Mo-

degeschäftes sind in den letzten Jahren extrem gestiegen. Langweilige 08/15 Läden werden sich kaum noch halten können. Denn die Alternative für den Kunden ist überall nur noch einen Mausklick weit entfernt. Stattdessen wird es noch mehr Geschäfte geben müssen, die den Kunden begeistern: mit einem attraktiven Warenangebot, mit einem zeitgemäßen Ambiente und mit tollen Mitarbeitern.

Der Einzelhandel muss einen deutlichen Mehrwert für den stationären Einkauf bieten.

**Steffen Jost,
Präsident des
Bundesverbandes
des Textilwaren-
Einzelhandels (BTE)**

Foto BTE

Factbook Einzelhandel 2016 155

Markt | Textil

lien", der vor allem Betten-, Handarbeit- und Meterwarengeschäfte umfasst, kam danach im Jahr 2013 auf ein Plus von 9 Prozent (amtliche Stichprobe: plus 0,7 Prozent). Allerdings gab es hier aufgrund des Booms im Nähbereich auch einen weiteren Zuwachs an Geschäften um 4,1 Prozent auf 9.897 Unternehmen.

Abgesehen von diesen statistischen Lichtblicken gibt es laut BTE jedoch allen Grund, über das Order- und Angebotsverhalten nachzudenken. So ließ der dritte milde Winter in Folge die Verkaufszahlen von Winterware erneut einbrechen und die Abschriften in neue Höhen treiben. Vor diesem Hintergrund müssten Handel und Industrie unbedingt neue, wirksame Wege suchen, um die Umsätze im Herbst/Winter 2015 zu stabilisieren. Der Modehandel müsse sich mit den tatsächlichen Wetterszenarien auseinandersetzen, nicht mit den erhofften. Der Branchenverband empfiehlt daher, außerhalb des hochmodischen Bereichs die Liefertermine noch näher an die „Bedarfstermine" der Käufer zu rücken und auch die Mengen- bzw. Flächenplanung anzupassen. Jedes Modehaus müsse für sich prüfen, welche Ware sein Kunde in welcher Auswahl zu welchem Zeitpunkt wünscht. Eine große Fläche mit Winterjacken bereits Ende August dürfte aus Kundensicht kaum Sinn machen und nur unnötig frühe und hohe Abschriften nach sich ziehen. Echte Winterware sollte vorsichtiger eingekauft und dem Kunden auch nicht zu früh präsentiert werden. Ziel sei die Stärkung der zweiten Saisonhälfte oder gar die Schaffung einer eigenständigen Wintersaison.

Für 2015 rechnen knapp 40 Prozent der Modehändler mit einem Umsatzzuwachs und 37 Prozent immerhin noch mit einem Pari. „Wenn das Wetter mitspielt, dürfte angesichts guter konjunktureller Rahmenbedingungen aber ein kleines einstelliges Umsatzplus zu erreichen sein", hofft Verbandspräsident Steffen Jost.

Dynamischer Online-Handel bei Kindermode

Auch die Anbieter von Kindermode blieben 2014 von den Wetterkapriolen nicht verschont. Dennoch konnte der Markt (inklusive Sportbekleidung und Bekleidungs-Accessoires) ein leichtes Plus verzeichnen und um 0,8 Prozent wachsen. Damit stieg das Marktvolumen laut IFH Köln auf rund 3,5 Mrd. Euro **(Grafik 1)**. Kindermoden machen gegenwärtig rund 14 Prozent des gesamten Textilhandels aus, wie die Unternehmensberatung Deloitte errechnet hat. Dass die Jahresbilanz positiv ausfällt, liegt nicht zuletzt daran, dass Eltern mehr Geld in ihre Sprösslinge investieren: Die Bekleidungsausgaben pro Kind sind 2014 um 2,7 Prozent gestiegen. „Die Marken- und Designorientierung nimmt zu und ist vor allem bei den älteren Kids kaufentscheidend. Das ist ein Grund, warum sich das Ausgabeverhalten von der Geburtenentwicklung löst. Für weniger Kinder wird mehr Geld ausgegeben", beschreibt Hansjürgen Heinick vom IFH Köln die Entwicklung. Der Online-Handel mit Kinderbekleidung entwickelte sich zuletzt deutlich dynamischer als der Gesamtmarkt. Vor allem Eltern von Babys und Minis kaufen Kindermode verstärkt im Netz. So ist der Online-Handel im Markt für Kinderbekleidung 2014 im Vergleich zum Vorjahr um rund 60 Mio. Euro gewachsen. Das bedeutet: Ohne den Online-Handel hätte der Markt ein Minus von 1 Prozent verbuchen müssen.

IN BEWEGUNG — Grafik 1

Marktvolumen Kinderbekleidung inkl. Sportbekleidung und Accessoires in Mrd. Euro; Veränderung gg. Vorjahr in Prozent

Jahr	Mrd. Euro	Veränderung
2009	3,22	+1,6
2010	3,42	+6,3
2011	3,36	-1,8
2012	3,36	+0,1
2013	3,44	+2,4
2014	3,47	+0,8

Quelle **IFH Köln**

Schuhe | **Markt**

VERHALTEN OPTIMISTISCH

Trotz ungünstiger Witterungsverhältnisse und sinkender Kundenfrequenz in den Geschäften hat der Schuheinzelhandel seine Umsätze stabilisiert. Der BDSE erwartet leichtes Wachstum für das Jahr 2015.

Text **Matthias Kersten, BusinessHandel**

Das Jahr 2014 war für den Schuheinzelhandel voller Höhen und Tiefen, heißt es beim Bundesverband des Deutschen Schuheinzelhandels (BDSE). Während das erste Halbjahr mit einem Umsatzplus von 6 Prozent noch ausgesprochen positiv verlief, entwickelte sich die Herbst-Winter-Saison enttäuschend. Zwar brachte der August aufgrund kühler Temperaturen einen erfreulichen Umsatzschub, bis November jedoch blieben die Abverkäufe weit hinter den Erwartungen und Vorjahreszahlen zurück. Die kühle Jahreszeit war viel zu mild, was sich im Kundenverhalten widerspiegelte. Lediglich im Dezember kurbelten tiefere Temperaturen, Schneefall und Rotstiftpreise die Nachfrage nach Winterschuhen noch einmal an. Ende Dezember schloss der Schuheinzelhandel das Jahr mit einem kleinen nominalen Umsatzplus von 1 Prozent ab. Die Entwicklung verlief in allen Betriebsgrößen recht ähnlich, wobei kleinere Fachgeschäfte tendenziell etwas schwächer abgeschnitten haben **(Grafik 1)**.

Auch der E-Commerce konnte sich in diesem Winter von den ungünstigen Witterungseinflüssen nicht positiv abheben. Zwar sind die Zahlen zur Entwicklung des Online-Handels nicht wirklich belastbar, da die veröffentlichten Umsatzdaten in Abhängigkeit von der Erhebungsquelle stark differieren. Es deutet aber einiges darauf hin, dass diese Vertriebsschiene in 2014 über ein durchschnittliches Umsatzwachstum von ein bis zwei Prozent nicht hinausgekommen ist. Gleichwohl dürften einige Internet-Anbieter erneut stark gewachsen sein, andere dafür Umsatzeinbußen verzeichnet haben. Möglicherweise ist dies bereits der Ausdruck eines ausgeprägten Konzentrationsprozesses im Online-Handel, den das Institut für Handelsforschung (IFH) in Köln für die kommenden Jahre prognostiziert hat.

Der stationäre Schuhfachhandel, vom kleinen Schuhgeschäft bis zum Großfilialisten, hat nach Berechnungen des BDSE im Jahr 2014 ein Umsatzvolumen von 8,3 Mrd. Euro (inkl. MwSt.) erzielt. Auf den stationären Fachhandel entfallen etwa zwei Drittel aller Umsätze. Geht man davon aus, dass die Entwicklung in den anderen Vertriebsformen – Versandhandel, Warenhäuser, Bekleidungsgeschäfte oder sonstige Betriebstypen, die ebenfalls Schuhe anbieten – im vergangenen Jahr im Großen und Ganzen ähnlich verlief, dürfte das gesamte Marktvolumen 11,7 Mrd. Euro (inkl. MwSt.) erreicht haben. Darin sind die Umsätze des Online-Handels mit Schuhen enthalten.

Im vergangenen Jahr litten die Schuhgeschäfte erneut unter einer schwachen Kundenfrequenz

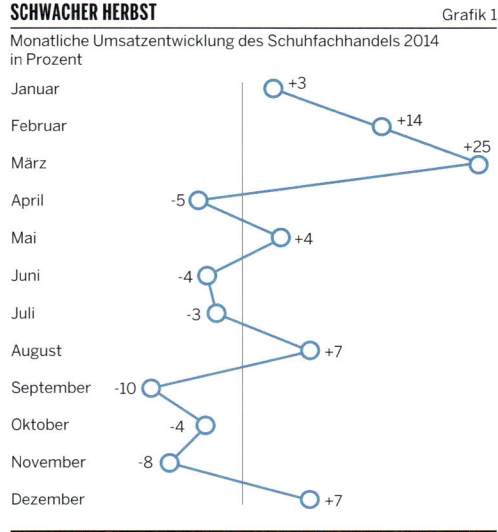

SCHWACHER HERBST — Grafik 1
Monatliche Umsatzentwicklung des Schuhfachhandels 2014 in Prozent

Januar	+3
Februar	+14
März	+25
April	-5
Mai	+4
Juni	-4
Juli	-3
August	+7
September	-10
Oktober	-4
November	-8
Dezember	+7

Quelle **BDSE, Bundesverband Schuheinzelhandel**

Markt | Schuhe

WENIGER KUNDEN – HÖHERER BON
Grafik 2

Entwicklung von Kundenfrequenz und Durchschnittsbon im Schuhfachhandel 2014 vs. 2013 (Angaben in Prozent)

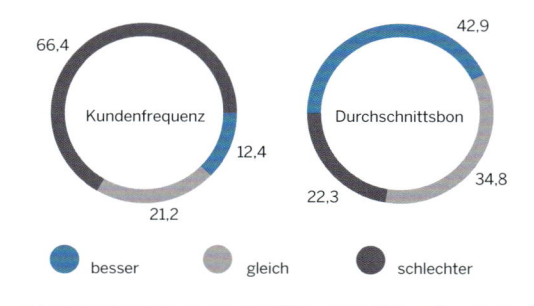

Kundenfrequenz: 66,4 besser · 12,4 gleich · 21,2 schlechter (Anm.: 66,4 schlechter, 12,4 gleich, 21,2 besser)

Durchschnittsbon: 42,9 besser · 22,3 gleich · 34,8 schlechter

● besser ● gleich ● schlechter

Quelle **BDSE-Befragung 2015**

VORSICHTIGE PROGNOSE
Grafik 3

Umsatzerwartungen im Schuhfachhandel 2015 (Anzahl Unternehmen in Prozent)

21,2 · 19,5 · 59,3

● besser ● gleich ● schlechter

Quelle **BDSE-Befragung 2015**

(Grafik 2). So meldeten zwei Drittel der vom BDSE befragten Schuhfachhändler rückläufige Besucherzahlen. Wobei sich die Quoten in den vergangenen Jahren standort- und branchenbezogen sehr unterschiedlich entwickelt haben. Wie die Analysen von Experian FootFall Europe zeigen, profitieren die Metropolen und die touristischen Regionen sogar von einer wachsenden Anziehungskraft. Diese Sogwirkung geht dann zulasten des Umlandes, wo die innerstädtischen Besucherzahlen zurückgehen.

Bisher scheint es dem stationären Schuhhandel aber gelungen zu sein, über höhere Verkaufsanstrengungen die Umsätze weitgehend zu halten. Wie Experian FootFall ermittelte, ist die Kundenfrequenz im Schuhfachhandel zwar seit 2009 um einen mittleren

Umsatzsteuerstatistik: besser als gedacht

Der „stationäre Facheinzelhandel mit vorwiegend Schuhen" (dazu zählen Unternehmen mit mehr als 50 Prozent aus dem Schuhverkauf) hat 2013 **deutlich besser abgeschnitten** als bisher zu erwarten war. Das geht aus der entsprechenden Umsatzsteuerstatistik hervor, die das Statistische Bundesamt erst im Frühjahr 2015 vorgelegt hat. Sie ist die einzige Datenquelle, die im Rahmen einer Vollerhebung sämtliche Umsätze im Einzelhandel erfasst. Demnach betrug das **amtlich festgestellte Umsatzplus 4,9 Prozent**. Selbst die amtliche 5-Prozent-Stichprobe lag weit unter dem vor wenigen Monaten veröffentlichten Wert.

Auch im Textil- und Lederwaren-Einzelhandel gibt es erhebliche Abweichungen zwischen den einzelnen Erhebungen. Die Gründe für die unterschiedliche Datenlage sind schwer nachvollziehbar. Vieles deutet aber darauf hin, dass im Outfit-Handel etliche sehr expansive Unternehmen agieren, die in der 5-Prozent-Stichprobe offenbar nicht vertreten sind. Auch dürften die **wachsenden Online-Umsätze** der Multichannel-Händler im Jahr 2013 die Entwicklung relativ stark beeinflusst haben.

einstelligen Prozentbereich gesunken, aber die Konsumausgaben blieben in den Schuhgeschäften der betroffenen Regionen bisher weitgehend stabil. Nicht zuletzt über Zusatzverkäufe konnte der Handel auch im vergangenen Jahr wieder den durchschnittlichen Kaufbetrag pro Kunde erhöhen, was zur Stabilisierung des stationären Schuhumsatzes beigetragen hat.

Wie schon in den vergangenen Jahren sind die Preise bei qualitativ vergleichbaren Schuhen auch 2014 nur sehr moderat gestiegen und bewegten sich mit plus 0,9 Prozent im Rahmen der allgemeinen Verbraucherpreiserhöhung. Ob sich der Trading-up-Prozess der vergangenen Jahre, bei dem obere Preislagen im Schuhhandel ausgebaut wurden, auch in 2014 fortgesetzt hat, lässt sich noch nicht sagen. Die Durchschnittspreise im Fachhandel haben sich nach ersten Erkenntnissen jedenfalls nicht erhöht. Sie erreichten bei Damenschuhen 66 Euro, bei Herrenschuhen 76 Euro und bei Kinderschuhen 45 Euro. Der anhaltend hohe Wettbewerbsdruck im Schuheinzelhandel mit einem Überangebot an Ware suchte sich vor allem in der zweiten Jahreshälfte über sehr frühe und vergleichsweise hohe Preisreduzierungen ein Ventil. So sind bei rund der Hälfte der vom BDSE befragten Unternehmen die Preisabschriften im Vergleich zum Vorjahr gestiegen, was sich entsprechend negativ auf die Rohertäge ausgewirkt hat.

Die schlechteren Abverkäufe bei warmen Winterschuhen zwingen viele Einkäufer, sich besonders gründlich auf diese Orderrunde vorzubereiten. So beabsichtigt ein Viertel aller Unternehmen, die Aufträge noch gezielter als sonst zu vergeben. Über ein Drittel will den Einkauf an Winterware reduzieren, knapp ein Fünftel die Zahl der Lieferanten einschränken, insbesondere mit Blick auf die erzielten Abverkäufe und deren Präsenz in der Direktvermarktung (Factory Outlets, Online-Verkauf). Wichtig ist vielen Einkäufern, dass sie den Anteil ihrer Erstorder reduzieren zugunsten eines stärkeren Nachordergeschäfts. Sie suchen aber auch gezielt nach Innovationen und Lieferanten, die eine bedarfsgerechtere zeitliche Wareneinsteuerung ermöglichen.

2015: Schuhhandel optimistisch

Was das vor uns liegende Jahr angeht, so sind die ökonomischen Rahmenbedingungen für unsere Branche durchaus günstig. Die Prognosen zum Bruttoinlandsprodukt lassen Positives für die Einzelhandelsumsätze erwarten.

Die Konsumstimmung der Verbraucher ist auf einem anhaltend hohen Niveau, der überaus hohe Beschäftigtenstand dürfte sich auch in diesem Jahr fortsetzen. Allerdings blicken die von uns befragten Unternehmen des Schuheinzelhandels angesichts des schwierigen Umsatzverlaufs des vergangenen Jahres nur verhalten optimistisch in die Zukunft. Aber immerhin knapp 20 Prozent der Unternehmen erwarten steigende Umsätze, und fast 60 Prozent rechnen mit einem Umsatz auf Vorjahresniveau. Vor dem Hintergrund der positiven wirtschaftlichen Rahmenbedingungen sollte nach Meinung des BDSE in diesem Jahr ein nominales Umsatzwachstum von 2 Prozent möglich sein **(Grafik 3)**. Voraussetzung ist allerdings, dass das Wetter saisonal wieder besser mitspielt und es dem Schuhhandel gelingt, mit innovativen Sortimenten die Kundinnen und Kunden zu begeistern.

Passgenauigkeit: Damit kann der Stationäre punkten.

Markt | Lederwaren

POSITIVE STIMMUNG

Der BLE ist mit den Branchenumsätzen in 2014 zufrieden und schaut zuversichtlich auf das laufende Jahr. Allerdings darf sich die gute Konsumstimmung nicht abkühlen.

Text **Matthias Kersten, BusinessHandel**

Der deutsche Lederwarenfachhandel hat sich nach Aussagen des Bundesverbandes des Lederwaren-Einzelhandels (BLE) 2014 „ordentlich geschlagen" und konnte den Vorjahresumsatz halten. Gestützt wird diese Feststellung durch das Statistische Bundesamt, das in seiner amtlichen 5-Prozent-Stichprobe ebenfalls lediglich ein leichtes vorläufiges Umsatzminus von 0,6 Prozent ausgewiesen hat. Über alle Vertriebsschienen hinweg dürfte das Marktvolumen für Lederwaren und Reisegepäck laut BLE im letzten Jahr gestiegen sein.

Der Zuwachs kommt allerdings nicht aus dem klassischen Lederwarenfachhandel, sondern aus anderen Vertriebswegen. So haben Waren- und vor allem Modehäuser oftmals ihren Anteil an modischen Accessoires auch in 2014 weiter erhöht und damit beispielsweise ihre Umsätze mit Taschen merklich gesteigert. Weiter expansiv waren zudem Online-Anbieter, deren Wachstum allerdings deutlich an Dynamik verloren haben dürfte. Vieles deutet darauf hin, dass es im letzten Jahr nur noch im einstelligen Bereich lag. Der Marktanteil des gesamten Versandhandels am Lederwarenmarkt liegt nach BLE-Schätzungen aktuell bei höchstens 20 Prozent, wobei vermutlich mindestens drei Viertel davon über das Internet laufen.

Die Umsatzunterschiede zwischen den einzelnen Geschäften waren erneut groß. Die Bandbreite reicht von minus 20 bis plus 20 Prozent. Schwächer abgeschlossen haben vor allem kleinere Geschäfte in schlechteren Lagen. Auch das unterdurchschnittliche Weihnachtsgeschäft, das zudem durch frühzeitige Reduzierungsaktionen belastet wurde, verhinderte ein besseres Ergebnis. Die Aktionen wurden vor allem von Online-Anbietern und Modehäusern mit Taschen-

Grafik 1

VON KLEIN BIS GROSS

Umsatz-Struktur des Lederwarenfachhandels 2013

Größenklasse in €	Zahl der Unternehmen	Nettoumsatz in Mio. Euro
bis 50.000	251	8.260
50.000 bis 100.000	279	20.087
100.00 bis 250.000	430	65.038
250.000 bis 500.000	237	85.250
500.000 bis 1 Mio.	164	115.763
1 bis 2 Mio.	68	95.477
2 bis 5 Mio.	55	164.668
5 bis 10 Mio.	11	69.569
10 bis 25 Mio.	10	141.400
mehr als 25 Mio.	3*	317.894*
gesamt	**1.480**	**1.083.406**

Quelle **Umsatzsteuerstatistik 2013**, *BLE-Berechnungen

Lederwaren | **Markt**

abteilung initiiert, die ihr Kernsortiment Bekleidung üblicherweise schon ab Dezember mit Preisaktionen vermarkten. Für gute Umsätze hat 2014 vor allem das Reisegepäck gesorgt, aber auch Kleinleder-Accessoires waren gefragt. Bei Handtaschen hängt und hing der Erfolg immer mehr davon ab, die richtige Ware bzw. Marke zur richtigen Zeit anbieten zu können. Schwächer entwickelte sich der traditionelle Businessbereich, der unter der Casualisierung der Arbeitswelt zu leiden hat. Hier wird die klassische Aktentasche oft durch die lässige Umhängetasche ersetzt.

Der BLE schätzt das Marktvolumen von Lederwaren in Deutschland 2014 auf rund 2,4 Mrd. Euro (zu Endverbraucherpreisen). Der spezialisierte Lederwarenfachhandel ist dabei unverändert der wichtigste Vertriebsweg. Laut der letzten Umsatzsteuerstatistik gab es 2013 insgesamt 1.480 Unternehmen in der Branche. Einschließlich Filialen dürften damit mehr als 2.000 spezialisierte Lederwarengeschäfte am Markt vertreten sein. Sie erzielten einen Nettoumsatz von fast 1,1 Mrd. Euro (brutto 1,3 Mrd.). Gegenüber 2012 ging die Zahl der Unternehmen um 86 (minus 5,5 Prozent) zurück. Die Umsätze sanken sogar um 114,5 Mio. Euro (minus 9,6 Prozent). Der Rückgang resultiert zum allergrößten Teil aus der Gruppe der Großunternehmen ab 10 Mio. Euro Jahresumsatz, wo allein 100 Mio. Euro weniger erwirtschaftet wurden. Da es nach BLE-Kenntnis in 2013 keine große Unternehmensschließung im Lederwarenhandel gab, deutet alles darauf hin, dass der Umsatzrückgang Folge einer statistischen Umgruppierung ist.

Der Lederwarenfachhandel ist vorwiegend mittelständisch strukturiert. Überregional tätige Großunternehmen gibt es kaum. Nur 13 Unternehmen und damit 0,9 Prozent aller Lederwarenhändler erzielten 2013 einen Nettoumsatz von mehr als 10 Mio. Millionen Euro. Die Zahl der Klein- und Kleinstunternehmen ist nach wie vor hoch. Knapp 63 Prozent erwirtschaften nicht einmal 250.000 Euro, 36 Prozent liegen sogar unter 100.000 Euro Nettojahresumsatz **(Grafik 1)**.

Foto **Shutterstock**

Zeitlos schön: Leder in allen Facetten.

Für das Jahr 2015 ist der Lederwarenhandel zuversichtlich. Viel wird in den nächsten Wochen und Monaten davon abhängen, wie sich die Konsumstimmung entwickelt. Grundsätzlich sind die wirtschaftlichen Voraussetzungen aber positiv, da die Beschäftigungsquote so hoch wie lange nicht mehr ist. Ein kleiner Wermutstropfen ist die prognostizierte Preisentwicklung. Der schwache Euro und der gleichzeitige Anstieg der Lederpreise werden die Einkäufe zumindest bei asiatischer Ware vermutlich verteuern. Da aber im Verkauf mit psychologischen Preisschwellen gearbeitet wird, dürften das die meisten Kunden nicht wahrnehmen. Wichtige Eckpreislagen wie 99 oder 199 Euro wird es auch im Jahr 2015 geben.

Markt | Bücher

LESER SIND TREUE KUNDEN

Der stationäre Buchhandel hat schwere Jahre hinter sich und kann derzeit etwas aufatmen. Seine Umsatzverluste liegen unter denen des Online-Handels.

Text **Andrea Kurtz, BusinessHandel**

Ohne den E-Commerce konnte der Sortimentsbuchhandel 2014 insgesamt 4,58 Mrd. Euro (alle Zahlen: Börsenverein, auf Grundlage von GfK Entertainment) umsetzen. Das ist zwar ein kleines Minus von 1,2 Prozent, doch im Vergleich zum Internet-Buchhandel (minus 3,1 Prozent), dem Versandbuchhandel (minus 26 Prozent), den Buchgemeinschaften (minus 21 Prozent) oder den Warenhäusern (minus 17,3 Prozent) steht der gut sortierte und serviceorientierte Fachbuchhändler gut da. „Wir haben unsere Hausaufgaben gemacht", sagt deswegen auch Heinrich Riethmüller, Vorsteher des Börsenvereins des deutschen Buchhandels und geschäftsführender Gesellschafter der Osianderschen Buchhandlung. Die starke Konkurrenz von Amazon habe den stationären Handel gezwungen, erfolgreich mit eigenen Ideen – beispielsweise lokalen Lieferdiensten oder einem großzügigen Umgang mit Geschenk-Coupons der Wettbewerber – zu punkten.

4.782 Buchhandlungen gibt es in Deutschland laut Branchenverband Börsenverein des Deutschen Buchhandels. Die größte Buchhandelsdichte gibt es im bundesweiten Städtevergleich in der alten Universitätsstadt Heidelberg; dort kommt ein Buchladen auf 6.085 Einwohner (Börsenverein; destatis). Auf Platz 2 ebenfalls eine alte Uni-Stadt: In Göttingen kommen 6.494 Kunden auf eine Buchhandlung. Mit 9,32 Mrd. Euro Gesamtumsatz liegt der Buchmarkt im Medienbereich weit vor den Fachmedien mit 3,25 Mrd., der Filmwirtschaft (2,67 Mrd.), den Computer- und Videospielen (1,89 Mrd.) und der Musikindustrie (1,48 Mrd., Quellen: Börsenverein, Deutsche Fachpresse 2015, Spitzenorganisation der Filmwirtschaft, Bundesverband Interaktive Unterhaltungssoftware, Bundesverband Musikindustrie).

Den Löwenanteil der verkauften Bücher macht immer noch die Belletristik (32,4 Prozent) aus. In diesem Sektor gibt es auch die meisten Neuerscheinungen (2014: über 14.000 Bände) sowie, was die Hardcover-Publikationen angeht, die höchste Preissteigerung (plus 3,52 Prozent auf 16,49 Euro). Der Stapel aller Neuerscheinungen des Jahres 2014 wäre übrigens 2.216 m hoch. Im Ranking der verkauften Bücher folgen: Kinder- und Jugendbücher (15,8 Prozent), Ratgeber (14,9 Prozent), wissenschaftliche Literatur (11,2 Prozent), Sachbücher allgemein (10,1 Prozent), Schule und Lernen (9,2 Prozent) und Reise (6,5 Prozent). Kinder- und Jugendbücher sowie Schulbücher sind im Jahresvergleich sogar etwas billiger geworden (minus 1,95 beziehungsweise minus 0,08 Prozent, Quelle: Deutsche Nationalbibliographie, VLB).

Was gelesen wird ...

Selber Lesen oder Verschenken? Fast 81 Prozent aller Buchkäufer verschenken Bücher zum Geburtstag, knapp 57 Prozent zu Weihnachten. Und noch immer über 16 Prozent dann, wenn sie einen Krankenbesuch machen (Quelle: Research Now 2014). Aber: 45 Prozent der deutschen Frauen und 27 Prozent der deutschen Männer lesen täglich oder zumindest mehrmals in der Woche, knapp 20 Prozent aller Kunden lesen einmal pro Woche oder alle 14 Tage. Ungefähr einmal im Monat lesen 55 Prozent der Männer und 36 Prozent der Frauen (Quelle: Allensbacher Markt-und Werbeträgeranalyse).

E-Books immer populärer

2014 wurden 24,8 Mio. E-Books verkauft. 2013 waren es noch 21,5 Mio. Der rasante Sprung, geschuldet der Einführung von Kindl, Tolino und Co., von 2011 (4,3 Mio. Stück) und 2012 (13,2 Mio. Stück). hat sich seit dem vergangenen Jahr nicht wiederholt. Übrigens sind unter den 3,9 Mio. E-Book-Käufern (2013: 3,4; 2012: 2,4) zu 59 Prozent Frauen. Der Umsatzanteil der E-Books betrug im vergangenen Jahr 4,3 Prozent (2013: 3,9; Quelle: GfK Consumer Panels).

BEWERTEN ODER ENTWICKELN SIE MARKTSTRATEGIEN IM KONSUMGÜTERUMFELD?

Dann ist handelsanalyse.de Ihr Tool, um schneller auf die für Sie relevanten Daten zugreifen zu können. Untersuchen Sie Markttrends in über 500 Warengruppen. Interaktive Auswertungsoptionen in einer harmonisierten und mehr als zehn Jahre umfassenden Datenbank ersparen lange Recherche, Plausibilisierung oder eine mögliche Vergleichsproblematik. Relevantes Wissen wird für Präsentationen oder strategische Überlegungen jetzt direkt überall online verfügbar.

Interesse? Rufen Sie uns an oder besuchen Sie unsere Produktwebsite.

8 Geschäftsfelder,
60 Konsumgütermärkte
500 Warengruppen

IFH Köln
Ansprechpartnerin: Vesta Grell

Dürener Straße 401 b | D-50858 Köln
Tel.:   +49(0)221 943 607-68
Fax: +49(0)221 943 607-64
Mail: v.grell@ifhkoeln.de

www.handelsanalyse.de

Markt | DIY

BRANCHE WÄCHST

Der Online-Vertrieb von DIY-Produkten wird immer wichtiger – aus der Sicht von Händlern und der Konsumenten.

Text **Sabine Buschmann**, Projektmanagerin IFH Köln, **Christian Lerch**, Consultant IFH Köln

Nach dem Umsatzrückgang von 1 Prozent aus dem Jahr 2013 – der in starkem Maße auf die Witterungsbedingungen zurückzuführen war – knüpfte der DIY-Gesamtmarkt (inklusive Handwerk) 2014 wieder an den Wachstumspfad der Jahre zuvor an. Über alle Sortimentsbereiche hinweg belief sich das Umsatzplus auf 1,9 Prozent. In absoluten Zahlen gesprochen bedeutet dies: Der DIY-Markt wuchs 2014 um 4,2 Mrd. Euro und generierte damit zuletzt ein Umsatzvolumen von 227,6 Mrd. Euro (zu Endverbraucherpreisen inklusive Mehrwertsteuer). Auf Pro-Kopf-Ausgaben umgerechnet gab jeder Deutsche im vergangenen Jahr durchschnittlich 2.807 Euro für DIY-Artikel aus.

Der DIY-Kernmarkt – dazu zählen Bau- und Heimwerkermärkte sowie alle klein- und großflächigen Vertriebswege, die schwerpunktmäßig DIY-Produkte vertreiben – umfasste 2014 ein Umsatzvolumen von 43,2 Mrd. Euro. Im Gegensatz zum DIY-Gesamtmarkt entwickelte sich dieser mit einem Minus von 0,7 Prozent leicht rückläufig. Ursache hierfür ist die Insolvenz von Praktiker und Max Bahr. Zwar wirkten sich Flächenübernahmen durch andere Betreiber und Umsatzverschiebungen hin zu anderen DIY-Vertriebsformaten positiv auf die Umsätze aus, die rückläufige Entwicklung der für die Branche wichtigen Baumärkte konnte aber dennoch nicht zu 100 Prozent kompensiert werden **(Grafik 1)**.

DIY-Kernsortiment

Alle drei Kernsortimente des DIY-Marktes konnten 2014 mit einem Umsatzplus abschließen. Das Heimwerkersortiment insgesamt verbuchte einen leichten Zuwachs von 0,5 Prozent. Die einzelnen Warengruppen erzielten jedoch sehr unterschiedliche Jahresergebnisse: Während die Segmente Heizung/Klima, Elektroinstallation sowie Farben/Lacke und Tapeten die Vorjahresvolumina verfehlten, setzten zum Beispiel die Bereiche Eisenwaren/Beschläge und Werkzeuge/Maschinen als Spitzenreiter je 4,6 Prozent mehr um als im Vorjahr.

Das Baustoffsortiment verbuchte dank positiver Rahmenbedingungen – das Klima erlaubte einen frühen Start von Bauprojekten – sowie guter Baukonjunktur 2014 ein Umsatzplus von 3,4 Prozent. Damit beläuft sich das aktuelle Marktvolumen für Baustoffe auf 49,6 Mrd. Euro. Das gute Jahresergebnis wird dabei von allen Baustoffwarengruppen getragen. Die Umsatzzuwächse der einzelnen Warengruppen lagen 2014 zwischen 1,9 Prozent bei Bauelementen und 6,3 Prozent bei Fliesen.

Foto **Shutterstock**

Es gibt immer was zu tun: Die DIY-Branche profitiert von der Handwerkslust der Deutschen.

WER IST WER IM DIY-MARKT

Grafik 1

DIY-Markt nach Wettbewerbskategorien

Kernmarkt 1A. Kategorie		Kernmarkt 1B. Kategorie		Erweiterter Markt 2. + 3. Kategorie	
B+H-Märkte gesamt (incl. angeschl. GC)	**Fachmärkte ohne B+H/Wettbewerber Großbetriebsformen**	**Fachhandel (kleinbetriebl.)/Wettbewerber Kleinbetriebsformen**		**Übriger Fachhandel/ Wettbewerber 2. Kategorie**	
B+H-Märkte > 1.000 qm (incl. angeschl. GC)	Fach-Gartencenter	Sanitärfachmärkte (inkl. SHK Großhandel)	Eisenwaren-/HR Fachhandel, Motoristen	Gartenbedarfs-/ Blumen FH	Möbelhandel	Sonstiger Fachhandel
B+H-Märkte < 1.000 qm (Baumarktshops)	Raumausstattungsfachmärkte	Baustoff- und Bauelementehandel	Raumausstattungsfachhandel inkl. TFL FH (kleinbetrieblich)		CE-/Elektro-Fachhandel	
	Leuchtenfachmärkte Fliesenfachmärkte	Holzfachhandel inkl. Fachmärkte und Sägewerkshandel				

DIY-Kernmarkt

	Sonstige Vertriebsformen/ Wettbewerber 3. Kategorie	
	SB-Warenhäuser/ Verbrauchermärkte	Sonstiger Handel*
	Supermärkte, LM-Discounter	Großhandel
	Versandhandel, Direkt- und Internet-Vertrieb	Handwerker, Objekteure
	Kauf- und Warenhäuser	

* Wochenmärkte, Landhandel/Grüne Warenhäuser/Raiffeisenmärkte, Drogeriemärkte und Drogerien, Kioske, Kaffeeröster, KFZ-Werkstätten, Tankstellen

Quelle **IFH Köln**

Für das Gartensortiment startete das vergangene Jahr erfreulich gut – insbesondere im Vergleich zum Jahr 2013, in dem Wetterkapriolen zu einem Umsatzminus von 5 Prozent führten. Vor allem dank des herausragenden ersten Halbjahres konnte der Gartenmarkt 2014 mit einem Umsatzplus von 4,5 Prozent abschließen. Über alle Warengruppen hinweg besitzt der Gartenmarkt damit ein Volumen von 18 Mrd. Euro. Dieses verteilt sich zu 65 Prozent auf Lebendes Grün und zu 35 Prozent auf Gartenhartwaren.

DIY-Erweiterungssortiment

Im Erweiterungssortiment sind die verschiedensten Warengruppen zusammengefasst, die klassischerweise nicht zum Kern- bzw. Hauptsortiment der Bau- und Heimwerkermärkte gehören. Mit einem Marktvolumen von aktuell über 84,9 Mrd. Euro tragen die Erweiterungssortimente zu 37 Prozent zu den DIY-Gesamtumsätzen bei. Die wichtigsten Warengruppen stellen hierbei die Bereiche Autozubehör/-teile/-pflege sowie Consumer Electronics (CE) und CE-/Telefon-Zubehör dar. Auf sie entfallen zusammen rund 53 Mrd. Euro.

Der Umsatzanteil der Bau- und Heimwerkermärkte im DIY-Erweiterungssortiment lag 2014 jedoch bei weniger als vier Prozent, da diese Warengruppen zum großen Teil über Anbieter außerhalb des DIY-Marktes vertrieben werden. Dazu zählt in erster Linie der sonstige Fachhandel wie der CE- und Elektrofach-, Zweirad- und Möbelhandel.

DIY-Vertriebsformate

Vom Nagel über den Gartenstuhl bis hin zu Dämmstoffen und Fahrrädern – der DIY-Markt umfasst eine enorme Sortimentsvielfalt, die zu einem vergleichsweise breiten Anbieterspektrum auf Distributionsebene führt. Auch für einen marktweiten Fachhandel ist der DIY-Markt zu vielschichtig und zersplittert. Vielmehr nehmen Holzfachhandel, Sanitärfachhandel, Gartencenter und Co. auf den einzelnen Teilmärkten die Rolle des originären Fachhandels ein. Gemeinsam erreichen die Branchenfachmärkte 2014 DIY-relevante Umsätze in Höhe von 15,5 Mrd. Euro. Umsatzstärkste Vertriebswege waren der Baustoff- und Holzfachhandel sowie Fachgartencenter und Raumausstattungsfachmärkte. Der kleinbetriebliche DIY-Fachhandel generierte hingegen nur noch relevante Umsätze von 7 Mrd. Euro. Mit einem Umsatz von 3,1 bzw. 3 Mrd. Euro sind Eisenwarenfachhandel/Motoristen und Blumenfachhandel hier die wichtigsten Vertreter.

Das Handwerk ist mit seinen Materialumsätzen und einem aktuellen Marktanteil von 51,6 Prozent unange-

Lebensgefühl DIY mit Seamless-Commerce stärken

„Do-it-yourself", oder treffender „Home-Improvement", der Trend zum Heimwerken, Renovieren und Verschönern, ist ungebrochen. 2014 konnte der deutsche Baumarkthandel einen Jahresumsatz von rund 18 Mrd. Euro erzielen. Der DIY-Kernmarkt in Deutschland quer über alle Wettbewerbsstrukturen beläuft sich auf gut 43 Mrd. Euro. Damit investiert jeder der circa 80 Mio. Deutschen annähernd 540 Euro im Jahr in die Umsetzung von Heimwerker-Projekten in Haus, Wohnung oder Garten. Deutschland ist und bleibt das Land der Heimwerker, Do-it-yourself ist Lebensgefühl. Mit einem Gesamtbruttoumsatz von 17,63 Mrd. Euro musste die Branche 2014 zwar einen Umsatzrückgang von 6,2 Prozent verzeichnen, die Entwicklung muss allerdings im Lichte des Marktaustritts der Praktiker-Gruppe betrachtet werden, dem ehedem drittgrößten Unternehmen der Branche. Der damit verbundene Verlust von rund 9 Prozent der Verkaufsfläche im Gesamtmarkt hat ein besseres Branchenresultat 2014 schlicht nicht zugelassen. Relevanter Gradmesser für die tatsächliche Leistungsstärke der Branche kann nur die Performance ihrer derzeit aktiven Unternehmen sein – und die kann sich bei einem erzielten Umsatzplus von 8,8 Prozent 2014 sehen lassen. Und auch auf bereinigter bzw. vergleichbarer Verkaufsfläche konnte der Baumarkthandel 2014 seinen Umsatz um 5 Prozent steigern. Zuwächse, die beweisen, dass die deutsche Bau- und Heimwerkermarktbranche ihre Hausaufgaben gemacht hat, gut aufgestellt ist und ihre Kunden die Angebote zu schätzen wissen.

Die DIY-Branche kann optimistisch in die Zukunft schauen, für 2015 erwarten BHB und Baumarktbranche ein Umsatzwachstum von flächenbereinigt 1,5 bis 2,5 Prozent – dies auch mit Blick auf weitere Eröffnungen ehemaligen Praktiker- und Max Bahr-Standorte. Für die Gesamtbranche sehen die Marktforscher von results4retail, Köln, ein Umsatzwachstum von bis zu 4,1 Prozent als realistisch an. Potenzial für Umsatzzuwächse sieht der BHB besonders im privaten Renovierungs- und Wohnungsbau – wegen der niedrigen Finanzierungskosten und einer vorhandenen Unsicherheit in Bezug auf andere Kapitalanlagen. Altersgerechtes Wohnen und Homing sind dabei derzeit die bestimmenden Trends: Der Wunsch nach barrierefreiem Wohnen in modernisierten Immobilien und die Gestaltung des eigenen Zuhauses als sozialer Mittelpunkt werden auch in den kommenden Jahren die Sortiments- und Produkttrends der Bau- und Heimwerkermarktbranche bestimmen.

fochten das wichtigste Vertriebsformat im DIY-Markt. Hier existieren allerdings – je nach Warengruppe bzw. Sortiment – deutliche Unterschiede.

Starke Rolle des Handwerks

Traditionell besitzen die größtenteils kleinbetrieblich strukturierten Gewerke bei Baustoffen die höchste Marktrelevanz. Hierbei dominiert noch der klassische dreistufige Vertrieb: von der Industrie über den Fachgroßhandel bis hin zum Handwerk. Je nach Warengruppe erreicht das Handwerk hier einen Marktanteil von bis zu knapp 90 Prozent. Diese teilweise sehr hohen Werte sind darauf zurückzuführen, dass der Warenverkauf Hand in Hand mit der Installation und dem Einbau durch das Gewerk erfolgt. Denn häufig fehlt es den Konsumenten am nötigen Know-how. Fehler bei der Installation machen sich zudem deutlich bemerkbar und verursachen verhältnismäßig hohe Kosten. Ein weiterer Faktor, der

---

Für den Baumarkthandel gilt es, seine Stärken weiter ausbauen, das Lebensgefühl DIY zu stärken und den Kundenwünschen zu entsprechen. Information und Verkauf über das Internet sind dabei ein integraler Vertriebsweg im Gesamtportfolio des Baumarkthandels. Omnichannel ist zu Recht in aller Munde, Seamless-Commerce das Ziel aller Unternehmen der Branche. Heute betreiben fast alle Händler einen Onlines-Shop oder stehen kurz vor dessen Start. Allerdings arbeiten die Unternehmen dabei nicht im Sinne des l´art pour l´art. Investitionen müssen sich rechnen. Bei den meisten Baumarktsortimenten tickt der Kunde – noch – anders als z. B. im CE-Sektor. Die Branche ist daher der Überzeugung, dass die Zukunft dem integrierten Omnichannel-Retailer gehören wird: Outlets mit umfangreichen und pfiffigen In-Store-Technologien, zielorientierter Logistik und sinnvoller, dem Bedarf entsprechender Beratung ergänzt um praktische Trainingsmaßnahmen. Der Baumarktkunde von heute legt einerseits Wert auf ein „Anytime-anywhere-Shopping" – kaufen, wann und wo es ihm gefällt. Dennoch will er nicht auf das haptische Erlebnis verzichten, Geräte und Instrumente anfassen und ausprobieren zu können. Onlineangebote zu etablieren ist damit die notwendige Ergänzung der eigenen Kernkompetenzen, der Kundenansprache im stationären Handel auf „allen Kanälen", dem Seamless-Commerce. Ausbau von Beratungsqualität und Serviceangeboten sind und bleiben aber die übergeordneten Schlagworte. Zudem müssen auch aktuelle Konzepte mit Blick auf die Verkaufsflächen und Sortimentsgestaltungen auf den Prüfstand gestellt werden. Mit überzeugender Warenqualität, guter Beratung, reduzierter Komplexität im Verkaufsprozess und ansprechender Warenpräsentation muss die Kundenzufriedenheit garantiert werden. Der stationäre Handel muss – gemeinsam mit den Herstellern – seine Kunden in Zukunft noch emotionaler ansprechen: Ob Produkttests, Events in den Märkten, persönliche Betreuung, gastronomische Angebote oder Zeitvertreib für Kinder – das Baumarkt-Shoppen muss bei den Kunden auch in Zukunft die Lust am Heimwerken, das Lebensgefühl DIY, wecken!

Dr. Peter Wüst, Hauptgeschäftsführer, Handelsverband Heimwerken, Bauen und Garten (BHB)

Markt | DIY

dem Handwerk zugute kommt, sind die mit der Installation verbundenen Gefahren – beispielsweise bei der Elektroinstallation – sowie komplexer werdende Produkte und Systeme.

Bau- und Heimwerkermärkte mit ihrem sortimentsübergreifenden Angebot spielen auf vielen DIY-Teilmärkten neben dem Handwerk die wichtigste Rolle bei der Distribution. Auf Einzelhandelsebene dominieren sie den DIY-Markt. Dennoch mussten die Bau- und Heimwerkermärkte in den vergangenen drei Jahren deutlich Einbußen hinsichtlich Marktanteil und Umsatz hinnehmen: 2011 lag ihr Marktanteil bei 10,1 Prozent, 2014 nur noch bei 9,1 Prozent. Die negative Entwicklung ist bei den Baumärkten in erster Linie auf die Insolvenz von Praktiker und Max Bahr mit einem Verkaufsflächenverlust von rund 2 Mio. qm zurückzuführen. Durch Übernahmen konnten bis zum Jahresende 2014 wieder rund 45 Prozent der Flächen durch DIY-relevante Formate dem Markt zugeführt werden. Dennoch führten Verkaufsflächen- und die Umsatzverluste während den Umbauphasen zu deutlichen Rückgängen **(Grafik 2)**.

Neben den bisher aufgeführten gibt es eine Vielzahl weiterer Vertriebswege mit – in Abhängigkeit der Warengruppen – geringerer oder höherer Bedeutung im DIY-Markt. Nennenswert sind unter anderem Möbel- und Einrichtungshäuser sowie Formate des Lebensmitteleinzelhandels, die 2014 punktuell durchaus noch zweistellige Marktanteile erzielten.

E-Commerce in der DIY-Branche – Händler- und Konsumentensicht

Der Blick auf die Vertriebskanäle zeigt: Der boomende Online-Handel scheint die DIY-Branche nur langsam zu erreichen. 2014 lag der Online-Anteil an den DIY-Gesamtumsätzen bei lediglich drei Prozent. Aus Händlersicht birgt der Schritt in den E-Commerce deutliche Herausforderungen. Neben Zeitmangel und hohen Kosten – die auch in anderen Branchen als Hürden gesehen werden – sorgen sich DIY-Händler insbesondere um die Eignung ihrer Produkte für den Online-Vertrieb. Im breiten DIY-Sortiment finden sich oft sperrige oder schwere Artikel und Maßanfertigungen, die den postalischen Versand erschweren. Händler sehen daher insbesondere in Logistik und Retourenabwicklung große Herausforderungen. Dennoch bietet der E-Commerce für DIY-Händler auch klare Chancen. So können neue Zielgruppen erschlossen werden, unter anderem weil der Onlineshop überregional und rund um die Uhr erreichbar ist. Konsumenten, die DIY-Artikel im Netz bestellen, wählen den Online-Kanal insbesondere, um dort gezielt nach Produkten zu suchen. Die Sortimentsbreite und -tiefe im Internet lässt aus Sicht der DIY-Online-Shopper jedoch noch zu wünschen übrig. Auch in puncto Produktpräsentation müssen DIY-Online-Händler laut Konsumentenmeinung noch nachbessern. Jeder zweite DIY-Online-Shopper fordert zudem auch online eine kompetente Beratung ein, insbesondere bei den oft erklärungsbedürftigen Produkten im DIY-Bereich.

Neben den grundlegenden Anforderungen verspricht aber auch die „Kür" großes Potenzial für DIY-Online-Shops: Obwohl Bequemlichkeit (59 Prozent), günstiger Preis (50 Prozent) und gezieltes Kaufen (38 Prozent) die Topgründe für das DIY-Online-Shopping darstellen, wollen dennoch drei Viertel der DIY-Käu-

DIY-MARKT IN ZAHLEN   Grafik 2

Marktvolumen 2014 in Zahlen, in Mrd. Euro, Veränderung gegenüber 2013 in Prozent

Bau- und Heimwerkermärkte	20,7	-4,8
Branchenfachmärkte	15,5	+3,6
kleinbetrieblicher Branchenfachhandel	7,0	+3,0
DIY-Kernmarkt	43,2	-0,7
Sonstige Handelsvertriebswege	66,9	+3,2
Handwerk	117,5	+2,1
DIY-Gesamtmarkt	**227,6**	+1,9

Quelle **IFH Köln**

DIY | **Markt**

ZIELE VON KONSUMENTEN BEIM DIY-ONLINE-SHOPPING

Grafik 3

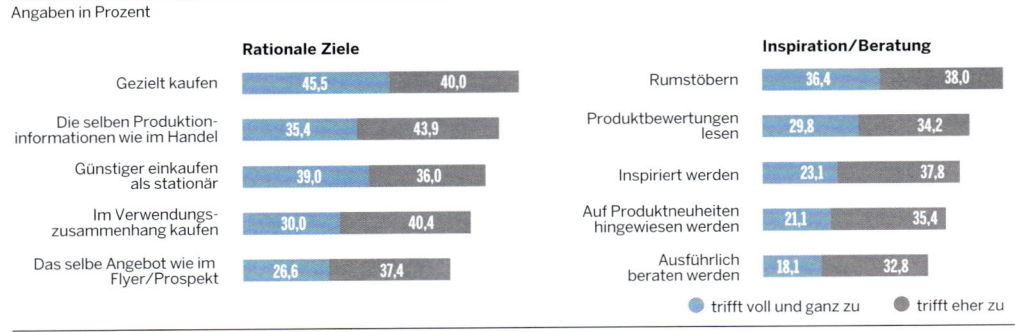

Angaben in Prozent

	Rationale Ziele		Inspiration/Beratung	
	trifft voll und ganz zu	trifft eher zu	trifft voll und ganz zu	trifft eher zu
Gezielt kaufen	45,5	40,0		
Rumstöbern			36,4	38,0
Die selben Produktinformationen wie im Handel	35,4	43,9		
Produktbewertungen lesen			29,8	34,2
Günstiger einkaufen als stationär	39,0	36,0		
Inspiriert werden			23,1	37,8
Im Verwendungszusammenhang kaufen	30,0	40,4		
Auf Produktneuheiten hingewiesen werden			21,1	35,4
Das selbe Angebot wie im Flyer/Prospekt	26,6	37,4		
Ausführlich beraten werden			18,1	32,8

Quelle **ECC Köln, Projekt online: Zugzwang für DIY-Akteure?, 2015**

fer online stöbern und rund 60 Prozent suchen im Netz Inspiration. Diesen Wünschen begegnen einige DIY-Händler bereits mit Themenwelten, DIY-Anleitungen sowie Blogs und versuchen so das Thema Inspiration – eigentlich eine Stärke des stationären Handels – auch in die Online-Welt zu übertragen. DIY-Themen zählen bei Blogs für die Smart Natives – die junge, online-affine Zielgruppe von morgen – bereits zu den Favoriten: Ein Drittel der Smart Natives lesen regelmäßig DIY-Blogs **(Grafik 3)**.

Ausblick: Potenzial für DIY-Online-Shops?

Trotz vielfältiger Herausforderungen hat der Online-Vertrieb von DIY-Produkten sowohl aus Händler- als auch aus Konsumentensicht Potenzial. So kauft ein Viertel der Konsumenten, die bereits einmal DIY-Artikel online bestellt haben, diese heute schon bevorzugt im Netz. Jeder Zweite glaubt zudem, künftig mehr Geld für DIY-Produkte online auszugeben. Parallel prognostizieren 85 Prozent der DIY-Händler, dass der Online-Vertrieb für ihre Branche zunehmend wichtig wird. Logistische Herausforderungen, wie den Versand von sperrigen, aber margenschwachen Gegenständen, können Händler beispielsweise durch Services wie Click & Collect begegnen, bei denen Kunden ihre Online-Bestellung selbst im stationären Geschäft abholen.

Obwohl der Online-Marktanteil im DIY-Bereich aktuell gering ausfällt und die Mehrheit der Konsumenten Produkte aus dieser Branche noch lieber stationär erwirbt, sollten sich DIY-Unternehmen mit der Online-Thematik auseinandersetzen, denn: Prognosen des IFH Köln zeigen, dass der DIY-Online-Anteil im Jahr 2020 bereits bis zu 15 Prozent betragen wird. Für eine zukunftsträchtige Ausrichtung ist ein Blick auf die aktuellen Entwicklungen im Online-Bereich also auch für DIY-Händler unabdingbar.

Quellen

- **IFH Köln:** Marktdaten (2015).
- **IFH Köln:** Handelsszenario 2020 (2014).
- **ECC Köln:** Projekt online: Zugzwang für DIY-Akteure? (2015).
- **ECC Köln:** Digital geboren: So ticken Smart Natives (2015).

Markt | Consumer Electronics

AUF WACHSTUMSKURS

Die Produktbereiche der Warengruppe Consumer Electronics entwickelten sich unterschiedlich. Die privat genutzte Telekommunikation wartete mit einem satten Plus auf.

Text **Matthias Kersten, BusinessHandel**

Der deutsche Markt für Consumer-Electronics-Produkte (CE) hat nach einem leichten Umsatzhänger in 2013 (minus 2,6 Prozent gegenüber Vorjahr) wieder in die Wachstumsspur gefunden: Die Erlöse nahmen 2014 um 2,1 Prozent auf 27,5 Mrd. Euro zu. Allerdings verlief die Entwicklung der drei Produktbereiche, die im Consumer Electronics Markt Index (CEMIX) zusammengefasst sind, wie schon in den Vorjahren nicht einheitlich **(Grafik 4)**: Während die klassische Unterhaltungselektronik mit minus 5,3 Prozent wieder einen Umsatzrückgang hinnehmen musste (der allerdings weniger stark ausfiel als 2013), legten die privat genutzten Telekommunikations- und IT-Produkte erneut zu, und zwar um 7,5 bzw. 6,5 Prozent. Gut zwei Drittel (68 Prozent) der Technikprodukte wurden 2014 im stationären Fachhandel verkauft; ein Viertel lief über den Internethandel (einschließlich Online-Vertrieb des Fachhandels) und der Rest (7 Prozent) über Warenhäuser, Verbrauchermärkte und C+C-Betriebe **(Grafik 1)**.

Trotz der abnehmenden Erlöse erzielte die klassische Unterhaltungselektronik mit 10,2 Mrd. Euro allerdings nach wie vor den Löwenanteil an den CE-Umsätzen (gut 37 Prozent). Dazu trugen allein die Fernsehgeräte mit 4,5 Mrd. Euro bei. Das Segment der privat genutzten Telekommunikationsprodukte erwirtschaftete fast 9,3 Mrd. Euro, was einem Anteil von knapp 34 Prozent am Gesamtumsatz entsprach. Die privat genutzten IT-Produkte wiederum steuerten 8,1 Mrd. Euro bzw. gut 29 Prozent bei.

Im Unterschied zum Vorjahr legte der Absatz im TV-Segment 2014 um 3,8 Prozent zu, was sich wertmäßig nicht niederschlug (minus 4,7 Prozent). In Zahlen:

WO KAUFEN DIE DEUTSCHEN KONSUMENTEN? Grafik 1
Umsatzanteile 2014 (Q1 - Q3), in Prozent

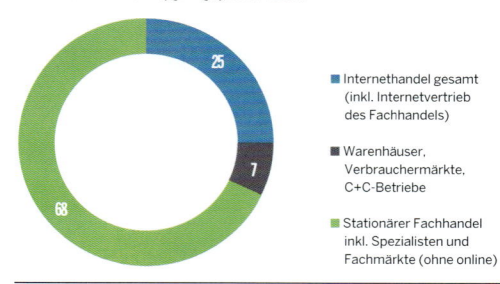

- Internethandel gesamt (inkl. Internetvertrieb des Fachhandels): 25
- Warenhäuser, Verbrauchermärkte, C+C-Betriebe: 7
- Stationärer Fachhandel inkl. Spezialisten und Fachmärkte (ohne online): 68

Quelle **GfK Handelspanel**

VIDEOKAUFMARKT Grafik 2
in Mio. Euro

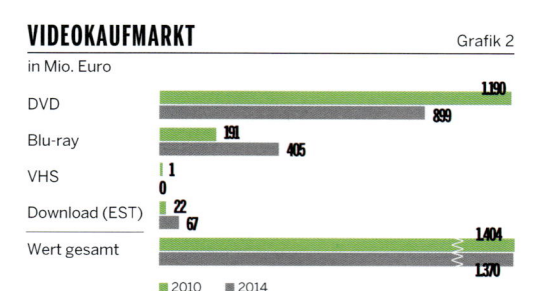

	2010	2014
DVD	1.190	899
Blu-ray	191	405
VHS	1	0
Download (EST)	22	67
Wert gesamt	1.404	1.370

Quelle **BVV/GfK FFA**

TONTRÄGERKAUFMARKT Grafik 3
in Mio. Euro

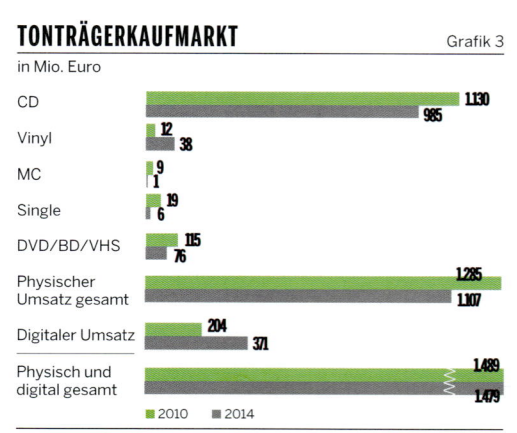

	2010	2014
CD	1.130	985
Vinyl	12	38
MC	9	1
Single	19	6
DVD/BD/VHS	115	76
Physischer Umsatz gesamt	1.285	1.107
Digitaler Umsatz	204	371
Physisch und digital gesamt	1.489	1.479

Quelle **Bundesverband Musikindustrie, media control/GfK**

Consumer Electronics | **Markt**

CEMIX
Grafik 4

Consumer Electronics Markt Index Deutschland
Januar - Dezember 2014

Konsumentenmarkt (private Nachfrage)	Umsatz in Mio. Euro Q1-4/2013	Q1-4/2014	+/- %
HTV-Display Total	4.733	4.511	- 4,7
Satellite/Set-Top-Boxen total	477	395	- 17,1
Video total	383	332	- 13,1
Camcorder	187	189	0,8
Digital Cameras	1.425	1.079	- 24,3
Wechselobjektive	553	501	- 9,5
Digitale Bilderrahmen	32	23	- 27,5

Quelle **EHI**

KÜHLSCHRANK UND KAFFEEMASCHINE
Grafik 5

Ausstattung Elektro-Hausgeräte der privaten Haushalte in Deutschland, in Prozent

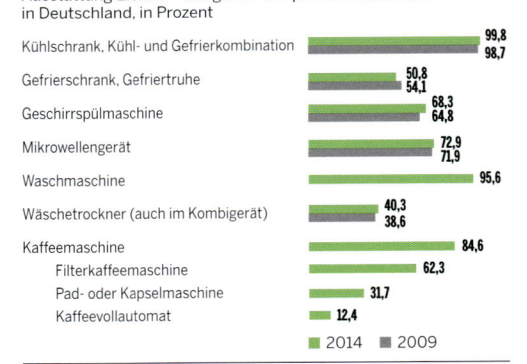

	2014	2009
Kühlschrank, Kühl- und Gefrierkombination	99,8	98,7
Gefrierschrank, Gefriertruhe	50,8	54,1
Geschirrspülmaschine	68,3	64,8
Mikrowellengerät	72,9	71,9
Waschmaschine	95,6	
Wäschetrockner (auch im Kombigerät)	40,3	38,6
Kaffeemaschine	84,6	
Filterkaffeemaschine	62,3	
Pad- oder Kapselmaschine	31,7	
Kaffeevollautomat	12,4	

Quelle **Statistisches Bundesamt**

8.117 verkaufte Geräte erzielten einen Durchschnittspreis von je 555 Euro. Das waren im Jahr zuvor glatte 50 Euro mehr. Den Löwenanteil im Absatz machten mit gut 98 Prozent erneut die LCD-TVs. Die Video-Umsätze wiederum ließen mit einem Minus von 13 Prozent spürbar nach, während der Home Audio-Bereich mit plus 4,5 Prozent klar zulegte und knapp die Milliarden-Schallmauer durchbrach. Auch der Markt für digitale Spiele befindet sich weiter im Aufwind (plus 10,7 Prozent auf knapp 2,7 Mrd. Euro).

Was die Haushaltsausstattung mit Unterhaltungselektronik angeht, ist bei TV mit 97,5 Prozent die Sättigungsgrenze faktisch erreicht; ein Zeichen dafür ist die Tatsache, dass sich hier zwischen 2009 und 2014 insgesamt nur wenig geändert hat. Allerdings hat es innerhalb des Segments große Bewegungen dadurch gegeben, dass die Vorliebe für Flachbildfernseher dominant geworden ist. Ähnlich stellt sich die Situation bei Fotoapparaten dar: wenig Bewegung in der generellen Ausstattung, aber große Verschiebungen von analogen zu digitalen Geräten **(Grafik 7)**.

Bemerkenswert ist die Entwicklung bei den Bild- und Tonträgern. Während im Bildbereich die Umsätze von DVDs zwischen 2010 und 2014 mit minus 25,5 Prozent auf 899 Mio. Euro Federn lassen mussten, konnten Blu-rays um mehr als das Doppelte zulegen. Übertrumpft wurde dies nur durch Downloads, deren Umsätze im gleichen Zeitraum um das Dreifache auf 67 Mio. Euro stiegen **(Grafik 2)**. Analog sieht es bei Tonträgern aus: Bei stag-nierendem Umsatz haben die physischen Komponenten – von CD bis DVD etc. – verloren (um knapp 14 Prozent auf 1,1 Mrd. Euro) und die digitalen Erlöse um 82 Prozent auf 371 Mio. Euro zugenommen **(Grafik 3)**.

WENIGER PCs
Grafik 6

Ausstattung Informations- und Kommunikationstechnik der privaten Haushalte in Deutschland, in Prozent

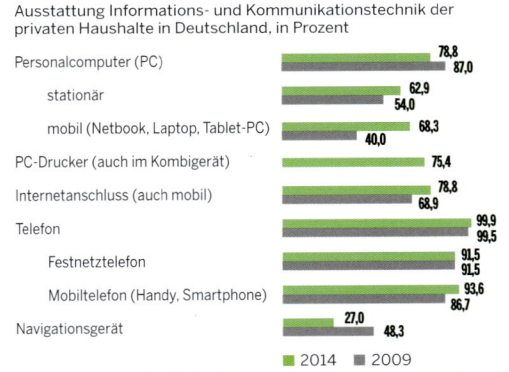

	2014	2009
Personalcomputer (PC)	78,8	87,0
stationär	62,9	54,0
mobil (Netbook, Laptop, Tablet-PC)	68,3	40,0
PC-Drucker (auch im Kombigerät)	75,4	
Internetanschluss (auch mobil)	78,8	68,9
Telefon	99,9	99,5
Festnetztelefon	91,5	91,5
Mobiltelefon (Handy, Smartphone)	93,6	86,7
Navigationsgerät	27,0	48,3

Quelle **Statistisches Bundesamt**

Factbook Einzelhandel 2016

Markt | Consumer Electronics

Das Segment der privat genutzten Telekommunikation wartete mit einem satten Umsatzplus von 7,5 Prozent auf – auch unterstützt von den steigenden Smartphone-Verkäufen (plus 9,2 Prozent auf 8,8 Mrd. Euro). Etwas kräftiger wuchs sogar der Umsatz von PCs (plus 7,7 Prozent auf 6 Mrd. Euro, **Grafik 9**); gut die Hälfte (3,2 Mrd. Euro) steuerten hier die Notebooks bei. Diese Zahlen spiegeln sich auch in der Ausstattung mit Informations- und Kommunikationstechnik wider **(Grafik 6)**: 87 Prozent der Haushalte in Deutschland verfügten über entsprechende Komponenten – egal ob stationär oder mobil.

Dazu Jürgen Boyny (GfK Retail and Technology GmbH): „Smartphones und Tablets sind die neuen Steuerungszentralen in den Haushalten. Das Smartphone öffnet das Garagentor und kann die Beleuchtung steuern. Die Konsumenten kombinieren Smartphones als Second Screen zum TV-Gerät. Sie steuern inzwischen sogar den Kaffeevollautomaten oder überwachen das eigene Zähneputzen per Bluetooth-Zahnbürste." Der Absatz von Lautsprechern, die die Musik vom Smartphone abspielen, sei 2014 um 83 Prozent auf 2,2 Millionen Docking Speakers gestiegen. Auch die moderne Stereoanlage hole sich immer öfter die Musik aus dem Internet. Immer öfter werde modernste Elektronik direkt am Körper getragen: Bluetooth-Kopfhörer sparen das Kabel. Vom Fitness-Armband bis zur Smartwatch tragen die Menschen Elektronik als Zeichen von Lifestyle und ihrem Lebensgefühl.

Vergleichbare Akzente wie bei der Haushaltsausstattung mit Unterhaltungselektronik ist beim IT-Segment zu beobachten. Demzufolge verfügten im Jahr 2014 zwar 87 Prozent der Haushalte über PCs (plus 8,2 Prozentpunkte), aber das Verhältnis von stationären zu mobilen Geräten hat sich in diesem Zeitraum glatt umgekehrt. Fast 100 Prozent hatten ein Telefon,

MEHR IT
Grafik 8

Verbraucherausgaben* für Technik pro Person im Jahr, in Euro

	2013	2014
Unterhaltungselektronik	108,00	105,02
Foto	30,53	23,12
Elektrogroßgeräte	100,46	106,05
Elektrokleingeräte	43,07	44,08
Informationstechnologie	223,50	244,84
Telekommunikation inkl. Smartphones	113,15	122,34
Office Equipment & Consumables	59,35	60,55
Video	18,01	17,08
Tonträger	18,10	18,44
Wohnraumleuchten	8,64	8,52
Unterhaltungssoftware	18,32	15,92
gesamt	**741,14**	**765,96**

*Endverbraucherpreise inkl. MwSt., ohne Dienste und Dienstleistungen, Berechnung Einwohner nach Zensus

Quellen **destatics, GfK, gfu, ZVEL, PIV, BIU, BVMI, BVV Medien, BVT, eigene Berechnungen**

WAS FEHLT?
Grafik 7

Ausstattung Unterhaltungselektronik der privaten Haushalte in Deutschland, in Prozent

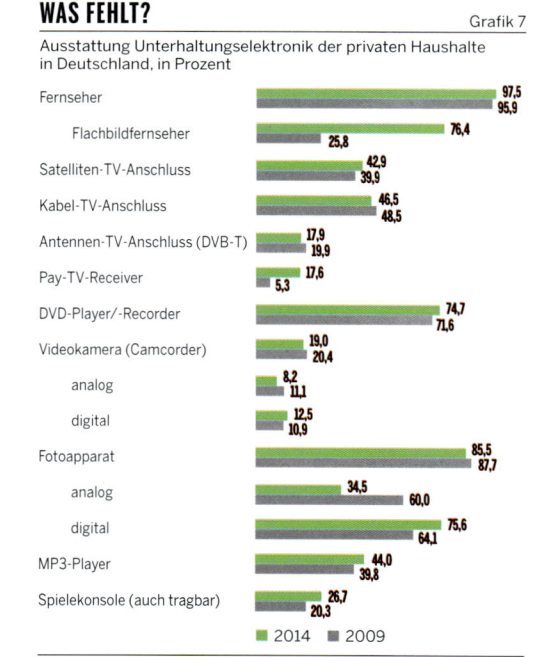

	2014	2009
Fernseher	97,5	95,9
Flachbildfernseher	76,4	25,8
Satelliten-TV-Anschluss	42,9	39,9
Kabel-TV-Anschluss	46,5	48,5
Antennen-TV-Anschluss (DVB-T)	17,9	19,9
Pay-TV-Receiver	17,6	5,3
DVD-Player/-Recorder	74,7	71,6
Videokamera (Camcorder)	19,0	20,4
analog	8,2	11,1
digital	12,5	10,9
Fotoapparat	85,5	87,7
analog	34,5	60,0
digital	75,6	64,1
MP3-Player	44,0	39,8
Spielekonsole (auch tragbar)	26,7	20,3

Quelle **Statistisches Bundesamt**

Consumer Electronics | **Markt**

SMARTPHONES GEFRAGT
Grafik 9

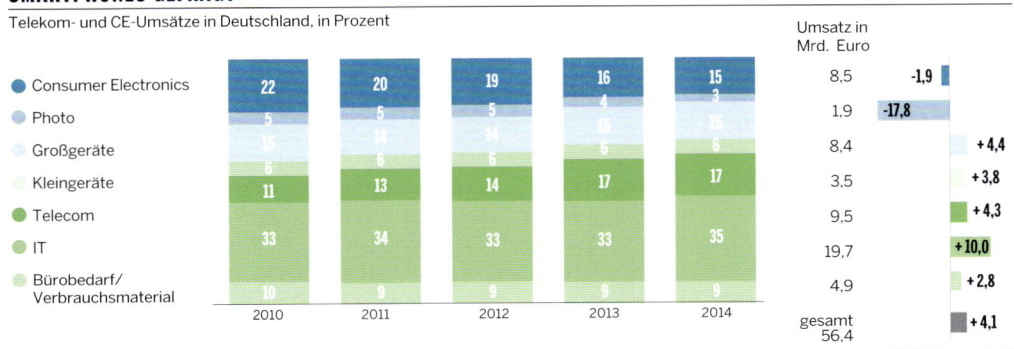

Telekom- und CE-Umsätze in Deutschland, in Prozent

Kategorie	2010	2011	2012	2013	2014	Umsatz in Mrd. Euro	Veränderung
Consumer Electronics	22	20	19	16	15	8,5	-1,9
Photo	5	5	5	4	3	1,9	-17,8
Großgeräte	15	14	14	15	15	8,4	+4,4
Kleingeräte	6	6	6	6	6	3,5	+3,8
Telecom	11	13	14	17	17	9,5	+4,3
IT	33	34	33	33	35	19,7	+10,0
Bürobedarf/Verbrauchsmaterial	10	9	9	9	9	4,9	+2,8
gesamt						56,4	+4,1

Quelle **GfK**

wobei es hier praktisch eine Doppelausstattung mit Festnetz- und Mobilgeräten gab. Knapp die Hälfte hatten ein Navigationsgerät (48,3 Prozent in 2014) – deutlich mehr als 2009 (27 Prozent). Da indessen immer mehr Smartphones mit Navigationsfunktionen ausgerüstet sind, stellt sich die Frage, ob die Nutzung klassischer Geräte weiter zunehmen wird.

Das Wachstum bei Hausgeräten wiederum ist seit Jahren ungebrochen. Nach Angaben des Zentralverbands Elektrotechnik und Elektronikindustrie (ZVEI) stieg der Inlandsumsatz für Groß- und Kleingeräte im Jahr 2014 um 3 Prozent auf 7,9 Mrd. Euro (Herstellerumsatz, ohne MwSt.). Mit 5,4 Mrd. Euro entfielen gut zwei Drittel der Erlöse auf Großgeräte (jeweils die Hälfte davon erwirtschafteten Solo- und Einbaugeräte); 2,5 Mrd. Euro trugen die Kleingeräte dazu bei. Hier hat es zwischen 2009 und 2014 in der Haushaltsausstattung bei den einzelnen Segmenten – von Kühlgeräten über Geschirrspüler bis zu Wäsche-

IT UND SMARTPHONES
Grafik 10

Technical Market Index – Der Markt für technische Gebrauchsgüter 2014, Angaben in Mio. Euro; Veränderung gegenüber Vorjahr in Prozent

	Q1 2014	Q2 2014	Q3 2014	Q4 2014	Q1 - Q4 Gesamt	Veränderung Q4/14 - Q4/13	Veränderung 2014 - 2013
Unterhaltungselektronik	2.109	1.897	1.837	2.582	8.425	-5,7	-3,1
Foto	459	457	446	493	1.855	-18,4	-18,0
Elektrogroßgeräte	2.076	1.976	2.099	2.357	8.507	7,3	5,2
Elektrokleingeräte	833	752	812	1.139	3.536	6,4	4,6
Informationstechnologie	4.705	4.581	4.699	5.655	19.641	9,5	9,9
Telekommunikation inkl. Smartphones	2.128	2.054	2.418	3.214	9.814	16,7	8,0
Office Equipment & Consumables	1.261	1.164	1.148	1.283	4.857	0,4	2,2
GfK TEMAX Deutschland	**13.571**	**12.880**	**13.460**	**16.723**	**56.634**	**5,8**	**4,6**

Quelle **GfK Retail and Technology**

Markt | Consumer Electronics

trocknern – kaum Bewegung gegeben. Bei Kaffeemaschinen indessen haben sich die vergleichsweise neuen Pad- oder Kapselgeräte mit einem Anteil von 31,7 Prozent relativ schnell einen festen Platz in den Haushalten erobert **(Grafik 5)**.

Für das laufende Jahr zeigt sich der ZVEI wieder optimistisch und prognostiziert ein Wachstum von 3 Prozent auf 8,1 Mrd. Euro. Bestätigt sieht sich der Verband durch die gute Entwicklung im ersten Quartal 2015. Demnach rechnet die Branche beim Inlandsumsatz mit einem Plus von etwa 3 Prozent, gleichermaßen für große und kleine Hausgeräte. Neben anhaltend starken Trends wie Energieeffizienz, Funktionalität und Komfort spielt die Vernetzbarkeit von Hausgeräten eine zunehmende Rolle. Auch für das Auslandsgeschäft sind die Erwartungen positiv. Die Prognose von plus drei Prozent entspricht einem Exportwachstum auf etwa 7,3 Mrd. Euro.

Insgesamt bewegen sich die Pro-Kopf-Ausgaben für Technik auf gleichbleibendem Niveau: Sie summierten sich 2014 auf knapp 766 Euro (2013: gut 741 Euro, **Grafik 8)**. Am meisten gaben die Verbraucher für Informationstechnologie aus (244,84 bzw. 223,50 Euro). 68 Prozent dieser Summen wurden im stationären Fachhandel gelassen, 25 Prozent im wachsenden Internet-Handel und 7 Prozent in Warenhäusern, Verbrauchermärkten und C+C-Betrieben. Dabei sind drei Käufergruppen zu unterscheiden (Internet-Averse, Internet-Affine und Internet-Fans), deren Präferenzen für Einkaufsstätten naturgemäß stark differieren. Allerdings ist auch der internet-affine „Kunde der Zukunft" vielschichtig interessiert und für den stationären Einzelhandel noch lange nicht verloren. Voraussetzung dafür ist jedoch unter anderem, dass dieser Kunde dieselben Preise wie im Internet und sehr gut geschultes Personal vorfindet.

Herausforderungen für den Handel

Digitalisierung ist kein Modetrend, sondern der Beginn eines neuen Zeitalters. Software schlägt Hardware, und König Kunde bestimmt heute über sein Smartphone als mobile Schaltzentrale, was er wie, wann geliefert haben möchte. Das Internet der Dinge gilt längst als Lokomotive für die Veränderung aller Lebensbereiche. Smart Home, Smart Office oder Smart Life liefern die Koordinaten für neue Geschäftsfelder und verändern das Nachfrageverhalten. So verlangen Kunden heute statt einzelner Geräte Paket- und Systemlösungen – Herausforderung für den Handel, sich täglich neu zu erfinden. Was kann der Handel tun? Das Kopieren waghalsiger Internet-Plattformen, die von Visionen statt von Betriebsergebnissen leben, kann tödlich enden. Andererseits gibt es Kritiker, die behaupten, der Handel habe die erste Halbzeit des digitalen Endspiels bereits verschlafen.

Was bleibt, ist die entscheidende Frage, welcher Marktteilnehmer welchen Teil der Wertschöpfungskette für sich beanspruchen kann. So viel steht fest: Der Facheinzelhandel zeigt hochgradige Bereitschaft, seine Wettbewerbssituation entscheidend zu verbessern. Moderne Handelsunternehmen, ob Fachmarkt, Handelskonzern, Systemzentrale oder Einkaufskooperation, investieren in Logistik, Datenmanagement, Distribution und Kundenkommunikation.

**Willy Fischel,
Geschäftsführer
Bundesverband
Technik des
Einzelhandels (BVT)**

KONKURRENZ SCHLÄFT NICHT

Die Bürowirtschaft verfügte schon immer über eine hohe Anpassungsfähigkeit. Das ist die große Stärke des Fachhandels.

Text **Matthias Kersten, BusinessHandel**

Der Handel mit Papier, Büro und Schreibwaren (PBS) positiv auf das Jahr 2014 zurück, konstatierte der Handelsverband Bürowirtschaft und Schreibwaren (HBS). Der Gesamtumsatz des Jahres stieg laut IFH Köln 2014 um 2,6 Prozent auf 13,3 Mrd. Euro **(Grafik 1)**. Der mittelständische Bürofachhandel konnte seine starke Stellung behaupten, wenngleich im Einzelhandel einzelne branchenfremde Filialisten verstärkt PBS-Produkte anbieten. Privatkonsumenten kaufen solche Artikel selten online ein, während bei gewerblichen Endkunden die Bestellung über das Internet immer selbstverständlicher wird, weshalb die mittelständischen Streckenhändler überwiegend als Multichannel-Händler agieren. Ihre Stärke ist die Leistungsfähigkeit von genossenschaftlichen und anderen Zentrallagern, auf die sie zurückgreifen können.

Die Rahmenbedingungen für den Handel sind gut: hohe Erwerbstätigkeit (d.h. hohe Zahl von Büroarbeitsplätzen), Lohnsteigerungen, günstige Zinsentwicklung und niedrige Inflation. Gegenläufig zu dieser positiven Ausgangssituation entwickelt sich die Nachfrage bei Schulbedarfsartikeln. Sinkende Geburtenraten und eine verkürzte Schulzeit haben niedrigere Schülerzahlen zur Folge. Im Schuljahr 2013/14 besuchten noch rund 11,1 Millionen Schüler allgemeinbildende oder berufliche Schulen. Das waren 11,7 Prozent weniger als vor zehn Jahren. Mit attraktiven Produkten und Angeboten des Handels können zwar seit Jahren die Ausgaben pro Schülerin und Schüler gesteigert werden, sie kompensieren jedoch den Nachfragerückgang nicht komplett.

Bürofachhandel

Angesichts der Rahmenbedingungen ist die Branche mit einem Umsatzrückgang über alle Vertriebswege von nur 0,8 Prozent (Vorjahr: minus 1,3 Prozent) durchaus zufrieden, da die Situation von Monat zu Monat besser wurde. Der HBS geht von einem Marktvolumen in Höhe von 12,7 Mrd. Euro aus, wobei er 60 Prozent dem gewerblichen und 40 Prozent dem privaten Sektor zuordnet. Erfreulich ist die überproportionale Nachfrage nach Schreibgeräten, hier konnte der Umsatz um knapp 7 Prozent gesteigert werden, allerdings vor dem Hintergrund von Umsatzverlusten in den Vorjahren. Dies ist besonders günstig, da dieses Segment insbesondere beim Privatbedarf einer der stärksten Sortimentsbereiche mit einem Gesamtvolumen von 740 Mrd. Euro Umsatz ist.

Die kooperierenden PBS-Ladengeschäfte weisen zusammengenommen ein Umsatzplus von 2,1 Prozent aus. Die Verbundgruppen Büroring, Prisma und Soennecken tragen maßgeblich zur Leistungssteigerung des mittelständischen Fachhandels und zu dieser Umsatzentwicklung bei. Bemerkenswert positiv sind die zusammengefassten Umsatzsteigerungen in den Schulanfangsmonaten August und September. Bei gewerblichem Bürobedarf lässt sich im Jahresverlauf hingegen keine signifikante Tendenz ausmachen. Im vergangenen Jahr verlief der Herbst überproportional gut.

STABILER MARKT Grafik 1
Der PBS-Markt: Status und Aussichten (in Mio. Euro einschl. MwSt.)

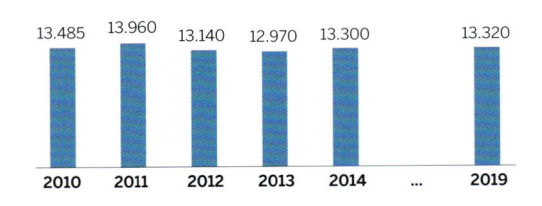

2010	2011	2012	2013	2014	...	2019
13.485	13.960	13.140	12.970	13.300		13.320

Quelle **IFH Köln 2015**

Die PBS-Ladengeschäfte verspüren laut Handelsverband einen zunehmenden Wettbewerbsdruck durch branchenfremde Vertriebswege wie Lebensmitteleinzelhandel, Drogeriemärkte, einzelne SB-Warenhäuser und durch Aktionen von Discountern in zunehmender Häufigkeit. Hinzu kommen Standort- und Frequenzprobleme. Große Centerflächen saugen Frequenz und Kaufkraft aus klassischen Geschäftslagen, Innenstadtmieten steigen überproportional zur Flächenrendite. Somit wird die Zahl der Schreibwarengeschäfte auch in den kommenden Jahre zurückgehen. „Um sich dem permanenten Kostendruck durch steigende Mieten bei rückläufiger Nachfrage zu entziehen, reagieren Händler mit einer Reduzierung ihrer Verkaufsfläche", kommentiert HBS-Geschäftsführer Thomas Grothkopp. „Anders als größere Filialisten kann das Einzelunternehmen die steigenden Mieten nicht über andere Filialen ausgleichen." Wobei die bislang erfolgreiche Strategie, dies mit anderen, angrenzenden Sortimenten zu kompensieren, mittlerweile mancherorts an seine Grenzen gekommen sei.

Die insgesamt 5.600 Schreibwarengeschäfte und der PBS-Streckenhandel haben als Distributionsweg mit 34 Prozent den höchsten Marktanteil. „Langfristig sind diejenigen Händler im Markt erfolgreich, die mit individuellen Events, Aktionen und Promotion Einkaufserlebnisse schaffen und sich regelmäßig neu erfinden",

erläutert Grothkopp. „Die Stärke des inhabergeführten Fachgeschäftes ist, dass es sich individuell und flexibel auf die Wettbewerbssituation einstellen kann."

PBS-Funktionsgroßhandel

Hier gab es im vergangenen Jahr spürbare Veränderungen, nachdem zwei der drei größten Unternehmen nun zusammen gehören. Drei regional starke Firmen haben gemeinsam mit dort ausgeschiedenen Mitarbeitern ihr Vertriebsgebiet deutlich ausgeweitet, was zu einem härteren Wettbewerb führt. Die Zahl der Logistikstandorte ist zugleich um drei gesunken. Parallel dazu gab es einen Wechsel zwischen den beiden Verbundgruppen des Großhandels, InterES und Egropa, deren Profile sich damit stärker als zuvor differenzieren. Zu beobachten ist zugleich, dass die Grenzen zwischen dem Großhandel mit der Funktion der Ladengeschäftsbelieferung und dem in der Branche als Streckenhandel bezeichneten Großhandel mit gewerblichen Endverbrauchern durchlässiger wird. 16 der insgesamt 22 Funktionsgroßhändler sind im HBS organisiert und bilden 80 Prozent des Umsatzes ab.

PBS-Streckenhandel

Der vom HBS-Panel erfasste, überwiegend kooperierende Streckenhandel verzeichnet im Jahr 2014 eine Umsatzsteigerung von 2,3 Prozent. Dies ist der guten Entwicklung im Februar und März sowie ab Oktober geschuldet. Die generelle Umsatzentwicklung des Marktes spiegelt sich auch in den Zahlen des Bürofachhandels wider: Das mit 3,3 Mrd. Euro Umsatz stärkste Segment Bürokommunikationspapier verlor mehr als 4 Prozent, wohingegen das zweitgrößte Segment, Ordnen und Archivieren, mit einem Gesamtumsatz von 2,5 Mrd. Euro überraschend um 4,8 Prozent zulegte.

Büroeinrichter

Die Sparte Büro- und Objekteinrichtung schloss 2014 mit einem Plus von 4 Prozent ab. Das liegt über dem Wachstum dieser Teilbranche. Der Umsatz für die Büromöblierung betrug 2,1 Mrd. Euro. Hinzu kamen Erlö-

GUTE PROGNOSE — Grafik 2
Büromöbel: Status und Aussichten (in Mio. Euro einschl. MwSt.)

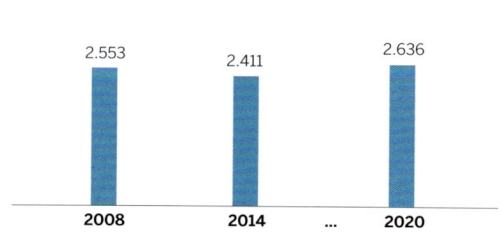

2008	2014	...	2020
2.553	2.411		2.636

Quelle **Marketmedia24 (Köln)**

Office | **Markt**

Flexibel arbeiten:
Moderne Arbeitsplätze forcieren die Branche.

Foto **Haworth**

se in den expandierenden Bereichen Akustik, Licht und Klima. Die niedrige Zinsentwicklung wirkte sich positiv auf den Bereich der Bürogebäude aus. Der Schwerpunkt hat sich von Neubauprojekten auf Bestandsveränderungen verlagert. Der anhaltende Trend zu flexiblen Arbeitszeiten und Arbeitsformen auch außerhalb des eigentlichen Büroarbeitsplatzes führte zu einer Investitionsverlagerung in alternative Lebensbereiche, die bürotauglich gemacht werden. Allerdings verlangt die flexible Arbeitszeitgestaltung in Bezug auf eine verbesserte Work-Life-Balance ein sich regelmäßig anpassendes Arbeitsumfeld sowie eine sich an modernen und innovativen Arbeitsweltkonzepten ausrichtende Arbeitskultur. Hier steht die Verknüpfung des mobilen Arbeitens mit dem Büroarbeitsplatz im Fokus.

Ausblick auf 2015

Trotz der andauernden geopolitischen Unsicherheiten ist die Konjunktur in Deutschland stabil. Zwar ist zu befürchten, dass durch die Rente mit 63 und dem Defizit an einer ausreichenden Zahl gut ausgebildeter und motivierter junger Menschen die Beschäftigungsquote sinken könnte. „Doch hat die Bürowirtschaft schon immer bewiesen, dass sie eine hohe Anpassungsfähigkeit an die Veränderungen der Nachfrage besitzt. Die gut aufgestellten Unternehmen reagieren gezielt und schnell, sie werden wachsen", ist der HBS überzeugt. Andere Unternehmen würden aus dem Markt ausscheiden, sodass die Zahl der Unternehmen per Saldo abnehmen, der Umsatz jedoch gehalten werden dürfte **(Grafik 2)**.

Weniger sicher ist nach Auffassung des Verbandes die Entwicklung der privaten Nachfrage und der Kaufpräferenzen: „PBS-Fachgeschäfte in teuren Innenstadtlagen werden es weiter schwer haben, prominente Schließungen allein kennzeichnen die Perspektive jedoch nicht ausreichend, denn es gibt hier auch filialisierende Fachhandelsunternehmen, die Standorte neu besetzen." Das Schreibwarengeschäft der Nahversorgung werde weiterhin nach neuen Sortimenten und Dienstleistungen Ausschau halten müssen, da Produkte wie Schulranzen immer stärker preisaggressiv im Internet angeboten würden, wohingegen kleinteilige, niedrigpreisige Artikel weiterhin vor Ort gekauft würden. „Das belastet die Kalkulation und damit die Zukunftsfähigkeit der Geschäfte", heißt es.

Markt | Spielwaren

DIE INNOVATIONSTREIBER

Die Spielwarenbranche profitiert von der Konsumlaune der Verbraucher ebenso wie vom Erfindungsreichtum der Hersteller.

Text **Matthias Kersten, BusinessHandel**

Über Jahre hinweg waren die Spielwarenumsätze in Deutschland mager. Doch dann kam die Wirtschaftskrise und mit ihr das Wunderjahr 2009, gefolgt vom „Super Triple" 2010, 2011 und 2012. Das Jahr 2013 war eine Nullnummer, der dann 2014 ein regelrechter Umsatzsprung auf gut 2,8 Mrd. Euro folgte **(Grafik 1)**. Die Branche zeigte sich vollends zufrieden, was auch das optimistische Stimmungsbild während der Internationalen Spielwarenmesse 2015 in Nürnberg wiedergab.

Händler wie Hersteller waren voll des Lobes über das Geschäft im Jahr 2014, dessen Bilanz nach Aussagen des Bundesverbandes des Spielwaren-Einzelhandels (BVS) überraschend gut ausfiel **(Grafik 2)**. „Umsatzwachstum ist die Mutter des Erfolgs", kommentierte BVS-Geschäftsführer Willy Fischel das positive Zahlenwerk und fügte hinzu: „Die Deutschen zeigten sich im Jahresendspurt in bester Kauflaune." Dabei profitierten der stationäre und der Online-Handel im gleichen Maße von der positiven Gesamtmarktentwicklung, die auch ein stabiles Fundament für ein gutes Messegeschäft war.

Bestätigt wird diese ermutigende Bilanz vom Pendant auf Herstellerseite, dem Deutschen Verband der Spielwarenindustrie (DVSI), der während der Messe etliche Branchenstimmen eingefangen hatte, die ein „durchweg optimistisches Bild widerspiegeln", wie es heißt. Trotz punktueller Probleme und Schwierigkeiten, die gelegentlich auftreten, wird die wirtschaftliche Situation der Unternehmen positiv eingeschätzt. Es gab kaum negative Bewertungen. Außerdem profitiert auch die Spielwaren-Branche von der durch die Niedrigzinsphase ausgelösten Konsumlaune der Verbraucher. Zudem können weiterhin aktuelle und unvorhergesehene Trends den Markt beflügeln. Die Loom-Gummibänder, die 2015 dem Spielwaren-Einzelhandel einen willkommenen Boom bescherten, oder die Sammelbilder zur Fußball-Weltmeisterschaft sind beste Beispiele dafür.

Foto **Lego**

Spielen macht klug: Kinder sammeln spielerisch Erfahrungen.

Spielwaren | **Markt**

STABIL AUFGESTELLT — Grafik 1
Entwicklung des deutschen Spielwaren-Marktes in Mio. Euro

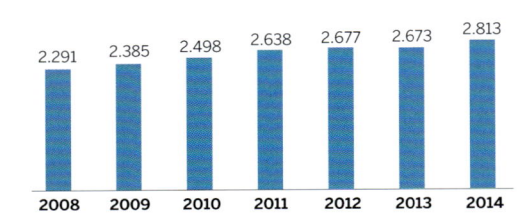

2008	2009	2010	2011	2012	2013	2014
2.291	2.385	2.498	2.638	2.677	2.673	2.813

Quelle **eurotoys / BVS – Neue Erfassungsmethode ab 2012**

Ulrich Brobeil, Geschäftsführer des DVSI, konstatiert einmal mehr: „Spielen ist Teil unseres Lebens, egal wo und wie wir leben, egal wie alt wir sind, egal ob Mädchen oder Junge, egal ob Technikfreak, Puppenliebhaber oder Brettspieler. Spielen gehört zu den Menschen wie die Nahrung oder die Luft zum Atmen. Spielen hat Lifetime-Charakter."

Auch im laufenden Jahr rechnet die Branche mit guten Geschäften und bewertet die wirtschaftlichen Aussichten positiver als in der Vergangenheit. Dieser Optimismus gründet sich nicht zuletzt auf die Innovationsstärke bei den Spielwarenherstellern, was die vielen Neuheiten beweisen. Gerade im Lizenzbereich dürfte der Markt 2015 von mehreren neuen Filmen profitieren. Schon im vergangenen Jahr wirkten sich die starken Lizenzen positiv auf das Geschäft aus. Wenn nun die kommenden Filme das Thema befeuern, könnten sich die Produkte zu „The Avengers", „Jurassic World", „Minions" und „Star Wars" noch mehr als Garanten für den Erfolg und starke Umsatzbringer erweisen.

Zuversicht gibt der Branche außerdem, dass sich der Trend bei den Verbrauchern etwas geändert hat: Gefragt sind wertige Spielwaren, keine Billigartikel. Gut informierte Eltern, Großeltern und Schenker überhaupt achten vor allem auf sichere und nachhaltige Spielzeuge; dabei sparen sie weder an der Zahl, noch am Preis der Produkte. Elektronische Spielwaren und Lernspielzeug sind ebenfalls gefragt, um Technik und Informatik spielerisch zu erfahren. Die Elektronik erobert weiter die Kinderzimmer. Helikopter und Quadrocopter mit Kamera, humanoide Roboter und interaktive Dinos sind absolute Highlights. Hinzu kommt, dass immer mehr klassische Spiele auch Varianten für Tablet und Handy bieten.

Die Vielfalt sowie der Mix aus Tradition und Technik sind unverkennbar. Trotz der mehr als 70.000 Neuheiten, die auch in diesem Jahr auf der Messe vorgestellt wurden, sind weiterhin die Klassiker im Spiel, wie z. B. Gesellschaftsspiele, Puppen und Plüsch. Die Aussage von Fußball-Weltmeister Thomas Müller („Es wird gespielt, was auf den Tisch kommt") kann demnach uneingeschränkt auch auf den Spielwarenmarkt übertragen werden.

WO DIE DEUTSCHEN IHR SPIELZEUG KAUFEN — Grafik 2
Gesamtjahr 2014, in Klammern Werte 2013, Angaben in Prozent

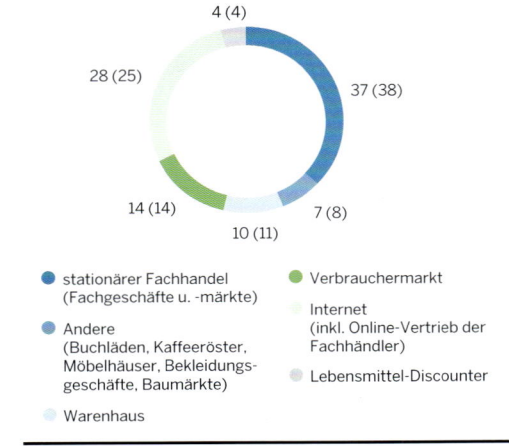

- 37 (38) stationärer Fachhandel (Fachgeschäfte u. -märkte)
- 4 (4) Verbrauchermarkt
- 28 (25) Andere (Buchläden, Kaffeeröster, Möbelhäuser, Bekleidungsgeschäfte, Baumärkte)
- 14 (14) Warenhaus
- 10 (11) Internet (inkl. Online-Vertrieb der Fachhändler)
- 7 (8) Lebensmittel-Discounter

Quelle **Eurotoys-Schätzung**

Markt | Augenoptik

WACHSENDE KONZENTRATION

Der demografische Wandel führt zu mehr Augenerkrankungen und zu erhöhter Nachfrage nach Gesundheitsdienstleistungen.

Text **Matthias Kersten, BusinessHandel**

Der Branchenumsatz der Augenoptik wächst kontinuierlich – egal ob in stationären Geschäften oder beim Online-Handel. Nach Angaben des Zentralverbands der Augenoptiker und Optometristen (ZVA) ist er im Jahr 2014 um insgesamt 3,5 Prozent auf 5,6 Mrd. Euro gestiegen. Bei den Stückzahlen der verkauften Brillen sowie der Korrektionsbrillengläser ist in den vergangenen Jahren ebenfalls ein Plus zu verzeichnen. Sie legten jedoch weniger deutlich zu als der Umsatz. Treiber dieser positiven Entwicklung sind zum einen der wachsende Anteil der Filialisten in der Augenoptik und zum anderen der Online-Handel.

Umgekehrt hat die Zahl der augenoptischen (stationären) Fachgeschäfte seit einigen Jahren geringfügig abgenommen. Analog ist die Zahl der Beschäftigten (einschließlich Inhaber) gesunken. Diese Entwicklung zeigt sich laut ZVA erst seit etwa drei Jahren – davor war ein stetiges Wachstum zu verzeichnen. Dennoch ist der Branchenumsatz der stationären Augenoptik in 2014 um 2,7 Prozent auf 5,4 Mrd. Euro gestiegen. Es wurden 11,5 Mio. Brillen verkauft (plus 1,7 Prozent, **Grafik 4**). Der Anteil der online verkauften Sehhilfen hat deutlich zugenommen. Der Umsatz wuchs in den vergangenen beiden Jahren bei jeweils 27 Prozent und erreichte 2014 rund 210 Mio. Euro. Der Online-Anteil am gesamten Branchenumsatz liegt somit bei 3,7 Prozent **(Grafik 3)**.

Die Branche ist gekennzeichnet von einem zunehmenden Konzentrationsprozess, berichtet der ZVA weiter. Während die größten Filialisten kontinuierlich mehr Geschäfte eröffnen, sinkt die Zahl der augenoptischen Fachgeschäfte insgesamt. Konkret: Im Jahr 2014 gehörten circa 1.950 Betriebsstätte zu den zehn umsatzstärksten Filialunternehmen; bezogen auf die insgesamt etwa 11.950 Geschäfte bedeutet dies einen Anteil von 16,3 Prozent, während der Umsatzanteil bei 39,5 Prozent liegt **(Grafik 2)**. Dieser Anteil wächst stetig, wobei die Relation heute so aussieht: Ein Drittel des Branchenumsatzes entfällt auf die zehn größten Filialisten, knapp zwei Drittel verbleiben bei den mittelständischen Augenoptikern. Dieser Teil der Branche ist überdies gekennzeichnet durch einen hohen Anteil recht kleiner Betriebe **(Grafik 1)**.

Die Zusammensetzung des stationären Augenoptikerumsatzes hat sich in den vergangenen Jahren praktisch nicht verändert. Nach wie vor ist die eigentliche Brillenoptik (Korrekurgläser, Fassungen, Sonnenbrillen und Reparaturen) mit einem Anteil von 82 Prozent das Hauptstandbein der stationären Betriebe. 7,7 Prozent der Erlöse werden mit Kontakt-

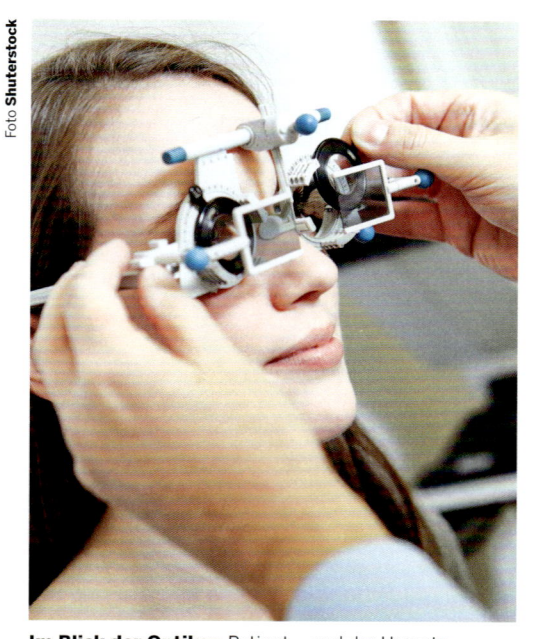

Foto **Shuterstock**

Im Blick der Optiker: Patient – und der Umsatz.

Augenoptik | **Markt**

MEHR FILIALEN
Grafik 1
Zahl der Betriebsstätten

Jahr	Augenoptische Fachgeschäfte	Zehn umsatzstärkste Filialisten
2007	11.760	1.555
2008	11.820	1.647
2009	11.900	1.699
2010	11.960	1.814
2011	12.030	1.869
2012	12.030	1.869
2013	12.000	1.924
2014	11.950	1.950

■ Augenoptische Fachgeschäfte
■ Zehn umsatzstärkste Filialisten

Quelle **ZVA/ZDH**

STARKE MITTE DER AUGENOPTIKER
Grafik 2
Betriebsstätten-Anteile nach Umsatzklassen, Angaben in Prozent

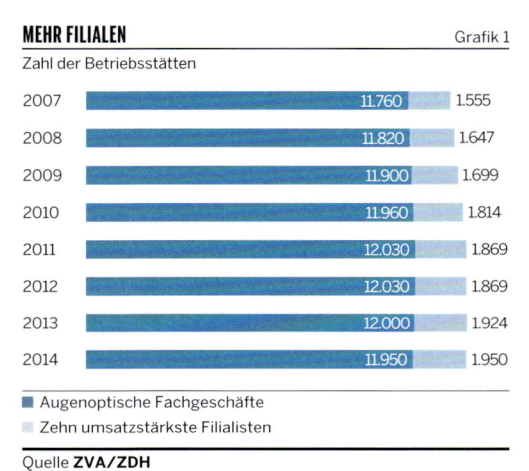

- 37 — bis 125.000 Euro
- 31 — bis 250.000 Euro
- 20 — bis 500.000 Euro
- 8 — bis 750.000 Euro
- 4 — über 750.000 Euro

Quelle **ZVA**

ONLINE-WACHSTUM
Grafik 3
Augenoptik - online

	2012	2013	2014
Branchenumsatz (Mrd. Euro inkl. MwSt.)	0,130	0,165	0,210
Absatz komplette Brillen (Mio. Stück)	0,35	0,50	0,65
Absatz Brillengläser (Mio. Stück)	0,70	1,00	1,30

Quelle **ZVA**

ALLES IM BLICK
Grafik 4
Augenoptik - stationär

	2012	2013	2014
Branchenumsatz (Mrd. Euro inkl. MwSt.)	5,165	5,273	5,416
Absatz komplette Brillen (Mio. Stück)	11,3	11,3	11,5
Absatz Brillengläser (Mio. Stück)	35,01	35,36	35,89
Augenoptische Fachgeschäfte (Anzahl)	12.030	12.000	11.950
Beschäftigte (inkl. Inhaber)	49.000	48.900	48.700
Auszubildende	6.396	6.296	6.025

Quelle **ZVA**

Markt | Augenoptik

linsen inklusive Pflegemitteln erzielt, 10,3 Prozent entfallen auf vergrößernde Sehhilfen, Sonnenbrillen ohne Korrekturen, sonstige Handelsware und ggf. Hörgeräte. Über die Hälfte aller verkauften Fassungen sind weiterhin aus Metall, obwohl deren Anteil über die Jahre kontinuierlich auf nunmehr 54,8 Prozent gesunken ist. Die gegenläufige Entwicklung findet sich bei den Kunststofffassungen, die 2014 auf 27,6 Prozent zulegten. Die Zahlen für die Faden- und Bohrfassungen gehen weiter zurück, während die sonstigen (unisex etc.) auf etwa gleichem Niveau verharren. Bei den Gläsern setzt sich der Trend zu organischen (Kunststoff-)Produkten fort, die 93,5 Prozent erreicht haben, während mineralische Gläser nur noch 6,5 Prozent ausmachen. Der Anteil verkaufter Mehrstärkengläser nimmt weiter zu (derzeit: 36,1 Prozent); das Verhältnis von Einstärken- zu Mehrstärkengläsern liegt aber immer noch bei circa zwei zu eins. Genau umgekehrt sieht die Situation beim Umsatz aus: Hier machen Mehrstärkengläser – zumindest bei mittelständischen Betrieben – mit 68 Prozent den Löwenanteil aus. Üblicherweise wird die Brille – bestehend aus einer Fassung und zwei Korrekturgläsern – in der Werkstatt des Augenoptikbetriebes gefertigt (58 Prozent). Mittlerweile werden aber zunehmend bestimmte Fertigungsschritte ausgelagert. Nach einer ZVA-Erhebung werden 15 Prozent der Korrekturgläser extern gerandet. Teilweise wird sogar die komplette Brillenfertigung (Glazing) ausgelagert; der Anteil liegt bei circa 10 Prozent.

Brillenträger: Es werden immer mehr

Das Institut für Demoskopie Allensbach führt regelmäßig alle drei Jahre im Auftrag des Kuratoriums Gutes Sehen (KGS) eine repräsentative Bevölkerungsumfrage zum Sehbewusstsein der Deutschen durch. Laut „Brillenstudie 2014" tragen 40,1 Mio. Erwachsene (ab 16 Jahren) eine Brille, darunter 22,5 Mio. ständig und 17,6 Mio. gelegentlich. Langfristig ist der Anteil der Brillenträger in Deutschland deutlich gewachsen: 1952 lag er in Westdeutschland bei 43 Prozent; bis 2014 ist er auf 63,5 Prozent gestiegen. Relativ deutliche Unterschiede ergeben sich zwischen Mann und Frau; wie nicht anders zu erwarten, nimmt die Quote der Brillenträger mit steigendem Alter zu **(Grafik 5)**. Überdies gibt es 3,3 Mio. Kontaktlinsenträger, deren Anteil im Verlauf der letzten zehn bis 15

Mittelständische Augenoptiker vor großen Herausforderungen

Die Branche der Augenoptiker konnte das das vergangene Jahr positiv abschließen, was uns natürlich grundsätzlich freut. Der Umsatz der stationären Augenoptiker stieg um 2,7 Prozent, insgesamt wurden 11,5 Mio. Brillen abgegeben und damit 1,7 Prozent mehr als im Vorjahr. Immer weniger Brillen werden jedoch in einem inhabergeführten Augenoptik-Fachgeschäft gekauft; das Stückzahlenplus resultiert somit vor allem aus den steigenden Absätzen der Filialisten. Analog hierzu setzte sich im vergangenen Jahr der Trend fort, dass ein Großteil der inhabergeführten Betriebe gegenüber den Filialisten Marktanteile verliert.

Der Online-Handel mit Brillen spielt indessen in absoluten Zahlen weiterhin eine verhältnismäßig kleine Rolle. Gleichwohl stellen diese Veränderungen des Marktes die mittelständischen Augenoptiker vor große Herausforderungen. Sie müssen umdenken, ihrer Dienstleistungs- und Fachkompetenz einen noch größeren Stellenwert einräumen als bisher und dies gegenüber den Verbrauchern auch stärker kommunizieren. Die allgemeinen Rahmenbedingungen erlauben einen solchen Ausbau des Leistungsangebotes nicht nur, vielmehr erfordern sie ihn: Laut Weißbuch zur Situation der oph-

KEINE FRAGE DES ALTERS — Grafik 5

Brillenträger in Deutschland 2014, Angaben in Prozent

Männer ab 16 Jahren	59
Frauen ab 16 Jahren	67
20- bis 29-Jährige	32
30- bis 44-Jährige	38
45- bis 59-Jährige	73
60-Jährige und älter	92

Quelle **Brillenstudie 2014, Institut für Demoskopie Allensbach**

Jahre zugenommen hat. In Gesamtdeutschland lag er 2014 bei 5,2 Prozent, wobei er in den neuen mit 2,8 Prozent deutlich niedriger ausfiel als in den alten Bundesländern (5,8 Prozent). Insgesamt 47 Prozent der Brillenträger hat sich 2013 und 2014 eine neue Brille oder neue Gläser angeschafft, wobei der Anteil der unter 30-jährigen Käufer bei 69 Prozent lag. Im Schnitt besitzen Brillenträger zwei Exemplare. Ein Brillenkauf im Internet kommt laut der Allensbacher Studie weiterhin nur für eine Minderheit der Bevölkerung in Betracht. 90 Prozent der Befragten mit Internetanschluss gaben an, dass ein Brillenkauf über diesen Vertriebsweg für sie nicht in Frage komme. Als Gründe wurden genannt, dass die Beratung beim Kauf wichtig sei und die Brille vor Ort angepasst werden müsse. Ferner spricht für den stationären Augenoptiker, dass man sich bei Problemen an den Betrieb wenden und die Augen dort direkt überprüfen lassen kann. Überdies zeigt die Studie, dass die Kunden Interesse am Kauf von zusätzlichen Sehhilfen für unterschiedliche Einsatzzwecke haben, wenn sie vom Augenoptiker entsprechend informiert und beraten werden. Dann entscheidet sich fast jeder dritte Brillenträger für den Kauf einer zusätzlichen Sehhilfe.

Fazit des ZVA: „Der demografische Wandel bewirkt eine signifikante Zunahme an Augenerkrankungen in der Bevölkerung. Das Angebot von Screening-Tests etwa für Farbsehstörungen, Glaukom, Katarakt oder Auffälligkeiten der Makula durch den Augenoptiker zur Prävention kann zu einer Früherkennung von Augenkrankheiten beitragen. Dies wird zu einer höheren Nachfrage nach Gesundheitsdienstleistungen führen."

thalmologischen Versorgung in Deutschland sank die Zahl der augenärztlichen Praxen zwischen 2000 und 2010 um 17,7 Prozent, und speziell in ländlichen Regionen droht die augenärztliche Unterversorgung. Dies eröffnet Augenoptikern und Optometristen neue Tätigkeitsfelder in den Bereichen Screening und Prävention. Der Zentralverband der Augenoptiker und Optometristen (ZVA) entwickelt daher mit dem Zentralverband des Deutschen Handwerks (ZDH) gegenwärtig ein Berufslaufbahnkonzept, um der demografischen Entwicklung und der veränderten Nachfrage verlässlich begegnen zu können. Denn nur mit einer Akzentuierung der optometrischen Dienstleistungen und fundierten Kompetenzen kann die Augenoptik sich vom reinen Einzelhandel und seinen preisfokussierten Vertriebsformen abgrenzen und das Niveau der Seh-Versorgung in Deutschland auch in Zukunft nachhaltig sichern.

Thomas Truckenbrod, Präsident des Zentralverbandes der Augenoptiker und Optometristen (ZVA)

Markt | Fahrräder

STARK IN BEWEGUNG

Der Anteil der E-Bikes am Gesamtumsatz ist 2014 weiter gewachsen. Kunden erwarten hohe Beratungs- und Service-Qualität.

Text **Matthias Kersten, BusinessHandel**

Der Verband des Deutschen Zweiradhandels (VDZ) blickt auf ein erfolgreiches Jahr 2014 zurück. Das begann schon im ersten Quartal, als wegen der ungewöhnlich frühen „Schönwetterperiode" ein fulminanter Start mit durchgehend zweistelligen Wachstumsraten gelang. Zwar gingen die Erlöse in den Monaten Juli und August zurück, was aber im Spätherbst — wiederum witterungsbedingt — mehr als kompensiert wurde. Das alles spülte dem Fachhandel rund 4 Mrd. Euro in die Kassen (einschließlich Zubehör, Textilien etc.), was ein Plus von circa 10 Prozent gegenüber dem Vorjahr bedeutete. Auch die Stückzahl der verkauften Räder (4,1 Mio.) hat sich 2014 positiv entwickelt. Hinzu kamen steigende Durchschnittspreise und weiter wachsende Umsätze bei den E-Bikes **(Grafik 1)**. Der späte Umsatzschub führte außerdem zu einem erfreulichen Abbau der Warenbestände. „Der Trend zum Radfahren hält an", urteilt der VDZ.

Allerdings hat es spürbare Entwicklungsunterschiede zwischen einzelnen Unternehmensgruppen und Betriebsgrößen gegeben: Während die größeren Händler ihre Umsätze deutlich steigern konnten, haben die kleineren Marktanteile verloren. Durch Betriebsaufgaben bei dienstleistungsintensiven kleineren Anbietern wird das „Service-Netz" im Markt ausgedünnt. Das ist nach Auffassung des VDZ für den Gesamtmarkt nachteilig, weil ein möglichst dichtes, für den Nutzer schnell zu erreichendes Service-Angebot für die Akzeptanz des Radfahrens von Bedeutung ist. Für Unruhe bei den „Kleineren" sorgte auch der Eindruck, bessere Einkaufskonditionen nicht nutzen zu können.

Insgesamt ist die Rendite des Fachhandels zwar stabil geblieben, konnte aber nicht in dem Maße verbessert werden, wie die Umsätze dies vermuten lassen. Durch den wachsenden Anteil der E-Bikes am Gesamtumsatz gab es Spannenverluste. Aber auch der ohnehin schon harte und durch Internet-Anbieter verschärfte Wettbewerb drückt auf die Handelsspannen. Zudem müssen vielfach besser qualifizierte Mitarbeiter beschäftigt werden, was zu Kostensteigerungen führt.

Technischer Fortschritt, neue Nutzerkreise und Anbieter in Produktion und Handel halten den Markt in Bewegung. Der Anteil der E-Bikes am Umsatz des Fachhandels hat sich 2014 weiter erhöht und zur positiven Entwicklung beigetragen. Nicht wenige Fachgeschäfte erzielen inzwischen schon mindestens 25 Prozent ihrer Umsätze durch den Verkauf von E-Bikes. Das Preisniveau ist hier weiterhin stabil, was der Fachhandel auf Innovationen und Verbesserungen zurückführt.

Die Kundenanforderungen an den Handel sind hoch. Das gilt für die Intensität der Verkaufsberatungen genauso wie für die Qualität des Service-Angebots. Aber auch der Service nach dem Verkauf und die von den Käufern erwartete zügige Abwicklung von Reklamationen sind sehr aufwändig und kostenintensiv. Ebenso ist die Ersatzteilbeschaffung ist oft recht schwierig, und viele Händler haben Probleme mit der Durchsetzung einer sachgerechten und gesetzeskonformen Kostenübernahme bei der Abwicklung von Gewährleistungsfällen, zumal nicht selten seitens der Marktpartner auf die Vorlieferanten verwiesen wird. Im Interesse der Kundenbindung und der Verbraucherzufrie-

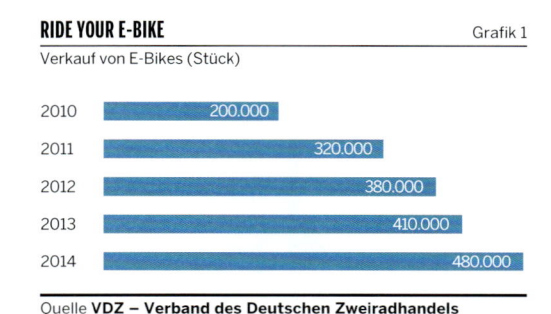

RIDE YOUR E-BIKE Grafik 1
Verkauf von E-Bikes (Stück)

Jahr	Stück
2010	200.000
2011	320.000
2012	380.000
2013	410.000
2014	480.000

Quelle **VDZ – Verband des Deutschen Zweiradhandels**

Auf welche Bundesländer verteilen sich die Center-Neueröffnungen zwischen 2005 und 2010 sowie 2014

Antworten vom Marktführer:
shopping-center-report.de/antworten

Print + Online im Package für 500 EUR

Ja, ich bestelle das Standard-Package als Abonnement zum Preis von 500 EUR zzgl. MwSt. Dafür erhalte ich eine Jahres-Ausgabe des Buches „EHI Shopping-Center Report" und 12 Monate Zugriff auf die Datenbank unter www.shopping-center-report.de

Firma:
Name:
Straße, Nr.:
PLZ, Ort:

E-Mail:

Datum   Unterschrift

Ich bim EHI-Mitglied und erhalte 10 % Rabatt auf die Bestellung des Abonnements.

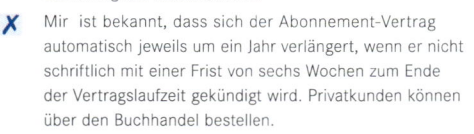

Mir ist bekannt, dass sich der Abonnement-Vertrag automatisch jeweils um ein Jahr verlängert, wenn er nicht schriftlich mit einer Frist von sechs Wochen zum Ende der Vertragslaufzeit gekündigt wird. Privatkunden können über den Buchhandel bestellen.

Fax senden an +49 221 57993-764 oder Ihr direkter Kontakt Claudia Husseck: Fon +49 221 57993-64, E-Mail: vertrieb@ehi.org oder Online-Bestellung unter: www.shopping-center-report.de

EHI Retail Institute®

Markt | Fahrräder

denheit wünscht sich der VDZ deshalb eine bessere und effektivere Zusammenarbeit aller Marktpartner.

Im Jahr 2014 gab es erwartungsgemäß eine deutliche Zunahme des Online-Handels — eine Entwicklung, die zulasten des stationären Fachhandels geht. Die E-Commerce-Spezialisten erzielen inzwischen beachtliche Umsätze, sodass sich der stationäre Handel zunehmend mit diesem Wandel im Markt befassen muss. Das führt dazu, dass die Präsenz im Netz für die allermeisten Händler inzwischen selbstverständlich ist — auch unter dem Gesichtspunkt des Marketing. Positive Erfahrungen machen stationäre Betriebe vor allem mit dem Online-Verkauf von Sonderposten und Zubehör. Die Kombination von Internetpräsenz und stationärem Leistungsangebot des Fachhandels steht dabei im Fokus der Überlegungen. Überdies wird das Internet von einer wachsenden Zahl von Verbrauchern als Informationsquelle vor und nach dem Kauf von Produkten des Zweiradhandels genutzt. Das führt zu einer größer werdenden Markt- und Preistransparenz. Im Verkaufsgespräch vor Ort werden vor diesem Hintergrund nicht selten Zugeständnisse erforderlich.

Für 2014 macht der VDZ folgende Trends aus:

Fahrräder
Die insgesamt positive Saison hat 2014 wieder zu einer Stabilisierung der verkauften Stückzahlen auch bei „Normalrädern" geführt. Die Umsätze in diesen Sortimentsbereichen konnten um circa 5 Prozent gesteigert werden. Sportliche „High-End-Räder" waren gefragt, was der Verband vor dem Hintergrund der vergleichsweise hohen Marktsättigung als Erfolg wertet. Der Verkauf von Rennrädern war rückläufig; Kinder- und Jugendräder entwickelten sich positiv, aber unterproportional. Hier spiegelt sich die sich verändernde Altersstruktur der Bevölkerung wider.

E-Bikes
„Elektrisch angetriebene Räder" durchlaufen auch weiter eine schnelle Entwicklung, nicht zuletzt auch hinsichtlich der Leistungsfähigkeit und hochwertiger Ausstattung. Das Preisniveau ist sehr stabil, Billigangebote finden in der Regel bei den Konsumenten nicht den zu erwartenden Zuspruch.

Bekleidung/Helme
Bei Radbekleidung sind die Umsätze stabil geblieben. Vor allem sportlich orientierte Radfahrer legen Wert auf funktionsgerechtes Textilmaterial. Da mittlerweile viele Radler Helme tragen, ist die Umsatzentwicklung in dieser Warengruppe überproportional positiv.

Zubehör/Ersatzteile
Fahrradzubehör und Ersatzteile beziehen die Käufer oft online. Dennoch ist auch hier eine positive Umsatzentwicklung zu verzeichnen. Die Elektronik hält weiter Einzug in den Zweiradmarkt, elektronische Schaltungen stoßen beim Verbraucher auf Interesse, sind aber nach Experten-Auffassung noch nicht ausgereift.

Werkstatt/Service
Die Lohnerlöse in der Werkstatt sind 2014 gestiegen, dem stehen aber deutlich höhere Aufwendungen gegenüber, z. B. Personalkosten. Der für die Akzeptanz des Radfahrens notwendige Service vor Ort ist zwar ohne Alternative, aber auch kostenintensiv. Problem: Das Handelsgeschäft kann aufgrund des schärfer werdenden Preiswettbewerbs der „Fachhandelsservice" in der Regel nicht mehr subventionieren. Kostendeckung im Service-Bereich ist demzufolge ein wichtiges Thema, nicht nur für den Handel selbst, sondern auch für den Markt insgesamt.

Die Erwartungen an das laufende Geschäftsjahr sind ambitioniert. Der VDZ hofft, dass sich die Umfeldbedingungen für den Zweiradmarkt ähnlich positiv gestalten wie 2014, sodass das Vorjahresergebnis wiederholt werden kann. Allerdings führt der Wertverfall des Euro bei dem hohen Anteil importierter Räder und der in der heimischen Produktion verbauten Komponenten aus dem Ausland vermutlich zu fühlbaren Preissteigerungen. Da sind Fairness unter den Marktpartnern und Überzeugungsarbeit gegenüber dem Verbraucher gefordert.

Sport | **Markt**

DIE LIFESTYLE-BRANCHE

Beratung und Service sind für die Branche wichtig, da der Wettbewerb durch Lieferanten und Online-Angebote stetig steigt.

Text **Matthias Kersten, BusinessHandel**

Sport und seine Förderung als Breiten-, Betriebs-, Familien- und Gesundheitssport sind seit Beginn des 21. Jahrhunderts und besonders im letzten Jahrzehnt das Top-Thema geworden, das dem Europäischen Parlament und der EU-Kommission gleichermaßen am Herzen liegt. Den großen europäischen Sporthandelsverbundgruppen wie Intersport International und Sport 2000 International gelingt es als Gesundsportberater von Jahr zu Jahr besser, ihre Mitgliedsunternehmen als die lokalen Erstanbieter vor Ort so schlagkräftig zu halten wie im Multi- und Omnichannel-Geschäft in allen europäischen Ländern – ein Geschäft, bei dem auch die führenden Markenartikler als Konkurrenten des Fachhandels mit eigenen Offline- und Online-Auftritten vertreten sind. „Schon heute haben die globalen Markenplayer unserer Branche bis zu 20 Prozent ihres Absatzes in der eigenen Hand", stellt der Verband Deutscher Sportfachhandel (vds) fest.

Diese Entwicklungen werden bestätigt vom aktuellen Branchenbericht „Markt:Monitor Sport 2014/2015" der BBE Handelsberatung und Marktmedia24. Demnach erreichten die Versand- und Online-Händler ein Plus von 25 Prozent seit 2009 **(Grafik 1)**. Der Marktanteil des Online-Handels im Sportartikelmarkt liegt nun bei über zehn Prozent. Die Gründe für den Erfolg des E-Commerce in diesem Segment sind vielfältig. „Die Konsumentenklientel scheint von Natur aus eher technikaffin zu sein. Zudem treiben große Hersteller und Komplett-Anbieter wie Zalando und Amazon das Preisniveau mit Rabattaktionen soweit nach unten, dass stationäre Sportartikelfilialisten kaum mithalten können. Multichannel-Strategien werden für den stationären Handel aus diesem Grund unverzichtbar", heißt es in dem Bericht.

Aber nicht nur der voranschreitende Erfolg des E-Commerce ist ein Faktor, der den Sportartikelmarkt zurzeit beeinflusst. Des Weiteren ist zu beobachten, dass sich die Segmente Mode und Sport zunehmend annähern. Traditionelle Modelabels wie H&M, Hollister oder Desigual entwerfen eigene Sportlinien und wollen auf diese Weise am Megatrend Gesundheit mitverdienen. Sport ist Lifestyle und der sportliche Look bei vielen modebewussten Menschen beliebt. Zudem nehmen große Sportartikelhersteller wie Adidas und Puma den Vertrieb ihrer Produkte selbst in die Hand: Sie eröffnen eigene stationäre Läden und betreiben Onlineshops mit attraktiven Preisen. „Durch die vertikale Integration können Anbieter ihre Marken- und Produktwelten perfekt inszenieren und erhöhen die Nähe zum Endkunden", halten die Experten fest.

Vor diesem Hintergrund und der Tatsache, dass zunehmend ausländische Filialisten auf den deutschen Markt drängen, wird die Wettbewerbssituation für den traditionellen Sportfachhandel von Jahr zu Jahr auf allen Märkten schwieriger. Es gelingt aber nach wie vor, die starke Stellung mit einem Marktanteil von 45 Prozent zu halten und noch leicht auszubauen **(Grafik 2)**. Das ist der Tatsache zu verdanken, dass

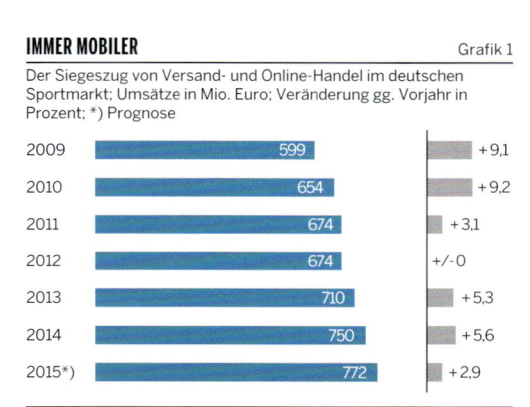

IMMER MOBILER — Grafik 1

Der Siegeszug von Versand- und Online-Handel im deutschen Sportmarkt; Umsätze in Mio. Euro; Veränderung gg. Vorjahr in Prozent; *) Prognose

Jahr	Umsatz (Mio. Euro)	Veränderung
2009	599	+9,1
2010	654	+9,2
2011	674	+3,1
2012	674	+/-0
2013	710	+5,3
2014	750	+5,6
2015*	772	+2,9

Quelle **Marketmedia24**

Beratung und Service nach wie vor eine der großen Stärken der Kollegenschaft ist. „Stark sind wir als Handel vor allem dann, wenn sich in unseren Geschäften Offline- und Online-Angebote für alle sportlichen Wünsche unserer Kunden zielführend ergänzen. Multichannel- beziehungsweise ihre Weiterentwicklung zu Omnichannel-Strategien sind für uns als Fachhandel alternativlos", heißt es beim vds.

Der deutsche Sportmarkt erweist sich trotz Neigung zur Stagnation als relativ gesund. Allerdings gilt das nicht für alle seine Teilmärkte oder Produkte gleichermaßen. Tatsächlich entscheidet der Lifestyle bzw. Trendfaktor einer Sportart wesentlich über deren Wohl und Wehe. „So hat beispielsweise das Thema Running das Zeug zu einem echten Spitzenreiter." In dieser Warenwelt steigen die Umsätze seit Jahren kontinuierlich.

Die Hinwendung zum Sport in allen Bereichen manifestiert sich in der Steigerung des Umsatzes am deutschen Markt von 7,2 Mrd. Euro 2013 auf 7,31 Mrd. Euro 2014 (plus 1,5 Prozent). Für Gesamteuropa sieht diese Entwicklung nicht so gut aus. Hier verlor der Markt 5 Prozent, das heißt die Umsätze sanken von 36 Mrd. auf rund 35,82 Mrd. Euro. Dafür sind neben den unterschiedlichsten Witterungsbedingungen auch die nach wie vor schwierigen wirtschaftlichen Verhältnisse vor allem im Süden und Osten Europas verantwortlich. Sie werden durch hohe Jugendarbeitslosigkeit geprägt. Das wirkt sich stark auf die Umsätze in den Sportgeschäften aus. Überdies macht sich die hohe Zahl der preisaggressiven Online-Anbieter in diesem Bereich bemerkbar. Umgekehrt schlugen sich die sportlichen Ereignisse im Eventjahr 2014, geprägt durch die Olympischen Spiele in Sotschi und die Fußball-WM in Brasilien, vor allem im Teamsportbereich positiv auf die Umsätze nieder. „Ohne den Weltmeistertitel hätten die deutschen Sportfachhändler ihr Superergebnis wohl nicht erreicht, wie die Verkaufszahlen während der WM in anderen europäischen Ländern zeigen", bilanziert der vds. Die guten Umsätze im deutschen Fachhandel dürfen aber nach Meinung des Verbandes nicht darüber hinwegtäuschen, dass die Margen stark unter Druck sind.

Das Wetter spielt mit

2014 war in Deutschland das wärmste Jahr seit Beginn der Wetteraufzeichnungen vor mehr als 100 Jahren und somit aus Branchensicht ein Outdoor- und Running-Jahr. In beiden Segmenten wuchsen die Umsätze auf sehr hohem Niveau: bei Outdoor um weitere 3 Prozent und im Bereich Running, in dem auch die Schuhe enthalten sind, um weitere 12 Prozent. Die Outdoor-Umsätze machten dabei mehr als 20 Prozent der Gesamterlöse im deutschen Sportfachhandel aus; der Anteil von Running/Walking betrug 12 Prozent, gefolgt vom Teamsport mit 11,5 Prozent (hier schlug wegen der positiv verlaufenen Fußball-WM vor allem der Verkauf von Schuhen und Trikots mit einem Umsatzsprung um gute 20 Prozent zu Buche. Bei Fitness gab es eine Steigerung von etwa 8 Prozent und bei Funwheel von 11 Prozent. Zusammen stellten beide Angebote etwa 8 Prozent des durchschnittlichen Jahresumsatzes in deutschen Sportfachgeschäften dar. Die größten Umsatzverluste erlitten im vergangenen Jahr wegen der milden Winter-

ONLINE GEWINNT — Grafik 2
Handelsstrukturen im deutschen Sportmarkt bis 2020 (Anteile in Prozent)

2013: 10,3 / 3,6 / 8,1 / 10,6 / 22,3 / 45,1
2020: 9,4 / 3,3 / 7,4 / 13,1 / 20,4 / 46,4

- Facheinzelhandel
- Übriger Fachhandel
- Versender/Online-Handel
- Warenhäuser
- SB-Warenhäuser/Verbrauchermärkte
- Sonstige Anbieter

Quelle **Marketmedia24**

Kein einfaches Geschäft mehr: der Wintersport.

temperaturen die Segmente Wintersport (minus 19 Prozent) und Winterfreizeitmode (minus 15 Prozent). „Die negativen Zahlen sollen und werden uns als Sportfachhändler aber nicht zu dem falschen Schluss verleiten, dass der Wintersport und damit das Geschäft, das daraus für uns erwächst, in der Gunst unserer Kunden verliert", stellt der vds fest. Die Umsätze zeigen jedes Jahr deutlich, dass die Kunden sich zwar in immer stärkerem Maß ihre Ski am Wintersportort leihen, aber gleichzeitig bereit sind, für ihre Ausrüstung immer mehr Geld in die Hand zu nehmen. Das beweist der auf bereits hohem Niveau um 2 Prozent in Deutschland gesteigerte Umsatz bei Skischuhen ebenso wie die zunehmenden Verkäufe hochwertiger Skibrillen und Protektoren, Helme, Handschuhe und Funktionsunterwäsche. Beim Skischuhverkauf ist das ServiceThema Custom Fit ein Treiber. Hochwertige Markenartikel sind im Bekleidungsangebot ebenfalls umsatzbestimmend.

Die Aufmerksamkeit der Branche gilt auch in den nächsten Jahren der Tatsache, dass mehr als die Hälfte aller Deutschen aktiv Sport treiben. Laut BBE werden bereits jetzt im Schnitt 83 Euro pro Kopf der Bevölkerung für Sportartikel ausgegeben. „Wir sind deshalb weiter dabei, unter Federführung der großen Verbundgruppen Intersport und Sport 2000 und ihren Multi- und Omnichannel-Konzepten, die steigende Bedeutung des Healthcare-Bereichs für unsere Umsätze zu berücksichtigen. In diesem Bereich wollen und werden wir die Attraktivität der Fachgeschäfte im stationären Handel weiter erhöhen. Dazu nutzen wir schon jetzt die großen Chancen, die sich aus der Verknüpfung zwischen Erlebnisfläche und virtuellen Erlebnis- und Einkaufsflächen ergeben", resümiert der Verband. Weiterhin: „Uns deutschen und europäischen Sportfachhändlern muss es gelingen, alle sportinteressierten Kunden aller Altersschichten auf allen Kommunikations- und Absatzkanälen anzusprechen und sie dabei für den Einkauf stationär und virtuell gleichermaßen zu begeistern. Wir werden unsere Kunden in der Cyber-Welt nicht kampflos anderen Vertriebsformen überlassen – genauso wenig unseren klassischen Markenpartnern aus der Sportartikelindustrie, die sich in diesem Bereich immer größere Anteile vom virtuellen Kuchen abschneiden wollen."

Markt | Schmuck & Uhren

GUTE RAHMENBEDINGUNGEN

Eine stabile Konjunktur und niedrige Zinsen sorgen bei Schmuck und Uhren für eine gute Konsumstimmung bei den Verbrauchern.

Text **Matthias Kersten, BusinessHandel**

Der Handel setzte 2014 laut Bundesverband der Juweliere, Schmuck- und Uhrenfachgeschäfte e.V. (BVJ) 4,65 Mrd. Euro mit Uhren und Schmuck um (zu Endverbraucherpreisen inklusiv Mehrwertsteuer). Damit erzielte die Branche ein kleines Plus gegenüber dem Vorjahresergebnis (4,73 Mrd Euro). Die Entwicklung verlief in den beiden Teilmärkten unterschiedlich. Der Schmuckmarkt hat sich auf hohem Niveau stabilisiert und mit 3,41 Mrd. Euro Umsatz auf Vorjahresniveau behauptet **(Grafik 1)**. Dank des positiven Weihnachtsgeschäfts ging der Gesamtjahresumsatz des Handels hier nur leicht um 0,5 Prozent gegenüber dem Vorjahr zurück. Deutlich schwächer zeigten sich 2014 einige Trendmarken und das Uhrensegment. Das abflachende Geschäft mit bunten Modeuhren, vor allem aber die restriktive Vermarktungsstrategie großer Uhrenkonzerne ließen die Umsätze in Deutschland um 5 Prozent gegenüber dem Vorjahr auf 1,23 Mrd. Euro sinken.

„Nach einem schwachen Auftakt in 2014 hat das Geschäft ab Ende August merklich angezogen. Das für die Branche zufriedenstellende Weihnachtsgeschäft hat das Schmuckjahr gerettet", so BVJ-Präsident Stephan Lindner. „Vor allem bei Goldschmuck und Diamanten zeigte der Trend zum Jahresende deutlich nach oben. Die Attraktivität unserer Produkte ist in den Augen der Konsumenten ungebrochen hoch, und der Handel mit werthaltigem Schmuck zeigt sich stabil." Die gute Konsumstimmung und Ausgabenbereitschaft der Verbraucher sorgten laut dem Kölner Verband in Verbindung mit einer stabilen Konjunkturlage und dem anhaltend niedrigen Zinsniveau für günstige Rahmenbedingungen im Schmuckmarkt. Vor allem die Lieferanten, die in ihrem Sortiment nach wie vor auch auf Klassiker setzen, konnten davon profitieren.

Das Geschäft mit hochwertigen mechanischen Uhren verlief im vergangenen Jahr insgesamt gesehen weniger zufriedenstellend. Dies hat nach BVJ-Einschätzung jedoch nicht an mangelnden Innovationen oder verfehlter Modellpolitik gelegen. „Wenn Uhrenkonzerne die Zahl der belieferten Händler deutlich verringern und insbesondere die Marken aus der Schweiz damit in Deutschland weniger sichtbar sind, wirkt sich das zwangsläufig auf die Nachfrage aus", analysiert Lindner. Ein emotionales Produkt wie eine mechanische Uhr müsse man erleben, sehen und anfassen. „Kann der Konsument das nicht, kauft er auch nicht." Die Bedeutung von qualifizierter Fachberatung und flächendeckender Präsentation im Handel werde hier von einigen Anbietern möglicherweise unterschätzt. Für bestimmte Marken bestehe regional eine Unterversorgung des deutschen Marktes, wovon mittelfristig andere Uhrenmarken profitieren könnten.

Bei der Wahl der Einkaufsstätten setzen die Deutschen nach wie vor auf den Fachmann. 70 Prozent

VERTRIEBSWEGE UHREN UND SCHMUCK   Grafik 1
Umsatzanteile in Prozent

- Schmuck- und Uhren-Fachhandel: 53
- Filialisten: 17
- Warenhäuser: 13
- Internet pure-player: 5
- TV-Shopping: 5
- Versender: 3
- Sonstige: 4

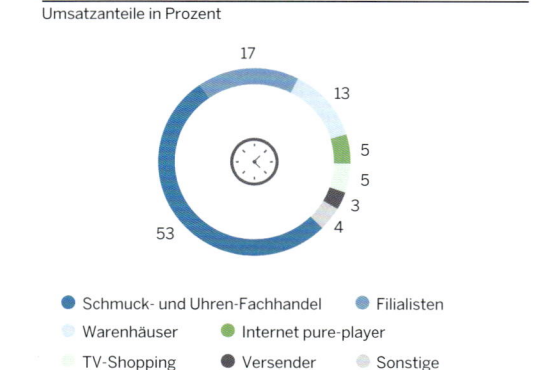

Quelle **BVJ**

Schmuck & Uhren | **Markt**

MARKT FÜR UHREN UND SCHMUCK Grafik 2

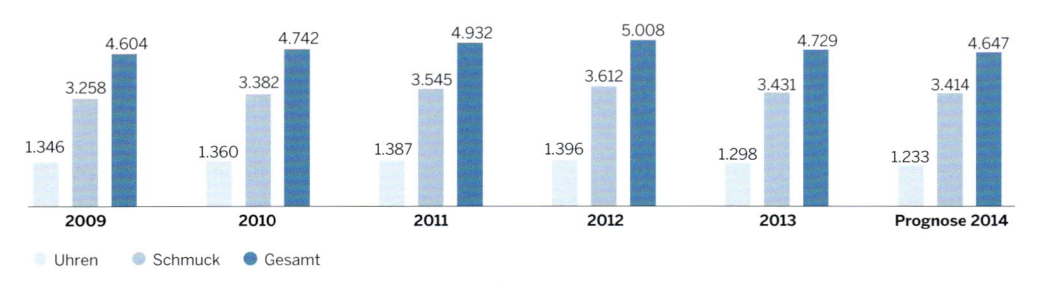

Umsatz in Deutschland in Millionen Euro zu Endverbraucherpreisen

Jahr	Uhren	Schmuck	Gesamt
2009	1.346	3.258	4.604
2010	1.360	3.382	4.742
2011	1.387	3.545	4.932
2012	1.396	3.612	5.008
2013	1.298	3.431	4.729
Prognose 2014	1.233	3.414	4.647

Quelle **BVJ**

des Marktvolumens mit Uhren und Schmuck entfällt auf Juweliere, Schmuck- und Uhrenfachgeschäfte sowie Filialisten (Konzerne und filialisierende Mittelständler). Hinzukommen die Fachabteilungen der Warenhäuser mit einem Anteil von 13 Prozent. Die verschiedenen Formen des Fernabsatzes – Internet Pure Player, (Katalog-)Versender und TV-Shoppingkanäle – kommen zusammen auf einen Marktanteil von lediglich 13 Prozent **(Grafik 2)**. „Uhren und Schmuck sind sehr persönliche Produkte und der Kaufvorgang entsprechend emotional", sagt Lindner. „Die qualifizierte Fachberatung, das Anprobieren und Vergleichen vor Ort ist bei der Kaufentscheidung wichtig. Hinzukommt das Vertrauen in die Echtheit von Material und Marke, das beim Fachhändler vor Ort gegeben ist."

Der BVJ geht davon aus, dass die Bedeutung des Standorts Internet nicht nur als Informations-, sondern auch als Absatzkanal zunimmt. Das Potenzial für Online-Umsatz sei jedoch aufgrund der Besonderheiten von Produkten und Kaufverhalten niedriger als in anderen Branchen. „Zahlreiche Kollegen haben den Standort Internet längst besetzt und bieten ihre Produkte und Dienstleistungen über das Internet erfolgreich an. Die Umsätze werden vor allem im mittel- und hochpreisigen Bereich, aber überwiegend stationär realisiert", heißt es beim Verband. „Der Handel holt seine Kunden dort ab, wo sie sind. Derzeit ist die Devise der Kunden: Produktinformation und -verfügbarkeit online abfragen und dann im stationären Geschäft kaufen." Der Schwerpunkt in der Online-Strategie von hybriden (stationären) Händlern liege deshalb in der Zuführung zum Ladengeschäft.

... girls best friend? Auch Männer schmücken sich gern.

Markt | Apotheken

SCHLECHTE TEILHABE

Trotz rückläufiger Zahlen der Betriebsstätten wird in den Apotheken immer mehr Personal eingesetzt. Der Versandhandel mit rezeptfreien Medikamenten floriert.

Text **Matthias Kersten, BusinessHandel**

Die wirtschaftliche Entwicklung der Apotheken in Deutschland war 2014 nach Aussage der ABDA-Bundesvereinigung Deutscher Apothekerverbände verhalten positiv (zitiert nach Namensbeitrag in Pharmazeutische Zeitung 22/2015). Dennoch war die Apothekenhonorierung deutlich hinter der gesamtwirtschaftlichen Entwicklung zurückgeblieben. Demgegenüber waren die Einnahmen der gesetzlichen Krankenversicherung (GKV) aufgrund der guten Konjunktur mit hohem Beschäftigungsniveau und steigender Beitragsbemessungsgrenze wesentlich stärker gewachsen als das Bruttoinlandsprodukt (BIP). „Daraus kann man den Schluss ziehen, dass die Apotheker an der positiven wirtschaftlichen Entwicklung nicht angemessen teilhaben", kommentieren Claudia Korf und Dr. Eckart Bauer von der Verbandsorganisation die Entwicklung.

Apotheken sind keine Kostentreiber im Gesundheitssystem, heißt es weiter. Ihr Anteil an den Leistungsausgaben der GKV sei langfristig zurückgegangen. Während 2004 der Anteil der Apothekenhonorare an den Gesamtausgaben der GKV noch 2,6 Prozent betrug, lag er 2014 nur bei 2,3 Prozent. Dagegen stiegen die Ausgaben der GKV für Arzneimittel im gleichen Zeitraum von 11,9 auf 12,6 Prozent. Auch in der kurzfristigen Perspektive zeigt sich, dass der Anteil für Apothekenentgelte unterproportional gestiegen ist. Während die Gesamtausgaben der GKV in den vergangenen vier Jahren um knapp 30 Mrd. Euro in die Höhe gingen, wuchs der Ausgabenblock nur um 300 Mio. Euro.

Der Abschlag, den die Krankenkassen für verschreibungspflichtige Arzneimittel seit 2007 von den Apotheken erhalten, war in der Vergangenheit ein zwischen dem Deutschen Apothekerverband (DAV) und GKV-Spitzenverband hart umkämpftes Thema. 2011 und 2012 lag er bei 2,05 Euro, 2013 betrug er zunächst 1,75 und dann 1,85 Euro, für 2014 wurde der Abschlag auf 1,80 Euro und für 2015 auf 1,77 Euro festgelegt. Mit dem Versorgungsstärkungsgesetz wird letzterer Betrag dauerhaft festgeschrieben. Für andere als Fertigarzneimittel beträgt der Rabatt 5 Prozent des Abgabepreises.

Vier Filialen pro Apotheker möglich

Neben dem eigenen Mengenrabatt, den die Apotheken der GKV gewähren, übernahmen sie für die Krankenkassen das Inkasso bei Patienten und Herstellern. So haben sie laut ABDA allein in den vergangenen drei Jahren als unentgeltliche Dienstleistung knapp 6 Mrd. Euro an Zuzahlungen der Patienten eingezogen. Der durchschnittliche Wert der Zuzahlung sei 2014 um 10 Cent auf 2,70 Euro gestiegen. Die Abführung des Herstellerabschlags an die Krankenkassen machte im gleichen Zeitraum gut 6 Mrd. Euro aus.

Seit 2004 können Apotheker neben der Hauptapotheke bis zu drei Filialen betreiben. Für jede Filialapo-

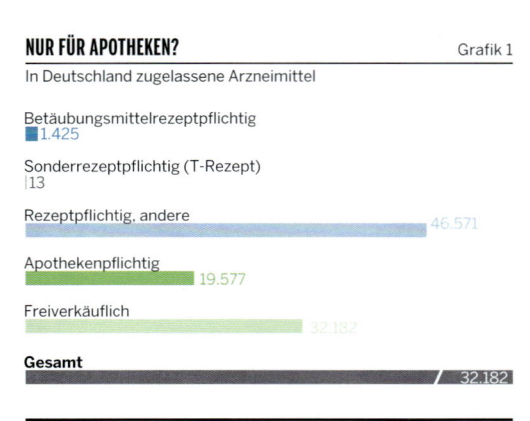

NUR FÜR APOTHEKEN? Grafik 1
In Deutschland zugelassene Arzneimittel

Betäubungsmittelrezeptpflichtig
■ 1.425

Sonderrezeptpflichtig (T-Rezept)
| 13

Rezeptpflichtig, andere — 46.571

Apothekenpflichtig — 19.577

Freiverkäuflich — 32.182

Gesamt — 32.182

Quelle **ABDA**

Apotheken | **Markt**

BREIT AUFGESTELLT — Grafik 2
Filialstruktur

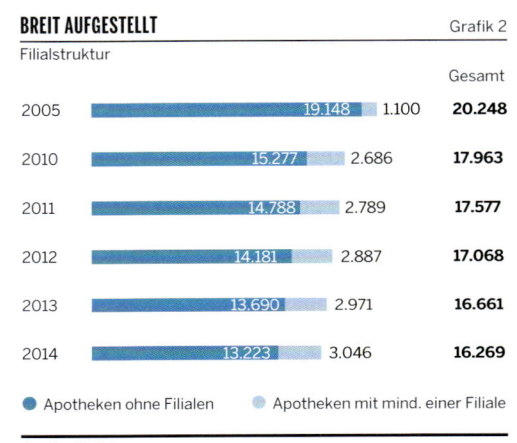

Jahr	Apotheken ohne Filialen	Apotheken mit mind. einer Filiale	Gesamt
2005	19.148	1.100	**20.248**
2010	15.277	2.686	**17.963**
2011	14.788	2.789	**17.577**
2012	14.181	2.887	**17.068**
2013	13.690	2.971	**16.661**
2014	13.223	3.046	**16.269**

Quelle **ABDA**

theke ist ein verantwortlicher Leiter zu benennen, der selber Apotheker ist. Ansonsten gelten für die Filialapotheken hinsichtlich Personal und Ausstattung grundsätzlich die gleichen Vorschriften wie für die Hauptapotheken. Filialapotheken müssen innerhalb desselben Kreises, derselben kreisfreien Stadt oder in einander benachbarten Kreisen beziehungsweise Städten wie die Hauptapotheke liegen. In Zahlen: Laut ABDA waren Ende 2014 von den insgesamt 20.441 Apotheken 16.269 Einzel- bzw. Hauptapotheken mit mindestens einer Filiale, wobei die Filialisierung zunimmt **(Grafik 2)**. Bei jeweils saldierter Betrachtung schlossen in den vergangenen zehn Jahren doppelt so viele Hauptapotheken wie Filialapotheken hinzu kamen. Im europäischen Vergleich liegt die Apothekendichte in Deutschland mit 25 Betriebsstätten je 100.000 Einwohner deutlich unter dem EU-Durchschnitt von 31.

Spiegelbildlich zu den rückläufigen Zahlen der Betriebsstätten wird seit Jahren mehr Personal in den verbliebenen Apotheken eingesetzt, heben Claudia Korf und Dr. Eckart Bauer hervor. Ziel ist die Versorgung der Bevölkerung auf hohem Niveau. Knapp 90 Prozent der Beschäftigten sind Frauen, was auch den hohen Anteil an Teilzeitkräften begründet – nur die Hälfte der Beschäftigten arbeitet Vollzeit. Ein weiterer Trend geht hin zu höher qualifizierten Arbeitsplätzen, weshalb die Zahl des pharmazeutischen Personals steigt. Hintergründe dafür sind die Qualitätssicherung in der Beratung und die Technisierung der Warenwirtschaft.

Demografie verändert den Markt

Während die Zahl der in Apotheken abgegebenen Arzneimittelpackungen 2014 leicht rückläufig war (minus 1,2 Prozent), stieg die Menge der rezeptpflichtigen Packungen im Trend leicht an (plus 0,7 Prozent, **Grafik 1**). Damit ging der Absatzrückgang zulasten der rezeptfreien Arzneimittel. Die Gründe dafür „liegen vor allem in der demografiebedingten Verschiebung des Morbiditätsspektrums und damit verbunden in der Zunahme chronischer Erkrankungen", analysieren die beiden Verbandsmitglieder. Von den knapp 46 Mrd. Euro Gesamtumsatz (vor MwSt.) gingen 83 Prozent auf rezeptpflichtige Arzneimittel zurück. Der Versandhandel mit rezeptfreien Produkten wie Arznei- und Gesundheitsmittel, Kosmetika, Ernährungs- und Medizinprodukten „florierte wie schon in den Vorjahren auch in 2014", konstatieren die Experten von IMS Health, Anbieter von Informations- und Technologiedienstleistungen für Kunden aus dem Gesundheitswesen **(Grafik 4)**. Allerdings wächst das Geschäft auf dem elektronischen oder telefonischen Bestellweg nur noch über den OTC-Bereich. Demgegenüber setzte sich die Tal-

REZEPTFREIER VERSAND — Grafik 3
Umsatz rezeptfreier Produkte 2014 in Mio. Euro, Veränderung gegenüber Vorjahr in Prozent

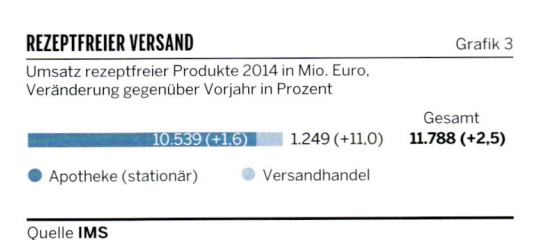

Apotheke (stationär)	Versandhandel	Gesamt
10.539 (+1,6)	1.249 (+11,0)	**11.788 (+2,5)**

Quelle **IMS**

Markt | Apotheken

Foto **Martin Heiermann**

Beratung: vor allem bei rezeptfreien Mitteln.

näre Apotheken und Versandhandel zusammen betrachtet – durch Wachstum in anderen Kategorien ausgeglichen. So verzeichnete beispielsweise die zweitumsatzstärkste Gruppe der Schmerzmittel – einschließlich Mittel für Muskeln und Gelenke – eine Steigerung von plus 4 Prozent, auf Platz drei befindliche Präparate zur Verdauung von plus 7,1 Prozent. Bei Vitaminen, Mineralstoffen und Nahrungsergänzungsmitteln (Rang vier) erhöhte sich der Umsatz um 3,9 Prozent.

Wachstum hat viele Gründe

IMS hat mehrere Gründe für das Wachstum des Versandhandels ausgemacht: Er bedient heute im Vergleich zu seinen Anfängen immer mehr Segmente aus dem rezeptfreien Markt. Die breitere Produktpalette erstreckt sich sowohl auf die Bandbreite günstiger bis hochpreisiger Produkte als auch auf mehr Produktformen und Packungsgrößen. „Um Wachstum zu erzielen, braucht der Versandhandel das breite Sortiment", heißt es weiter. Die Hersteller der Pro-

fahrt bei rezeptpflichtigen (Rx-) Präparaten fort. Die Erklärung dafür sieht ISM Health in der Tatsache, dass Versandapotheken bei Rx-Arzneimitteln strikt an den Listenpreis gebunden sind, ihren Kunden also – anders als bei OTC-Produkten – keine Rabatte gewähren dürfen. Konkret: Der Gesamtmarkt rezeptfreier Produkte (Apotheken, Versandhandel) entwickelte sich 2014 nach Umsatz mit einem Zuwachs von 2,5 Prozent moderat. Dabei erzielte der Versandhandel mit plus 11 Prozent einen deutlich höheren Zuwachs als die stationäre Apotheke mit plus 1,6 Prozent **(Grafik 3)**. Die Verlagerung der Nachfrage von der Vorortapotheke in den Versandhandel ist ein seit mehreren Jahren zu beobachtender Trend, hält der Dienstleister weiter fest. Der Umsatzrückgang bei der größten rezeptfreien Kategorie aus dem Bereich der Arznei- und Gesundheitsmittel, nämlich Erkältungsmittel (minus 4,5 Prozent), wird – statio-

AUCH KOSMETIK Grafik 4

Umsatzverteilung des Versandhandels nach Segmenten, Angaben in Prozent; Veränderung gegenüber Vorjahr in Prozent

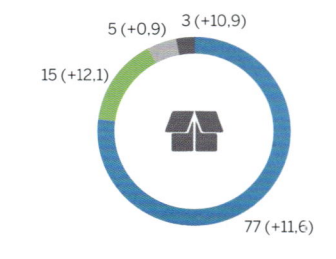

- 5 (+0,9)
- 3 (+10,9)
- 15 (+12,1)
- 77 (+11,6)

● Rezeptfreie Arznei- und Gesundheitsmittel
● Kosmetik/Körperpflege
● Medizinischer Sachbedarf
● Ernährung

Quelle **IMS**

dukte hätten erkannt, dass der Versandhandel für das Wachstum notwendig sei; sie würden deshalb ein aktives Versandhandelsgeschäft betreiben. Die Warenverfügbarkeit sei heute kein Problem mehr. Der Verbraucher schließlich verhalte sich bei seinen Einkäufen im Versandhandel ähnlich wie in der stationären Apotheke, d. h. er bestellt Präparate für den Akutbedarf, nimmt preiswerte Angebote wahr und kauft auch sensible Produkte. „Der Vertriebsweg Versandhandel wird damit für den Kunden auch bei Arznei- und Gesundheitsmitteln zunehmend ebenso selbstverständlich wie dies bei Büchern, Kleidung und anderen Gegenständen des Alltags längst der Fall ist", resümiert IMS Health. ABDA wiederum erwartet für 2015 insgesamt „keine relevante Verbesserung der wirtschaftlichen Situation der Apotheken". Eine Anpassung der Arzneimittelverordnung sei nicht zu erkennen, die Absenkung des GKV-Abschlags um 3 Cent brutto pro Packung werde keine Impulse bringen und die Notdienstpauschale dürfte ungefähr bei den Werten des Jahres 2014 liegen. Überdies werden die Sonderfaktoren der starken Grippe- und Erkältungswelle zum Jahresbeginn an Bedeutung verlieren. „Und die Einkaufskonditionen des Jahres 2015 sind aus Apothekensicht schlechter als die des Vorjahres", heißt es abschließend.

Konstantin Primbas, Inhaber Aponeo: „Datenschutz ist uns wichtig"

Die Berliner Versandapotheke Aponeo ist seit 2006 im Markt und mit fast 1 Mio. Bestellern höchst erfolgreich. Was ist das Erfolgsgeheimnis von Inhaber und Apotheker Konstantin Primbas, fragt BusinessHandel.

Wie können Sie kompetente Beratung sicherstellen?
In unserem Service-Center arbeiten 20 Mitarbeiter, die unsere Kunden telefonisch und online betreuen. Sieben davon sind ausgebildete Apotheker. Diese führen die pharmazeutischen Beratungsgespräche. Bei uns dauert ein Beratungsgespräch am Telefon länger als ein vergleichbares in der Apotheke.

Welche Medikamente bestellen Ihre Kunden vor allem?
Wir leben hauptsächlich von freiverkäuflichen Produkten, also OTC-Arzneimitteln. Hier bestimmen wir unsere Preise selbst. Allerdings setzen wir auf Qualität, Geschwindigkeit, Service und Bequemlichkeit für unsere Kunden. Bereits 2013 waren wir die erste Versandapotheke, die in Berlin noch am Tag der Bestellung ausgeliefert hat.

Wie sieht die Zukunft aus?
Wenn das elektronische Gesundheitsrezept käme, würde das den Versandapotheken neue Chancen bieten. Wir wären dann in der Lage, verschreibungspflichtige Medikamente innerhalb einer Stunde in Berlin auszuliefern. Dabei wäre natürlich die Menge der Rezepte entscheidend. Zudem würde das elektronische Rezept Möglichkeiten einer verstärkten Zusammenarbeit mit den Krankenkassen eröffnen.

Kann der Kunde in Sachen Datenschutz und Auslieferung sicher sein?
Unsere Kundendaten sind sehr gut gesichert und bleiben bei uns im Hause. Sie können aber, wenn ein Besteller dies wünscht, gelöscht werden. Denn Datenschutz ist für uns wichtig. Allerdings können die Daten eine wertvolle Hilfe bei der Therapie oder für die Krankenkassen sein.

Konstantin Primbas, Inhaber und Gründer von Aponeo

Foto Santiago Engelhardt für BusinessHandel

Markt | Automobile

SEHR GUTE MODELLPOLITIK

Die Automobilbranche ist gut aufgestellt, erwartet aber von der deutschen und europäischen Politik mehr Entschlossenheit.

Text **Matthias Kersten, BusinessHandel**

Die deutsche Automobilindustrie erreichte im Jahr 2014 mit 385,5 Mrd. Euro einen neuen Umsatzrekord. Gegenüber 2013 stiegen die Erlöse damit um knapp 7 Prozent. Das Marktvolumen betrug 3,04 Mio. Einheiten (plus 3 Prozent). Ferner gab es zum Jahresende 2014 gut 784.000 Mitarbeiter in den Stammbelegschaften der Unternehmen, was einer Zunahme um mehr als 23.000 Beschäftigte bzw. 3 Prozent entspricht. „Das Ergebnis des Autojahres 2014 ist etwas besser als erwartet, aber ein Grund zum Jubeln ist es nicht. Gerade angesichts der vergleichsweise ordentlichen gesamtwirtschaftlichen Rahmenbedingungen hätte die private Nachfrage im Neuwagengeschäft höher sein können", kommentiert Matthias Wissmann, Präsident des Verbandes der Automobilindustrie (VDA), die Zahlen.

Im Gesamtjahr sind demnach die privaten Neuzulassungen um nahezu 2 Prozent gesunken; der Anteil privater Halter ist mit 36 Prozent auf einem neuen Tiefststand angekommen. Zwar sind laut VDA Konjunktur, verfügbares Einkommen und der mehr als robuste Arbeitsmarkt positive Treiber für Konsum und damit auch für den Neuwagenkauf, aber klar sei auch, dass in der aktuellen Niedrigzinsphase und einer individuell gefühlten Unsicherheit über die mittelfristigen Entwicklungen Einkommen und Ersparnisse auch unter dem Aspekt Sicherheit verwendet werden. Die Bautätigkeit im Wohnungsbau zeuge von diesem Trend. Bezeichnend für die gegenwärtige Lage sei auch, dass Pkw länger halten und gehalten werden – das Durchschnittsalter des Bestands wachse seit Jahren. Dazu der VDA-Präsident: „Mehr Bestandserneuerung täte unserem Land gut. Anfang 2015 waren 44,4 Mio. Autos zugelassen, eine halbe Million mehr als ein Jahr zuvor. Die Autos auf Deutschlands Straßen werden immer älter: Im Schnitt sind sie neun Jahre alt. Das mag für unsere Produkte und ihre Langzeitqualität sprechen. Doch für Umwelt und Sicherheit ist das keine gute Nachricht: Ein Fünftel des gesamten Pkw-Bestandes – fast 9 Mio. Autos – stammt aus dem letzten Jahrhundert, mit deutlich schlechteren Emissionswerten, höherem Verbrauch und weniger Sicherheit, verglichen mit den heutigen Neufahrzeugen."

Die inländischen Auftragseingänge schlugen mit einem Zuwachs von 5 Prozent zu Buche, exportiert wurden insgesamt 4,3 Mio. Personenkraftwagen (plus 2 Prozent, **Grafik 2**). Die Jahresbilanz der Produktionszahlen fällt ebenfalls positiv aus: 5,62 Mio. Einheiten rollten 2014 von den Bändern der Automobilindustrie, ein Plus von mehr als 3 Prozent. Die Auslandsproduktion stieg um 6 Prozent auf knapp 9,2 Mio. Autos, so dass die Pkw-Weltproduktion der deutschen Konzernmarken um 4 Prozent auf 14,7 Mio. Einheiten zulegte **(Grafik 1)**. „Die deutsche Automobilindustrie", so Wissmann, „hat damit erneut ihre globale Wettbewerbsfähigkeit unter Beweis gestellt, gerade auch am Standort Deutschland. Das ist vor allem das Ergebnis harter Arbeit, hoher Forschungs- und Entwicklungsinvestitionen sowie einer hervorragenden Modellpolitik. Auch Berlin und Brüssel müssen sich im neuen Jahr 2015 die Verbesserung der industriellen Wettbewerbsfähigkeit Europas wieder ins Zentrum ihrer Politik rücken."

ALLES IM PLUS Grafik 1

Die deutsche Automobilindustrie 2014 in Stück; Veränderung gg. Vorjahr in Prozent

Pkw-Neuzulassungen	3.036.800	+3
davon deutsche Marken	2.190.500	+3
davon ausländ. Marken	846.300	+2
Export	4.299.600	+2
Produktion	5.623.300	+3

Quelle **VDA**

Automobile | **Markt**

Des Deutschen liebstes Kind: Das Auto ist auch heute noch Fortbewegungsmittel und Hobby zugleich.

Die deutschen Marken konnten ihre gute Stellung auf dem Heimatmarkt 2014 erneut behaupten. Mit einem Marktanteil von mehr als 72 Prozent haben sie noch einmal leicht hinzugewonnen.

Die stärkste Importeurnation war jedoch wieder Japan mit einem Anteil von 8,8 Prozent, wobei japanische Marken 5,3 Prozent mehr Autos in Deutschland abgesetzt haben. Damit ist ihr Absatz schneller gewachsen als der Gesamtmarkt (plus 2,9 Prozent). Auch die französischen Marken haben stärker zugelegt (plus 5,1 Prozent). Während etwas mehr als 28 Prozent der Neuzulassungen französischer Hersteller über den Handel erfolgten, betrug dieser Anteil bei den japanischen Marken gut 32 Prozent. Bei den Koreanern fiel der Anteil der Händlerzulassungen mit 34 Prozent noch einmal höher aus. Die italienischen Marken belegten mit knapp 45 Prozent den ersten Platz **(Grafik 3)**. Die Zulassungen über den Handel machten bei den deutschen Marken gut 15 Prozent aus.

Nach Auffassung des Automobil-Verbandes steht die deutsche Automobilbranche vor enormen technologischen, wettbewerbs- sowie handelspolitischen Herausforderungen:

Technologie: Im Jahre 2014 wurde erstmals ein fünfstelliges Marktvolumen bei Elektroautos erreicht. Die deutschen Hersteller sind, so der VDA, auch auf diesem Technologiefeld führend. In keinem anderen Land sei die elektromobile Vielfalt derzeit höher. Ende 2014 waren 17 Serienmodelle mit Elektroantrieb auf dem Markt, 2015 kommen zwölf weitere hinzu. Das Ziel „Leitanbieter" sei erreicht.

Markt | Automobile

Vom zweiten Ziel, Deutschland als „Leitmarkt" für Elektromobilität zu etablieren, sei man allerdings noch weit entfernt, obwohl hierzulande alle notwendigen Technologien entlang der gesamten Wertschöpfungskette längst und ausreichend vorhanden seien. Dieses Potenzial gelte es umzusetzen. Wissmann: „Hier ist vor allem die Politik gefordert. Denn die Zeit drängt. Wenn der Markthochlauf bis 2017 wie geplant erfolgen soll, müssen die Anreize so gesetzt werden, dass sie auch greifen."

Wettbewerbsfähigkeit: Die Politik muss laut Wissmann die Wettbewerbsfähigkeit von Wirtschaft und Industrie wieder stärker in den Mittelpunkt ihrer Arbeit stellen. Das gelte für Deutschland und Europa. Trotz hoher Beschäftigung habe der Industriestandort Deutschland in den letzten Jahren an Vorsprung eingebüßt. Ursachen dafür sind aus Verbandssicht nicht nur die hohen Energie- und Lohnstückkosten. Auch sozialpolitische Maßnahmen wie Mindestlohn oder Rente mit 63 belasten den Produktionsstandort. Deshalb sei eine klare Priorität für Wachstum und Beschäftigung dringend notwendig. Das erwartet die Branche auch von der EU-Kommission. Ein Blick auf China und die USA zeige, dass der weltweite Standortwettbewerb immer schärfer werde. „Wer nur eurozentrisch denkt, verpasst den Anschluss", heißt es weiter. Auch deshalb müsse sich jede künftige CO_2-Regulierung in Brüssel stärker an einer Balance zwischen Ökologie und Ökonomie orientieren.

Handelspolitik: Das geplante Freihandelsabkommen (TTIP) zwischen der EU und den USA ist aus Sicht des VDA von strategisch wichtiger Bedeutung. Es geht dabei nicht nur um den Abbau von Zöllen, die allein für die Automobilindustrie eine jährliche Belastung von 1 Mrd. Euro darstellen. Es gehe vielmehr um die Chance, mit einem transatlantischen Abkommen heute Normen und Standards zu setzen, die später auch weltweit gelten können. Die EU und die USA sollten die TTIP-Verhandlungen zügig vorantreiben, das wäre ein „starkes und wichtiges Signal für den Wirtschaftsstandort Europa", sagt der Verband.

Für 2015 erwartet der VDA weitere Wachstumschancen, auch wenn sich Westeuropa nur langsam erholt. Konkret: Die Pkw-Inlandsproduktion wird voraussichtlich um 2 Prozent auf 5,65 Mio. Einheiten und die Auslandsproduktion der deutschen Konzernmarken um 5 Prozent auf 9,6 Mio. Neuwagen steigen. Insgesamt dürfte die deutsche Automobilindustrie damit weltweit mehr als 15,25 Mio. Pkw produzieren (plus 4 Prozent). Beim Export erwartet der Verband ein leichtes Wachstum auf 4,4 Mio. Einheiten. Die Beschäftigung wird auch künftig stabil bleiben.

NACH ÜBERSEE
Grafik 2
Pkw-Exporte nach Bestimmungsländern 2014, Angaben in Prozent

Land	Prozent
Großbritannien	19
Amerika	18
Asien	17
Osteuropa	10
Italien	6
Frankreich	6
Benelux	5
Spanien	4
Restliche Welt	13

Quelle **VDA**

HEIMSPIEL
Grafik 3
Marktanteile in Deutschland nach Herstellerländern 2014, Angaben in Prozent

Land	Prozent
Deutschland	72
Frankreich	9
Japan	9
Korea	5
Italien	2
Sonstige	3

Quelle **VDA**

Die „Big Player" der Bundesländer im deutschen Lebensmittelhandel 2015

>> Top10-Ranking der Big Player pro Bundesland und ihrer Marktanteile
>> Grafische Darstellung der Gesamtumsätze
>> Die Bedeutung der Bundesländer am Gesamtmarkt

Sichern Sie sich jetzt Ihr Exemplar!

☐ Senden Sie mir _____ Exemplar/e **DIN-A-0-Poster** zum Preis von jeweils 50 Euro zzgl. 7% MwSt. (53,50 Euro) und Versand

Bitte vollständig ausfüllen!

Name	Vorname	Telefon	Telefax
Firma (bei Geschäftsadresse)		E-Mail	Funktion
Straße		Datum	Unterschrift
PLZ/Ort		Umsatzsteuer-Ident-Nr. bei EU Ausland	

Gleich faxen an: 02631 / 879-123 oder E-Mail: shop@lpv-verlag.de
Oder Online unter www.lpv-shop.de

LEBENSMITTEL PRAXIS.

NEU! Direkt bestellen

Markt | Automobile

PARADIGMENWECHSEL

Die Automobilbranche steht an ihrem Wendepunkt und ist auf dem Weg von der Straße direkt ins digitale Zeitalter.

Text **Malte Krüger, Mobile.de**

Die Digitalisierung bringt enorme Veränderungen mit sich. Weil der Kunde es verlangt, erfinden sich ganze Industriezweige neu und machen ihr Geschäft im Internet. Wer sich nicht schnell genug darauf einstellt, verschwindet oder versinkt in der Bedeutungslosigkeit. Droht dieses Schicksal womöglich auch dem Automobilhandel? Online-Fahrzeugmärkte wie Mobile.de sind die entscheidenden Impulsgeber für das Neu- und Gebrauchtwagengeschäft.

Was die Wirtschaft heute erlebt ist nichts geringeres, als die vierte industrielle Revolution. Viele Unternehmen verschiedenster Branchen schaffen es bereits, die digitale und die physische Welt erfolgreich zusammenzubringen. Wie selbstverständlich buchen wir Reisen online, bestellen Bücher im Web oder finden dort die für uns passende Immobilie. Doch ausgerechnet die sonst so innovative Automobilindustrie fährt in puncto Digitalisierung hinterher. Wer die Dynamik sucht, mit der sie sonst beispielsweise ihre Produktentwicklung vorantreibt, sucht vergebens. Wo ist dieser Pioniergeist? Denn die Charakteristika unserer Zeit sind ganz eindeutig Individualisierung, Vernetzung und Beschleunigung der Prozesse. Die Automobilbranche braucht spätestens jetzt einen ernst gemeinten Aufbruch, um diese Ansprüche zu befriedigen und im digitalen Zeitalter zu bestehen.

Tatsache ist: Die Kunden sind längst online. Studien belegen, dass sich alle Gebrauchtwagen- und 80 Prozent der Neuwagenkäufer im Internet informieren. Vier von fünf Kontaktpunkten mit potenziellen Kaufinteressenten sind im Web. Der Autohandel kann es sich also nicht mehr länger leisten, diesem Marketing- und Vertriebskanal nur halbherzig und reaktiv seine Aufmerksamkeit zu schenken, sondern muss sich in jeglicher Hinsicht voll und ganz auf digitale Geschäftspraxen ausrichten. Für jedes Autohaus sind strukturelle Anpassungen an die heutigen Anforderungen von größter Relevanz. Händler müssen sich verstärkt darauf fokussieren, die Arbeitsweise im Autohaus auf die Nutzung der unterschiedlichen Online-Kanäle zuzuschneiden. Dies bedeutet auch, die eigenen Mitarbeiter neu zu qualifizieren. Statt rein stationäre Verkäufer werden professionelle Onlineberater benötigt, die digitale Anfragen schnell und zuverlässig bearbeiten. Laut einer aktuellen Erhebung der Unternehmensberatung Corcertare bleiben mehr als 20 Prozent der E-Mail-Anfragen unbeantwortet. Absolut fahrlässig, wenn man bedenkt, dass gerade hinsichtlich des Dialogs die Erwartungen an den Handel enorm sind. Gute Erreichbarkeit, schnelle Reaktion und individuelle Ansprache sind ein Muss. Umfragen zeigen, dass heute 87 Prozent der Interessenten eine Rückmeldung innerhalb von 24 Stunden und 43 Prozent binnen vier Stunden erwarten. Und das ist erst der Anfang. In Zukunft werden wir Schnelligkeit ganz neu denken müssen. Es wird um eine Reaktion innerhalb von einer Stunde gehen. Danach wird weiter rückwärts gezählt. Menschen sind

> „ONLINE-FAHRZEUGMÄRKTE SIND ENTSCHEIDENDE IMPULSGEBER."
>
> MALTE KRÜGER, MOBILE.DE

SEHR GEFRAGT Grafik 1

Die Top 3 der am häufigsten gesuchten Pkw-Marken im August 2015; Suchverteilung nach Marken, Angaben in Prozent

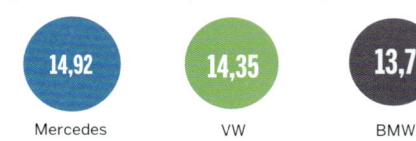

Mercedes	VW	BMW
14,92	14,35	13,7

Quelle **Mobile.de**

Automobile | **Markt**

Neu oder gebraucht: Autokunden wollen vertrauen.

Foto **Santiago Engelhardt**

schließlich „always on" und erreichbar. Kunden wollen außerdem keine fixe einzeilige, standardisierte E-Mail, die nicht auf ihren konkreten Wunsch eingeht. Das schafft keine Verkaufserfolge. Sie wollen auch digital begeistert, umworben und beraten werden. Geschieht dies nicht, wird knallhart aussortiert. Laut Capgemini Studie wechseln 80 Prozent der Interessenten bei langsamer oder schlechter Beratung die Marke oder den Händler. Professionelles Lead-Management hat daher höchste Priorität. Leider ist dieses Thema auch im Jahr 2015 noch nicht von Hersteller oder Handel zufriedenstellend gelöst. Es werden primär diejenigen Erfolg haben, die im Internet mit Vertrauenswürdigkeit, Transparenz und besonderem Service überzeugen. Das gilt für den Handel mit Gebraucht- wie Neufahrzeugen gleichermaßen. Um dies zu gewährleisten, braucht der Handel dringend Verkäufer, die online genauso gut agieren, wie im Autohaus. Und die verstehen, dass im Internet nicht zwingend der niedrigste Preis gewinnt, sondern das richtige Auto, zum richtigen Preis, mit dem richtigen Service vom richtigen Händler. Kurzum: Statt zusätzlicher Investitionen in stereotype Glaspaläste benötigt der Autohandel eine digitale Strategie. Nur so sind nahtlose Übergänge zwischen der digitalen und realen Welt, zwischen Internet und Autohaus möglich.

Einige Automobilhersteller haben bereits erkannt, dass sie ihre Händler in diesem grundlegenden Strukturwandel unterstützen müssen. So bieten einige Hersteller, wie beispielsweise Mercedes-Benz, bereits einen Online-Direktvertrieb an – zumeist allerdings noch mit einem überschaubaren Fahrzeugangebot. Es ist dennoch ein Schritt in die richtige Richtung. Mit dem i3 startet BMW erstmals den Online-Vertrieb eines Modells online über seine Verkaufsagenten, hinter denen klassische Vertragshändler stehen. Weitere Fahrzeuge sollen folgen. Zudem ist geplant, dass eine „Mobile Sales Force" den Kunden auch zu Hause Autos verkauft. Bei Volvo ist man überzeugt, dass das Web als Neuwagenverkaufskanal unter den Kunden massiv an Bedeutung gewinnt und bietet ab 2016 alle Modelle zum Online-Verkauf an. Und Audi? Auf überschaubarer Fläche, aber mitten in Berlin, da wo die Kunden sind, wurde die Audi City eröffnet. Keine Frage, das Rennen um passende Vertriebsformate für das digitale Zeitalter hat begonnen – und die Ansätze sind vielfältig **(Grafik 1)**.

Und doch erscheinen diese Aktivitäten insgesamt noch recht zaghaft, wenn man sich vor Augen hält, dass wir uns im Jahr 2015 befinden, dass die Menschen täglich fast drei Stunden im Internet sind, dass Giganten wie Nokia binnen kurzer Zeit in der Bedeutungslosigkeit versinken können, dass das Silicon Valley längst nach traditionellen Industriezweigen greift und dass Unternehmen wie Tesla komplett ohne Händlerschaft agieren. Ganz klar: Die digitale Transformation muss zur Chefsache gemacht werden. Gerade Autohäuser, weil sie direkte Anlaufstelle für Kunden sind, aber auch die Autohersteller benötigen einen Digitalverantwortlichen und eine Onlinestrategie, die konsequent in alle Unternehmensbereiche integriert wird.

Wer das Tempo dieser vierten industriellen Revolution nicht mithalten kann, wird eine digitale Niederlage erleben, während die Konsolidierung im Automarkt weiter voranschreitet. Im digitalen Zeitalter fressen nicht die Großen die Kleinen, sondern die Schnellen die Langsamen.

Markt | Tankstellen

SCHWANKENDE PREISE

Der Tankstellenmarkt ist trotz hartem Wettbewerbs nach wie vor interessant. Niedrige Kraftstoffpreise sorgen für ein florierendes und erfolgreiches Geschäft.

Text **Matthias Kersten, BusinessHandel**

Aufgrund der gesunkenen Kraftstoffpreise ist der Kraftstoffabsatz 2014 leicht gestiegen, und zwar nach Angaben des Bundesamtes für Wirtschaft und Ausfuhrkontrolle bei Vergaserkraftstoffen um 2,1 Prozent und bei Diesel sogar um 4,6 Prozent gegenüber dem Vorjahr. Die positive Entwicklung beim Dieselabsatz ist in erster Linie auf den steigenden Lkw-Verkehr zurückzuführen. Durch den Ölpreisverfall stagnieren zurzeit die Absatzanteile alternativer Kraftstoffe. Die Zahl der Tankstellen ist in den letzten Jahren relativ konstant geblieben – „ein Zeichen dafür, dass der deutsche Tankstellenmarkt trotz des harten Wettbewerbs für Mineralöllieferanten nach wie vor ein interessanter Markt ist", kommentiert der Bundesverband Tankstellen und Gewerbliche Autowäsche Deutschland (BTG). Problematisch ist laut BTG nach wie vor die Kraftstoff-Preisgestaltung. Im Dezember 2013 wurde der Regelbetrieb der Markttransparenzstelle-Kraftstoffe (MTS-K) offiziell gestartet. Danach sind die Tankstellen verpflichtet, jede Preisänderung bei Super E5, Super E10 und Diesel innerhalb kürzester Zeit zu melden. Ziel der Bundesregierung war es, mit diesem Gesetz den Wettbewerb zu fördern und eine Preisberuhigung zu erreichen. Allerdings ist nach Aussage des Verbandes das Gegenteil eingetreten. Noch nie gab es so viele und hohe Preisaufschläge und -absenkungen pro Tag. Die Veränderungen betragen vielfach in einer Region bis zu 20 Cent an einem Tag. „Dies verunsichert den Verbraucher und hat Auswirkungen auf das Shopgeschäft."

Das Shopgeschäft ist heute der Hauptrenditeträger einer Tankstelle. Im Branchendurchschnitt werden rund 60 Prozent des Bruttoverdienstes im Shop erzielt **(Grafik 1)**. Der höchste Umsatz wird hier nach wie vor mit Tabakwaren erzielt, während andere tankstellentypischen Sortimente wie Autozubehör, Süßwaren, Getränke und Zeitschriften rückläufig sind. Dafür werden immer neue Sortimente aufgenommen. Es gibt heute kaum noch eine Tankstelle, an der der Kunde nicht einen Kaffee oder ein belegtes Brötchen bekommt. Im Trend sind zurzeit die sogenannten Bistro-Theken, ein Angebot, das von den Autofahrern gut angenommen wird. Allerdings wird auch hier der Wettbewerb immer härter, denn viele Bäckereien, aber auch Metzgereien und Baumärkte beschäftigen sich zunehmen mit diesem Marktsegment. Je nach Standort wird auch immer mehr Fast Food offeriert.

Das dritte Standbein vieler Tankstellen ist die Autowäsche und -pflege. Allerdings war dieses Geschäft an den Tankstellen die letzten Jahren rückläufig, da die Konkurrenz durch immer mehr große moderne Autowaschstraßen größer wird. Die wirtschaftliche Situation der Tankstellen stellt sich unterschiedlich dar. Insbesondere die Pächter (Unternehmer pachtet die Tankstelle vom Mineralöllieferanten) sind wirtschaftlich abhängig von ihren Mineralölgesellschaf-

SHOP-SPEZIALISTEN Grafik 1
Bruttoverdienstanteile einer Tankstelle (2014); Angaben in Prozent

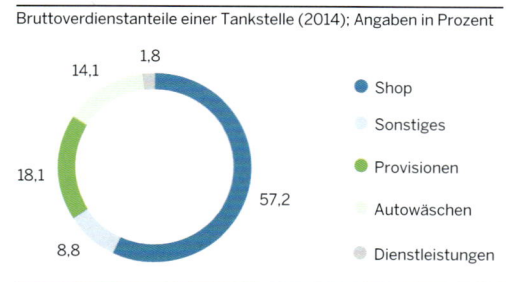

- Shop: 57,2
- Sonstiges: 1,8
- Provisionen: 18,1
- Autowäschen: 8,8
- Dienstleistungen: 14,1

Quelle **EKW/BTG**

ten, und zwar nicht nur im Handelsvertreterbereich wie Kraft- und Schmierstoffe, sondern die Gesellschaften/Konzerne nehmen auch Einfluss auf das Shop- und Pflegegeschäft. Lieferanten werden in der Regel vorgeschrieben, ebenso das Sortiment einschließlich Platzierung. Das Einkommen der Tankstellenpächter wird oftmals über die Pacht geregelt, d. h. steigt der Gewinn, steigt auch die Pacht. Dies führt dazu, dass Pächter im Branchendurchschnitt einen Jahresgewinn zwischen 36.000 und 38.000 Euro vor Steuern erzielen. „Insofern sind einige Tankstellenunternehmer nicht in der Lage, eine Krankenversicherung zu zahlen bzw. für ihr Alter vorzusorgen", konstatiert der BTG. Verschärft worden ist diese Situation noch durch die Einführung des Mindestlohns. Ohne Unterstützungszahlungen der Mineralölkonzerne wären viele Tankstellen nicht mehr überlebensfähig. Das aber erhöht weiter die Abhängigkeit.

Wenn sich die Kraftstoffpreise im Jahr 2015 auf einem niedrigen Niveau bewegen, wird sich dies positiv auf die Umsätze auswirken, und zwar insbesondere auch im Shop- und Pflegegeschäft. Insofern schauen wir zuversichtlich in die Zukunft.

Herausforderungen für die nächsten Jahre

Die Tankstellenbranche war schon immer eine der modernsten Branchen in unserer Handelslandschaft. Bei der Einführung der Kreditkarten, moderner Computerkassen oder jetzt beim bargeldlosen Bezahlen per Smartphone – die Tankstellen waren immer vorne dabei. Dies zeichnet die Branche aus, und wir werden alles tun, um dies auch in Zukunft beizubehalten. Insbesondere vor dem Hintergrund alternativer Kraftstoffe müssen wir uns den Veränderungen des Marktes anpassen. Zwei Drittel aller Pkw werden nach Experten-Prognosen zwar auch im Jahr 2040 noch mit Benzin und Diesel betrieben werden, aber Hybride sowie Batterieelektrische- und Brennstoffzellenantriebe sind auf dem Vormarsch. Diesen Herausforderungen muss sich die Tankstellenbranche in den nächsten Jahren verstärkt stellen.

Sorgen bereitet mir nach wie vor die wirtschaftliche Situation insbesondere der Tankstellenpächter. Hier ist auch die Politik gefordert, einen Ausgleich zwischen zwei so ungleichen Marktpartnern zu schaffen. Ein erster Schritt ist getan: Anfang 2015 wurde auf Veranlassung von Bundeswirtschaftsminister Sigmar Gabriel ein Verhaltenskodex für den Umgang der Mineralöllieferanten mit den Tankstellenunternehmern verabschiedet. Der Kodex zielt darauf ab, das partnerschaftliche Miteinander zwischen Gesellschaften und Betreibern zu fördern und das vorhandene Ungleichgewicht zwischen Mineralölgesellschaften und Tankstellenbetreibern im Sinne der Betreiber zu verbessern. Nun gilt es, dieses Papier mit Leben zu erfüllen. Ich hoffe, dass unsere Bemühungen Erfolg haben werden. Ebenso wichtig ist es, dass wir uns bemühen, den Wünschen und Bedürfnissen unserer Kunden gerecht zu werden. Abhängig von Standort, Kundenkreis und Größe der Station müssen wir unser Sortiment, aber auch unseren Kundenservice anpassen. Dazu gehört auch z. B. Produkte aus der Region anzubieten. Und nicht zu vergessen: die Mitarbeiter/Innen. Kundenorientiertes Verhalten und Freundlichkeit sollten eine Selbstverständlichkeit sein, sind es aber leider nicht immer. Der Kunde erwartet aber auch Fachkompetenz, d. h. ständige Schulungen und Weiterbildung sind zwingend notwendig.

**Joachim Jäckel,
Vorsitzender,
Bundesverband
Tankstellen und
Gewerbliche
Autowäsche
Deutschland
(BTG)**

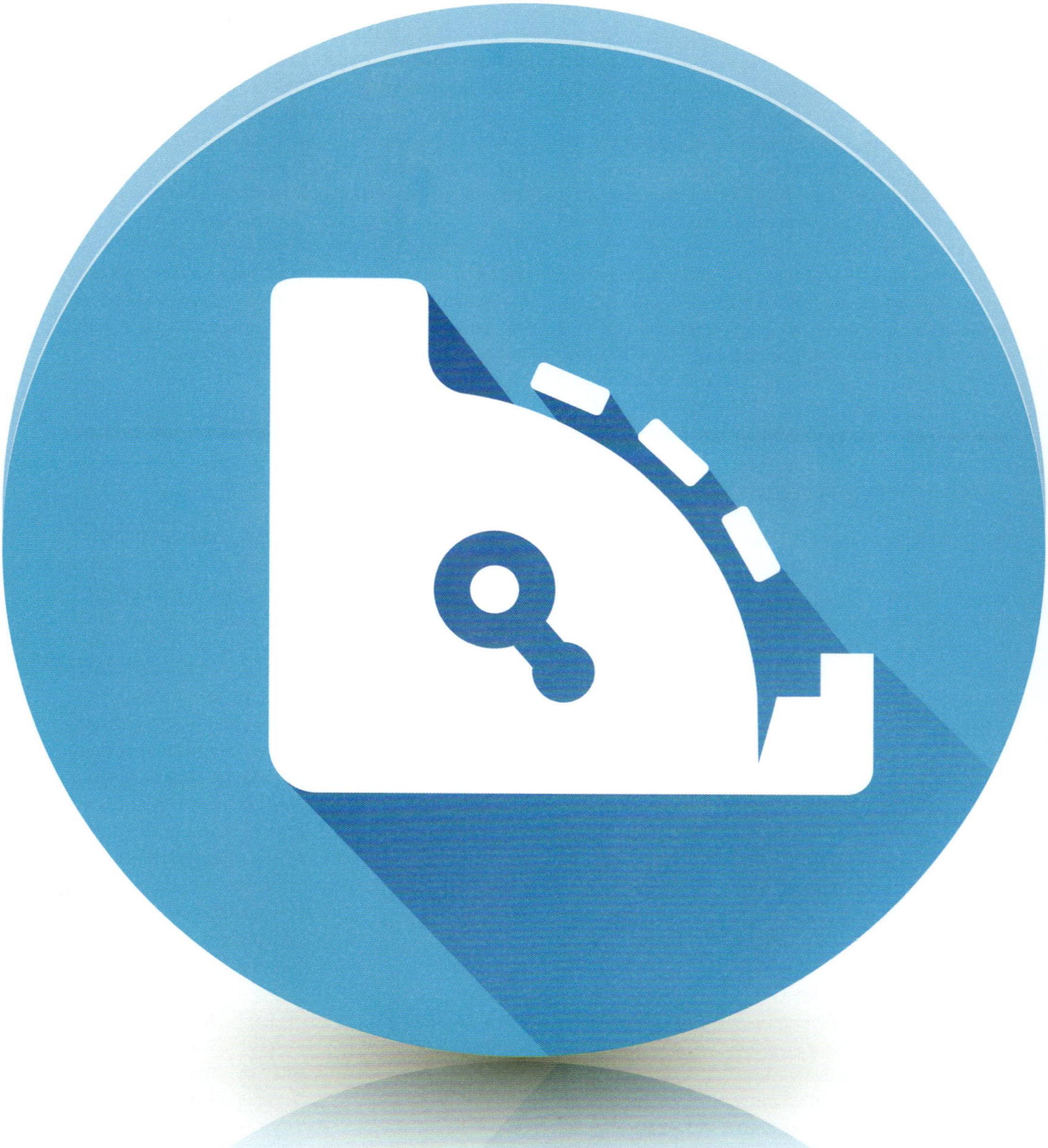

Daten & Fakten | **Benchmarks**

DEN ERFOLG MESSEN!

Die betriebswirtschaftlichen Kennzahlen ausgewählter Branchen können helfen, das eigene Unternehmen einzuordnen.

Text **Hansjürgen Heinick, IFH Köln**

Obwohl der Einzelhandel in unterschiedlichen Branchen in der Rentabilitätsstruktur häufig viele Ähnlichkeiten aufweist, gibt es dennoch Unterschiede im wirtschaftlichen Erfolg, der sich in den betriebswirtschaftlichen Kennziffern für eine bestimmte Branche ausdrückt. Unter Benchmarking wird in der Betriebswirtschaft eine Methode verstanden, mit der sich durch Vergleiche mit anderen Unternehmen die Potenziale für Leistungsverbesserungen herausfinden lassen. Hierbei werden als Vergleichsmaßstab besonders gute Betriebe herangezogen. Für die wichtigsten Einzelhandelsbranchen werden nachfolgend ausgewählte betriebswirtschaftliche Leistungskennziffern dargestellt. Hierbei wird unterschieden nach Branchendurchschnitt und -Benchmarks. Dies sind keine Durchschnittswerte, sondern positive Grenzwerte, die die Top-Betriebe der Branche erreichen und die damit Maßstab für eine überdurchschnittlich erfolgreiche Unternehmensführung sind.

Als wesentliche Kennziffern werden dargestellt: Personalleistung (Jahresumsatz je Mitarbeiter, hierbei werden die Mitarbeiter bewertet und auf Vollzeitkräfte umgerechnet), Flächenproduktivität (Jahresumsatz je qm Verkaufsfläche), Rohertrag/Handelsspanne (Bruttoumsatz/MwSt./Wareneinsatz), ausgedrückt in Prozent vom Bruttoumsatz, Betriebskosten (inklusive kalkulatorischer Kosten wie Unternehmerlohn, kalkulatorischer Eigenmiete und Eigenkapitalverzinsung), ausgedrückt in Prozent vom Bruttoumsatz und das betriebswirtschaftliche Ergebnis (Rohertrag-Betriebskosten), ausgedrückt in Prozent vom Bruttoumsatz. Ergänzt werden die genannten Kennziffern durch Daten aus der Umsatzsteuerstatistik für die jeweiligen Branchen, die Auskunft geben über die Zahl der Steuerpflichtigen in der Branche, den Jahresumsatz dieser Betriebe und hieraus resultierend, die Durchschnittsumsatzgröße der Betriebe in der betreffenden Branche **(Tabelle 1, 2)**.

Was Benchmarking kann

Benchmarking ist im Einzelhandel durchaus verbreitet. Betriebsvergleiche bieten seit Jahrzehnten Datenmaterial zur Einschätzung der individuellen wirtschaftlichen Situation im Vergleich zum Branchendurchschnitt. Sofern im Rahmen dieser Betriebsvergleiche auch ein Rückgriff auf die anonymisierten Daten anderer Teilnehmer möglich ist, kann hier dann eine Auswahl von überdurchschnittlich aufgestellten Betrieben getroffen werden, die als Benchmark-Betriebe herangezogen werden. Auch durch Vergleiche zwischen den Teilnehmern einer Erfa-Gruppe lassen sich Benchmark-Prozesse durchführen.

Dass Filialbetriebe das sogenannte interne Benchmarking benutzen, um Vergleiche und Zielvorgaben anhand von Ergebnissen besonders gut laufender Filialen zu erstellen, dürfte auf der Hand liegen. Weniger verbreitet im Einzelhandel ist das Benchmarking mit Betrieben anderer Branchen, obwohl sich gerade hier häufig Kreativitätspotenziale ergeben können, die dem betreffenden Betrieb einen Wettbewerbsvorsprung verschaffen können. In diesen Fällen geht das Benchmarking weniger von Kennzahlensystemen aus, sondern vom Vergleich betrieblicher Prozesse und Verhaltensweisen. Die Interpretation von Branchendurchschnitts- oder Benchmark-Werten sollte mit großer Vorsicht erfolgen. „All business is local" heißt es im Einzelhandel. Entsprechend weisen Betriebe häufig gute Ergebnisse in einzelnen Kennzahlen auf, die aber weniger auf besonders erfolgreiche Arbeit, sondern eher auf abweichende Strukturen zurückzuführen sind. So wird z. B. die Handelsspanne nicht nur von internen Faktoren wie Kalkulationsgebaren oder Skontierungsmöglichkeiten beeinflusst, sondern auch von extern induzierten Faktoren wie Wettbewerbssituation, Standort, Sortimentsstruktur oder Markenpolitik. Große Schwankungen in der Handelsspanne ergeben sich in Branchen, die stark im Dienstleistungs- oder Handwerks-

Benchmarks | Daten & Fakten

geschäft tätig sind, wie z. B. im Einzelhandel mit Unterhaltungselektronik oder Uhren/Schmuck. Je höher der Handwerks-(Service-)Anteil am Gesamtumsatz ist, desto höher fällt auch die Handelsspanne aus, da der Wareneinsatz bei Handwerksumsätzen in der Regel deutlich niedriger ist als im Handel. Im Gegenzug weisen stark handwerksorientierte Betriebe dafür in der Regel auch eine höhere Kostenquote, insbesondere bei den Personalkosten, auf. Betriebe im Top-Genre oder an Top-Standorten sind hingegen meist durch eine deutlich überdurchschnittliche Raum- und Personalproduktivität geprägt, die von Betrieben in kleinen und mittelgroßen Städten nicht erreicht werden kann.

Mittelstand im Fokus

Die Auswahl der Branchen beschränkt sich auf den stationären Einzelhandel und den mittelständisch geprägten Facheinzelhandel. Folgende Fachhandelsbranchen sollen betrachtet werden: Home&Interior (Living), Möbel, Haus- und Heimtextilien, Glas/Porzellan/Keramik&Hausrat, Fast Moving Consumer Goods (FMCG), Lebensmittel/Supermärkte, Parfümerie, Apotheken, Fashion&Accessoires, Schuhe, Elektro/Consumer Electronics, Bürowirtschaft, Papier-, Büro-, Schreibwaren (PBS), Freizeit, Bücher, Sportartikel/Camping, Spielwaren sowie Uhren/Schmuck.

Die Quellen sind: Betriebsvergleiche des Instituts für Handelsforschung (IFH Köln), des FfH-Instituts und der DATEV, Geschäftsberichte größerer Unternehmen, Benchmarks und Erfa-Vergleiche der IFH Retail Consultants, die Handelsdaten des EHI Retail Institute, das Metro-Handelslexikon 2009/2010, der Katalog E mit Definitionen zu Handel und Distribution 2006, die Richtsatzsammlung des Bundesfinanzministeriums, das Nielsens Jahrbuch Handel-Verbraucher-Werbung 2014 sowie die Umsatzsteuerstatistik 2013 von Destatis. Die Umsatzsteuerstatistik weist Anzahl der Unternehmen und Umsatz nach Branchen aus. Filialisten mit mehreren Betriebsstätten gelten als rechtliches Unternehmen. Die Branchenzuordnung

Tabelle 1

Marktsegment		Personalleistung (in € je Mitarbeiter)	Flächenproduktivität (in € je m² Verkaufsfläche)	Handelsspanne/Rohertrag (in Prozent vom Bruttoumsatz)	Betriebskosten (in Prozent vom Bruttoumsatz)	Betriebswirtschaftliches Ergebnis (in Prozent vom Bruttoumsatz)	Anzahl Betriebe	Umsatz in 1.000 € (ohne MwSt.)
Möbel-Fachhandel	Durch. LKZ	210.000,-	1.400 EUR/qm	36,8%	34,6%	2,2%	9.129	27.971.991
	Benchmark	240.000,-	1.600 EUR/qm	38,0%-41,0%	31,0%-33,0%	6,0%		
Heimtextilien-Fachhandel	Durch. LKZ	110.000,-	3.400 EUR/qm	47,3%	45,4%	1,9%	4.644	3.033.553
	Benchmark	136.000,-	6.000 EUR/qm	46,0%-49,0%	41,0%-43,0%	5,0%-6,0%		
GPK-/Hausrat-Fachhandel	Durch. LKZ	120.000,-	2.500 EUR/qm	39,0%-40,0%	40,0%-41,0%	-1,0%	5.331	2.993.424
	Benchmark	150.000,-	3.000 EUR/qm	42,0%-44,0%	38,0%-40,0%	4,0%		
Lebensmittel Fachhandel/Supermärkte	Durch. LKZ	190.000,-	3.700 EUR/qm	20,7%	23,5%	-2,8%	9.753	20.165.000
	Benchmark	230.000,-	4.000-4.200 EUR/qm	22,0%	20,0%	3,0%		
Elektro- und CE-Fachhandel	Durch. LKZ	148.000,-	5.200 EUR/qm	30,5%	30,2%	0,3%	21.151	29.002.860
	Benchmark	168.000,-	8.500 EUR/qm	31,0%	28,0%	3,0%		
Parfümerie-Fachhandel	Durch. LKZ	136.000,-	6.400 EUR/qm	45,4%	44,5%	0,9%	1.990	2.190.000
	Benchmark	180.000,-	8.500 EUR/qm	42,0%-43,0%	37,0%-39,0%	4,0%-5,0%		
Apotheken	Durch. LKZ	241.000,-	33.000 EUR/qm	22,2%	22,1%	0,1%	17.892	43.730.241
	Benchmark	280.000,-	40.000 EUR/qm	23,0%-24,0%	20,0%	2,0%-4,0%		

Quelle **IFH Köln, Datev, BVS, EHI, Nielsen, Verband Deutscher Drogisten e.V.**

erfolgt nach dem Schwerpunktprinzip. Die für die Branchen ausgewiesenen Umsätze sind nicht identisch mit dem Verbrauchsausgabenpotenzial der betreffenden Branche.

Home & Interior

Konventioneller Möbelfachhandel: Der Standort des meist spezialisierten mittelständischen Anbieters befindet sich häufig in der Nachbarschaft eines werbeaktiven Großanbieters an verkehrsorientierten Standorten oder Angebotsagglomerationen mit anderen Geschäften der Einrichtungsbranche und gehört genauso zu den Erfolgsfaktoren wie der Anschluss an eine Verbundgruppe der Branche. Kleinere Geschäfte müssen sich auf bestimmte Sortimente/Marken oder Zielgruppen spezialisieren. Einer bedarfsorientierten Präsentation und einem entsprechenden Randsortiment (Accessoires, Heimtex, Leuchten) kommt ebenfalls eine große Bedeutung zu. Auch die Werbung spielt eine wichtige Rolle: hierfür wird in der Branche im Durchschnitt 4 bis 5 Prozent vom Umsatz ausgegeben, Spitzenwerte liegen bei 8 Prozent vom Umsatz.

Heimtextilien-Fachhandel: Die Branche polarisiert sich zwischen dem klassischen Fachgeschäft und Fachmärkten. Die Höhe der Handelsspanne hängt vom Umfang der handwerklichen Dienstleistungen (Teppichbodenverlegung, Gardinennäherei) ab: je höher deren Anteil, desto höher auch Handelsspanne und Personalkosten. Fachmärkte unterscheiden sich – obwohl auch hier meist Handwerksleistungen angeboten werden – vom klassischen Fachhandel durch eine um 2 bis 3 Prozentpunkte niedrigere Handelsspanne und eine Verkaufsflächenleistung, die mit circa 1.200 Euro pro qm signifikant niedriger ist.

GPK-/Hausrat-Fachhandel: Zunehmend setzt sich eine Spezialisierung durch (z. B. klassischer Porzelliner, Hausrat-Fachgeschäft – teilweise mit Elektrokleingeräten –, Geschenkartikel, Fachhandel für Kochzubehör, Monolabelshop). Konkurrenzdruck im unteren und mittleren Preissegment durch Großbetriebsformen des Einzelhandels führt tendenziell zu einer Spezialisierung oder einem Trading-up. Folgende Faktoren entscheiden über Erfolg oder Misserfolg: intensive Beratung und Kundenpflege, Innenstadtstandorte, bedarfsorientierte Präsentation und Dekoration im Sinne einer Wareninszenierung, im gehobenen Sortiment eine eindeutige Markenorientierung.

FMCG

Supermärkte: Diese werden teilweise als Filialen der großen Lebensmittelanbieter, teilweise von selbständigen Kaufleuten betrieben, wobei der Anschluss an eine Verbundgruppe unabdingbar ist. In Abgrenzung zu den Discountern ist ein ausgeprägtes Frischeangebot für Supermärkte zwingend. Bedienungstheken für Frischfleisch, Wurst, Käse und teilweise Fisch erhöhen die Attraktivität und damit die Kundenfrequenz. Bei größeren Betrieben erfolgt häufig eine Untervermietung von Flächen in der Vorkassenzone an Spezialisten oder konsumnahe Dienstleistungsbetriebe. Wachsenden Betriebsgrößen in verkehrsorientierten Randlagen steht eine Rückbesinnung auf wohnortnahe Nahversorgung in kleineren Einheiten gegenüber. Parkplätze in ausreichender Zahl vorhanden und leicht erkennbar, sind ein Muss.

Parfümerie-Fachhandel: Parfümerieartikel sind Luxusgüter, Parfümerien benötigen also kaufkräftige Standorte. Hierbei stehen die 1a-Lagen im Vordergrund; Stadtteil- und Mittelzentren werden auch von regional tätigen Filialunternehmen besetzt. Existenziell notwendig ist eine gewisse Mindestumsatzgröße, damit das Führen gefragter Kosmetik-Depots möglich ist. In dieser ausgesprochenen Fachhandelsschiene kommt der Kundenberatung ein hoher Stellenwert zu. Fachwissen bei den Mitarbeitern ist ebenso notwendig wie die emotionale Kompetenz im Umgang mit anspruchsvollen Kunden. Dienstleistungen wie Kosmetikstudio, Maniküre und Pediküre können das Handelssortiment ergänzen.

Fashion & Accessoires

Schuhe: Schuhfachmärkte und Großfilialisten üben

Benchmarks | Daten & Fakten

Druck auf die erzielte Handelsspanne aus. Ein Erfolgsfaktor für den Fachhandel ist daher die konsequente mengen- und lieferantenmäßige Beschränkung. Erfolgreiche mittelständische Betriebe reduzieren ihr Angebot auf 4 bis 5 starke Marken oder treten als Monolabelstore auf. Maßnahmen zur Kostenreduktion setzen vor allem an den Personalkosten an. Die Präsentation der Ware im Geschäft muss daher vorwahlgeeignet sein. Starke Marken sind in der Präsentation plakativ herauszustellen; werden nur wenige oder eine Marke angeboten, können Accessoires dieser Marke(n) das Schuhsortiment ergänzen.

Sortimentskontrolle über ein aussagefähiges Warenwirtschaftssystem haben eine große Bedeutung für den Erfolg. Der Anschluss an eine Verbundgruppe ist in der Branche praktisch zwingend notwendig. Services wie Reparaturen, Vermittlungsprovisionen und Finanzierungen erhöhen die Handelsspanne und tragen entscheidend zum Erfolg bei. Die demografische Entwicklung begünstigt Fachhandelsbetriebe, die immer komplexere technische Anwendungen inklusive notwendiger Dienstleistungen im Sinne einer gebrauchsfertigen Problemlösung anbieten können und dieses Geschäft bewusst forcieren.

Elektro & Consumer Electronics

Die Branche unterteilt sich in verschiedene Spezialisierungsformen: Vollsortimenter, Fachgeschäfte für Haushaltsgeräte/Haustechnik, Unterhaltungselektronik, Telekommunikation und EDV-Geräte mit Zubehör. Durch die Konkurrenz durch Fachmarktketten und Internet in Verbindung mit einem weitgehend auf Markenartikel ausgerichtetem Sortiment hält der Handelsspannen-Druck. Die Markenauswahl und

Office Products (PBS)

Der PBS-Fachhandel nimmt eine Zwischenstellung zwischen Groß- und Einzelhandel ein, da ein nicht unbeträchtlicher Teil des Marktvolumens an gewerbliche Verwender abgesetzt wird und damit definitorisch eigentlich zum Großhandel gehört. Ferner gibt es Überschneidungen zum BBO-Fachhandel (Büromaschinen, Büromöbel, Organisationsmittel), der inzwischen häufig bereits in den IT-Bereich eindringt.

Tabelle 2

Marktsegment		Personalleistung (in € je Mitarbeiter)	Flächenproduktivität (in € je m² Verkaufsfläche)	Handelsspanne/Roertrag (in Prozent vom Bruttoumsatz)	Betriebskosten (in Prozent vom Bruttoumsatz)	Betriebswirtschaftliches Ergebnis (in Prozent vom Bruttoumsatz)	Anzahl Betriebe	Umsatz in 1.000 € (ohne MwSt.)
Schuh-Fachhandel	Durch. LKZ	133.000,-	3.400 EUR/qm	39,2%	39,7%	- 0,5%	4.640	7.412.844
	Benchmark	170.000,-	4.000-6.000 EUR/qm	42,0%	38,0%	4,0%		
PBS-Fachhandel	Durch. LKZ	120.000,-	4.000 EUR/qm	35,0%	34,5%	0,5%	5.710	2.470.573
	Benchmark	140.000,- 160.000,-	4.500-5.000 EUR/qm	38,0%-40,0%	33,0%-35,0%	5,0%		
Buchhandel	Durch. LKZ	152.000,-	3.300 EUR/qm	31,7%	31,7%	0,0%	3.896	3.451.306
	Benchmark	170.000,-	4.700 EUR/qm	33,0%	29,0%-31,0%	2,0%-4,0%		
Sportartikel-/Camping-Fachhandel	Durch. LKZ	140.000,-	3.200 EUR/qm	32,0%	31,9%	0,1%	10.644	6.539.299
	Benchmark	150.000,- 170.000,-	3.400-3.800 EUR/qm	35,0%	30,0%-31,0%	4,0%-5,0%		
Spielwaren-Fachhandel	Durch. LKZ	120.000,- 160.000,-	2.900 EUR/qm	31,0%-32,0%	30,0%-33,0%	- 1,0%	3.294	2.038.656
	Benchmark	180.000,-	3.500-4.000 EUR/qm	34,0%-36,0%	30,0%-32,0%	4,0%		
Uhren-Schmuck-Einzelhandel	Durch. LKZ	151.000,- 160.000,-	10.000 EUR/qm	41,0%	36,0%	5,0%	8.341	5.464.818
	Benchmark	180.000,- 200.000,-	15.000 EUR/qm	43,0%-44,0%	33,0%-34,0%	10,0%		

Quelle **IFH Köln, Datev, BVS, EHI, Nielsen, Verband Deutscher Drogisten e.V.**

Die folgenden Leistungskennziffern beziehen sich auf das Papier- und Schreibwarengeschäft mit Absatz an überwiegend private Verwender. Im Geschäft mit dem privaten Kunden polarisiert sich das Angebot. City-Geschäfte in größeren Zentren wählen oft den Weg des Trading-up und bieten in hochwertigem Ambiente teure, hochwertige Ware an. Auf der anderen Seite steht der kleine Nahversorger, der aus Renditegründen vielfach zum Convenience-Store mit Zusatzangeboten wie Süßigkeiten, Getränken, Zeitungen, Tabakwaren, Lottoannahme und Paketdienst wird.

Freizeit

Buchhandel: An dieser Stelle wird nur der klassische Sortimentsbuchhandel angesprochen – SB-Buch-Shops und Bahnhofsbuchhandlungen haben abweichende Leistungsstrukturen. Neben dem klassischen Sortimentsbuchhandel und den oben erwähnten Sonderformen gibt es Fachbuchhandlungen mit Spezialisierung auf ein bestimmtes Fachgebiet. Buchhandlungen befinden sich in fast allen Zentrentypen. Wichtig sind hier ein zentraler Standort und eine gute Beratung, bei Großbuchhandlungen auch die Auswahl verfügbarer Titel. Bei Büchern existiert nach wie vor Preisbindung, sodass die Handelsspanne nur bei nicht preisgebundenen Randsortimenten gestaltet werden kann. Rentabilitätsverbesserungen müssen daher vor allem im Kostenbereich und in der Gestaltung von Randsortimenten ansetzen. Kundenbindung und Aufmerksamkeit kann im Buchhandel auch über Aktionen wie Lesungen oder Teilnahme an örtlichen kulturellen Veranstaltungen erreicht werden.

Sport & Camping: Im Facheinzelhandel dominieren nach wie vor kleine und mittlere Unternehmen. Das Interesse an einzelnen Fitness-Trends wechselt beim Verbraucher sehr schnell. Stabile Dauerthemen werden ergänzt durch häufig schnell wechselnde Trendsportarten mit entsprechenden Anforderungen an Neuheiten im Warenangebot. Der Anschluss an eine Verbundgruppe ist als Erfolgsfaktor unbedingt empfehlenswert. Sportbekleidung macht etwa 50 Prozent des Umsatzes aus, unter Spannengesichtspunkten ist dieser Bereich zu forcieren, wobei nicht nur auf Markenartikel geachtet werden sollte. Kleinere Händler mit entsprechendem Know-how können sich auf Rand- oder Abenteuersportarten spezialisieren.

Spielwaren: Ein Spezifikum der Branche ist die starke Umsatzkonzentration auf das Weihnachtsgeschäft. 30 Prozent des Jahresumsatzes werden in den beiden letzten Monaten des Jahres erzielt. Nachorder oder Umsortierungen im Sortiment sind dann nur noch schwer möglich. Der demografische Wandel mit einer zunehmenden Zahl kaufkräftiger Senioren begünstigen den Absatz von Gesellschaftsspielen für Erwachsene. Profitable Ergänzungssortimente können Schreibwaren, Sportartikel oder Baby- und Kinderbekleidung sein, sofern genügend Verkaufsfläche zur Verfügung steht. Trotzdem bleiben Kinder die Hauptzielgruppe. Bei neuen Standorten sollte daher unbedingt die Altersstruktur im Einzugsgebiet erhoben werden. Kinderärzte, -gärten und Schulen in der Nähe des Geschäftes können den Umsatz fördern. Auch im Spielwareneinzelhandel sollten die Leistungen der Verbundgruppen genutzt werden.

Uhren/Schmuck: Zunehmend wichtig ist eine gute bis sehr gute Geschäftslage. Erfolgreiche Geschäfte konzentrieren sich in 1a-Lagen, hierzu gehören auch Standorte in innerstädtischen Einkaufszentren. Hohe Preislagen konzentrieren sich in den Hauptverkehrslagen der Oberzentren und vereinzelt in hochwertigen Ferienregionen. Hochwertige Hersteller konzentrieren ihren Absatz im Rahmen eines selektiven Vertriebs auf immer weniger Verkaufspunkte, vor allem in den Oberzentren. Betriebstypen orientieren sich vor allem anhand des geführten Genres. Dieses muss für den Kunden eindeutig kommuniziert werden. Im unteren Preisbereich treten Markenkollektionen immer stärker in den Vordergrund. Die rechtzeitige Aufnahme von Trendmarken birgt Risiken, bei Erfolg aber auch erhebliche Umsatzchancen durch Vielfalt und häufige Innovationen in diesem Sortiment. Aber auch diese Trendsortimente bedürfen einer dezidierten warenwirtschaftlichen Kontrolle, um Restbestände aus älteren Kollektionen zu vermeiden.

Wasserfest
Dual Laser
Alignment

SportScheck
Wir machen Sport.

Ladenbau | **Organisation**

RADIKAL DIGITAL

Begriffe wie Omnichannel, Beacons und Digital Signage verunsichern den Händler. Umso wichtiger ist es für Ladenbauer, sich im digitalen Dschungel zurechtzufinden.

Text **Angela Krause, dlv**

80 Prozent der Offline-Händler werden nicht überleben!" Noch immer geistert das radikale Statement von Oliver Samwer, seines Zeichens Gründer des Online-Giganten Zalando, wie ein Schreckgespenst durch die Branche. Ein bisschen Schrecken verloren hat dieses Gespenst aber spätestens letztes Jahr, als eben jenes Zalando in Frankfurt seinen ersten öffentlich zugänglichen Laden eröffnete. Irgendetwas scheint an diesem stationären Handel dann wohl doch dran zu sein, was der Onlineshop nicht hergibt. So häufen sich die Meldungen aus der Ecke der Online-Pure-Player über Pläne möglicher Filialen, zuletzt immer wieder bei Amazon.

„Das Internet geht nicht mehr weg", ist ebenfalls ein Ausspruch, der in letzter Zeit häufig zu hören ist. Was die Konsequenz aus dieser Erkenntnis ist, zeichnet sich in einigen viel diskutierten Ladeneröffnungen ab, nämlich On- und Offline-Handel nicht länger als separate Welten zu betrachten, sondern die Mauern zwischen den beiden einzureißen.

Die Mauer fällt

Online-Händler eröffnen Ladengeschäfte, aber auch der stationäre Handel steigt auf den Web-Zug auf. Wie der IFH Branchenreport Online-Handel 2014 zeigt, führt jeder dritte Händler mittlerweile einen eigenen Onlineshop und jeder zehnte vertreibt seine Produkte online über Marktplätze. Für eine konsequente Verschmelzung ist das jedoch nicht genug. Um dem Kunden einen echten Mehrwert zu bieten, ihn auf allen Kanälen abholen und bedienen zu können, bedarf es einer integrierten Strategie. Diese beinhaltet, stationäre Läden und Webshop homogen zu gestalten und aufeinander anzupassen, dabei aber die Stärken des jeweiligen Systems klug auszuspielen. Nur die Features, die dem Kunden einen realen Vorteil verschaffen, führen zu einem Wettbewerbsvorteil. Und was sinnvoll ist oder nicht, hängt nun mal auch von der eigenen Strategie und Positionierung ab. Für den Ladenbau bedeutet das, die integrierten Kanäle im Store gezielt zum Einsatz zu bringen.

Angesichts einer unübersichtlichen Auswahl an Möglichkeiten, lohnt es sich vor Beginn der Planungen also genauer hinzusehen, welche Vorteile der digitalen Errungenschaften der Kunde auch wirklich als Nutzen ansieht. Nicht jede Technologie passt zu jedem Laden und wiederum zu jeder Zielgruppe, denn nicht jeder Verbraucher ist gleich technikaffin. Fraglich ist daher beispielsweise, ob der regionale Metzger ums Eck als einziger Händler in seiner Straße tatsächlich das Geld investieren muss, kann und will, um einen Webshop einzurichten oder um seine Kunden zukünftig per Beacon-Technologie über Aktionspreise zu informieren. Liegt der Metzger wiederum in einer belebten Fußgängerzone und bietet einen Mittagstisch, ist die Idee der Beacons vielleicht gar nicht so abwegig. Unabhängig vom Potenzial der Beacon-Technologie wird diese im deutschen Markt bisher jedoch nur verhalten angenommen. Nur 4,6 von 10 möglichen Punkten vergeben deutsche Verbraucher laut IFH für den Nutzen dieser Technologie.

Mehrwert im Store

Mobile Geräte wie Smartphones und Tablets bieten Händlern und Ladenbauern viele Anknüpfungspunkte, um sie am PoS einzubinden. Neben der Lockmöglichkeit über Beacons gibt es mittlerweile auch Apps, mittels derer die Kunden für das Betreten eines Ladens oder das Einscannen von gewissen Waren Punkte sammeln können. Vorinstallierte Tablets im Laden können als Informationsquelle zur Aufklärung der Kunden beitragen. Viele Verbraucher möchten heute zusätzliche Informationen zum Produkt: Wo kommt es her? Welche Materialien wurden eingesetzt? In welchen Größen, Farben und Formen ist es verfüg-

Organisation | Ladenbau

bar? Mc Trek beispielsweise gibt in seinem SM@RTSHOP in Berlin jeder Warengruppe im Laden nur 1 m Regalfläche, der Rest steht online zur Verfügung. Per Tablet kann entweder direkt bestellt oder ein Merkzettel ausgedruckt werden. Das Konzept beinhaltet zudem einen Same-Day-Delivery-Service, der angehende Urlauber unterstützt, die erst beim Packen bemerken, dass noch etwas fehlt.

Einen Mehrwert bringt Wissen über die Verfügbarkeit aber nicht nur direkt bei der Ware, sondern auch an anderer Stelle im Laden: Wer stand nicht schon mal in der Umkleidekabine, um dann festzustellen, dass eine andere Größe her muss. Ein interaktiver Spiegel, der in der Umkleide bereits die Information bereit hält, in welchen Varianten das gewünschte Stück im Laden verfügbar ist, aber auch, welche bestellt werden können oder welche passenden Accessoires oder ähnlichen Produkte verfügbar sind, bieten dem Kunden zusätzliche Service-Leistung und binden ihn auf dem gewählten Kanal.

Anforderungen an den Ladenbau

Die Herausforderung des Handels ist auch eine Herausforderung für die beteiligten Ladenbauer und Gewerke. Sie sind von den Entwicklungen unmittelbar betroffen und müssen ihre Positionierung im Markt und ihre Strategie in diese Richtung überdenken. Die Einrichtung von digitalen Features am PoS bedarf einiger Vorüberlegung, die Ladenbauer und Händler gemeinsam anstellen müssen. Denn die Einbindung von Daten am PoS setzt voraus, dass solche Daten überhaupt vorhanden sind. Der Aufwand zur Aufbereitung und Verwaltung elektronischer Daten ist nicht zu unterschätzen: Produkte wollen beispiels-

---

Herausforderungen für den Ladenbau: Digitalisierung

Wer mit Ladenbau sein Geld verdient, kommt derzeit um das Thema Digitalisierung schlicht nicht herum. Das Thema ist omnipräsent und heiß diskutiert. Lösungen und Ideen für den Einsatz digitaler Features am PoS sprießen wie Pilze aus dem Boden, nicht nur von Ladenbauern selbst, sondern auch von Zu- und Vorlieferanten und Dienstleistungspartnern oder von kleinen Start-up-Unternehmen. Angesichts dieser unüberschaubaren Menge an neuen Entwicklungen gilt es für alle Beteiligten jetzt, einen klaren Kopf zu bewahren. Natürlich sorgt neuer Wind immer auch für Verunsicherung, aber vor allem auch für Chancen – und genau diese zu erkennen und die Gunst der Stunde zu nutzen, sich für die anstehenden Herausforderungen zu positionieren, das sollte das erklärte Ziel der Ladenbauer sein. Die Grundlagen für den Erfolg haben sie in den letzten Jahrzehnten kontinuierlich gelegt, denn Ladenbauunternehmen haben sich zu international vernetzten Dienstleistern entwickelt. Längst sind die Ladenbauer es gewohnt, in einem komplexen Netzwerk zu arbeiten: mit Einzelhändlern, Filialisten, Architekten, Planern, Designern, Visual Merchandisern, Handwerkern, eben all jenen, die an der Entstehung eines Ladens beteiligt sind. Dieses Netzwerk erweitert sich momentan also um Experten im Bereich Digitale Features. Mit den richtigen Partnern und dem richtigen Netzwerk, werden die Ladenbauunternehmen auch in Zukunft ihre Kompetenz unter Beweis stellen und ihre Kunden gewohnt individuell und professionell beraten.

Angela Krause, Geschäftsführerin, dlv

Ladenbau | **Organisation**

Auffällig inszeniert: Kunden in den Laden locken.

weise aus verschiedenen Perspektiven fotografiert werden, Informationen zur Verfügbarkeit setzen ein verknüpftes intelligentes System zur Warenerfassung voraus, Informationen über Materialien o. ä. müssen zusammengetragen sein. Hier gilt zunächst zu klären, welche Daten auf Kundenseite schon vorhanden sind und ob gegebenenfalls an ein bestehendes System angeknüpft werden kann. Wenn ja, ist es natürlich komfortabler und zeitsparend darauf aufzubauen, andernfalls muss grundlegend erst einmal eine solche Datenbank erarbeitet werden. Dabei muss überlegt werden, welche Daten wo zum Einsatz kommen sollen. Ladenbauer sollten im Vorfeld wissen, wo sie Ihren Kunden bei dieser Datenaufbereitung unterstützen können oder sich frühzeitig einen geeigneten und passenden Partner ins Boot holen.

Neben der Frage nach der Verwaltung der Daten ist die grundlegende Aufgabe für den Ladenbauer, die sinnvolle Integration der eigentlichen Features im Laden. Wo werden die Daten wie präsentiert? Über eine interaktive große Wand wie z. B. bei RAG? Direkt am Regal wie z. B. bei McTrek? Sind sie dort angebaut oder kann man sie vielleicht stilvoll integrieren? Wo ergänzen die Daten sinnvoll das Warenangebot? Wie präsentiert sich wiederum die Ware ansprechend? Tablets beispielsweise oder auch interaktive Spiegel benötigen Platz und Strom; wie wird diese Anforderung gelöst und stimmig ins Ladenkonzept integriert?

Die Digitalisierung hält allerdings für Ladenbauer nicht nur Herausforderungen am PoS bereit, sondern auch für ihr eigenes Unternehmen. Individuelle Konzepte im Laden setzen voraus, dass eine individuelle Fertigung überhaupt möglich ist. Die viel diskutierte Losgröße eins ist nur bei entsprechender technischer Ausstattung wirtschaftlich rentabel umsetzbar. Die Renovierungszyklen von Ladengeschäften sind heute tendenziell kürzer als früher (7,8 Jahre in 2013, gemäß EHI Laden Monitor 2014), diese Schnelllebigkeit wird durch die Digitalisierung weiter begünstigt. Technologien von gestern sind morgen schon veraltet. Wer seinen Laden zuletzt 2008 auf den neusten Stand brachte, hat sich damals über die Integration von Mobile Shopping via Smartphone in seinem Laden sicherlich noch keine allzu intensiven Gedanken gemacht.

Das Verbraucherverhalten ändert sich, und natürlich sinch viele Fragen zur Digitalisierung noch unbeantwortet, Technologien reifen. Händler und Ladenbauer stehen gleichermaßen noch vor großen Herausforderungen. Die gilt es anzupacken. Eine Patentlösung gibt es nicht. Denn zuletzt ist doch nichts so beständig wie der Wandel.

Organisation | Ladenbau

ES GRÜNT SO GRÜN

Nachhaltigkeit bekommt als Differenzierungsmerkmal im Einzelhandel eine immer größere Bedeutung.

Text **Claudia Horbert, EHI**

Viele Einzelhandelsunternehmen fokussieren im Nachhaltigkeitsmanagement bislang vor allem auf ihr Sortiment, weniger auf den Ladenbau. Darüber hinaus engagiert sich der Handel bei Energie, Klima und Umwelt, einem Bereich, in dem Ökologie und Ökonomie besonders gut in Einklang zu bringen sind. Hier geht es vor allem um den energieeffizienten Betrieb der Verkaufsstellen. Doch auch bei der klassischen Ladeneinrichtung gewinnen Aspekte der Nachhaltigkeit langsam an Bedeutung. Nicht selten dient der Ladenbau zunächst dazu, die Produkte in einer authentischen und themenbezogenen Verkaufswelt zu präsentieren und die Kunden zum Kauf zu animieren. Dies gilt insbesondere für jene Handelsunternehmen, die ohnehin schon als Vorreiter einer „grünen" Unternehmenspolitik gelten oder aber schon durch ihr Sortiment einen engen Bezug zur Natur aufweisen, wie z. B. im Sport- und Outdoor-Handel oder bei Biomärkten. Dabei ist die Produktpalette des typischen Ladenbaus im Hinblick auf Nachhaltigkeit durchaus prädestiniert. Die Einsatzmaterialien bestehen im Wesentlichen aus nachwachsenden Rohstoffen (z. B. Holz) und aus recyclingfähigen Stoffen (z. B. Metall oder Glas). Außerdem haben die handwerklichen Fähigkeiten der Mitarbeiter, die einen wesentlichen Beitrag für eine nachhaltige Verarbeitung der Materialien liefern, eine lange Tradition in Deutschland **(Grafik 1).**

Vor diesem Hintergrund überrascht es nicht, dass in jenen Handelsunternehmen, die sich bereits mit

NACHHALTIGER LADENBAU

Grafik 1

Bereits umgesetzte Maßnahmen, 2010 und 2013 im Vergleich, Angaben in Prozent

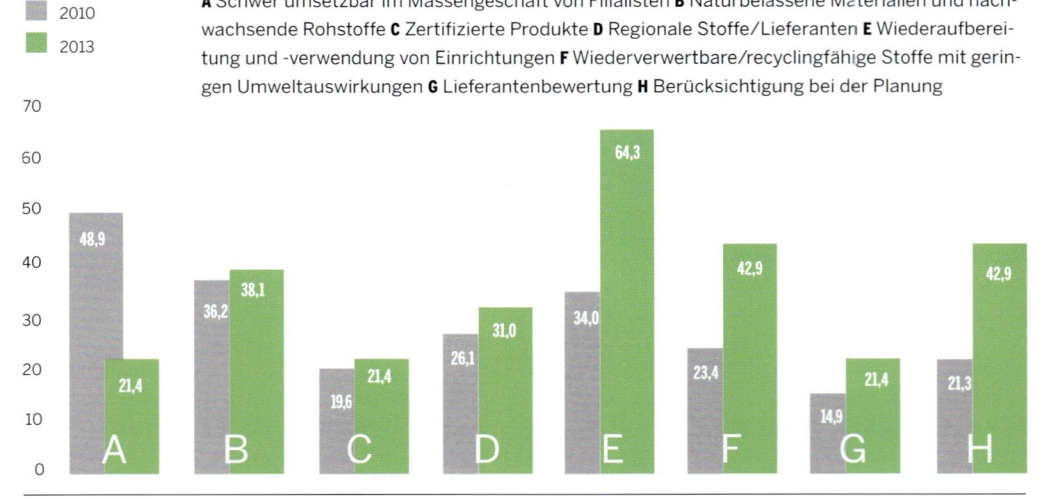

2010
2013

A Schwer umsetzbar im Massengeschäft von Filialisten **B** Naturbelassene Materialien und nachwachsende Rohstoffe **C** Zertifizierte Produkte **D** Regionale Stoffe/Lieferanten **E** Wiederaufbereitung und -verwendung von Einrichtungen **F** Wiederverwertbare/recyclingfähige Stoffe mit geringen Umweltauswirkungen **G** Lieferantenbewertung **H** Berücksichtigung bei der Planung

	A	B	C	D	E	F	G	H
2010	48,9	36,2	19,6	26,1	34,0	23,4	14,9	21,3
2013	21,4	38,1	21,4	31,0	64,3	42,9	21,4	42,9

Quelle **EHI**

Nachhaltigkeit im Ladenbau auseinandersetzen, Strategien für eine nachhaltige Entwicklung mit dem Einsatz von besonders ökologischen und energieeffizienten Materialien zuerst vor allem am Produkt ansetzen. Mit Überlegungen zu konkreten (Material-)Einsparungen oder zur Haltbarkeit beziehungsweise Nutzungsdauer von Einrichtungselementen gewinnen Ansatzpunkte für einen nachhaltigen Ladenbau erst langsam in der Planungsphase an Bedeutung.

Damit sich das Thema Nachhaltigkeit im Ladenbau weiter durchsetzt, insbesondere auch in diesem umfassenden Sinne schon von der Planungsphase an, müssen die Handelsunternehmen und ihre Architekten als „Gatekeeper" davon überzeugt sein, d. h. nachhaltige Produkte im Bereich der Ladeneinrichtung wirklich wollen und auch ausschreiben. Ferner müssen die Gatekeeper bereit sein, auf gewisse Materialien zu verzichten bzw. die Entwicklung und Planung von Läden aus Nachhaltigkeitssicht gänzlich anders anzugehen. Hier bieten Ladenbauunternehmen sicherlich noch zu wenig aktive Nachhaltigkeitsimpulse für ihre Kunden.

Viele große Ladenbauunternehmen sehen zudem ihre Kernkompetenz vornehmlich im Projektmanagement. Der Anreiz, eine konsequente und ehrlich gemeinte Nachhaltigkeitsstrategie umzusetzen, ist somit aus rein kurzfristiger ökonomischer Sicht oftmals gering. Zwar haben bereits einzelne Ladenbauunternehmen das Thema Nachhaltigkeit entdeckt, es aber noch nicht allzu konsequent umgesetzt, oder auch in Einzelfällen durchaus schon einmal als Begründung für mögliche Preiserhöhungen eingesetzt. Kunden entscheiden sich für Produkte dieses Unternehmens, auch wenn diese mit einem höheren Preis angeboten werden, da sie aus ihrer Sicht mit einem deutlich höheren Wert verbunden sind.

Nachhaltigkeit muss proaktiv als strategische Option für Händler und Ladenbauer verstanden werden. Wenn es Ladenbauunternehmen gelingt, diese Nachhaltigkeitsinnovationen bei Handelsunternehmen und deren Architekten als Gatekeeper zu verankern, können diese ihrerseits gegenüber ihren Wettbewerbern einen Vorteil erlangen.

Aber wie lässt sich Nachhaltigkeit im Ladenbau berücksichtigen? Wie können Lieferanten an welchen Nachhaltigkeitskriterien gemessen werden? Um hier für mehr Klarheit zu sorgen, hat das EHI mit Planungsleitern aus dem Handel und einigen Systempartnern, die alle Mitglied im EHI-Netzwerk sind, eine Arbeitsgruppe gegründet. Bei mehreren Treffen zwischen Mai und Oktober 2014 hat die Gruppe einen Ansatz entwickelt, wie sich nachhaltiger Ladenbau zum gegenwärtigen Zeitpunkt glaubwürdig, effizient und mit einem möglichst geringen Aufwand gemeinsam vom Handel und seinen Partnern angehen lässt. Die Ergebnisse zeigt der EHI-Leitfaden Nachhaltigkeit im Ladenbau, dessen Kern ein unternehmensspezifisches Nachhaltigkeitsmodell ist.

Begrünte Wände und hängende Gärten wie im Londoner Shop Anthropologie sollen das Raumklima verbessern.

Organisation | Nachhaltigkeit

GENAU GENOMMEN

Nachhaltigkeit klar zu kommunizieren, hilft den Kunden, sich zu orientieren und lohnt sich für die Hersteller und Einzelhändler.

Text **Steffi Kroll, GS1 Germany**

Greenwashing? Nein Danke! Wenn es um die Umweltverträglichkeit von Lebensmitteln, Möbeln oder Fernreisen geht, erwarten die Konsumenten klare und verlässliche Informationen. Die Publikation „Nachhaltigkeit von Produkten richtig bewerben – ein Leitfaden von A bis Z" zeigt jetzt erstmals auf, was „grüne" Markenbotschaften beinhalten sollten, damit sie beim Verbraucher richtig ankommen. Und mit welchen Informationen sich ökologisch ausgerichtete Kaufentscheidungen gezielt fördern lassen.

Eine Begriffsklärung im Bereich Produktnachhaltigkeit ist dringend fällig. Dies belegt unter anderem eine aktuelle Studie, die GS1 Germany im Rahmen der Akademischen Partnerschaft in Auftrag gegeben hat. Untersucht wurde, wie deutsche Konsumenten die zum Teil inflationär genutzten Nachhaltigkeits-Slogans verstehen. Insbesondere die verschiedenen Klimaschutzbotschaften auf Produkten werden danach von vielen Kunden nicht richtig interpretiert. Nur für etwa 10 Prozent der Befragten ist beispielsweise klar,
was „klimaneutrale" oder „CO_2-kompensierte" Flüge wirklich leisten. Die Studie der HHL Leipzig Graduate School of Management und des GfK Vereins zeigt darüber hinaus, dass es sich für Hersteller und Händler durchaus lohnen könnte, mehr Klarheit und Transparenz in ihre Kommunikation zu bringen. Immerhin 21 Prozent der Befragten – bei den umweltbewussten Einkäufern sogar 70 Prozent – gaben an, dass sie eher zu einem Produkt greifen würden, wenn sie besser erkennen könnten, wie umweltfreundlich es tatsächlich ist.

Alle Informationen auf einen Blick

Der praxisorientierte Leitfaden „Nachhaltigkeit von Produkten richtig bewerben", der von einer GS1 Fachgruppe gemeinsam mit Vertretern aus Wirtschaft und Wissenschaft entwickelt wurde, soll die Kundenansprache und die Kommunikation zwischen Geschäftspartnern künftig erleichtern. Er basiert auf dem „Consumer Communications Glossary" des Consumer Goods Forums und wurde speziell für Marketingverantwortliche im deutschsprachigen Raum angepasst und inhaltlich erweitert. Das interaktive Dokument bietet einen kompakten Überblick über die Hintergründe und Anforderungen der Nachhaltigkeitskommunikation – und unterstützt die Nutzer ganz konkret in ihrer täglichen Arbeit: Herzstück ist ein branchenübergreifend abgestimmtes Glossar, das neben den Definitionen der jeweiligen Aussagen detaillierte Hinweise auf gängige Zertifikate bzw. Belege gibt, zugrunde liegende Standards oder Gesetze benennt und zeigt, in welchem Kontext ein Begriff typischerweise angewendet wird. Konkrete Empfehlungen für die produktbezogene Nutzung runden das Bild ab.

Beispiel eins: „Ökologisch" ist nicht gleich „ökologisch"

Der Begriff „ökologisch" beispielsweise impliziert eine besondere Umweltqualität, sagt jedoch zunächst nichts über Umfang und Bedeutung der Umweltentlastung aus. Die Empfehlung: Durch weitere erläu-

Bitte herunterladen!

Das Dokument „Nachhaltigkeit von Produkten richtig bewerben — ein Leitfaden von A bis Z" steht für interessierte Unternehmen kostenlos zum Download zur Verfügung:

https://www.gs1-germany.de/
gs1-solutions/nachhaltigkeit/
richtige-produktkommunikation/

Nachhaltigkeit | **Organisation**

derung nachhaltiger Bodenfruchtbarkeit verweisen. Das Glossar weist zudem auf die rechtlichen Grundlagen der Begriffsverwendung hin – Lebensmittel dürfen in der EU nur dann als „ökologisch" bezeichnet werden, wenn sie den verbindlichen Mindeststandards für die Erzeugung von Bioprodukten der EG-Öko-Basisverordnung entsprechen – und bietet eine Reihe von Links zu einschlägigen Labeln wie Bioland oder Demeter an.

Beispiel zwei: Der Begriff „Klimaneutral" führt in die Irre

Jegliche Ressourcen-Nutzung nimmt Einfluss auf das Klima. Der Begriff „klimaneutral" greift daher zu kurz und wird häufig falsch verwendet und verstanden. Die Empfehlung des Glossars lautet, stattdessen die Aussage „klimaneutral gestellt" zu verwenden. Gemeint ist die Kompensation aller Treibhausgas-Emissionen durch Einsparung, Vermeidung und/oder Ausgleich nicht vermeidbarer Emissionen derselben Menge. Zusätzlich sollten Unternehmen ihre Ausgleichsprojekte und -standards nachvollziehbar belegen. Beispiele wären etwa die Finanzierung eines Aufforstungsprojekts oder die Zusammenarbeit mit Initiativen, die sozial und ökologisch sinnvolle Klimaschutzprojekte fördern – wie etwa „Stop Climate Change".

Auf einen Blick: alle Nachhaltigkeitsinformationen.

Deutlichere Differenzierung im Wettbewerb

Die Beispiele zeigen: Ein einheitliches Begriffsverständnis kann Unternehmen dabei unterstützen, sich im Wettbewerb deutlicher zu differenzieren und den Konsumenten eine klarere Orientierung für ihre Kaufentscheidung zu geben. Insofern ist der neuartige Leitfaden, an dem neben GS1 Germany unter anderem Vertreter von Dm Drogeriemarkt, Metro Group, Lorenz Snack-World sowie des ZNU-Zentrums für Nachhaltige Unternehmensführung an der Universität Witten/Herdecke mitgewirkt haben, ein Meilenstein auf dem Weg zu mehr Nachhaltigkeit in Wirtschaft und (Konsum-)Gesellschaft.

ternde Angaben auf der Verpackung sollte deutlich werden, worin diese Entlastung genau besteht. Ansonsten könnte fälschlicherweise der Eindruck entstehen, das Produkt sei generell neutral oder sogar positiv in Bezug auf seine Umweltauswirkungen. Konkretes Anwendungsbeispiel ist hier die Vermarktung von Getreide nach den Grundsätzen des ökologischen Landbaus. Unternehmen könnten etwa auf den Verzicht von chemischen Pflanzenschutzmitteln und gentechnologischen Verfahren oder auf die För-

Organisation | Visual Merchandising

DIE IM DUNKELN ...

... sieht man nicht. Stationär muss der Handel groß auffahren, um gegen den Online-Handel zu bestehen. Hier kann Visual Merchandising helfen.

Text **Klaus Lach, vmm**

Stationäre Händler haben der digitalen Entwicklung etwas Wirkungsvolles entgegenzusetzen: Fläche. Sie bietet die Chance, bei den Verbrauchern Neugier und Begeisterung zu wecken sowie Kaufimpulse auszulösen. Dafür muss das Geschäft aber emotional, attraktiv und vor allem innovativ gestaltet werden. Visuelles Marketing und Visual Merchandising können helfen.

Das Visuelle Marketing gewinnt im Marketing-Mix immer mehr an Bedeutung und ist eines der wesentlichen Erfolgsbausteine im Einzelhandel. Es basiert auf zwei grundlegenden Erkenntnissen: Erstens, die meisten Verbraucher informieren sich über das Produktangebot durch einen Blick ins Schaufenster und/oder in den Verkaufsraum. Zweitens, rund zwei Drittel aller Kaufentscheidungen werden emotional und unbewusst direkt am Point of Sale getroffen. Passanten werden aber nur dann zu Kunden, wenn Schaufenstergestaltung und Inszenierung im Verkaufsraum attraktiv und unverwechselbar sind. Dies ist die Aufgabe des Visuellen Marketings. Es schafft eine Verbindung zwischen dem realen Leben auf der Straße und dem fantasievollen Ladeninneren und zielt deshalb auf eine attraktive, kundenorientierte Außen- und Innenpräsentation ab.

In den visuellen Dialog gehen

Die individuellen Botschaften, die über das Schaufenster oder den Verkaufsraum vermittelt werden, konkurrieren stark mit den Informationen der Wettbewerber. Aufgabe des Visuellen Marketings ist es daher, durch Einsatz wirkungsvoller Gestaltungselemente den in einem bestimmten Kontext präsentierten Produkten einen einzigartigen dramaturgischen Auftritt zu verleihen. Wichtig ist, mit den Betrachtern in einen „visuellen Dialog" zu treten. Das Visuelle Marketing schreibt dafür ein „optisches Drehbuch". Es fügt sich im Kopf des Passanten zu einem Film, um ihn letztlich sanft, unterschwellig oder eindeutig in Kaufstimmung zu versetzen. Um dies zu erreichen, sollten die optischen Reizpunkte so viele Sinne wie möglich ansprechen.

Unterstützung erfährt Visuelles Marketing durch Visual Merchandising. Hier geht es um die Umsetzung der visuellen Marketingstrategien im Geschäft. Im Fokus stehen Ladengestaltung und Maßnahmen zur Verkaufsförderung. Das Visual Merchandising gewährleistet die konsequente Durchsetzung der Kom-

Auf der Oxford Street in London gibt es viel zu sehen für den Kunden. Vor allem bunt und auffällig muss es sein.

Visual Merchandising | **Organisation**

Hunter (r.) und Boxpark: zwei Konzepte, zwei moderne Londoner Inszenierungen, mal klassisch, mal innovativ.

munikation in der Verkaufsstrategie am PoS. Hier ist ein logischer Aufbau bei der Präsentation von Waren essenziell. Waren werden in zusammenhängenden Warenbildern nach Farben, Größen und Zugehörigkeit präsentiert. Dabei werden zusätzliche optische Anreize inszeniert, wie etwa Lichtgestaltung, Duft oder Musik. Es wird somit nicht nur die Ware, sondern auch ihr Umfeld stimmungsvoll gestaltet. Die Ware wird durch gezielte Übersicht und emotionale Gestaltung so dargeboten, dass sie ohne zusätzliche Argumente von Verkäufern für sich selbst spricht. Diverse Studien, die die Einflussnahme von Schaufensterpräsentationen im Handel auf das Kaufverhalten untersuchten, kommen zu folgenden Feststellungen: Etwa 40 Prozent der Konsumenten informieren sich durch einen Blick ins Schaufenster. Die Kaufbereitschaft der Verbraucher ist bis zu 80 Prozent auf die dortige Warenpräsentation zurückzuführen. Damit dürfte die große Bedeutung der Schaufenstergestaltung eindeutig belegt sein. Weil das Schaufenster hohe Informationsfunktion hat, ist es maßgeblich, das Interesse der Passanten immer wieder aufs Neue mit frischen und ungewöhnlichen Schaufenstergestaltungen zu wecken. Schließlich fungiert es nicht als Vitrine, sondern stellt eine Einladung an die Kunden zum Besuch des Geschäfts dar.

Die große Aufgabe bei der Schaufenster- und Retailgestaltung besteht darin, die Waren so zu inszenieren, dass mit ihnen Geschichten erzählt werden (Storytelling). Solchen Gestaltungen schenken die Kunden ihre volle Aufmerksamkeit und Konzentration. Folglich ist es nur logisch und sinnvoll, dass der Trend hin zu anspruchsvollen Darbietungen geht, die die Betrachter emotional berühren. Die Anforderung der Kunden an emotionale Gestaltungen sind unverändert hoch und werden sich noch steigern. Vieles, was heute Experiment ist, wird morgen up to date sein.

Schaufenster- und Retailgestaltungen müssen schnelllebiger und vor allem attraktiver werden. Das Motto: My beautiful Store – der Einzelhandel macht mobil im Kampf um die Gunst des Verbrauchers. Dieser Trend führt in die Welt des kreativen, stationären Handels. Die Ladengeschäfte zeichnen sich in Zukunft durch viel Liebe zum Detail aus. Designer schaffen reale und beglückende Verkaufsräume. Jedes Geschäft soll etwas Besonderes sein: Die Warenpräsentation und das Einkaufserlebnis müssen stark und überzeugend sein. Die Anforderung besteht darin, sich von der Masse abzuheben. Denn nur, was beachtet wird, erzeugt Kaufimpulse.

Organisation | Logistik

TAKTGEBER BEIM TRANSPORT

Nachhaltigkeit sowie Technologien in der Lieferkette und Kostenfaktoren als Treiber von Veränderungen sind laut neuer Studie die Taktgeber in der Handelslogistik.

Text **Thomas Kempcke, EHI**

In der vierten Ausgabe der EHI-Trendstudie Handelslogistik ist vor allem die Frage spannend, ob es allgemeine Entwicklungen in der Handelslogistik gibt, die für alle Befragten gleichermaßen wichtig sind. Bei der Beantwortung der Frage sind sich alle einig, dass der demografische Wandel und der damit einhergehende Fachkräftemangel sowie die Restriktionen bei der Innenstadtbelieferung und die Nachhaltigkeit als Unternehmensstrategie Herausforderungen für die künftige Entwicklung der Handelslogistik darstellen. So führen der weiter wachsende Anteil an Senioren und die sich verändernden Einkaufgewohnheiten der mobilen User zu neuen Dienstleistungskonzepten, die die Logistik vor ganz neue komplexe Herausforderungen stellen und gleichermaßen neue Nahversorgungskonzepte mit sich bringen.

Neue Einkaufsgewohnheiten

Die Befragten aus Industrie und Handel sind sich einig, dass die zunehmende Artikelvielfalt und die Änderung der Einkaufsgewohnheiten bereits jetzt, aber vor allem in Zukunft, Einfluss auf die Handelslogistik nehmen werden. Die Artikelvielfalt z. B. ist dadurch geprägt, dass ein einzelnes Produkt mittlerweile in verschiedenen Ausprägungen angeboten werden muss, um alle Zielgruppen zu erreichen. Außerdem ermöglicht der Stand der Technik in Form von online sowie mobile, dass der Konsument immer und überall in der Lage ist, einzukaufen. Durch die damit einhergehenden neuen Mobilitätsbedürfnisse liegt allen Vorhersagen zum Trotz die Transporteffizienz gemessen an einer durchschnittlichen Volumenauslastung der Transportfahrzeuge noch fern vom Optimum. Dies ist den kürzer werdenden Transportzeiten und den flexiblen Liefermengen geschuldet.

Bedeutung der Infrastruktur

Im Gegensatz zu den Befragten aus Handel und Logistikdienstleistern hat das Thema Transportkosten bei den Herstellern an Bedeutung verloren. Aus gegebenem Anlass wurden in dieser Ausgabe der Trendstudie die Rahmenbedingung des steigenden Verkehrsaufkommens durch die Bedeutung der Verkehrsinfrastruktur und ihren derzeitigen Zustand ausgetauscht. Hierbei zeigte sich, dass neben den Logistikdienstleistern insbesondere der Handel die Transporte und deren effiziente Organisation als Kernkompetenz verstehen und dadurch dem Thema eine entsprechend hohe Relevanz beimessen.

Als weitere Themen der Studie werden u. a. die Themen Kooperation, Kunden, Mitarbeiter, Technologie und Ökologie behandelt. Darüber hinaus werden Themen betrachtet, die der Einfluss der Industrie 4.0 mit sich bringt. So wird die 3D-Druck-Technologie bereits jetzt von den Logistikdienstleistern als wichtiges Themenfeld angesehen, da diese in Zukunft am meisten davon betroffen sein könnten. Werden nämlich z. B. Ersatzteile direkt beim Kunden gedruckt, entfällt der Transport vom Hersteller dorthin. Folglich steigt der Wettbewerb für die Logistikdienstleister.

Ergebnisse der Studie

Der demografische Wandel mitsamt dem zugehörigen Fachkräftemangel hatte schon in der vorangegangenen Befragung aus 2012 einen hohen Stellenwert. Als Maßnahmen wurden dabei z. B. Gesundheitsprogramme und die ergonomische Gestaltung von Arbeitsplätzen implementiert. Auf Konsumentenseite kommt in diesem Jahr ein weiterer interessanter Aspekt hinzu. So bedingen die fortschreitende Urbanisierung und der steigende Anteil an Senioren, aber auch die Trends der zunehmenden Artikelvielfalt und der veränderten Einkaufsgewohnheiten neue Mobilitätsbedürfnisse. Die dabei entstehenden

Dienstleistungen stellen die Logistik vor ganz neue und komplexe Herausforderungen, die wiederum neue Nahversorgungskonzepte mit sich bringen.

Auf der Forschungsseite werden dabei neue Ansätze erprobt, die durch kooperative Logistikstrukturen auf der letzten Meile effiziente Warenbündelungen und gleichzeitig individuelle Belieferungsformen ermöglichen sollen. Dabei stellt sich heraus, dass vor allem Restriktionen bei der Innenstadtbelieferung oftmals als Bottleneck fungieren und von den Händlern und Logistikdienstleistern kritisch hinterfragt werden.

Nächtliche Belieferung

Mittlerweile gibt es einige interessante Ansätze, die versuchen, die Belieferungen von Handelsfilialen in die Nacht zu verlagern. Dies soll erst durch die Nutzung von E-Lkws ermöglicht werden, die eine Unterschreitung der Grenzwerte für Geräusche in der Nacht garantieren. Das Beste daran: Die Effekte wirken sich nicht nur unmittelbar auf die Nachhaltigkeit eines Unternehmens aus, sondern erzielen auch ökonomische Vorteile. Durch leere Straßen in der Nacht können mehrere Touren gefahren werden. Dadurch können Fahrzeuge eingespart werden. Solche Potenziale können in Zukunft helfen, Nachhaltigkeit als Unternehmensstrategie zu stärken.

Dass der Kunde von heute in der Lage ist, immer und überall Käufe zu tätigen, ist bei den Beteiligten in der Handelslogistik längst angekommen. Dies macht sich vor allem am Trend der sich ändernden Einkaufsgewohnheiten bemerkbar. Die große Mehrheit der Hersteller, Händler und Logistikdienstleister betrachtet diesen Trend als wichtig, wobei vor allem die Hersteller die Logistikorganisation für den Online-Bereich in die eigene Hand nehmen und diese scheinbar auch gut mit deren Gesamtabwicklung integrieren können.

Straßen und Straßennetz

Der Zustand der Infrastruktur in Deutschland hat sich in den letzten Jahren deutlich verschlechtert. Vor allem am Beispiel zahlreicher maroder Autobahnbrücken, die teilweise nicht mehr von Lkws passiert werden können, lässt sich diese Erkenntnis aufzeigen. Demzufolge kann festgehalten werden, dass auf Bundes- und Landesebene zwar viel in den Straßenausbau, aber zu wenig in den Erhalt und die Pflege des bestehenden Straßennetzes investiert wurde. Insbesondere für Logistikdienstleister sind der Transport und die damit verbundene Nutzung der Verkehrsinfrastruktur von allerhöchster Priorität. Auch die große Mehrheit der Hersteller und Handelsunternehmen spricht sich für eine Verbesserung der Situation aus.

Interessanterweise hat die Bedeutung der Transportkosten bei den Befragten im Vergleich zur letzten Erhebung an Einfluss verloren. Wahrscheinlich ist, dass dies durch eine Momentaufnahme hervorgerufen wird, die auf das steigende Überangebot an Rohöl auf dem Weltmarkt und den damit verbundenen Preisverfall beim Dieseltreibstoff zurückzuführen ist.

Spannend bleibt vor allem die Entwicklung und der Einfluss, den die Industrie 4.0 auf die Handelslogistik nehmen wird, und wie die unterschiedlichen Distributionsstufen darauf reagieren werden.

König der Straße: unterwegs auf maroden Wegen.

Organisation | Logistik

NEUE PRIORITÄTEN

Worauf legen Online-Händler beim Versand- und Retourengeschäft Wert und welche Strategien und Ziele verfolgen sie künftig?

Text **Hilka Bergmann, EHI**

Die EHI-Studie Versand- und Retourenmanagement im E-Commerce untersucht die aktuellen Anforderungen, Trends und Strategien der Online-Händler aus Logistiksicht. Neben der Organisation des Fulfillments und der Auslieferung bzw. des Versands im Online-Kanal betrachtet sie insbesondere die aktuellen Trends der Online-Händler beim Versand und beim Retourengeschäft. Konkret beleuchtet sie die Strategien bei der Liefergeschwindigkeit, dem Angebot zur Auswahl eines Lieferfensters oder einer Zustellvariante, den Versandverpackungen und den Lieferkonditionen sowie bei der Retourenvermeidung und dem Retourenmanagement. Die Studie zeigt sowohl den Status quo der Branche als auch bemerkenswerte Entwicklungen.

Die zentrale Frage bezüglich der Organisation der Handelslogistik im Online-Kanal ist, ob die Händler

89 Prozent
der Online-Händler haben den Versand outgesourct.

die logistischen Prozesse selbst durchführen oder diese an externe Logistik- oder Fulfillment-Dienstleister outgesourct haben. Mehr als die Hälfte der befragten Online-Händler führt die gesamten logistischen Warehousing-Prozesse selbst durch. Gründe dafür sind vor allem die Nähe zum Kunden, die Transparenz und Kontrolle über Prozesse und Strukturen sowie die Einstufung der logistischen Warehousing-Prozesse als ihre Kernkompetenz.

Den Versand hat der Großteil (89 Prozent) der Online-händler an einen Transport- bzw. KEP-Dienstleister outgesourct. Wesentliche Gründe sind Effizienz, Wirtschaftlichkeit, Flexibilität und das gut ausgebildete Distributionsnetz sowie das Spezialistentum der Dienstleister. Die Leistungen und die Zusammenarbeit mit den Transport- und KEP-Dienstleistern bewerten die Befragten fast ausnahmslos als gut oder sogar sehr gut.

Liefertreue und -geschwindigkeit

Ähnlich wie im letzten Jahr hat die Einhaltung der Lieferzusagen bei den aktuellen Bemühungen oberste Priorität. Ebenso haben die Vermeidung von Retouren und die Lieferung innerhalb von 24 Stunden einen hohen Stellenwert **(Grafik 1)**. Künftige Bestrebungen setzen vor allem auf die Auswahl eines konkreten Lieferfensters und auf alternative Zustellmöglichkeiten. Die Relevanz der schnellen Lieferzeiten mit der Belieferung am selben Tag der Bestellung hat im Vergleich zur letztjährigen Studie leicht abgenommen. Das ist durchaus nachvollziehbar, weil sich die Liefergeschwindigkeit bei vielen Unternehmen bereits auf einem guten Niveau befindet. Eine schnelle Lieferung innerhalb von 24 Stunden bieten bereits 45 Prozent als schnellstmögliche Variante an. Die Belieferung am selben Tag der Bestellung haben aktuell 9 Prozent im

AUCH DIE VERPACKUNG ZÄHLT Grafik 1

Aktueller Fokus der befragten Online-Händler beim Verkauf, in Prozent

Hohe Liefertreue	49
Belieferung innerhalb von 24 Stunden	25
IT-System von Onlineshop und Logistik vereinheitlichen	25
Verpackungen, die gut schützen und gleichzeitig nachhaltig sind	24
Verpackungen, die für den Kunden ansprechend gestaltet sind	22

n = 87, Mehrfachnennungen möglich

Quelle **EHI**

Angebot, von 25 Prozent ist sie für die nächsten drei Jahre geplant. Die Bestrebungen für schnelle Liefergeschwindigkeiten nehmen also weiterhin zu **(Grafik 2)**, einerseits, um dem Kundenwunsch zu entsprechen, und andererseits, um Retouren zu vermeiden.

Lieferzeitfenster hat Priorität

Bei den Zielen für die nächsten drei Jahre gibt es eine leichte Verschiebung der Prioritäten. Deutlich zugenommen hat der Stellenwert der Auswahlmöglichkeit eines Lieferfensters wie auch das Angebot eines möglichst genauen Zeitfensters. Während 2013 die schnelle Lieferzeit mit der Belieferung am selben Tag der Bestellung bei den gesteckten Zielen ganz oben rangiert hat, nimmt diesen Platz nun die Möglichkeit zur Auswahl des konkreten Lieferfensters ein. Denn im letzten Jahr hatten nur 10 Prozent geplant, hier Maßnahmen zu ergreifen. In diesem Jahr sieht bereits fast ein Drittel die Auswahlmöglichkeit eines konkreten Liefertags mit definiertem Zeitfenster als entscheidende Maßnahme.

Das Angebot der Auswahl zusätzlicher Versandarten bzw. Zustellmöglichkeiten rückt bei den Online-Händlern in den nächsten drei Jahren ebenfalls vermehrt in den Fokus. Insbesondere für den Fall, dass der Online-Kunde nicht zu Hause ist. Die Möglichkeit, zwischen verschiedenen Zustellvarianten zu wählen, hat der Kunde aktuell nur bei 18 Prozent der befragten Online-Händler. Weitere 23 Prozent planen, diese Option demnächst ebenfalls anzubieten.

Eine sinnvolle Versandverpackung ist für die Online-Händler ein wichtiges Thema. Fast ein Viertel der Befragten setzt sich aktuell mit Maßnahmen zur Optimierung auseinander, um Verpackungen einzusetzen, die einerseits gut schützen und zugleich nachhaltig sind und andererseits durch ihre Gestaltung den Kunden ansprechen. Eine optimale Abstimmung des Verpackungsspektrums auf das Sortiment ist entscheidend, um einen sicheren Versand zu gewährleisten und Überverpackung zu vermeiden. Manche Online-Händler wünschen sich stärker individualisierbare Verpackungslösungen.

Retourenvermeidung

Die Höhe der Retourenquote ist bei den Online-Händlern je nach Sortiment sehr unterschiedlich. Bei denjenigen mit hoher Retourenquote hat die Vermeidung von Retouren weiterhin höchste Priorität. Retouren werden nicht einfach hingenommen. 83 Prozent erfassen gezielt die Gründe von Retouren. 70 Prozent leiten aus diesen bereits konkrete Optimierungen ab. Als entscheidende Maßnahme zur Retourenvermeidung sieht ein großer Teil die detaillierte Produktinformation auf der Internetseite, denn der häufigste Grund für Retouren, weiß der Großteil der Händler, ist das Nichtgefallen. 44 Prozent nennen ebenfalls den schnellen Versand als Möglichkeit zur Vermeidung von Retouren. Denn je schneller der Kunde seine bestellte Ware erhält, umso weniger ist er geneigt, zwischenzeitlich das Produkt bei einem anderen Online-Händler oder im stationären Handel zu kaufen.

83 Prozent
der Online-Händler erfassen gezielt die Retouren-Gründe.

24 STUNDEN SPÄTER
Grafik 2

Aktuell schnellstmögliche Liefergeschwindigkeit mit und ohne Aufpreis, in Prozent

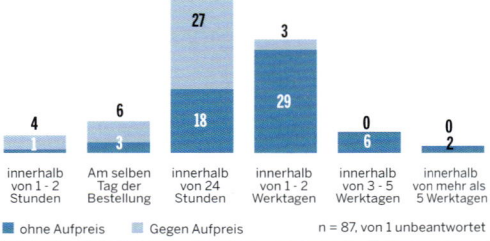

	innerhalb von 1 - 2 Stunden	Am selben Tag der Bestellung	innerhalb von 24 Stunden	innerhalb von 1 - 2 Werktagen	innerhalb von 3 - 5 Werktagen	innerhalb von mehr als 5 Werktagen
ohne Aufpreis	1	3	18	29	6	2
Gegen Aufpreis	4	6	27	3	0	0

n = 87, von 1 unbeantwortet

Quelle **EHI**

Organisation | Logistik

ANFORDERUNGEN WACHSEN

Die Handelslogistik verändert sich. Die Einhaltung der Anforderungen für die Verpackung wird damit umso wichtiger.

Text **Hilka Bergmann, EHI Retail Institute**

In der Handelslogistik besteht eine zunehmende Tendenz zur Automatisierung von Lagerabläufen. Die Automatisierung stellt Anforderungen an die Verpackungen und das Ladungsbild. Ziel der EHI-Verpackungsstudie ist es, die aktuellen Anforderungen an die Transportverpackung und das Paletten- und Lagenbild in einem Anforderungskatalog zusammenzutragen. Dieser soll für die Anforderungen in der automatisierten Handelslogistik sensibilisieren und zu einem besseren Anforderungsaustausch zwischen Handel und Industrie, aber auch innerhalb des Handels zwischen Einkauf, Marketing, Vertrieb und Logistik beitragen.

Herausforderungen & Anforderungen

Die vollautomatisierten Prozesse in der Handelslogistik finden jeweils bei einem, manchen oder allen der befragten Händler mit unterschiedlicher Ausprägung Anwendung. Zu den Prozessen zählen die Einlagerung, die Depalettierung, der innerbetriebliche Transport der Verpackungseinheiten auf der Fördertechnik, die Kommissionierung und die Palettierung. Jeder der Prozesse stellt bestimmte Anforderungen an die Transportverpackung und das Paletten- und Lagenbild.

Für ein optimales Paletten- und Lagenbild sollte eine optimale Palettenauslastung erzielt und ein zu hoher Über- oder Unterstand vermieden werden. Das Lagengewicht darf nicht zu hoch sein. Ein geschlossenes und flächenbündiges Lagenbild sollte durch Einhaltung der ISO-Modulmaße hergestellt sein. Die Bildung eines Kamins im Lagenbild ist nach Möglichkeit zu vermeiden. Eine sinnvolle Ladungssicherung ist zu wählen. Unnötige oder ungeeignete Zwischenlagen sollten unbedingt keine Anwendung finden.

Bei der Einwegtransportverpackung sind die Einhaltung der grundlegenden Anforderung des Produktschutzes während Transport, Umschlag und Lagerung und damit die Erfüllung der Stabilität und Stapelbarkeit entscheidend. Das Material und die Verklebungen müssen eine ausreichende Festigkeit aufweisen. Bei den Wänden und einem eventuellen Fensterausschnitt ist eine gewisse Mindesthöhe einzuhalten. Stapelnasen sollten nicht zu hoch sein und nach Möglichkeit vermieden werden. Die Abmessungen der Transportverpackung sollten ein optimales Längen-, Breiten- und Höhen- sowie Breiten-Verhältnis erzielen, und die Bodenbeschaffenheit sollte nicht zu rau und zu glatt sein, um einen optimalen Transport der Verpackungseinheit auf der Fördertechnik zu gewährleisten. Bei zweiteiligen Transportverpackungen ist es wichtig, dass die Abdeckung mit dem Unterteil ausreichend fixiert ist und beim Depalettieren oder auf der Fördertechnik nicht hoch- oder wegrutscht.

Anforderungen für den PoS

Der für die Automatisierungstechnik in der Lagerlogistik favorisierte Transportverpackungstyp wäre eine geschlossene Verpackung. Um aber am PoS das im Sinne von Shelf Ready Packaging geforderte leichte Öffnen und Verräumen zu ermöglichen, sind die Kriterien handelsgerechter Regalverpackungen ebenfalls dringend zu berücksichtigen. Auch sind am PoS Marketinggesichtspunkte von Bedeutung, zu denen zum Beispiel gehört, dass die Produkte im Regal gut erkennbar sind und die gesamte Verpackungseinheit attraktiv gestaltet ist.

Stammdatenpflege entscheidend

Entscheidend für den reibungslosen Ablauf der automatisierten Prozesse ist die vollständige und korrekte Stammdatenpflege jedes einzelnen Artikels. Die automatisierten Prozesse, insbesondere das Depalettieren und das Palettieren, sind exakt auf die individuellen Parameter jedes einzelnen Artikels einzustellen. Wünschenswert wäre, wenn die Händler die kompletten,

Logistik | **Organisation**

Foto **Shutterstock**

Nicht den Überblick verlieren: Auch hier kann Verpackung helfen.

exakten Stammdaten, inklusive jeder kurzfristigen Änderung im Lagenbild oder in der Beschaffenheit der Transportverpackung, von der Industrie überliefert bekämen. Die befragten Händler betonen aber, dass eine eigenständige Aufnahme der kompletten korrekten Stammdaten jedes eingehenden Artikels aktuell absolut notwendig und unvermeidbar ist.

Strikte Umsetzung ist wichtig

Insgesamt sind die Anforderungen an Verpackungen in der automatisierten Handelslogistik keine gänzlich neuen Anforderungen. Nur wenige sind zusätzlich zu berücksichtigen. Die meisten unterscheiden sich nicht bedeutend von denen in der konventionellen Handelslogistik. Die strikte Umsetzung ist jedoch von wesentlich größerer Bedeutung. Das bedeutet, dass die Toleranzen als Abweichungen der Anforderungen, die hingenommen werden können, teilweise deutlich geringer sind. Um eine effiziente Logistik und einen

„UM EINE EFFIZIENTE LOGISTIK UND EINEN OPTIMALEN PRODUKTSCHUTZ ZU GEWÄHRLEISTEN, IST ES WICHTIG, DASS DIE LOGISTISCHEN ANFORDERUNGEN BESSER EINGEHALTEN WERDEN."

HILKA BERGMANN, EHI RETAIL INSTITUTE

optimalen Produktschutz zu gewährleisten, ist es wichtig, dass die logistischen Anforderungen stärker Berücksichtigung finden. Der vorliegende Anforderungskatalog soll zu einem verbesserten Anforderungsaustausch zwischen Handel und Industrie und innerhalb des Handels zwischen den verschiedenen Abteilungen beitragen.

Organisation | Personal

GUTE MITARBEITER BINDEN

Dem Fachkräftemangel entgegenwirken und die Belegschaft optimal versorgen: Wie es Arbeitgebern gelingt, Mitarbeiter zu binden und neues Personal zu finden.

Text **Dr. Matthias Albrecht**, Signal Iduna

Um als attraktiver Arbeitgeber wahrgenommen zu werden, muss ein Unternehmen zukünftig mehr bieten als ein Gehalt. Die Mehrzahl der deutschen Betriebe rechnet für die kommenden Jahre mit einem Engpass bei Fachkräften und mit einem verstärkten Wettbewerb um die besten Köpfe. Das Statistische Bundesamt geht von einem Rückgang des Arbeitskräftepotenzials von 2010 bis 2020 um 2,3 Mio. Personen aus. Die Zahl der älteren Erwerbstätigen wird zunehmen. In diesem Wettbewerb sind Arbeitgeber heute mehr denn je gefordert, da immer mehr Arbeitnehmer auch auf die Extras achten, die ein Unternehmen zu bieten hat. Interessante Nebenleistungen für Arbeitnehmer finden sich im Bereich der Alters- und Gesundheitsvorsorge und der betrieblichen Unfallversicherung.

Die betriebliche Altersversorgung

Arbeitnehmer wissen um die Lücken in der gesetzlichen Rentenversicherung und dass diese im Alter nur eine Grundversorgung bieten kann. Eine betriebliche Altersversorgung ist vorteilhaft für Arbeitnehmer und Arbeitgeber. Der Belegschaft kann eine maßgeschneiderte betriebliche Altersversorgung, beispielsweise in Form der Pensionskasse des Einzelhandels bei der Signal Iduna, angeboten werden.

Das Unternehmen fördert auf diesem Weg ein gutes Betriebsklima und zeigt den Mitarbeitern gegenüber Wertschätzung. Dies motiviert und bindet qualifizierte Fach- und Führungskräfte und vermeidet Fluktuation. Dadurch werden Einstellungs- und Einarbeitungskosten gespart. Weiterhin wird der Rechtsanspruch der Mitarbeiter auf Entgeltumwandlung erfüllt. Nebenbei senkt der Arbeitgeber seine Lohnnebenkosten und kann die im Betrieb mitarbeitenden Familienangehörigen steuerwirksam in die Versorgung mit einbeziehen.

Die betriebliche Unfallversicherung

Ein weiteres Extra für Mitarbeiter ist die betriebliche Unfallversicherung. Über die gesetzliche Unfallversicherung ist der Arbeitnehmer während der Arbeit und auf den Hin- und Rückwegen geschützt. Sie erbringt Rentenleistungen allerdings erst ab einer Minderung der Erwerbsfähigkeit von mindestens 20 Prozent. Eine private Gruppen-Unfallversicherung der Signal Iduna beispielsweise, leistet bereits ab einem Invaliditätsgrad von 1 Prozent eine Invaliditätsentschädigung. Außerdem schützt sie nicht nur während der Arbeitszeit, sondern darüber hinaus auch in der Freizeit, bei Spiel und Sport, rund um die Uhr und weltweit. Gerade für mittelständische Betriebe spielt die Preisgestaltung in der betrieblichen Unfallversicherung eine große Rolle – insbesondere, wenn der

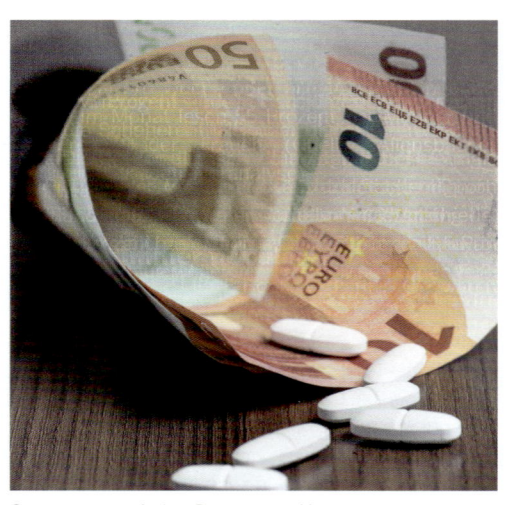

Status quo: erhöhte Beiträge und Leistungseinschnitte.

Beitrag steuerlich geltend gemacht werden kann. Das ist immer dann der Fall, wenn es sich bei den Beiträgen zur Gruppen-Unfallversicherung um Aufwendungen zugunsten von Arbeitnehmern handelt. Diese Beiträge sind für den Betrieb in vollem Umfang steuerlich abzugsfähig. Der Gesetzgeber hat die Regeln zur betrieblichen Unfallversicherung vor Kurzem weiter verbessert.

Die betriebliche Krankenversicherung

Neben der betrieblichen Altersvorsorge spielt auch die Gesundheitsvorsorge der Mitarbeiter eine immer größere Rolle: Eine älter werdende Belegschaft führt meist zu steigenden Krankenausfallzeiten und dadurch zu einer verminderten Produktivität und Wettbewerbsfähigkeit. Für die Arbeitnehmer wiederum steigen die Beiträge für die gesetzliche Krankenversicherung bei gleichzeitigen Einschnitten in den Leistungskatalog.

Je nach Bedarf versichert das Unternehmen die komplette gesetzlich krankenversicherte Belegschaft oder ausgewählte Teile, z. B. Verkäuferinnen und Verkäufer oder Verwaltungsmitarbeiter. Die Signal Iduna beispielsweise gewährleistet eine einfache Beitragseinstufung durch altersunabhängige Tarife und verzichtet auf eine Gesundheitsprüfung und Wartezeiten. Der Arbeitgeber kann aus vielen unterschiedlichen Tarifen auswählen. Die Gefahr einer schweren Erkrankung lässt sich durch umfassende Vorsorgeleistungen erheblich reduzieren. Vorsorge-Tarife bieten umfangreiche Leistungen im Bereich der Krebsfrüherkennung, der Schwangerschaftsvorsorge, der Reiseschutzimpfungen oder eines Gesundheits-Check-ups mit Überprüfung bestimmter Blut- und Stoffwechselwerte. Zudem sichert beispielsweise der Kliniktarif der Signal Iduna eine optimale Versorgung im Krankenhaus. Eine arbeitgeberfinanzierte betriebliche Krankenversicherung hilft dem Arbeitnehmer im Leistungsfall regelmäßig, Hunderte von Euro einzusparen. Besondere Tarife helfen hier bei Zahnersatz, Zahnbehandlungen oder Zahnprophylaxe. Ein privates Krankentagegeld schützt Mitarbeiter vor finanziellen Engpässen bei Arbeitsunfähigkeit. So wird die Gesundheit und Leistungsfähigkeit des Personals geschützt, die Krankenausfallzeiten verkürzt und die Produktivität des Betriebes gesteigert.

Die Mitarbeiter können auch die eigene Familie zu besonders günstigen Konditionen über einen Rahmenvertrag versichern. Ein weiterer Vorteil: Jeder Betrieb kann eine betriebliche Krankenversicherung installieren, unabhängig von der Anzahl der Mitarbeiter.

Durch eine betriebliche Krankenversicherung ermöglichen Sie Ihren Mitarbeitern den gesetzlichen Krankenversicherungsschutz um wichtige private Zusatzleistungen zu ergänzen. Diese attraktiven Nebenleistungen heben Ihren Betrieb deutlich auf dem Arbeitsmarkt ab. Investieren Sie gezielt in die Gesundheit Ihrer Belegschaft und sichern Sie die Zukunftsfähigkeit Ihres Betriebes. Leistungsfähige und motivierte Fachkräfte sind auch ein großer Vorteil in Sachen Wettbewerbsfähigkeit. Sie zeigen sich als verantwortungsbewusster Arbeitgeber und sichern sich einen Vorsprung im Wettbewerb um die besten und klügsten Köpfe.

Personalpolitik: Gut versichert ist die beste Motivation.

N.W.H.B.

ANOTHER YEAR PASSES BY / TECH INSPIRATIONS 2013

Marketing | **Werbung**

GROSSE VERÄNDERUNGEN

Marketing muss lernen, sich im komplexen Ökosystem neuer Technologien und Kanäle sicher zu bewegen – mit Mut und mit der Neuausrichtung der Organisation.

Text **Marlene Lohmann, EHI**

Digitalisierung verändert den Handel in einem rasanten Tempo. Das Internet und die mobilen Dienste kommen für die verschiedensten Zwecke zum Einsatz: um Kundenbeziehungen zu pflegen, um Prozesse zu optimieren, um das Unternehmen intern agiler und schneller zu machen. Digitale Transformation ist der Begriff, der diesen Veränderungsprozess beschreibt **(Grafik 1)**.

Besonders augenfällig ist der Einfluss der digitalen Transformation in den Vertriebskanälen des Handels. Die Digitalisierung hat neue Vertriebskanäle hervorgebracht, wie E-Commerce und M-Commerce, die nun munter mit den Stationären in den Wettbewerb treten.

Auch im Marketing des Handels ist die Digitalisierung angekommen. Für das Marketing bedeutet das in erster Linie, sich auf die fundamentalen Veränderungen des Konsumentenverhaltens einzustellen. Die Kunden von heute sind am liebsten always on: Sie lieben die Mobilität, die Erreichbarkeit, den interaktiven Austausch, das Sich-Mitteilen und Teilen von Meinungen, Bildern, aber auch von cooler Werbung, wie der virale Edeka-Spot „Supergeil" gezeigt hat. Darüber hinaus möchten die Kunden heute barrierefrei zwischen Online- und Offline-Kanälen wechseln. Denn sie kaufen nicht nur situativ, sondern wechseln auch zur Information und Kommunikation nach Bedarf zwischen stationär, online und mobil.

Eine herausgehobene Bedeutung haben dabei mobile Devices: Smartphone und Tablet sind zur Fernbedienung des Lebens geworden. Der Zahl der User, die das Internet mobil nutzen, ist 2013 gegenüber dem Vorjahr um 43 Prozent gestiegen. Mehr als die Hälfte der Nutzer kauft über diese Endgeräte im Web ein. Der Kunde hat Smartphone, Tablet und andere Devices wie das Internet der Dinge längst in seinen Alltag integriert — und der Handel muss ihm folgen, wenn er ihn weiterhin mit seinen Botschaften erreichen will.

So hat etwa in der Kundenansprache die Digitalisierung zu einem grundlegenden Wandel geführt: Bedienungsanleitungen sind auf Youtube in Videoform zu finden. Die Kunden haben jederzeit Zugriff auf Informationen — und erwarten im direkten Kontakt prompte Antworten. Und soziale Netzwerke verhelfen dem Kundenservice zur neuen Qualität, etwa in Form moderierter Service-Community.

Online-Werbung auf dem Vormarsch

Die Anforderungen, die der digitale Wandel an das Marketing im Handel stellt, sind weitreichend: Es gilt, die Kunden über Online- und Offline-Kanäle hinweg nahtlos anzusprechen und so ein einheitliches Einkaufserlebnis zu schaffen. Dass der Handel auf dem richtigen Weg ist, zeigen folgende Ergebnisse:

■ Die Marketingbudgets sind mit durchschnittlich 2,4 Prozent vom Bruttoumsatz des Handels auf Vorjahresniveau und werden voraussichtlich bis 2017 relativ unverändert bleiben. Verändern wird sich hingegen die Verteilung.

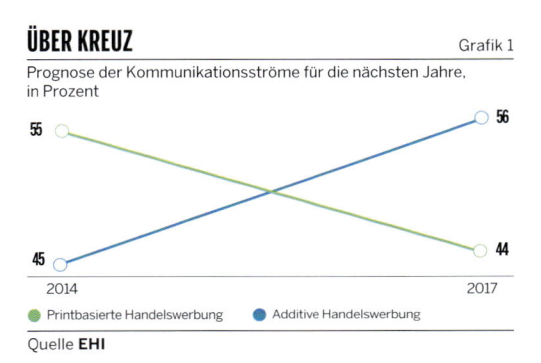

ÜBER KREUZ Grafik 1
Prognose der Kommunikationsströme für die nächsten Jahre, in Prozent

	2014	2017
Printbasierte Handelswerbung	55	44
Additive Handelswerbung	45	56

Quelle **EHI**

Werbung | Marketing

Mal so, mal so: Werbung kann digital, aber auch via Printmedien erfolgen.

■ Immer mehr Händler werben online. Dennoch hält die klassische gedruckte Handelswerbung immer noch die Spitzenposition im Mediamix des Einzelhandels. Printwerbung teilt sich den Kuchen der Werbebudgets künftig allerdings noch stärker mit anderen Maßnahmen.

■ Noch werden Werbegelder im Handel vor allem für Klassiker ausgegeben. Gedruckte Handelswerbung mit Prospekten und Magazinen (46,2 Prozent) sowie Anzeigen (8,4 Prozent) macht zusammen mit 54,6 Prozent etwas mehr als die Hälfte der Werbeaufwendungen aus. Im letzten Jahr betrug dieser Anteil noch 60 Prozent. Additive Handelswerbung wie Instoremarketing (13,2 Prozent), Onlinemarketing (9,9 Prozent), Direktmarketing (8,5 Prozent), TV-Werbung (3,9 Prozent) oder Radiowerbung (2,6 Prozent) teilen sich die restlichen 45,4 Prozent (Vorjahr: 40 Prozent) des Budgets.

■ Die Schere zwischen gedruckter und additiver Werbung schließt sich nicht nur rasant – die Verhältnisse könnten sich sogar umkehren. Laut Prognose für 2017 wird die additive Handelswerbung künftig mit 56 Prozent den größeren Anteil des Werbebudgets beanspruchen und die klassische gedruckte Form der Werbung überholen, deren Anteil dann nur noch bei 44 Prozent liegen wird.

■ Allein die Ausgaben für Onlinemarketing haben sich seit dem Vorjahr um 27 Prozent gesteigert; bis 2017 wird mit einer Steigerung von 63 Prozent gerechnet. Das Budget für Onlinemarketing wird aktuell hauptsächlich für Search Engine Marketing (SEM) (34,1 Prozent) aufgewendet, gefolgt von Display Advertising (20,8 Prozent) und für Werbung per E-Mail, Newsletter oder E-Magazine (18,8 Prozent). Zukünftig wird in diesen Bereichen allerdings ein leichter Rückgang erwartet. Steigern werden sich voraussichtlich die Ausgaben für Social Media, analytisches Marketing und mobile Anwendungen.

■ Knapp 80 Prozent haben ein Budget für Innovationen. Einem Drittel stehen dabei bis zu 100.000 Euro zur Verfügung, einem weiteren knappen Drittel bis zu 0,5 Mio. Euro, und die Übrigen können immerhin noch zwischen einer halben und mehr als 1 Mio. Euro für Innovationen ausgeben.

Marketing | **Werbung**

Die Konsequenzen des digitalen Wandels machen auch vor der Organisation des Marketings nicht halt: Mit den heutigen Strategien, Strukturen und Kompetenzen wird das Handelsmarketing dem fundamentalen Wandel immer weniger gerecht. Das Marketing muss lernen, sich in dem komplexen Ökosystem neuer Technologien und Kanäle sicher zu bewegen – mit Mut und mit der Neueinrichtung der Organisation.

Marketingorganisation im digitalen Zeitalter

■ Nur jeder fünfte Geschäftsführer glaubt, dass das Marketing im Unternehmen bereits gut für die digitale Zukunft aufgestellt ist. 80 Prozent sehen hierbei Handlungsbedarf.

■ Das Marketing bekommt eine Schlüsselrolle beim digitalen Umbau. In jedem zweiten Handelsunternehmen obliegt dem Marketing die Verantwortung dafür, das eigene Unternehmen in die digitale Zukunft zu führen.

■ Gut 40 Prozent der befragten Unternehmen haben die Digitalisierung bereits in der Unternehmensstrategie verankert. Das rasante Tempo der Digitalisierung hat offensichtlich einige Unternehmen überrascht. Es besteht dringender Handlungsbedarf, wenn man die Zukunftsfähigkeit des Unternehmens sicherstellen will.

■ Die mittelfristig größten Herausforderungen für das Marketing lassen sich in einem Drei-Punkte-Plan zusammenfassen: Märkte und Kunden verstehen, Strategien entwickeln sowie Skills ausbauen, führen die Prioritätenliste der Marketingchefs an. Auch hat der Handel erkannt, dass er nur mit einem tiefen Kundenverständnis erfolgreich durch die unruhigen Zeiten des digitalen Wandels navigieren kann, und schenkt dem veränderten Kommunikations- und Mediennutzungsverhalten der Kunden mit Abstand die höchste Aufmerksamkeit.

■ Die Digitalisierung braucht Kooperation. Eine besondere Bedeutung kommt künftig dem engen Schulterschluss von IT und Marketing zu. Denn Marketing ist ohne den Einsatz von Informationstechnologie künftig kaum denkbar. Deshalb ist die IT als Enabler für die Umsetzung digitaler Marketingstrategien neben dem Vertrieb der wichtigste Koopera-

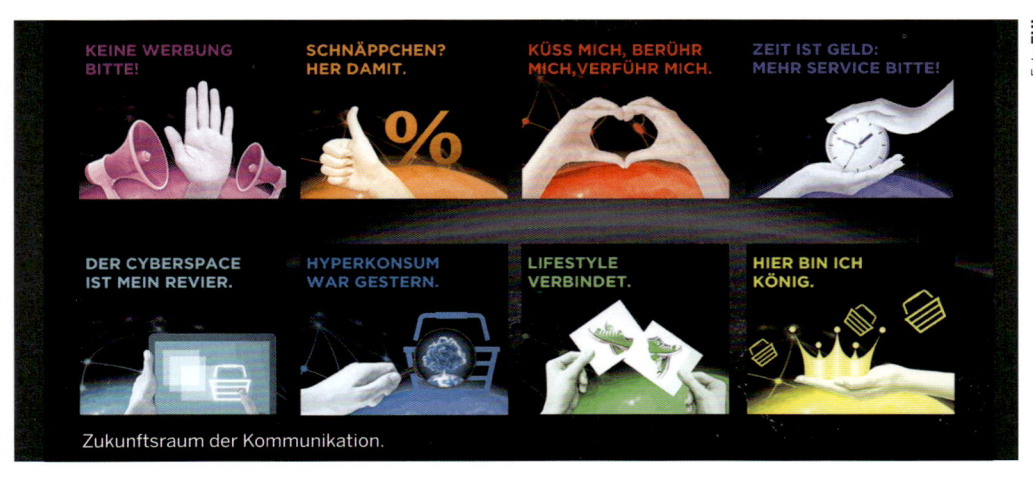

Zukunftsraum der Kommunikation.

Foto **EHI**

Factbook Einzelhandel 2016 **231**

Werbung | Marketing

> „DIE MITTELFRISTIG GRÖSSTEN HERAUSFORDERUNGEN FÜR DAS MARKETING LASSEN SICH IN EINEM DREI-PUNKTE-PLAN ZUSAMMENFASSEN: MÄRKTE UND KUNDEN VERSTEHEN, STRATEGIEN ENTWICKELN UND SKILLS AUSBAUEN."

MARLENE LOHMANN, EHI RETAIL INSTITUTE

tionspartner des Marketings. Das EHI hat 2013 zusammen mit führenden Händlern Zukunftsbilder zur Kommunikation des Handels bis zum Jahr 2025 entwickelt. Als Ergebnis konnten acht Kundengruppenszenarien entwickelt werden, die sich qualitativ über die Dimensionen Werte, Informationsverhalten, Shopping-Alltag, Markenloyaltität und andere beschreiben lassen.

Ein Blick in die Zukunft

Der Frage nach der quantitativen Stärke der Kundengruppen und dem faktischen Konsum- und Einkaufsverhalten ist das EHI in einer Folgestudie gemeinsam mit der GfK nachgegangen. Eine Quantifizierung wurde durch den Abgleich der Kundengruppenszenarien mit dem GfK-Haushaltspanel erreicht. Diese Studie ist ein Novum in der Handelsforschung, denn sie verbindet erstmals qualitative Einschätzungen von Experten aus den EHI-Arbeitskreisen mit quantitativen Konsumentenbewertungen und faktischem Kaufverhalten aus der GfK-Forschung. Die Gemeinschaftsstudie soll helfen, den Shopper und die damit verbundenen Herausforderungen von morgen besser zu verstehen, indem die Studie neue Einblicke in seine Welt gewährt.

Der Handel ist im Wandel, und jeder will wissen, was die anstehende Veränderung als Nächstes für das Marketing bringt. Hier ein kleiner Auszug zur Prognose künftiger marketingrelevanter Entwicklungen aus oben genannter Studie:

■ Die Kunden werden sich künftig ihre Meinung nicht mehr primär auf Basis klassischer Medien und institutioneller Informationsangebote bilden. Das Vertrauen in Netzwerke als Informationsquellen wird steigen. Es besteht zudem die Gefahr eines „Informations-Overloads."

■ Die Bedeutung der interaktiven Medien und der Aufwand für deren Nutzung werden deutlich zunehmen.

■ Der Einfluss von Endgeräten auf den Alltag wird eindeutig zunehmen – voraussichtlich mit einer höheren Konfigurierbarkeit und individualisierung der Endgeräte.

■ Der Einfluss der Kunden auf die Markenbildung wird deutlich zunehmen.

■ Erwartet wird ein deutlich höherer Grad der individuellen Kundenansprache am PoS. Dies könnte auch dazu führen, dass die gegenwärtig geringe technologische Unterstützung der PoS-Kommunikation zunimmt.

■ Die heutige universelle und ortsbezogene Massenkommunikation wird sich verändern – vor allem durch eine Personalisierung der Ansprache im „Location-based Marketing."

■ Die Bedeutung emotionaler Kundenbindung wird deutlich zunehmen.

■ Für die Zukunft wird eine deutlich höhere Einbindung der Kunden in die Sortiments- und/oder Angebotspolitik erwartet.

■ Crossmedia-Marketing wird ein wichtiges Thema werden. Erwartet wird eine starke Vernetzung von Kanälen bei kundenspezifischer Selektion der Kanalnutzung.

Kommunikation | **Werbung**

MEHR GELD FÜR PR

Digitalisierung verändert auch die Arbeit der Kommunikation. Die Kunden wollen schnell und nachhaltig informiert werden.

Text **Ute Holtmann, EHI**

PR-Verantwortliche des Handels stehen vor der Aufgabe, den immer komplexeren Ansprüchen der Öffentlichkeit gerecht zu werden. Denn Kunden sind zunehmend kritisch, dazu immer schneller informiert und im negativen Fall alarmiert. Dafür nehmen die Unternehmen — insbesondere große – auch durchaus viel Geld in die Hand. Geschäftsführer und Kommunikationsverantwortliche sind sich einig, dass der Einfluss von Reputation gewichtiger geworden ist, so die Ergebnisse der aktuellen EHI-Studie ‚PR im Handel 2015'. Das gilt auch für die Reputation von Marken: Da klassische Werbung an Glaubwürdigkeit verloren hat, erhält Marken-PR eine größere Bedeutung.

Mehr Geld für die PR

Die Ausgaben für die PR im Handel sind im letzten Jahr bei 41 Prozent der befragten Unternehmen leicht gestiegen. Für die nächsten zwei Jahre geht allerdings nur ein Viertel der Befragten von steigenden Ausgaben aus. Die meisten erwarten, dass die Ausgaben sich auf einem ähnlichen Niveau wie heute bewegen werden. Bei 11 Prozent der befragten Händler – in erster Linie handelt es sich hier um eher große Unternehmen, gemessen am Umsatz – ist das PR-Budget für dieses Jahr mit über 500.000 Euro sehr hoch. Weitere 27 Prozent verfügen über ein ebenfalls stattliches Budget zwischen 250.000 und 500.000 Euro. Die weiteren Budgets sind weit gestreut und abgesehen von den Top-Budgets von über 500.000 Euro sind die zur Verfügung stehenden Gelder unabhängig von der Größe der Unternehmen verteilt **(Grafik 1)**.

Mehr PR für die Marken

Mehr als drei Viertel der befragten Unternehmen sind der Ansicht, dass Markenkommunikation an Bedeutung gewonnen hat – und zwar weil klassische Werbung an Glaubwürdigkeit verloren hat. Dementsprechend steht einem guten Drittel auch ein gestiegenes Budget für die Marken-PR zur Verfügung. 57 Prozent investieren einen Teil ihres Budgets in die Markenkommunikation. Im Schnitt lag dieser Anteil bei bis zu 30 Prozent des PR-Budgets. 86 Prozent der PR-Profis wissen, dass sich das Image von Produktmarken tendenziell auf das Unternehmensimage auswirkt und vice versa (66 Prozent). Diese Wechselwirkung kann sich sowohl positiv als auch negativ auswirken. Das Risiko einer negativen Ausstrahlung möchte ein Drittel der Händler möglicherweise dadurch verhindern, dass sie bei ihrer Produkt-PR die Verbindung zum Unternehmen gar nicht kommunizieren **(Grafik 2)**.

Mehr Vertrauen für den guten Ruf

Die Reputation eines Unternehmens ist ein sehr wichtiger Faktor für den wirtschaftlichen Erfolg – das meinen mehrheitlich sowohl PR-Profis (87 Prozent) als auch Geschäftsführer (66 Prozent). Einig sind sich beide auch darin, dass sich der Einfluss von Reputation in den letzten Jahren gesteigert hat. Dies vor allem, weil Kunden nach Ansicht der Kommunikationsprofis zum einen kritischer und anspruchsvoller werden, zum anderen ein großes Bedürfnis nach Zuverlässigkeit haben.

IMMER ÄHNLICHER
Grafik 1
Budgetentwicklung bei deutschen Händlern, in Prozent

- Unternehmen mit gestiegenen Ausgaben
- Unternehmen mit gesunkenen Ausgaben

2009 | 2010 | 2011 | 2012 | 2013 | 2014 | 2015

Quelle **EHI**

Werbung | Kommunikation

So vielfältig wie die Wirklichkeit: die Einflussfaktoren auf Kommunikationsarbeit.

Die Bedeutung von Nachhaltigkeitskommunikation hat sich auf einem hohen Level eingependelt, so die meisten PR-Profis, denn diese stärke das Vertrauen der Kunden. Die Verantwortlichen glauben, dass Kunden von Unternehmen in erster Linie faire Arbeitsbedingungen erwarten. Erst danach sind faire Produktherstellung und schließlich umweltbewusste Produktherstellung von Relevanz. Die meisten PR-Profis (91 Prozent) machen sich allerdings keine Illusionen in Bezug auf die tatsächliche Relevanz von Nachhaltigkeitsaspekten – sie glauben, dass Kunden in erster Linie doch auf den Preis achten **(Grafik 3)**.

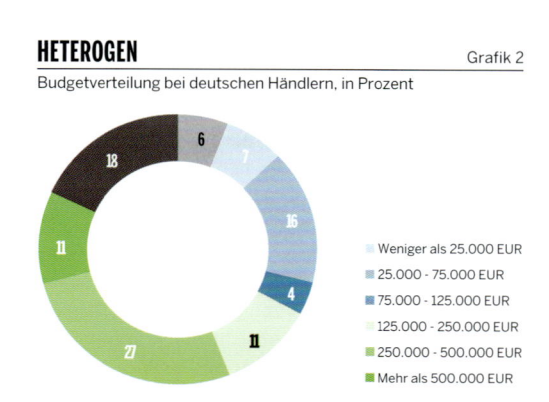

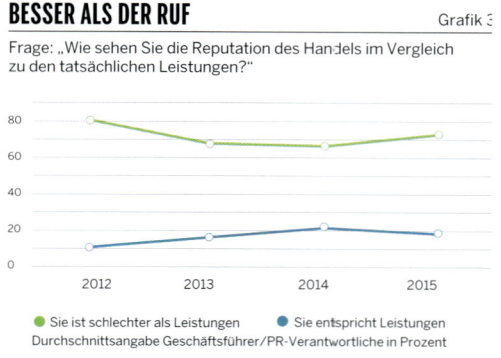

HETEROGEN
Grafik 2
Budgetverteilung bei deutschen Händlern, in Prozent

- 6
- 7
- 18
- 16
- 11
- 4
- 11
- 27

- Weniger als 25.000 EUR
- 25.000 - 75.000 EUR
- 75.000 - 125.000 EUR
- 125.000 - 250.000 EUR
- 250.000 - 500.000 EUR
- Mehr als 500.000 EUR

Quelle **EHI**

BESSER ALS DER RUF
Grafik 3
Frage: „Wie sehen Sie die Reputation des Handels im Vergleich zu den tatsächlichen Leistungen?"

Jahr	Sie ist schlechter als Leistungen	Sie entspricht Leistungen
2012	80	~10
2013	~68	~15
2014	~66	~20
2015	~72	~17

Durchschnittsangabe Geschäftsführer/PR-Verantwortliche in Prozent

Quelle **EHI**

Die Experten für Handel im digitalen Zeitalter!

RESEARCH — Marktdaten & individuelle Marktforschung

CONSULTING — Strategieberatung zu E-Commerce & Cross-Channel

ECC KÖLN — ONLINE EXPERTS

STUDIEN — Studien & Whitepaper zu Zukunftsthemen des digitalen Handels

NETWORKING — Starkes Netzwerk: Vorträge, Workshops, Events & ECC Club

Das ECC Köln ist Experte für den Handel im digitalen Zeitalter. Händler, Hersteller und Dienstleister profitieren von exzellenter Forschung und Beratung rund um E-Commerce, Cross-Channel-Strategien, die Entwicklung neuer Märkte oder Fragen der Kanalexzellenz.

Unabhängig. Fundiert. Für Ihren Erfolg.

E-Commerce-Center Köln (ECC Köln)

www.ecckoeln.de
info@ecckoeln.de
0221-943607-70

ecckoeln.de/Newsletter
@ECCKoeln

Werbung | Zeitungen

SEITEN, DIE BEWEGEN

Welche bewussten und unbewussten Wirkungen Zeitungsanzeigen haben, untersucht eine aktuelle Studie.

Text **Stefanie Buchert, Stefan Dahlem, ZMG Zeitungs Marketing Gesellschaft; Stefan Schönherr, Eye Square**

Der Handel setzt traditionell auf Prospekte und Handzettel, aber auch die Anzeige in den Tageszeitungen ist ein wichtiges Werbemittel. Das hat seinen Grund. Wie eine aktuelle Auswertung einer Studienreihe des Instituts Eye Square in Zusammenarbeit mit der ZMG Zeitungs Marketing Gesellschaft belegt. Dieser liegt ein neuer innovativer Ansatz zugrunde, der neuropsychologische mit verhaltens- und sozialwissenschaftlichen Ansätzen kombiniert. So bekommen die Werbetreibenden und Agenturen einen Einblick in die Blackbox der Werbewirkung beim Zeitungslesen.

Zentrale Ergebnisse zeigen: Die Leser verweilen im Durchschnitt etwa 7 sec auf einer Anzeige (bis zu einem Maximum-Wert von 144 sec auf Personenebene), was gegenüber anderen Werbeformen ein langer Kontakt ist. Dies erhöht die Wahrscheinlichkeit für eine intensive kognitive und emotionale Auseinandersetzung mit den betrachteten Elementen. Mittels Elektro-Enzephalographie (EEG) erhobene Daten elektrischer Gehirnaktivität stützen diese Annahme. Insgesamt fördern das lange Aufmerksamkeitsfenster sowie eine hohe mentale Aktivierung (Fokussing und Engagement) der Leser eine starke Werbewirkung **(Grafik 1)**.

Hintergrund und Methode: InContext-Design

Eine der zentralen Aufgaben von Medienforschung ist es, den Nachweis über die Wirksamkeit von Kontakten zu erbringen. Die gedruckte Zeitung als traditionelles Medium befindet sich dabei gegenüber den vermeintlich gut messbaren technischen Medien allzu leicht in einer Begründungspflicht. Der Erfolg der Wirkung von Zeitungsanzeigen ist bereits umfassend nachgewiesen. Die Mehrzahl an Studien zeigt, dass die gedruckte Zeitung ein entsprechend wertvolles Umfeld für Werbetreibende darstellt. Bisher fehlten allerdings breiträumig verfügbare Daten über das Lesen in all seinen Komponenten. Während bei digitalen

Mit Online-Auftritt: Die gedruckte Zeitung bleibt ein starkes Medium.

Foto **Eye Square**

WERBEKONTAKTE VON ZEITUNGSANZEIGEN

Grafik 1

	Gesamter Datensatz	Personenbasierter Datensatz	Personenbasierter Datensatz mit EEG
Erhebungszeitraum	2009 - 2015	2012 - 2015	2013 - 2015
Anzahl der Werbekontakte/ untersuchte Doppelseiten	2628	1540	1039
Anzahl der Leser	383	247	185
Anzahl der Anzeigen	43	24	19
Anzahl der Umfelder	6	5	4

Quelle **Eye Square**

Medien die Versuchung groß ist, Nutzungsprozesse in weiten Teilen technisch abzubilden und zu berichten, bleiben beim Lesen der gedruckten Zeitung in anderer Hinsicht Reste einer unaufgeklärten Blackbox.

Einer der Gründe liegt darin, dass die zentrale Bewegung bei der Zeitungsrezeption im Gegensatz zu den fluiden digitalen Medien innerer Art ist. Beim Zeitungslesen bewegen sich eben nicht die Artikel auf der Seite, sondern es bewegen sich die Sinne, die Wahrnehmung, die Emotionen des Lesers. Neuropsychologische Methoden ermöglichen es mittlerweile, diese Prozesse zu erfassen und bieten damit die Datenbasis für ein tiefgreifendes Verständnis.

Die ZMG Zeitungs Marketing Gesellschaft arbeitet mit Eye Square daran, die Blackbox zu erhellen – seit sechs Jahren führen wir kontinuierlich Werbewirkungstests von Anzeigen in der gedruckten Zeitung durch. Im Mittelpunkt steht dabei ein ganzheitliches Verständnis der Medien- und Anzeigenrezeption. Dafür werden innovative Verfahren aus der Aufmerksamkeits- und Neuroforschung kombiniert und ein InContext-Test mit dem Originalstimulus eingesetzt. Die Zeitung beweist sich dabei als sehr aufmerksamkeitsstarkes und aktivierendes Medium, was sich auch positiv auf die Verarbeitung der enthaltenen Werbebotschaften auswirkt.

Physiologische Verhaltensmuster und Werbewirkungsdaten von über 2.500 Lesesituationen erlauben über die einzelne Anzeige hinaus metaanalytische Ableitungen zu allgemeinen Wahrnehmungs- und Wirkprinzipien von gedruckten Zeitungsanzeigen und ihrem redaktionellen Kontext.

Format pusht Betrachtungsdauer und Engagement

Die gedruckte Zeitung ist und bleibt ein starkes Medium. Die Auseinandersetzung mit ihm findet in einem funktionell anderen Rahmen statt als z. B. bei Bewegtbild-Medien: Während beim Lesen von Zeitungen ein aktives Suchen nach bestimmten Informationen stattfindet (lean forward), findet das Schauen von Bewegtbild-Content in einem entspannten, passiven Modus statt (lean back). Diese verschiedenen Ausgangssituationen gehen einher mit verschiedenen Rezeptionsstilen (engagement styles).

So ist das Lesen einer Zeitung stärker durch eine hohe Konzentration geprägt. Zusätzlich zeigen sich beim Lesen einer Zeitung lange fokussierte Aufmerksamkeitsspannen. Dies führt dazu, dass auch die im Printmedium enthaltenen Anzeigen eine hohe Werbewirkung entfalten können. Dieses Muster bestätigt sich auch in unserem Benchmarkdatensatz.

Auf das Lesen an sich kommt es an. Demographische Variablen scheinen eine eher untergeordnete Rolle im Leseprozess zu spielen. Zwar zeigen sich geringfügig kürzere Betrachtungsdauern bei Männern und

ARGUMENTE FÜR GROSSE ANZEIGENFORMATE

Grafik 2

Wirkparameter	Anzeigengröße		Steigerung in %
	kleiner 1/1	1/1 und größer	
Top-1-Bewertung	5,1 %	18,3 %	262
Betrachtungsdauer	5225 ms	13522 ms	159
freie Erinnerung an die Marke	27,1 %	65,0 %	139
gestützte Erinnerung	49,6 %	79,8 %	61

Basis: N = 1540 Werbekontakte & N = 1039 Werbekontakte für Engagement

Quelle **Eye Square**

längere Betrachtungsdauern bei Personen mit weniger hohen Bildungsabschlüssen. Darüberhinausgehende Effekte auf die Parameter der Werbewirkung lassen sich anhand des vorliegenden Datensatzes allerdings nicht belegen. Besondere Unterschiede sind jedoch hinsichtlich des Formates der untersuchten Anzeige in der gedruckten Zeitung auszumachen. Die Größe der Anzeige ist die entscheidende Variable, wenn es um Aufmerksamkeitsfenster, Verarbeitungsintensität und Werbewirkung geht. Die Ergebnisse zeigen hier bedeutsame Unterschiede: Größere Anzeigen können die Aufmerksamkeit der Leser deutlich länger binden als kleinere: Anzeigen im Format 1/1 oder größer werden im Mittel fast dreimal länger betrachtet. In absoluten Zahlen werden die Anzeigen mit dem Format 1/1 oder größer circa 13,5 s lang betrachtet. Das größere Aufmerksamkeitsfenster begünstigt eine intensivere Auseinandersetzung mit dem Gesehenen.

Etwa doppelt so viele Leser erleben eine hohe emotionale Aktivierung (Engagement) bei der Betrachtung großformatiger Anzeigen gegenüber der Betrachtung kleinerer Kreationen. Große Anzeigen ziehen also nicht nur die Blicke auf sich, sondern wirken auch noch stärker auf das emotionale Erleben der Betrachter ein. Beides spiegelt sich wider in einer starken Werbewirkung: Tatsächlich können sich mehr als doppelt so viele Leser an großformatige Anzeigen erinnern als an kleinere. Noch deutlicher tritt der Einfluss des Formats in der Bewertung der Anzeige zutage: Die Anzeige erhält mehr als dreimal so oft ein Top-Rating von ihren Betrachtern **(Grafik 2)**.

Was sind die Learnings?

Das Format bestimmt, wie lange der Leser auf eine Anzeige schaut und wirkt in der gedruckten Zeitung gleich auf fünf Ebenen: Das belegen die sehr viel längeren Betrachtungszeiten und die gleichzeitig verbesserte Aufmerksamkeitsstärke (gestützte Werbeerinnerung). 1/1-seitige und großformatige Anzeigen haben einen echten Sympathiebonus und werden viel positiver bewertet.

Insgesamt bewirken große Anzeigen bei den Betrachtern eine deutlich stärkere Emotionalisierung (Engagement) und erzielen dadurch höhere Werte bei der kognitiven Verankerung (ungestützte Werbeerinnerung) der Werbebotschaften. Die Ergebnisse zeigen, dass großformatige Anzeigen ihr Werbe-Investment rechtfertigen. In Verbindung mit weiteren Einflussfaktoren wie der journalistischen Qualität der Artikel, Gewohnheiten und Interessen der Leser kann sich dieser Zusammenhang noch weiter steigern.

Die Verschränkung der verschiedenen Messmethoden des Eyetracking und EEG mit InContext-Design generiert somit ein tiefes Verständnis der Lese- und Verarbeitungssituation von Werbung in der Zeitung.

GENERATION KOPFHÖRER

Die Konsumenten nutzen ihr Smartphone immer häufiger zum Einkauf. Das sollte der Einzelhandel in all seinen Fazetten nutzen.

Text **Lars Peters, RMS**

Die Digitalisierung der Gesellschaft beeinflusst die Beziehung zwischen Kunden und Händlern nachhaltig: Informationen sind mehr denn je zu jeder Zeit und an jedem Ort verfügbar. Kaufentscheidungen können jederzeit vorbereitet oder getroffen werden. Das Smartphone spielt dabei eine zentrale Rolle als Portal für den mobilen Zugang zum Internet mit seinen Informations-, Meinungs- und Austauschplattformen. Für den Handel bedeutet das: neue mobile Touchpoints. Neue Chancen, potenzielle Käufer auf der Customer Journey bis an den Point of Sale zu begleiten. Neue Herausforderungen, wenn es darum geht, den Wettbewerb um die Aufmerksamkeit des Kunden zu gewinnen, zur richtigen Zeit und am richtigen Ort ins Relevant Set zu gelangen und Kaufimpulse auszulösen.

Mit der Generation Kopfhörer auf der Customer Journey unterwegs

Digitale und analoge Welt verschmelzen zunehmend auf der Customer Journey – vom ersten Interesse über die Informationsrecherche bis zum tatsächlichen Kauf. Manche Kunden informieren sich vorab online über ein bestimmtes Produkt und kaufen anschließend im Laden vor Ort, andere halten es genau umgekehrt. Das gilt heute für nahezu alle Bereiche, denn der Online-Handel hat inzwischen auch einstige Domänen des stationären Handels erobert, Lebensmittel sind dafür das beste Beispiel. Treuer Reisebegleiter auf der Customer Journey – und damit ein wesentlicher Touchpoint – ist das Smartphone. Auf der Straße, in der U-Bahn, am Schreibtisch, im Park beim Joggen und natürlich direkt am PoS: iPhone, Galaxy & Co. sind fast immer dabei – und damit auch die Chance, den User über das Gerät unterwegs zu erreichen.

Die Verbindung mit dem Smartphone-Besitzer lässt sich dabei nicht nur visuell über das Display herstellen, sondern auch sehr erfolgreich über einen anderen Sinn: das Hören. Denn die „Generation Smartphone" ist gleichzeitig die „Generation Kopfhörer". Schon heute nutzen deutschlandweit über 14 Mio. Menschen häufig oder zumindest gelegentlich die Radiofunktion, die TV-Funktion oder den MP3-Player ihres Smartphones. Tendenz steigend, derzeit mit einer jährlichen Wachstumsrate von 40 Prozent. Dieses Wachstum zeigt: Die Generation Kopfhörer ist kein reines Jugendphänomen, auch wenn gerade bei Jugendlichen die Nutzung von Musik inzwischen das Telefonieren und SMS-Schreiben als häufigste Smartphone-Aktivität abgelöst hat.

Generell definiert sich die Generation Kopfhörer nicht über ein bestimmtes Altersspektrum oder eine gesellschaftliche Schicht, sondern durch ein übergreifendes Lebensgefühl: Sie ist selbstbestimmt, aktiv, mobil, lebensfroh, kommunikativ und dabei konsumfreudig und markenbewusst. Und das kann sie sich leisten: Fast zwei Drittel der Generation Kopfhörer verfügen über ein Haushaltsnettoeinkommen von mehr als 2.500 Euro. Sie ist also eine äußerst attraktive Zielgruppe, die sich via Kopfhörer auch dann effektiv erreichen lässt, wenn das Smartphone in der Tasche steckt und das Display als Werbefläche entsprechend nicht zur Verfügung steht. Das ist regelmäßig der Fall, denn Musik ist ein natürlicher und wesentlicher Teil ihres Lebens. Ihren Sound bezieht die Generation Kopfhörer über Streaming-Dienste, aus dem stetig wachsenden Universum der Webradios, über klassisches UKW-Radio oder von der eigenen Playlist. Und das immer häufiger unterwegs: Schon heute erfolgt 30 Prozent der Webradionutzung mobil. Im kommenden Jahr werden es bereits 40 Prozent sein.

Für das Mobile Marketing im Handel liegt hier eine echte Chance, denn Audio ist ein ständiger mobiler Begleiter. Das bedeutet: Der eigene Sound ist über den ganzen Tag und damit auch über die gesamte Customer Journey hinweg dabei. So ergeben sich

Werbung | Radio

Touchpoints mit potenziellen Kunden, die kein anderer Kanal zu bieten hat: Zuhause, bei der Arbeit, unterwegs und nicht zuletzt am PoS, denn auch beim Einkauf sind die Kopfhörer dabei. Hinzu kommt: Audiospots sind ein gelerntes und akzeptiertes Werbemittel. Sie erzeugen mehr Aufmerksamkeit und erfahren deutlich weniger Ablehnung als andere mobile Werbung. Nicht umsonst hat Audio den stärksten „Call-to-Action" aller Mediengattungen. So bringen Audiokampagnen nachweislich Kunden an den Point of Sale, zu weiterführenden Informationen im Web oder gleich in den Onlineshop, sie bringen Angebote in die Einkaufskörbe und Marken ins Relevant Set. Außerdem können Audio Ads im Gegensatz zu vielen visuellen Werbemitteln nicht übersprungen oder ausgeblendet werden.

Das Radio wird UKWWW:
die neue Konvergenz

Weitere wirkungsvolle Touchpoints auf der Customer Journey lassen sich ergänzen, wenn digitale bzw. mobile Audiokampagnen gezielt mit der einzigartigen Reichweite und Aktivierungskraft des klassischen UKW-Radios kombiniert werden. Damit sich solche Audio-Multichannel-Kampagnen künftig noch effektiver planen lassen, bringt die Gattung Radio im Herbst 2015 als erste Mediengattung eine Konvergenzwährung für UKW und Online Audio an den Start. Mit Hilfe des neuen Standards lassen sich Netto-Reichweiten on air und online künftig aus einer Hand verlässlich vergleichen und bewerten. Die Planung von kanalübergreifenden Audiokampagnen wird damit deutlich transparenter und einfacher.

Für alle Mediapläne gilt: Für wirkungsvolle Kampagnen braucht es die Kombination aus relevanter Reichweite und individueller Zielgruppenansprache. Audiowerbung liefert beides: Das klassische Massenmedium UKW liefert eine schnelle und flächendeckende Marktdurchdringung, beispielsweise wenn es darum geht, eine PoS-Aktion zu kommunizieren. Online und Mobile Audio ergänzen im Tagesverlauf weitere exklusive Impulse und begleiten den Kunden im Verlauf der gesamten Customer Journey bis ans Warenregal oder zum „Jetzt kaufen"-Button. Mehr Touchpoints und mehr Nähe zum Konsumenten bietet keine andere Mediengattung.

Höre doch zu: auch unterwegs möglich.

Foto **Shutterstock**

Verpackung | **Werbung**

MULTICHANNEL P@CKAGING

Im Online-Handel sollte die Verpackung nicht nur dem Produktschutz dienen, sondern gleichzeitig als wichtiges Teil des Marketing-Mixes genutzt werden.

Text **Claudia Rivinius, STI Group**

Der Online-Handel boomt, ein Ende des Wachstums ist nicht absehbar. Neben klassischer Online-Bestellware wie Kleidung oder Bücher können auch Lebensmittel, Tiefkühlprodukte oder sogar fertig geschmückte Weihnachtsbäume online geordert werden. Die Anforderungen an die Versandverpackung sind dabei so vielfältig wie die darin enthaltenen Produkte. Bei der Mehrzahl der Online-Händler dient die Verpackung nur dem Schutz der Produkte. Dabei könnte diese als Teil des Marketing-Mix viel mehr leisten.

Nicht einmal ein Drittel der Online-Händler nutzen laut einer Erhebung des IFH Köln im März 2014 die Verpackung auch zu Kommunikationszwecken. Sie vergeben damit die Chance, die Kunden auch nach dem Online-Kauferlebnis an sich zu binden und diesen beispielsweise einen Mehrwert (Aufbewahrung, einfache Entnahme, Rückversand) zu liefern. Dabei ist die Verpackung für Onlineshops häufig das einzige Kommunikationsmedium, mit dem die Kunden wirklich physisch in Berührung kommen.

Milliarden echte Touchpoints

Welchen Werbewert die Verpackung für Marken hat, belegt die Touchpoint-Studie 2015. Sie liefert erstmals einen Media-Äquivalenzwert für Verpackungen.

12 Mrd. Verbraucherkontakte haben 2014 alle 285 Mio. verkauften Verpackungen für Cerealien wie Müsli oder Cornflakes zusammen erreicht. Dies entspricht einem Media-Äquivalenzwert von etwa 122 Mio. Euro. Zahlen, bei denen es Marketing-Verantwortlichen schwindelig wird. Denn die Verpackung punktet ja nicht nur durch die Menge der Kontakte, auch deren Qualität ist besonders wertvoll: Haptische Kontakte – wie mit einer Faltschachtel – wirken besonders intensiv und nachhaltig, das hat die Marktforschung erneut bestätigt.

Wirksamer Werbeträger

Nicht nur die Quantität und Qualität der Touchpoints geben der Verpackung im Vergleich zu anderen Kommunikationskanälen eine Sonderstellung. Sie ist auch der erste echte Kontakt von Verbrauchern mit einer Marke. Dies gilt auch für die Versandverpackung, die nicht nur von Zalando-Kundinnen häufig sehnsüchtig erwartet wird.

Die Touchpoint-Studie 2015 wurde im Auftrag des Fachverbands Faltschachtel-Industrie e. V. (FFI) und des europäischen Branchenverbandes Pro Carton durchgeführt. Unter der Leitung der Mediaforscher Professor Hans Georg Stolz (Universität Mainz) und Dirk Engel (Kundenwissen) entwickelte das Beratungsunternehmen Pointlogic einen Ansatz, der dem

FUNKTIONEN DER VERPACKUNG — Grafik 1

Welche Funktionen hat die Verpackung der Ware in Ihrem Unternehmen?

- Ausschließlich Schutzfunktion: 58,3
- Schutz- und Kommunikationsfunktion: 28,5
- (weitere): 11,2
- Vorwiegend Kommunikationsfunktion: 1,1
- (weitere): 0,9

Quelle **IFH Köln, März 2014**

Werbung | Verpackung

Markt erstmals eine Formel zur Berechnung des Wertes der Verpackung für das Marketing an die Hand gibt: einmal die Bruttoreichweite, die Gesamtzahl aller Kontakte, die eine Faltschachtel-Verpackung in ausgewählten Produktgruppen im Laufe ihres Lebenszyklus erzielt; außerdem einen Media-Äquivalenzwert, der die Bruttoreichweite beziffert.

Für eine Faltschachtel in der Produktgruppe Cerealien ergab die Studie durchschnittlich rund 45 Touchpoints: Sie wird 32 Mal gesehen und 13 Mal zudem auch in die Hand genommen. Werden für ein fiktives Produkt in dieser Produktgruppe beispielsweise 10 Mio. Packungen verkauft, ergibt sich insgesamt ein stolzer Media-Äquivalenzwert von 4,8 Mio. Euro, was bereits mit dem Volumen einer kleineren Werbekampagne vergleichbar ist.

Amazon hat dieses Potenzial für sich erkannt und möchte daraus in ganz anderer Form einen Nutzen ziehen – indem es seine Verpackungen als Werbeflächen vermarktet **(Grafik 1)**.

Starke Kampagne für Minions-Film

In den USA bewarb der Online-Händler Anfang Juni 2015 mit knallgelben Kartons den Film Minions, der im Juli in die Kinos kam. Groß aufgedruckt war außerdem die URL einer Landing Page bei Amazon.com, wo sich Interessierte unter anderem mit Minions-Produkten eindecken konnten.

„Es ist ein schlauer Ansatz von Amazon, einen zugkräftigen Touchpoint zu monetarisieren" – so die Meinung von Experten, die darin eine Chance zur Refinanzierung von Gratisversand-Optionen sehen. Neben unmittelbarer Aufmerksamkeit winkt Werbetreibenden bei auffällig gestalteten Paketen auch noch ein Social-Media-Buzz. Bei der Minions-Kampagne wurde dies durch die Verlosung von Amazon-Gutscheinen forciert. Gewinnen konnten diese alle Kunden, die Fotos ihrer Minion-Kartons in den sozialen Netzwerken teilten – was zehntausendfach passierte. Die Minions-Kampagne zeigt, wie die optimale Vernetzung aller Kanäle unter Einbeziehung der Verpackung als wichtiger Touchpoint funktioniert.

Was denkt der Verbraucher?

Ob Verbraucher bei der Beurteilung von Verpackungen einen Unterschied zwischen online georderten oder im stationären Handel erworbenen Produkten machen – dieser Frage ging eine Forschungsgruppe unter Leitung von Prof. Dr. Christoph Melchers, Professor für Wirtschaftspsychologie an der Business School Berlin-Potsdam, auf den Grund. Er analysierte im Rahmen einer tiefen- und kulturpsychologischen Studie im Auftrag der STI Group die Bedeutung von Verpackungen im Off- und Online-Handel. Als Basis dienten der repräsentativen Evaluation Aufgabenstellungen wie: „Sie kaufen ein Parfüm für Ihre Freundin", „Sie kaufen eine Packung Pralinen für sich selbst" oder „Sie kaufen eine Spirituose als Mitbringsel für die nächste Party". Die tiefenpsychologischen Interviews zeigten dabei trotz der Unterschiedlichkeit der Fragestellungen und Produkte, dass sich die Leistungen von Verpackungen aus Konsumentensicht psychologisch in sechs Dimensionen erfassen und beschreiben lassen.

Die von der Projektgruppe befragten Probanden sollten berücksichtigen, wie die genannten Produkte verpackt sein müssten damit sie im stationären Handel zugreifen würden. Darüber hinaus wurden sie dazu befragt, wie sie auf nicht verpackte Waren in Onlineshops reagieren. „Der Online-Kauf ist ein pragmatischer Kauf. Hier werden generell weniger Sinne angesprochen als beim Einkaufserlebnis im stationären Handel – es fehlen z. B. das Flair eines ansprechend gestalteten Ladengeschäfts, die Haptik der Produkte oder die persönliche Beratung", so die Empfehlung von Prof. Melchers.

Damit sich ein Anbieter auch im Web erfolgreich abheben kann, sollte er, so eine Empfehlung der Verpackungs-Experten der STI Group, seine Produkte mit der zugehörigen Originalverpackung abbilden und

Verpackung | **Werbung**

dem Shopper ein Auspackerlebnis bieten. Die zum Teil millionenfach geklickten Unboxing-Videos, in denen Laien filmen, wie sie ihr neues Tablet, Mobiltelefon aber auch die Sushi-Kreation oder das Puppenhaus ihrer Tochter aus der Verpackung nehmen sind Beweis dafür, dass Verbraucher gerne einen Blick in das Innerste der Packung werfen.

Ein derart virtuelles Auspackerlebnis können Verpackungs-Designer heute bereits erstellen, wenn sie eine neue Verpackung entwerfen. In Form von 3D-PDFs, Augmented Reality Anwendungen oder aber Filmsequenzen lässt sich der „Unboxing-Effekt" in jeden Onlineshop einbinden. So gestaltet kann auch in der virtuellen Welt Auspacken Spaß machen.

Ist das Produkt erst im Einkaufswagen gelandet, muss die Verpackung natürlich dafür Sorge tragen, dass es unbeschadet zu Hause ankommt – egal ob in der Tragetasche, im Container oder per Kurierdienst. Dort darf sie dann gerne einen Zusatznutzen bieten. Eine Dosierfunktion für Düngemittel, ein Wiederverschluss für Christbaumkugeln oder aber auch eine Tiefkühlpizza, die ihr Backpapier gleich mitbringt sind nur einige Beispiele für funktionale oder conveniente Verpackungen.

Und natürlich gilt für jeden Verpackungsdesigner die Maxime: „So wenig Verpackung wie möglich, so viel Verpackung wie notwendig." Der Grundstein für den verantwortungsvollen Umgang mit natürlichen Res-

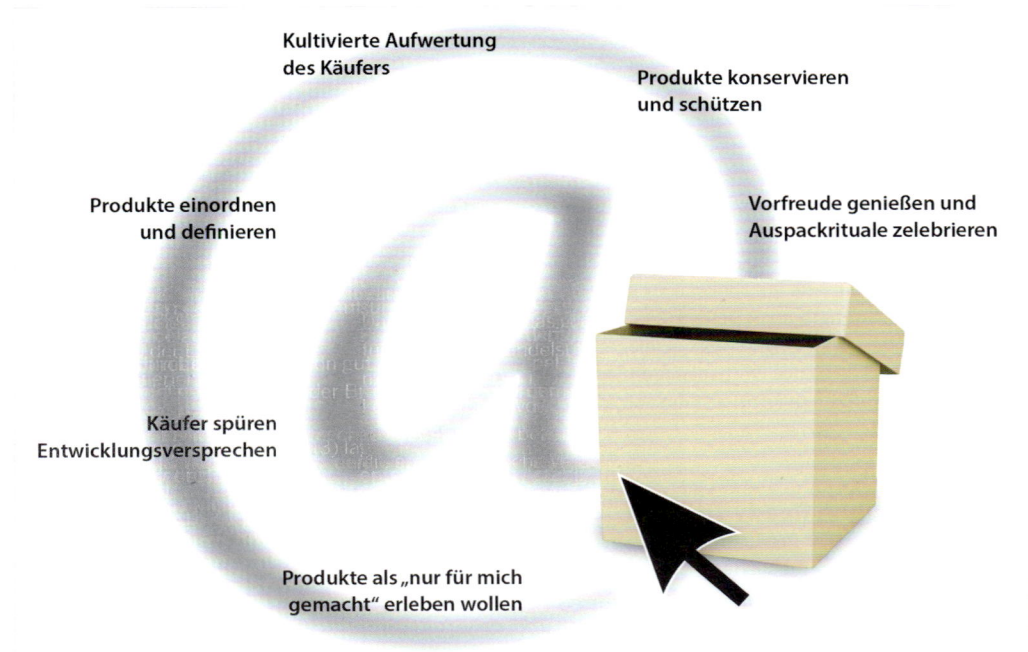

Kreislaufsystem: Funktion und Leistung von Verpackungen lassen sich – aus Konsumentensicht – psychologisch in sechs sachlichen und emotionalen Dimensionen erfassen und beschreiben.

Werbung | Verpackung

sourcen wird in der Produktentwicklung gelegt. Durch intelligente Konstruktionen und die Berücksichtigung der gesamten Wertschöpfungskette lassen sich Verpackungsgrößen oder der Materialeinsatz optimieren.

Marketingverantwortliche, die alle Potenziale der Verpackung nutzen, bieten ihren Kunden einen echten Mehr- und Mediawert und können ihre Marke erfolgreich differenzieren.

Kommunikation mit dem Kunden

Fazit der Studiengruppe: Auch im Online-Handel ist die Bedeutung von Verpackungen nicht zu vernachlässigen. Die Defizite, die ein Online-Einkaufserlebnis gegenüber einem tatsächlich erlebten Einkauf im stationären Handel mit sich bringt, können mit der Abbildung attraktiv verpackter Produkte im Web kompensiert werden. Wird dann noch ein virtuelles Auspackerlebnis geliefert, wie dies das Entwicklungsteam der STI Group auf Kundenwunsch umsetzt, lässt sich auch dieser Prozess deutlich besser emotionalisieren.

„Da Konsumenten das Auspacken der Ware zunehmend zelebrieren, ist die Versandverpackung nicht mehr länger nur ein Zweckobjekt. Sie gehört ebenso zu dem Produkt wie eine ansehnliche Verkaufsverpackung." Dies bestätigte auch Dr. Eva Stüber vom Institut für Handelsforschung in Köln: „Einleger, Innendruck oder auch kreative Verpackungen innerhalb der Versandverpackungen sind denkbar, um das Auspackerlebnis zu steigern."

Ready to Ship = Ready to Shop

Der Versand einzelner Produkte stellt Logistik und Design vor eine ganz besondere Herausforderung: Gesucht werden innovative Verpackungslösungen, die einerseits für die B2B- und andererseits für die B2C-Anwendung sinnvoll und markenkonform gestaltet sind. Aus Sicht mancher Händler und auch Hersteller wäre es sinnvoll, wenn der Online-Händler die Artikel für den Online-Versand bereits versandfertig erhält. Die Online-Händler könnten die Artikel dann direkt an den Kunden senden und müssten sie für den Versand nicht wie bisher noch mit weiteren Materialien zusätzlich verpacken. Für einzeln zu versendende Produkte steigt die Nachfrage nach bereits versandfertigen Produktverpackungen. Dies stellt die Hersteller vor ganz neue Anforderungen.

Effiziente Verpackungen entscheidend

Die Abläufe im B2C-Online-Handel geben Aufschluss über die Herausforderungen, denen die Verpackung gegenübersteht:

■ Wenn der Kunde online bestellt, ist wichtig, dass das Produkt anhand seiner Präsentation im Onlineshop überzeugt. Dafür ist insbesondere eine gut erkennbare und attraktive Abbildung des Produkts bzw. der Produktverpackung entscheidend. Beim Fotografieren sollten daher bestimmte Kriterien erfüllt sein.

■ Der Kunde bestellt im Onlineshop Produkte oft einzeln oder in Vorratsmengen. Das bedeutet, dass im E-Commerce nicht immer die gleichen Einheiten wie für den stationären Handel kommissioniert werden können. Manche Händler und Hersteller haben die Vision, dass zukünftig der Kunde individuell gewünschte Einheiten eines Produkts mit individuellen Produktverpackungsgrößen bestellen kann.

■ Für Produkte, die einzeln an Online-Kunden gesendet werden, besteht teilweise der Wunsch nach einer bereits für den Versand geeigneten Produktverpackung, sodass sie nicht mehr separat verpackt werden müssen. Für den Versand ist entscheidend, dass die Produkte und ihre Verpackungen nicht zu schwer sind, nicht beschädigt werden und auch andere Produkte nicht beschädigen.

■ Wenn der Kunde die Ware erhält, hat er den ersten direkten Kontakt mit dem Produkt und der Verpa-

Verpackung | **Werbung**

ckung. Für ein positives Kundenerlebnis ist wichtig, dass die Ware unbeschadet ankommt, die Verpackung sich gut öffnen lässt, attraktiv gestaltet ist und vor allem keine überflüssigen Verpackungsmaterialien verwendet werden.

■ Wenn der Artikel den Kunden nicht überzeugt, kann es sein, dass dieser die Ware als Retoure wieder an den Händler zurückschickt. Daher ist es wichtig, dass die Produktverpackung nicht nur für die erste Anmutung sinnvoll gestaltet ist, sondern auch für die weitere Handhabung. Für den Rückversand sollte die Verpackung beschädigungsfrei zu öffnen und auch wieder verschließbar sein.

Best Practice-Lösungen

Die Versandverpackung von Alcon Vision Care wird im Rahmen eines Kontaktlinsen-Abos zwischen Optikern und Kontaktlinsenträgern eingesetzt. Als Diebstahlsicherung dient eine verlängerte Lasche, die über das Produkt gelegt wird. So kann ein unbefugtes Eingreifen durch die Seiten und damit der Diebstahl der Ware verhindert werden. Mit Hilfe eines maschinell aufgebrachten Klebestreifens, der mit einer Silikonfolie abgedeckt ist, lässt sich die Verpackung vom Optiker leicht und sicher verschließen. Für ein einfaches Öffnen beim Empfänger sorgt ein perforierter Aufreißfaden. Alcon nutzt die Verpackung zudem als Werbefläche, um die Markenbindung zu erhöhen.

Gut geschützt: P@ck safe

Das geliebte Handy, das Tablet oder der Laptop sind defekt und sollen repariert werden. Damit die Kunden nicht lange nach geeignetem Versandmaterial suchen müssen, bekommen diese eine perfekte Verpa-

Conveniente Versandverpackung für Optiker: Im Rahmen von Kontaktlinsen-Abos werden Kunden ihre persönliche Pflegeserie zusammengestellt.

Grafiken **STI Group**

Werbung | Verpackung

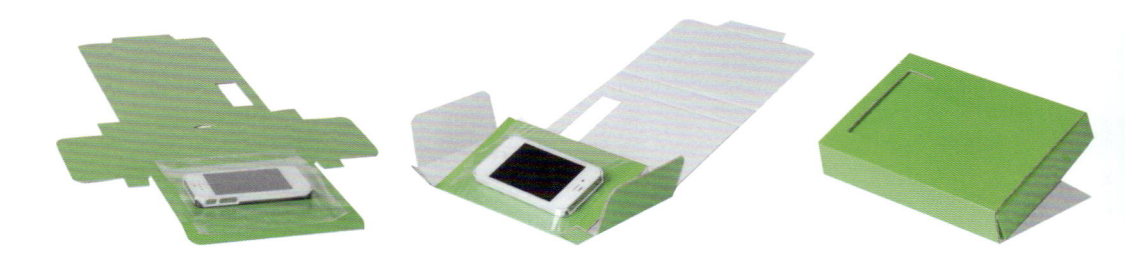

Defektes Handy? Kein Problem. In der zugeschickten Verpackung ist das teure Gerät auf dem Transport sicher.

ckung zugeschickt. Das Handy muss nur mithilfe einer auf einen Wellpapp-Zuschnitt geklebten Stretchfolie fixiert werden – schon ist das teure Gerät für den Transport geschützt. Dieses Prinzip funktioniert auch für Tablets oder Laptops.

Genuss auf Knopfdruck

Mit dem Tealounge System verspricht Teekanne ein perfektes Genusserlebnis im Handumdrehen – ganz ohne Teebeutel, dafür mit Teekapsel. Die Tee-Zubereitung mit unterschiedlichen Wassertemperaturen und Ziehzeiten übernimmt die Teekapselmaschine auf Knopfdruck. Der Teeliebhaber wählt über ein Farbsystem einfach unter vier verschiedenen Programmen aus und genießt 24 unterschiedliche Sorten – von Schwarz-, Grün-, Kräuter- und Früchte- bis zu Chai Latte-Tee.

Bunt im Regal, braun im Onlineshop

Auch in puncto Verpackung geht Teekanne neue Wege. So wird das Tealounge-System in Elektrofachmärkten in einer hochwertigen, offsetbedruckten Wellpappverpackung mit integriertem Tragegriff angeboten, die zum Zugreifen einlädt. Anders hingegen im Onlineshop, dem zweiten Vertriebskanal. Hier erfüllt die Verpackung aus Sicht der Marketingverantwortlichen von Teekanne in erster Linie eine logistische Funktion, sodass das System in einer schlichten, braunen Versandverpackung auf die Reise geht.

Grafiken STI Group

Funktion oder Design?
Für den Verkauf steht die Kommunikationsfunktion im Vordergrund, für den Versand logistische Anforderungen.

BBE media

Für mehr Erfolg am PoS

In der kreativen Schaufenster- und Verkaufsraumgestaltung liegt der **unschlagbare Wettbewerbsvorteil** des stationären Anbieters gegenüber der zunehmenden Internetkonkurrenz. Die Warenpräsentation im Schaufenster und am Point of Sale sollten Neugierde wecken und positive Emotionen auslösen, um Kunden nachhaltig zu begeistern und sie zum Kaufen und Wiederkommen zu animieren.

Worauf es bei kreativen Wareninszenierungen ankommt, verrät der BBE Praxis-Leitfaden „Visuelles Marketing - Verkaufsstarke Warenpräsentation am Point of Sale" von Klaus Lach. Der Autor ist Profi auf dem Gebiet des Visuellen Marketings und vermittelt auf Basis des neuesten Wissenstandes fundiert und in leicht verständlicher Form das notwendige Praxis-Know-how für mehr Erfolg am PoS.

Absoluter Mittelpunkt des Buches sind **über 100 vierfarbige Beispielfotos** von Schaufenstern und Verkaufsräumen nationaler und internationaler Einzelhandelsunternehmen. Sie sind ein ausgezeichneter Ideenfundus für eigene Gestaltungsansätze.

BBE Praxis-Leitfaden „Visuelles Marketing"
Verkaufsstarke Warenpräsentation am Point of Sale,
Umfang: 168 Seiten DIN A4, Hardcover
Preis: 59,- Euro inkl. MwSt.

Bestell-Fax: 02631/879-403

☐ **Ja,** senden Sie mir bitte den 168-seitigen BBE Praxis-Leitfaden „Visuelles Marketing" zum Preis von 59 Euro (inkl. MwSt. zzgl. 5,80 Euro Versandkosten)

Firma

Vorname, Name

Straße/Nr., Postfach

PLZ/Ort

Telefon/Fax

E-Mail-Adresse

Datum, Unterschrift

LPV GmbH, Abteilung BBE media, Am Hammergraben 14, 56567 Neuwied, Telefon 0 26 31 / 879-400, E-Mail: info@bbe-media.de

Mehr Informationen in unserem Web-Shop www.bbe-media.de

minto
★★★★

Vertriebsstruktur | **Standort & Verkehr**

FÜR VITALE STÄDTE

Welche stationären Standorte sind für die Konsumenten relevant und welche Rolle spielt der Online-Handel im Einkaufsmix?

Text **Markus Preißner, Oliver Brimmers, IFH Köln**

Online-Handel, Stadtzentren, Shopping-Center, Fachmarktzentren, Nahversorger – der Format- und Standortwettbewerb im Einzelhandel ist vielschichtiger als es die permanente Online-Offline-Diskussion vermuten lässt. Welche stationären Standorte für die Konsumenten je nach Wohnortgröße relevant sind und welche Rolle der Online-Handel im Einkaufsstättenmix spielt, nimmt die aktuelle Ausgabe des Consumer Barometers von IFH Köln und KPMG unter die Lupe. Über die Ergebnisse wird im Folgenden berichtet.

Die deutsche Einzelhandelslandschaft ist durch einen dynamischen Strukturwandel geprägt. Das durchschnittliche jährliche Umsatzwachstum der letzten zehn Jahre lag laut HDE (Handelsverband Deutschland) unter einem Prozent (2015: plus 1,5 Prozent). Der Anteil des Online-Handels am gesamten Einzelhandelsumsatz ist in dieser Zeit drastisch gestiegen und lag 2014 bereits bei über neun Prozent. Auch künftig dürften diese Umsätze stark wachsen: Nach Prognosen des IFH Köln wird der E-Commerce-Anteil bis zum Jahr 2020 bei über 20 Prozent des Gesamteinzelhandelsumsatzes liegen. In Anbetracht eines nahezu stagnierenden Gesamtmarkts zieht die beschriebene Entwicklung einen deutlichen Verdrängungswettbewerb nach sich.

Der mit der Digitalisierung einhergehende Strukturwandel der deutschen Handelslandschaft ist vor allem durch Marktanteilsverschiebungen zwischen Online- und Offline-Kanälen gekennzeichnet. Auswirkungen dieses Wettbewerbs zeigen sich auch auf Ebene alternativer Einzelhandelsstandorte und -formate. Der Standortwettbewerb beschränkt sich damit nicht nur auf eine reine „online versus offline"-Diskussion, sondern entwickelt sich deutlich facettenreicher.

Ergebnisse im Überblick

■ Der Online-Kanal hat einen festen Platz im Einkaufsstättenportfolio der Konsumenten – auch in Sortimentsbereichen, in denen heute (noch) keine hohen Umsatzanteile im Internet erzielt werden. Es ist also mit weiteren Verschiebungen zu rechnen.

■ Außer bei Lebensmitteln und Getränken wird Onlineshopping in allen Ortsgrößenklassen intensiv betrieben – Tendenz steigend. Am höchsten ist dabei der Anteil in den Warengruppen Multimedia, Elektronik und Foto gefolgt von Bekleidung, Mode sowie Sportartikel, Hobby, Freizeit und Bücher, Zeitschriften und Schreibwaren.

■ In einigen Produktsegmenten wird (zunehmend) online eingekauft, weil entsprechende Angebotsdefizite am eigenen Wohnort oder in der Region bestehen. In kleineren und mittelgroßen Städten sind Warengruppen wie Sportartikel/Hobby/Freizeit und Kosmetik/Drogerie/Gesundheit online daher für die Verbraucher von höherer Relevanz als in Großstädten.

■ Neben dem E-Commerce gewinnt die wohnortnahe Versorgung (wieder) an Bedeutung – dies gilt insbesondere für Lebensmittel.

Einkaufsstandorte im Fokus

Das Consumer Barometer von IFH Köln und KPMG beleuchtet quartalsweise aktuelle Entwicklungen, Trends und Treiber im Handel und Konsumgütermarkt. Im Fokus der vierten Ausgabe steht das Thema „Einkaufsstandorte im Wettbewerb". Für die Kurzstudie wurden 1.230 Konsumenten repräsentativ über ein Online-Panel befragt.

Standort & Verkehr | Vertriebsstruktur

■ In welcher Ausprägung Sortimente am eigenen Wohnort eingekauft werden, hängt vor allem von der Stadtgröße ab – je mehr Einwohner, desto größer die Vielfalt. Bewohner kleinerer Städte und Gemeinden kaufen primär Lebensmittel und Getränke sowie Drogeriewaren am eigenen Wohnort. Großstädter befriedigen ihren Bedarf dagegen in fast allen Sortimentsbereichen (auch) in den Geschäften direkt vor Ort.

Relevanz alternativer Standorte und Standortformate

Der Online-Handel ist Wettbewerber Nummer eins – ob für Händler in der Großstadt oder in kleineren Orten. Dies gilt weitgehend unabhängig von den Sortimentsschwerpunkten. Die Bedeutung der lokalen Nahversorgung innerhalb des eigenen Wohnorts steigt, wenn auch in deutlich schwächerer Form als das Onlineshopping. Ob Bewohner einer Kleinstadt, mittelgroßen Stadt oder Großstadt – standortübergreifend kauft heute jeder Dritte häufiger im eigenen Wohnort als noch vor zwei bis drei Jahren **(Grafik 1)**. Einkaufstrips in Städte der näheren Umgebung verlieren an Attraktivität. Die Bewohner kleiner und mittelgroßer Orte sind jedoch auf den Einkauf in angrenzenden Städten angewiesen – insbesondere bei Sortimenten, die online (noch) keine umfassende Durchdringung erlangt haben. Shopping-Center weisen für Verbraucher ortsklassenübergreifend eine hohe Relevanz auf – ob in der Innenstadt oder auf der grünen Wiese. Fachmarktzentren werden vor allem in den Warenbereichen Multimedia/Elektronik/Foto, Haushaltswaren/Deko und Sportartikel/Hobby/Freizeit ortsübergreifend aufgesucht. Dies gilt insbesondere für die Einwohner kleiner und mittelgroßer Städte. Factory-Outlet-Center (FOC) sind – bezogen auf alle Ortsklassen – vor allem beim Einkauf von Bekleidung/Mode sowie Schuhen/Lederwaren erklärtes Ziel der Verbraucher.

Lebensmittel und Getränke: Ortsgrößenübergreifend decken die Befragten ihren Bedarf an Lebensmitteln und Getränken überwiegend im eigenen Wohnort. Für die Einwohner kleiner und mittelgroßer Städte sind in dieser Warengruppe zugleich die Einkaufsmöglichkeiten in der Umgebung relevant – sie kaufen Lebensmittel und Getränke auch in nahe gelegenen kleinen und mittelgroßen Städten ein. Die Relevanz des Onlineshoppings für den Einkauf von Lebensmitteln und Getränken ist (noch) sehr gering – in dieser Warengruppe dominiert der stationäre Handel stark **(Grafik 2)**.

Drogerie-, Kosmetik- und Gesundheitsartikel: Der Anteil der Konsumenten, die ihren Bedarf an Drogerie-, Kosmetik- und Gesundheitsartikeln im eigenen Wohnort decken, steigt mit zunehmender Ortsgröße **(Grafik 3)**. Die Möglichkeit, diese Produkte auch in nahe gelegenen kleinen und mittelgroßen Städten kaufen zu können, nutzen vor allem Bewohner von Kleinstädten. Im Vergleich aller Ortsgrößenklassen erweisen sich nahe gelegene Großstädte als Ein-

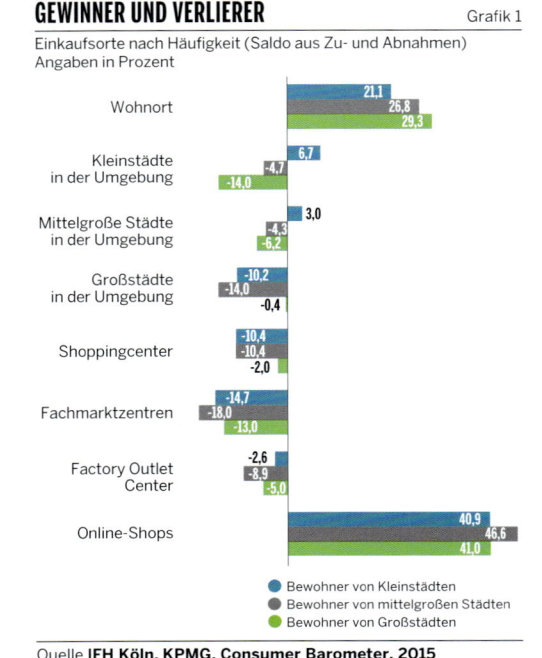

GEWINNER UND VERLIERER

Grafik 1

Einkaufsorte nach Häufigkeit (Saldo aus Zu- und Abnahmen)
Angaben in Prozent

Einkaufsort	Bewohner von Kleinstädten	Bewohner von mittelgroßen Städten	Bewohner von Großstädten
Wohnort	21,1	26,8	29,3
Kleinstädte in der Umgebung	6,7	-4,7	-14,0
Mittelgroße Städte in der Umgebung	3,0	-4,3	-6,2
Großstädte in der Umgebung	-10,2	-14,0	-0,4
Shoppingcenter	-10,4	-10,4	-2,0
Fachmarktzentren	-14,7	-18,0	-13,0
Factory Outlet Center	-2,6	-8,9	-5,0
Online-Shops	40,9	46,6	41,0

Quelle **IFH Köln, KPMG, Consumer Barometer, 2015**

Vertriebsstruktur | **Standort & Verkehr**

LEBENSMITTEL: STATIONÄRER HANDEL DOMINIERT

Grafik 2

Wo kaufen Sie regelmäßig Lebensmittel/Getränke ein? Angaben in Prozent

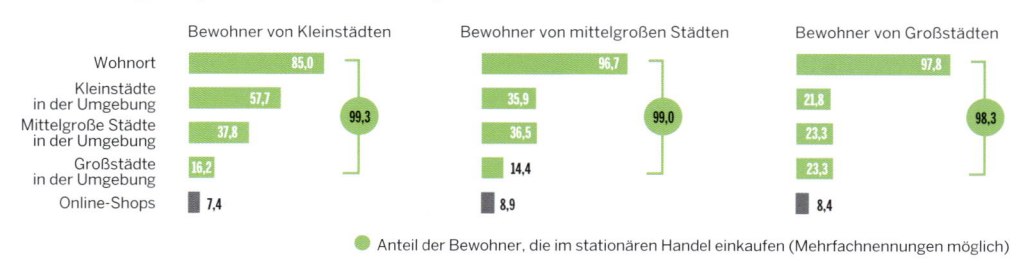

Bewohner von Kleinstädten
- Wohnort: 85,0
- Kleinstädte in der Umgebung: 57,7
- Mittelgroße Städte in der Umgebung: 37,8
- Großstädte in der Umgebung: 16,2
- Online-Shops: 7,4

Anteil der Bewohner, die im stationären Handel einkaufen: 99,3

Bewohner von mittelgroßen Städten
- Wohnort: 96,7
- Kleinstädte in der Umgebung: 35,9
- Mittelgroße Städte in der Umgebung: 36,5
- Großstädte in der Umgebung: 14,4
- Online-Shops: 8,9

Anteil der Bewohner, die im stationären Handel einkaufen: 99,0

Bewohner von Großstädten
- Wohnort: 97,8
- Kleinstädte in der Umgebung: 21,8
- Mittelgroße Städte in der Umgebung: 23,3
- Großstädte in der Umgebung: 23,3
- Online-Shops: 8,4

Anteil der Bewohner, die im stationären Handel einkaufen: 98,3

● Anteil der Bewohner, die im stationären Handel einkaufen (Mehrfachnennungen möglich)

Quelle **IFH Köln, KPMG, Consumer Barometer, 2015**

---

kaufsziel in diesem Segment als kaum relevant. Ortsgrößenübergreifend ist auch das Onlineshopping in diesem Segment von Bedeutung. Jedoch sinkt die Bedeutung des Onlineshoppings in diesem Segment für die Befragten, je größer deren Wohnort ist.

Präferenz wächst mit Standortgröße

Bekleidung und Mode: Der Anteil der Verbraucher, die Bekleidung und Mode in ihrem Wohnort einkaufen, steigt mit zunehmender Ortsgröße. Mittelgroße Städte in der Nähe des eigenen Wohnorts sind als zusätzliches Einkaufsziel bei Bekleidung und Mode vor allem für die in kleinen und mittelgroßen Städten lebenden Konsumenten von Bedeutung. Kleinstädte in der Umgebung spielen dagegen in diesem Segment kaum eine Rolle. Bezogen auf die Ortsgrößen haben größere Städte in der Umgebung eine hohe Relevanz für den Modekauf – diese sinkt tendenziell, je größer der Wohnort der Befragten ist. Besonders häufig kaufen die Befragten Bekleidung und Mode online ein – unabhängig von der Wohnortgröße **(Grafik 4)**.

DROGERIEARTIKEL: GROSSSTÄDTER KAUFEN VOR ORT

Grafik 3

Wo kaufen Sie regelmäßig Kosmetik-/Drogerie-/Gesundheitsbedarf ein? Angaben in Prozent

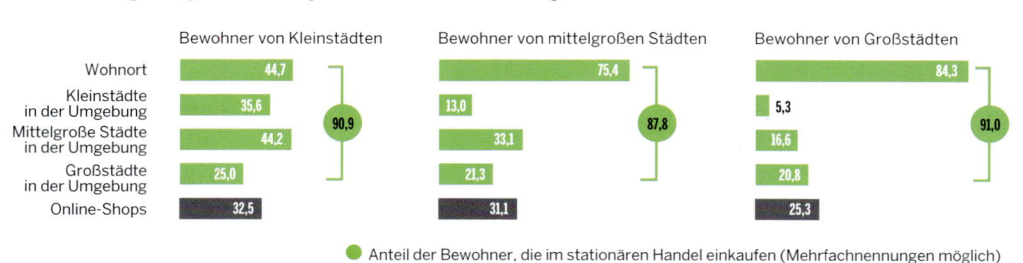

Bewohner von Kleinstädten
- Wohnort: 44,7
- Kleinstädte in der Umgebung: 35,6
- Mittelgroße Städte in der Umgebung: 44,2
- Großstädte in der Umgebung: 25,0
- Online-Shops: 32,5

Anteil der Bewohner, die im stationären Handel einkaufen: 90,9

Bewohner von mittelgroßen Städten
- Wohnort: 75,4
- Kleinstädte in der Umgebung: 13,0
- Mittelgroße Städte in der Umgebung: 33,1
- Großstädte in der Umgebung: 21,3
- Online-Shops: 31,1

Anteil der Bewohner, die im stationären Handel einkaufen: 87,8

Bewohner von Großstädten
- Wohnort: 84,3
- Kleinstädte in der Umgebung: 5,3
- Mittelgroße Städte in der Umgebung: 16,6
- Großstädte in der Umgebung: 20,8
- Online-Shops: 25,3

Anteil der Bewohner, die im stationären Handel einkaufen: 91,0

● Anteil der Bewohner, die im stationären Handel einkaufen (Mehrfachnennungen möglich)

Quelle **IFH Köln, KPMG, Consumer Barometer, 2015**

Standort & Verkehr | Vertriebsstruktur

BEKLEIDUNG: HOHER ANTEIL VON ONLINE-KÄUFEN

Grafik 4

Wo kaufen Sie regelmäßig Bekleidung/Mode ein? Angaben in Prozent

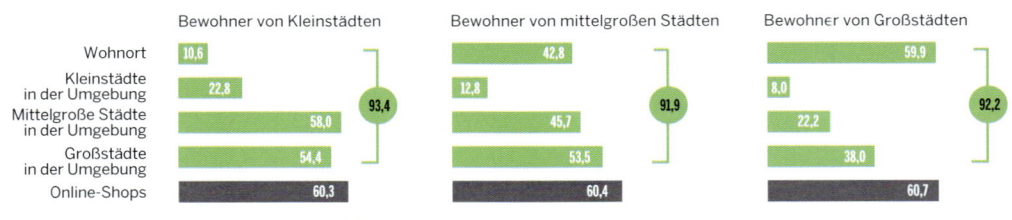

	Bewohner von Kleinstädten	Bewohner von mittelgroßen Städten	Bewohner von Großstädten
Wohnort	10,6	42,8	59,9
Kleinstädte in der Umgebung	22,8	12,8	8,0
Mittelgroße Städte in der Umgebung	58,0	45,7	22,2
Großstädte in der Umgebung	54,4	53,5	38,0
	93,4	91,9	92,2
Online-Shops	60,3	60,4	60,7

● Anteil der Bewohner, die im stationären Handel einkaufen (Mehrfachnennungen möglich)

Quelle **IFH Köln, KPMG, Consumer Barometer, 2015**

Der Standortwettbewerb ist herausfordernd und die Strukturveränderungen im deutschen Einzelhandel erweisen sich als äußerst komplex und facettenreich. Bei der Planung, Bewertung und Umsetzung von Online- und Offline-Formaten gilt es daher zum einen branchen- und zielgruppenspezifische Affinitäten zu berücksichtigen. Zum anderen müssen auch stadt- beziehungsweise regionalspezifische Aspekte und Besonderheiten besondere Beachtung erfahren. So hat sich beispielsweise bei der Untersuchung dieser Faktoren gezeigt, dass in einigen Sortimentsbereichen angebotsunabhängig Online-Shopping „aus Lust oder Überzeugung" betrieben wird. In anderen Segmenten dagegen wird der Online-Einkauf (zunehmend) zur Notwendigkeit – etwa wenn Angebotsdefizite im eigenen Wohnort und dessen Umgebung bestehen.

Foto **Shutterstock**

Die Stadt lebt! Auch wenn einige Sortimente vorwiegend im Netz gekauft werden.

Online-City | **Standort & Verkehr**

AUSGERECHNET WUPPERTAL

Die Stadt an der Wupper testet das Projekt Omnichannel. Zwar steckt der Pilot, der vom Bund geförderte wird, noch ganz am Anfang doch, er signalisiert einen Aufbruch.

Text **Martin Heiermann, BusinessHandel**

„Schuhe werden am häufigsten gesucht", sagt Christiane ten Eicken. „Bisher allerdings ist noch kein Schuhhändler dabei." Ten Eicken ist Projektmanagerin der Wirtschaftsförderung und hat den aktuellen Überblick, welche Händler bei der Online-City Wuppertal mitmachen und welche Sortimente noch nicht vertreten sind. 53 Händler aus der bergischen Metropole präsentieren sich derzeit auf der Website der Online-City. Mit dabei sind Textil- und Buchhändler, Wein- und Blumenhändler, Kunstgalerien, Juweliere oder auch ein Sportfachgeschäft, eines für Leuchten und Lampen, ein anderes für Autoteile und ein weiteres für Matratzen und Bettwäsche. Bisher sind dies alles inhabergeführte Unternehmen. Die Zahl derer, die beabsichtigen mitzumachen, wächst. Auch der eine oder andere Filialist will sich anschließen, an der Spitze Galeria Kaufhof. „Sie alle wollen auf ihr Geschäft aufmerksam machen", sagt Andreas Haderlein, Wirtschaftspublizist und Berater des gesamten Projekts. Er war von Anfang an dabei und hat die Projektplanung mit erarbeitet.

Gefördert wird das gesamte Unternehmen vom Bundesministerium für Bauen und Wohnen. Entsprechend ist der Online-Marktplatz, auf dem die Wuppertaler Händler ausgewählte Produkte ihres Sortiments sowie ihre Läden zeigen, nur ein Bestandteil des Projekts. Es geht den Initiatoren um mehr. Ihr Ziel ist es, wie es Haderlein formuliert, ein „digitales Dachmarketing" zu ermöglichen. Der lokale Einzelhandel soll gestärkt, gegen Amazon, Ebay und Co. in Stellung gebracht werden. Denn der Clou des Angebots sei, dass die Produkte auf Wunsch auch noch am selben Abend zugestellt werden.

„Die größte Trumpfkarte der lokalen Händler im Wettbewerb mit der Feuerwalze Amazon ist die rasche Verfügbarkeit", meint auch Gerrit Heinemann, Handelsexperte von der Hochschule Niederrhein in einem Pressegespräch. „Sie sind näher dran am Kunden. Sie können die bestellte Ware noch am selben Tag zustellen. Das schafft Amazon nicht". Ein Vorteil des Local E-Commerce. „Doch die Wuppertal-Website ist eigentlich nur Nebenprodukt", sagt ten Eicken. Über die Schulungen hinaus, stehe vor allem das Retail-Lab im Mittelpunkt. Zurzeit befindet es sich noch im Aufbau. Es soll in der Rathausgalerie entstehen. Dort haben die Verantwortlichen eine geeignete Fläche von rund 90 qm ausfindig gemacht. Ten Eicken verrät auch, was sich hinter dem neudeutschen Begriff verbirgt. Zum einen die zentrale Service- und Abholstelle. Hier sollen die Kunden der Online-City-Händler bis 22 Uhr abends ihre „gesammelten Einkäufe" abholen können. Also alles das, was sie zuvor bei Blumen- oder Buchhändlern in den virtuellen Warenkorb gelegt haben. Einen Drive-in-Schalter wird es auch geben. Doch das ist nicht alles. Hinter dem Konzept verbirgt sich mehr. Denn zum anderen soll auf der Fläche auch experimentiert werden. Auf den 90

Ein Labor für den Handel

Die Online-City Wuppertal besteht **nicht nur aus einem Marktplatz im Internet**, sondern auch aus einem Retail-Lab, einer Vielzahl an Schulungen für Einzelhändler und nicht zuletzt aus einer passgenauen Infrastruktur für den Omnichannel-Handel. Projektberater Andreas Haderlein hat Informationsveranstaltungen und Schulungen organisiert und konnte feststellen, dass zu Beginn das Interesse bei der Zielgruppe in Wuppertal verhalten war. Im Laufe des vergangenen Jahres stieg es aber deutlich. Und so konnte am **19. November 2014 der lokale Marktplatz der Online-City** mit 25 Händlern starten.

Standort & Verkehr | Online-City

qm und weiteren Flächen der Rathausgalerie erhalten Online-Händler die Möglichkeit, stationär zu werden, Anschluss an den lokalen Handel zu finden. Auf großem oder kleinem Raum seien Formate wie ein QR-Shop, Store-to-Web, ein Making-Room oder auch Guided-Shopping denkbar, macht Projektberater Haderlein deutlich.

Alles Ansätze, mit denen auch die stationären Händler eine stärkere Verzahnung in Richtung Omnichannel angehen könnten. So sei beispielsweise denkbar, das Kunden im Netz neue Produkte kreieren und diese dann stationär aus- oder anprobieren. Das soll auch zusätzliche Frequenz auf der Verkaufsfläche erzeugen. Erste Erfolge bei den Einzelhändlern zeigen sich bereits heute: „Eine ganze Reihe haben uns schon davon berichtet, dass Kunden ins Geschäft kamen, die über die Online-City Wuppertal aufmerksam geworden sind und dann vor Ort einkaufen", erzählt ten Eicken.

> „GRÖSSTE TRUMPFKARTE LOKALER HÄNDLER IM WETTBEWERB MIT AMAZON: DIE RASCHE VERFÜGBARKEIT."
>
> GERRIT HEINEMANN,
> HOCHSCHULE NIEDERRHEIN

Das erfordert Infrastruktur und Logistik. Die bringt das Start-up Atalanda ein. Das Unternehmen mit Sitz in Salzburg und Hamburg kooperiert allerdings nicht nur mit Wuppertal. Atalanda-Geschäftsführer Roman Heimbold informiert, das Start-up sei inzwischen mit über 60 Städten im Gespräch über die Gründung weiterer lokaler Marktplätze. Und auch die Initiative

In Rostock ist die Welt noch in Ordnung

„Wenn die Welt untergeht, so ziehe ich nach Mecklenburg, denn dort geschieht alles 50 Jahre später." Ein Ausspruch Bismarcks, der immer wieder zitiert wird, um das entschleunigte Leben in diesem Landstrich zu beschreiben. Tatsächlich scheint die Welt hier noch in Ordnung. Während andere Cities eine Erosion des stationären Handels und ein damit einhergehendes Sterben der Innenstädte beklagen, ist in Rostock moderates Wachstum zu beobachten, berichtet Martin Christof. Er ist einer der drei Gründer der Online-Plattform Stadtgestöber.

Ein Projekt, bei dem kleine Strichcodes am Schaufenster der Händler auch außerhalb der Öffnungszeiten den gemütlichen Einkauf in der City ermöglichen sollen. Ziel ist es, den stationären Handel zu stärken und die City zu beleben. 34 Rostocker Händler und ihr Angebot kann der Kunde auf der Internetplattform finden. Wer also eine Brille sucht, findet hier sowohl den nächstgelegenen Rostocker Optiker als auch seine Kollektion. „Wenn der Kunde in den Laden geht, kann er die zuvor ausgesuchte Brille direkt mitnehmen, während er bei einer Bestellung über Amazon einen Tag warten muss, bis DHL liefert. Und ob er zur Post geht oder in die Stadt, ist das gleiche", glaubt Martin Christof. Das Projekt befindet sich in Rostock in der Testphase. Problematisch ist jedoch, dass für die Pflege der Gemeinschaftsplattform ein städtischer Mitarbeiter abgestellt werden müsste. Dafür fehlt der Stadt das Geld — und wohl auch der Weitblick. In anderen Städten werden die Gründer wohl auf mehr Gegenliebe stoßen. Dort, wo der Online-Handel bereits seine Spuren hinterlassen hat.

Online-City | **Standort & Verkehr**

Buy-Local arbeitet mit dem Start-up zusammen, das interessanterweise mit dem Logistikdienstleister DHL verbunden ist. Das Motto all dieser Projekte aber ist immer dasselbe: „Onlineshoppen. Im Geschäft kaufen." Ähnlich ist das Angebot der zum Metro-Reich gehörenden Website Simply Local, die mit dem Slogan wirbt: „Alle Produkte deiner Stadt auf einen Blick und Klick". Auch dieses Portal befindet sich zurzeit noch in der Testphase.

Kein Problem für Geschäftsführer Heimbold: Er denkt langfristig. „Wir werden wohl zwei Jahre brauchen, um daraus einen vollwertigen Onlineshop zu machen." An Begeisterung fehlt es den Wuppertaler Pionieren jedenfalls nicht – eine gute Basis für einen langen Atem. Zumal sich die Macher in der bergischen Großstadt viel vorgenommen haben. Sie wollen eine Bewusstseinsänderung bei den Konsumenten herbeiführen und den Kunden neu „erziehen".

Mit dem Standort verheiratet: Auch ein Brautstudio macht bei der Initiative Online-City Wuppertal mit.

Stadtentwicklung – so kann es gehen

Die Online-City Wuppertal ist ein Beispiel von privat-öffentlichen Kooperationen in der Stadtentwicklung, um den Marktplatz Stadt online erlebbar zu machen. Viele Business Improvement Districts (BIDs), als von Eigentümern und Gewerbetreibenden gemeinsam mit der Stadt gegründete Quartiersinitiativen, beschreiten ähnliche Wege. Beispielsweise das BID in Flensburg mit der Flensburg Shopping App in deutscher und dänischer Sprache, http://www.flensburg-shopping.de/, das BID Seltersweg in Gießen http://www.seltersweg.de/ oder der Neue Wall in Hamburg mit http://www.bid-neuerwall.de/news/aktuelles/detail/article/bid-neuer-wall-app-ab-heute-im-app-store.html

Auch die Einzelhändler selbst sind sehr aktiv – nicht nur über eigene Websites – sondern auch zielgruppenspezifisch durch die Nutzung der sozialen Medien, wie Herz und Krone aus Hamburg, http://www.herz-und-krone.de/ über Instagram.

Digitalisierung muss als Chance begriffen werden. Es gilt jeweils vor Ort – im Laden, der Geschäftsstraße oder eigenen Stadt — zu schauen, welche digitalen Instrumente dazu dienen können, um im Wettbewerb erfolgreich zu agieren.

Tine Fuchs, Referatsleiterin Stadtentwicklung, Planungsrecht, Bauleitplanung, nationale Verbraucherpolitik, DIHK

Standort & Verkehr | Verkaufsfläche

GRÖßER ODER KLEINER

E-Commerce hat Auswirkungen auf den Flächenverbrauch einer Einzelhandelslage. Welche, zeigt das Analyse-Tool E-Impact.

Text **Markus Wotruba, BBE Handelsberatung GmbH**

Durch die Zunahme des E-Commerce müssen sich Unternehmen auf Veränderungen im stationären Einzelhandel einstellen. Das Beispiel des im Herbst 2014 eröffneten Einkaufszentrums Mona in München zeigt, auf welche Weise sich der Online-Handel auf den Verkaufsflächenbedarf an einem bestimmten Standort auswirken kann. Es liegt in unmittelbarer Nachbarschaft zum Olympia-Einkaufszentrum, das zusammen mit umliegenden Fachmärkten fast 70.000 qm Verkaufsfläche umfasst und das größte Einkaufszentrum in München ist. Bei den Fachmärkten handelt es sich unter anderem um Saturn, Conrad Electronic und Dänisches Bettenlager mit den jeweils gängigen Flächengrößen.

Online zuhause: Online- und Versand- Fahrradhändler Rose hat mit Rose Biketown einen Showroom eröffnet.

Großteil der Flächen als Showroom

Im Vergleich dazu ist das Mona zwar klein, bietet im Erdgeschoss aber Bemerkenswertes. Ein Großteil der Erdgeschossfläche wird von Unternehmen genutzt, die eigentlich im Online-Handel zu Hause sind. Der Online-Elektrohändler Cyberport ist im Mona auf 900 qm präsent. Der Versandhändler für individuell konfigurierte Sofas Bel Moba hat 400 qm und der Versandhändler für Fahrräder Rose 300 qm angemietet. Für Rose und Bel Moba ist es der erste stationäre Laden überhaupt (abgesehen von Verkaufsflächen am jeweiligen Firmensitz). Diese sind jedoch nicht als Läden im herkömmlichen Sinne zu verstehen. Sie dienen vielmehr als Showrooms, in denen die Produkte optimal präsentiert werden können. So stehen in der Filiale des Fahrradhändlers Rose rund zwanzig Räder zum Ansehen und Anfassen bereit, ebenso Rucksäcke, Helme, Luftpumpen und Zubehör. Zentrales Element des Ladens ist die „Interactive-Wall", die wie ein Tablet funktioniert. An dieser kann der Kunde gemeinsam mit einem Berater sein Fahrrad individuell zusammenstellen. Dieses wird nach Kauf wahlweise in den Laden oder nach Hause geliefert. Online- und Offline-Services greifen hier ineinander. Der Vergleich der Verkaufsflächen von Mona und Olympia-Einkaufszentrum zeigt, dass im Mona vom Vertreter der jeweils gleichen Handelsbranche wesentlich weniger Fläche angemietet wurde. So bietet der Fahrradhändler Rose auf 300 qm zwanzig Fahrräder an, während Bike Max im Olympia-Einkaufszentrum bis vor kurzem noch mit einer Verkaufsfläche von mehreren Tausend Quadratmetern am Standort vertreten war.

Analyse-Tool E-Impact macht Auswirkungen sichtbar

Mit dem neu entwickelten Analyse-Tool E-Impact von BBE Handelsberatung und Elaboratum können nun endlich belastbare Antworten gegeben werden, die vorher nicht möglich waren. Das Tool zeigt die Aus-

Verkaufsfläche | **Standort & Verkehr**

wirkungen des Online-Handels auf den stationären Handel: Es prognostiziert, wie der Flächenverbrauch einer Einzelhandelslage infolge des E-Commerce in den kommenden zehn Jahren zurückgehen wird. Als Prämisse nimmt das Analyse-Tool an, dass der Einzelhandelsmarkt insgesamt nicht mehr wächst, sondern – wie in den vergangenen Jahren – stagniert. Der e-Impact-Check ist für Handelsflächen in Fußgängerzonen, Stadtteilzentren oder Handelsimmobilien in Städten ab 10.000 Einwohnern einsetzbar.

Zunächst erfolgt eine umfassende Analyse der Branche. Hierfür wird der erwartete Umsatzrückgang für die Branche berücksichtigt, der sich aus der Gegenüberstellung der aktuellen E-Commerce-Umsatzanteile und jener von BBE und Elaboratum auf Basis aktueller Studien und eigener Prognosen für das zu prognostizierende Jahr ergibt. Der E-Impact-Faktor als Kern des Tools setzt sich aus mehreren Variablen zusammen. Mit dem Wert werden unter anderem die spezifische Lage wie Makro-/Mikrostandort und Objektqualität berücksichtigt sowie die konkrete Anfälligkeit gegenüber dem Online-Handel. Ein Ort, der vom demografischen Wandel stark negativ betroffen ist, muss anders bewertet werden als beispielsweise eine nachgefragte Lage in einer wachsenden Metropole. In die Berechnungen fließt auch die spezifische Tourismusintensität ein, da touristische Umsätze in Stadtzentren mehr als 30 Prozent der Umsätze ausmachen können und diese kaum vom Online-Handel beeinflusst werden. Das Tool soll durch Quantifizierung des Flächenrückgangs anschaulich verdeutlichen, was der einzelnen Handelsimmobilie oder Lage droht, wenn nicht durch Maßnahmen vor Ort gegengesteuert wird. Auf diese Weise soll der E-Impact dazu beitragen, bei den Betroffenen ein lösungsorientiertes Denken anzustoßen.

Fotos **BlocherBlocherPartner**

Wie im Museum präsentiert: mit kleiner Stückzahl und zur Beratung freigestellt wirken Räder ganz anders.

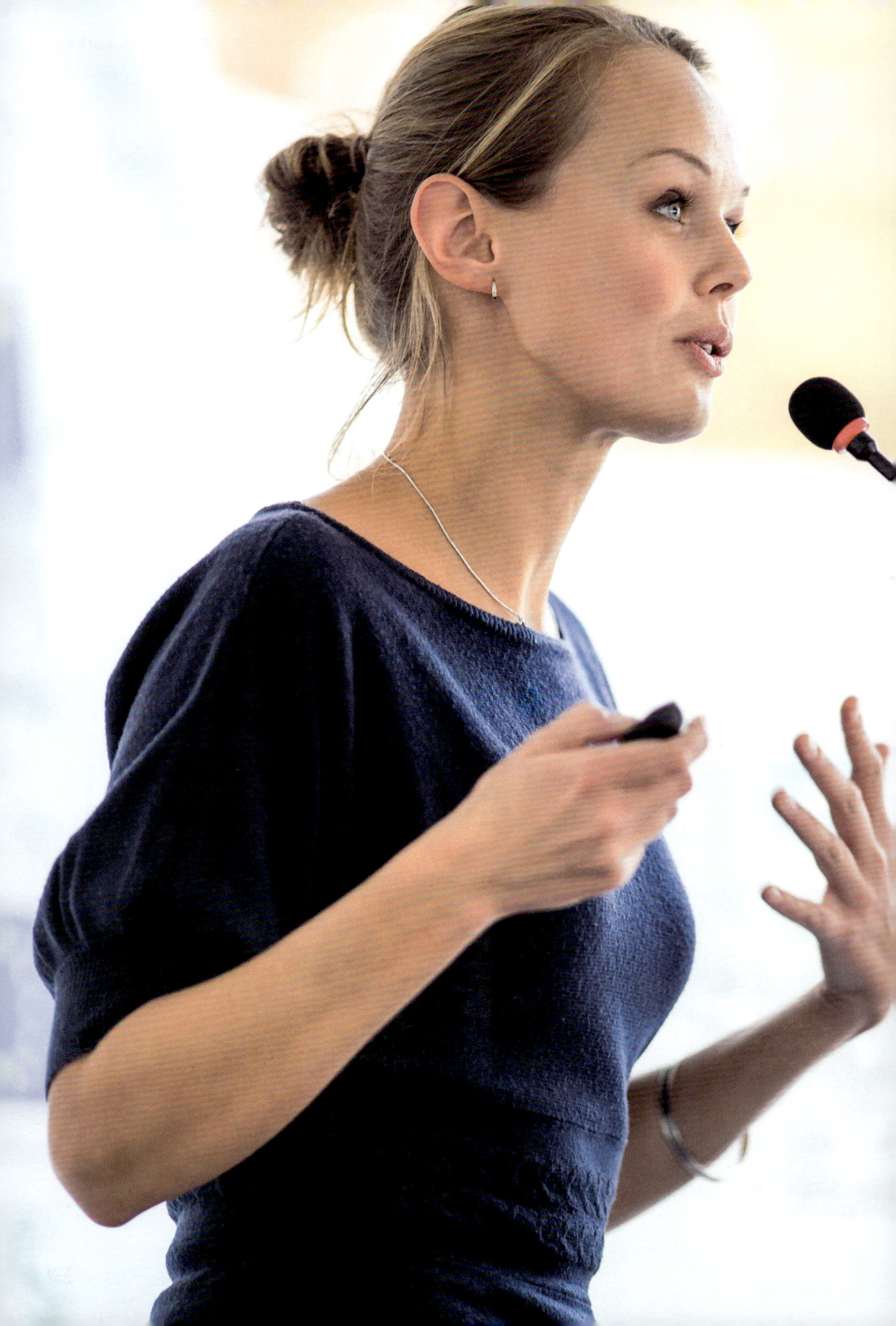

Coaching | **Bildung & Qualifizierung**

ERWEITERTES PORTFOLIO

Der steigende Bedarf an Weiterbildung und Vernetzung fordert Qualifizierungsanbieter heraus. Notwendig sind vor allem moderne Bildungsinhalte und -formate.

Text **Verena Bankamp, GS1 Germany**

D as Umfeld für Industrie und im Handel verändert sich ständig. Fach- und Führungskräfte stehen daher permanent vor der Herausforderung, ihre Prozesse zu modifizieren. Dabei begleitet sie das Weiterbildungsangebot der GS1 Academy rund um die Optimierung der Wertschöpfungskette auf Basis der GS1 Standards und Lösungen. GS1 Germany passt das Angebot kontinuierlich an die neuen Herausforderungen und damit an den sich ändernden Bedarf der Unternehmen an. Das bezieht sich zum einen auf die Inhalte, aber auch auf die Formate des Trainingsportfolios. Was die Bildungsinhalte betrifft, pflegt die GS1 Academy den Kontakt zur Wissenschaft. Mit der Akademischen Partnerschaft existiert eine Plattform, die neue Forschungsinhalte in die Praxis holt. So gewinnen die Fachleute von GS1 Germany frühzeitig Einblicke in zukünftige Entwicklungen und nutzen diese für ihre Qualifizierungsmaßnahmen. Darüber hinaus kooperiert GS1 Germany eng mit Unternehmen, Behörden und Verbänden. Insgesamt bietet das Trainingsportfolio viele Möglichkeiten. Neues Know-how und die Erfahrungen von Experten aus der Praxis sind dabei der „Treibstoff". Selbstverständlich passt die GS1 Academy ihre Formate dem Trainingsbedarf der Teilnehmer an. Aktuell bietet etwa ein größeres Terminangebot bei den einzelnen Seminaren den Unternehmen mehr Flexibilität. „Wer im Juli nicht kann, kommt im September zum Training", sagt Mareile Seekamp, Senior-Projektmanagerin GS1 Academy.

Von Webinar bis Inhouse-Seminar

Webinare geben einen ersten Überblick zu einem Thema. Hier erfahren die Teilnehmer die Lösung zu ihrer Herausforderung. In den Präsenzseminaren lernen sie, wie das Wissen in die Praxis umgesetzt wird. Seekamp erklärt: „Im Webinar lernt man z. B. eine gesetzliche Anforderung kennen und bekommt vermittelt, was diese für mein Unternehmen bedeutet und welche Prozesse dort angepasst werden müssen. Wie die Prozessanpassung konkret geht und wie man dabei das Lösungspotenzial von Stan-

---

Heiko E. Janssen, GS1 Academy: „Der Kunde steht im Fokus"

Was bringt ein Besuch der GS1 Academy?
Fach- und Führungskräfte sind jeden Tag in vielfacher Weise gefordert. Diese Herausforderungen meistern sie eher, wenn sie sich selbst sowie ihre Mitarbeiter mit gezielter Qualifizierung weiterentwickeln. Unser Haus bietet dafür verschiedene Ansätze: von der grundsätzlichen Beratung zur Prozessoptimierung sowie der Unterstützung bei der Realisierung von Projekten bis hin zu Seminaren, die im Rahmen der GS1 Academy stattfinden. Das Know-how und die Erfahrung von Experten aus der Praxis bilden eine wesentliche Grundlage aller Weiterbildungen.

Woher beziehen die GS1 Fachleute denn ihr Wissen?
Unsere Mitarbeiter sind aufgrund ihres beruflichen Werdegangs mit den Herausforderungen unserer Kunden vertraut. Außerdem werden alle in ihrer neutralen Rolle zwischen den verschiedenen Akteuren in der Gremienarbeit mit den Herausforderungen der Un-

Bildung & Qualifizierung | Coaching

dards hebt, erfährt man dann im Seminar." Im Preis der Präsenzseminare sind Webinare zur Auffrischung der Inhalte enthalten. Diese „Sprechstunden" finden circa einen Monat nach dem Seminar statt. Die Teilnehmer können dem Trainer Fragen stellen, die bei der Umsetzung ihrer neuen Kenntnisse im Arbeitsalltag entstanden sind. Oder sie verfestigen einfach ihr Wissen. Und schließlich beherzigt die GS1 Academy die Bedürfnisse der Teilnehmer vor Ort. Dafür gibt es Inhouse-Seminare, unternehmensspezifische Angebote, die beim Kunden durchgeführt werden. Das Format ist ideal, um neue Mitarbeiter einzuarbeiten oder gezielte Personalentwicklung zu betreiben. Alles in allem vermittelt die GS1 Academy vor allem eins: bedarfsgerechte Lösungen.

---

ternehmen konfrontiert, kennen die verschiedenen operativen Prozesse und entwickeln gemeinsam Lösungen. Ein Ergebnis sind die Anwendungsempfehlungen, die wiederum ein tiefgehendes Verständnis der Arbeitsabläufe nötig machen. Dieses Wissen nutzen wir für unsere Seminare und Veranstaltungen. Ein Teil der GS1 Academy ist die sogenannte Akademische Partnerschaft. Dort werden Studien zu aktuellen Themen und Trends angefertigt. Über den Research Pool, in dem Forschungsgelder zur Verfügung gestellt werden, können Auftragsarbeiten platziert werden. Auf diese Weise bleiben alle Mitarbeiter von GS1 Germany auf dem aktuellen Stand und sind sehr genau über Zukunftsthemen informiert und auch direkt involviert.

Wie sieht das gesamte Weiterbildungsportfolio aus?
Wir bieten zum einen allgemeine Basisseminare an, die in ein Thema einführen, aber auch vertiefende Seminare und sogar Lehrgänge mit Zertifikat, die über mehrere Wochen oder Monate gehen können. Viele Kunden bevorzugen neben den öffentlichen Lernveranstaltungen Inhouse-Seminare, in denen intensiv und sehr konkret auf die Erfordernisse des jeweiligen Unternehmens eingegangen wird. Darüber hinaus runden Veranstaltungen zu aktuellen Themen wie Digitalisierung, Industrie 4.0 oder Multichannel das Portfolio ab.

Welche Vorteile bieten Inhouse-Seminare?
Wir kommen zum Kunden. Neben den Möglichkeiten, die das Knowledge Center bietet, wünschen sich viele Kunden zusätzlich eine intensive Weiterbildung, fokussiert auf ihre Bedürfnisse und Prozesse. Unsere Experten reisen dann vor Ort und die Mitarbeiter des jeweiligen Unternehmens erhalten die Chance, auf ihre Belange hin qualifiziert zu werden. Neben diesem inhaltlich Aspekt kommen dabei auch praktische Gründe zum Tragen: Vor Ort ist es einfacher, mehr Mitarbeiter zu erreichen. Viele Unternehmen nutzen diese Möglichkeit, ganze Teams oder Abteilungen qualifizieren zu lassen, da Anstrengungen für die Anreisen und Kosten für die Unterkunft nicht anfallen.

Decken sich die Inhalte und Methoden der Veranstaltungen mit der Unternehmenswirklichkeit?
Wir „erfinden" keine graue Theorie, sondern setzen gelebte Praxis in Lösungen für den Arbeitsalltag um. Und mit unserem Knowledge-Center und den darin befindlichen Live-Komponenten bieten wir eine Lernumgebung, in der das erlernte Wissen mit konkreten Anwendungstrainings kombiniert werden kann – auf 2.500 qm!

Dr. Heiko E. Janssen, verbindet Theorie mit Anwendungstraining.

Foto GS1 Germany

Wissenschaftspreis | **Bildung & Qualifizierung**

JUGEND FORSCHT

Die von EHI und GS1 Germany ausgezeichneten Wissenschaftler sind keine Kids mehr. Aber ihre Innovationskraft überzeugte.

Text **Andrea Kurtz, BusinessHandel**

Service, Faszination, Retourenmanagement, Kundenorientierung und die Analyse von Kundenmeinungen: Diese Themen haben die jungen Wissenschaftler verschiedener deutscher Hochschulen bearbeitet – und wurden dafür am 25. Februar 2015 bei der feierlichen Gala von EHI und GS1 Germany während der EuroCis in Düsseldorf ausgezeichnet. Die rund 300 geladenen Spitzenkräfte aus Handel, Industrie und Wissenschaft zeigten sich beeindruckt von den neuen Ideen, mit denen der Handel seine hohe Performance noch verbessern kann. Doch einen Wermutstropfen gaben EHI-Chef Michael Gerling und GS1-Germany-Chef Jörg Pretzel gleich zur Begrüßung ins Glas: Beide Organisationen veranstalten die Preisvergabe zwar seit vielen Jahren und haben dabei schon so einige Preisträger ausgezeichnet. Doch nur jeder siebte Einreicher hat bisher im Handel auch seine berufliche Heimat gefunden. Die Begründung: „Der akademische Nachwuchs erlebt die Branche hierarchisch", erklärt Gerling mit großem Bedauern die Ergebnisse einer EHI-Befragung. Die frei denkende Generation Y suche nach offenen, flexiblen Strukturen im Arbeitsleben, ergänzte auch Impuls-Rednerin Steffi Burkhart, mit ihren 29 Jahren eine typische Vertreterin der hochmotivierten, aber eben querdenkenden jungen Generation. Work-Life-Blending sei das Ziel der jetzt auf den Arbeitsmarkt Drängenden, sagt Burkhart, die in ihrer Akademie Gedankentanken Interessierte informiert und schult. Geld, Besitz, Status – das alles sei nicht so wichtig, entscheidender sei die Erfüllung durch die Arbeit.

Die Forschungsprojekte

Was haben aber nun die jungen Forscher zu bieten? Hohe Retourenquoten im Versandhandel sind ein brennendes Problem, dieser These ging Björn Asdecker von der Otto-Friedrich-Universität Bamberg auf den Grund. In seiner Arbeit schlägt er einen innovativen Weg ein, um eine für die betriebliche Praxis und die Wissenschaft relevante Forschungsagenda zu entwickeln. Die Jury lobte vor allem die differenzierten Erkenntnisse und das Potenzial – da die Befragung weiter läuft und kontinuierlich begleitet wird. „Mehr forschen, besser managen", diese Quintessenz unterstrich auch Laudator Peter Pohlmann, der Chef von Poco-Domäne.

Welches Maß an Kundenorientierung ist ökonomisch sinnvoll und wann schadet Kundenorientierung mehr als sie nutzt? Diese provokante Frage hat sich Marco Schwenke, Student der Ruhr-Universität Bochum, in seiner Master-Arbeit gestellt. „The Dark Side of Customer Orienation" nennt er das Thema, bei dem er immer wieder darüber stolperte, warum es in erfolgreichen Beratungsgesprächen doch noch immer billiger werden müsse. Schwenke konnte belegen, dass Kundenorientierung entgegen der allgemeinen Meinung zu steigenden Preisnachlässen führt: Ein kundenorientierter Verkäufer gewährt im Durchschnitt 2,46 Prozent mehr Nachlass als ein nicht-kundenorientierter Verkäufer. Deswegen, so sein Credo, sollte Kundenorientierung bewusst eingesetzt und bei-

Startgeld

Er wolle auf jeden Fall – von seinem Geld – einen Betrag an „Ärzte ohne Grenzen' stiften, sagte Preisträger Björn Asdecker (l. im Bild), der für seine Dissertation an der Universität Bamberg ausgezeichnet wurde. Die Preisgelder in Höhe von insgesamt 38.000 Euro gingen, neben Asdecker, an Freimut Bodendorf (beste Kooperation, Uni Erlangen-Nürnberg, r.), Marco Schwenke (beste Masterarbeit, Uni Bochum, 2. v. l.) und Markus Dollmann (beste Bachelorarbeit, Uni Paderborn).

Bildung & Qualifizierung | Wissenschaftspreis

„DIE MIT DEM WISSENSCHAFTSPREIS GEFÖRDERTEN PROJEKTE BELEGEN, WIE HOCH SPANNEND DIE THEMEN DES EINZELHANDELS SIND."

MICHAEL KRINGS, DOUGLAS

spielsweise auf die Kundenzufriedenheit beschränkt werden. „In Preisverhandlungen sollten Verkäufer eher die Marktaustausch-Charakteristika einer Kaufsituation hervorheben", empfiehlt er.

Kundenbewertungen auf einen Blick – wie das geht, hat Markus Dollmann, Student der Universität Paderborn, gezeigt. Er hat einen Algorithmus entwickelt, der Kundenmeinungen zu einem Produkt – unter Berücksichtigung linguistischer Phänomene wie Negationen, Ironie und Sarkasmus – analysiert und somit Händlern hilft, Qualitätsprobleme schnell zu erkennen und zu beheben.

Reale und virtuelle Welt als Shopping-Highlight: Der Preis der Kooperationen ging an Wirtschaftsinformatiker Freimut Bodendorf, Professor an der Friedrich-Alexander-Universität Erlangen-Nürnberg, der in Kooperation mit der Adidas Gruppe den Einkaufsprozess am PoS durch interaktive Self-Service-Technologien optimiert. Seine These: Die Verknüpfung von realem und virtuellem Einkaufserlebnis durch Bodyscanner, elektronische Outfit-Berater und andere technologische Finessen, d e der jungen Klientel heute Spaß machen, führen zu einer Erfolgsgeschichte mit Praxisanspruch.

Lohn der Arbeit: die frischgebackenen Preisträger von EHI und GS1 auf der großen Bühne während der Eurocis.

Ausbildung | **Bildung & Qualifizierung**

EINER FÜR ALLE?

Warum E-Commerce ein Berufsbild ist, das Identität stiftet, und dringend einen eigenen Ausbildungsberuf braucht.

Text **Martin Groß-Albenhausen, bevh**

50 Mrd. Euro im Online-Handel mit Endkunden. Mehr als 900 Mrd. Euro E-Business-Volumen einschließlich aller B2B-Transaktionen. Im Jahr 2015 touchiert E-Commerce über die verschiedenen Wertschöpfungsstufen des Handels allein in Deutschland die Billion-Euro-Grenze. Die elektronische Abwicklung von Einkauf und Verkauf, Angebot und Nachfrage erfasst immer weitere Industriezweige. Alle machen E-Commerce. Alle und keiner. Denn ein identitätsstiftendes Berufsbild „E-Commerce" gibt es bis heute nicht. Folglich auch keine Ausbildung. Und in der Konsequenz keine normative Beschreibung von Arbeitsplätzen und Handlungsfeldern, keine Profile und Kompetenzen, nach denen Qualifizierungen ausgerichtet werden könnten.

Neue Berufe braucht das Land

Die bislang im Online- und Versandhandel ausgebildeten Berufe – Kaufleute für Dialogmarketing, Marketingkommunikation, Groß- und Außenhandel, Logistik oder IT – decken alle nur ausschnittsweise die Arbeitswirklichkeit im E-Commerce ab und müssten inhaltlich deutlich überarbeitet werden, um in jedem Handlungsfeld die veränderte Realität abzubilden. Voraussichtlich per 2017 wird z. B. der Ausbildungsberuf Kauffrau/mann im Einzelhandel" neu geordnet. Hier finden Aspekte der Digitalisierung in verschiedenen Handlungsfeldern Eingang. E-Commerce an sich wird dann zwar erstmals in den Ausbildungskanon aufgenommen. Das neue Handlungsfeld hat als „Wahlpflichtqualifikation" mit 60 von 880 Stunden weiterhin weniger als 10 Prozent Anteil am Lehrplan. Ein radikalerer Umbau des Ausbildungsweges würde nicht zuletzt das Konstrukt der in den ersten zwei Jahren gemeinsam beschulten Verkäufer (zweijährige Ausbildung) und Kaufleute (dreijährige Ausbildung) auseinanderbrechen. Dies unterstellt, dass ein niederschwelliger Einstieg in den E-Commerce aufgrund der höheren Anforderungen unmöglich sei. Und droht, für die nächste Generation der Einzelhandelskaufleute einen Wettbewerbsnachteil zu zementieren. Denn mangels einer breiten Basis an Fachkräften rekrutieren die Online-Händler vorwiegend aus den Bachelor- und Masterjahrgängen der Hochschulen. Eigene Ausbildung findet nur in geringem Maße statt – Lehrpläne und Verordnungen passen zu wenig auf die Branche und die Praxis des E-Commerce. Die Akademisierung des E-Commerce verzerrt den Wettbewerb zusätzlich und ist die größte Hypothek für den Handel der Zukunft. Sind qualifizierte E-Commerce-Mitarbeiter an sich schon ein rares Gut, übersteigt das Gehaltsniveau rasch die Möglichkeiten der klassischen Handelsunternehmen.

Der E-Commerce-Verband bevh setzt dem sein Konzept eines eigenen Ausbildungsberufes im E-Commerce bzw. Interaktiven Handel entgegen. Das seit rund einem Jahr im Rahmen einer Arbeitsgruppe von Online- und Multichannel-Händlern entwickelte Berufsbild definiert die Handlungsfelder im E-Commerce und leitet daraus für Berufsschule und Betrieb den Ausbildungsrahmen ab. Obwohl speziell im Online-Handel mit Endkunden die Tätigkeiten nominell denen im stationären Handel sehr ähneln, unterscheiden sie sich in der Praxis doch so deutlich, dass ein eigener Ausbildungsberuf berechtigt erscheint.

Wer sich im E-Commerce bewegt, erkennt rasch, dass z. B. im Einkauf aufgrund der im Onlineshop potenziell unbegrenzten Angebotsflächen anders als im Laden sortimentiert werden muss. Dies hat aber zur Folge, dass völlig anders disponiert und organisiert werden muss. Drop-Shipping oder Marktplatzmodelle waren die Antworten darauf, dass nicht mehr ein klassisches, Push-orientiertes „Supply-Chain-Modell" vorherrscht, sondern ein Pull-orientiertes „Demand-Chain"-Prinzip. Ebenso generiert ein Online-Händler anders als ein stationärer Händler, und seine Kompetenzen in der Kundenberatung zeigen sich im „virtuellen Verkaufs-

Bildung & Qualifizierung | Ausbildung

gespräch", in der Einbindung von Beratungs-Tools auf der Website, im telefonischen Kundenservice, im Chat oder auch in der proaktiven Nutzung von Social Media. Von der Conversion-Optimierung gar nicht zu reden.

Die Praxis zeigt, dass scheinbar hoch spezialisierte Inhalte im E-Commerce keineswegs eine Akademisierung des Berufsbildes erfordern. Vielmehr können Auszubildende im zweiten Lehrjahr mit dem Handwerkszeug des Online-Händlers umgehen und nach Anleitung mit hoher Selbstständigkeit E-Commerce-Aufgaben übernehmen. Die Tools des Onlinemarketings werden immer nutzerfreundlicher. Zwar sind mathematische und analytische Skills für einige Aufgaben förderlich, doch zeigt der Querschnitt der Ausbildung, dass neben MINT-Profilen auch eher sprachlich oder visuell starke Auszubildende den Beruf erlernen können. In den ersten zwei Jahren erlernen die Auszubildenden den „Common Core" aller kaufmännischen E-Commerce-Tätigkeiten. Das duale Ausbildungssystem in Deutschland kennt hier die Aufteilung von breiteren Grundlagenthemen in den Berufsschulen und der Umsetzung in den Abteilungen des Ausbildungsbetriebs. Das dritte Ausbildungsjahr sorgt für Vertiefung und Spezialisierung des Wissens für die E-Commerce-Fachbereiche **(Tabelle 1)**.

Der HDE als Arbeitgeberverband und der bevh haben das Ziel, den neuen Ausbildungsberuf bis 2017 – also zeitgleich mit dem Auslaufen der Digitalen Agenda der Bundesregierung – einzuführen. Für das deutsche Ausbildungswesen eine denkbar knappe, in der Sache jedoch gerade noch ausreichende Frist. Denn die ersten E-Commerce-Kaufleute würden dann 2020, ein Vierteljahrhundert nach der Gründung von Amazon, dem Markt zur Verfügung stehen.

AUSBILDUNG VON E-COMMERCE-KAUFLEUTEN

Tabelle 1

Ausbildung im Betrieb	Ausbildung in der Berufsschule in den Lernfeldern
Im 1. und 2. Ausbildungsjahr	**Im 1. und 2. Ausbildungsjahr**
- Information und Kommunikation - Der Betrieb im E-Commerce-Marktumfeld - Grundlagen Versandhandelsprozess im Unternehmen - Zuordnung von Shopaufbau und Sortimentsstruktur - Grundlagen Informations- und E-Commerce-Technologie - Webmaster-Tools und E-Commerce-Standardsoftware kennen und verstehen - Beratung und Verkauf im Kundenservice (online/telefon.) - Bestellprozesse und Zahlungsverfahren - Marketing und Onlinemarketingprozess im Betrieb - Produktauswahl und -beschaffung - Warenwirtschaft/Produktdatenmanagement - Grundlagen des Rechnungswesens - Warenannahme und -lagerung, -versand und Retouren - Online- und Multichannel-Marketingmaßnahmen	- das E-Commerce-Unternehmen repräsentieren - Grundlagen Versandhandelsprozess - Grundlagen des Shopaufbaus - Kundenzentrierte Webshop-Gestaltung (Customer Journey + Conversion Funnel) - Verkaufs- und Servicekommunikation online / per Telefon oder Chat kundenorientiert führen - Grundlagen der Warenpräsentation mit Fokus online - Marketing- und Onlinemarketinggrundlagen - Grundlagen Beschaffung/Lager/Category Management - Grundlagen Versand/Retouren (Operations/Fullfillment) - Geschäftsprozesse erfassen und kontrollieren - preispolitische Maßnahmen vorbereiten und durchführen
Zwischenprüfung am Beginn des 2. Ausbildungsjahres	
Im 3. Ausbildungsjahr	**Im 3. Ausbildungsjahr**

- Vertiefung der Kenntnisse aus dem 1. und 2. Ausbildungsjahr
- Analytics/BI
- Inhalte von einer der folgenden Wahlqualifikationseinheiten:
  Multichannel oder Shopmanagement oder Kundendialog oder
  Site-Engineering oder Online-Marketing oder Category Management
- Personal
- Warenwirtschaft/IT/Logistik
- Grundlagen unternehmerischer Selbstständigkeit
	- Geschäftsprozesse erfolgsorientiert steuern
	- mit Marketingkonzepten Kunden gewinnen und binden
	- Personaleinsatz planen und Mitarbeiter führen
	- ein Onlinehandelsunternehmen leiten und entwickeln
	- besondere Verkaufssituationen bewältigen (Rückrufe, Shitstorms etc.)

Abschluss-/Gesellenprüfung nach dem 3. Ausbildungsjahr	

Quelle **bevh**

DER DEUTSCHE LEBENSMITTELHANDEL
TradeDimensions

Direkt bestellen
Jetzt lieferbar!

Der deutsche Lebensmittelhandel 2015

>> Topaktuelle Informationen für alle, die sich im Lebensmittelhandel auskennen müssen
>> Alle Fakten zu den Zentralen, den Vertriebsstrukturen, den Verflechtungen und natürlich zum Umsatz
>> inkl. Rankings zu Anzahl und Fläche der Outlets

☐ Senden Sie mir _____ Exemplar/e **DIN-A-0-Poster** zum Preis von jeweils 48 Euro zzgl. 7% MwSt. (51,36 Euro) und Versand*

☐ Senden Sie mir _____ Exemplar/e als **PDF-Datei (Firmenlizenz)**. Preis jeweils 178 Euro zzgl. 19% MwSt. (211,82 Euro) und Versand*

Attraktive Mengenrabatte
DIN-A-0-Poster pro Bestellung:
5-10 Ex.: jeweils 43 Euro netto (46,01 Euro brutto)
11-15 Ex.: jeweils 40 Euro netto (42,80 Euro brutto)
ab 16 Ex.: jeweils 38 Euro netto (40,66 Euro brutto)

* Bei Versand an eine vom Rechnungsempfänger abweichende Lieferadresse werden zusätzlich 5,00 Euro berechnet.

Bitte vollständig ausfüllen!

Name _____ Vorname _____
Firma (bei Geschäftsadresse) _____
Straße _____ PLZ/Ort _____
Telefon _____ Telefax _____
Datum _____ Unterschrift _____
E-Mail _____ Funktion _____
Umsatzsteuer-Ident-Nr. bei EU Ausland _____

eich faxen an: 02631 / 879-123 oder E-Mail: shop@lpv-verlag.de
er Online unter www.lpv-shop.de

LEBENSMITTEL PRAXIS

zahl einfach mobil

GALERIA

n mit dem Smartphone.
Sicher. Komfortabel.

Shopsysteme | **Technologie**

ONLINESHOPS IM VERGLEICH

Der Vergleich der umsatzstärksten Onlineshops hat es ergeben: Die Eigenentwicklung ist das führende Shopsystem schlechthin.

Text **Tim Kiesewetter, EHI**

Die zentrale Infrastrukturentscheidung eines Onlineshops besteht in der Auswahl der Shopsystemsoftware. Es bildet das Herzstück des gesamten Systems, verbindet die Produktdatenbank, das Warenwirtschaftssystem und die Kundendatenbank, präsentiert dem Endkunden die Artikel, füttert die Suchmaschinen mit suchrelevanten Inhalten und muss nicht zuletzt Cyber-Kriminalität verhindern. Mit der rasanten Entwicklung des Onlineshoppings allgemein sind auch die Anforderungen an das Shopsystem gestiegen. Die Technik ist gleichermaßen Enabler wie auch Grenze der möglichen Strategien.

Die Top 1.000 Shopsysteme

Die EHI-Studie Shopsysteme 2015 behandelt strukturiert qualitative Themen wie Frontend und Backend, Conversions-Optimierung und Gender-Commerce und stellt die Erkenntnisse der quantitativen Auswertung der Top 1.000 umsatzstärksten deutschen Onlineshops dar. Eine primäre Fragestellung der Studie – welches Shopsystem hat welchen Marktanteil und steht für welchen Anteil vom Marktumsatz – wird ebenfalls untersucht.

Dazu wurden die umsatzstärksten Top 1.000 Onlineshops in Deutschland im zweiten und dritten Quartal 2014 auf Anteile und Häufigkeiten untersucht. Für die Analyse der 1.000 URLs wurde jeder Onlineshop einzeln untersucht. Dabei wurden verschiedene Informationsquellen genutzt: Startseite des Onlineshops, Check-out im Onlineshop, Seiten im Onlineshop wie Impressum, Unternehmensangaben auf Unternehmenswebseiten, Publikationen zum Thema, Pressemitteilungen und Präsentationen der Unternehmen sowie Fachexperten.

Die Onlineshops wurden dann einer Eigenentwicklung oder einer Shopsoftware zugeteilt und auf die anderen definierten Merkmale hin untersucht. Bei der Zuordnung eines Shopsystems zur URL war es egal, ob die Programmierung intern, extern oder durch eine Agentur erfolgte. Bei der Einteilung ist es wichtig, ob das Endprodukt vertriebstechnisch und mit einer eigenen Marke am Markt aufzufinden war.

Die Top 100 deutschen Onlineshops werden tabellarisch mit Umsatz und zugeordnetem Shopsystem illustriert. Die Häufigkeiten zeigen eine klare Dominanz von Eigenentwicklungen (51 Shops) und bilden dies auch nach Umsatzanteil mit 38,81 Prozent ab. Gefolgt von Amazon Webstore mit einer geringen Häufigkeit von nur drei Shops, aber einem Umsatzanteil von 30,35 Prozent. Hybris (elf Shops und 7,51 Prozent), Intershop (acht Shops und 4,92 Prozent) und IBM Websphere Commerce (fünf Shops und 2,81 Prozent) folgen auf den fünf ersten Plätzen.

Bei den Top 1.000 deutschen Onlineshops insgesamt ergibt sich ein etwas verändertes Bild. Das meistgenutzte Shopsystem ist immer noch die Eigenentwicklung (423 Shops und 40,36 Prozent), gefolgt von Amazon Webstore (vier Shops und 19,94 Prozent) und Hybris (49 Shops und 6,69 Prozent). Auf Platz vier ist nun Magento (129 Shops und 5,51 Prozent), Intershop (23 Shops und 3,94 Prozent) und OXID eShop (89 Shops und 3,41 Prozent) folgen. Shopware (34 Shops und 2,70 Prozent), IBM Websphere Commerce (19 Shops und 2,54 Prozent), Demandware (25 Shops und 1,66 Prozent) und xt:Commerce (38 Shops und 1,55 Prozent) bilden die letzten der führenden zehn Plätze. Insgesamt wurden 69 Shopsysteme in den Top 1.000 gefunden. Was erfolgreich als Shopsystem ist, ergibt sich bei Betrachtung der Häufigkeit stark abweichend von der Betrachtung nach Umsatzanteil in den Top 1.000.

Der Anteil der Eigenentwicklungen variiert je nach Produktsegment. Onlineshops aus dem Segment Foto, Druck und Book-on-Demand haben mit 87,50 Prozent eine Eigenentwicklung als Shopsystem, dagegen sind es im Segment Gartenbedarf nur 25 Prozent. In

Technologie | Shopsysteme

der Mehrzahl der Segmente ist ein Anteil an Eigenentwicklungen von 40 bis 50 Prozent vorhanden.

Bei den Programmiersprachen wurden Javascript (99,2 Prozent) und PHP (51,9 Prozent) am häufigsten identifiziert. Eine Zuordnung zu einer eingesetzten Technik ist bei PHP oft nicht möglich, da entsprechende Erkennungsmerkmale aus dem Quelltext entfernt wurden. Die meisteingesetzten Web Server sind Apache (74,1 Prozent) und nginx (20,7 Prozent). Als Server-Betriebssystem wurden meist Linux-basierte Systeme wie Debian Server (12 Prozent) und Ubuntu (8,8 Prozent) identifiziert. Bei den Sicherheitselementen wie SSL-Zertifikaten und den Hostern ergeben sich gemischte Verteilungen der Anbieter. Die Analyse bezüglich Multichannel-Elementen zeigt unterschiedliche Häufigkeiten. Von den 1.000 Onlineshops haben 50,4 Prozent eine stationäre Filiale in Deutschland, 38,8 Prozent eine mobile Website, 24,4 Prozent einen Katalog, aber nur 8,7 Prozent die Möglichkeit, das Produkt in der Filiale abzuholen.

Die durchgeführte Check-out- und Seiten-Analyse hat Merkmale auf Start- und Produktseite sowie während des Check-out-Prozesses aus Kundensicht untersucht. 81,3 Prozent bezeichnen den Produktspeicherort als Warenkorb. 66,5 Prozent bezeichnen den technischen Einstieg in den Checkout-Prozess mit Kasse, wie beispielsweise „zur Kasse„ oder „zur Kasse gehen". Nur 30,4 Prozent haben auf der Startseite ein Markenmenü eingebaut, über das der Kunde per Markenwahl navigieren kann.

Ein durchgeführter Performance-Test der Webserver-Reaktionszeiten und Webseiteneigenschaften zeigt stark unterschiedliche Performance der Onlineshops. So sind z. B. durchschnittlich 49 Grafiken in die Startseite eingebunden und damit eine schnelle Ladezeit möglich, in einem Shop waren als negativer Spitzenwert 494 Grafiken zu laden und in einigen anderen als Minimumwert gar keine Grafik eingebunden.

Im Seiten-Layout wird im Content-Bereich bei 53,8 Prozent der Onlineshops nur eine Bildschirmbreite von 800 bis 1.000 Pixel genutzt. Nur 11,4 Prozent haben den gesamten Bildschirm mit mehr als 1.900 Pixel zur Darstellung genutzt. Das Registrierungsformular, was auch zur Eingabe der persönlichen und Adressdaten genutzt wird, beinhaltet meist Vorname, Nachname, Postleitzahl und Wohnort. Moderne Angaben wie Mobil-Nummer werden hingegen nur in 20,9 Prozent der Shops abgefragt

Foto Shtterstock

Wie sieht die ideale Online-Seite aus? Jeder Händler bevorzugt andere Eigenschaften.

Shopsysteme | Technologie

OFT EINE EIGENENTWICKLUNG

Grafik 1

Gegenüberstellung: Häufigkeiten der Verwendung versus Umsatzanteile von Shopsystemen

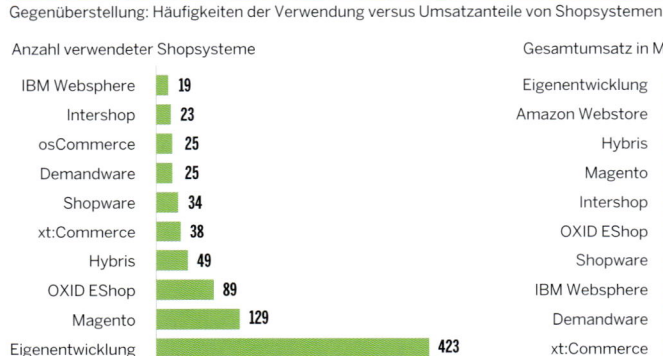

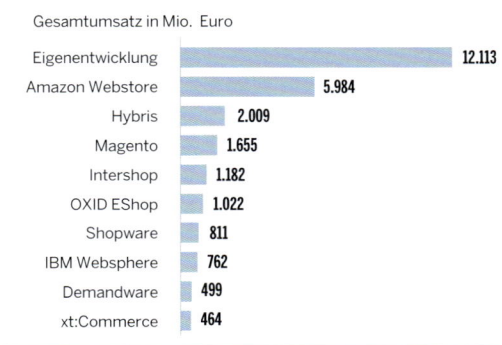

Anzahl verwendeter Shopsysteme

Shopsystem	Anzahl
IBM Websphere	19
Intershop	23
osCommerce	25
Demandware	25
Shopware	34
xt:Commerce	38
Hybris	49
OXID EShop	89
Magento	129
Eigenentwicklung	423

Gesamtumsatz in Mio. Euro

Shopsystem	Umsatz
Eigenentwicklung	12.113
Amazon Webstore	5.984
Hybris	2.009
Magento	1.655
Intershop	1.182
OXID EShop	1.022
Shopware	811
IBM Websphere	762
Demandware	499
xt:Commerce	464

Quelle **EHI**

Die Länge des Check-out für den Kunden sowie für die Logistik- und Payment-Angaben wurde ebenfalls untersucht. Die Auswahl der Lieferarten findet mit 40,5 Prozent am häufigsten auf Seite vier statt. Die meistvorgefundene Lieferart war DHL (17,2 Prozent) und die Bezeichnung Standard-Versand (16,7 Prozent), bei der aber kein Lieferunternehmen explizit benannt wurde. Die Auswahl der Zahlungsarten wird bei 47,6 Prozent auf der vierten Seite ermöglicht. Ein prozentualer Rabatt wurde bei 9,3 Prozent für Vorkasse mit durchschnittlich 2,9 Prozent Nachlass angeboten, ein prozentualer Aufschlag bei 4,3 Prozent mit durchschnittlich 9,26 Prozent Aufpreis bei Finanzierung. Ein fixer Aufschlagspreis wurde bei 40,9 Prozent bei Nachnahme mit durchschnittlich 5,46 Euro vorgefunden. Die gesamte Check-out-Länge liegt bei 40,4 Prozent bei fünf Seiten. Der kurze Checkout ist daher ein Mythos oder von den Händlern einfach nicht gewünscht.

Erkenntnisse der Studie

Der Marktanteil eines Shopsystems unterscheidet sich stark nach Betrachtungspunkt. Ob man nach der Anzahl der Onlineshops, die ein Shopsystem einsetzen, oder nach der Umsatzgröße der Onlineshops oder nach Produktsegment Anteile errechnet, ergibt ein teilweise stark abweichendes Bild. Die Eigenentwicklung ist in der Top 100 als auch in der Top 1.000 Betrachtung das führende Shopsystem. Die Frage „Make or Buy" wird damit für die Top 100 klar mit 51 Prozent Eigenentwicklung und für die Top 1.000 mit 40,36 Prozent Eigenentwicklung beantwortet **(Grafik 1)**. Tendenziell lässt sich erkennen, dass mit zunehmendem Umsatz neben höherem Anteil an Eigenentwicklungen auch mehr On-Demand- und SaaS-Lösungen sowie Closed-Source-Shopsysteme eingesetzt werden. Auch nimmt die Bedeutung des ERP-Systems zu, wodurch Kombinationen wie SAP und Hybris beispielsweise an Vorteilen gewinnen.

Neben allen faktischen Argumenten ist eine Eigenentwicklung laut einigen Unternehmen meist ein hohes Motivationspotenzial für die internen Mitarbeiter, die etwas selbst erbauen oder umsetzen können. Eine Shopsoftware und vor allem eine On-Demand- und SaaS-Lösung bieten hingegen die Möglichkeit, betriebswirtschaftlich schlanke Unternehmensstrukturen zu unterhalten.

Technologie | Payment

SUCHE NACH LÖSUNGEN

ELV im Trend, Signpads im Aufschwung, optimale Perspektiven für ApplePay: Lösungen für den Zahlungsverkehr der Zukunft sind auf der Schiene.

Text **Horst Rüter, EHI**

Der durch das EHI-Erhebungspanel Zahlungssysteme mit seinen nun 522 Unternehmen repräsentierte relevante Umsatz ist auf 215,3 Mrd. Euro angewachsen. Die Aussagequalität der Daten konnte somit verbessert werden, die EHI-Zahlen stehen nun für 55,2 Prozent des stationären Einzelhandelsumsatzes im engeren Sinne. Der Umsatz per Karte ist 2014 um 4 Mrd. Euro auf 170,4 Mrd. Euro gestiegen und macht 43,7 Prozent des Gesamtumsatzes im deutschen Einzelhandel aus. Der kartengestützte Umsatz des Einzelhandels hat sich damit in den letzten 20 Jahren seit Beginn der ersten systematischen Erhebung des EHI mehr als verachtfacht. Gleichzeitig ist der Baranteil um weitere 1,1 Prozentpunkte auf 53,3 Prozent des Umsatzes zurückgegangen. Die restlichen 3 Prozent entfallen auf Rechnungs- und Finanzkauf sowie auf Umsätze mit den immer beliebter werdenden Gutscheinkarten **(Grafik 1)**.

EC-Lastschrift – Renaissance im Einzelhandel

Bemerkenswert ist die Entwicklung innerhalb des Segments Kartenzahlung. Während der unangefochtene langjährige Umsatzwachstumsträger Girocard/Electronic Cash nur noch ein Plus von 0,6 Prozentpunkten nach einem Zuwachs um 1,0 Prozentpunkte im Vorjahr verzeichnet, verbucht das händlerinitiierte EC-Lastschriftverfahren einen Zuwachs von 0,5 Prozentpunkten nach einem Vorjahresplus von 0,1 Prozentpunkten. Damit entfallen nun rund 92,5 Mrd. Euro Umsatz auf Girocard/Electronic Cash und rund 52,3 Mrd. Euro auf das EC-Lastschriftverfahren. Grund für die positive Entwicklung des EC-Lastschriftverfahrens dürfte u. a. die gewonnene Sicherheit für den Weiterbetrieb von ELV & Co. unter Sepa-Regularien sein, für die sich das ELV Forum unter Leitung des HDE mehrere Jahre lang eingesetzt hat. Nur 5 Prozent der Unternehmen hat sich gegen den Weiterbetrieb von EC-Lastschriftverfahren entschieden. Damit ist die erfolgreiche Dualität von PIN- und Unterschriftverfahren der vergangenen Jahre weiterhin gesichert. Zurzeit praktizieren gut drei Viertel aller großen Unternehmen eine Kombination beider Verfahren – und das sogar mit leicht steigender Tendenz.

Der Blick auf die Ausfallstatistik des ELV zeigt, dass die Totalausfälle mit einer Quote von 0,048 Prozent (nach 0,052 Prozent im Vorjahr) weiter leicht rückläufig sind. Allerdings müssen die hohen vorläufigen Ausfälle, die mit 0,266 Prozent auf den höchsten Wert seit 2006 gestiegen sind, im Auge behalten werden, da hiermit ein erheblicher Bearbeitungsaufwand verbunden ist. Für eine Forderungsabtretung mit Zahlungsausfallgarantie zahlen große Unternehmen zurzeit eine Gebühr zwischen 0,105 und 0,26 Prozent des Lastschriftumsatzes.

Weiter leicht zunehmend sind die Debitverfahren Maestro bzw. V Pay der internationalen Kreditkartengesellschaften, die zusammen auf 0,6 Prozent (nach

BAR ODER MIT KARTE? Grafik 1
Anteile der Zahlungsarten am Umsatz des Einzelhandels i. e. S. in Deutschland 2014, Angaben in Prozent

- Bar 53,3
- Karte 43,7
- Rg./Finanzkauf 2,4
- Sonstige 0,6
- EC-Lastschrift 13,4
- girocard/ec-cash 23,7
- Kreditkarte 5,3
- Handelskarte 0,7
- Maestro/V PAY 0,6

Quelle **EHI-Erhebung 2015**

0,5 Prozent im Vorjahr) kommen. Ein leichter Rückgang ist hingegen bei den Kreditkartenumsätzen festzustellen. Ihr Anteil liegt nun bei 5,3 Prozent (minus 0,1 Prozentpunkte). Immerhin 31 Prozent der befragten Handelsunternehmen hatten sinkende Kreditkartenanteile zu verzeichnen, darunter auch einige besonders ergebnisrelevante Branchenschwergewichte. Die Ergebnisse der EHI-Studie können in diesem Punkt die Erfolgsmeldungen der Kreditkartenorganisationen, die für Deutschland im letzten Jahr auch für den stationären Handel zweistellige Zuwächse berechnet haben, nicht bestätigen. Offensichtlich sind hierin die vom EHI nicht berücksichtigten Branchen Hotel, Gastronomie, Bahn- und Luftverkehr sowie Reisebüros so stark vertreten, dass diese Ergebnisunterschiede zustande kommen. Im klassischen Handel zeigt sich in diesem Punkt momentan eine andere Lage.

Gebühreneinsparungen in zweistelliger Millionenhöhe

Durch die vom Bundeskartellamt erzwungene Aufhebung der Girocard-/Electronic-Cash-Monopolgebühren konnten im Einzelhandel deutliche Einsparungen realisiert werden. Seit November 2014 müssen die Gebühren zwischen Händlern und Banken individuell ausgehandelt werden. Zu einem kleinen Teil haben insbesondere sehr große Unternehmen diese Verhandlungen mit den Kopfstellen der Karten-Issuer-Seite selbst geführt, in der Mehrzahl wurden aber vor allem Netzbetreiber mit Verhandlungsmandaten ausgestattet. Das EHI hat berechnet, dass die Gebühren im laufenden Jahr durch diese Verhandlungen um circa 20 Prozent reduziert werden. Das entspricht einem Volumen von 62,6 Mio. Euro, die im Jahr 2015 weniger an die Kreditwirtschaft überwiesen werden müssen. Allerdings wurde bei der Auswertung der Erhebungsdaten deutlich, dass nur ein geringer Teil der befragten Handelsunternehmen eine Issuer-bezogene Differenzierung der vom Netzbetreiber ausgehandelten Gebühren vorgenommen hat. Möglicherweise sind die erreichten Ergebnisse seitens des Netzbetreibers also nicht jedem angeschlossenen Händler transparent gemacht worden. Jeder Händler hat darauf allerdings einen Anspruch und sollte auch auf dieser Transparenz unbedingt bestehen, um sich mögliche Nachverhandlungsoptionen für die Zukunft offen zu halten. Durch die sinkenden Gebühren steigt in jedem Fall auch wieder die Attraktivität einer Girocard-/Electronic-cash-Akzeptanz – auch gegenüber dem nationalen Wettbewerbsprodukt ELV.

Inwieweit die von der EU vorgegebenen Begrenzungen der Interchange-Sätze in den kommenden Jahren nicht nur Kreditkarten und internationale Debitbrands betreffen oder auch für das nationale Girocard/Electronic-Cash-Verfahren Geltung erlangen, ist derzeit noch nicht eindeutig geklärt. Wie auch immer die zuständigen Bundesministerien entscheiden werden, so wird doch schon durch die deutliche Begrenzung der Interchange-Sätze bei den internationalen Systemen Druck ausgeübt. Schon heute ist es empfehlenswert, es einigen Händlern gleichzutun und in Acquirer-Neuverträgen eine Interchange-abhängige Provisionsregelung (IC++) statt einer Fixgebühr zu vereinbaren. Dadurch erreicht man höhere Flexibilität in einem sich zurzeit sehr dynamisch verändernden Markt mit tendenziell (deutlich) sinkenden Gebühren.

ERWARTETE KONSEQUENZEN Grafik 2
der EU-Interchange-Deckelung - aus Sicht großer Einzelhandelsunternehmen (Vergleich 2015 u. 2014) in Prozent aller Unternehmen

- Kreditkartenakzeptanz attraktiver, steigender Marktanteil
- Kreditkartenunternehmen entwickeln „Ersatzgebühren"
- Kreditkarten echter Wettbewerber; Preisdruck auf ec-cash/ELV
- Maestro/V Pay viel stärkerer Wettbewerber zu ec-cash/ELV
- Stärkerer Rückgang von Bargeld, da Kartenakzeptanz insgesamt für Handel preiswerter
- Deutliche Verteuerung der Kreditkartenausgabepreise, sogar nachlassende Kartenzahlung
- Keine Änderung, Deutschland ist kein Kreditkartenland

■ 2015 ■ 2014

Quelle **EHI-Jahreserhebung 2014 und 2015**

Technologie | Payment

62,8 Prozent der befragten Händler erwarten steigende Marktanteile für Kreditkarten, 43,3 Prozent einen stärkeren Wettbewerbsdruck auf Electronic Cash und ELV. 40,7 Prozent glauben daran, dass Maestro und V Pay nun zu ernsthaften Wettbewerbern der beiden nationalen Verfahren werden **(Grafik 2)**.

Schon jetzt lockern die Kreditkartengesellschaften die jahrelang festgefahrenen Gebühren für immer mehr Branchen. So gibt es nicht mehr nur für Tankstellen und den Lebensmittelhandel deutliche Nachlässe, sondern auch schon für Möbel- und Elektronikhändler oder für Drogeriemärkte.

Technologie: Signpads vor einem Aufschwung

Rund 57 Prozent der großen Handelsunternehmen werden im laufenden Jahr oder in den nächsten Jahren in die Payment-Infrastruktur investieren, wobei nicht mehr nur wie in den vergangenen drei Jahren die NFC-Technologie im Fokus steht. Bei immer mehr Unternehmen werden sogenannte Unterschriften-Pads (Signpads) eingeführt, um die elektronische Belegarchivierung für das EC-Lastschriftverfahren und die – bei sinkenden Gebühren – als besonders wachstumsstark prognostizierten Kreditkartentransaktionen zu erreichen. Es bleibt allerdings auch festzustellen, dass zwar die kurzfristige Investitionsbereitschaft der Händler gestiegen ist, es aber langfristig zurzeit offensichtlich an klaren Perspektiven mangelt. Dabei stehen viele Händler durchaus auch dem Thema Mobile Payment wohlwollend gegenüber, sind aber bislang nicht wirklich von den wenigen aktuell angebotenen Lösungen überzeugt. Umso bemerkenswerter ist die Einschätzung eines möglichen Markteintritts von Apple Pay in Deutschland. Rund ein Viertel der Befragten glaubt an einen vollen Erfolg der Mobilbezahllösung aus den USA, weitere zwei Drittel halten ApplePay zumindest für nischenlösungstauglich. Das ist sicherlich überraschend, denn momentan ist ja noch gar nicht klar, ob Apple überhaupt den Sprung aus den USA und dem avisierten „Brückenkopf" UK nach Deutschland wagt.

170,4 MRD. EURO

wurden 2014 per Kartenzahlung im Einzelhandel umgesetzt.

Das Vertrauen in eine Leadership von Apple, Google & Co. bei der Entwicklung marktfähiger Mobillösungen hat seit dem letzten Jahr deutlich zugenommen. Derzeit glauben 29 Prozent der Befragten, dass diese Technologieunternehmen das größte Potenzial haben, für den Marktdurchbruch zu sorgen. Allerdings: Gut 50 Prozent, so viele Händler wie nie zuvor, halten den Faktor Kundenakzeptanz für alles entscheidend bei diesem Thema. Das diesbezügliche Vertrauen in die Kreditwirtschaft und in Unternehmen der Telekommunikation ist im vergangenen Jahr mangels aktuell angebotener oder gar überzeugender Lösungen deutlich gesunken.

Paypal und Vor-Ort-Bezahlung lassen aufhorchen

Im Online-Angebot der im EHI-Panel vertretenen Omnichannel-Händler ist erstmals Paypal die am häufigsten angebotene Zahlungsart. Beim Kunden vergleichsweise unbeliebte Online-Bezahlverfahren wie Vorkasse oder Nachnahme verlieren sukzessive auch im Angebot der Händler an Bedeutung. Paypal ist nach der konventionellen Zahlungsart Rechnung/Überweisung mit deutlichem Vorsprung vor der Kreditkarte auf Platz zwei im Umsatzranking der Omnichannel-Händler und konnte den Anteil in einem Jahr um 3,3 Prozentpunkte auf 27,4 Prozent steigern. Deutlich zugelegt hat in Geschäften, die sowohl stationär als auch online aktiv sind, die Bezahlung online bestellter Waren vor Ort. Diese Variante nimmt den besonders sicherheitsbewussten Kunden offensichtlich die Angst vor dem Einsatz von Zahlungsmitteln im Internet und ermöglicht gleichzeitig noch einmal eine Überprüfung der bestellten Ware in einer Filiale des Händlers.

Payment | **Technologie**

ERST PRÜFEN, DANN ZAHLEN

Schnell und bequem — so wollen Kunden zahlen. Aber sie möchten die Ware vor der Bezahlung auch sehen und überprüfen.

Text **Dorothee Frigge, Sarah Levin, EHI Retail Institute**

Onlineshopper schätzen beim Bezahlen Schnelligkeit und Bequemlichkeit. Wenn sie außerdem die Möglichkeit haben, die Ware vorher zu prüfen, tun sie dies bevorzugt. Die Studie Online-Payment zeigt, dass fast 30 Prozent des E-Commerce-Umsatzes der 1.000 größten Onlineshops per Rechnung beglichen werden. Doch auch die Omnichannel-Variante der Zahlung bei Abholung wächst – zwar auf noch niedrigem Niveau, dafür aber rasant.

Die jährliche Händlerbefragung wurde zum vierten Mal in Folge durchgeführt. 77 Online-Händler, sowohl Pure Player als auch Omnichannler, beteiligten sich. Die Ergebnisse repräsentieren knapp 35 Prozent des E-Commerce-Umsatzes der 1.000 größten Onlineshops, der im Jahr 2013 über 30 Mrd. Euro betrug. Die Markthochrechnung der gewichteten Ergebnisse zeigt, dass sich mit der Dominanz des Kaufs auf Rechnung der Trend der vergangenen Jahre fortsetzt. An zweiter Stelle steht die Lastschrift, auf die 21,8 Prozent des E-Commerce-Umsatzes entfallen (19,3 Prozent in 2014). Paypal folgt mit 20,2 Prozent an dritter Stelle (19,9 Prozent im Vorjahr). Die leichte Verschiebung zugunsten der Lastschrift kann als Amazon-Effekt interpretiert werden: Bei der statistischen Betrachtung eines um Amazon bereinigten E-Commerce-Marktes steigt der Anteil von Paypal auf 25 Prozent, der Lastschriftanteil fällt dagegen mit 6,7 Prozent deutlich geringer aus **(Grafik 1)**.

Kreditkarte beliebt

Im Gesamtmarkt steht die Kreditkarte an vierter Stelle mit einem Umsatzanteil von 10,8 Prozent. Die klassischen, noch aus dem Versandhandel bekannten Zahlungsverfahren Vorkasse, Ratenkauf und Nachnahme haben Umsatzanteile von 6,6 Prozent (Vorkasse) 4,5 Prozent (Ratenkauf) und 3 Prozent (Nachnahme). Für die Online-Bezahlart Sofortüberweisung konnte ein Umsatzanteil von 3,2 Prozent ermittelt werden, für das Bezahlen über Amazon 0,3 Prozent und für Giropay 0,1 Prozent.

Die Zahlung bei Abholung hat mit 1,5 Prozent zwar ein vergleichsweise kleines Stück am Umsatzkuchen, kann dabei aber eine Steigerungsrate in Rekordhöhe von 114 Prozent im Vergleich zum Vorjahr verzeichnen.

Paypal ist nicht nur eines der umsatzstärksten Bezahlverfahren, sondern auch ein wirkungsreicher Marktteilnehmer. 54 Prozent der Befragten glauben,

Bequem: Die Ware unter die Lupe nehmen, dann zahlen.

Technologie | Payment

dass Paypal zukünftig den höchsten Einfluss auf das Thema Online-Payment und die Weiterentwicklungen in diesem Bereich haben wird.

Zahlungsarten und Konversionsrate: Weniger ist mehr?

Besucher von Onlineshops sollen möglichst nicht nur virtuell stöbern, sondern auch kaufen – je höher die Konversionsrate, also der Anteil tatsächlicher Kunden an den Besuchern eines Onlineshops, desto besser. In der diesjährigen Erhebung wurden die teilnehmenden Online-Händler erstmalig danach befragt, ob ihrer Einschätzung nach eher das Angebot vieler verschiedener oder aber das Anbieten bestimmter Zahlungsarten Konversionstreiber sind. Für zwei Drittel der Befragten ist weniger mehr, wobei hier insbesondere der Kauf auf Rechnung und erneut Paypal als positive Einflussgrößen gesehen werden.

Mit dem Ziel, Betrugsschäden im Online-Handel zu bekämpfen und das Vertrauen der Verbraucher in Internet-Zahlungsdienste zu stärken, haben EBA und EZB Leitlinien erlassen, die das Bezahlen im Internet sicherer gestalten sollen. Gefordert wird unter anderem eine Zweiwege-Authentifizierung anhand voneinander unabhängiger Merkmale, wie sie beispielsweise aus dem Onlinebanking bereits bekannt ist. Das Stimmungsbild der befragten Online-Händler zeigt, dass eine Vielzahl die starke Authentifizierung aus Sicherheitsgründen zwar befürwortet, einen raschen Kaufabschluss aber als wichtiger erachtet. Im Gegensatz zur genannten EU-Zielsetzung geht eine deutliche Mehrheit davon aus, dass Kunden die starke Authentifizierung nicht begrüßen werden. Aus Händlersicht bleibt daher zu hoffen, dass hier möglichst einfache Verfahren entwickelt werden.

Kreditkartenzahlungen: für Händler am teuersten

Für das Anbieten einer Zahlungsart entstehen einem Händler Kosten – direkte und indirekte –, die sich von Verfahren zu Verfahren unterscheiden. Ein Blick auf

ERST DIE WARE ... Grafik 1

Markthochrechnung - Entwicklung der Umsatzanteile 2013 - 2014
Top 10 Zahlungsmittel, Angaben in Prozent

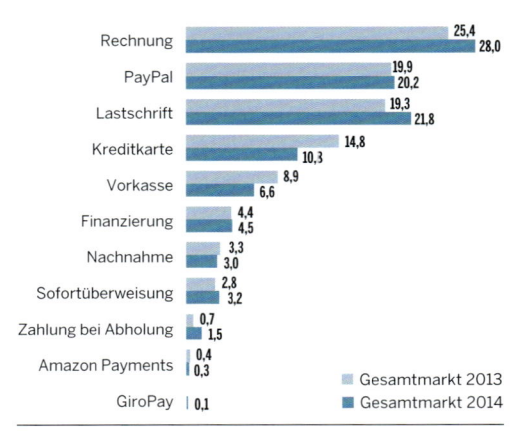

Zahlungsmittel	2013	2014
Rechnung	25,4	28,0
PayPal	19,9	20,2
Lastschrift	19,3	21,8
Kreditkarte	14,8	10,3
Vorkasse	8,9	6,6
Finanzierung	4,4	4,5
Nachnahme	3,3	3,0
Sofortüberweisung	2,8	3,2
Zahlung bei Abholung	0,7	1,5
Amazon Payments	0,4	0,3
GiroPay	0,1	

Quelle **EHI**

die jeweiligen Gesamtnutzungskosten zeigt, dass die Kreditkartenzahlung am teuersten ist. Es folgen der markengestützte Rechnungskauf und GiroPay. Am günstigsten ist den Händlerangaben zufolge die Zahlung bei Abholung.

Payment-Steuerung

Um die Entscheidung eines Kunden für eine vom Händler präferierte Zahlungsart zu lenken, kann das Instrument der Payment-Steuerung zum Einsatz kommen. Im Rahmen der diesjährigen Befragung haben die teilnehmenden Online-Händler angegeben, für die Zahlungsarten Finanzierung, Nachnahme, Kauf auf Rechnung, Kreditkarte und Paypal Preisaufschläge zu berechnen. Die Zahlung per Vorkasse wurde in diesem Jahr als einzige Zahlungsart identifiziert, bei der Kunden ein Rabatt gewährt wird. Die Studienergebnisse ergaben zudem, dass knapp über die Hälfte der Händler bei der technischen Anbindung von Zahlungsarten auf die Dienste eines Payment-Service-Providers zurückgreift.

Payment | **Technologie**

NEUE HERAUSFORDERUNGEN

Um die Diskussionen über Kassen-Apps, Home Delivery, E- und M-Commerce und mobiles Bezahlen materialisieren sich die auf allen Kanälen suchenden Konsumenten und ein hinterherhinkender Einzelhandel.

Text **Susanne Kohlhofer, CCV**

Verkaufen ist keine Kunst – aber dabei Verdienen! Das altbekannte Sprichwort entlockt gerade heute vielen Einzelhändlern gleichwohl wie Controllern größerer Konzerne den einen oder anderen Stoßseufzer. Der Kunde scheint sich nicht mehr in die eingängigen Zielgruppenschemata pressen zu lassen, er ist selbstbewusst, und ja – er ist auch mächtig geworden. Das Internet und letztendlich die mobilen Smartphones und Tablets haben dem Verbraucher eine neue Machtstellung gegeben, resultierend aus der unerschöpflichen, stets präsenten Informationsquelle.

Der moderne Kunde handelt bereits „omnichannel", er pickt sich aus stationärem und virtuellem Angebot das für ihn vorteilhafteste heraus. Loyalität und Stammkundendenken verlieren ihre Stellung. Exotische oder ausgefallene Waren konnten einem Händler in seinen vier Ladenwänden vor ein paar Jahren noch gutgehende Umsätze garantieren, heute muss sich dieses Geschäftsmodell eher online als stationär auch gegen internationale Konkurrenz behaupten.

Das stationäre Ladengeschäft bleibt weiterhin ein elementarer Teil der Customer Journey, die sich aber mit Heranwachsen der neuen „Digital Natives" ausweiten und ändern wird.

Die „neuen" Käufer – die Generation, für die es ein Leben ohne Tablets, Smartphones und Social Media nicht mehr geben kann und wird – hat eine völlig andere Vorstellung von Vernetztsein und den Möglichkeiten, die sich daraus ergeben. Die Einkaufserlebnisse nicht nur zu teilen, sondern vielmehr ein Teil davon zu werden, ist für diese Generation selbstverständlich. Teilhaben, am besten bereits am Entstehungsprozess der Ware, und aktives Einflussnehmen auf das gekaufte Gut ist eine logische Konsequenz in einer vernetzten Welt. Ich konfiguriere mein neues Auto, warum kann ich nicht auch mein neues Kleid nach meinen Wünschen designen? Zugegeben, diese Welt liegt noch in weiter Ferne, es lässt sich dennoch feststellen, dass das Umdenken in den Köpfen der Dienstleister für den Handel bereits begonnen hat.

Pflicht: Kassensystem modernisieren

Ein neues Regulatorium könnte im Handel als Auslöser für unverhofften Umbruch und auch Umdenken sorgen. So mancher Händler wird und muss sein Kassensystem modernisieren. Mit Ablöse der GDPdU (Grundsätze zum Datenzugriff und zur Prüfbarkeit digitaler Unterlagen) durch die neuen, ab dem 1. Januar 2017 geltenden „Grundsätze zur ordnungsmäßigen Führung und Aufbewahrung von Büchern, Aufzeichnungen und Unterlagen in elektronischer Form sowie zum Datenzugriff" (GoBD) muss und wird so mancher Händler sein Kassensystem modernisieren. Kerngedanke der neuen GoBD ist die Vereinfachung der Einreichung der Finanzdaten eines Handelsunternehmens an das Finanzamt und bedeutet, dass in Zukunft alle relevanten Daten elektronisch erfasst und übermittelt werden müssen. Eine Anforderung, der einige Kassensysteme nicht standhalten werden. Eine Tatsache, die für die schlagartige Vermehrung von Anbietern für Kassen-Apps sorgt. Einfach und absolut zeitgemäß – warum nicht die aus dem Alltag nicht mehr wegzudenkenden Tablets auch als Arbeitsgerät nutzen? In den Apps der Anbieter sind schon viele Funktionen enthalten, die die schwerfällige Kasse von damals zum heutigen zentralen Dreh- und Angelpunkt der internen und externen Geschäftsprozesse macht. Warenwirtschaft, Webshop oder auch Ebay-Anbindung, Überwachung der Energiekosten, Auswertung von Umsätzen – und ja, auch Bezahlen – sind nur einige Beispiele der heute in Apps realisierten Möglichkeiten. Mit modernen Bezahl-Terminals

Technologie | Payment

sowie Pin-Pads lassen sich alle verfügbaren bargeldlosen Bezahlmöglichkeiten mühelos integrieren.

Wieviel Umsatz macht mein neues Produkt sowohl online als auch offline? Wann sind meine Stoßzeiten für eine bessere Personalplanung? Mit einem guten Kundenverwaltungssystem kann der Händler seine Kunden nicht nur besser einschätzen, sondern auch seine Kommunikationskanäle (Printmedien, Online, TV u. a.) auswerten und optimieren.

Für den Händler liegt darin die Chance, mit wenigen Hilfsmitteln sein Geschäft zu vernetzen: sowohl zur Optimierung seiner eigenen Prozesse als auch für ein besseres Verständnis seiner Kunden. Berührungsängste mit Tablets oder Apps und dem Internet sollte der Händler natürlich nicht haben, wenngleich beispielsweise die neuen Systeme zur Eröffnung des eigenen Webshops für Einsteiger problemlos nutzbar sind.

Modernes, an den Omnichannel-Gedanken orientiertes Kassenmanagement geht über in viel mehr als nur ein Check-out-System, das sich bisher hauptsächlich über die Bezahlfunktion definierte. Mit den meist App-basierten Systemen können sich vor allen Dingen kleine Einzelhändler fit machen für eine Zukunft, in der sich Informations-und Kaufverhalten der Konsumenten weiter ändern werden. Wichtig für den Erfolg wird auch zukünftig der Faktor „Komfort" sein. Wo Online-Riese Amazon mit seiner einfachen „one-Click"-Strategie immer weiter Wachstumsraten präsentiert, müssen sich auch im stationären Handel einfache, schnelle und kundenorientierte Auswahl- und Bezahlverfahren begleitet von ebensolchen Informationsmöglichkeiten etablieren, die sich idealerweise mit einem Online-Angebot ergänzen.

Kräfte bündeln

Die alte Frage: „Wie bringe ich den Kunden in mein Geschäft?", bleibt essenziell und verlangt nach neuen Antworten. In einer Omnichannel-Gesellschaft steht dies auch auf der Agenden des Stadt- und Kommunen-Marketings. Die Bündelung von Kräften und das Entstehen von „Communities" sind weitere Herausforderungen, die sich auch im Kassen-Management wiederspiegeln werden. Dazu gehören die Verarbeitung von individuellen Bonus- und Kundenkarten, aber auch Social-Media-Anwendungen, über die sich Händler vernetzen. Cross- und Up-Selling-Chancen werden dort ohne Bürokratie verwirklicht und Synergien bestmöglich ausgenutzt.

Das Beste von Allem: Der Kunde sucht sich die Vorteile des stationären und Online-Handels.

Payment | **Technologie**

DON'T TOUCH ME!

Jetzt auch kontaktlos. In einem Pilotprojekt in Berlin werben einige Einzelhändler und Mobilfunknetzbetreiber für NFC-Payment.

Text **Tobias von Heymann, BusinessHandel**

In Zukunft sollen im Handel die Kassen nicht mehr klingeln. Allerdings nicht, weil plötzlich die Umsätze wegbrechen. Nein, im Gegenteil: Schnell und geräuschlos soll das Bezahlen werden, weil Mobile Payment per Smartphone den Prozess an der Kasse vereinfachen und beschleunigen – und damit Wartezeit in der Schlange – verkürzen soll. Genau das ist das Ziel des gestarteten Pilotprojekts „NFC City Berlin": „Zahl einfach mobil" wirbt die Initiative und will diese neue Möglichkeit jetzt schwerpunktmäßig in der Hauptstadt bekannt machen sowie die Kunden vom Nutzen der neuen Technik überzeugen. Dafür haben sich die deutschen Mobilfunknetzbetreiber Deutsche Telekom, Telefonica Deutschland und Vodafone mit den vier großen Handelskonzernen Metro Group, Rewe Group, Obi und Kaiser's zusammengeschlossen. Diese haben ihrerseits in den letzten Monaten die Zahl der neuen Terminals in 500 Shops auf 2.000 verdoppelt. Weitere Partner aus dem Handel können sich jederzeit einklinken. „Noch zahlen etwa 50 Prozent aller Kunden in Deutschland in bar, hinzu kommen EC- und Kreditkarten. Mit NFC wollen wir ihnen eine zusätzliche Option bieten", sagt Torsten Kruse, Geschäftsführer der Galeria Kaufhof am Alexanderplatz. Berlin eigne sich für den Auftakt besonders gut, weil nicht nur viele Berliner, sondern auch Touristen aus dem In- und Ausland die neue Technik bereits kennen und hier nutzen können. Daher haben Galeria Kaufhof und ihre Tochterunternehmen seit 2013 das System bundesweit peu à peu eingeführt und betreiben heute insgesamt etwa 3.500 Kartenzahlungsterminals.

Mit über 170 Märkten ist auch die Rewe Group an der Initiative beteiligt. „Kassenterminals unterliegen einem Verschleiß, wie andere technische Einrichtungen auch", sagt Andreas Krämer, Sprecher der Rewe Group. Das bedeute für die Handelsgruppe, dass eine grundsätzliche technische NFC-Fähigkeit der Kassenterminals heute zum Anforderungskatalog gehört, wenn sie sowieso erneuert werden müssen. Auch Real beteiligt sich an der Aktion und hat im Februar seine sieben Berliner Filialen umgerüstet. „Wir nutzen das Pilotprojekt, um die Akzeptanz bei den Kunden zu testen. In etwa drei bis vier Monaten werden wir sehen, ob sie gestiegen ist und wie wir das bundesweit ausrollen", sagt Markus Jablonski, Sprecher von Real. Das kontakt- und berührungslose Bezahlen sei ein starkes Argument, sodass sich NFC durchsetzen könne.

Wie NFC funktioniert, führt Ercan Kilic, Leiter der Arbeitsgruppe Mobile Payment bei GS1 Germany, vor. GS1 hat bei dem Projekt die Kooperation der Partner als neutrale Plattform ermöglicht. Zunächst legt Kilic eine kleine Flasche Apfelschorle aufs Band, die die Verkäuferin einscannt. Dann hält er sein Smartphone über das Terminal – und der Bezahlvorgang beginnt: 1 Euro 14 Cent sind fällig. Auf dem Display erscheint dieser Warenwert als digitaler Kassenzettel und den ausgedruckten der Kasse erhält man zusätzlich. Um NFC nutzen zu können, muss das Smartphone aber über eine NFC-SIM-Karte verfügen. Die beteiligten Mobilfunknetzbetreiber tauschen die alten Karten auch kostenlos aus – beim Neukauf ist NFC bereits jetzt automatisch mit dabei. Dann müssen die Nutzer die App des eigenen Mobil-Anbieters herunterladen und Bankdaten hinterlegen. Jetzt ist diese App die digitale Brieftasche, das sogenannte „Wallet". Ist die App beim gewählten Kreditinstitut registriert und freigeschaltet, kann das Kaufen losgehen. Und das überall auf der Welt, wo NFC-Terminals stehen. Auch lässt sich für diese App zur Sicherheit zusätzlich eine eigene PIN einrichten. Darüber hinaus besteht aber auch die Möglichkeit, bis zu einer Höhe von 25 Euro auf eine PIN-Eingabe zu verzichten und sie nur bei höheren Beträgen eintippen zu müssen. Diese bucht die Bank dann ab. Wer wissen möchte, ob sein Smartphone NFC-tauglich ist, kann das über die Seite **www.zahl-einfach-mobil.de** herausfinden.

Technologie | Sicherheit

INVENTURDIFFERENZEN 2015

Diebstahl ist immer noch eine sehr häufige Ursachen für Inventurdifferenzen. Deshalb muss der Handel gewaltig investieren, um seine Waren vor Langfingern zu schützen.

Text **Frank Horst, EHI**

Im Jahresvergleich 2014 zu 2013 sind die Inventurdifferenzen bei den teilnehmenden Unternehmen zwar geringfügig gesunken, in branchengewichteter Hochrechnung für den gesamten deutschen Einzelhandel jedoch nahezu unverändert geblieben. Es gab leicht unterschiedliche Entwicklungen in einzelnen Branchen, gravierende Veränderungen sind per saldo jedoch nicht eingetreten.

Nach wie vor schmälert eine durchschnittliche Inventurdifferenz von 0,61 Prozent – bewertet zu Einkaufspreisen in Prozent vom Nettoumsatz – die Renditen im Einzelhandel. Bewertet zu Verkaufspreisen in Relation zum Bruttoumsatz entspricht dies in branchengewichteter Hochrechnung einem Wert von durchschnittlich exakt 1 Prozent des Umsatzes. Jährlich investiert der Handel rund 1,3 Mrd. Euro in Präventiv- und Sicherungsmaßnahmen, um seine Waren vor Diebstählen zu schützen. Insgesamt gehen dem Handel damit durch Inventurdifferenzen und Investitionen in Sicherheitsmaßnahmen rund 1,3 Prozent seines Umsatzes verloren.

Inventurverluste: 3,9 Mrd. Euro

Im gesamten Einzelhandel summieren sich die zu Verkaufspreisen bewerteten Inventurdifferenzen auf 3,9 Mrd. Euro. Nach Einschätzung der Handelsexperten sind auf Ladendiebstähle durch Kunden rund 2,1 Mrd. Euro zurückzuführen, den eigenen Mitarbeitern werden fast 900 Mio. Euro angelastet, und sowohl Lieferanten als auch Servicekräften werden etwas mehr als 300 Mio. Euro an Warenverlusten im Jahr zugerechnet. Statistisch gesehen bedient sich jeder Bundesbürger jährlich an Waren im Wert von 26 Euro im Einzelhandel, ohne zu bezahlen. Auf den Lebensmittelhandel projiziert bedeutet dies, dass rund jeder 200. Einkaufswagen unbezahlt die Kasse passiert.

An der aktuellen Untersuchung beteiligten sich 110 Unternehmen mit insgesamt 20.766 Verkaufsstellen, die einen Gesamtumsatz von rund 78,5 Mrd. Euro erwirtschaftet haben. Die durchschnittliche Verkaufsfläche der beteiligten Geschäfte beträgt 1.210 qm.

Branchenentwicklungen

Der überwiegenden betrieblichen Praxis folgend wurden die Erhebungen – bewertet zu Nettoeinkaufspreisen in Relation zum Nettoumsatz (= Bruttoumsatz ohne Mehrwertsteuer) – erfasst. Das durchschnittliche Niveau der Inventurdifferenzen 2014 hat sich – bei gleicher Grundgesamtheit – mit 0,61 Prozent vom Nettoumsatz gegenüber 0,63 Prozent in 2013 leicht verbessert. Als Orientierung können folgende Mittelwerte angegeben werden, obwohl ein direkter Vergleich von Inventurdifferenzen verschiede-

Sicherungsetikett mit Signal: hier von Checkpoint.

ner Unternehmen nur bedingt möglich und sinnvoll ist: Im Lebensmittelhandel liegen die durchschnittlichen Inventurdifferenzen der beteiligten Unternehmen bei 0,51 Prozent. Während bei Supermärkten bis 2.500 qm überwiegend eine Verbesserung mit nunmehr im Schnitt 0,49 Prozent eingetreten ist, haben SB-Warenhäuser etwas höhere durchschnittliche Inventurverluste mit Werten von 0,61 Prozent gegenüber 0,55 Prozent in 2013 festgestellt. Große Supermärkte bis 5.000 qm liegen mit 0,51 Prozent vom Nettoumsatz ebenfalls leicht unter dem Vorjahresniveau. Die erstmals auswertbaren Getränkefachmärkte erleiden im Branchenvergleich mit 0,22 Prozent die niedrigsten Verluste.

Drogeriemärkte weichen mit durchschnittlich 0,78 Prozent nur geringfügig von ihrem Vorjahresniveau ab, ebenso wie die beteiligten Baumarktunternehmen mit Inventurdifferenzen von nunmehr durchschnittlich 0,62 Prozent.

Im gesamten Bekleidungshandel sind die durchschnittlichen Inventurdifferenzen mit 0,57 Prozent ebenfalls fast unverändert. Während Bekleidungsfachgeschäfte (0,64 Prozent), Textilfachmärkte (0,54 Prozent) und Schuhfachgeschäfte (0,44 Prozent) ihre Ergebnisse verbessern konnten, hatten die Textilkaufhäuser einschließlich der Warenhausbetreiber (0,54 Prozent) etwas höhere Verluste zu verzeichnen. Die durchschnittlichen Inventurdifferenzen der beteiligten Möbelhäuser unterschiedlichster Sortimentsausrichtung haben sich auf 0,39 Prozent vom Netto-Umsatz erhöht.

Anstieg der Ladendiebstahlsanzeigen

2014 sind die angezeigten Ladendiebstähle laut polizeilicher Kriminalstatistik seit Jahren erstmals wieder um 2,6 Prozent angestiegen auf insgesamt 365.373 Fälle. Der stetige Rückgang angezeigter Ladendiebstähle in den letzten Jahren spiegelte aber nicht die tatsächlichen Verhältnisse wider. Die Einschätzungen des Handels zur Kriminalitätslage standen und stehen im Widerspruch zur Statistik. Durch

„NUR DIE SPITZE EINES EISBERGES IST SICHTBAR: WENIGER ALS 2 PROZENT ALLER LADENDIEBSTÄHLE WERDEN ERKANNT UND ANGEZEIGT!"

FRANK HORST, EHI RETAIL INSTITUTE

die hohe Dunkelziffer von über 98 Prozent besitzt die Statistik nur eine eingeschränkte Aussagefähigkeit. Aus dem durchschnittlichen Schaden der angezeigten Diebstähle und dem tatsächlichen Schaden im Handel ergibt sich, dass täglich über 85.000 Ladendiebstähle mit je einem Warenwert von rund 80 Euro unentdeckt bleiben.

Diebstahlskriminalität noch hoch

In vielen Bereichen der Einzelhandelskriminalität erwarten die Händler nach wie vor eine weitere Steigerung. Vor allem Ladendiebstähle in ihren unterschiedlichen Formen und Ursachen wie Gelegenheitsdiebstähle, Beschaffungskriminalität, Diebstahl auf Bestellung, Bandendiebstähle usw. sind aber mit Abstand das größte Problem für den Einzelhandel. Im Fokus steht schon seit einigen Jahren vor allem der professionell organisierte Ladendiebstahl im Sinne von gewerbsmäßigem Diebstahl, Bandendiebstählen und Diebstählen auf Bestellung von professionell agierenden Tätergruppen, die bei jedem Zugriff wertmäßig hohe Schäden verursachen. Auch der gewöhnliche Gelegenheitsdiebstahl durch Kunden und die zunehmende Gewaltbereitschaft potenzieller Täter bereiten den Einzelhändlern weiter Sorgen.

Handel investiert weiter in Sicherheit

Im Durchschnitt aller Branchen gibt der Handel etwas mehr als 0,3 Prozent vom Umsatz für Sicherheitsmaßnahmen aus. Die Ausweitung der Kamera-

Technologie | Sicherheit

... is watching you: Trotz Kritik sollte der Handel Diebstahlsicherung auch per Videokontrolle betreiben.

überwachung liegt auch aktuell weiter im Trend. Die ständige Schulung und Sensibilisierung des Personals gelten weiterhin als wichtige Präventionsmaßnahmen. Warenwirtschaftliche Datenanalysen sowie Bondatenanalysen zur Erkennung von diebstahlgefährdeten Artikeln und Schwachstellen sind hingegen in den meisten Unternehmen schon ausgereift und etabliert. Testkäufe aber finden derzeit wieder großen Zuspruch, in der Regel verbunden mit anschließenden Mitarbeiterschulungen. Insgesamt gibt der Einzelhandel jährlich 1,3 Mrd. Euro zur Reduzierung von Inventurdifferenzen aus. Die Gesamtaufwendungen für Inventurdifferenzen und deren Vermeidung betragen jährlich rund 5,2 Mrd. Euro.

Das in der Selbsteinschätzung der Handelsunternehmen „akzeptable" Niveau der Inventurdifferenzen stellt aber keinen Anlass dar, Investitionen und Aufwendungen für Präventiv-, Kontroll- und Sicherheitsmaßnahmen zu vernachlässigen. Knapp drei Viertel der Unternehmen halten 2015 ihr Budget für Präventions- und Sicherungsmaßnahmen konstant.

Das Bedrohungspotenzial durch Kundendiebstahl und Mitarbeiterdelikte ist unverändert hoch und wird von den Unternehmen ernst genommen – wie auch die Einschätzungen der Handelsunternehmen zur Kriminalitätsentwicklung im Handel belegen. Auch wenn vertriebliche Aspekte oft im Vordergrund stehen, sind Warensicherungs-, Überwachungs- und Kontrollmaßnahmen oft zwingend und gezielt einzusetzen. Kritische Medienberichte sollten Handelsunternehmen nicht davon abhalten, dort, wo es notwendig ist, unter Einhaltung der gesetzlichen Bestimmungen und der Persönlichkeitsrechte von Kunden und Mitarbeitern die erforderlichen Maßnahmen zur Eindämmung von Diebstählen zu ergreifen. Insbesondere wird die offene Kameraüberwachung als Präventions- und Überführungsinstrument von vielen Einzelhandelsunternehmen auch in diesem Jahr weiter ausgebaut. Ebenso gewinnt das altbekannte Mittel des Testkaufs in unterschiedlicher Ausgestaltung aktuell wieder in vielen Unternehmen an Bedeutung zur Erkennung von Schwachstellen an Kasse und im Verkauf in Verbindung mit anschließenden Mitarbeiterschulungen.

Sicherheit | **Technologie**

DIEBSTÄHLE VERHINDERN

Nur durch eine nachhaltige Kultur der Prophylaxe kann sich der Einzelhandel erfolgreich gegen Diebstähle wehren.

Text **Bozo Markovic, BBE; Emil Salzeder, Kommunikationspsychologe**

Steigen Inventurdifferenzen, reagieren Führungskräfte oft mit Trainings, Testdiebstählen und intensiver Kommunikation mit den Mitarbeitern. Für einen kurzfristigen Effekt ist das oftmals ausreichend, allerdings bedarf es einer nachhaltig erfolgreichen Kultur der Diebstahlsprophylaxe mit klar definierten Rahmenbedingungen, die bislang in nur wenigen Betrieben gepflegt wird.

Die Mitarbeiter auf der Fläche und an der Kasse haben nämlich kaum Interesse, einen Risikokunden anzusprechen. Die Gründe dafür sind:

1. Die Angst vor Blamage oder gar vor physischem Widerstand des Kunden.

2. Wegsehen oder Übersehen von Auffälligkeiten ist nicht sanktionierbar.

3. Sicherheitspersonal oder Führungskräfte im Kassenbereich sind nicht immer verfügbar.

4. Es bestehen kaum individuelle emotionale oder finanzielle Anreize für den Mitarbeiter zur engagierten Prophylaxe.

5. In der Eskalation steht die Führungskraft oft nicht zu 100 Prozent hinter dem Mitarbeiter und „fällt um" auf die Kundenposition.

Damit sind die Risiken für den Mitarbeiter groß, gleichzeitig die Aussicht auf Lob oder gar „Gewinn" nur minimal. Zudem stellt die Situation eine besonders emotionale Aufgabenstellung dar. Genau hier setzt die von der BBE in Zusammenarbeit mit dem Kommunikationspsychologen Emil Salzeder konzipierte Diebstahls-Prophylaxe an. Ausgangspunkt ist die Überlegung, dass Mitarbeiter für die schwierige Aufgabe der Diebstahlsabwehr eine eigene „Bedürfnispyramide" haben. Aus dieser ergeben sich wichtige Leitfragen für die Führungskräfte. Deren klare Antworten sind Bedingung für nachhaltige Erfolge **(Grafik 1)**.

Geht man von einer Ideal-Situation aus, so ist Diebstahlsprophylaxe ein Teil der gelebten Unternehmenskultur. So wird die Ansprache von Risikokunden

BEDÜRFNISPYRAMIDE DER MITARBEITER

Grafik 1

Pyramide (von oben nach unten):
- 4. Ergebnis
- 3. Wertschätzung
- 2. Sicherheit
- 1. Orientierung

4. Habe ich **einen konkreten Vorteil** von meinem Engagement: emotional und/oder sachlich? Und nicht nur **einen abstrakten Vorteil** wie Unternehmenserfolg oder Arbeitsplatzsicherheit.

3. Werde ich von meiner Führungskraft **wertschätzend** behandelt (im Zweifel für den Mitarbeiter, nicht den Kunden) und weiß ich, wie ich Kunden wertschätzend behandeln soll?

2. Kann ich als Mitarbeiter meine Aufgaben erfüllen, **ohne Angst** vor emotionalen, wirtschaftlichen oder gar physischen Einbußen zu haben?

1. Ist jedem der Beteiligten klar, was seine **Rolle, Aufgaben und Verantwortung** sind, was an wen übergeben wird und auf welchem Wege?

Quelle **BBE**

Technologie | Sicherheit

zur Selbstverständlichkeit, Mitarbeiter orientieren sich an fest vordefinierten und jederzeit verfügbaren Checklisten. Außerdem ist die Sprachregelung im direkten „Täter"-Kontakt klar und einheitlich. Selbst in eskalierenden Situationen bleibt die Tonalität dadurch professionell wertschätzend. Langfristig können Kunden an den Prozess gewöhnt werden, Durch ein einheitliches und professionelles Auftreten werden Kunden an den Prozess gewöhnt und potenzielle Diebe abgeschreckt. Bedingung ist aber, dass die Mitarbeiter unternehmerisch denken und handeln, weil Anreize geschaffen und Ängste eliminiert werden.

Tatsächlich sind die Anstrengungen nicht besonders hoch. Sie müssen nur einheitlich und regelmäßig vermittelt und überprüft werden. Die Mitarbeiter brauchen klare Rahmenbedingungen und Instrumente. BBE-Partner Emil Salzeder hat aus mehreren Führungs- und psychologischen Modellen eine Checkliste entwickelt. Mit dieser können Führungskräfte Ängsten ihrer MA zuvorkommen und Anreize schaffen. Wichtig dabei ist, dass dieser Prozess immer wieder von neuem abläuft und weiterläuft, auch wenn er in Köpfen und Herzen „sitzt":

Bewusstsein schaffen und entwickeln

Um den Mitarbeiter immer wieder auf das Thema Ladendiebstahl zu sensibilisieren, bewähren sich in der Praxis kurze wöchentliche Besprechungen mit den Mitarbeitern durch die Hausleitung oder Kassenleitung. Dafür reicht bereits eine Mini-Agenda aus, die folgende Punkte beinhalten sollte:

■ Erfolge in der Diebstahlsprävention: Die Mitarbeiter berichten zuerst, danach die Führungskraft.

■ Lob durch die Führungskraft, gerade auch für „Fehlalarme".

■ Aktuelle Kennzahlen zur Diebstahlslage; Zusammenhang Schwund – Unternehmenszukunft.

■ Bitte um Lösungsvorschläge und Sammlung durch Führungskraft.

■ Bitte um Feedback von den Mitarbeitern an Führungskraft.

Kommunikationstechniken für Handlungssicherheit vermitteln

Eskaliert die Situation, reagieren die Betroffenen hilflos oder aus der Situation heraus auch unpassend. Oftmals bewirken unangemessene Reaktionen dann geradezu das Gegenteil einer Lösung des Konfliktes oder verstärken ihn noch. Daher sollten Kommunika-

KOMMUNIKATIONSTECHNIKEN
Tabelle 1

Ängste des Mitarbeiters	Hilfen für den Mitarbeiter	Maßnahmen des Unternehmens
1. Blamage vor unschuldigen Kunden	Wertschätzende Argumentationstechniken, z. B. „Lassen Sie uns zur Sicherheit nachsehen, damit wir alles haben!"	Die Hilfen werden: - alle 2 Jahre im Training vermittelt - mindestens monatlich mit der FK geübt und - durch eine Merkkarte mit Formulierungen unterstützt Für Eskalation an die FK: - klare Sprachregelungen - einen Alarmplan, wie die FK innerhalb von 1 - 2 Minuten an der Kasse ist
2. Verweigerung des Kunden	Appeltechniken ohne Drohungen, wie z. B. „Bitte verstehen Sie mich, dass ich hier sorgfältig sein möchte und lassen Sie mich ..."	
3. Verbale Angriffe durch Kunden	Ich-Botschaften und Verweis auf Konsequenzen, z. B.: „Ich möchte nicht in diesem Ton mit Ihnen sprechen. Schaffen wir das? (Nein) Dann möchte ich bitte meinen Kollegen dazuholen. Bitte warten Sie kurz."	

Quelle **BBE**

tionstechniken vermittelt werden, um verbal und körperlich deeskalierend zu agieren **(Tabelle 1)**.

Eskalationsfälle beherrschen

Um eine eskalierende Situation zu beherrschen, müssen die Mitarbeiter eine gute innere Sicherheit entwickeln und diese auch nach außen transportieren. Durch regelmäßiges Training dieser Situationen fühlt sich der Mitarbeiter sicher und routiniert. Die Führungskräfte geben zusätzlich Sicherheit, wenn sie sich aktiv den Bedenken und Ängsten ihrer Mitarbeiter stellen. Am besten nehmen die Führungskräfte selbst eine aktive Rolle im Training ein. Die Übungen sollten auf diese typischen Situationen fokussieren **(Tabelle 2)**.

Den schlimmsten anzunehmenden Fehler verhindern

Schon in einfachen Geschäftsfällen ist es schlimm, wenn Führungskräfte ihre Mitarbeiter unterminieren. Insbesondere, wenn dies vor dem Kunden passiert. Der Super-GAU passiert, wenn ein (zu Recht) kontrollierter Kunde sich aufregt, die Führungskraft herbeiholt und diese dann dem Kunden Recht gibt. Der Mitarbeiter steht vor beiden – und in vielen Fällen auch vor anwesenden Kollegen – als Verlierer da. Er wird sich kaum ein zweites Mal in diese Situation begeben. Auch der Kunden könnte auf den Gedanken kommen, beide Kollegen gegeneinander auszuspielen. Aus psychologischer Sicht empfiehlt sich hier das „Modell Löwenmama": Vor dem Kunden sind alle Entscheidungen des Mitarbeiters korrekt und lobenswert. Kritik gibt es allenfalls im Anschluss und unter vier Augen.

Umsetzung prüfen, anerkennen und weiter ermuntern

Die Führungskraft hat gerade in der Diebstahls-Prävention ein breites Portfolio an Feedback-Grundlagen, das nur genutzt werden muss. Darunter fallen: Beobachtung, Gespräche, Kennzahlenanalysen (Inventurdifferenzen, Enttarnungen), Testdiebstähle sowie Experimente. Insbesondere Team- und Mitarbeitergespräche können als Ideenpool genutzt werden: so werden Schwachstellen angesprochen. Außerdem können Mitarbeiter um Hilfe und Ideen gebeten werden. Diese müssen dann aber auch nachverfolgt werden, sonst kommen in Zukunft wahrscheinlich keine mehr!

ESKALATIONSFÄLLE

Tabelle 2

Ängste des Mitarbeiters	Hilfen für den Mitarbeiter	Maßnahmen des Unternehmens
1. Beleidigung und Drohung gegen Mitarbeiter	Scharfe Appelltechniken, z. B.: „Verstehen Sie bitte, dass ich das so nicht hinnehme. Bitte warten Sie kurz hier."	Die Hilfen werden: - in der Einarbeitung vermittelt - mindestens monatlich mit der FK geprobt und - durch eine Merkkarte mit Formulierungen unterstützt
2. Flüchtende Kunden	Ein konkret vereinbartes Handzeichen und/oder eine Notfalldurchsage, z. B. „Kasse 3 die sechshundert, bitte!"	Für Eskalation an die FK: - klare Sprachregelungen - einen Alarmplan, wie die FK sofort an der Kasse ist
3. Physische Angriffe durch Kunden		Tipp: Da die Agressionsbereitschaft der Kunden steigt, setzen immer mehr Händler auf Sicherheitspersonal an der Antennenbank. Dies hat auch abschreckende Wirkung bereits beim Eintritt!

Quelle **BBE**

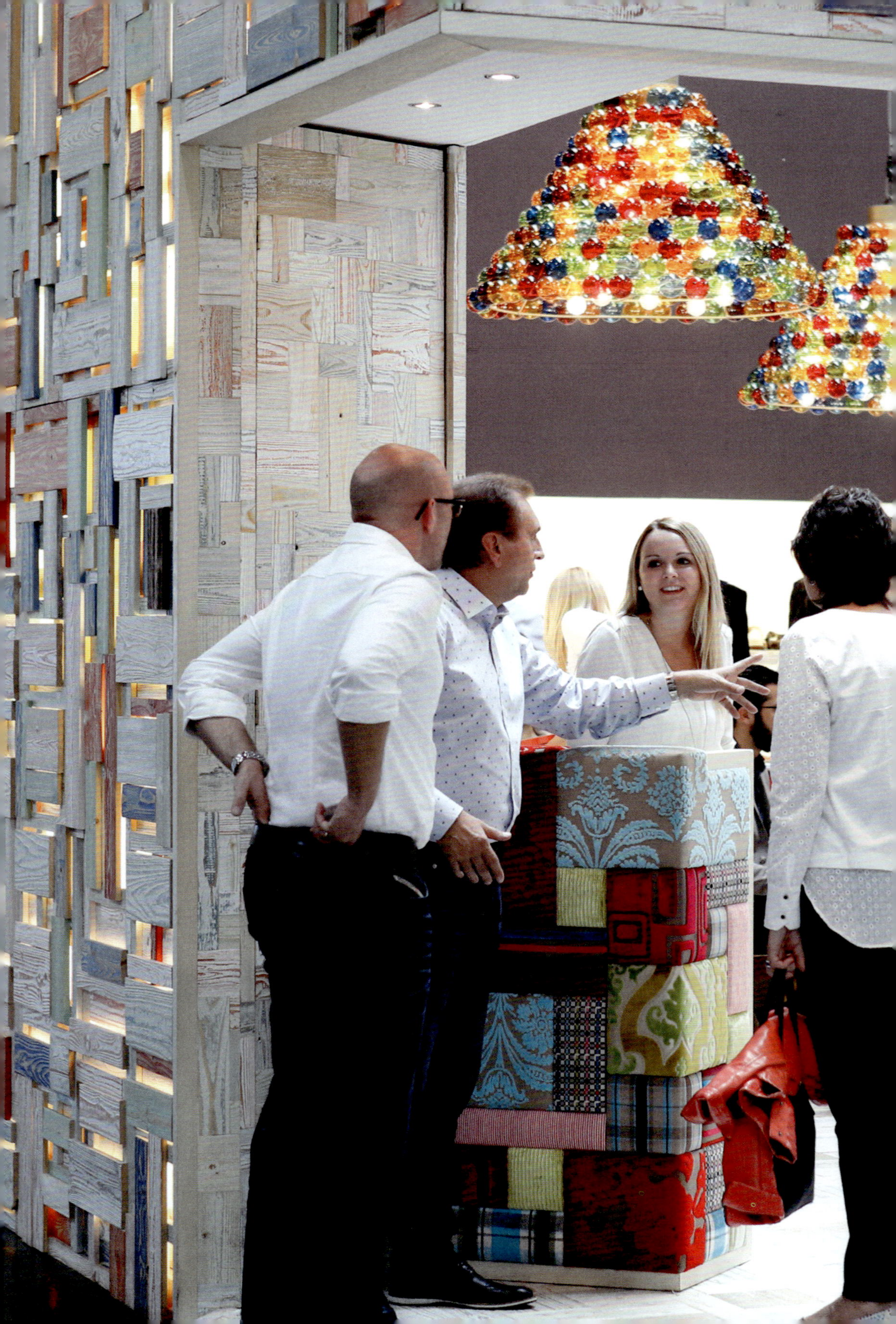

Messewirtschaft | **Messen & Kongresse**

DER REALE KONTAKT ZÄHLT

Das Medium Messe hat weiter Konjunktur, gerade in Deutschland – trotz des intensiven Wettbewerbs mit traditionellen und digitalen Kommunikationsinstrumenten.

Text **Harald Kötter, Auma**

Nach Untersuchungen des AUMA-Ausstellungs- und Messe-Ausschusses der Deutschen Wirtschaft stehen für rund ein Viertel der ausstellenden Unternehmen Messebeteiligungen im Zentrum ihrer Business-to-Business-Kommunikation – bei Konsumgüterausstellern sogar 28 Prozent –, und für weitere 50 Prozent sind sie gleichrangig mit anderen Instrumenten **(Grafik 1)**. Ebenso ist die Position der Messe in den Unternehmen – gemessen an ihrer Wichtigkeit im Marketing-Mix – stabil: Rund 80 Prozent der ausstellenden Unternehmen und 84 Prozent der Konsumgüteraussteller betrachten Messebeteiligungen als wichtiges oder sehr wichtiges Instrument in der Ansprache von Geschäftskunden. Und außerdem: Ausstellende Unternehmen geben rund 45 Prozent ihrer Business-to-Business-Marketing-Etats für Messen aus, so viel wie nie zuvor.

Was bedeutet das? Messen haben eine bemerkenswert hohe Wertschätzung in der deutschen Wirtschaft – und für Konsumgüteraussteller, also für die Lieferanten des Einzelhandels, gilt das sogar überproportional: Dies ist eine wichtige Botschaft für Händler, die vielleicht überlegen, ob ein Messebesuch sich heute oder morgen noch lohnt. Die Hersteller haben jedenfalls großes Vertrauen darin, dass sich der Aufwand rechnet in Form von möglichst vielen und qualifizierten Fachbesuchern.

Internationale Konsumgütermessen konnten zulegen

Die konkreten Ergebnisse des Jahres 2014 bestätigen diese Aussagen: Die 44 internationalen Konsumgütermessen in Deutschland konnten im Durchschnitt zulegen. Die Ausstellerzahlen stiegen um 1,2 Prozent; dafür war allerdings ausschließlich die Zunahme der Beteiligungen aus dem Ausland um 3,3 Prozent verantwortlich. Diese Tendenz gibt es allerdings schon seit einigen Jahren, insbesondere aufgrund der sinkenden Zahl deutscher Konsumgüterhersteller. Die Entwicklung der Standfläche konnte mit der Ausstellerzahl nicht ganz mithalten, hier gab es ein Plus von 0,4 Prozent. Bemerkenswert ist der erneute leichte Besucherzuwachs um 0,4 Prozent nach plus 1,6 Prozent im Jahr 2013. Sicher gibt es neben Messen mit nennenswerten Zuwächsen auch solche, die an Größe verlieren, oft abhängig von der Situation der jeweiligen Branche. Die grundsätzliche Funktionsfähigkeit von Konsumgütermessen, die in der Vergangenheit hier und da angezweifelt wurde, scheint aber angesichts dieser Ergebnisse nicht in Frage zu stehen.

Warum ist das so in einer Zeit, in der die digitalen Medien anscheinend unvermindert auf dem Vormarsch sind? Auch wenn es ungewöhnlich klingt – es ist die Unberechenbarkeit dessen, was auf einer Messe pas-

---

MESSE-TREND Grafik 1

Position von Konsumgütermessen im Marketing-Mix: Für ...

28 % ... stehen Messen im Zentrum ihrer Marketing-Kommunikation

49 % ... ergänzen Messen den Einsatz anderer wichtiger Instrumente

20 % ... stehen Messen auf einer Stufe mit anderen wichtigen Instrumenten

* repräsentative Umfrage von TNS Emnid im Auftrag der AUMA unter 500 Unternehmen, die auf fachbesucherorientierten Messen ausstellen, November 2014

Quelle **AUMA**

Messen & Kongresse | Messewirtschaft

siert. Natürlich vereinbaren Aussteller im Vorfeld einer Messebeteiligung Termine mit aktuellen und potenziellen Kunden, und natürlich planen viele Besucher die Zeit, die sie auf einer Messe verbringen, sehr detailliert – aber eben nur zu einem bestimmten Teil. Und dies führt dazu, dass man auf Messen Dinge entdecken kann, die man gar nicht gesucht hat. Das gilt für Besucher, die Produkte und Lieferanten finden, die sie bisher gar nicht im Fokus hatten. Das gilt ebenso für Aussteller, die etwa von Personen angesprochen werden, die an Kooperationen oder Tätigkeiten im Unternehmen interessiert sind. So etwas gelingt bei der routinemäßigen Nutzung von Online-Medien eher selten, denn dort orientieren sich Informationsangebote meistens an dem, was man gerade konkret sucht oder in der Vergangenheit gesucht hat. Auch haben Messen immer noch bemerkenswerte Vorsprünge, wenn es um die Herstellung von Markttransparenz in bestimmten Branchen geht. Selbstverständlich ist es online relativ leicht, einen Überblick über potenzielle Lieferanten zu gewinnen. Das bedeutet aber noch lange nicht, dass man die Qualität dieser Firmen und deren Produkte zuverlässig einschätzen kann. Der Messebesuch mit Kontakten zu realen Personen und realen Produkten führt in den meisten Fällen zu einer wesentlich klareren Entscheidungsgrundlage.

Digitalisierung integrieren

Das alles bedeutet aber nicht, dass Messen die Digitalisierung der Welt ignorieren könnten. Dass Besucher für Routinebestellungen zur Messe fahren oder dafür gar auf den Messetermin warten, wird mehr und mehr zum Ausnahmefall werden. Das heißt auf der anderen Seite: Messen müssen attraktiver werden – für Aussteller und Besucher – also mehr Konzentrationen auf Neuheiten, auf Dinge, die man gesehen, gefühlt, geschmeckt haben muss, und mehr Bereitschaft der Aussteller, Kunden bei der Produktentwicklung und -gestaltung mitreden zu lassen. Wo ginge das besser als auf Messen, wo das reale Produkt im Mittelpunkt steht. Dazu gehört aber auch die Bereitschaft des Besuchers, an solchen Aktionen mitzuwirken und dafür Zeit aufzuwenden.

Und darüber hinaus können und müssen Messen noch stärker zum Branchentreffpunkt werden – auch über das Produkt hinaus – etwa durch Tagungen von Einkäufern und Herstellerorgan sationen, durch Kongresse zur Zukunft der Branche und manches mehr. Kurz gesagt: Messen müssen sich auf ihre Stärken besinnen; der USP einer Messe ist die persönliche Kommunikation und das nicht nur hinter verschlossenen Türen. „Sehen und gesehen werden" gilt nicht nur im Showbusiness, sondern auch im Tradeshowbusiness.

Digitale Medien werden dabei zunehmend eine wesentliche Unterstützung sein: bei der Verbreitung von Informationen vor, während und nach der Messe, bei der Akquisition von Ausstellern und Besuchern, beim Matchmaking vor oder auch noch während der Messe. Kurzum: Es geht nicht um eine Digitalisierung der realen Messen, sondern darum, die Digitalisierung in den Dienst der Messe zu stellen.

Foto Thomas Lohnes/Getty Images

Messen: eine wichtige Plattform für Kundenkontakte.

MESSEN BLEIBEN WICHTIG

Auch wenn viele Experten schon deren Untergang wähnten, gibt es äußerst erfolgreiche Messen. Denn der direkte Kontakt behält trotz Internet seine Bedeutung.

Text **Ulrich Spaan, EHI**

Die Messewirtschaft zählt in Deutschland seit jeher zu den wichtigsten Dienstleistungsbranchen. Die Entwicklung des Gesamtumsatzes deutscher Messegesellschaften hat sich in den letzten Jahren stabil auf einem Niveau von über 3 Mrd. Euro pro Jahr eingependelt, viele von ihnen erzielten in den Jahren 2012 und 2013 Rekordergebnisse. Auch für das Jahr 2015 erwartet der Branchenverband AUMA trotz eher unsicherer Konjunkturaussichten konstante oder sogar leicht wachsende Umsätze.

Global kann Deutschland getrost als Messeland Nummer 1 bezeichnet werden. Fünf der zehn größten Messegesellschaften weltweit haben ihren Sitz hier, darunter die Messe Frankfurt, München und Düsseldorf. Für Letztere war 2014 ein besonders erfolgreiches Geschäftsjahr, auch wegen hervorragender Ergebnisse einiger Großmessen wie der Euroshop oder der Interpack. Der Umsatz der Messe Düsseldorf GmbH lag rund 4 Prozent über Plan und belief sich auf 340 Mio. Euro bei einem voraussichtlichen Jahresüberschuss nach Steuern von über 30 Mio. Euro. Hätte man diese Zahlen Ende der 90er Jahre zu Zeiten des ersten Internetbooms öffentlich so prognostiziert, hätte man von zahlreichen Online-Experten der ersten Stunde vermutlich nur ein müdes Lächeln geerntet. In nicht wenigen Statements wurde damals die künftige Bedeutung klassischer Messen in Frage gestellt und teilweise deren Ende als Teil des Marketing-Mix vorhergesagt. Die Vision von virtuellen Messen machte die Runde, bei denen sich der Besucher nicht mehr von seinem Schreibtisch wegbewegen muss und den Messebesuch über seinen Bildschirm durchführt. Was dabei vielfach vergessen wurde: Der persönliche Kontakt und das physische Erleben von Produkten und Anwendungen sind Elemente, die sich virtuell nur schlecht abbilden lassen. Außerdem haben viele Messen den originären Ausstellungsbereich durch umfangreiche Rahmenprogramme mit Foren, Workshops und Award-Verleihungen angereichert.

Als besonders erfolgreich haben sich in den vergangenen Jahren solche Messen erwiesen, die entweder für ihre Branche einen weltweiten Leitcharakter haben (Beispiel Interpack, Medica, Anuga oder eben die Euroshop) oder sich auf einen bestimmten Bereich konzentriert haben und so dem Besucher in besonders kompakter Form die Möglichkeit geben, sich über Innovationen und Trends zu informieren.

Hierunter fällt die Eurocis, die mit ihrem Fokus auf Technologie für die Retail-Branche seit Jahren ein kontinuierliches Wachstum aufweist. Die Eurocis ist auch ein Beispiel dafür, dass es sich auszahlt, frühzeitig auf ein zukunftsweisendes Thema zu setzen und dann einen langen Atem zu beweisen. In diesem Jahr verzeichnet die Eurocis ein Flächenwachstum von über 30 Prozent zum Vorjahr, auch die Ausstellerzahl hat sich nochmals signifikant auf deutlich über 300 Firmen erhöht. „Geschuldet" ist diese Entwicklung der rasant fortschreitenden Digitalisierung des Handels, aber der Grundstein für den Erfolg der Messe wurde mit deren Gründung im Jahr 1997 gelegt.

Messen sind also durchaus noch trendy und lohnen sich für Aussteller wie für Besucher. Auch wenn sich Produkte gut virtuell darstellen lassen – haptische Erfahrung ist ebenso wenig zu ersetzen wie der persönliche Kontakt zum Aussteller, der Nachfragen direkt beantwortet und jedem potenziellen Kunden individuell begegnet. Bei kaum einer anderen Plattform bekommt man so detaillierte Rückmeldungen wie auf einer Messe. Live-Präsentationen lassen die Kunden die Produkte persönlich erleben und bieten mit emotionaler Ansprache immer noch die beste Inspiration. Unterschätzen Sie auch nicht das „berühmte" Netzwerken: Foren, Workshops und Abendveranstaltungen bieten neben dem Erkenntnisgewinn ideale Plattformen zum fachlichen Austausch.

Messen & Kongresse | Messe Düsseldorf

DREI ERFOLGSSTORIES

Die drei Düsseldorfer Messen Euroshop, Eurocis und C-star erzielen Spitzenergebnisse und wollen diesen Erfolg fortsetzen.

Text **Elke Möbius, Messe Düsseldorf**

Die Euroshop ist unbestritten die weltweite Nummer eins für die gesamte Retailbranche. Alle drei Jahre zieht die Fachmesse über 2.200 Aussteller und rund 117.000 Fachbesucher aus 100 Nationen nach Düsseldorf. Die nächste Euroshop findet Anfang März 2017 statt. Doch auch die „Euroshop Kinder" schreiben mit an der Erfolgsgeschichte. So erzielte die auf Retail-Technology spezialisierte, jährlich stattfindende Eurocis in 2015 Spitzenergebnisse und auch die C-star, erste Retail Fachmesse der Euroshop Produktfamilie in China, legte bei ihrer Premiere im Mai 2015 einen gelungenen Start hin.

Das „Eurocis-Buch der Rekorde"

Es stimmt, das Guinness Buch der Rekorde ist umfangreicher. Doch auch die Eurocis, The Leading Trade fair for Retail Technology, in Düsseldorf hat Rekorde aufzuweisen: Allein von 2013 bis 2015 stieg die Zahl der Aussteller um sage und schreibe 36 Prozent. Im Februar 2015 stellte die Eurocis neue Rekorde sowohl bei den Aussteller-, als auch den Besucherzahlen auf: 320 High-Performer und Innovationstreiber in Sachen Retail Technology trafen auf 8.782 internationale Fachbesucher, davon 85 Prozent Top-Entscheider aus dem internationalen Handel. Zur kommenden Eurocis, vom 23. bis 25. Februar 2016, wird mit einem erneuten Zuwachs gerechnet.

Doch was ist es, das die Eurocis in nur einem Jahrzehnt zur führenden Messe für Retail Technology in Europa avancieren ließ? Vor allem ist es ihre Angebotspalette, denn keine andere Messe spiegelt so umfassend und aktuell die dynamische technologische Entwicklung im Handel wider und zeigt Retail Technology in all ihren Formen und Funktionen.

Bereits frühzeitig griff die Eurocis auch das Thema Omnichannel auf, das inzwischen fester Bestandteil der Messe ist. Denn der Handel muss eine möglichst große Bandbreite an Services kanalübergreifend bereitstellen. Doch viele Fragen sind noch offen: Wie gelingt die technische Verknüpfung von E-Commerce und stationärem Geschäft? Wie nimmt man Mitarbeiter bei der Transformation zum Omnichannel-Händler mit? Und was kommt eigentlich als nächstes? Genau auf diese Fragen geben die Aussteller sowohl in der extra geschaffenen Omnichannel Area als auch dem integrierten Omnichannel Forum Antwort, das schon seit 2012 großen Anklang beim Fachpublikum findet (zweisprachig: Deutsch/Englisch).

Zur Eurocis 2016 finden ebenfalls wieder geführte „Guided Innovation Tours", organisiert von Planet-Retail, für Besucher zu ausgewählten Ausstellern statt. Im Fokus stehen hierbei insbesondere Start-ups und Unternehmen mit innovativen Produkt- und Prozesslösungen. Highlight der Eurocis wird am 23. Februar 2016 die Verleihung der begehrten Retail Technology Awards Europe (reta europe) durch das EHI Retail Institute sein. Ausgezeichnet wird der innovative Einsatz von Informationstechnologie im Handel. Außerdem findet am 25. Februar 2016 die Verleihung des Wissenschaftspreises Handel von EHI und GS1 statt.

Premiere der C-star in Shanghai

Der Grund für die Erweiterung der Euroshop-Produktfamilie ins Reich der Mitte in 2015 ist einleuchtend: Bis dato gab es in ganz China keine überregionale, qualitativ hochwertige, Euroshop-ähnliche Veranstaltung. Und das in einem Land, in dem der Einzelhandel – sowohl stationär als auch als E-Commerce – seit Jahren schnell und kontinuierlich wächst. Ein perfekter Zeitpunkt, um mit der C-star, Shanghai's International Trade Fair for Solutions and Trends all about Retail, an den Start zu gehen.

Am 15. Mai 2015 konnte die C-star nach drei Messetagen in Shanghai eine erfolgreiche Premiere vermelden: Auf rund 5.000 qm netto präsentierte sie 162

Aussteller aus 23 Ländern. Auch in Bezug auf die Besucher übertraf der Start der C-star die Erwartungen. So besuchten insgesamt 5.721 Besuchern aus 59 Ländern die Messe, davon 17 Prozent aus Übersee.

Aber die C-star ist weit mehr als nur eine Messe, denn sie bot auch ein umfangreiches Begleitprogramm. Das C-star Open Forum, gemeinsam organisiert von der Messe Düsseldorf Shanghai Co. Ltd. und dem EHI Retail Institute, bot internationale Ausstellerreferate zu aktuellen Retail-Themen. Highlight im Rahmenprogramm war die an zwei Tagen parallel zur Messe stattfindende C-star Retail Conference. Hier kamen führende Industrievertreter zusammen, um zu diskutierten, wie der Einzelhandel seine stationären Geschäfte wieder zur Shopping-Adresse der Wahl machen kann – trotz steigendem E-Commerce und Onlineshopping.

Einen weiteren Höhepunkt bildete die Verleihung des renommierten Euroshop Retail Design Awards (ERDA). Üblicherweise fand die Verleihung in den Zwischenjahren der Euroshop in New York statt, aber zog in 2015 speziell wegen der C-star nach Shanghai um, wo sie nun auch im Mai 2016 zur kommenden C-star stattfinden wird.

Die Anmeldeverfahren für alle drei Fachmessen haben bereits begonnen.
www.euroshop.de
www.eurocis.com
www.c-star-expo.com

Die Euroshop 2017 optimiert sich

Die Eurocis wächst, die C-star erobert die chinesische Retail-Szene – und was macht das Flaggschiff, die Euroshop, bis zu ihrer nächsten Ausgabe vom 5. bis 9. März 2017? Sie ist aktiver denn je! Antizipation war schon immer eine der entscheidenden Voraussetzungen für den kontinuierlichen Erfolg der Euroshop. Heute bereits spüren, was morgen Gewissheit ist. Die Zukunft kommen hören. Und entsprechend agieren. So, wie es der Handel von seiner weltweiten Leitmesse erwartet. Die Euroshop ist seit vielen Jahren sehr erfolgreich mit ihrer Aufteilung in die vier Bereiche Euroconcept, Eurosales, Euroexpo und Eurocis. Nur: Ein Konzept, das in der Vergangenheit erfolgreich war, ist es nicht zwangsläufig auch in der Zukunft. So wie der Handel sich dynamisch weiterentwickelt, geht auch die Euroshop voran – mit einer zukunftsorientierten, konsequenten Wandlung. Konkret heißt das, die vier Bereiche-Struktur der Vergangenheit wird ersetzt durch ein System der Zukunft: sieben Erlebnis-Dimensionen: POP Marketing (Hallen 1 + 3), Expo & Event Marketing (Hallen 4 + 5), Retail Technology (Hallen 6 + 7a), Lighting (Hallen 9 + 10), Visual Merchandising (Hallen 10 + 11), Shop Fitting & Store Design (Hallen 11–14), Food Tech & Energy Management (Hallen 15–17): Dieser neue Aufbau gewährleistet zum einen eine noch stärker besucherorientierte Angebotsstruktur, zum anderen lässt er Raum für Synergien verschiedener Dimensionen, die langfristig immer mehr zusammenwachsen und bietet einen flexibleren Rahmen sowie jede Menge Freiräume zur Präsentation zukunftsorientierter Entwicklungen und innovativer Produkte.
Elke Moebius,
Director Eurocis,
Euroshop, C-star

Messen & Kongresse | Messe Köln

DIE WELT ZU GAST

Dem Handel bieten die umfangreichen Veranstaltungen in Köln einen Überblick über die Entwicklung der Branche.

Text **Elena von Roëll, Koelnmesse**

Das Programm der Koelnmesse gibt Ausstellern und Besuchern auch 2016 wieder herausragende Anlässe, den Kölner Messeplatz an Rhein und Dom zu besuchen: Von der Imm Cologne über die Internationale Süßwarenmesse ISM, die Eisenwarenmesse und die Kind + Jugend sowie die Gamescom bis in den Messeherbst mit Flaggschiffen wie Spoga+Gafa, Photokina oder Orgatec. Für 25 Wirtschaftszweige bietet Köln die Leitmessen, die das Angebot der ganzen Welt für einige Tage unter einem Dach zusammenführen.

So hat sich die Imm Cologne, die Internationale Einrichtungsmesse, bei Ausstellern und Besuchern mit ihrer Design- und Einrichtungswelt als weltweite Business-Plattform der Branche fest etabliert. Zusammen mit der LivingInteriors® präsentiert sich das Messedoppel erneut als eventorientierte Einrichtungsmesse und zentraler Treffpunkt für Anbieter und Entscheider aus allen wichtigen Märkten der Welt. Die LivingInteriors® steht dabei für ganzheitliche Wohn- und Einrichtungskonzepte und zeigt zusammen mit der Imm Cologne ein umfassendes und innovativ inszeniertes Bild der gesamten Einrichtungswelt.

Einmal im Jahr ist Köln auch die Welthauptstadt der Süßwaren und Knabberartikel. Für vier Tage Ende Januar/Anfang Februar treffen sich Einkäufer aus aller Welt auf der Internationalen Süßwarenmesse (ISM). Von hier aus gehen jedes Jahr aufs Neue entscheidende Impulse für die Süßwarenwirtschaft aus. Die ISM bringt Dynamik in die nationalen und internationalen Handelsaktivitäten der Marktführer und des Mittelstands. Sie unterstreicht damit ihre weltweite Funktion als wichtigste Business-Drehscheibe und Innovationsplattform. Anfang März 2016 öffnet die Internationale Eisenwarenmesse Köln ihre Tore unter dem Motto „Time to rock". Die Messe ist seit über 50 Jahren die weltweite Nummer eins der Hartwarenbranche und immer wieder Treffpunkt für alle Hersteller, Händler, Einkäufer, Multiplikatoren und Entscheider der Eisenwarenbranche.

Entspannung auf der Spoga+Gafa

Die grüne Oase als Sehnsuchtsort begeistert längst nicht mehr nur die ältere Generation. Die Nachfrage nach allem, was man braucht, um sich den Traum vom Leben in der Natur zu erfüllen, steigt stetig und so boomt die „grüne" Branche – und mit ihr wächst auch die Spoga+Gafa. Die internationale Garten- und Freizeitmesse, zeigt im September alles, was der internationale Markt zu bieten hat. Sie ist weltweit die Nummer eins in den Bereichen Gartenmöbel, Grill und Barbecue sowie Dekoration. Jedes Jahr treffen in Köln rund 2.000 Aussteller auf die national und international entscheidenden Einkäufer – um Kontakte zu knüpfen, Eindrücke zu sammeln, Neuheiten zu entdecken und Ideen auszutauschen. Ergänzt wird das Angebot durch die parallel stattfindende Spoga Horse, die international führende Fachmesse für den Pferdesport.

Die Gamescom, das weltweit größte Event für digitales Entertainment, lockt im August wieder zahlreiche Fans der digitalen Spiele nach Köln und setzt zur richtigen Zeit klare Signale für das Weihnachtsgeschäft.

Spieltrieb befriedigen: Auf der Gamescom können neue digitale Spiele getestet werden.

Deutlich analoger, aber nicht weniger vielfältig, sind die Themen der H+H Cologne, der internationalen Fachmesse für Handarbeit und Hobby, im März. Sie bietet dem stetig weiter wachsendem DIY-Boom im Handarbeitsbereich eine optimale Plattform und zeigt die neuesten Produkte, Trends und Kollektionen. Vorträge über aktuelle Trends, kreative Workshops und Modenschauen bieten viel Raum für Inspiration.

2016 steht auch wieder im Zeichen der Photokina: Die internationale Leitmesse rund ums Bild bringt wie keine andere Veranstaltung Industrie, Handel, professionelle Anwender und fotobegeisterte Endverbraucher zusammen. Die Messe ist international wichtigster Innovations- und Handelsplatz der Imagingbranche für Besucher aus aller Welt.

Dies sind nur einige Beispiele. Einkäufer aus dem Handel treffen auf allen Kölner Messen auf ein umfassendes, internationales Angebot. Damit sie ihre Messebesuche optimal vorbereiten können, stellt ihnen die Koelnmesse im Vorfeld der Veranstaltungen vielfältige Informationen zur Verfügung. Komplexe Ausstellerdatenbanken, interaktive Hallenpläne und Matchmaking-Programme sorgen für einen klar strukturierten, effektiven und effizienten Messeaufenthalt mit direkten Kontakten zur Industrie und zu den Lieferanten. Den Besuch auf einer Messe kann dies zwar vorbereiten, ersetzen kann es ihn aber nicht: Das persönliche Gespräch, Produkte erleben und vergleichen, das Riechen, das Schmecken und das Anfassen – all das macht eine Messe im Marketing unverzichtbar – und zu einem einzigartigen Erlebnis.

Wichtige Messetermin in Köln 2016

18.01. bis 24.01.
Imm Cologne
internationale Einrichtungsmesse

18.01. bis 24.01.
LivingInteriors®
das Event für Bad- und Raumkonzepte

31.01. bis 02.02.
Spoga Horse (Frühjahr - Spring)
internationale Fachmesse für Pferdesport

31.01. bis 03.02.
ISM (Internationale Süßwarenmesse)
die weltweit größte Messe für Süßwaren und Snacks

31.01.bis 03.02.
Pro Sweets Cologne
internationale Zuliefermesse für Süßwaren- und Snack-Industrie

16.02. bis 20.02.
Didacta – die Bildungsmesse
the Trade Fair for Education and Training

06.03. bis 08.03. **Internationale Eisenwarenmesse Köln**

18.03. bis 20.03.
H+H Cologne
internationale Fachmesse für Handarbeit + Hobby

14.04. bis 17.04.
Art Cologne
intern. Kunstmarkt

17.08. bis 21.08. **Gamescom**
das weltweit größte Messe-Event für interaktive Spiele und Unterhaltung

20.09. bis 25.09.
Photokina
World of Imaging

05.10. bis 09.10.
Intermot Köln
Internationale Motorrad-, Roller- und E-Bike-Messe

25.10.-29.10. **Orgatec**
Arbeit neu denken

04.11.-05.11. **veganfach**

16.11.-20.11. **Cologne Fine Art**
Kunst- und Antiquitätenmesse

Messen & Kongresse | Messe Frankfurt

VON 1240 BIS HEUTE

Frankfurt hat sich als internationaler Messeplatz etabliert und ist auch für das Multichannel-Zeitalter gut gerüstet.

Text **Stephan Kurzawski, Messe Frankfurt Exhibition GmbH**

Kluge Entscheidungen zahlen sich aus. Eine Delegation von Frankfurter Kaufleuten und Ratsherren legte im Jahr 1240 den Grundstein für den größten Konsumgütermesseplatz weltweit. Sie reiste ins italienische Ascoli, wo Friedrich II. sein Feldlager aufgeschlagen hatte, und erreichte, dass der Kaiser das Messeprivileg gewährte. Somit standen die alljährlich zur Frankfurter Herbstmesse reisenden Kaufleute fortan unter kaiserlichem Geleitschutz. Bereits damals war Frankfurt ein lebhafter und etablierter internationaler Messeplatz, der durch seine geografische Lage am Schnittpunkt bedeutender Fernhandelsrouten Menschen aus einer Vielzahl von Ländern zusammenbrachte. Die Frankfurter Frühjahrsmesse erhielt im Jahr 1330 das Privileg von Kaiser Ludwig IV.

Auf diese Frühjahrs- und Herbstmesse gehen internationale Konsumgütermessen wie die Ambiente, die Tendence oder auch das Messetrio Christmasworld, Creativeworld und Paperworld in Frankfurt zurück. Sie sind zentrale Neuheitenplattformen für die Branche und starke Impulsgeber für den Markt. Ableger dieser Leistungsschauen etablieren wir seit Jahren erfolgreich im Ausland. Mit Veranstaltungen wie der Ambiente India, Beautyworld Japan, Interior Lifestyle Shanghai, International Furniture Fair Tokyo, Interpets Asia Pacific oder Paperworld Middle East bietet die Messe Frankfurt erfolgreiche Handelsplätze in Wachstumsregionen wie zum Beispiel Asien oder im Nahen Osten. Als einer der ersten Messeveranstalter haben wir bereits zu Beginn der 1990er Jahre ein internationales Netz von ausländischen Tochtergesellschaften aufgebaut, um die strategische Position in wichtigen Regionen auszubauen. Mittlerweile ist die Messe Frankfurt in mehr als 160 Ländern für ihre Kunden präsent. Im Jahr 2014 organisierte die Messe Frankfurt 121 Messen davon mehr als die Hälfte im Ausland.

Seit 2014 ergänzen wir die internationalen Leitmessen in Frankfurt und die Veranstaltungen im Ausland durch unser Engagement im Bereich der Regionalmessen. Auf Wunsch der Aussteller haben wir das Konzept der Hamburger Ordertage neu aufgelegt

Die Kombi macht's: Zu den Ausstellungen die richtigen Informationsveranstaltungen anbieten.

Messe Frankfurt | **Messen & Kongresse**

Der letzte Schrei: Auf Messen kann sich der Handel mit den neuesten Produkten eindecken.

und veranstalten die Nordstil zweimal im Jahr in der Elbmetropole. Dort arbeiten wir partnerschaftlich mit der Hamburg Messe und Congress zusammen. In Nordrhein-Westfalen haben wir seitens der Branche ebenfalls den Auftrag erhalten, aktiv zu werden. Als strategischer Partner der Messe Leipzig sind wir seit diesem Jahr an der Organisation der Vivanti am Standort Dortmund beteiligt. Vor allem für den Handel, der in der Vergangenheit mit Messeüberschneidungen konfrontiert war, ist die Konzentration auf eine Ordermesse in Nordrhein-Westfalen eine wichtige Entscheidung und Hilfe, die allen Beteiligten echtes Geld spart. So entwickeln wir das Regionalmessekonzept im Sinne der Branche weiter, denn für den lokalen Fachhandel mit tendenziell geringeren Ordermengen sind regionale Veranstaltungen in starken Regionen relevante Ordertermine.

Ein herausragendes Merkmal von Veranstaltungen „made by Messe Frankfurt" sind das handelsorientierte Besucherprogramm sowie die digitalen Services, die für unsere Kunden eine zunehmend wichtigere Rolle spielen. Neben der Navigator-App, die weitaus mehr kann als allein nur Orientierung in den Messehallen zu bieten, gibt es beispielsweise Matchmaking-Angebote. Zusätzlich bietet das Businessportal Productpilot.com für viele Branchen Informationen über Lieferanten, Großhändler, Dienstleister und Waren. Allein die Kategorie Heim, Haus & Garten bietet beispielsweise über 20.000 Produkte. Für Anbieter ist das eine attraktive Multichannel-Komponente. Die Bandbreite des Besucherprogramms reicht bei den Konsumgütermessen von vielbeachteten Trendinszenierungen, Sonderschauen und Design-Preisen bis zu inhaltlichen Schwerpunkten zu Special Interest-Themen wie Nachhaltigkeit oder individuellen Lösungen in Bereichen wie Großflächendekorationen, Horeca-Ausstattung und Objektgeschäft. Auf den Leitmessen, die die gesamte Bandbreite des Marktes abbilden, werden neue Entwicklungen und Veränderungen häufig erstmals sichtbar. Hier findet der Handel die geballte Innovationskraft der Anbieter für die erfolgreiche Sortimentsgestaltung. Darüber hinaus flankieren wir handelsrelevante Themen mit zahlreichen Informations- und Vortragsangeboten. Das Format „Webchance Academy" informiert beispielsweise über Multichannel-Strategien, Chancen im Online-Marketing oder rechtssicheres Verkaufen im Netz. Mit „Schaufensterdekoration live" bieten wir Einzelhändlern in kompakten Live-Workshops gezielt Praxistipps für die Warenpräsentation im Schaufenster sowie auf der Verkaufsfläche. Die Sonderschau „Mr. Books & Mrs. Paper" bringt dem Buchhandel die Kombination ergänzender Zusatzsortimente und damit neue Absatzmöglichkeiten nahe. Mit diesen Angeboten bieten wir dem Fachpublikum einen greifbaren Mehrwert sowohl beim Besuch, als auch bereits in der Vorbereitung der Messeteilnahme.

Wenn wir die Zukunft erfolgreich gestalten wollen – davon sind wir überzeugt – müssen wir neuen Ideen Raum geben. Daher haben wir uns seit vielen Jahren der Unterstützung des Design-Nachwuchses verschrieben. Dieser trifft auf unseren Messen Ambiente und Tendence unter realen Marktbedingungen auf Industrie und Handel. Junge Kreative machen damit einen entscheidenden Schritt in Richtung Professionalisierung. Das internationale „Talents"-Programm hat in den vergangenen Jahren viele Karrieren befördert. International erfolgreiche Produktgestalter wie Mark Braun, Sebastian Herkner oder Laura Straßer haben in frühen Phasen ihrer Werdegänge von dem Förderprogramm der Messe Frankfurt profitiert.

Messen sind Orte der Begegnungen und des direkten Kontakts. Das war in den vergangenen Jahrhunderten so und das wird auch in der Zukunft so sein. Die Konsumgütermessen der Messe Frankfurt bieten auf vielen Ebenen Impulse. Sie bündeln die Expertise und Innovationsfreude unserer Aussteller an einem Ort und bieten Erlebnisse für alle fünf Sinne. Seien Sie dabei, lassen Sie sich inspirieren!

Die Termine der inländischen Konsumgütermessen 2016

www.messefrankfurt.com

03.01. – 05.01 2016
Vivanti (Winter)
Dortmund

16.01. – 18.01.2016
Nordstil (Winter)
Hamburg

29.01. – 02.02.2016
Christmasworld
Frankfurt am Main

30.01. – 02.02.2016
Creativeworld
Frankfurt am Main

30.01. – 02.02.2016
Paperworld
Frankfurt am Main

12.02. – 16.02.2016
Ambiente
Frankfurt am Main

02.07. – 04.07.2016
Vivanti (Sommer)
Dortmund

23.07. – 25.07.2016
Nordstil (Sommer)
Hamburg

27.08. – 30.08.2016
Tendence
Frankfurt am Main

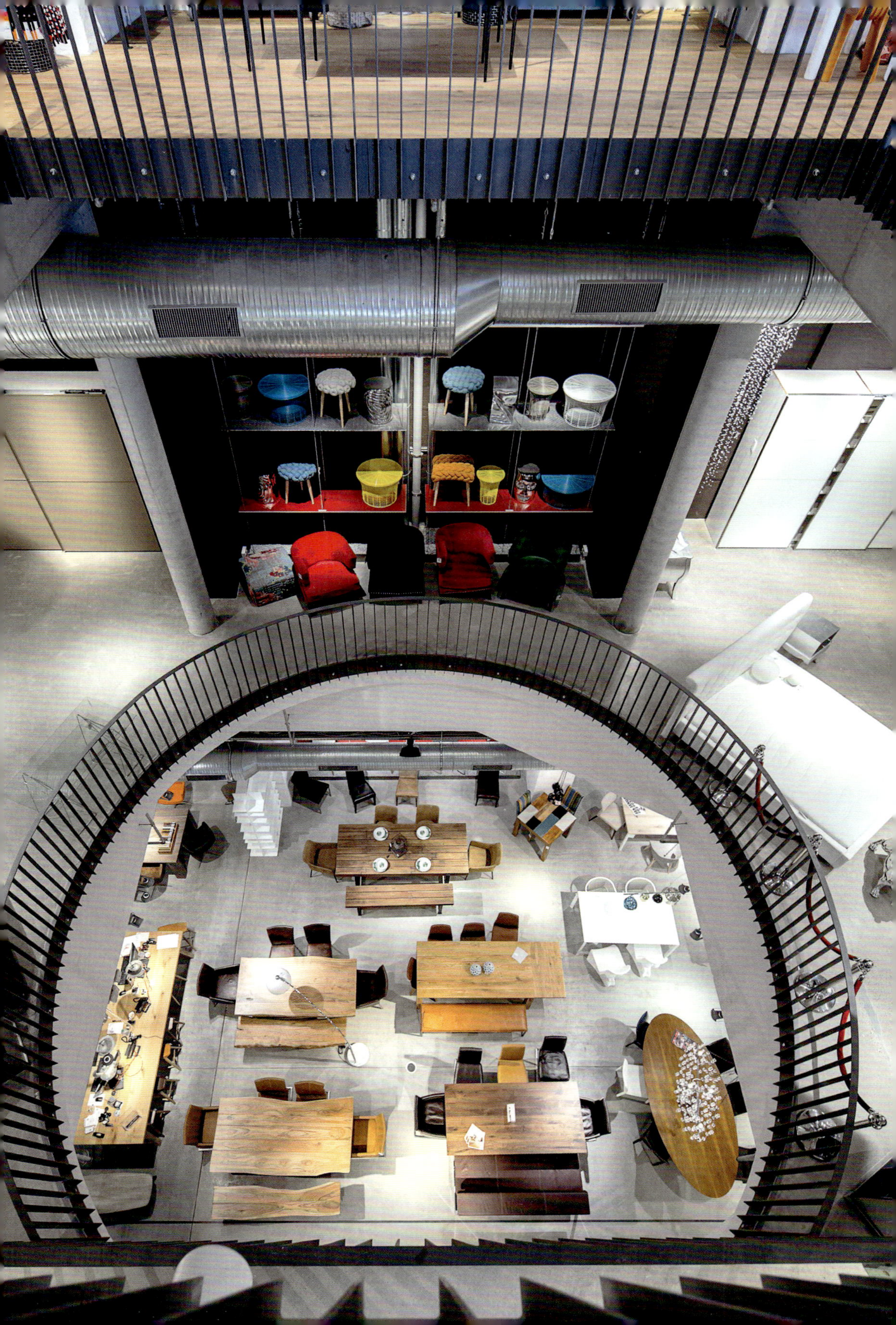

Anhang | Zahlenspiegel

EINZELHANDEL IN ZAHLEN

STABILE ENTWICKLUNG
Grafik 1

Umsatz im Einzelhandel in Mrd. Euro (ohne Kfz, Tankstellen, Brennstoffe, Apotheken). Veränderung zu Vorjahr in Prozent

Jahr	Umsatz (Mrd. Euro)	Nominale Veränderung zum Vorjahr (%)
2015*	466,2	1,5
2014	459,3	1,9
2013	450,9	1,2
2012	445,4	1,7
2011	437,9	2,5
2010	427,2	2,0
2009	418,9	-3,1
2008	432,3	1,1
2007	427,6	-1,2
2006	432,7	0,6
2005	430,2	0,9
2004	426,3	2,2
2003	417,2	-1,4

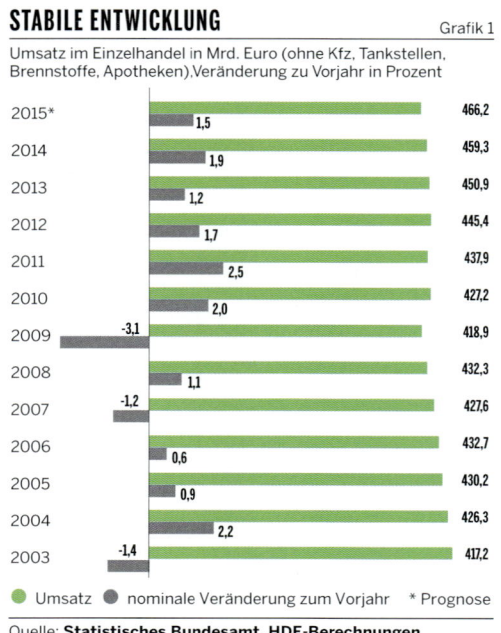

● Umsatz ● nominale Veränderung zum Vorjahr * Prognose

Quelle: **Statistisches Bundesamt, HDE-Berechnungen**

WACHSTUMSTREIBER ONLINEHANDEL
Grafik 2

Umsatzangaben für Nonfood, FMCG, Entertainment, Tickets, Downloads, Reisen (o. Urlaubsreisen, o. Umsatzsteuer)

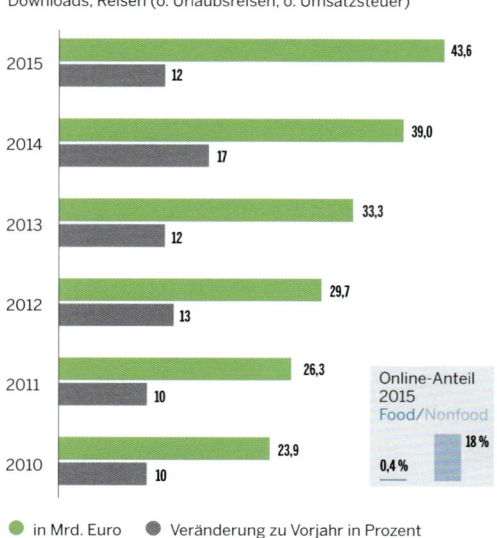

Jahr	in Mrd. Euro	Veränderung zu Vorjahr in Prozent
2015	43,6	12
2014	39,0	17
2013	33,3	12
2012	29,7	13
2011	26,3	10
2010	23,9	10

Online-Anteil 2015
Food: 0,4 %
Nonfood: 18 %

Quelle: **HDE-Prognose; HDE/GfK-Onlinemonitor**

Reale Einkommenszuwächse und zunehmende Beschäftigtenzahlen verleihen der Gesamtkonjunktur in diesem Jahr einen kräftigen Schub. Hiervon profitiert der private Konsum, für den das Institut der Deutschen Wirtschaft ein Plus von 2,25 Prozent prognostiziert hat. Begünstigt wird die Konsumlaune der Verbraucher auch von niedrigen Zinsen auf Kapitaleinlagen, wodurch sich das Sparen deutlich weniger lohnt und Rücklagen teilweise in den Konsum fließen. Der Einzelhandel bekommt jedoch nur einen Teil des Konsumzuwachses mit. So rechnet der HDE mit einem Plus von nominal nur 1,5 Prozent bzw. preisbereinigt von 1 Prozent. Das Einzelhandelsplus wird maßgeblich vom Online-Handel getragen, der sein Volumen in diesem Jahr wiederum zweistellig, und zwar um 12 Prozent auf 43,6 Mrd. Euro, steigern wird. Dies entspricht einem Anteil von 9,4 Prozent am gesamten Einzelhandelsumsatz. Diese Entwicklung ist auch aus Konjunkturumfragen des HDE abzulesen: Hiernach erwarten zwei Drittel der Multichannel-Händler Umsatzzuwächse, während 28 Prozent der stationären Händler mit weniger Kunden rechnen und deswegen von sinkenden Umsätzen ausgehen.

SINKENDE KUNDENFREQUENZEN
Grafik 3

Wie entwickeln sich nach Ihrer Einschätzung in den vergangenen zwei Jahren die Kundenfrequenzen an Ihrem/n Standort/en?

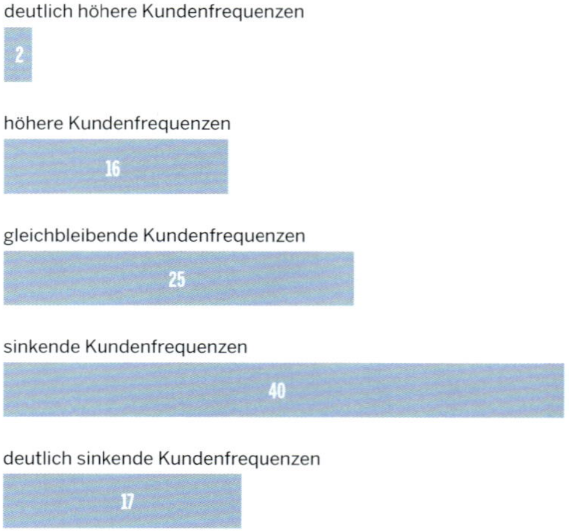

	%
deutlich höhere Kundenfrequenzen	2
höhere Kundenfrequenzen	16
gleichbleibende Kundenfrequenzen	25
sinkende Kundenfrequenzen	40
deutlich sinkende Kundenfrequenzen	17

Quelle: **HDE-Konjunkturumfrage Frühjahr 2015**

ZWEI DRITTEL ERWARTEN UMSATZPLUS
Grafik 4

Umsatzerwartungen im Onlinehandel der Multi-Channel-Händler

- 23 Deutlich über Vorjahr
- 43 über Vorjahr
- 28 auf Vorjahresniveau
- 3 unter Vorjahr
- 3 deutlich unter Vorjahresniveau

Quelle: HDE-Konjunkturumfrage Frühjahr 2015

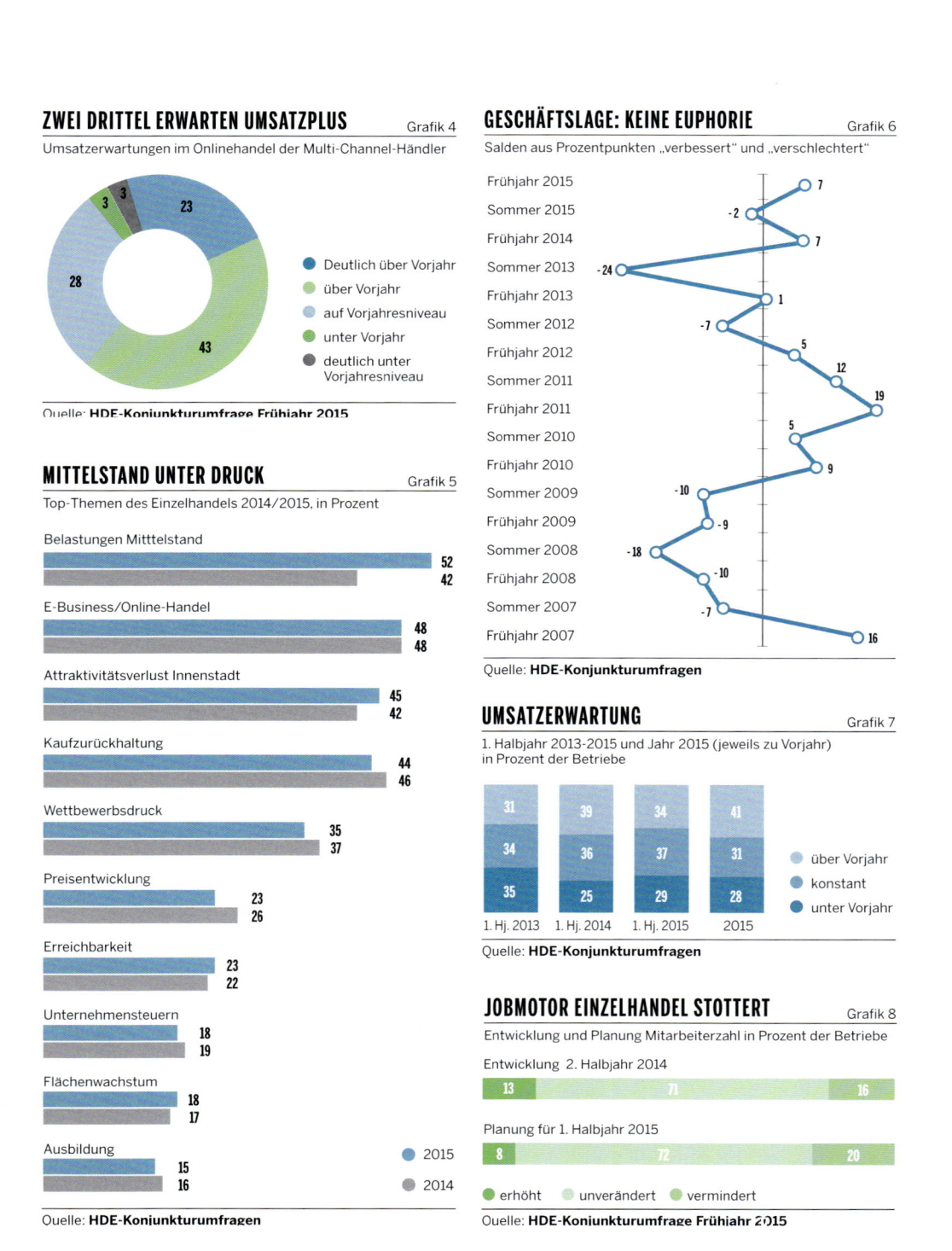

MITTELSTAND UNTER DRUCK
Grafik 5

Top-Themen des Einzelhandels 2014/2015, in Prozent

Belastungen Mittelstand: 52 / 42
E-Business/Online-Handel: 48 / 48
Attraktivitätsverlust Innenstadt: 45 / 42
Kaufzurückhaltung: 44 / 46
Wettbewerbsdruck: 35 / 37
Preisentwicklung: 23 / 26
Erreichbarkeit: 23 / 22
Unternehmensteuern: 18 / 19
Flächenwachstum: 18 / 17
Ausbildung: 15 / 16

● 2015 ● 2014

Quelle: HDE-Konjunkturumfragen

GESCHÄFTSLAGE: KEINE EUPHORIE
Grafik 6

Salden aus Prozentpunkten „verbessert" und „verschlechtert"

- Frühjahr 2015: 7
- Sommer 2015: -2
- Frühjahr 2014: 7
- Sommer 2013: -24
- Frühjahr 2013: 1
- Sommer 2012: -7
- Frühjahr 2012: 5
- Sommer 2011: 12
- Frühjahr 2011: 19
- Sommer 2010: 5
- Frühjahr 2010: 9
- Sommer 2009: -10
- Frühjahr 2009: -9
- Sommer 2008: -18
- Frühjahr 2008: -10
- Sommer 2007: -7
- Frühjahr 2007: 16

Quelle: HDE-Konjunkturumfragen

UMSATZERWARTUNG
Grafik 7

1. Halbjahr 2013-2015 und Jahr 2015 (jeweils zu Vorjahr) in Prozent der Betriebe

	1. Hj. 2013	1. Hj. 2014	1. Hj. 2015	2015
über Vorjahr	31	39	34	41
konstant	34	36	37	31
unter Vorjahr	35	25	29	28

Quelle: HDE-Konjunkturumfragen

JOBMOTOR EINZELHANDEL STOTTERT
Grafik 8

Entwicklung und Planung Mitarbeiterzahl in Prozent der Betriebe

Entwicklung 2. Halbjahr 2014: 13 / 71 / 16

Planung für 1. Halbjahr 2015: 8 / 72 / 20

● erhöht ● unverändert ● vermindert

Quelle: HDE-Konjunkturumfrage Frühjahr 2015

ADRESSEN

Spitzenverbände

Bundesverband E-Commerce und Versandhandel (bevh)
Friedrichstraße 60 (Atrium Friedrichstraße)
10117 Berlin
Tel.: 030/20 61 385 0
Fax: 030/20 61 385 20
E-Mail: info@bevh.org
www.bevh.org

Bundesverband Großhandel, Außenhandel, Dienstleistungen (BGA)
Am Weidendamm 1 A
10117 Berlin
Tel: 030/59 00 99 5 0
Fax: 030/59 00 99 5 19
E-Mail: info@bga.de
www.bga.de

Bundesverband Onlinehandel (BVOH)
Geschäftsstelle
Blasewitzer Straße 41
01307 Dresden
Tel.: 0351/450 44 17
Fax: 0351/450 42 00
Durchfax/Direktfax: 0351/89 88 031

Hauptstadtbüro
Friedrichstr. 123
10117 Berlin
E-Mail: gs@bvoh.de
www.bvoh.de

Hauptverband des Deutschen Einzelhandels (HDE)
Am Weidendamm 1A
10117 Berlin
Tel.: 030/726 250 0
Fax: 030/726 250 99
E-Mail: hde@einzelhandel.de
www.einzelhandel.de

Der Mittelstandsverbund – ZGV
Am Weidendamm 1A
10117 Berlin
Telefon: 030/59 00 99 618
Fax: 030/59 00 99 617
E-Mail: info@mittelstandsverbund.de
www.mittelstandsverbund.de

Branchen-Fachverbände (Auswahl)

Bundesverband des Türkischen Groß-und Einzelhandels in der Bundesrepublik Deutschland (BTGE)
Postfach 60 02 04
50682 Köln
Tel.: 0221/16 94 10 02
Fax: 0221/16 99 74 07
E-Mail: altay.btge@hde.de

Bundesverband des Deutschen Lederwaren-Einzelhandels (BLE)
An Lyskirchen 14
50676 Köln
Tel.: 0221/921 509-0
Fax: 0221/921 509-10
E-Mail: info@lederwareneinzelhandel.de

Bundesverband des Sanitätsfachhandels (BVS)
Hugo-Junkers-Straße 22
50739 Köln
Tel.: 0221/240 784 5
Fax: 0221/599 98 26
E-Mail: bvs@verbandsbuero.eu

Bundesverband des Deutschen Textileinzelhandels (BTE)
An Lyskirchen 14
50676 Köln
Tel.: 0221/921 509-0
Fax: 0221/921 509-10
E-Mail: info@bte.de

Bundesverband der Juweliere, Schmuck- und Uhrenfachgeschäfte (BVJ)
An Lyskirchen 14
50676 Köln
Tel.: 0221/271 66-0
Fax: 0221/271 66-20
E-Mail: bvj@einzelhandel.de

Bundesverband des Tabakwaren-Einzelhandels (BTWE)
An Lyskirchen 14
50676 Köln
Tel.: 0221/271 66-0
Fax: 0221/271 66-20
E-Mail: btwe@einzelhandel.de

Bundesverband des Deutschen Schuheinzelhandels (BDSE)
An Lyskirchen 14
50676 Köln
Tel.: 0221/92 15 09-0
Fax: 0221/92 15 09-10
E-Mail: info@bdse.org

Bundesverband des Deutschen Lebensmittelhandels (BVLH)
Am Weidendamm 1 A
10117 Berlin
Tel.: 030/726 250-80
Fax: 030/726 250-85
E-Mail: info@bvlh.net

Bundesverband Wohnen und Büro (BWB)
Frangenheimstraße 6
50931 Köln
Tel.: 0221/940 83-50
Fax: 0221/940 83-90
E-Mail: bwb@einzelhandel.de

Bundesverband für den gedeckten Tisch, Hausrat und Wohnkultur (GPK)
Frangenheimstraße 6
50931 Köln
Tel.: 0221/940 83-20
Fax: 0221/940 83-90
E-Mail: gpk@einzelhandel.de

Handelsverband Heimwerken, Bauen- und Garten (BHB)
Hohenzollernring 14
50672 Köln
Tel.: 0221/277 595-0
Fax: 0221/277 595-79
E-Mail: info@bhb.org

Verband Deutscher Sportfachhandel (VDS)
Pariser Straße 2
81669 München
Tel.: 089/993 556-0
Fax: 089/993 556-99
E-Mail: info@vds-sportfachhandel.de

Bundesverband Parfümerien
Kaiserstraße 42 a
40479 Düsseldorf
Tel.: 0211/301 818-80
Fax: 0211/301 818-99
E-Mail: info@parfuemerieverband.de

Bundesverband des Deutschen Möbel-, Küchen- und Einrichtungsfachhandels (BVDM) im (BWB)
Frangenheimstraße 6
50931 Köln
Tel.: 0221/940 83-50
Fax: 0221/940 83-90
E-Mail: bvdm@einzelhandel.de

Verband des Deutschen Zweiradhandels (VDZ)
Große Kurfürsten-Straße 75
33615 Bielefeld
Tel.: 0521/965 10-0
Fax: 0521/965 10-20
E-Mail: info@vdz2rad.de

Bundesverband Tankstellen und Gewerbliche Autowäsche Deutschland (BTG)
Stiftstraße 35
32427 Minden
Tel.: 0571/886 08-0
Fax: 0571/886 08-20
E-Mail: info@btg-minden.de

Bundesverband Schwimmbad und Wellness (BSW)
An Lyskirchen 14
50676 Köln
Tel.: 0221/271 66-91
Fax: 0221/271 66-99
E-Mail: info@bsw-web.de

Gesamtverband Deutscher Musikfachgeschäfte (GDM)
Friedrich-Wilhelm-Straße 31
53113 Bonn
Tel.: 0228/539 70-0
Fax: 0228/539 70-70
E-Mail: info@musikverbaende.de

Deutscher Caravaning Handels-Verband (DCHV)
Holderäckerstraße 13
70499 Stuttgart
Tel.: 0711/887 39 28
Fax: 0711/887 49 67
E-Mail: info@dchv.de

Bundesverband Technik des Einzelhandels (BVT)
An Lyskirchen 14
50676 Köln
Tel.: 0221/271 66-0
Fax: 0221/271 66-20
E-Mail: bvt@einzelhandel.de

Bundesverband des Spielwaren-Einzelhandels (BVS)
An Lyskirchen 14
50676 Köln
Tel.: 0221/271 66-0
Fax: 0221/271 66-20
E-Mail: bvs@einzelhandel.de

Landesverbände (Auswahl)

Baden-Württemberg
Handelsverband Baden-Württemberg
Neue Weinsteige 44
70180 Stuttgart
Tel.: 0711/648 64-0
Fax: 0711/648 64-24
E-Mail: info@hv-bw.de

Handelsverband Württemberg
Neue Weinsteige 44
70180 Stuttgart
Tel.: 0711/648 64-0
Fax: 0711/648 64-24/-34
E-Mail: info@hv-wuerttemberg.de

Handelsverband Südbaden
Geschäftsstelle Bodensee-Baar
Obere Laube 81
78462 Konstanz
Tel.: 07531/229 34
Fax: 07531/163 87
E-Mail: kn@hv-suedbaden.de

Bayern
Handelsverband Bayern
Brienner Straße 45
80333 München
Tel.: 089/551 18-0
Fax: 089/551 18-163
E-Mail: info@hv-bayern.de

Bezirk Oberbayern
Brienner Straße 45
80333 München
Tel.: 089/551 18-0
Fax: 089/551 18-163
E-Mail: oberbayern@hv-bayern.de

Bezirk Schwaben
Schießgrabenstraße 24/I
86150 Augsburg
Tel.: 0821/346 70-0
Fax: 0821/364 35
E-Mail: schwaben@hv-bayern.de

Bezirk Mittelfranken
Sandstraße 29
90443 Nürnberg
Tel.: 0911/244 33-0
Fax: 0911/244 33-55
E-Mail: mittelfranken@hv-bayern.de

Bezirk Oberpfalz-Niederbayern
Richard-Wagner-Straße 18
93055 Regensburg
Tel.: 0941/604 09-0
Fax: 0941/798 300
E-Mail: oberpfalz-niederbayern@hv-bayern.de

Bezirk Oberfranken
Cottenbacher Str. 23
95448 Bayreuth
Tel.: 0921/784 6-0
Fax: 0921/784 6-90
E-Mail: oberfranken@hv-bayern.de

Bezirk Unterfranken
Bahnhofstraße 10
97070 Würzburg
Tel.: 0931/355 46-0
Fax: 0931/171 27
E-Mail: unterfranken@hv-bayern.de

Berlin-Brandenburg
Handelsverband Berlin-Brandenburg
Hauptgeschäftsstelle und Regionalbereich Berlin/Umgebung
Mehringdamm 48
10961 Berlin
Tel.: 030/881 77-38
Fax: 030/881 18-65
E-Mail: info@hbb-ev.de

Mitte
Handelsverband „Mitte" Hessen, Rheinland-Pfalz und Saarland
Rheinstraße 36
65185 Wiesbaden
Tel.: 0611/372 685
Fax: 0611/302 547
E-Mail: info@hvmitte.de

Niedersachsen
Handelsverband Hannover
Hinüberstraße 16—18
30175 Hannover
Tel.: 0511/337 08-0
Fax: 0511/337 08-29
E-Mail: info@hv-hannover.de

Handelsverband Nordwest
Geschäftsstelle Bremen
Hinter dem Schütting 8
28195 Bremen
Tel.: 0421/326 033
Fax: 0421/328 790
E-Mail: info@handelsverband-nordwest.de

Nord
Einzelhandelsverband Nord
Hauptgeschäftsstelle
Hopfenstraße 65
24103 Kiel
Tel.: 0431/974 07-0
Fax: 0431/974 07-24
E-Mail: info@ehv-nord.de

Einzelhandelsverband Nord
Geschäftsstelle Rostock
Kröpeliner Straße 92
18055 Rostock
Tel.: 0381/453 332
Fax: 0381/493 48 95
E-Mail: hro@ehv-nord.de

Anhang | Adressen

Einzelhandelsverband Nord
Geschäftsstelle Hamburg
Bei dem Neuen Krahn 2
20457 Hamburg
Tel.: 040/369 812-0
Fax: 040/369 812-22
E-Mail: hh@ehv-nord.de

Nordrhein-Westfalen
Handelsverband Nordrhein-Westfalen
Kaiserstraße 42 a
40479 Düsseldorf
Tel.: 0211/498 06-0
Fax: 0211/498 06-36
E-Mail: info@hv-nrw.de

Einzelhandelsverband Westfalen-
Münsterland / Geschäftsstelle Dortmund
Prinz-Friedrich-Karl-Straße 26
44135 Dortmund
Tel.: 0231/577 95-0
Fax: 0231/521 090
E-Mail: info@ehv-wm.de

Einzelhandelsverband Westfalen-
Münsterland / Geschäftsstelle Münster
Weseler Straße 316 c
48163 Münster
Tel.: 0251/414 16-0
Fax: 0251/414 16-212
E-Mail: info@ehv-wm.de

Einzelhandels- und Dienstleistungsverband
Aachen-Düren-Köln
Geschäftsstelle Köln
An Lyskirchen 14
50676 Köln
Tel.: 0221/208 04-0
Fax: 0221/208 04-40
E-Mail: kontakt@ehdv.de

Einzelhandels- und Dienstleistungsverband
Aachen-Düren-Köln
Geschäftsstelle Aachen
Theaterstraße 65
52062 Aachen
Tel.: 0241/251-41/-42
Fax: 0241/299 06
E-Mail: kontakt@ehdv.de

Handelsverband Ostwestfalen-Lippe
Große Kurfürsten-Straße 75
33615 Bielefeld
Tel.: 0521/965 10-0
Fax: 0521/965 10-20
E-Mail: info@handelsverband-owl.de

Rheinischer Einzelhandels- und
Dienstleistungsverband
Hauptgeschäftsstelle Düsseldorf
Kaiserstraße 42 a
40479 Düsseldorf
Tel.: 0211/498 06-0
Fax: 0211/498 06-36/-20
E-Mail: info@hv-nrw.de

Sachsen
Handelsverband Sachsen
Könneritzstraße 3
01067 Dresden
Tel.: 0351/867 06-12
Fax: 0351/867 06-30
E-Mail: hvs-land@handel-sachsen.de

Handelsverband Sachsen
Bezirksgeschäftsstelle Westsachsen
Täubchenweg 8
04317 Leipzig
Tel.: 0341/688 18 79
Fax: 0341/689 10 72
E-Mail: hvs-leipzig@handel-sachsen.de

Handelsverband Sachsen
Bezirksgeschäftsstelle Südwestsachsen
Salzstraße 1
09113 Chemnitz
Tel.: 0371/815 62-0
Fax: 0371/815 62-20
E-Mail: hvs-chemnitz@handel-sachsen.de

Sachsen-Anhalt
Handelsverband Sachsen-Anhalt
Hauptgeschäftsstelle
Breiter Weg 232 a
39104 Magdeburg
Tel.: 0391/561 96 31
Fax: 0391/543 02 66
E-Mail: info@handelsverband-sachsenanhalt.de

Thüringen
Handelsverband Thüringen
Bezirksgeschäftsstelle Erfurt
Mittel- und Nordthüringen
Futterstraße 14
99084 Erfurt
Tel.: 0361/778 06-0
Fax: 0361/778 06-12
E-Mail: pachtmann@
handelsverbandthueringen.de

Bezirksgeschäftsstelle Ostthüringen
Lessingstraße 7
07545 Gera
Tel.: 0365/552 01-11
Fax: 0365/552 01-20
E-Mail: werner@handelsverbandthueringen.de

Bezirksgeschäftsstelle Südthüringen
Werner-Seelenbinder-Straße 17
98529 Suhl
Tel.: 03681/724 578
Fax: 03681/709 811
E-Mail: abraham-etzold@
handelsverbandthueringen.de

Bundesverband der Dienstleistungsunternehmen (BDD)
Am Weidendamm 1A
10117 Berlin
Tel.: 030/726 250-17
Fax: 030/726 250-18
E-Mail: info@bdd-online.de
www.bdd-online.de

BDD Regionalverband Hessen
Biegenstraße 4
35037 Marburg
Tel.: 06421/9100 70
Fax: 06421/9100 79
E-Mail: hessen@bdd-online.de

BDD Regionalverband Nordwest
Herrenteichsstraße 5
49074 Osnabrück
Tel.: 0541/357 8-20
Fax: 0541/357 82-99
E-Mail: nordwest@bdd-online.de

BDD Regionalverband Bayern
Brienner Straße 45
80333 München
Tel.: 089/551 18-0
Fax: 089/551 18-163
E-Mail: info@hv-bayern.de

BDD Regionalverband Ostwestfalen-Lippe
Große-Kurfürsten-Straße 75
33615 Bielefeld
Tel.: 0521/965 100
Fax: 0521/965 10 20
E-Mail: ostwestfalen@bdd-online.de

Forschungsinstitute (Auswahl)
Center for Economic Studies (CES)
Ludwig-Maximilians-Universität München
Schackstraße 4
80539 München
Tel.: 089/2180-2748
Fax: 089/2180-17845
E-Mail: office@ces.vwl.uni-muenchen.de
www.cesifo-group.de

EHI Retail Institute
Spichernstraße 55
50672 Köln
Tel.: 0221/579 93-0
Fax: 0221/579 93-45
E-Mail: info@ehi.org
www.ehi.org

E-Commerce-Center (ECC) Köln
c/o IFH Institut für Handelsforschung
Dürener Straße 401 b
50858 Köln
Tel.: 0221/943 607-70
Fax: 0221/943 607-59
E-Mail: info@ecckoeln.de
www.ecckoeln.de

Adressen | Anhang

GfK SE
Nordwestring 101
90419 Nürnberg
Tel.: 0911/395-0
Fax: 0911/395-22 09
E-Mail: gfk@gfk.com
www.gfk.com

GfK GeoMarketing
Werner-von-Siemens-Straße 9
Gebäude 6508
76646 Bruchsal
Tel.: 07251/9295-100
Fax: 07251/9295-290
E-Mail: geomarketing@gfk.com
www.gfk-geomarketing.de

Institut der deutschen Wirtschaft Köln
Konrad-Adenauer-Ufer 21
50668 Köln
Tel.: 0221/4981-1
Fax: 0221/4981-533
E-Mail: iwd@iwkoeln.de
www.iwkoeln.de

IFH Institut für Handelsforschung
Dürener Straße 401 b
50858 Köln
Tel.: 0221/943 607-0
Fax: 0221/943 607-99
E-Mail: info@ifhkoeln.de
www.ifhkoeln.de

ifo Institut — Leibniz-Institut
für Wirtschaftsforschung
an der Universität München
Poschingerstraße 5
81679 München
Tel.: 089/9224-0
Fax: 089/985 369
E-Mail: ifo@ifo.de
www.cesifo-group.de

Lehrstühle (Auswahl)
Technische Universität Dresden
Lehrstuhl für Wirtschaftsinformatik
Helmholtzstraße 10
01069 Dresden
Tel.: 0351/463 349 90
Fax: 0351/463 327 94
E-Mail: carolin.spreda@mailbox.tu-dresden.de
www.tu-dresden.de/wwwiisih

Universität Duisburg-Essen
Lehrstuhl für Dienstleistungsmanagement
und Handel
Lotharstraße 65, LB 016
47057 Duisburg
Tel.: 0203/379 14 28
Fax: 0203/379 32 56
E-Mail: dmh@uni-due.de
www.msm.uni-due.de

Professur für Marketing
Platz der Göttinger Sieben 3 (Oeconomicum)
37073 Göttingen
Tel.: 0551/397 328
Fax: 0551/395 849
E-Mail: marketing@wiwi.uni-goettingen.de
www.uni-goettingen.de

Martin-Luther-Universität Halle-Wittenberg
Lehrstuhl Marketing und Handel
Große Steinstraße 73
06108 Halle/Saale
Tel.: 0345/552 33 91
Fax: 0345/552 71 92
E-Mail: marketing@wiwi.uni-halle.de
www.marketing.wiwi.uni-halle.de

Universität Hamburg
Institut für Marketing und Medien
Welckerstraße 8
20354 Hamburg
Tel.: 040/428 38-8721
Fax: 040/428 38-8722
E-Mail: medienmanagement@uni-hamburg.de
www.imm.uni-hamburg.de

Friedrich-Schiller-Universität Jena
Wirtschaftswissenschaftliche Fakultät
Schwerpunkt Absatzmarktorientierte
Unternehmenssteuerung AMUS
Carl-Zeiss-Straße 3
07743 Jena
Tel.: 03641/943 00-0
Fax: 03641/943 00-2
E-Mail: dekanat@wiwi.uni-jena.de
www.wiwi.uni-jena.de

Universität zu Köln
Department of Retailing and
Customer Management
Albertus-Magnus-Platz 1
50923 Köln (Lindenthal)
Tel.: 0221/470 57 51
Fax: 0221/470 51 91
E-Mail: goltz@wiso.uni-koeln.de
www.reinartz.uni-koeln.de

Universität Leipzig
Wirtschaftswissenschaftliche Fakultät
Grimmaische Straße 12
04109 Leipzig
Tel.: 0341/973 350-0
Fax: 0341/973 350-9
E-Mail: dekanat@wifa.uni-leipzig.de
www.wifa.uni-leipzig.de

Philipps-Universität Marburg
Allgemeine Betriebswirtschaftslehre,
insbesondere Marketing und
Handelsbetriebslehre
Lehrstuhl Prof. Dr. Lingenfelder
Universitätsstraße 24
35037 Marburg
Tel.: 06421/282 37 63
Fax: 06421/282 65 98
E-Mail: lingenfe@wiwi.uni-marburg.de
www.uni-marburg.de/fb02/bwl03

Westfälische-Wilhelms-Universität Münster
Lehrstuhl für Betriebswirtschaftslehre, insb. Distribution und Handel
Institut für Handelsmanagement und
Netzwerkmarketing
Prof. Dr. Dieter Ahlert
Am Stadtgraben 13—15
48143 Münster
Tel.: 0251/832 28 08
Fax: 0251/ 833 14 38
E-Mail: dieter.ahlert@wiwi.uni-muenster.de
www.ifhm.de

Internationales Marketing
Universität des Saarlandes Saarbrücken
Campus Gebäude A5.4
66123 Saarbrücken
Tel.: 0681/302 44 75
Fax: 0681/302 45 32
E-Mail: hima@mx.uni-saarland.de
www.hima.uni-saarland.de

Universität Trier
Professur für Marketing und Handel
Universitätsring 15
54286 Trier
Tel.: 0651/201 305 0
Fax: 0651/201 41 65
E-Mail: b.swoboda@uni-trier.de
www.uni-trier.de

Bergische Universität Wuppertal
Schumpeter School of Business
Lehrstuhl für Betriebswirtschaftslehre, insb.
Dienstleistungsmanagement
Gaußstraße 20
42119 Wuppertal
Tel.: 0202/439 25 37
Fax: 0202/439 24 71
E-Mail: dlm@wiwi.uni-wuppertal.de
www.wiwi.uni-wuppertal.de

Bildungseinrichtungen (Auswahl)
Bildungszentrum des Einzelhandels
Brandenburg
Pappelallee 24E
14551 Michendorf
Tel.: 033205/50802

Anhang | Adressen

Gildenhaus e. V.
Detmolder Straße 18
33604 Bielefeld
Tel.: 0521/787 166-5
Fax: 0521/787 166-9
E-Mail: info@gildenhaus.de
www.gildenhaus.de

Bildungszentrum Handel und
Dienstleistungen Thüringen gGmbH
Bergstromweg 1
99094 Erfurt
Tel.: 0361/220 47-0
Fax: 0361/220 47-11
E-Mail: bz-ef@handelshaus.de

Bildungszentrum des Hessischen
Handels gGmbH
Flughafenstraße 4
60528 Frankfurt/Main
Tel.: 069/747 42-200
Fax: 069/747 42-300
E-Mail: info@bzffm.de
www.bzffm.de

DSA Die Service-Akademie
Eisenbahnstraße 68—70
79098 Freiburg
Tel.: 0761/368 76-60
Fax: 0761/368 76-55
E-Mail: info@dsa24.de
www.dieserviceakademie.de

Bildungszentren des Sächsischen
Handels GmbH
www.bildung24.de
Firmenrepräsentanz Leipzig
Torgauer Platz 3
04315 Leipzig
Tel.: 0341/245 28-18
Fax: 0341/245 28-38
E-Mail: leipzig@bildung24.net

Firmenrepäsentanz Chemnitz
Salzstraße 1
09113 Chemnitz
Tel.: 0371/373 67-10
Fax: 0371/373 67-11
E-Mail: chemnitz@bildung24.net

Firmenrepräsentanz Dresden
Würzburger Straße 35
01187 Dresden
Tel.: 0351/873 424-20
Fax: 0351/873 424-22
E-Mail: dresden@bildung24.net

Firmenrepräsentanz Plauen
Klopstockstraße 17
08525 Plauen
Tel.: 03741/59 82-0
Fax: 03741/59 82-11
E-Mail: plauen@bildung24.net

Firmenrepräsentanz Riesa
Speicherstraße 2b
01587 Riesa
Tel.: 03525/731 264
Fax: 03525/731 910
E-Mail: riesa@bildung24.net

Bildungszentrum des Handels
Uhlenbrockstraße 10
45894 Gelsenkirchen
Tel.: 0209/17 75-100
Fax: 0209/17 75-117
E-Mail: bildungszentrum@bzh-ge.de

Bildungszentrum des Handels
Bahnhofstraße 38
58095 Hagen
Tel.: 02331/385 8-76
Fax: 02331/385 880
E-Mail: info@bzh-bildung.de
www.bzh-bildung.de

Bildungszentrum des
Einzelhandelsverbandes Nordbaden
Hauptstraße 113
69117 Heidelberg
Tel.: 06221/13 16-0
Fax: 06221/13 16-60
E-Mail: rubel@ehv-nordbaden.de

Bildungszentrum Handel und
Dienstleistungen
Pestalozzistraße 27
34119 Kassel
Tel.: 0561/789 68-0
Fax: 0561/789 68-60
E-Mail: bz-ks@handelshaus.de
www.bildungszentrum24.de

BZH Bildungszentrum
Handel und Dienstleistungen
Ernst-Giller-Straße 20a
35039 Marburg (Hauptverwaltung)
Tel.: 06421/91 00-80
Fax: 06421/91 00-89
E-Mail: bz-mr@handelshaus.de
www.bildungszentrum24.de

Akademie Handel
Brienner Straße 47
80333 München
Tel.: 089/551 45-0
Fax: 089/551 45-12
E-Mail: muenchen@akademie-handel.de
www.akademie-handel.de

Wirtschaftsförderungsgesellschaft
des Pfälzischen Einzelhandels
Festplatzstraße 8
67433 Neustadt
Tel.: 06321/92 42-0
Fax: 06321/92 42-31
E-Mail: wfg@handelsverbaende-rlp.de
www.handelsverbaende-rlp.de

Ergänzungen oder Anmerkungen: Feedback gewünscht!

Die Adressen und Messetermine auf den Seiten 298 bis 305 entsprechen dem Stand von Ende August 2015. Etwaige kurzfristige oder künftige Änderungen konnten nicht berücksichtigt werden.
An dieser Stelle bitten wir Sie um Ihr Feedback: Bitte melden Sie Adress-Änderungen im Jahresverlauf an die Redaktion BusinessHandel, damit wir das Factbook Einzelhandel so aktuell wie möglich halten können.

Tel.: 030/226 056 49
Fax: 030/206 079 74
E-Mail: s.bohrenfeld@lpv-verlag.de
www.business-handel.de

Fachschule des Möbelhandels
Frangenheimstraße 6
50931 Köln (Lindenthal)
Tel.: 0221/940 13-0
Fax: 0221/940 13-27
E-Mail: info@moefa.de
www.moefa.de

Führungakademie für die Möbelwirtschaft
Frangenheimstraße 6
50931 Köln (Lindenthal)
Tel.: 0221/940 13-0
Fax: 0221/940 13-28
E-Mail: info@fuehrungsakademie-moebel.de
www.fuehrungsakademie-moebel.de

USE Uhren Schmuck Edelsteine
Bildungszentrum Pforzheim
Poststraße 1
75172 Pforzheim
Tel.: 07231/145 55-54
Fax: 07231/145 55-57
E-Mail: info@use-bildungszentrum.de
www.use-bildungszentrum.de

Food Akademie Neuwied
Bundesfachschule des Lebensmittelhandels
Friedrichstraße 36
56564 Neuwied/Rhein
Tel.: 02631/830-3
Fax: 02631/830-500
E-Mail: info@food-akademie.de
www.food-akademie.de

Bildungswerk des Einzelhandels
Osnabrück-Emsland
Alte Synagogenstr. 2
49074 Osnabrück
Tel.: 0541/357 82-0
Fax: 0541/357 82-99
E-Mail: krause@uveinzelhandel.de
www.uveinzelhandel.de

Bildungszentrum des Handels
Wickingplatz 2—4
45657 Recklinghausen
Tel.: 02361/48 06-0
Fax: 02361/48 06-999
E-Mail: info@bzdh.de
www.bzdh.de

Handelsakademie des
Einzelhandelsverbandes Nord
Parkstr. 52
18119 Warnemünde
Tel.: 0381/865 13-30
Fax: 0381/865 13-40
E-Mail: info@hak-rostock.de
www.hak-rostock.de

Bildungszentrum des Einzelhandels
Niedersachsen
Kurzer Ging 47
31832 Springe
Tel.: 05041/788-0
Fax: 05041/788-88
E-Mail: info@bze-springe.de
www.bze-springe.de

Unternehmerverband Einzelhandel Stade
für den Elbe-Weser-Raum
Gesellschaft für Gewerbe und
Nachwuchsförderung
Bahnhofstraße 3
21682 Stade
Tel.: 04141/27 72
Fax: 04141/466 15
E-Mail: info@ues.de
www.ues.de

Biz Bildungszentrum des Handels
Baden-Württemberg
Silberburgstraße 183
70178 Stuttgart
Tel.: 0711/615 556-70
Fax: 0711/615 556-77
E-Mail: info@biz-handel.de
www.biz-handel.de

Akademie für Welthandel
Flughafenstraße 4
60528 Frankfurt/Main
Tel.: 069/747 42-0
Fax: 069/747 42-300
E-Mail: info@akademie-welthandel.de
www.akademie-welthandel.de

Akademie Gesundes Leben
Gotische Straße 15
61440 Oberursel/Taunus
Tel.: 06172/3009-822
Fax: 06172/3009-819
E-Mail: kontakt@rfa-oberursel.de
www.akademie-gesundes-leben.de

Bundesfachschule des
Parfümerie-Einzelhandels
Kaiserstraße 42 a
40479 Düsseldorf
Tel.: 0211/301 818-80
Fax: 0211/301 818-99
E-Mail: info@bundesfachschule.de
www.bundesfachschule.de

LDT Nagold — Fachakademie
für Textil & Schuhe
Vogelsangweg 23
72202 Nagold
Tel.: 07452/84 09-0
Fax: 07452/84 09-40
E-Mail: post@ldt.de
www.ldt.de

Photo+Medienforum Kiel
Feldstraße 9—11
24105 Kiel
Tel.: 0431/5797-00
Fax: 0431/5797-055
E-Mail: mail@photomedienforum.de
www.photomedienforum.de

Bildungszentrum des Einzelhandels
Sachsen-Anhalt
Lange Straße 32
06449 Aschersleben, OT Neu Königsaue
Tel.: 034741/97-0
Fax: 034741/97-299
E-Mail: info@bzeonline.de
www.bze-sachsen-anhalt.de

Impressum

Verlag:
LPV GmbH
Am Hammergraben 14, 56567 Neuwied
Tel.: 02631/879 0
www.lebensmittelpraxis.de,
www.business-handel.de

Geschäftsführung:
Hermann Bimberg, Eckhard Lenz

Konzept, Redaktion:
Andrea Kurtz, Silke Bohrenfeld,
Martin Heiermann
BusinessHandel
Charlottenstr. 65, 10117 Berlin
Tel.: 030/226 056 49,
E-Mail: s.bohrenfeld@lpv-verlag.de

Layout, Produktion:
Stefan Mugrauer (Creative Director),
Christian Belz, Claudia Krumm, Elfriede Münk,
Carsten Hoppen, Benjamin Richter

Anzeigenleitung:
Ingo Melson, 02631/879 217
E-Mail: i.melson@lpv-verlag.de

ISBN: 987–3–88688–257–1

Preis: 44 Euro inkl. MwSt.

Druck:
Kössinger AG,
Fruehaufstraße 21,
84069 Schierling

Redaktionsschluss:
August 2015

Copyright:
LPV GmbH. Alle Rechte vorbehalten.
Kein Teil dieser Publikation darf ohne schriftliche Genehmigung des Verlages vervielfältigt oder verbreitet werden. Unter dieses Verbot fällt insbesondere auch die gewerbliche Vervielfältigung per Kopie, in elektronischen Datenbanken und auf CD-ROM.

BRANCHENMESSEN

Januar

Heimtextil	12.01. — 15.01.2016	Frankfurt/Main	www.heimtextil.messefrankfurt.com
Internationale Grüne Woche	15.01. — 24.01.2016	Berlin	www.gruenewoche.de
Domotex	16.01. — 19.01.2016	Hannover	www.domotex.de
LivingInteriors (imm cologne)	18.01. — 24.01.2016	Köln	www.imm-cologne.de
boot	23.01. — 31.01.2016	Düsseldorf	www.boot.de
ISPO	24.01. — 27.01.2016	München	www.ispo.com
Spielwarenmesse	27.01. — 01.02.2016	Nürnberg	www.spielwarenmesse.de
Christmasworld	29.01. — 02.02.2016	Frankfurt/Main	www.christmasworld.messefrankfurt.com
Paperworld	30.01. — 02.02.2016	Frankfurt/Main	www.paperworld.messefrankfurt.com
ISM/ProSweets	31.01. — 03.02.2016	Köln	www.ism-cologne.de

Februar

Fruit Logistica	03.02. — 05.02.2016	Berlin	www.fruitlogistica.de
Jagd & Hund	09.02. — 14.02.2016	Dortmund	www.jagdundhund.de
GDS	10.02. – 12.02.2016	Düsseldorf	www.gds-online.de
BioFach	10.02. — 13.02.2016	Nürnberg	www.biofach.de
Inhorgenta Munich	12.02. — 15.02.2016	München	www.inhorgenta.com
Ambiente	12.02. — 16.02.2016	Frankfurt/Main	www.ambiente.messefrankfurt.com
fish international	14.02. — 16.02.2016	Bremen	www.fishinternational.com
EuroCis	23.02. — 25.02.2016	Düsseldorf	www.eurocis.com
I.L.M. Winter Styles	27.02. — 29.02.2016	Offenbach	www.messe-offenbach.de

März

Internet World	01.03. — 02.03.2016	München	www.internetworld-messe.de
Beauty Düsseldorf	04.03. — 06.03.2016	Düsseldorf	www.beauty.de
IWA & OutdorClassics	04.03. — 07.03.2016	Nürnberg	www.iwa.info
Cadeaux — Frühjahr	05.03. — 07.03.2016	Leipzig	www.cadeaux-leipzig.de
ITB	09.03. — 13.03.2016	Berlin	www.itb-berlin.de
Internorga	11.03. — 16.03.2016	Hamburg	www.internorga.com
ProWein	13.03. — 15.03.2016	Düsseldorf	www.prowein.de
CeBIT	14.03. — 18.03.2016	Hannover	www.cebit.de
Leipziger Buchmesse	17.03. —20.03.2016	Leipzig	www.leipziger-buchmesse.de
Slow-Food-Messe	31.03. — 03.04.2016	Stuttgart	www.slowfood-messe.de
Garten	31.03. — 03.04.2016	Stuttgart	www.messe-stuttgart.de/garten

April

Musikmesse	07.04. — 10.04.2016	Frankfurt/Main	www.musik.messefrankfurt.com

Art Cologne	14.04. — 17.04.2016	Köln	www.artcologne.de
Control	26.04. — 29.04.2016	Stuttgart	www.control-messe.de

Mai

Mobikon	Mai 2016	Frankfurt	www.mobikon.de
High End	05.05. — 08.05.2016	München	www.highendsociety.de

Juni

CO-REACH	29.06. — 30.06.2016	Nürnberg	www.co-reach.de

Juli

OutDoor	13.07. — 16.07.2016	Friedrichshafen	www.outdoor-show.de
GDS	29.07. — 31.07.2016	Düsseldorf	www.gds-online.de

August

Gamescom	17.08 — 21.08.2016	Köln	www.gamescom.de
Caravan Salon Düsseldorf	26.08. — 04.09.2016	Düsseldorf	www.caravan-salon.de
Tendence	27.08. — 30.08.2016	Frankfurt/Main	www.tendence.messefrankfurt.com
Eurobike	31.08. — 04.09.2016	Friedrichshafen	www.eurobike.com

September

IFA	02.09. — 07.09.2016	Berlin	www.ifa-berlin.de
Midora Leipzig	03.09. — 05.09.2016	Leipzig	www.midora.de
Cadeaux — Herbst, Comfortex	03.09. — 05.09.2016	Leipzig	www.cadeaux-leipzig.de
spoga + gafa	04.09. – 06.09.2016	Köln	www.spogagafa.de
Inter-tabac	16.09. — 18.09.2016	Dortmund	www.intertabac.de
IAA Nutzfahrzeuge	22.09. — 29.09.2016	Hannover	www.iaa.de

Oktober

Frankfurter Buchmesse	19.10. — 23.10.2016	Frankfurt/Main	www.buchmesse.de
Orgatec	25.10. – 29.10.2016	Köln	www.orgatec.de
Salone del Gusto	Oktober 2016	Turin	www.salonedelgusto.com

November

Viscom	02.11. — 04.11.2016	Frankfurt	www.viscom-messe.com
Bazaar Berlin	16.11. — 20.11.2016	Berlin	www.bazaar-berlin.de
Cologne Fine Art & Antiques	16.11.– 20.11.2016	Köln	www.colognefineart.de
Deutscher Handelskongress	23.11. – 24.11.2016	Berlin	www.managementforum.com

ZU DEN AUTOREN

Dr. Matthias Albrecht ist für den HDE Ansprechpartner für die Signal Iduna.

Cetin Acar ist Projektleiter für den Forschungsbereich IT bei EHI Retail Institute in Köln.

Marco Atzberger ist Ansprechpartner für Auftragsforschung beim EHI Retail Institute in Köln.

Verena Bankamp ist Pressereferentin bei GS1 Germany.

Hilka Bergmann ist Leiterin Forschungsbereich Verpackung beim EHI Retail Institute in Köln.

Sascha Berens arbeitet im Arbeitskreis E-Commerce des EHI Retail Institute.

Dominic Blank ist Gründer und Geschäftsführer von POSPulse.

Silke Bohrenfeld ist Redakteurin bei BusinessHandel.

Dr. Jannika Bock arbeitet für Google Germany.

Gerd Bovensiepen ist Leiter des Geschäftsbereichs Handel und Konsumgüterindustrie in Deutschland und Europa der PricewaterhouseCoopers AG in Düsseldorf.

Oliver Brimmers ist Projektmanager am IFH Köln.

Stefanie Buchert arbeitet für die ZMG Zeitungs Marketing Gesellschaft, Frankfurt.

Sabine Buschmann ist Projektmanagerin am IFH Köln.

Stefan Clemens ist Solution Leader Retail bei NCR in München.

Dr. Stefan Dahlem ist Mitglied der Geschäftsleitung der ZMG Zeitungs Marketing Gesellschaft, Frankfurt am Main.

Raimund Diefenbach ist freier Journalist für Wirtschaft in Köln.

Joanna Fisher ist Managing Director Center Management bei der ECE in Hamburg.

Dorothee Frigge ist in der Arbeitsgruppe Online-Payment der EHI.

Gero Furchheim ist Präsident des bevh.

Hermann Gouverneur ist CTO von Atos Deutschland in Berlin.

Franziska Gräfe ist Referentin für Presse- und Öffentlichkeitsarbeit, Wirtschaftspolitik und Statistik beim bevh.

Thilo Grösch ist PR-Manager bei Locafox.

Martin Groß-Albenhausen ist beim bevh für Marketing, Innovation und Business-to-Business-Anbieter verantwortlich.

Ralf Hastedt ist Gründer und Geschäftsführer von Avides.

Martin Heiermann ist Redakteur bei BusinessHandel.

Dr. Gerrit Heinemann ist Professor an der Fachhochschule Niederrhein.

Hansjürgen Heinick ist Senior Consultant am IFH Köln.

Michaela Helmrich ist Referentin Kommunikation bei Der Mittelstandsverbund – ZGV.

Tobias von Heymann ist freier Journalist für Wirtschaft und Gesellschaft in Berlin.

Achim Himmelreich ist Partner bei Mücke, Sturm & Company.

Lars Hofacker ist Leiter Forschungsbereich E-Commerce beim EHI Retail Institute in Köln.

Ute Holtmann ist Leiterin PR beim EHI Retail Institute in Köln.

Claudia Horbert leitet den Forschungsbereich Ladenplanung und Einrichtung beim EHI Retail Institute in Köln.

Frank Horst ist Leiter Fachbereich Inventurdifferenzen und Sicherheit beim EHI Retail Institute in Köln.

Dr. Kai Hudetz ist Geschäftsführer am IFH Köln und des dort angesiedelten E-Commerce-Center (ECC) in Köln.

Joachim Jäckel ist Vorsitzender des Bundesverbandes Tankstellen & Gewerbliche Autowäsche Deutschland e. V.

Prof. Dr. Andreas Kaapke ist Professor an der Dualen Hochschule Baden-Württemberg in Stuttgart und Unternehmensberater.

Thomas Kempcke ist Leiter Fachbereich Logistik beim EHI Retail Institute in Köln.

Steffen Kern ist Pressesprecher der Galeria Kaufhof GmbH in Köln.

Matthias Kersten ist freier Journalist für Handel, Industrie und Wirtschaft in Berlin.

Tim Kiesewetter ist Projektleiter FB Zahlungssysteme beim EHI Retail Institute in Köln.

Harald Kötter ist Geschäftsbereichsleiter Öffentlichkeitsarbeit & Messen Deutschland beim Ausstellungs- und Messe-Ausschuss der Deutschen Wirtschaft (Auma) in Berlin.

Susanne Kohlhofer ist Manager Market Communication bei der CCV Deutschland GmbH.

Steffi Kroll ist Pressereferentin bei GS1 Germany in Köln.

Angela Krause ist Geschäftsführerin des Deutschen Ladenbau-Verbands (dlv) in Würzburg.

Andrea Kurtz ist Chefredakteurin von BusinessHandel.

Stephan Kurzawski ist Mitglied der Geschäftsleitung der Messe Frankfurt Exhibition GmbH.

Malte Krüger ist Geschäftsführer der mobile.de GmbH in Potsdam.

Klaus Lach ist Vize-Präsident und Geschäftsstellenleiter beim vmm.

Christian Lerch ist Consultant am IFH Köln.

Sarah Levin ist beim EHI Retail Institute für Konferenzen und Sponsoring verantwortlich.

Marlene Lohmann ist Leiterin des Forschungsbereichs Marketing beim EHI Retail Institute in Köln.

Božo Markovic ist Consultant bei der BBE Handelsberatung GmbH in München.

Elke Moebius ist Director Euroshop, Eurocis, C-star der Messe Düsseldorf.

Matthias Nentwich ist Deutschland-Chef bei Vente Privee in Düsseldorf.

Dr. Lars Peters ist Leiter Business Development Digitale Medien bei RMS.

Rainer Pittroff ist beim EHI Retail Institute verantwortlich für Shopping Center.

Dr. Markus Preißner ist wissenschaftlicher Leiter beim IFH Köln.

Jörg Pretzel ist Geschäftsführer GS1 Germany.

Oliver Prothmann ist Präsident des Bundesverbandes Onlinehandel e. V.

Claudia Rivinius ist Leiterin der Unternehmenskommunikation bei der STI Gustav Stabernack GmbH in Lauterbach.

Elena von Roell arbeitet in der Presseabteilung der Koelnmesse.

Horst Rüter ist Leiter Konferenzen bei EHI Retail Institute in Köln

Dr. Stephanie Rumpff, arbeitet für Price Waterhouse Coopers, PwC, in Düsseldorf

Dr. Emil Salzeder ist Kommunikationspsychologe bei com.cultur in München.

Bettina Seul ist Leiterin Research Experts am IFH Köln.

Stefan Schönherr ist Unit Lead Brand & Media Experience bei Eye Square.

Ulrich Spaan ist Messeleiter im EHI Retail Institute in Köln.

Martin Stockmann arbeitet im Fraunhofer-Institut für Materialfluss & Logistik.

Dr. Eva Stüber ist Leiterin Research & Consulting am IFH Köln.

Joachim Stumpf ist Geschäftsführer der BBE Handelsberatung in München.

Angelique Szameitat ist Geschäftsführerin der Agentur 11 Prozent.

Dr. Ludwig Veltmann ist Hauptgeschäftsführer des Mittelstandsverbundes – ZGV.

Klaus Vogell ist Senior Projektmanager bei der GS1 Academy von GS1 Germany.

Dr. Anja Wenk ist Bereichsleiterin Vertriebs-management und Pressesprecherin der Commerz Finanz GmbH.

Sandra Wagner ist Leiter Presse- und Öffentlichkeitsarbeit bei GS1 Germany in Köln

Dr. Mirko Warschun ist Partner and Managing Director bei A. T. Kearney in Düsseldorf.

Markus Wotruba ist Leiter Standortforschung bei der BBE Handelsberatung GmbH in München.

Andreas Zillgit ist Senior Manager ECR/Processes bei GS1 Germany in Köln.